中国当代青年法学家文库

具体法治中的宪法与部门法

张 翔 著

Dialogue between
Constitution
and Other Laws

中国人民大学出版社
·北京·

"中国当代青年法学家文库"编委会

编委会主任：王利明

编委会成员（以姓氏拼音为序）：

陈　甦	陈卫东	陈兴良	崔建远	公丕祥	韩大元
黄　进	李　林	刘春田	刘明祥	马怀德	秦前红
史际春	王　轶	王贵国	王利明	吴汉东	杨立新
叶必丰	余劲松	张明楷	张守文	张卫平	赵旭东
郑成良	周叶中	周佑勇	朱慈蕴		

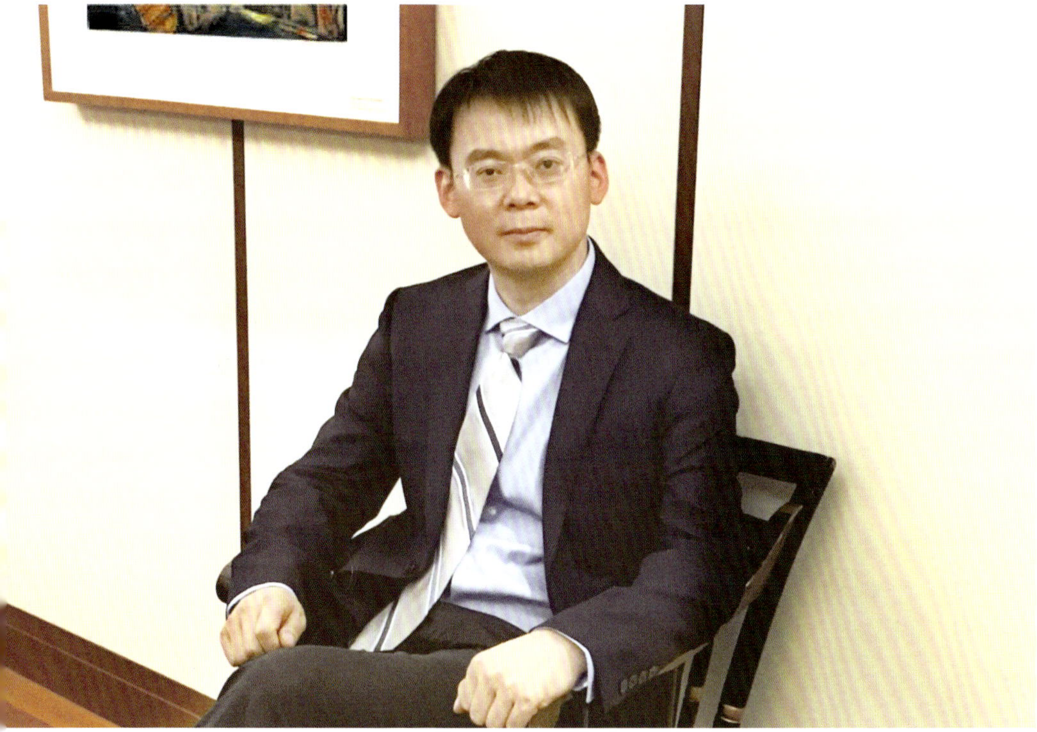

总　序

近代中国命运多舛，历经战火和民主思想洗礼的法律学科百废待兴。中华人民共和国成立后法治建设也走过了一段曲折、艰难的道路。改革开放的春风吹拂大地，万象更新。伴随着经济的飞速发展，我国在立法、司法、执法、守法等法治建设的方方面面取得了长足发展，法治在社会治理的方方面面发挥着重要的作用。我国的法律体系趋于完备，各个法律部门具有"四梁八柱"功能的规则体系已经建成，无法可依的时代已经成为历史，中国特色社会主义法律体系已基本形成。可以说，在立法方面，我们用短短几十年的时间走过了西方几百年走过的道路。与此同时，司法体系已基本完备，司法作为解决纠纷、维护社会正义最后一道防线的功能日益凸显，依法行政和法治政府建设也有长足进步。法学教育欣欣向荣，蓬勃发展，法学院从最初的寥寥几所发展到今天的六百多所，在校法学学生已逾三十万人。

中国市场经济腾飞的四十年也是我国法学研究蓬勃发展的四十年。风雨百年过，智慧树常青。得益于法学前辈融汇东西的学术积累，经过学界同仁的不懈探索和创新，各个法学学科都涌现出了一大批杰出的法学家。他们不仅躬耕学问、立身治学，而且积极为国家法治建设贡献智慧。他们严谨治学，具有深厚的法学功底，深谙各部门法的骨骼和精髓，并归纳总结出自成一派的法学观点；他们借鉴域外，精通比较法学的逻辑和方法，在博采众长之后，致力于完善我国的相关法学理论。多年的刻苦钻研早已使他们成为中国当代法治和法学教育的大梁，并在著作等身之际桃李天下，培育出更多优秀的青年学者。

当下法学发展的社会环境更是得天独厚。中国以昂扬的姿态迈入新时代，在党的领导下，我国的经济与社会发展更加繁荣昌盛，经济总量已跃居世界第二位。在习近平总书记的领导下，社会治理模式愈见清晰，"一带一路"宏伟倡议彰显大国担当，"中国梦"植根于每一个百姓的心里。全面依法治国被确立为国家治理的基本方略,建设法治中国、全面建设法治国家开始成为社会发展大方向和主旋律。党的十八大强调法治是治国理政的基本方式,并围绕全面推进依法治国、加快建设社会主义法治国家的战略目标,规定了法治建设的阶段性任务,强调要更加注重发挥法治在国家治理和社会管理中的重要作用。党的十九大报告更是以宪法为纲,凸显了法治在社会发展中不可替代的基本性作用,全面依法治国使中国站在了新的历史起点。

对于我们法律人而言,这不仅是最好的时代,也是新的起点。历经半个多世纪,中国的法学发展从中华人民共和国成立初期的百废待举,学习西方的法律内容和格局,到如今逐渐形成自己的理论体系和话语体系,经历了从"照着讲"到"接着讲"的过程,法学已全面服务于国家治理,并深切关注人类命运共同体的前途和命运。随着科学技术的飞速发展和社会矛盾的日益变化,法学研究也面临着前所未有的挑战。随着我国经济转轨、社会转型,社会结构和执法环境发生了深刻变化,如何以问题为导向,如何利用法律思维解决现实社会问题,成为当代法学与实践相结合的新思路和新机遇。

法学学科以法的发展为研究对象,以公平正义为主要价值追求,不同于其他学科之处在于其实践性。"问渠哪得清如许?为有源头活水来"。法学学者要注重理论研究,但不可囿于象牙塔中,而应当走进生活、走向社会,密切关注我国的法治建设实践。法学学者需要守经,既坚守法治理念,守护法治精神,维护社会正义,也要与时俱进、不断创新,切不可因循守旧、故步自封。法学学者需要注重对域外有益经验的借鉴,但不可定于一尊,奉某一外国法律制度为圭臬,忽视本国法治实践,照搬照抄外国的法律制度。面对任何社会问题,法学学者都有义务和责任展开相应的法治思维,以法治的方法解决我国的现实问题。在互联网和各项新的科学技术飞速发展、日新月异的今天,法学学者不仅要思考当下所遇到的法律问题,也要思考未来的法治走向和可能面临的问题。这些都对青年学者们提出了更高更新的要求。所幸我们的法学学者一直在孜孜不倦地努力，不断贡献着智慧与力量。

中国人民大学出版社邀请我组织这套"中国当代青年法学家文库"，我欣然同意。这套书收录了我国当代青年法学研究者中的佼佼者们的代表作。入选著作具有以下特征：既秉持我国法学研究的脉络和精神传统，又反映我国当代法学研究的创新发展水平；既注重对基础理论的深入研究，又注重解决重大社会现实问题；既注重立足于中国学术研究，又有广博的域外研究视野；既博采众长，又落足于中国法学学科体系、话语体系的创新发展。这些作品综合运用了多种研究方法，探索了中国法学研究可能的学术转向，既有效吸收其他学科的研究方法和研究成果，也使法学研究的方法和成果能够为其他学科的学者所借鉴。我希望这套文库的问世，能够为国家法治建设建言献策，为中国法学理论的构建添砖加瓦，为世界法律文化的发展注入中国元素，为中国法治文化的传承贡献一份应有的力量。

是为序。

2018 年 4 月

序

这本书是我的若干篇文章的合集。书名"具体法治中的宪法与部门法",是我在2016年应《华东政法大学学报》之约所做的组稿的总题。"具体法治"想表达的是:对宪法与部门法的关系的研究,是出于中国法治实践的真实需求,而非书斋中的想象,甚至无病呻吟。我用"部门法提问,宪法作答"来概括我的这一系列研究的缘起。其实,更是"实践提问,理论作答"。翻开本书的目录,"住宅建设用地使用权续期与城市土地'国家所有'""'馒头案'中的基本权利冲突与竞合""计划生育政策调整的宪法空间"等题目,一望而知是在处理实践争议;"基本权利在私法上效力的展开""财产权的社会义务""通信权的宪法释义与审查框架"等题目,看起来似乎很"一般理论",其实初衷也是处理"齐玉苓案"、机动车限行、交警查手机等真实案(事)例。法学是实践科学,但中国的宪法学在这方面一直有身份焦虑。我作为宪法学的研习者,也有过这种焦虑。所以,做这些研究,也多少有为宪法(教义)学声辩的意思。不过,在"全面实施宪法""推进合宪性审查工作"的新时代,这种焦虑已经大大缓解了吧。

指向具体争议处理的教义学工作是容易过时的。本书所收的文章跨度二十年,最早一篇还是读博士研究生期间的习作。阅读本书后不难发现,书中所讨论的某些问题已经解决(比如"机动车单双号限行常态化"并没有成为现实),所引用的某些法条已经修改(比如《物权法》中关于住宅建设用地使用权续期的规定在《民法典》中已有发展)。但好的法教义学,应该能够超越具体规范和具体实践,而具有一般性学术价值。所谓"九方皋相马,在牝牡骊黄之外",能够于表象、具体之外,获得本质、抽象的规律性、科学性认知,也应当是法教义学的真本事。我自然没有这样的大本事,但还是基本未做大的修改就把这些文章结集起来,在展示实践争议和学理探讨的原貌之外,也希望其中的用心、思路和方法还能有些微的学术积累意义。

本书以"宪法与民事法""宪法与刑事法""宪法与行政法""宪法与经济法、环境法、社会法"几个宽泛的主题,将相关的文章分别归入、大体编排。作为"导论"的,是一个概括性的理论框架:"宪法与部门法的三重关系"。"法律对宪法的具体化""法律的合宪性解释""法律的合宪性审查"的三层次类型化处理，可以作为理解宪法与部门法之关系时进行具体问题讨论的一个纲领。陈景辉教授曾对"三重关系说"提出批评，本书的"附录"也收入了我对景辉兄的初步回应。"附录"还收录了我于2021年秋在"北大法学阶梯"高阶讲座上所作的"部门法的宪法化：中国问题"演讲的文字稿，可以当作相关思考的一个小结。此外，我还参与过与韩大元、林来梵、龙卫球、王涌、白斌等师长和学友就宪法与部门法关系议题所作的两次对话，限于篇幅，将对话的实录以二维码形式呈现，读者可以扫码后阅读。

本书的内容大都曾在刊物上发表，在本书中也分别注明了出处，在此再次感谢各位编辑同仁的帮助。感谢其中四篇文章的合作者田伟、赖伟能和段沁。感谢中国人民大学出版社法律分社郭虹社长，没有她的督促，不会有这本书。感谢白俊峰编辑，他的专业和严谨让我印象深刻。

张翔

2022年10月6日

目 录

导论：宪法与部门法的三重关系 ·· 1
 部门法提问，宪法作答 ·· 1
 宪法与部门法？抑或宪法与法律？ ·· 3
 法律对宪法的具体化 ·· 4
 法律的合宪性解释 ·· 6
 法律的合宪性审查 ·· 8
 "部门法的宪法化"？抑或宪法与部门法的"交互影响"？ ·············· 9

第一编 宪法与民事法

基本权利在私法上效力的展开 ·· 17
 一、逻辑起点：关于宪法的"国家取向" ·· 18
 二、规范分析：基本权利发生私法效力的宪法依据 ·············· 21
 三、社会现实：私法主体力量的差异与基本权利的落空 ·········· 25
 四、途径选择：民事立法、民事司法与宪法解释 ··················· 28
 五、问题的解决：宪法与民法的"科际整合"与法学方法的
   综合运用 ·· 32
 六、对"齐玉苓案"的简评 ·· 36

财产权的社会义务 ·· 38
 一、"唇齿条款"与无补偿的单纯限制 ·· 38
 二、从所有权绝对到财产权的社会义务 ·· 41
 三、财产权功能变迁的社会基础 ·· 46
 四、财产权社会义务的规范依据 ·· 50
 五、财产权社会义务的宪法解释 ·· 53
 六、对财产权社会义务的合宪性审查 ·· 57

民法人格权规范的宪法意涵 ·· 65
 一、民法人格权勃兴的宪法背景 ·· 65
 二、宪法"社会主义原则"的民法表达 ·· 69
 三、民法典人格权编若干规范的宪法原理 ·· 72
 四、人格权规范适用的合宪性考量：以基本权利冲突为视角 ······ 76

个人信息权的宪法（学）证成 ····· 82
- 一、"根据宪法"之惑 ····· 82
- 二、个人信息权作为基本权利 ····· 85
- 三、个人信息权的规范目标：从支配到人格发展 ····· 94
- 四、对《个人信息保护法》的若干评述 ····· 101

国家所有权的立法形成 ····· 106

住宅建设用地使用权续期与城市土地"国家所有" ····· 109
- 一、有偿还是无偿，物权法有意留白 ····· 109
- 二、"自动无偿续期"与"土地国有"存在冲突 ····· 109
- 三、作为宪法财产权内容的续期权应被区分对待 ····· 110
- 四、财产的"私人使用性"与"社会关联性" ····· 110
- 五、无偿与否，区分对待 ····· 111

"馒头案"中的基本权利冲突与竞合 ····· 113
- 一、争议双方各自能够主张何种基本权利？ ····· 113
- 二、艺术自由与言论自由的竞合问题 ····· 114
- 三、人格尊严与艺术自由的冲突问题 ····· 114

第二编　宪法与刑事法

刑法体系的合宪性调控 ····· 121
- 一、问题的提出 ····· 121
- 二、"李斯特鸿沟"的宪法意义 ····· 122
- 三、刑事政策：超越实证法抑或基于宪法 ····· 126
- 四、贯通"李斯特鸿沟"：宪法关联的法益概念与比例原则 ····· 135
- 五、刑法体系的合宪性控制：未竟话题 ····· 146

"近亲属证人免于强制出庭"之合宪性限缩 ····· 148
- 一、问题的提出 ····· 148
- 二、《宪法》第125条规定的"获得辩护权"是否为基本权利？ ····· 149
- 三、对质权作为辩护权的内容：刑事诉讼法对宪法的具体化 ····· 153
- 四、婚姻家庭保护作为宪法确立的"客观价值" ····· 155
- 五、宪法法益冲突与刑事诉讼法学者的解决方案 ····· 159
- 六、合宪性解释与个案中基本权利冲突的"实践调和" ····· 163

逮捕权配置与《宪法》第 37 条的解释 …………………… 167
留置、基本权利与监察权配置 …………………………… 170
 一、国家权力配置的"积极规范"与"消极规范" ……… 170
 二、留置措施对人身自由的限制及其审查 ……………… 173
 三、党纪克减党员权利的界限 …………………………… 178
 四、留置措施与基本权利放弃 …………………………… 183
特赦的法理 …………………………………………………… 190
"副教授聚众淫乱案"判决的合宪性分析 ………………… 194
 一、基本权利的保护范围 ………………………………… 195
 二、对基本权利的限制 …………………………………… 201
 三、对基本权利限制的合宪性论证 ……………………… 201
 四、比较法的分析 ………………………………………… 209
 五、应用：法官的合宪性解释义务 ……………………… 211

第三编　宪法与行政法

机动车限行、财产权限制与比例原则 ……………………… 215
 一、机动车使用作为宪法财产权的保护范围 …………… 215
 二、机动车限行的性质：社会义务抑或征收 …………… 217
 三、机动车限行的合宪性分析 …………………………… 220
 四、单双号限行常态化在何种情形下是合宪的 ………… 225
通信权的宪法释义与审查框架 ……………………………… 227
 一、基本权利限制"三阶层"审查框架的学科意义 …… 228
 二、"通话记录类似于信封"？ ………………………… 232
 三、哪来的"隐私权"和"个人信息权"？ …………… 236
 四、"检查"之外，尚有限制 …………………………… 238
 五、"通信内容"与"非内容的通信信息"的分层构造 … 244
计划生育政策调整的宪法空间 ……………………………… 249
学术自由的组织保障 ………………………………………… 252
 一、传统大学理念：学术自由与教授治校 ……………… 252
 二、大学的嬗变与利益群体的多元化 …………………… 254
 三、"谁说了算"：以德国"大学组织判决"为例 …… 256
 四、理论基础：从"制度性保障"到"客观价值秩序" … 262
 五、结论与启发 …………………………………………… 264

大学章程、大学组织与基本权利保障 ········· 266
一、大学章程与大学的外部关系 ········· 267
二、大学内部组织与学术自由的实现条件 ········· 269
三、大学组织与多元主体的基本权利保障 ········· 271
四、对中国大学的相关组织规范的检讨 ········· 274

第四编　宪法与经济法、环境法、社会法

中国部门宪法的展开——以环境宪法和经济宪法为例 ········· 281
一、部门宪法与宪法教义学的本土化 ········· 281
二、部门宪法的一般原理 ········· 283
三、以国家目标条款为依托的环境宪法 ········· 286
四、取向基本经济制度建构的经济宪法 ········· 288
五、中国部门宪法研究的未来 ········· 291

个人所得税作为财产权限制 ········· 293
一、财产权的保护范围不及于个人所得税? ········· 293
二、个人所得税是何种性质的"财产权限制"? ········· 298
三、对个人所得税的合宪性审查 ········· 302

破产法的宪法维度 ········· 307

中国环境宪法的规范体系 ········· 309
一、环境宪法：政治决断与规范表达 ········· 309
二、宪法与部门法"交互影响"与环境法的宪法化 ········· 311
三、环境宪法的建构方向：国家目标抑或"环境权" ········· 314
四、环境宪法诸规范的体系解释 ········· 317

环境保护作为"国家目标" ········· 321
一、法律保护还是宪法保护 ········· 322
二、生态中心主义还是人类中心主义 ········· 324
三、国家目标还是基本权利 ········· 327
四、作为国家目标的环境保护条款的规范效力 ········· 333
五、对中国"环境宪法"学理的启发 ········· 339

国家目标作为环境法典编纂的宪法基础 ········· 344
一、环境宪法与环境法典 ········· 344
二、环境法治的制度目标：有效治理 ········· 346
三、环境法典编纂的宪法基础：国家目标 ········· 348

目 录

"共同富裕"作为宪法社会主义原则的规范内涵 ········· 352
- 一、"社会主义"作为宪法的基本原则 ········· 353
- 二、社会平衡、社会国与社会主义原则 ········· 358
- 三、"共同富裕"作为社会平衡理念的中国表达 ········· 362
- 四、共同富裕的宪法基础及其变迁 ········· 365
- 五、"共同富裕"的规范展开 ········· 369

市场经济、共同富裕与经济宪法 ········· 373
- 一、经济生活的法治化与"经济宪法" ········· 374
- 二、"社会主义"+"市场经济"的规范意涵 ········· 381
- 三、"共同富裕"与"社会主义市场经济"的相互诠释 ········· 388
- 四、以自愿原则为基础的"第三次分配" ········· 391

附 录

对陈景辉教授《宪法的性质》的初步回应 ········· 397
- 一、关于"宪法与法律"的表述 ········· 397
- 二、关于"双重计算"的错误 ········· 398
- 三、关于"宪法是法律总则" ········· 399
- 四、关于"宪法学是法学总论" ········· 401

部门法的宪法化：中国问题 ········· 404
- 一、什么是"部门法的宪法化"？ ········· 404
- 二、为什么会出现部门法的宪法化？ ········· 407
- 三、部门法的宪法化在中国有何表现？ ········· 409
- 四、宪法与部门法的三重关系 ········· 414
- 五、部门法宪法化研究的理论工具 ········· 419
- 六、何为部门宪法？ ········· 421

导论：宪法与部门法的三重关系

部门法提问，宪法作答

宪法与部门法的关系并非新鲜的话题。任何法学的初学者都会被灌输"宪法是母法，部门法是子法""宪法是根本法，是一切法律制定的基础""宪法是法律体系中的最高法"等抽象观念，同时又会因"宪法是公法，民法是私法""宪法消逝，行政法长存""刑事诉讼法是小宪法"等提法而感到困惑。但由于过往我国合宪性审查机制长期不畅，"最高法"有被束之高阁之"高"，宏大观念上的清晰与否并不会给法学思考和实务操作带来太多困扰。

改变来自法治的具体实践。"齐玉苓案"、《物权法》草案违宪等法治实践争议的出现，引导了宪法学的"议题化"[①]。宪法学的研究从理论走向实践，从宏观走向微观，宪法与部门法的关系，特别是具体争议中的宪法与部门法关系，逐渐成为研究热点。法治实践的要求，促使各个部门法学科都开始将目光投向宪法，寻求解决具体问题的宪法学理支援，出现了"部门法提问，宪法作答"的现象。由此，以处理宪法与部门法关系为目标的"基本权利在私法关系中的效力""宪法对部门法的辐射作用""部门法中的基本权利冲突""法律的合宪性解释"等理论装置被迅速引入，并形成了相当丰厚的学术积累，这一进程已持续二十余年。近年来，我国合宪性审查、备案审查以及以此为要点的"宪法全面实施"迅速推进，更多原来被作为部门法问题处理的实践争议，例如"超生就辞退""交警查手机""同命不同价""强制亲子鉴定"等等，被制度化地转化为宪法问题。

[①] 苏永钦.走向规范宪法//吴庚教授七秩华诞祝寿论文集编辑委员会.政治思潮与国家法学.台北：元照出版有限公司，2010：246.

宪法与部门法关系问题的实践场域和制度环境发生了根本性的改变。

在这种背景下，宪法学者不断与部门法学者合作互动，推进宪法与部门法关系研究的理论体系化和议题精细化，特别是推动在具体法治层面宪法学理与部门法学理进行有实效的沟通。相关学术活动和学术积累非常丰富。仅以笔者直接参与的学术活动举两个例子：

（1）《华东政法大学学报》2016年第1期以"具体法治中的宪法与部门法"为题进行了专题组稿，尝试从具体问题出发，探索真实法治实践中宪法与部门法的学理融贯与规范协力。该组稿所处理的问题包括：乌木是否应归属国家所有①、股东财产权的冲突与社会义务②、法律对采矿权的非征收性限制③、死刑制度的合宪性审查标准④、强制证人出庭例外规定中的基本权利冲突⑤，甚至还包括以往很少有人注意的《宪法》"发展……我国传统医药"条款对于以西医标准为背景的"生产、销售假药罪"的适用控制问题。⑥ 这些问题涉及宪法与物权法、公司法、刑法、矿产资源法等诸多领域法律的关系，都是部门法实践中确实存在宪法争议的问题。该专题的作者既有宪法学者，也有部门法学者，但在研究和论证过程中，大家都用到了"法律的合宪性限缩""目的性限缩""比例原则""财产权社会义务"等超越宪法与部门法科际划分的解释方法和理论工具。这些研究有其关照宪法与部门法关系的一般理论的层面，但更重要的是，该专题的作者都赞同通过在具体问题上的精细分析，沟通各部门法教义学与宪法教义学，落实法学作为实践科学的学科品格。

（2）"部门法的宪法化"论坛。2018年11月23—25日，第二届中国宪法学青年论坛以"部门法的宪法化"为主题召开。论坛的4篇主报告分别是：1）李忠夏：《部门法的宪法化：以风险社会的宪法调控为视角》；2）劳东燕：《功能主义刑法体系的构建与合宪性控制》；3）王锴：《宪法与民法的关系：基础、争议与构建》；4）陈征：《部门法保护基本权利义务的"不足禁止"原则》。论坛的2篇晚餐报告分别是：1）阎天：《重思中国劳动宪法的兴起》；2）刘志鑫：《宪法上纳税义务与劳动义务的两次

---

① 朱虎. 国家所有和国家所有权：以乌木所有权归属为中心. 华东政法大学学报，2016（1）.
② 陈霄. 德国宪法上的财产权保障与股东权利. 华东政法大学学报，2016（1）.
③ 宦吉娥. 法律对采矿权的非征收性限制. 华东政法大学学报，2016（1）.
④ 陈征. 从宪法视角探讨死刑制度的存废. 华东政法大学学报，2016（1）.
⑤ 张翔. "近亲属证人免于强制出庭"之合宪性限缩. 华东政法大学学报，2016（1）.
⑥ 白斌. 传统医药在现行法秩序中的困境及其突围：以"假药"的合宪性解释为例证. 华东政法大学学报，2016（1）.

冲突》。共有一百余位宪法和部门法学者参与了此次论坛的报告、评议和自由讨论。论坛对何以会出现部门法的宪法化，以及众多从宏观到微观、从原理到实践的相关问题，展开了深入讨论。共识与分歧并存。①

"适用一个法条，就是适用整个法律体系。"在宪法之下的规范体系整合，是任何现代法治国家所必须完成的任务。在许多有着悠久法治传统的国家，即使是早已存在的部门法，也出现了向着后出现的宪法进行整合的趋势，相应地产生了部门法的宪法化趋势。相应的建构任务，既是制度与规范层面的，也是学理层面的。在这一点上，中国的宪法学者和部门法学者有共识。并且，此种整合不应该是单向的，而是体现为宪法学与部门法学的互动。法学者必须摒弃画地为牢的学科自足观念，理解和尊重其他部门法学科的知识和学理，向着法规范体系的统一性和融贯性，向着法秩序的安定性与正当性，协作完成法教义学上的操作。笔者亦尝试初步概括宪法与部门法的三重关系："法律对宪法的具体化"、"法律的合宪性解释"和"法律的合宪性审查"，并从"宪法与部门法关系"问题的界定入手，作一点儿思考框架上的厘清。

宪法与部门法？抑或宪法与法律？

尽管"宪法与部门法"的表述已为学界普遍使用，但对相关概念似仍有界定的必要。一方面，从最狭窄的"形式意义的宪法"概念（以宪法典的形式表现出来，是具有最高效力的宪法）到宽泛的"实质意义的宪法"概念（以国家权力的配置与运行以及人权保障为内容的法的总称），"宪法"的所指是有差异的。而如果把"经验性的宪法"（一国政治生活的事实、政治关系的状态）的概念考虑进来，其内涵就更为模糊不清。② 另一方面，各个部门法的一些基础性规范，往往就规定在宪法中（比如作为民法基础规范的市场经济、私有财产权、人格权等条款，作为财税法基础规范的预算权、纳税义务条款），"对每一个法律部门都必须首先以其宪法性

---

① 第二届中国宪法学青年论坛"部门法的宪法化"会议综述，载微信公众号"明德公法"，2018年12月4日。

② 关于"宪法"概念的所指，参见刘晗对"宪法"（the constitution）、《宪法》（the Constitution）、"宪律"（constitutional law）的梳理（刘晗. 合众为一：美国宪法的深层结构. 北京：中国政法大学出版社，2018：5-6.），以及笔者对"经验性宪法"和"规范性宪法"的概念梳理（张翔. 宪法概念、宪法效力与宪法渊源. 法学评论，2021（4）.）。

基础为源头来理解"①，各个部门法的学理也多将宪法作为本部门法的法律渊源之一。可以说，"实质意义的宪法"除包括宪法典和各种组织法之外，还包含了散落于各个部门法中的规范；而各部门法又往往将宪法典的部分条款作为本部门法的当然内容。在此交织混合的状态下，我们所讲的"宪法与部门法"实际上指的是什么呢？

在笔者看来，出于清晰讨论以形成有效学术对话和积累的必要，似乎可以将"宪法与部门法的关系"界定为："形式意义的宪法"（具有最高效力的宪法典）与由低位阶的规范所构成的各个法律部门之间的关系。这些法律部门，可以是在法制史和法学史上业已形成的、具有较强的内在体系性的法律部门，比如民法、刑法、行政法、诉讼法等，也可以是在某些领域形成的具有更强问题导向性的新兴的法律部门，比如财税法、社会法、环境法等。各法律部门的规范，不仅来自"形式法律"（由立法机关制定的），也来自更低位阶的规范性文件。而且，由于"法律体系允许多种排列和分类的存在，因此，一个规范或一个制度完全可以出现在多个法律部门中"②，因此，各个法律部门并非泾渭分明。但是，都在宪法之下。

这样界定，是以明确效力等级意义上的上位法与下位法的纵向思维，替代并列的、重叠的、模糊的横向思维③，在笔者看来，更有利于厘清宪法与部门法的关系。

法律对宪法的具体化

宪法与部门法的第一层次关系，是宪法约束立法机关，立法机关通过制定法律来具体化宪法以形成部门法秩序。宪法是最高法，是一切立法的依据，立法是在宪法约束下在法秩序的各个领域的规范展开。"立法一直

---

① 弗里茨·里特纳，迈因哈德·德雷埃尔. 欧洲与德国经济法. 张学哲，译. 北京：法律出版社，2016：30.
② 同①32.
③ 这里需要对另外两个被习惯性使用的概念"宪法性法律""宪法相关法"做一点说明。这两个概念都缺乏明确的界定，而其所指主要是与国家组织、国家权力配置和国家象征等相关的法律。在笔者看来，"宪法性"和"宪法相关性"都太过模糊，无法合理解释众多的归类问题。例如，刑事诉讼法对人权保障有重大意义，因而与宪法的相关性极强，但只能归类为诉讼法部门。在"依法治国首先是依宪治国""使每一项立法都符合宪法精神"的现代法治理念下，没有什么法律是与宪法不相关的。"宪法相关法"的概念于此只能制造混乱与困扰。在笔者看来，"组织法"大体可以覆盖这两个概念的所指，或者，"实质意义的宪法"概念也足以承担这两个概念的学理功能。

担负着实施宪法的任务,负有具体化宪法规范内涵,并将之体现在生活关系中的义务"①,《中共中央关于全面推进依法治国若干重大问题的决定》中"使每一项立法都符合宪法精神"的表述也体现了宪法约束立法的规范性。我国的形式法律,会在开宗明义的第 1 条写入"根据宪法,制定本法"。在《物权法》草案违宪争议后,这一做法更为所有的立法所坚持。叶海波教授认为,"根据宪法,制定本法"的规范内涵包括了"权源内涵"和"法源内涵"两个层次,分别是指立法者的立法权来源于宪法,以及立法者对于法律的内容形成应该以宪法文本所蕴含的立法指示为依据,具体化或者至少是不抵触宪法。② 宪法作为部门法的"法源内涵"意味着,立法者首先应当明了宪法对于该部门法领域的价值和规范设定,并通过更为具体的法律规范将其落实为部门法秩序。

但于此还应注意,尽管立法要受到宪法约束,立法活动应当是具体化宪法的活动,但立法者仍然享有宪法作为"框架秩序"之下的"形成空间"或者"形成自由"。在凯尔森看来,任何规范都是一个框架(Rahmen),其中包括着多种可能性。③ 就像法律要为行政机关和司法机关保留裁断的余地一样,作为约束立法的规范,宪法也为立法预留出自行判断和创设的空间。宪法不可能针对一切生活领域的未来生活事实预先提供全部解决方案。同时,任何成文宪法的制定,都是期待在未来很长的时间稳定地发挥规范效力,因此宪法一定要为立法者保留作出新的规范安排的可能性。未来的不可知性决定了,不可能以制宪当时的认识来刻板地约束立法者,相反,要以一个大体的框架来保持一个开放的态度,认可立法者因应现实需求的腾挪空间。此外,立法作为民主政治的过程,就是要把宪法所保障的、相互之间恒久冲突的各种利益置于公开的讨论和博弈之中,以程序来落实民主原则,并实现政治的功能。立法过程本质上是一个政治过程,宪法对于政治而言也只是"框架秩序":一方面为政治设定边界,另一方面为政治保留必要的功能空间。宪法要为作为"政治机关"的立法机关保留对社会事实等进行自我评估、作出自我决定的空间。此外,立法还有其科学性(正确性)的要求,必须能够准确反映和恰当规制不同生活领域,这也决定了立法的形成自由的必然存在。立法的形成自由,即使在分权体制下,都是违宪审查机关所不可干预的。

于此,宪法对部门法的立法的约束可以概括为两个层面:"内容形成"

---

① 郑贤君. 宪法虚伪主义与部门法批判. 中国法律评论, 2016 (1): 111.
② 叶海波. "根据宪法,制定本法"的规范内涵. 法学家, 2013 (5).
③ Hans Kelsen, Reine Rechtslehre, 1. Aufl., 1994, S. 94.

和"越界控制"。前者意味着，立法者必须考量，宪法的哪些规范构成了对该部门立法的委托，宪法在此领域设定了何种国家目标，要求达到何种基本权利保障标准；后者意味着，在考量该法律部门的规范领域的特定情形而形成具体规范时，立法者不能逾越宪法设定的边界，不能背弃国家目标，不能侵害基本权利，在权衡各种利益时，应谨慎裁断，避免草率放弃宪法的任何价值设定。笔者曾以刑事诉讼法中的证人出庭和近亲属证人免于强制出庭制度为例，说明刑事诉讼法对《宪法》"被告人有权获得辩护"和"婚姻、家庭……受国家的保护"条款的具体化。借由"辩护权—获得有效辩护权—对质权—不利证人出庭"的学理脉络可知，我国刑事诉讼法规定的证人出庭制度，将"获得辩护权"进行了诉讼制度和诉讼权利层面的具体化；而近亲属证人免于出庭的制度则体现了立法者基于宪法上的婚姻家庭作为客观价值秩序的要求而作出的制度安排。[①] 尽管对刑事诉讼法规定的证人出庭制度仍然多有批评，但应该意识到"具体化宪法"是一个不断趋近和调整的过程，对于立法者在特定时空下，在部门法领域的具体化宪法的方案，应保持理解和宽容的态度，并以积极的学理研究，为其未来的自我完善提供建构思路。

法律的合宪性解释

　　法律在制定出来之后，就进入执法和司法的层次。这就进入宪法与部门法的第二层次关系：法律的合宪性解释。在法治国家，国家权力受到法律的约束，这是民主原理的直接体现。但是，受法律约束（法律优先）的国家公权力仍然要受宪法的约束。尽管在具体化宪法上，立法权具有优先性，但其他国家权力仍然负有在其职权的行使中落实宪法精神的义务。现代法治是宪法优先的法秩序，法秩序的位阶原理[②]要求所有法律的解释和适用都要合于更高位阶的宪法规范。这就催生了"法律的合宪性解释原则"（Grundsatz der verfassungskonformen Auslegung von Gesetzen）。也就是要求对法律的具体解释和适用，必须时刻关照宪法价值的落实，将宪法作为法律解释的"补充性"和"控制性"因素，使法律的具体操作合于宪法的整体秩序。对法律作合宪性解释的最基本要求是：如果某个法律规

---

① 参见本书第二编。
② Hans Kelsen, Reine Rechtslehre, 1. Aufl., 1994, S. 74ff.

范存在多种可能的解释，其中的某些会导致该规范违宪，而另外一些使该规范合宪，则法律的解释者应当选择与宪法相一致的解释。而更高层次的要求是：在法律解释中，将宪法的基本价值决定引入，以推进法秩序的宪法化。后一个层次，也被称为"基于宪法的解释"（verfassungsorientierte Auslegung）①。

法律的合宪性解释原则，首先是一种解决法律解释冲突的方案。在传统的文义解释、历史解释、体系解释、目的解释等方法的运用下，同一个法律条文可能有多种解释，也就是有多种规范意涵。此时应选择哪一个作为解决具体争议的法规范大前提，在法学方法论上一直存在争议。合宪性解释要求的出现，意味着在相互冲突的规范意涵之间，解释者应当选择与宪法一致的规范意涵。于此，宪法的约束性具备了法学方法论意义。宪法约束法律的解释者，其不可以谋求违反宪法地解释法律，而是要通过法律解释来继续形塑合宪性法秩序。其次，法律的合宪性解释原则还意味着，对于立法者制定的法律条文，要尽可能使其被认为是合宪的，也就是推定立法者一直取向于实现宪法的要求而不是相反。于此，合宪性解释还具有尊重立法者的立法意图、保全法律的意义。

法律的合宪性解释，是对法律的解释，是对法律解释结果的合宪性控制。与下文将要论及的法律的合宪性审查不同，法律的合宪性解释发生的主要场域是各个部门法的司法过程。如前文所述，各个部门法都是对宪法的具体化，但在具体个案的司法中，这些法律规范的内涵需要进一步明确（进一步具体化），而已经被具体化于部门法中的宪法价值也可能在具体情境下展现出冲突。在此情况下，重新回到宪法就是必要的。法律解释，正如其他在宪法价值笼罩下的法律活动一样，应该以宪法作为修正法秩序的缺漏、补充漏洞的规范来源。"来自合宪法秩序的意义整体，对法律可以发挥补正功能的规范；发现它，并将之实现于裁判中，这正是司法的任务"②。

我国对法律的合宪性解释的研究开启于2008年。③ 而2008年年底"齐玉苓案"批复的废止，标志着合宪性审查意义上的"宪法司法化"暂时不再有实现的可能。宪法学者开始从法律的合宪性解释的角度探索宪

---

① 斯特凡·科里奥特. 对法律的合宪性解释：正当的解释规则抑或对立法者的不当监护?. 田伟，译. 华东政法大学学报，2016（3）. 该文特别回应了中国学者在相关概念使用上的困惑。
② Larenz. 法学方法论. 陈爱娥，译. 台北：五南图书出版股份有限公司，1996：279.
③ 较早的研究如：张翔. 两种宪法案件：从合宪性解释看宪法对司法的可能影响. 中国法学，2008（3）；上官丕亮. 当下中国宪法司法化的路径与方法. 现代法学，2008（2）.

影响司法的其他可能性。① 这一研究进路必然地深入了各部门法司法的具体争议,并得到了部门法学者的积极回应。② 从司法实践情况看,尽管最高人民法院一再表示法院裁判不宜援引宪法,但法院援引宪法的实践从未中断,而且其中多体现出合宪性解释的意味。③ 而2016年的《人民法院民事裁判文书制作规范》中又有这样的表述:"裁判文书不得引用宪法和各级人民法院关于审判工作的指导性文件、会议纪要、各审判业务庭的答复意见以及人民法院与有关部门联合下发的文件作为裁判依据,但其体现的原则和精神可以在说理部分予以阐述。"在判决的说理部分体现宪法的原则和精神,与学界关于"法律的合宪性解释"的主张实际上形成了呼应。

法律的合宪性审查

如果说合宪性解释是在部门法规范的解释和适用中,施加合宪性的控制,确保其不偏离宪法的框架秩序,那么,如果部门法的规范或其解释确实存在偏离宪法轨道的可能,对其进行合宪性审查就是必要的。法律的合宪性审查就是宪法与部门法关系的第三层次。如前所述,宪法对特定领域的国家目标的设定,以及相关的基本权利的规范,一方面构成对立法者在各法律部门进行立法的宪法委托,另一方面也构成对其立法权的边界控制。同时,宪法对立法也作了权限、程序方面的规定,这些都构成了判断法律合宪与否的依据。细分起来,这里又存在两种情形:一是部门法的规范,无论作怎样的解释,都无法被认为合乎宪法;二是部门法的规范尚有被解释为合宪的可能,但法律解释者并未采纳此种解释可能。也就是说存

---

① 包括但不限于:蔡琳. 合宪性解释及其解释规则:兼与张翔博士商榷. 浙江社会科学,2009(10);谢维雁. 论合宪性解释不是宪法的司法适用方式. 中国法学,2009(6);柳建龙. 合宪性解释原则的本相与争论. 清华法学,2011(1);王书成. 论合宪性解释方法. 法学研究,2012(5);黄卉. 合宪性解释及其理论检讨. 中国法学,2014(1);黄明涛. 两种"宪法解释"的概念分野与合宪性解释的可能性. 中国法学,2014(6);王锴. 合宪性解释之反思. 法学家,2015(1);杜强强. 合宪性解释在我国法院的实践. 法学研究,2016(6);夏正林. "合宪性解释"理论辨析及其可能前景. 中国法学,2017(1).

② 例如,时延安. 刑法规范的合宪性解释. 国家检察官学院学报,2015(1);陈璇. 正当防卫与比例原则:刑法条文合宪性解释的尝试. 环球法律评论,2016(6).

③ 邢斌文. 法院如何援用宪法:以齐案批复废止后的司法实践为中心. 中国法律评论,2015(1);杜强强. 合宪性解释在我国法院的实践. 法学研究,2016(6);冯健鹏. 我国司法判决中的宪法援引及其功能:基于已公开判决文书的实证研究. 法学研究,2017(3);税兵. 宪法规范何以进入民事裁判:1995—2015. 华东政法大学学报,2018(1).

在法律违宪和法律的适用违宪两种不同情形。

立法者接受宪法委托,根据社会生活的事实在不同领域制定法律,通常不会谋求显然违宪的效果。法律的违宪,经常是在法律制定出来之后的具体操作中,在具体个案的适用中才可能展现出来。此外,在部门法的立法中,立法者往往偏重于该法律所要维护的核心价值,而在法律的具体运行中,往往会展现出与宪法所保护的其他价值之间的冲突。例如,环境立法的重点可能在于维护环境利益,但此种公益目的的实现在具体情境中可能表现为对公民财产权的限制而有违宪之虞。人格权立法当然指向人格利益的保障,但其在运行中可能出现压抑言论自由、新闻自由、艺术自由之情形。因此,对部门法进行合宪性审查,也是现代宪法国家通行的做法。

我国现行宪法将"监督宪法的实施"的职权赋予全国人大及其常委会,但此项职权长期未能落实。2018年宪法修改,将专门委员会"法律委员会"更名为"宪法和法律委员会"。此后,宪法和法律委员会又被全国人大常委会赋予包括"推进合宪性审查"在内的多项职责。同时,曾经长期处于"鸭子浮水"① 状态的备案审查也走向前台,与合宪性审查有着密切关系的备案审查开始更为积极地运作。尽管我国的合宪性审查机制正在建构过程中,对法律的合宪性审查暂时也更多的是在法律草案的阶段,但其与备案审查制度的结合,还是展现出了新的制度可能性。从已经公布的案例看,也多与各部门法有密切关系。合宪性审查机制的建立和完善,在可以预见的未来,一定会增强宪法与部门法关系议题的重要性。

"部门法的宪法化"? 抑或宪法与部门法的"交互影响"?

近代以来,成文宪法的最高法地位的确立,深刻影响了人类的法律体系。而合宪性审查制度的建立以及基本权利对整个法律体系的辐射效力的确立,更是推进了法秩序宪法化的根本性变革。民法、刑法、行政法等有着久远历史、有着相对独立的规范与学理体系的部门法,都开始出现了"宪法化"的趋势。石佳友教授在对德、法、荷、英、意、美以及加拿大、南非、爱尔兰等国进行了比较法考察后作了这样的概括:"总体而言,民法宪法化成为二战后许多国家的民法发展的一项普遍性趋势。此种现象并

---

① 曾任全国人大法律委员会副主任委员的乔晓阳将全国人大常委会的违宪审查工作比喻为"鸭子浮水,脚在下面动,上面没有看出来"。(李丽. 违宪审查:树立宪法的最高权威——纪念82宪法实施30周年(下). 中国青年报,2012-10-18(1).)

不局限于某一法系，大陆法系和英美法系都有国家出现了此种趋势"，并且，即使"在没有宪法法院的法律体系中，通过民事法官的司法活动，宪法基本权利却有可能在私法中产生深远的影响"①。在德国刑法学上，出现了这样的观点："原则上讲，所有的刑法问题都可以从宪法角度来解释。"② 在宪法借由现代违宪审查制度获得辐射整个法律体系的程序机制后，许多原本属于法体系外的讨论，就转而表现为宪法秩序下的讨论，"刑法（'法学-哲学的'）问题，被转移成了宪法（'实定法的'）问题"，"以前属于法学-哲学的内容因而处于体系之外的学说讨论，今天进入到民主法律秩序之内，从而演变成了体系之内的问题，乃至成了实定法上的问题"③。法益概念的宪法化（以基本权利为其实质内容），刑事政策受到宪法控制而成为宪法下的实证法内的因素，都是"刑法的宪法化"的表现。④

此种部门法的宪法化，往往体现着立宪主义价值在部门法中的贯彻。例如，意大利现行的刑法典制定于1930年，正处于法西斯统治时期。"合乎逻辑的追问是：为何这部在狂热的墨索里尼威权时代诞生的刑法典能在当代意大利依然得以沿用？"⑤ 意大利在二战后并未废除这部法西斯色彩浓郁的刑法典。1948年，意大利制定新宪法，在新宪法的自由民主价值笼罩下，对意大利的刑法体系进行了从立法到司法的多层次调整，包括对刑法典的个别修补，宪法法院的运作，在刑法的司法适用中以宪法精神来消除专制色彩，变革刑法学的理论学说，等等。⑥ 最终，1930年刑法典中的法西斯因素被排除，自由民主的宪法秩序成为其基石理念。宪法在刑法的规范性和正当性之间架构了桥梁，完成了刑法秩序的合宪性调整，也根本性地完成了刑法体系合乎正义目标的价值再造。石佳友教授也指出，不必担心民法对于宪法的开放性，"经由'新'宪法'改造'而获得新生的'新'民法，由于更'人性化'而具有更大的合法性，它也必将具有更为长久的生命力"⑦。在宪法规范的约束下，各部门法固有的规范和学理体

---

① 石佳友. 民法典与社会转型. 北京：中国人民大学出版社，2018：133.
② 洛塔尔·库伦. 论刑法与宪法的关系. 蔡桂生，译. 交大法学，2015（2）：158.
③ 同②.
④ 参见本书第二编。
⑤ 吴沈括. 贯穿意大利刑法的基石理念. 检察日报，2016-08-09（3）.
⑥ 陈忠林. 关于我国刑法学界对意大利现行刑法的几点误解. 中外法学，1997（5）：101-102；杜里奥·帕多瓦尼. 意大利刑法学原理. 陈忠林，译评. 北京：中国人民大学出版社，2004：7.
⑦ 同①195.

系要向着宪法的方向进行调整,这是现代法治的基本趋势。

但同时也应注意到,"部门法的宪法化"并不足以描述宪法与部门法关系的全部。宪法固然因其最高法地位以及其所包含的人权保障等客观价值而对各部门法产生法秩序统一和价值辐射的作用,但部门法秩序的固有安定性和科学性也应受到宪法的尊重。在处理宪法与部门法关系上,应该避免"部门法学者的漠视"与"宪法学者的傲慢"。根据笔者的观察,一些部门法学者似乎有漠视宪法的基本决定的倾向,在相关立法的第 1 条写入"根据宪法,制定本法"后,宪法问题就几乎不再被提起。而宪法学者又有一种基于宪法作为最高法的傲慢,动辄指称某某法律违宪,而无视部门法的规范与法理的严整体系。于此,"交互影响"理论应该是更为妥当地描述和处理宪法与部门法关系的学理。

基本权利与法律的交互影响(交互效果、相互影响,Wechselwirkung)理论,最早是由德国魏玛时代的法学巨匠鲁道夫·斯门德在 1927 年德国国家法学者联合会年会上提出的。他在学术报告《自由的意见自由》中表达了这样的观点:基本权利是文化价值的一部分,如果基本权利可以被"一般性法律"(allgemeine Gesetz)限制的话,将使应受保护的价值相对化。他引用伍尔夫的话来说明那些本来存在于普通法律中的规范在进入宪法后产生了怎样的规范意义:"即使宪法完全照搬一个私法规范,被照搬的规范也是被引入了另一个层次的、全新的、不同以往的语境中,并因此与其前身和之前的技术背景有着一种独特的不可通约的关系"[1]。因此,基本权利并不只是对既有部门法的修正,而首先意味着其排除违反基本权利的法律。在此意义上,基本权利可能最初来自部门法,但最终具有相对于部门法的优越性。斯门德的这一思想,在二战后被新成立的德国联邦宪法法院采纳而成为通说。在著名的吕特判决[2]中,针对德国《基本法》第 5 条第 2 款关于"一般性法律可以限制言论自由"的规定,德国联邦宪法法院指出:即使认为一般性法律可以限制基本权利,在自由民主的体制下,法律也要依据基本权利的价值来解释。不能仅仅认为基本权利受到了法律的单方限制,而要同时认识到,基本权利在自由民主国家是宪法所追求的客观价值所在,对法律的解释必须本于此项认识而进行。这意味着法律本身也受着基本权利的限制,两者是相互影响的关系。

尽管"交互影响"理论的提出直接针对的是言论自由,但这一理论对

---

[1] Rudolf Smend,Das Recht der freien Meinungsäußerung,VVDStRL 4 (1927),S. 45f.
[2] BVerfGE 7,198.

于理解其他基本权利与相关部门法的关系也具有普遍的适用性。在笔者看来，对宪法与部门法关系的法律思考，应该有此种交互影响、反复衡量的用心。一方面，宪法要依赖部门法去落实和实践。我们要看到立法者构建部门法秩序的过程也是宪法具体化的过程，要尊重立法者对宪法的理解和规范展开。另一方面，对法律的解释又必须以宪法精神去笼罩和控制。对于法学的学术而言，这意味着，宪法学者必须重视立法机关依据宪法而对宪法的发展①，不要轻率地否定立法者对社会规整的设想，要有选择地将立法者对宪法的理解吸收和接受为对宪法规范的解释，以及充分理解部门法学的学理。同时，部门法学者在解释法律时，出于维护宪法价值、实现宪法之下法秩序的和谐之目标，应该对法律作合宪性的解释乃至合宪性的续造。宪法学与部门法学不可相互漠视，也不可以傲慢地以为"本学科可以自足"。宪法与部门法是相互影响的关系，并非单方面的控制，而是"互文性"的。② 宪法与部门法的交互影响并非静态化的过程，而是表现为一个"相互动态调适"的过程。诚如学友杜强强兄所言："一国法律秩序本是一个动态的规范体系，对法律的解释需要考虑到宪法的规定，而对宪法的解释岂能无视普通法律的规定？法律解释者负有义务将宪法与下位阶法律规范互为动态调整而维持法律体系的和谐。"③ 在这种相互动态调适的过程中，整体法秩序逐步趋向和谐。杜强强博士还描述了由部门法入手探讨宪法规范内涵的"以宪就法"④与通过合宪性解释而使宪法价值理念注入部门法的"以法就宪"之间的往返流连，并且批评了实践中不允许法院援引宪法，而导致法官绕过实定法体系而诉诸虚无缥缈的"法感"的荒谬。白斌也有这样的论述："作为宪法规范的具体化，刑法规范承担着实践宪法中基本权利之核心价值的重任。故而，刑法教义学就特定刑法规范开展解释时，不应局限于从刑法文本与规范框架中寻找依据，也应重视从宪法教义学的高度，着眼于从宪法规范与基本价值的层面为刑法解释寻找理论资源，而不宜对后者完全视而不见，甚或作出有违立宪主义精神的判断。此条基准无论对于刑事立法，抑或刑事司法裁判活动，都是适用的。"⑤ 他主张

---

① 关于我国立法机关通过立法发展宪法的实证研究，参见林彦. 通过立法发展宪法：兼论宪法发展程序间的制度竞争. 清华法学，2013（2）.

② 石佳友. 民法典与社会转型. 北京：中国人民大学出版社，2018：195.

③ 杜强强. 论宪法规范与刑法规范之诠释循环：以入户抢劫与住宅自由概念为例. 法学家，2015（2）：26-27.

④ 杜强强. 符合法律的宪法解释与宪法发展. 中国法学，2022（1）.

⑤ 白斌. 宪法价值视域中的涉户犯罪：基于法教义学的体系化重构. 法学研究，2013（6）：145-146.

在涉及宪法问题的部门法适用中,要有"思虑周全、反复衡量的苦心"。

在法学的学术上,宪法学者与部门法学者都要有将宪法与部门法进行关联的自觉意识,既不可互相漠视,也不可傲慢地以为"本学科可以自足"。在理解宪法与部门法的交互影响关系的基础上,尊重和理解对方的学科知识和体系,通过运用具体化宪法和合宪性解释的法律技艺,向着宪法教义学与部门法教义学的体系整合,相互融通,相向而行。本书的内容,就是在这一认识之下,从中国的具体法治中的真实问题出发,认真学习和梳理民事法、刑事法、行政法、经济法、环境法、社会法的学理知识,尝试对话,尝试教义学方案的共同探寻,为中国的整体法教义学体系的建构和精细化做一点儿工作。

(本文原发表于《中国法律评论》2019年第1期。)

第一编
宪法与民事法

"齐玉苓案"在中国的法治实践中第一次提出了基本权利在私法关系中的效力问题,《物权法》草案的违宪争议则指向了宪法对于公有财产和私有财产的同等保护。这两个实践争议开启了中国法学界关于宪法与民法关系的集中讨论。在近年来的民事立法、司法实践中,"国家所有"的宪法理解和民法理解的整合、住宅建设用地使用权续期与宪法上的城市土地国有、民法人格权规范的宪法意涵,以及个人信息保护的公法方案与私法方案的协调等问题,让关于宪法与民事法关系的讨论愈加深入和具体。宪法视角也一直存在于《民法典》的编纂过程之中。本编所呈现的,即是笔者在宪法与民事法交织问题上的思考。

基本权利在私法上效力的展开

2001年的"齐玉苓案"所引发的"公民基本权利的私法效力"问题在当时导致学界的一片争议与迷惑。① 其重要的原因在于,中国的法治实践中出现了近代问题与现代问题的叠加和碰撞。熟悉宪法发展史的人都知道,"公民基本权利的私法效力"是个晚近才出现的问题。在近代宪法时期,人们只是把宪法当作"控制国家"的工具,丰富而严格的自由权规范所划定的广阔的私人空间,由每个人完全的自由意志去形成良好的秩序,宪法在私人关系上是退避和容让的。进入现代宪法时期,人们不再满足于弱肉强食的自由和虚伪的机会平等,而是希冀每个人都能在宪法的庇护下,借助国家的干预而过上真正的幸福生活,由此,公民才有可能援引宪法去对抗来自普通私人对其基本权利的实质性妨害。"基本权利的私法效力"可以说是一个只有在现代宪法观念下才可能成立的问题,而它体现了近代立宪主义与现代立宪主义在一个根本价值取向问题——国家与社会的关系——上的分歧。在近代宪法观念下,政治国家与市民社会泾渭分明,宪法也就不可越雷池一步,而在现代宪法观念下,国家与社会的界限趋于模糊,宪法上基本权利的效力也才有了扩及私法领域的可能。

在中国的法治道路上,"近代"与"现代"的挤压看来无法避免。正如林来梵教授所言,"我国基本上仍未完成近代立宪主义的课题,这一点

---

① 最高人民法院的批复的初衷可能只是为学界争论已久的"宪法的司法适用"问题寻找一个突破口,而学界最初也大多是从这个意义上来看待"齐玉苓案"的,可以说"公民基本权利的私法效力"问题的引出完全是无心插柳的结果。但是也有学者注意到了"齐玉苓案"中基本权利向私法关系扩张效力的问题,参见沈岿. 宪法统治时代的开始?:"宪法司法化第一案"存疑//张庆福. 宪政论丛. 第3卷. 北京:法律出版社,2003;韩大元. 论社会变革时期的基本权利效力问题. 中国法学,2002(6);王磊. 宪法实施的新探索:齐玉苓案的几个宪法问题. 中国社会科学,2003(2). 此外,我国台湾地区的学者对这一问题有较深入的讨论,笔者所见到的有以下几种:陈新民. 德国公法学基础理论:上册. 济南:山东人民出版社,2001;287-343;法治斌. 人权保障与释宪法制. 台北:月旦出版社股份有限公司,1993;1-64;许宗力. 法与国家权力. 增订2版. 台北:月旦出版社股份有限公司,1993;1-71;苏永钦. 合宪性控制的理论与实际. 台北:月旦出版社股份有限公司,1994;15-75。

是毋庸赘言的"①，所以更为时人关注的问题也是：如何有效约束公权力，建立近代立宪主义所倡导的"政治国家—市民社会"的二元对峙关系，以利"私法自治"的形成。在此种意义上，"齐玉苓案"的出现显得是那么的不合时宜，因为它把"基本权利的私法效力"这样一个对于立宪主义的近代课题具有解构意味的问题摆在了中国的法律人面前。由于这个问题的出现，我们就必须再次发问：我们到底应该建立怎样的国家与社会关系模式？"齐玉苓案"所反映的社会现实已经使我们不能再理直气壮地选择近代模式了，而"跨越式"地直接选择现代模式显然更是绝无可能。这种进退维谷的局面给了我们一个砥砺中国宪治建设的价值取向的机会。

由于"基本权利的私法效力"问题根源于立宪主义的根本价值取向，所以它就绝不会简单到只是一个所谓"宪法司法化"的问题；由于这个问题在中国的发生背景是不同宪法时代的错位与叠加，所以问题的解决也就不能只是依赖于对西方现成理论的照搬，从这个意义上讲，某些学者简单地以德国"第三人效力"（Drittwirkung）理论或者美国"国家行为"（state action）理论来类比附会"齐玉苓案"就只能是一种"主动误取"。笔者认为，只有在中国具体而特定的背景下寻找这个问题的答案才是有意义的，应当将"基本权利的私法效力"问题所牵涉的我国宪法的基本政治理念、宪法规范、社会现实以及特殊的体制架构逐一进行分析，进而在宪法与民法的"科际整合"的大背景下提出问题的初步解决方案。

一、逻辑起点：关于宪法的"国家取向"

"基本权利的私法效力"问题的逻辑起点是宪法的"国家取向"。立宪主义发端于政治观念上的"国家社会二元论"，在这种二元对峙的理念下，国家是一个宪法之下的有限存在，它的功能只限于公共事务的决策，而不及于社会整体。宪法作为一种针对公权力的法，它所调整的只是国家与人民之间以及国家权力之间的关系，私人间的关系并不是宪法所应涉及的领域。正是宪法的这种"国家取向"的功能定位，使基本权利在私法领域发生效力时会引起巨大的争议。

宪法的功能在于"控制国家"，这种观念在西方的立宪主义中是根深蒂固的，可以说这一原则已经是一种"无知之幕"②，人们在接受和实践这一理念时，不会有任何的疑问。我们可以从一位当代美国学者极为自信的论

---

① 林来梵. 从宪法规范到规范宪法：规范宪法学的一种前言. 北京：法律出版社，2001：25.
② 罗尔斯认为，人们都是处在一种"无知之幕"的背后，"无知之幕"是人们选择的一些原则，"即无论他们最终属于哪个世代，他们都准备在这些原则所导致的结果下生活"。（约翰·罗尔斯. 正义论. 何怀宏，何包钢，廖申白，译. 北京：中国社会科学出版社，1988：131.）

断中看出他在接受这一观念上是何等自觉，他说："尽管在不同的国家，立宪主义的实质内容和结构机制有着不少的差异，但是立宪主义的核心理念——通过一部高级法的实施来控制公权力——仍然为当下所有的立宪政府所宣告。"① 在西方立宪主义中，"控制国家"是宪法的根本性问题②，一切对于宪法的言说都是从"对国家的法律制约"开始的。

然而，在我国却从来不曾确立"控制国家"的理念，而且，我国宪法以马克思主义为指导思想，马克思主义的国家与社会关系理论有可能使我们根本不具备讨论"基本权利的私法效力"的基本问题结构。虽然马克思最初继受了黑格尔的"国家社会二元论"，但他认为应当将国家与社会关系放到人类社会发展的阶段中去加以理解。他认为，资本主义宪法所确立的市民社会与政治国家的分离，只不过是资产阶级利益与普遍公共利益相对抗的结果。在他看来，在社会生产力，特别是社会分工发展到一定阶段后，社会利益开始分化，个人的特殊利益与社会的共同利益之间开始对立，"正是由于特殊利益和共同利益之间的这种矛盾，共同利益才采取**国家**这种与实际的单个利益和全体利益相脱离的独立形式"③，相应地，市民社会也就摆脱国家权力的干预而产生出来。在这种背景下建立的资产阶级法治国家，自然是以限制国家权力、维护私法自治为根本精神的。而在进入共产主义社会后，不再存在阶级利益与共同利益的对抗，市民社会也就不存在了，宪法的功能也就不是"控制国家"④。所以，按照马克思主义的理论，在社会主义国家，一切的个人利益、局部利益都是统一于整体利益的，国家与社会由二分重新走向同一，宪法也就不会像资本主义宪法那样仅具有"国家取向"了。⑤ 这样，"公民基本权利的私法效力"问题的逻辑前提就不存在，问题既然不存在，基本权利在私法领域发生效力就

---

① Richard S. Kay, *American Constitutionalism*, in *Constitutionalism* (Larry Alexander, ed., Cambridge University Press, 1998), p16.
② 斯科特·戈登. 控制国家：西方宪政的历史. 应奇，陈丽微，孟军，等译. 南京：江苏人民出版社，2001：5.
③ 马克思恩格斯选集：第1卷. 3版. 北京：人民出版社，2012：164.
④ 俞可平. 马克思的市民社会理论及其历史地位. 中国社会科学，1993（4）：61.
⑤ 马克思主义与西方立宪主义关于国家与社会关系的理论实际上都体现在了各自宪法的终极问题上。"控制国家"这个根本问题体现的是"国家社会二元论"。我国宪法中具有终极意味的是国体问题，也就是国家的阶级性质问题，它所体现的正是"国家社会同一论"。我国《宪法》第1条所确认的国家的阶级性质是人民民主专政，按照一般的理解，人民民主专政是"无产阶级专政的一种模式"。（许崇德. 中国宪法. 北京：中国人民大学出版社，1996：113.）在无产阶级专政下，所有无产者的利益是一致的，而少数的资产阶级不过是专政的对象，何有利益可言。没有与整体利益相对抗的特殊利益，也就不会有国家之外的社会了。

应当没有任何理念上的障碍了。

我们可以得出这样的结论：在马克思所设想的共产主义社会中，"公民基本权利的私法效力"问题只会是一个假问题。我国的宪法学者在观念上虽然未必会有这样明确的判断，但是长期浸淫于马克思主义宪法学说已使他们被自然地嵌入了此种价值判断的本能。所以，当我们就基本权利可否在私法领域发生效力提问时，生活在西方国家的人的直觉将是："这怎么可以？"而生活在社会主义宪法下的人的本能反应却会是："这怎么不可以？"由此，我们也就不难理解在"齐玉苓案"中，为何最高人民法院的法官在作出批复时对"基本权利的私法效力"问题毫无意识，而许多宪法学者会不假思索地为这个批复大声叫好。

然而，问题毕竟不会如此简单。首先，即使在官方的话语中，中国也"将长期处于社会主义初级阶段"，这与马克思所设想的完全理想状态下的共产主义相距尚远。更为重要的是，我国的改革开放，似乎在预示着"国家社会二元论"的回归。我们可以从我国现行宪法的历次修改和以制定民法典为目标的私法自治体系的逐步建立中寻找到这个"回归"过程的蛛丝马迹。第一，非公有制经济宪法地位的提升。从1982年宪法实际上否认私营经济的合法性，到1988年宪法修正案规定"国家允许私营经济在法律规定的范围内存在和发展。私营经济是社会主义公有制经济的补充"（《宪法修正案》第1条），再到1999年宪法修正案规定"在法律规定范围内的个体经济、私营经济等非公有制经济，是社会主义市场经济的重要组成部分"（《宪法修正案》第16条），这种变化实际上承认了在国家所代表的整体的、共同的利益之外，也还存在特殊的局部利益，而且局部利益也是应当受到保护的。这种社会利益的分化，正是国家与社会相分离的自然逻辑前提。第二，法治主义的入宪。1999年宪法修正案为《宪法》第5条增加一款，规定"中华人民共和国实行依法治国，建设社会主义法治国家"（《宪法修正案》第13条），第一次在宪法中确立了法治主义。法治主义内在地蕴含着"有限政府"的原则，而"有限政府"所体现的正是"国家之外尚有社会"的理念。第三，民法典的起草。民法典的起草是近年来规模最大、影响最广的立法活动，其基础在于"私法自治"观念的普遍接受。私法自治的意义正在于市民社会脱离政治国家而自立，由不受国家支配的个人和团体自发形成秩序。以上三点可以说明，我国正在重新构建"国家与社会相分离"这一立宪主义的基石。也正因为如此，"基本权利的效力仅及于国家还是可以及于国家以外的私人"才成为一个有必要讨论的问题。这个问题之所以出现在1999年修宪后的2001年，而不是5年、10年以前，与我国宪法的这种基本价值取向的变迁是暗相契合的。

二、规范分析：基本权利发生私法效力的宪法依据

在上文中我们说明，由于政治理念上的变迁，我国开始有必要讨论"基本权利的私法效力"问题，但是，这并非说，在当前的中国基本权利的效力就应当扩及私人间关系。基本权利在私法上发生效力，至少还需要两个条件：（1）充分条件，也就是社会现实是否有将基本权利效力扩及私人领域的实际要求。我们不可能脱离现实去架构理论的空中楼阁。（2）必要条件，也就是从我国的实定宪法能否导出公民基本权利在私法上的效力。如果在我国宪法中无法找到相应的规范依据，纵有社会现实的要求，基本权利向私人领域扩张效力也无可能。这里将首先讨论后一个条件，也就是基本权利发生私法效力的宪法依据。

实际上，由于各自宪法规范依据的不同，各国对于如何在私人领域内保障公民基本权利的处置也就会大不相同。德国之所以会非常鲜明地提出基本权利对国家之外的"第三人"的效力的问题，是因为德国《基本法》对基本权利效力作了独特的规定。德国《基本法》第1条第3款规定，"以下基本权利是拘束立法、行政和司法权的直接有效的法"，由此，司法机关在民事审判活动中遵守和适用基本权利规范就成为其法定的义务，基本权利在私法上发生效力就具备了明确的宪法依据。[①] 而美国的情况却决然不同，美国宪法并无类似的宣告，而其基本权利规范基本上明确以国家权力为唯一针对对象（例如，美国宪法第一修正案规定："国会不得制定关于下列事项的法律……"），这使得美国在处理私人行为妨害公民基本权利问题时，只能是把部分特殊的私人行为纳入"国家行为"的范围而勉强予以宪法规制。所以，虽然依据我们的观察，我们可以说美国宪法中基本权利的效力已经扩及私人领域，但是在美国人的观念中却只认为这是基本权利所约束的"国家行为"的范围扩大了。那么在我国，情况又会如何呢？我国宪法并没有像德国《基本法》第1条那样明确规定基本权利的效力范围，但是如果对我国宪法文本加以分析，我们就可以发现，我国宪法规范体系实际上蕴含了基本权利的效力及于私人间关系的可能性。笔者将对以下的宪法规范作出分析，以证明自己的判断：（1）《宪法》第42～46条（公民社会经济权利）；（2）《宪法》第51条（公民基本权利的界限）；

---

① 在当代的德国法上，基本权利可以在私法上发生效力已是学界的共识，所争议的只是宪法规范如何发生效力的问题。（刘淑范．宪法审判权与一般审判权间之分工问题：试论德国联邦宪法法院保障基本权利功能之界限//刘孔中，李建良．宪法解释之理论与实务．台北："中央研究院"中山人文社会科学研究所，1998：230－235．）

(3)《宪法》"序言"最后一段（宪法的法秩序地位）。

（1）公民社会经济权利规范。我国《宪法》中关于公民社会经济权利的规定相当丰富和完整，计有劳动权（第42条）、休息权（第43条）、退休人员社会保障权（第44条）、获得物质帮助权（第45条）、受教育权（第46条）。我们并不能从这些条文中直接找到这些权利可以适用于私人间关系的字眼，但是社会经济权利的宪法意蕴却使基本权利的功能由"防御权"向"保护请求权"转变，这种转变必然会使基本权利的效力扩及私人间关系。社会经济权利的实现方式完全不同于传统的自由权的实现方式。自由权是所谓"消极权利"（negative right）或者"摆脱国家的自由"（freedom from state），自由权的实现只是要求国家不干预，国家只承担消极的不作为义务。而社会经济权利则要求国家权力的积极干预，限制社会经济强者的经济自由权，保护、扶助社会经济弱者，以满足人民对个人发展的要求，国家的义务是积极的作为。① 社会经济权利的这种实现方式在我国宪法的规定中表现得极为明显，以劳动权为例，《宪法》第42条第2款规定："国家通过各种途径，创造劳动就业条件，加强劳动保护，改善劳动条件，并在发展生产的基础上，提高劳动报酬和福利待遇……"本来，劳动者可以获得怎样的劳动条件、报酬和福利纯属劳动者和雇主之间自愿协商的内容，而本款中"国家通过各种途径""提高""改善"之类的字眼实际上意味着国家可以借助民事立法、民事司法乃至行政的手段介入这种私人间关系。（当然，社会经济权利作为一种"纲领性条款"（program clauses），其实现程度如何，国家对私人间关系的介入深度如何，必然会受到特定的社会经济发展水平的制约。而且，国家介入私人间关系以保护公民基本权利也必须保持节制。）这种规范表述说明，劳动权在相当程度上是可以向国家请求保护的权利，而宪法关于其他社会经济权利的规定与此大率相同。所以，社会经济权利的入宪已经使传统的基本权利的功能发生了转变，已由单纯的"防御权"向"保护请求权"转化，这也是近代宪法向现代宪法转变的一个基本标志。② "保护请求权"的根本

---

① 杉原泰雄. 宪法的历史：比较宪法学新论. 吕昶，渠涛，译. 北京：社会科学文献出版社，2000：130.

② 这里须注意，"请求保护功能"虽然是社会权的根本属性，但传统的自由权在宪法进入"生存权"时代之后，也可能具备社会权的这种属性。也就是说，国家也可能以积极的作为去保护自由权，而不再仅仅以消极的不作为来"不侵犯"自由权。这样，自由权就具有了部分"社会权的性质"。当然，自由权的根本功能还是"防御功能"，如果轻易地让自由权的"社会权性质"代替了"防御权性质"，可能导致整个自由权原理的崩溃。因此，对于自由权的"社会权性质"的承认以及在法规范、法效果上的落实，必须极为慎重。关于自由权的"社会权侧面的性质"，可参见大须贺明. 生存权论. 林浩，译. 北京：法律出版社，2001：28-30.

意义在于，公民认为自己的某项权利因为他人的行为或者某种社会生活上的障碍而无法实现时，得请求国家的积极干预以排除此妨碍。这就必然会使基本权利的效力及于私法的领域，因为国家应公民的请求介入私人间关系的理由是保障公民权利，也就是公民基本权利对私人间关系发生了效力。这种基本权利在私法领域发生效力的途径有两条：一是立法者将基本权利的意旨化作普通法律规范，使之成为私法规范体系的内容；二是司法者依据当事人的申请，排除第三方对当事人基本权利的侵害。所以，社会经济权利规范在我国宪法中的确立，为基本权利的效力扩及私人间关系提供了第一层次的规范依据。

（2）《宪法》第51条规定："中华人民共和国公民在行使自由和权利的时候，不得损害国家的、社会的、集体的利益和其他公民的合法的自由和权利。"这一条规定了公民行使基本权利的界限，包括两个方面：一是公共利益，二是其他公民的权利和自由。后一方面从反面说明公民的基本权利有可能受到来自其他公民的侵害，公民的基本权利相互间也会发生冲突。本来，私人与私人之间即使发生基本权利的冲突，也并不产生公法上的权利义务关系，公民与公民之间最多主张私法关系，由司法机关援引民事法律裁判。[①] 但是，这并不是说基本权利规范对于私人间关系没有任何影响。因为法律不可能穷尽一切基本权利冲突的可能性，而且民法规范对于基本权利的保障程度可能不如宪法规范，所以，在基本权利冲突的情况下，司法机关依然有可能将宪法的规范适用到私人争议中去。

《宪法》第51条的规定与前文述及的社会经济权利入宪引起的基本权利的功能转变有关，这条规定体现了人权观念突破狭隘的"防御权"内涵，转而以如何调动各种资源（包括国家权力）保障公民基本权利的充分实现为关注的中心问题。在发生人权思想由"防御性人权"向"价值理念人权"的转变后，尊重和保障人权已经不仅仅是国家的行为准则，而成为所有公民行动的"秩序价值"，人权保障实际上已经成为现代国家法秩序中的最高价值，这种最高价值必然涵盖公私法的各个领域。人权思想的这种转变是一个国际性的趋势，现代宪法的实例充分体现了这一点，例如，二战后德国《基本法》将"自由秩序基本原则"作为立国的根本，其中将"人格尊严"作为一切人的权利的根源并确立了其在法秩序中的最高价值的地位。既然是一国法秩序中的最高价值，其效力当然及于公私法各个领域。又如，二战后日本宪法第11条规定："国民所享有的一切基本权利不

[①] 陈怡凯. 基本权之冲突：以德国法为中心. 台北：台湾大学，1995：110-111.

受妨害",这已经不像近代宪法那样仅明示以国家权力为唯一针对对象了。所以,虽然基本权利的意蕴由"抵御"向"秩序"转向是一个主要发生在西方近代宪法中的现象,但我国宪法中也已有了将基本权利作为涵盖一切法秩序的最高价值的内涵。这种转向同样可以从我国《宪法》"序言"最后一段的表述中看出。

(3)《宪法》"序言"最后一段。我国《宪法》"序言"最后一段首先宣告了宪法的"最高法"地位,然后马上规定:"全国各族人民、一切国家机关和武装力量、各政党和各社会团体、各企业事业组织,都必须以宪法为根本的活动准则,并且负有维护宪法尊严、保证宪法实施的职责。"值得注意的是,宪法这个"根本的活动准则"并不仅仅是针对公权力主体的,"各社会团体、各企业事业组织"也都要受宪法约束。我们知道,最后的三种主体主要都是私法上的主体,这样的规定是否意味着宪法同样可以适用于私人呢?问题可能又回到了我们讨论过的"基本权利的私法效力"问题的逻辑起点上,我们可以把这个规定看作我国宪法尚未确立国家与社会二分的一个表现,但同样也可以把它理解为对宪法涵盖公私法的各个领域的最高法秩序的确认。我们对于宪法的理解与解释应该尊重社会现实的合理要求,从而实现宪法的现实性价值,现实合理性也应当是判断宪法解释是否具有正当性的重要因素。在对宪法规范有复数的解释可能性时,应该将其朝着符合社会现实需要的方向解释。① 所以,在我们经历了多年的法治改革而正在确立"国家社会二元分立"的背景下,对于《宪法》"序言"的这种规定就应该在立宪主义的框架内进行解释,将之看作对"国家与社会混同"的"否定之否定"。所以,在笔者看来,《宪法》"序言"最后一段的表述,在某种意味上可以与德国《基本法》第1条第3款的宣告相类比,也包含着基本权利的效力扩及私人间关系的某种可能性。

这里需要说明的是,作出"基本权利具有最高法秩序的地位,而且最高法秩序是可以涵盖公私法的各个领域的"这样一个判断,可能导致的误解是将宪法看作既是公法又是私法的混合体。笔者认为,可以得出的谨慎的结论只是:宪法已经不再是纯粹的公法,宪法已经在某种程度上具备了私法的性质,从而其在私法领域的效力问题似有重新考虑的必要。笔者的措辞之所以会如此临深履薄,是因为某些学者已经有了将宪法的公法属性与私法属性等量齐观的倾向。例如,童之伟先生认为,宪法"是公法和私

---

① 杨仁寿.法学方法论.北京:中国政法大学出版社,1999:131.

法的共同基础，微缩着一国法律体系中私法和公法两者的内容"①，这一表述似乎对宪法的公法属性和私法属性作同等的对待，可能实际上抬高了宪法私法属性的地位。童之伟先生因之得出"宪法私法化""这类问题纯粹是误解宪法的产物，是假问题"这样的断论也是夸大宪法的私法属性的必然结果，因为在他看来，宪法本就是私法，何言"私法化"②。蔡定剑先生的表述要更为慎重一些，他指出宪法只是发展成了"相对规范私人间法律关系之私法"③。所谓"相对"，是与"宪法绝对是调整公权关系的公法"这一判断相对比而言的。这说明宪法对私人间关系的介入程度尚浅、规制尚宽，不能与宪法对公权力的强力制约相提并论。笔者认为，立宪主义的"控制国家"这一根本理念即使在现代宪法时期也未被否定，而宪法主要以规制国家权力、调整国家与公民之间关系为根本内容也没有变化，因而即使存在公法私法化和公私法合流的趋势，也不能动摇宪法根本上的公法地位。宪法的私法属性相对于其公法属性只处于补充、辅助、从属的地位，绝不可将二者等量齐观。当然，也不能因此无视和否认宪法在演进中产生的私法属性。

三、社会现实：私法主体力量的差异与基本权利的落空

基本权利的效力扩及私人间关系领域的基本社会现实基础是：某些私法上的主体因为其所拥有的实力和资源，可以对其他的私法上的主体产生实际上的强制力，从而妨害他人的基本权利的实现。在这种特定情形下，传统私法上的"自主决定"基础已经不存在了④，私法主体之间已经无法维持相互的平衡了。而且，由于民法必须将主体的地位平等和意志自由作为基本预设，实质上的不平等与不自由就难以在民法中得到纠正，因而传统的私法对这种实际侵害的保障往往不足。强势主体打着"私法自治"的幌子对社会弱者的损害往往正是基于弱者无奈的同意。既然是弱势者基于"自由意志"而接受了这种损害，其在民法领域获得救济的可能性就极小⑤，

---

① 童之伟. 宪法司法适用研究中的几个问题. 法学，2001（11）：8.
② 同①.
③ 蔡定剑. 关于什么是宪法. 中外法学，2002（1）：99.
④ 例如，契约自由是许多国家宪法都明示的基本自由权，但如果契约一方地位相当优越，以至于实际上可以在契约内容上作单方面的决定，则对于另一方来说，就不是自由意志的"自主决定"，而是"他主决定"，一方的契约自由权利就受到了强势另一方的契约自由权利的压抑。
⑤ 当然，民法也对处于垄断或者优势地位的民事主体的行为进行一些限制，例如对合同中一些格式条款的禁止。但是，一则民法所保障的公民权利范围有限，二则民事权利的保障程度往往不及基本权利，因为后者往往具有"绝对权利"的性质，故而，就基本权利的保障而言，私法显然不及公法有力。而且，实际上这种私法保护就体现了公法原理的渗入。

弱势者的基本权利因而也就难以有效落实了。既然私法保障不足，就有必要考察私法主体表面上、法律地位上的平等背后的实际上、力量上的不平等，考察私法关系中实际存在的支配与强制，在必要的情况下以公法原理保障公民的基本权利。

那么这种强势的私法主体的具体形态是怎样的呢？在不同国家，情况也不尽相同。在这里，笔者只考察当下中国社会中可能凭借自身的强势地位侵害其他私人的基本权利的私法主体的情况。

（一）作为私法主体的国家

在我国，国家对私法领域的介入极为深入。一般认为，国家可以有两个法律人格：当国家基于统治权而为"高权行为"时，它是公法人性质的国家；而当国家与人民处于平等地位而为私法行为时，它是私法人性质的国家。国家的私法行为乃是基于国库，所以又被称为"国库行为"①。当前国家从事私法行为的情况极为普遍，例如政府投资、经营国有企业、对国有企业进行持股和控股、进行经济资助、进行政府采购等等。而且，在我国所进行的"政企分开""政社分开"的改革中，许多原来由国家直接实现的功能，转由一些代表国家的私法主体来承担，这就会出现某种"行政向私法逃避"的情况。② 最为典型的就是在建立现代企业制度过程中，国家将其所有权人的职能与国有企业投资人的职能分开，设立国家投资公司、国家控股公司、国有资产经营公司等投资主体。所以，在我国，国家作为特殊市场主体的情况很普遍，而这也是其实现自身的经济职能的必要方式。

国家的私法行为在受民法规范约束的同时，仍然应该受公法规范，特别是受基本权利规范的制约。我国的民法学者大多主张国家应该成为私法上的主体，而国家的私法行为应当受到民法规范的约束③，否则，国家如果与其他参与市场活动的私法主体不处在平等的地位上，那么和谐有序的市场体制就无法建立，私法规范体系也就无法形成。民法学者的这种主张当然是极有价值的，它也体现着我国的政治理念上逐步确立的"国家社会二元论"，但这并不能否认国家的私法行为依然应受公法规范的约束。理由有二：其一，国家的两个法律人格的区分完全来自法律的拟制，实际上

---

① 杨建顺.日本行政法通论.北京：中国法制出版社，1998：172.
② 所谓"行政向私法逃避"是指，行政机关在完成行政任务的过程中，通过选择运用一些"私法措施"来代替传统的公法手段，这就完全有可能规避公法原理——包括基本权利——对其的制约。（室井力.日本现代行政法.吴微，译.北京：中国政法大学出版社，1995：47-48.）
③ 唐宏强.我国国家私法主体特质的法理学探析.法律科学，1998（6）：33.

本不存在一个独立于国家的国库，国家即使为私法行为，其目的也只能是公共目的，这与国家的公权力是无法作截然的划分的。如果坚持国库行为仅受私法调整而不受基本权利的制约，可能会使私法行为方式沦为国家规避公法限制之手段，这与法治国家以法律限制政府的精神是难以吻合的。其二，在民法上国家与其他私法主体的平等，只是我们观念中的法律地位的平等，而在实际所具备的力量上，任何私法主体都不可能与国家这个强大的"利维坦"相比。国家所具备的巨大权力和垄断地位，使得它的私法行为往往也具备实质上的强制力和支配力，私法规范的缰锁无法真正驯服这头怪兽，所以，更为严格的公法规范的适用就应当是具有合法性的。所以，当国家的私法行为妨害其他私法主体的基本权利时，基本权利规范的效力应当可以扩及此类私法关系。

（二）社会团体、行业协会、中介组织、垄断企业等

这些主体一般而言是私法主体，其行为应当受到私法的约束，但是这些主体在中国的情况相当特殊。如果说在某些国家，这些主体的产生和发展是个自发过程的话，那么在中国这些主体的出现与运作带有了强烈的公权力干预的色彩。它们所承载的功能基本上是计划经济时代的某些行政机关的职能，这些职能是在政府退出市场的大趋势下从政府中分离出来的，因而这些社团、协会等与国家就必然有着"剪不断，理还乱"的种种联系。有学者指出，中国的社团、中介组织的构成总体上具有"半官半民"的"二元结构"，是政府实施社会控制的"第二纵向沟通渠道"[1]。由这些主体的地位以及它们所承担职能的公共性所决定，其行为往往具有类似国家行为的垄断性或公益性，进而也就具备了实质上的支配性和强制性，它们的优势地位使其对处于劣势地位的私人的基本权利造成妨碍的可能性大为增加。因而，对这一类主体的行为进行基本权利的约束也就是极具合理性的。[2]

（三）具备强势地位的其他主体

除前述两种与公权力有密切联系的特殊主体的私法行为外，纯粹的私法主体的行为同样会妨害他人的基本权利，所不同的只是这时更多地表现为基本权利的冲突。例如，公司的某员工有着某种特殊的政治主张，于是将自己所信奉的格言张贴于办公桌旁。而公司担心这种"表现活动"会损

---

[1] 王名，刘国翰，何建宇. 中国社团改革：从政府选择到社会选择. 北京：社会科学文献出版社，2001：60.

[2] 对于如何规制这些特殊主体的行为，我国行政法学界已经进行了相当深入的研究，可参见任进. 中国非政府公共组织的若干法律问题. 国家行政学院学报，2001（5）；陈斯喜. 现状与未来：我国社团立法状况述评. 环球法律评论，2002（2）.

害公司形象或者招致不必要的麻烦，于是强令该员工摘下该格言，员工为避免被开除而不得不接受，这就是公司（强势者）的契约自由意志的充分实现压制了公民个人的言论自由。这说明，虽然普通私人在民法上地位平等，但各自的实力却必然有差异。实力强大的主体在充分实现自己的权利的同时，往往会对他方权利的实现构成妨碍，力量强大、地位优越的主体完全可能借助自己所拥有的实力在实现自己利益最大化时实际损害社会弱势者的权利。①

我国在经历了多年的改革后，普通私人之间的贫富分化、地位升降极为剧烈，中国社会的阶层分化已经形成。我国自 1978 年以来的改革以"让一部分人先富起来""效率优先，兼顾公平"为基本政策，总体上是以鼓励个人充分、自由地发挥自己的创造力为价值取向的，因而这种分化的出现是正常的，这也是社会进步的必经阶段。但是，过分张扬人的自由发展，可能会造成社会的巨大不公正②，自由可能会异化为强者的自由和弱者的不自由，某些社会竞争中的弱者可能无法保证生活的基本尊严，也无能力抵抗来自社会强者的侵害。而相对地，某些社会强者却可能在私法关系中具备实质上的强制力和支配力。在此种情况下，允许弱者援引宪法基本权利条款对抗来自强者的侵害应该也是具备相当的合理性的，只不过在使基本权利的效力扩及这一类私人间关系时应当极为谨慎，因为这种妨害从另一个角度观之就是公民基本权利之间的冲突。对一方的基本权利的保护可能同时就会构成对另一方的基本权利的限制，如果随意地将基本权利适用到这一类私人间关系中去，会导致公民基本权利的相互抵消，并从根本上动摇私法自治与私法秩序。

综上所述，在私人间关系中，公民的基本权利会被侵害，而私法的保障可能会不足，因而，基本权利的效力有扩及私法领域的社会现实基础。

四、途径选择：民事立法、民事司法与宪法解释

通过上述规范分析与社会现实分析，我们可以看出，基本权利在私法领域是否应该发生效力已不成问题，所需解决的只是这种效力如何发生的问题了。相对抽象概括的基本权利条款在现实的私人间关系中发生效力，

---

① 这就是德国、日本宪法理论中所谓的"社会力行为"，参见陈新民. 德国公法学基础理论：上册. 济南：山东人民出版社，2001：291；芦部信喜. 宪法. 李鸿禧，译. 台北：元照出版有限公司，1995：121。

② 自由与平等是永恒冲突的价值，自由关注的是人与人的不同之处，而平等关注的是人的相同之处。因而，个性的自由发展和人人能过上平等的有尊严的生活这两种诉求之间总是相互冲突的。（莱斯利·里普森. 政治学的重大问题：政治学导论. 刘晓，等译. 北京：华夏出版社，2001：100.）

实际上是一个宪法具体化的过程。一般说来，宪法的具体化有两条途径：一是立法机关的立法，二是宪法解释。而在多数建立违宪审查制度的国家，宪法解释权是由司法机关掌握的，所以在这些国家，就存在一个宪法权利发生私法效力的途径选择的问题，也就是应当通过立法来保障，还是通过司法来保障。此外，在由司法机关承担保护基本权利义务的情况下，是直接将基本权利规范适用于民事案件呢，还是将基本权利规范通过民法的概括条款来间接适用呢？主张基本权利可以由法官直接适用于民事案件的，是所谓"直接效力说"；而主张基本权利只能通过民事立法或者法官对民法概括条款的解释而对民事案件发生效力的，是所谓"间接效力说"。

（一）"间接效力说"与"直接效力说"及其利弊分析

各国由于宪法架构的不同以及所要解决的问题的差异，在"间接效力说"与"直接效力说"的选择上各不相同。美国的"国家行为"理论将某些私人行为视同国家的行为，既然是国家的行为，基本权利自然可以对其发生直接的效力。所以，"直接效力"与"间接效力"之争在美国宪法理论中实际上并无意义。德国当代的国库行为理论与此有相似的逻辑，由于国库行为的主体乃国家（主要是行政主体），而按照《基本法》第1条第3款，基本权利对于立法、行政与司法又是"直接适用"的法律，因而通说认为基本权利对国家的私法行为的效力是直接效力。

在此问题上存在较大争议的是德国的"基本权利的第三人效力理论"。这一理论的提出，是以基本权利对私人行为的直接效力为基本立场的。德国劳工法学者汉斯-卡尔·尼伯代（Hans-Carl Nipperdey）在1954年发表的《男女同工同酬》一文中，第一次提出了"基本权利对第三人的直接效力"的主张，此后其在任德国联邦劳动法院院长时，在一项判决中进一步阐述了这个理论。他认为，基本权利不仅仅是用来对抗国家的，多数的基本权利同时也是整个社会生活的"秩序原则"，因而在公民彼此间的私法关系上，亦具有直接的效力，也就是说普通法官也可以援引基本权利的规定解决私法争议。[①] 这一理论立即激起轩然大波，多数学者认为，如果让基本权利具有了在私法上的直接效力，必将极大地冲击私法自治和私法秩序，导致公民自由的相互抵消，导致"私法国家化"。然而，《基本法》确立之自由民主基本秩序和法治国家的理念又使法律人不可完全漠视基本权

---

① 刘淑范. 宪法审判权与一般审判权间之分工问题：试论德国联邦宪法法院保障基本权利功能之界限//刘孔中，李建良. 宪法解释之理论与实务. 台北："中央研究院"中山人文社会科学研究所，1998：231-232；陈新民. 德国公法学基础理论：上册. 济南：山东人民出版社，2001：292.

利在法秩序中的意义。故而，德国联邦宪法法院逐步采纳了一种"基本权利对第三人之间接效力"的理论，这一理论认为：基本权利并不具有私法上的直接效力，也就是说并不直接赋予私法主体任何权利义务。基本权利在私法领域产生效力应以民法上的概括条款或不确定性概念为"桥梁"，通过法官对概括条款的"合宪解释"，以宪法之精神和内容充实之，将基本权利转化为私法规范，从而使基本权利对民法关系发生间接效力。

"基本权利对第三人之间接效力"说具有极缜密的逻辑，它既与德国《基本法》第1条第3款规定的"基本权利是直接有效的法律"相契合，又避免了直接运用宪法可能对"私法自治"的威胁，因而成为通说。但是，在我们叹服德国人的精致的法律技术与缜密的逻辑思维的同时，我们却无法不对"基本权利对第三人之间接效力"理论有所反思。首先，这一理论显然失之空泛。内容更为具体之基本权利条款却要通过原则、抽象的民法概括条款来实现，其内容显然难以充分落实。① 其次，以适用民法条款为名而实际运用宪法条款，又似有掩耳盗铃、自欺欺人之嫌，因为这种情况与基本权利发生"直接效力"没有根本上的区别。因而，在德国对"间接效力说"的批评一直不曾停止。

实际上，"间接效力说"所突出或者强调的只是立法机关在基本权利的私法保障上的主导地位。也就是说先由立法机关尽可能地将宪法基本权利规范具体化于民法，司法机关只要去适用这些民法规范就可以实现对公民基本权利的保障。只有在现有民法规范不敷适用时，才考虑适用基本权利规范，而且还要用民法的概括条款把它们"包裹"起来。这样处理乃是基于两个考虑：第一，避免"直接效力说"可能对民法体系固有的独立性、自律性的破坏和对私法体系的颠覆；第二，立法机关在使宪法具体化的过程中具有优先的地位，如果经常由司法机关将抽象的宪法规范适用到具体的社会争议中去，有可能破坏立法权与司法权应有的界限。

（二）中国特殊制度下的途径选择

采"直接效力说"还是"间接效力说"，是突出立法的保障还是突出司法的保障？这个问题落实到中国现实，就有美德等国所没有的制度障碍。我国宪法解释权归属于全国人大常委会，要想通过司法机关在案件中解释宪法来具体化基本权利条款是不可能的。所以在"齐玉苓案"中，最高人民法院的批复显然是越权的，是违宪的。也有学者认为这个批复并非越权，季卫东先生态度鲜明地认为这个批复是"静悄悄地进行了一次宪法

---

① 苏永钦. 合宪性控制的理论与实际. 台北：月旦出版社股份有限公司，1994：54.

解释"，但认为这并不违反现行的法律解释体制，理由是这个批复"并没有正面阐述宪法条文的内容"①。季先生的表述在逻辑上似乎是有矛盾的。试问：既然最高人民法院进行了宪法解释，何以不违反现行释宪体制？既然不是对宪法条文的阐述，何以是宪法解释？再者，该批复认为受教育权规范可以适用于私人之间，显然是对受教育权内涵的一种解说，何以又不是对宪法的解释？之所以会有这样的逻辑矛盾，是因为我们的理想与现实之间总是有距离的。在季卫东先生看来，由司法机关来解释宪法显然是更好的体制，因而对最高人民法院解释宪法的尝试应该肯定和鼓励，但是现行体制又不允许最高人民法院释宪，所以最好还是把最高人民法院的这种活动说成是别的什么，而不是解释宪法。笔者认为，这种理想与现实的冲突绝对不可能以这种方式调和。季先生可能是希望最高人民法院通过这个批复也能够实现一次"伟大的篡权"，就像马歇尔大法官的"马伯里诉麦迪逊"判决一样。笔者也认为由司法机关解释宪法是最优的选择②，但是，不同于美国宪法的是，我国宪法毕竟明确规定了宪法解释权是归属于全国人大常委会的，如果连最高的司法机关都不尊重宪法而贸然突破宪法如此明确的规定的话，笔者实在不知道法治如何能够建立。所以，在我国对这一重大的宪法体制问题作出修改之前，由最高人民法院解释宪法是行不通的，进而，采基本权利对私人关系的"直接效力说"，由司法机关对宪法规范进行解释，然后将其适用到民事案件中去也就是不可能的。

在这种特殊的制度障碍下，采"间接效力说"，突出立法机关在基本权利的私法保障问题上的主导地位似乎是唯一的选择。司法权即使要介入，似乎也只能借鉴"基本权利对第三人之间接效力"的做法，在极为有限的空间发挥作用。然而，考察现实，我们可以发现，基本权利在私人关系中受侵犯的制度原因正是"立法的缺失"与"私法的保障不足"，而这种情况在我国显得尤为明显。"齐玉苓案"实际上就是这种情况。在对齐玉苓的受教育权的侵害发生时，教育法尚未出台，因而在后来就不可能援引教育法进行裁决。当时我国的民法典还正在酝酿之中，民事法律也大都简陋粗疏，对公民的私法权利的保障尚显不足，遑论宪法上的基本权利。这种状况当然与我国法治建设时间尚短，而立法工作又长期以"宜粗不宜细"为原则有关。而且，基本权利内容复杂、层次繁多、功能各异，如果苛求立法者在宪法制定后的较短时期内完成全部立法衡量以形成私法规

---

① 季卫东. 宪政新论：全球化时代的法与社会变迁. 北京：北京大学出版社，2002：46.
② 关于宪法解释权归属于司法权的理论与实践，可以参见张翔. 分权制衡原则与宪法解释：司法审查以及宪法法院制度下的经验与理论. 法商研究，2002（6）.

范，恐怕也有些勉为其难。在我国对基本权利的私法保障严重不足的情况下，司法机关发挥其保护基本权利功能的空间却依然存在。从某种意义上说，由于立法保障的不足，司法保障有着更大的合理性。

但是，这种司法保障不可能是司法机关直接解释和适用宪法，由于我国宪法解释权归属于全国人大常委会，司法机关要想对基本权利进行私法上的保障，必须通过全国人大常委会或者与全国人大常委会配合。当遇到宪法权利在私法领域受到侵害的问题而私法规定完全无法提供保护时，应由最高人民法院提请全国人大常委会解释宪法。然后，依据全国人大常委会的解释去裁决具体案件。① 这样，通过立法和通过宪法解释这两条途径的相互补充配合，宪法基本权利在私法上的保障应当可臻于严密。而且，这种"双重途径"的选择并不会引发童之伟先生所担忧的"最高人民法院造法"的危险。② 童之伟先生的担忧应当是出于这样的考虑：在使宪法具体化的过程中，立法较之司法有优先性，法院过多干预实际上是成了"代位立法者"③。而笔者所主张的这种途径并未对立法者的优先地位有任何的不尊敬，更不是法官造法，因为司法机关直接适用基本权利条款的前提是在申请后得到全国人大常委会对宪法的明确解释。

五、问题的解决：宪法与民法的"科际整合"与法学方法的综合运用

我们在解决"宪法权利在民法领域的效力"问题时，还应该注意这一问题背后更为深刻的宪法与民法的"科际整合"问题④，不要仅仅把它看作一个所谓的"宪法司法化"的问题。应该看到，宪法是一国最高的法规范，但民法在法律发展史上却早于宪法产生，在发生学上具有"万法之母"的地位，而且民法在法律史上长期居于最高的私法规范的位置，宪法与民法存在一种二元关系。但是在当代社会，二者之间已经不再是井水不犯河水，宪法作为母法与根本法，是现代法治国家一切生活的"整合器"⑤，整个国民生活应当在宪法的精神之下形成稳定的宪法秩序，民法须向着合宪的方向进行调整，以宪法的精神来重新整合其规范体系。这是

---

① 在实际运作中，很可能出现法院认为民法的规范违背宪法而请求全国人大常委会解释的情况，所以，这个过程还蕴含着宪法监督制度发展完善的机会。

② 童之伟. 宪法司法适用研究中的几个问题. 法学，2001（11）：6.

③ 关于立法机关在具体化宪法上的优先性以及司法机关如何避免成为"代位立法者"的问题，可以参见张翔. 宪法解释界限问题研究. 北京：中国人民大学，2001：45-55。

④ 对于宪法与民法间的科际"对话"，林来梵先生已进行了非常深刻的论述，参见林来梵. 从宪法规范到规范宪法：规范宪法学的一种前言. 北京：法律出版社，2001：294-318。

⑤ 苏俊雄. 从"整合理论"之观点论个案宪法解释之规范效力及其界限//刘孔中，李建良. 宪法解释之理论与实务. 台北："中央研究院"中山人文社会科学研究所，1998：20.

立宪主义的最基本原理的要求。

宪法与民法的"科际整合"在"基本权利的私法效力"问题上可以体现为两个方面：

首先，民事立法应当尽可能地落实基本权利规范，使公民的基本权利化为私法权利，以此对抗可能来自其他私人的侵害。在我国民法典的编纂过程中，苏永钦教授敏锐地指出："民法的体制中立性毕竟不是绝对的，尤其当宪法已经就国家经济、社会体制作了若干基本决定，使得体制的左右摆荡有其不可跨越的界限时，民法也不可能是纯粹的技术规则，某些不可让渡、必须护持的价值，正是基于宪法财产权、营业自由等基本决定的要求。"① 在那些民法典历史悠久的国家，整合宪法与民法的困难是显而易见的，因为宪法产生于民法之后，而民法的体系又相当自足，难有宪法置喙之处。而我国在某种意义上具有"后发优势"，也就是可以在民事立法中更好地贯彻宪法的价值决定。

其次，在民事司法领域，宪法与民法的整合要求法官对民法规范的适用应当时刻以宪法的精神作为其审判民事案件的指导（即使案件并不直接涉及宪法），司法权作为公权力，不能无视宪法对其的约束力。司法权对于"科际整合"要求的落实，还应当凭借法学方法的综合运用，法官可以通过"法律的合宪解释"以及"漏洞补充"等方法推进宪法与民法的整合。笔者认为，由法院在民事审判中进行的对基本权利的保障可以分为以下几个层次。

（一）民法规范的优先适用

这是指，在普通法律已将某项基本权利具体化的情况下，司法机关应首先选择适用此普通法律规范，而不可径行适用宪法。这是因为：一方面，司法者应当尊重立法者的"形成自由"，恪守司法的谦抑品格；另一方面，司法应明确"低位价规范优先适用原则"②。这是指，司法机关在审判时，应优先适用低位阶规范，只有在没有低位阶规范或者低位阶规范明显抵触高位阶规范时，方可适用高位阶规范。这里应注意的是，我们认可宪法权利在私法领域的效力，并不是允许法官置普通法律于不顾而处处直接适用宪法。不应当把"宪法规范的最高效力"，错误理解为"宪法规范的优先适用"。

但是，出于前述"科际整合"的考虑，法官应时刻以宪法的精神作为

---

① 苏永钦. 私法自治中的国家强制：从功能法的角度看民事规范的类型与立法释法方向. 中外法学，2001（1）：94.

② 许宗力. 法与国家权力. 修订2版. 台北：月旦出版社股份有限公司，1993：64.

其审判民事案件的指导。落实在方法上，这就要求法官以"法律的合宪解释"为其不可推卸的责任。"法律的合宪解释"，按照杨仁寿先生的观点，是指"以较高或'宪法'规范上意旨，而为解释位阶较低法规之方法"①，也就是在解释法律中贯彻宪法规范的意旨。法律的合宪解释有以下的不同层次：(1) 当法律的解释有多种可能性时，优先选择符合宪法权利条款的那种②；(2) 当法律规定有欠缺或者对基本权利保障不足时，依宪法权利条款予以补充。更进一步讲，法官将法律向着合宪性的方向解释或补充，体现着私法在宪法时代的新的基本价值体系下的自我调整。民法有着一套完整的概念体系和价值诉求，但是在宪法时代，民法绝不可能无视宪法对社会基本价值的宣告，因而"合宪性的要求，同时也有法律之价值取向性上的意义"③。民法应当以宪法所宣示的法律伦理为指导重新整合诠释其规范体系。所以在适用民法规范的一般情况下，虽不发生宪法对私法的效力问题，但并不是说宪法在私法规制中就毫无意义。

(二) 民法概括条款的适用（以宪法条款为阐释背景）

这实际上是采纳了前述德国的"基本权利对第三人之间接效力"这一通说。这是指，对于纯粹私人间的关系，如斟酌一切具体私法规范都不敷适用，也就是无法再依据民法排除公民基本权利被侵害的事实，此时就通过适用民法的概括条款（如公序良俗、人格尊严等）作为"桥梁"或"媒介"而将基本权利的精神贯穿落实到民法的规范中，使基本权利间接地对私法关系发生效力。

在这种情况下，基本权利实际上对私法产生了效力，但这种效力直接表现为民法条款的运用。这样，基本权利与"私法自治"这两个在法伦理上难分伯仲的价值就得到了较为妥善的调和。从法律方法论上看，此时法官所为的乃是一种"法的续造"，是法官在民法的规范、目的范围所不及的地方，以整体法秩序的基本原则为指导对民法的完善与充实。④ 当然，"法的续造"本身就是有危险性的，可能破坏司法与立法的权限分工。而且，如前所述，"基本权利对第三人之间接效力"理论本身有着空泛、虚伪的缺陷，对基本权利的保障也嫌不够有力。并且，这里的"间接效力"与下面将述及的"直接效力"实际上并无本质的区别，其区别毋宁说是个形式上的或者不过是个"说法上"的差别。但是，这一理论构架却依然是

---

① 杨仁寿. 法学方法论. 北京：中国政法大学出版社，1999：129.
② Larenz. 法学方法论. 陈爱娥，译. 台北：五南图书出版股份有限公司，1996：247.
③ 黄茂荣. 法学方法与现代民法. 北京：中国政法大学出版社，2001：263.
④ 同②.

有意义的,因为它至少部分调和了"私法自治"与"宪法权利的私法效力",从形式上维护了二者之间的和谐,因而在发展出更为精致完善的理论之前,这种做法还是一个可以接受的权宜之计。

(三)基本权利条款的直接效力

这种情形与上文的"民法概括条款的适用"的条件大致相同,只是在这种情形下私法行为的主体是国家或与公权力紧密相连的其他主体。也就是说,当国家或者其他相关主体为私法上的行为时,如果用尽了一切私法上的具体规定都无法制止其对公民基本权利的侵害,就可以直接援引宪法权利条款作为裁判理由。

这里的问题在于,为何在同样情况下,对于纯粹的私人行为和国家及其他"类公权力"主体所为的行为要区别对待呢?笔者认为,原因至少有以下两点:(1)国家等特殊主体的私法行为最终都只应出于公共的目的,或者具备了公权力的实质,故而基本权利对其直接有效实属当然,公权力不得以"私法自治"来主张排除基本权利的限制;(2)如前所述,"间接效力说"失之空泛而且易导致司法权与立法权的纷争,在行为主体是国家的情况下,没有必要勉强运用为维护"私法自治"而设置的理论。

需要注意的是,由于这时要直接适用宪法,就必须提请全国人大常委会解释宪法。可能有人会担心这种"额外的"程序会增加这类案件解决的困难,因为类似案件的数量可能会很多,令全国人大常委会应接不暇。其实,在这种情况下,一次的宪法解释就可以解决相当大量的同类问题。真正的困难在于,宪法解释在我国还缺乏规范的程序,第一次由诉讼案件引起的全国人大常委会对宪法的解释如何发动。笔者认为可行的做法只能是最高人民法院向全国人大常委会提出解释申请,全国人大常委会解释后,再由法院作出案件判决。这也是完善我国宪法解释制度的一个契机。

上述三点所针对的都是某项基本权利已被普通法律具体化而只是私法保障不充分的情形。而如果私法规范完全未对某项基本权利作出规定,将如何处之?此时,即便是通过概括条款进行"法的续造"亦无可能,如果勉强为之,无异于司法权直接侵犯立法权。此时,问题的解决已超出司法权的功能空间,可行的办法也还是两个:一为立法,二为宪法解释。后者如同前文所说的那样,宜由最高人民法院提请全国人大常委会解释,将基本权利条款具体化。但是宪法解释毕竟不能完全代替立法,宪法解释所解决的主要是宪法规范的含义问题,至于能否与民法体系真正和谐却未必会被充分考虑。而如果由立法机关对基本权利规范进行具体化,私法体系的顺畅和自足就更容易实现。因而,虽然新的立法不能对以前发生的基本权利受侵害的情况提供救济,但是通过立法使宪法具体化,完善基本权利在私法上的保障却是更为根本的途径。

六、对"齐玉苓案"的简评

在下文中,笔者将对引发"基本权利的私法效力"问题的"齐玉苓案"进行简要的评价,并以此检验与反思前文所进行的研究。笔者的评价将围绕以下几个问题展开。

(一) 齐玉苓可否援引宪法中的受教育权条款请求法院救济?

受教育权是社会权的一种,是所谓纲领性条款(program clauses),所以在一般情况下并非一种仅以宪法规定为依据就能请求法院保障的具体权利。欲使这一权利成为可在法院请求救济的具体权利,一般需要以普通法律作为依据。① 但是,在普通法律依据严重不足,或者立法机关懈怠于其立法义务时,社会权是否就绝无落实的可能性呢?若如此,宪法的规定是否会在一个极长的时期完全沦为空洞而虚伪的宣言呢?笔者认为,在这种情况下,公民应当可以请求司法机关予以保护,只不过司法权应当持审慎的态度,并只在较低的标准上予以保护,而对于更高标准的保护,仍须交由未来的立法进行裁量。② 所以,枣庄市中级人民法院在无普通法律可以依据的情况下仍然受理这一案件,于学理上也是具有正当性的。(当然,枣庄市中级人民法院受理这一案件更重要的依据是齐玉苓还以姓名权受侵犯为理由。可以设想,如果齐玉苓仅以宪法上的受教育权受侵犯为由提起诉讼,法院受理的可能性就会小得多。③)

(二) 受教育权能否被纳入人格权的范围?

最高人民法院的法官认为:"受教育权则属于民法理论难以包容的权利,明显属于宪法规定的公民的基本权利","民法理论上没有受教育权的概念,各国民事立法上也没有受教育权的规定"④。这种观点认为受教育权不可能被纳入民法的体系。但沈岿博士却提出了针锋相对的论点,他这样质疑:"受教育权主张非宪法不能回应吗?"⑤ 他认为,法院不必援引宪

---

① 芦部信喜. 宪法. 李鸿禧, 译. 台北: 元照出版有限公司, 1995: 101.
② 许宗力. 宪法与法治国行政. 台北: 元照出版有限公司, 1999: 162.
③ 可以与"齐玉苓案"比较的案例是1998年王春立等诉民族饭店一案。民族饭店职工王春立等16人是合法登记的选民,然而民族饭店却没有发给他们选民证。这是一个更为典型的私人行为妨害公民基本权利的案件,而北京市西城区人民法院却作出了"不予受理"的裁定。(王振民. 我国宪法可否进入诉讼. 法商研究, 1995 (5): 33.)
④ 宋春雨. 齐玉苓案宪法适用的法理思考: 受教育权的性质与公民基本权利保护的法律研究. 人民法院报, 2001-08-13 (B01).
⑤ 沈岿. 宪法统治时代的开始?:"宪法司法化第一案"存疑//张庆福. 宪政论丛: 第3卷. 北京: 法律出版社, 2003.

法，只需要将受教育权纳入民法上的人格权就可以使齐玉苓获得救济。依前文所述，这种主张实际上是采"基本权利对第三人之间接效力"说，即通过民法概括条款使基本权利规范落实于私法保障，所采用的法学方法是"法的续造"或者漏洞补充。但是，"法的续造"也是有界限的，从一般人格权中能否续造出受教育权呢？按照法学方法的原理，"法律的'漏洞'并非'未为任何规定'，毋宁是欠缺特定——依法律的规定计划或其整体脉络，得以期待——的规则"①。也就是说，如果民法的人格权已经包含了受教育权的基本规范，只是对受教育权保障不足，那么由人格权续造出应有规范就是可行的。但是，"齐玉苓案"中的受教育权在民法中并不是存在"漏洞"，而是完全没有规定，因而为"法的续造"也就毫无依凭，所以，最高人民法院认定本案须援引宪法也是正确的。

（三）法院可否直接适用基本权利规范？

虽然最高人民法院援引宪法中的受教育权的规定处理此案并无不妥，但是其直接适用宪法规范的方式却是有问题的。最高人民法院的批复使得下级法院可以直接依据宪法进行判决。我们知道，适用某规范的前提是对该规范进行解释，这就使得法院势必要对受教育权进行解释，这是直接违背我国的宪法解释体制的。在前文中，笔者已说明，由于我国宪法明确地将具体化宪法的两种职权——立法权和宪法解释权——都授予了立法机关，司法机关在此问题上就没有任何僭越的余地。所以，更为合适的做法应当是，由最高人民法院提请全国人大常委会解释宪法，将相对抽象、意义未明的受教育权予以具体化、明确化后再由法院适用到"齐玉苓案"的判决中去。由此可见，最高人民法院对于"齐玉苓案"的处理，在"基本权利的效力可以扩及私人领域"这一判断上是正确的，而在这种效力的实现方式上却是越权和违宪的。

（本文原发表于《中外法学》2003 年第 5 期。）

---

① Larenz. 法学方法论. 陈爱娥, 译. 台北：五南图书出版股份有限公司, 1996：285.

财产权的社会义务

在我国宪法学界对于财产权的研究中，较受关注的是对财产的征收及相应的补偿问题①，但对于法律制度中普遍存在的"不予补偿的单纯财产权限制"，却较少涉及。宪法财产权的理论和教义学体系有必要针对这一问题作出回应。对于财产权的不予补偿的单纯限制，体现着财产权应当承担社会义务的理念。从仅保护私人财产的绝对自由，到强调财产权的行使同时须有助于公共福祉，其背景是人类的生存状态的根本性转变以及由此带来的权利哲学的变迁。对财产权的社会义务的研究，对于确定财产权的社会边界，调和我国《宪法》第13条私人财产权条款与第1条社会主义条款之间的紧张关系，解决部门法制度中的相关争议，乃至弥合社会中不同意识形态群体的对立，都有现实的意义。

一、"唇齿条款"与无补偿的单纯限制

我国《宪法》第13条第3款（2004年《宪法修正案》第22条修正）规定："国家为了公共利益的需要，可以依照法律规定对公民的私有财产实行征收或者征用并给予补偿。"这一条文体现的正是征收和补偿作为所谓"唇齿条款"（Junktimklausel）② 的规范内涵，也就是要求征收必须伴

---

① 例如：林来梵. 论私人财产权的宪法保障. 法学，1999（3）.

② Junktimklausel是指法律规范就某一事项予以规定时，必须同时就与该事项相关联的其他事项进行规定，就财产权规范而言，意味着征收规范和补偿规范相互连接、相互依存，规定征收的法律必须同时对补偿作出明确规定，没有补偿规定就不得规定征收。（鲍尔/施蒂尔纳. 德国物权法：上册. 张双根，译. 北京：法律出版社，2004：254.）最早使用这一术语的是德国学者Ipsen（Hans Peter Ipsen, Enteignung und Sozialisierung, VVDStRL10 (1952), S. 74.）对这一术语有多种译法，张双根教授、高家伟教授译为"一揽子条款"。（哈特穆特·毛雷尔. 行政法学总论. 高家伟，译. 北京：法律出版社，2000：832.）考虑到其中包含的征收与补偿"相互依存"的含义，笔者认为陈新民教授的意译"唇齿条款"更加形象。（陈新民. 宪法基本权利之基本理论：上册. 台北：元照出版有限公司，1999：326.）

随着补偿，无补偿则无征收。① 然而，法律上对财产权的限制却不限于征收，在法律后果上也未必伴随着补偿。此种无补偿的单纯限制在法律制度上是大量存在的，试举数例如下：

（1）房屋租金。《上海市居住房屋租赁管理办法》第15条规定：居住房屋租赁期限为一年以上的，每年只能调整一次租金标准。居住房屋租赁合同期内，出租人不得单方面提高租金水平。

（2）古迹保护。根据《历史文化名城名镇名村保护条例》第33条、第35条的规定，历史建筑的所有权人负有维护和修缮的义务，而对历史建筑进行外部修缮装饰、添加设施以及改变历史建筑的结构或者使用性质，必须经过城乡规划主管部门会同同级文物主管部门批准。

（3）环境保护。根据《中华人民共和国自然保护区条例》第32条的规定，在自然保护区的外围保护地带建设的项目，不得损害自然保护区内的环境质量；已造成损害的，应当限期治理。

（4）汽车限行。根据《北京市人民政府关于实施工作日高峰时段区域限行交通管理措施的通告》，机动车按车牌尾号在工作日高峰时段限行，每周限行一天。

（5）著作权。根据《著作权法》第24条，对于作品的"合理使用"，可以不经著作权人许可，不向其支付报酬。

（6）董事会、监事会中的职工代表。根据《公司法》第44条、第108条，国有公司以外的其他公司的董事会成员中"可以有公司职工代表"；根据《公司法》第51条、第117条，监事会应当包括股东代表和适当比例的公司职工代表，其中职工代表的比例不得低于三分之一；根据《公司法》第18条，公司研究决定经营方面的重大问题时，应当听取职工的意见和建议。这意味着，即使职工并非公司的所有权人，其也在一定程度上可以影响公司的经营和对公司财产的支配。并且，在企业社会责任的理念下，职工的参与权还有进一步强化的趋势。

基于维护某种公共利益的理由，国家公权力制定的各种规范性文件对

---

① 这一规范内涵最为明显的体现，是2004年《宪法修正案（草案）》中一个逗号的删除。草案最初的表述是："国家为了公共利益的需要，可以依照法律规定对公民的私有财产实行征收或者征用，并给予补偿。"但有代表提出，"依照法律规定"是只规范征收、征用行为，还是也规范补偿行为，应予明确。作为对此的回应，全国人民代表大会主席团明确指出："'依照法律规定'既规范征收、征用行为，包括征收、征用的主体和程序；也规范补偿行为，包括补偿的项目和标准。""为了避免理解上的歧义，将"并给予补偿"前的逗号删去。这意味着，对于财产的征收征用作出规定的法律，必须同时规定补偿的内容。参见《十届全国人大二次会议主席团关于〈中华人民共和国宪法修正案（草案）〉审议情况的报告》（2004年3月12日）。

财产所有人的财产权利进行了如上种种限制，然而这些限制全都是不伴随补偿的。这些对财产权的单纯限制显然无法为《宪法》第 13 条第 3 款狭窄的字面含义所涵摄，因为这些措施既不是"征收或者征用"，也没有对财产权所受损害作出相应补偿。

如果将第 13 条第 3 款的规定严格限定在"征收或者征用并给予补偿"的层面上，就无法对上述措施作任何的合宪性控制。并且，如果不将"不予补偿的单纯限制"和"必须补偿的征收"作出明确的界定，还会导致立法者将本来必须作为征收处理的情形，故意规定为单纯的限制，从而回避补偿，这比补偿不公正所造成的损害更为严重。

此种问题必须通过对财产权条款更为精致的宪法解释和对财产权的教义学体系的建构来解决。当然，我们也可以以一种"锯箭式"的思维，认为宪法上的财产权仅仅是针对国家的征收、征用，而将其他的财产权问题完全交由物权法、合同法、知识产权法、公司法等部门法律去规制。但这种做法显然会使宪法财产权的保护范围自我萎缩，使得财产权可以任由立法者（以及其他公权力）设定界限而使宪法财产权条款丧失对公权力的约束力，最终根本性地削弱 2004 年"私有财产权入宪"的历史进步意义。同时，前述的房屋租金管制、环保法对私人财产的限制、著作权的合理使用等是各部门法在实践中自然生成的宪法问题，是部门法学对宪法学的"提问"，如果在宪法学说上不能予以回应，无疑会使宪法学更加偏离法学所应该具有的"实践品格"。

类似的单纯限制财产权而不予补偿的情况，同样存在于其他国家的法律制度中，各国宪法财产权的学说与实践也建构出了相应的解释和控制方案。其中最有代表性的是美国的"警察权"理论[①]和德国的"财产权的社会义

---

① 警察权（police power，也被意译为"治安权"）是指政府出于维护安全、健康、秩序、社群的道德以及正义而享有的制定和执行法律的权力。对于那些对公众造成侵扰的财产权的行使，国家运用警察权进行限制被认为是正当的和必要的，并且不需要对因此造成的财产权的损害进行补偿。从判例来看，国家在消防管制（*Munn v. Illinois*，94 U.S. 113，146（1876））、垃圾处理（*Gardner v. Michigan*，199 U.S. 325（1905））、卖淫限制（*L'Hote v. City of New Orleans*，177 U.S. 587（1900））、酒类管制（*Noston Beer Co. v. Massachusetts*，97 U.S. 25（1878））等方面的措施都被认为是警察权的行使。See Joseph L. Sax，"Takings and the Police Power"，74 *Yale L. J.* 36，(1964)，note 6. 关于警察权（治安权）的中文资料，参见陈新民. 宪法基本权利之基本理论：上册. 台北：元照出版有限公司，1999：461-494；汪庆华. 土地征收、公共使用与公平补偿：评 *Kelo v. City of New London* 一案判决//北大法律评论：第 8 卷·第 2 辑（2007）. 北京：北京大学出版社，2007：494-495；王洪平，房绍坤. 论管制性征收的构成标准：以美国法之研究为中心. 国家检察官学院学报，2011（1）：140-147；理查德·A. 艾珀斯坦. 征收：私人财产和征收权. 李昊，刘刚，翟小波，译. 北京：中国人民大学出版社，2011：116-157。

务"理论。笔者将主要以德国的"财产权的社会义务"理论为对照①，探讨完善中国宪法上财产权条款的宪法解释的路径，以回应实践中的相关问题。

二、从所有权绝对到财产权的社会义务

主张私人财产负有社会义务，乃是认为：出于维护社会正义的目的，财产权应当作自我的限缩。个人在张扬其财产自由的同时，亦应使其财产有助于社会公共福祉的实现。"财产权负有社会义务"是对"财产权绝对"观念的反动。这伴随着从近代民法到现代民法以及从民法所有权到宪法财产权的理念和制度的变迁。

（一）自由主义的财产权绝对观念在民法中的体现

古典自由主义的财产权绝对、财产权神圣的观念，是近代以来对财产的法律保护的思想基础。洛克的财产观最具代表性。在洛克看来，财产是个人的劳动加之于自然物而产生的，"因此，既然劳动是劳动者的无可争议的所有物，那么对于这一有所增益的东西，除他以外就没有人能够享有权利"，"这种所有物是旁人无权要求的"②。洛克进而认为，人们组成国家和政府的主要的目的就是保护私有财产不受侵犯。法国《人权宣言》第17条规定的"财产是神圣不可侵犯的权利"无疑是财产权绝对观念最为著名的口号。

尽管私有财产权保障被资产阶级革命后制定的宪法所确认，但在19世纪中后期的欧洲，真正为自由提供保障并主导着财产权保障的，是私法而非宪法。民法典在当时实际上具有宪法的地位，起着确立社会基本形态的作用。当时的民法典所体现的是新兴的资产阶级的诉求："他们关注的焦点，乃是确立一种能够使得个体摆脱人身性约束的关系，成为自由的个体，使得以土地为核心的物质财富，能够以最简单和自由的方式作为市场要素，进行自由的流转，允许个体能够拥有最大限度的自由，去进行营业上的自由竞争。"③ 在这种理念下，对个人所有权的绝对保护，与民事主

---

① 之所以选择德国的"财产权的社会义务"理论作为比较法对象，一方面是基于笔者知识的限制；另一方面也在于，美国的理论是纯粹自由主义的，是以个人的财产对他人构成烦扰作为限制个人财产自由的理由，体现的是"自由只能出于自由的理由才能被限制"的观念。（约翰·罗尔斯. 政治自由主义. 万俊人，译. 南京：译林出版社，2000：313.）而德国的理论则有着更为明显的社会主义背景，无论是《德国民法典》制定时门格等社会主义者的主张，还是德国《基本法》的"社会国原则"，都与我国宪法有更多理念上的类似之处，因而似乎也更具有可比较性和可借鉴性。

② 洛克. 政府论：下篇. 叶启芳，瞿菊农，译. 北京：商务印书馆，1995：19，22.

③ 薛军. "民法—宪法"关系的演变与民法的转型：以欧洲近现代民法的发展轨迹为中心. 中国法学，2010（1）：82.

体的形式平等、契约自由以及过错责任,共同构成了近代民法典的基本原则。近代民法所有权的最重要范例是土地所有权,当时盛行的是"上达天宇,下及地心"(Cuius est solum eius est usque ad coelum et ad inferos)的土地所有权观念。① 所有权被认为是全面的、永恒的、抽象的、独立于他人意志的。

通过观察近代民法典的规范,可以更加直观地理解这种强调个人自由、强调私有财产权绝对的理念。《法国民法典》第544条规定:"所有权是对于物有绝对无限制地使用、收益及处分的权利……"而德国在制定民法典时,尽管已有学者开始反对所有权的自由任意性,而认为应在财产法中纳入社会伦理的考虑,但《德国民法典》第903条仍然规定所有权人可以"依其喜好"(nach Belieben)支配所有物(Sache),在之前的草案中,甚至曾使用所有权人可以"依其恣意"(nach Willkür)支配所有物的表述。按照第903条的规定,只要所有权人"不违反法律的规定或者妨碍第三人的权利",其所有权就是绝对的。第903条所包含的这些限制,相对于绝对的所有权而言,只是一些"例外现象","很容易被忽略"②。

尽管得到了民法典的确认,但所有权绝对自由的观念还是引发了深深的忧虑和激烈的批评。耶林在其《不同阶段发展中的罗马法精神》一书中断言:

> 不存在什么绝对的所有权,也就是那种不考虑社会利益的所有权,历史已经让这一真理深入人心。③
>
> 土地所有权可以并且应当对所有人施以这样的伦理影响:如果对第三方的干预进行神经过敏式的抗辩,那么安全、自由、独立的感受和对土地的热爱反而会被损害。④

也就是说,如果让所有权走向完全的自由张扬,反而会因其与社会的对立而导致财产自由的毁灭。同一时期的基尔克、门格等人也对《德国民

---

① (2011-07-22). http://en.wikipedia.org/wiki/Cuius_est_solum_eius_est_usque_ad_coelum_et_ad_inferos.

② 卡尔·拉伦茨. 德国民法通论:上册. 王晓晔,邵建东,程建英,等译. 北京:法律出版社,2004:53.

③ Rudolph von Jhering, Der geist des Römischen Rechts auf den Verschiedenen Stufen Seiner Entwicklung, 5. Aufl., 1. Teil, 1878, S. 7.1

④ Rudolph von Jhering, Der geist des Römischen Rechts auf den Verschiedenen Stufen Seiner Entwicklung, 5. Aufl., 2. Teil, 1878, S227.

法典》草案体现的强烈的个人主义特征提出批评,认为所有权绝对的理念是"违反文化的一种荒谬",会损害"关于传统及信念和道德上对家乡热爱的稳定,是"许多悲剧之一",规定所有权的第903条甚至被称作"屠杀无产阶级的口号"①。在批评者看来,所有权的观念不能与社会的理念相违背,充分考虑财产所处的社会关系并服从法律所设定的界限,才是真正实现财产自由的方式。德国哲学传统下的自由观念,在强调个人自由的同时,也同样重视自由的社会相容性。康德认为,"自由的任意"只是"片段地"使用理性,然而自由有着实践上的现实边界,如果考虑到我们的利益关系的整体状况,也就是把理性逻辑一贯地贯彻下去,就会发现自由有其客观的规律。实践理性所给定的"自由的客观规律"(道德律),也意味着个人在财产权上的自由意志要与社会的普遍意志相一致,财产权天然有其社会的边界。② 但是针对所有权绝对观念的批评,最终并未被近代民法典所容纳。个中原因,除前述的资产阶级追求个人自由的思想之外,还在于:在传统上公法和私法的二元划分以及"政治国家"与"市民社会"的二元划分之下,个人财产的社会关联性,以及出于社会整体的利益而对私有财产权的约束,被认为是公共领域的事情,并非民法所调整的私人生活领域的事务,出于民法的"非政治性",没有必要也不应该对私有财产的公共伦理层面作出规范。③ 近代民法所确立的财产权绝对的理念,要到现代宪法的阶段才发生根本改变,而更多考虑私法的社会任务而对私人的财产自由作出约束,也是近代民法向现代民法转变的重要方面。

(二)财产权的社会义务在宪法上的确立及其对财产法制度的影响

基于民法对于欧陆传统下的法律体系的奠基和示范的作用,宪法财产权的概念和思维框架最初也是承袭自民法,只不过宪法财产权是指向国家而非私人,是要绝对地排除国家公权力对个人财产权的干预。直到德国

---

① 罗尔夫·克尼佩尔.法律与历史:论《德国民法典》的形成与变迁.朱岩,译.北京:法律出版社,2003:243-244,238.这些批评在民法典表决中也有所体现,在批准《德国民法典》的议会表决中,出席会议的288人中有48人反对,其中42人是社会主义者。他们反对的原因是认为民法典忽视了劳动者的特殊处境,充分保障的只是资本家的财产自由,而忽视了财产所影响的社会关系。(薛军."民法—宪法"关系的演变与民法的转型:以欧洲近现代民法的发展轨迹为中心.中国法学,2010(1):83-84.)

② 邓晓芒.康德自由概念的三个层次.复旦学报(社会科学版),2004(2):25-26.康德.实践理性批判.邓晓芒,译.北京:人民出版社,2004:609-610.

③ 俞可平.马克思的市民社会理论及其历史地位.中国社会科学,1993(4):73;徐国栋.市民社会与市民法:民法的调整对象研究.法学研究,1994(4):7;张翔.基本权利在私法上效力的展开.中外法学,2003(5):545.

1919年魏玛宪法，其第153条"所有权受宪法的保障"所使用的仍然是固有的民法"所有权"的概念，其保护范围最初也仅限于民法物权编的"所有物"。

但魏玛宪法对财产权的保护，却开始展现出不同于近代民法的内涵。首先，在魏玛宪法第153条的解释中，宪法上所有权的标的被扩充到"任何具有财产价值的私权利"①，而不限于"物"。宪法上财产权的标的从"对物的所有权"扩充到了"任何具有财产价值的私权利"。这一解释使得民法所保护的"所有权"（Eigentum）转变成了宪法所保护的"财产权"（Vermögensrecht）。② 然而，魏玛宪法中关于财产权更为根本的、革命性的变化是在第153条第3款规定："所有权负有义务，财产权的行使要以公共福祉为目的。"这是财产权的社会义务第一次被规定进宪法，也标志着财产权观念的重大转变。魏玛宪法的这一规定为德国1949年《基本法》第14条所完全继承，并为许多国家的宪法所仿效，例如日本1946年宪法第29条规定"财产权的内容应符合于公共福利"。规定财产权负有社会义务，是魏玛宪法被视为近代宪法转向现代宪法的界碑的重要原因。③

宪法关于财产权社会义务的规定，反过来对整个法律体系，包括民法秩序产生了深刻影响。产生这种影响的背景有以下几个方面：（1）在二战后，现代立宪主义的理念与制度被普遍确立，宪法秩序（例如德国《基本法》确立的"自由民主基本秩序"）成为社会秩序的基础，各个部门法的体系，无论其有着多么久远的传统，都受到了现代立宪主义的深刻影响而进行了主动或被动的调整；（2）各国普遍参照美国建立了各种类型的违宪审查制度④，宪法作为根本法和高级法的地位获得了程序与制度上的保障，与宪法相抵触的法律会被宣告为违宪，从而以宪法为标准去调整整个法秩序成为可能；（3）宪法上的基本权利作为宪法确立的"客观价值"，开始辐射原本封闭自治的私法领域。在"吕特案"中，德国联邦宪法法院

---

① Martin Wolff, Reichsverfassung und Eigentum, in Festgabe für wilhelm Kahl, 1923, SS. 5/20.

② 值得注意的是，我国《宪法》第13条的修改也体现了这种转变。我国宪法在2004年修改时，用"财产权"取代了"所有权"。并且，王兆国认为，"用'财产权'代替原条文中的'所有权'，在权利含义上更加准确、全面"（着重号为引者所加）。这说明第13条的修改是充分考察了财产权的规范内容的变迁的。（王兆国．关于《中华人民共和国宪法修正案（草案）》说明：2004年3月8日在第十届全国人民代表大会第二次会议上．人民日报，2004-03-09（2）．）

③ 杉原泰雄．宪法的历史：比较宪法学新论．吕昶，渠涛，译．北京：社会科学文献出版社，2000：114以下．

④ 路易·法沃勒．欧洲的违宪审查//路易斯·亨金，阿尔伯特·J.罗森塔尔．宪政与权力．郑戈，赵晓力，强世功，译．北京：生活·读书·新知三联书店，1997：28.

认为,"《基本法》中的基本权利规定同时也体现为一种客观的价值秩序,而其作为宪法上的基本决定对所有法领域发生效力","如果民事法官没有意识到基本权利对民法的效力,他可能会因其判决而侵害基本权利"①。宪法确定的价值,不限于自由,还有"人性尊严""社会国"等。这些宪法价值经由民法的概括条款,甚至经由普通条款的合宪性解释②而影响到民法。近代民法充分张扬自由、绝对保障私有财产、强调民事主体的形式平等而忽视事实上的结构性不平等的理念被不断修正,私有财产的绝对自由在其与宪法保障的其他价值的碰撞下开始退让。

在某种意义上,现代宪法取代了近代民法在法律体系建构中的中心地位。③ 不同于近代民法仅以私人领域为关注对象,宪法天然具有关注社会共同体的公共生活、关注个人自由的社会关联性的视角差异,在依然保障财产权的私人性、自由性的前提下,财产权的社会关联性,就成为在现代宪法下建构财产权法律制度的新的重要层面。受此影响,现代民法在依然坚持私有财产保护和契约自由的原则下,也更加注意民法的"社会因素",强调对社会弱者的保障。在一些民法学家看来,"社会原则"的重要性甚至可以与私法自治、信赖保护等民法基本原则相提并论。④ 财产权的社会义务,这种由宪法确立的、有着显然的公法价值取向的法律规范,深刻地影响着民法的财产权制度。诚如拉伦茨所言:

> 如果说,在以前,公法中规定的对所有权的限制只能算作是某种"例外现象",它们在根本上无法改变所有权人所享有的广泛的使用权和处分权;那么,在今天,这些限制已成了共同决定着所有权内容的因素。⑤

《德国民法典》第903条规定的"不违反法律的规定或者妨碍第三人的权利"不再是可以忽略的因素,而是在特别强调下被扩张解释,许多公法上对私人财产权的限制性规定借由此种解释进入民法,对民法所有权的

---

① BVerfGE 7,198 (198).
② 张翔. 两种宪法案件:从合宪性解释看宪法对司法的可能影响. 中国法学,2008 (3).
③ 薛军."民法—宪法"关系的演变与民法的转型:以欧洲近现代民法的发展轨迹为中心. 中国法学,2010 (1):86.
④ 卡尔·拉伦茨. 德国民法通论:上册. 王晓晔,邵建东,程建英,等译. 北京:法律出版社,2004:67-68.
⑤ 同④53.

基本面貌产生了深刻影响。①

财产权社会义务的基本含义是：财产权的行使，必须符合社会正义，必须有利于社会公共福祉的实现，也就是能够促进合乎人类尊严的人类生存的实现。由此，财产权在各个方面都受到其所处的社会关系的拘束，财产权人"依其喜好"或者"依其恣意"使用和支配财产的绝对权利已不复存在。宪法规定财产权的社会义务，与古典自由主义式的财产权绝对的理念与规范逻辑完全不同，以保护私人自由为中心的传统财产法理念，开始让位于将财产权的社会关联性予以同等强调的理念。

三、财产权功能变迁的社会基础

从财产权绝对到财产权承担社会义务的转变，意味着财产权的功能在发生着变迁。② 财产权从单纯保障私人自由任意地使用和支配财产，转而开始承担社会利益再分配的功能。这种转变在社会学上的基础，就是在传统社会向现代社会的变迁中，个人在生存状态上的根本变化，也就是从"基于私人所有权的个人生存"到"基于社会关联性的个人生存"的转变。

（一）基于私人所有权的个人生存

财产权传统的功能在于保障自由，保障财产的"私使用性"（Privatnützigkeit）③。财产权的基本功能是"保障个人在财产法领域的自由空间，并由此使其形塑自我负担的生活成为可能"④，也就是保证个人在经济上自我决定并自我负责，使其可以通过其自主意志而形成其经济生活的基础。财产权的基本特征在于：一个标的作为其所有物被分配给财产所有人，并且因此他可以使用该标的（比如支配、使用、消耗），而他的使用可以排除其他人。这个标的物可以是一个物（比如一个动产或者一块土地）、一个精神作品（比如一个专利）或者一个权利（比如一个抵押权）。⑤ 将财产权作为个人的自由权来保障，保障个人排他地、自由甚至

---

① "私法的社会责任""财产权的社会义务"的理念对民法的影响不限于所有权领域。在合同法领域，借由《德国民法典》第241条第2款规定的"债务关系可以依其内容使任何一方负有顾及另一方的权利、法益和利益的义务"，以及第307条关于"一般交易条款的内容控制"的规定等，对传统民法的契约自由原则进行了限缩；在侵权法领域，借由第823条规定的"安全保障义务"和第826条规定的"善良风俗条款"，对私人课以了更多进行社会因素考量的义务。而在民法总则中，第134条的"违反法定禁止的法律行为无效"的规定，更使得公法上的社会性考量对民法产生了总体性的影响。（德国民法典. 3 版. 陈卫佐，译注. 北京：法律出版社，2010.）

② Vgl. Peter Badura, Eigentum, in Benda/Maihofer/Vogel (Hrsg.), Handbuch des Verfassungsrechts, 1995, S. 327 (328ff.)

③ Maunz-Dürig, Grundgesetzkommentar, BD. II, 2010, Art. 14 Rn 1–5.

④ BVerfGE 24, 367 (389); BVerfGE 50, 290 (339).

⑤ Christian Bumke, Andreas Voßkuhle, Casebook Verfassungsrecht, 2008, S. 230.

是恣意地支配和处分财产,是财产权最基本的规范目标。①

将财产权的功能限定于保障个人在经济上的自由空间,其社会基础在于:在传统的农业社会,个人维持自身和家人的生存的基本条件,就是个人对其私有物——比如自耕农的土地——的所有权。正如洛克所言:"他用来维持自己的生存或享受的大部分东西完全是他自己的,并不与他人共有。"② 在农业社会中,个人的衣食以及其他的生活资料,都极端依赖其土地的产出。《德国民法典》制定的时代,是个尚未充分工业化的时代,大部分的人还生活在农村和小城市,小型农业、手工业占据着经济生活的主导地位,"在这种条件下,每个人或家庭都能做到自给自足,人们不指望国家或者半国家的组织能够提供什么帮助"③。同时,个人的发展也完全依赖于其所有权,没有足够的财产就无法获得个人价值的充分实现。这一点在东方和西方似乎并没有差别。例如,黄仁宇先生曾有这样的描述:

> 一个农民家庭如果企图生活稳定并且获得社会声望,惟一的道路是读书做官。然而这条道路漫漫修远……通常的方式是一家之内创业的祖先不断地劳作,自奉俭约,积铢累寸,首先巩固自己耕地的所有权,然后获得别人耕地的抵押权,由此而逐步上升为地主。这一过程常常需要几代的实践。经济条件初步具备,子孙就得到了受教育的机会。④

有鉴于对物的所有权是个人生存和人格发展的基本条件,失去此条件则个人生存失去基本物质基础,故而必须对此种所有权进行绝对性的保护,绝对性地排除他人(包括国家)的干预。因此,《法国民法典》和《德国民法典》(在当时二者都有着宪法性文件的作用)中对所有权绝对的规定,正是对这样的社会背景的反映。同样,由于社会基础的相似性,中国最早的宪法文件中的财产权规范也以保护个人排他的自由支配和处分为目标。例如,1908年的《钦定宪法大纲》中规定:"臣民之财产及居住,

---

① Vgl. Böher, Grundfragen der verfassungsrechtlichen Gewährleistung des Eigentums in der Rechtsprechung des Bundesverfassungsgerichts, NJW, 1988, 2561 (2563).
② 洛克. 政府论:下篇. 叶启芳,瞿菊农,译. 北京:商务印书馆,1995;29.
③ 卡尔·拉伦茨. 德国民法通论:上册. 王晓晔,邵建东,程建英,等译. 北京:法律出版社,2004;66.
④ 黄仁宇. 万历十五年. 北京:中华书局,1982;208-209.

无故不加侵扰",而1912年的《中华民国临时约法》特别强调财产权乃是人民的自由权。① 这些规定与那个时代西方的财产权绝对的观念,与近代宪法将财产权作为个人自由去保障的观念是一致的。这种一致性并不应简单地解释为法律移植中的模仿,而是要看到二者背后类似的社会基础。私有财产在保障个人生存与发展中的根本地位,是财产权绝对观念的社会基础。

(二) 基于社会关联性的个人生存

然而,在现代社会中,伴随着工业化和城市化的进程,越来越多的人不再从事传统的职业,他们也拥有土地和其他私人财产。而更多的人进入城市成为产业工人,他们维持自己生存的基本物质条件,已经从对土地等物的所有权转变为雇佣劳动的工资收入以及国家的福利给付。正如黑塞所言:

> 个人生存保障与生活形成的基础,很大程度上已经不再建立在民法的传统意义的私人财产所有权上面了,而是建立在每个人的工作以及参与分享由国家提供的生存保障与社会救济的基础上了。②

个人生存的常态不再是依赖土地上的耕作和土地上的收益,而是依靠在公司、企业和其他现代经济组织中从事雇佣劳动而获得的工资,同时,国家提供的公立教育、医疗保障及其他的给付也成为个人生存所不可或缺的条件。③ "今天,个人在经济上的保障,与其说依靠自己的努力以及由他们自己采取的预防措施,不如说更多靠的是某个集体、国家或社会保险公司所提供的给付。"④ 这种社会基础的变化,首先使得财产权的保护范

---

① 《中华民国临时约法》第6条规定:"人民得享有左列各项之自由权:……三、人民有保有财产及营业之自由……"

② Konrad Hesse, Grundzüge des Verfassungsrechts der Bundesrepublik Deutschland, 20 Aufl., S. Rn. 433.

③ 我国也正在经历着工业化和城市化的过程,即使是在身份上仍束缚于土地的农民,其基本生存所需也往往并非来自土地上的收入,而是来自进城打工的所得。与此同时,计划生育政策、住房的商品化以及教育的产业化所导致的个人在养老、居住和教育方面面临的困境,也使得人们开始认识到纯粹依靠个人财产的社会生存于今已无可能。正因为如此,我们可以把我国推进的"基本医疗保障覆盖全民""保障房建设"等"民生工程"视为回应个人生存状态在现代社会之下转变的政府措施。(李克强. 不断深化医改 推动建立符合国情惠及全民的医药卫生体制. (2011-11-17) [2011-12-23]. http://www.gov.cn/ldhd/2011-11/17/content_1995480.htm;李克强在河北保障房建设现场座谈会上强调 扎扎实实推进保障房建设 不断完善住房政策和供应体系. (2011-11-27) [2011-12-23]. http://www.gov.cn/ldhd/2011-11/27/content_2004584.htm.)

④ 卡尔·拉伦茨. 德国民法通论: 上册. 王晓晔, 邵建东, 程建英, 等译. 北京: 法律出版社, 2004: 70.

围有了扩大的必要,个人在公法上的给付请求(例如最低生活保障)也可能成为财产权的保护对象。① 这种变化还意味着:(1)一些人(雇员、打工者、房屋的承租人等)的生存与发展越来越依赖另外一些人(雇主、老板、房屋的出租人等)的财产,从而后者的财产权就可能受到更多的限制。比如,考虑到工资收入是劳动者基本的生存条件,企业主对自己企业的支配权就会受到制约,基本表现之一就是国家规定最低工资标准。此外,企业的经营也不再是可以由企业主任意而为的,而是要考虑到其雇佣的劳动者的利益。又比如,房屋出租人不能基于对自己所有的房屋的所有权的绝对性,以及住房相对稀缺而带来的交易上的优势,任意提高房租或者解除合同。(2)为了提供个人生存所需的社会福利,国家必然要征收更多的税,这毫无疑问让私人财产承担了更多的社会负担。(3)从更宽泛的层面考察,在现代社会,人与人在生活关系上愈加紧密,个人随心所欲支配私有财产的举动,在传统社会可能根本无法影响他人,而在现代社会,却可能对他人生活造成巨大的困扰。② 比如,同样是污染环境,在农业社会,农民焚烧秸秆对他人的影响是微不足道的,而在现代社会,工业化的污染却是巨大的灾难。居住在现代的高层公寓中的房屋所有权人,也不可能拥有与住在独立农舍中的人同样的拆建房屋的权利。社会经济基础的这种根本性转变,使财产权的绝对性开始受到限制,财产也受到越来越多的社会约束。

在这样的基础上,尽管保障个人的财产自由仍是财产权的核心内容,但无论如何,财产权规范开始承担社会利益分配与协调的功能,也就是"形塑社会秩序的功能"③。这意味着,财产权固然仍然是私人的,仍然为个人利益而适用,原则上个人对其财产权标的仍然有自由使用、支配、处分的权限,但财产权的行使,也需要同时有助于公益。立法者在规定财产权的内容和界限时,也必须更加留意在私人利益和公共利益之间进行协调④,不能唯以私人财产权保障为圭臬。财产权的私使用性和财产权的社

---

① Matthias Herdegen, Garantie von Eigentum und Erbrecht, in Badura/Dreier (hrsg.), Festschrift 50 Jahre Bundesverfassungsfgericht, Bd Ⅱ, 2001, S. 275ff.

② 在美国,私人财产针对公众造成侵扰,是国家运用"警察权"限制财产权的主要理由。"控制侵扰是国家的一项正当目的"。(理查德·A. 艾珀斯坦. 征收:私人财产和征收权. 李昊,刘刚,翟小波,译. 北京:中国人民大学出版社,2011:120 以下.)

③ Maunz-Dürig, Grundgesetzkommentar, BD. Ⅱ, 2010, Art. 14 Rn. 4.

④ BVerfGE 58, 300 (334); Reinhard Hendler, Zur Inhalts-und Schrankenbestimmung des Eigentums, in Geis/ Lorenz (Hrsg.), Staat, Kirch, Verwaltung, Festschrift für Hartmut Maurer zum 70. Geburtstag, 2001, S. 127 (127).

会关联性成为财产权保障中必须均衡考虑的两个方面。

四、财产权社会义务的规范依据

尽管财产权的社会义务在现代国家具有普遍的社会基础,但是,基于各国宪法规范的差异,在宪法学上对这一问题的分析框架和对实践问题的处理方式并不相同,所以还需要对此问题的规范基础进行进一步的分析。除却财产权条款本身,财产权的社会义务与宪法所确立的国家的基本原则有着密切关系。体现在德国法上,就是"社会国原则"①,体现在我国宪法上,就是与私有财产权条款存在紧张关系的"社会主义原则"。

(一) 社会国原则

在德国的宪法学中,财产权的社会义务首要的规范依据当然是《基本法》第 14 条第 2 款规定的"财产权负有义务。财产权的行使应当同时服务于公共福利",对该款的体系解释和目的解释经常需要结合德国《基本法》所确立的"社会国原则"。德国《基本法》第 20 条第 1 款规定,"联邦德国是一个民主的和社会的联邦国家";在第 28 条第 1 款中再次强调,"各州的宪法制度必须符合基本法规定的共和、民主、社会和法治国家的原则"。德国《基本法》写入"社会国",是资产阶级自由派与社会民主党人妥协的结果:一方面,按照自由派的主张,在基本权利章中不再像魏玛宪法那样写入大量的社会权条款,而基本上只写入传统的自由权;另一方面,则按照社会民主党人的主张,在国家的基本原则中写入"社会国原则"②。主张传统自由主义的基督教民主联盟 (CDU) 和主张社会主义的社会民主党 (SPD) 在是否实行积极的社会政策上无法达成一致,遂有宪法中"社会国"的妥协表达方式。③

社会国原则使立法者负有义务去建立"公正的社会秩序"。为此,立法者必须特别保护弱势群体,实现"为所有人提供有尊严的生活"的目标,并努力"使有产者和无产者的法律保护水平逐渐接近"④,以达到"社会平衡"⑤。这一理念在 1919 年的魏玛宪法中就有体现。魏玛宪法第 151 条第 1 款规定,"经济生活的秩序,以确保每个人过着真正人的生活为目的,

---

① 关于德国《基本法》规定的"社会国原则"的由来、理论和宪法解释,简明的中文资料可参见英格沃·埃布森. 德国《基本法》中的社会国家原则. 喻文光,译. 法学家,2012 (1).

② Vgl. Michael F. Feldkamp, Der Parlamentarische Rat 1948 - 1948: Die Entstehung des Grundgesetzes, 1998, S. 63ff; Klaus-Berto v. Doemming, Rudolf Werner Füsslein, Werner Matz, Entstehungsgeschichte derArtkel des Grundgesetz, JöR, 1951, S. 195ff.

③ Vgl. Maunz-Dürig, Grundgesetzkommentar, BD. Ⅲ, Ⅷ. Art. 20 Rn. 8.

④ BVerfGE 63, 380 (394).

⑤ BVerfGE 11, 50 (56); BVerfGE 17, 210 (216); BVerfGE 40, 121 (133).

必须适用正义的原则。每个人经济上的自由在此界限内受到保障"。

社会国理念的出现是对自由资本主义所带来的负面后果的修正,其目标是为社会中的弱者,特别是经济上的弱势群体,提供平衡性的措施,使其在社会竞争中不至于无立足的基础,从而增加其自我发展的机会。① 社会国原则为国家设定了两项基本的义务:首先是实现和维护社会正义。这要求国家通过对分配制度的设定,来使所有人都能够享有一个基本的、相互接近的生活水准。为维护此种平均的经济和生活水平,国家还必须创设制度以保证机会的均等,例如接受教育和职业培训上的机会平等。其次是建立社会保障。也就是要求国家通过创制社会保障制度,使个人在失业、贫困、疾病、年老的情况下,获得国家的帮助。社会保障制度,是对个人的最低生存条件的确保(Sicherung des Existenzminimums)。② 在此种社会国原则下,国家开始介入许多传统上属于个人自我维护、自我发展的领域,包括个人健康的保障(例如计划免疫、医疗保险)、良好生活环境的维持、儿童与母亲的保护、社会救助、社会保险、劳动关系的保障、良好劳动条件的保障等等。③

社会国原则对财产权有两个方面的影响:首先,由于国家承担了更多的扶助社会弱者的责任,其在财政上的负担有赖于更多的税收。正如德国著名公法学家福斯特霍夫所言,"现代的社会(福利)国家,主要表现为租税国家的形态和功能"④。税收是对私人财产的无偿取得,更多的税收意味着财产权承担更多的社会负担。在某种意义上,税法就是规定人们如何根据其经济能力来纳税以资助国家任务的实现。其次,社会国原则经常被用来论证对财产权的限制,如果个人随心所欲地或者说恣意地使用其财产而导致背离了"社会平衡"和"社会公正"的目标,就应当对其财产权进行限制。此时,社会国原则就成为限制财产权的论证理由。例如,房屋所有人如果试图通过出租房屋而获得暴利,导致社会中的弱者无法承受高额租金,那么就可能被认为是违背社会平衡的,从而法律对出租人进行限制,就被认为是基于社会国原则而保护经济上的弱者免受出租人的经济霸权的侵害。⑤ 德国《基本法》第20条第1款的社会国原则,经常与第14

---

① 蔡维音. 社会国之法理基础. 台北:正典出版文化有限公司,2001:62-63.
② 程明修. 国家法讲义(一). 台北:新学林出版股份有限公司,2006:198-199.
③ 赵宏. 社会国与公民的社会基本权:基本权利在社会国下的拓展与限定. 比较法研究,2010(5):20.
④ Ernst Forsthoff, Begriff und Wesen des Sozialen Rechtsstaats, VVDStRL 12(1954), S. 32.
⑤ BVerfGE 37,132(138).

条第 2 款关于财产权的社会义务的规定结合起来,来论证对财产权的限制。①

(二)社会主义原则

在我国《宪法》第 13 条的 3 款规定中,并没有出现类似德国《基本法》第 14 条第 2 款中的"财产权负有义务。财产权的行使应当同时服务于公共福利"和日本宪法第 29 条中的"财产权的内容应符合于公共福利"的表述。那么,在我国,讨论财产权的社会义务是否具备宪法上的规范依据?

这里涉及私有财产权条款进入我国宪法后所带来的内在张力。私有财产权保护在 2004 年进入宪法,是与我国经济体制的市场化改革以及个人财富的积累相适应的。2004 年《宪法修正案》第 22 条采用了一种自由主义式的财产权观念的表达。"公民的合法的私有财产不受侵犯",无论在措辞上还是在精神内涵上都与古典自由主义的财产权观念毫无二致。而这与《共产党宣言》中的"消灭资产阶级私有制"的目标根本不同,这也导致了私有财产权条款与社会主义条款的紧张关系。

我国《宪法》第 1 条第 2 款规定:"社会主义制度是中华人民共和国的根本制度。……"这一条款无论在表述上还是在体系位置上,都说明了"社会主义原则"作为我国宪法根本原则的地位。其明确性远远超过了德国《基本法》第 20 条所规定的"社会国原则",因为后者毕竟只是因社会主义的主张无法在制宪者中获得完全认同而作出妥协的产物。实际上,无论是德国的社会国原则、现代的福利国家理念,抑或是对财产权的社会约束性的强调,在根源上都有社会主义思潮的影响。1919 年魏玛宪法关于财产权的社会义务的规定,在很大程度上是受以 1917 年俄国社会主义革命为代表的欧洲的社会主义运动影响的结果。魏玛宪法尽管并没有像 1918 年苏俄宪法那样极端地废除私有制和进行大规模的国有化,但在很多方面都体现了追求社会正义、限制经济上的强势者、扶助社会弱者的社会主义理念。我国宪法第 1 条第 2 款的规定,当然也包含着扶助经济生活中的弱者、维护社会正义和社会平衡的精神。与此相适应的是,我国宪法中有着大量的社会权条款,而这些条款本身就隐含着要求私人财产承担更多社会责任的内容。例如,我国《宪法》第 42 条第 2 款要求国家"加强劳动保护,改善劳动条件,并在发展生产的基础上,提高劳动报酬和福利

---

① 英格沃·埃布森. 德国《基本法》中的社会国家原则. 喻文光,译. 法学家,2012 (1): 173.

待遇"，如果将这一规定适用到1982年宪法制定后蓬勃发展的私营企业的领域，无疑意味着对私营企业主的财产的更多限制。国家通过立法建立劳动保障制度、劳动安全制度、最低工资制度等并强制推行，与私营企业家追求财产利益最大化是存在矛盾的。但这种对私人财产的限制具有极强的正当性，是私人财产必须承担的社会责任。

此外，《宪法》第51条规定："中华人民共和国公民在行使自由和权利的时候，不得损害国家的、社会的、集体的利益和其他公民的合法的自由和权利。"这也可理解为是从权利的一般性限制的角度对权利的行使应负社会义务的宣告。综合宪法上的社会主义原则、社会权条款以及第51条对基本权利的概括性限制规定，应该说这些规定可以构成讨论财产权的社会义务的规范基础，而对于现实中已然出现的无补偿的对财产权限制的制度，也应当以这些规定作为合宪性分析的规范依据。

五、财产权社会义务的宪法解释

进一步需要考察的是宪法上关于财产权承担社会义务的理念与规范，究竟如何改变了具体的财产法律制度？对私人财产构成了怎样的具体限制？在德国联邦宪法法院看来，尽管仍然保护财产权的核心——"财产的私有"、"财产的私使用性"和"财产权人原则上的处分权"，但是整个法律制度无疑已经"抛弃了那种个人利益无论如何都应高于社会整体利益的财产权制度"[①]。我们可以通过德国联邦宪法法院在三个重要案例中的宪法解释来进行观察。

（一）雇员参与决策权

雇员的参与决策权是指雇员可以参与公司或者企业的经济和社会决定。这一观念可以追溯到工业化的早期，而魏玛宪法的第156条第2款中规定："雇主及雇员参加管理生产、制造、分配、消费、定价以及资产的输入输出，根据社会经济的原则加以规定。"第165条第1款也规定了劳动者和雇员在决定工资、劳动条件和生产的发展上的同等权利。1920年的《企业职工委员会法》中也对此作出了规定。[②] 进入基本法时代后，类似的规定被延续。1975年，德国通过了《雇员参与决策法》（Mitbestimmungsgesetz），按照其中第7条的规定，监事会成员由股东代表（资方监事）和工人代表（劳方代表）组成。在雇员少于10 000人的公司，双方各有6个席位，在雇员多于10 000人少于20 000人的公司，双方各有8

---

① BVerfGE21，73（83）.
② BVerfGE 50，290（294）.

个席位，在雇员多于 20 000 人的公司，双方各有 10 个席位。按照德国的公司制度，监事会的职权包括任命董事会成员、监督公司经营等。监事会对于公司的业务不仅有广泛的审核、监督和了解的职权，还可以委托专门机关审核公司的账目，核实公司的资产，并且还可以召集股东会议。监事会实际上拥有公司决策的控制权。① 这些规定引起了企业主的强烈反对，他们认为《雇员参与决策法》侵害了企业的股东依据《基本法》第 14 条所享有的财产权，因此提起宪法诉愿。

德国联邦宪法法院驳回了这一宪法诉愿。宪法法院认为，《雇员参与决策法》虽然限制了股东成为监事会成员的机会，从而限制了他们对于自己财产的支配权，但这种限制仍然在宪法所允许的社会义务的范围之内，从而该法并没有违反宪法。如果某种财产本身有着较强的社会关联性，则它就应该受到更多的限制。尽管企业是股东的财产，但雇员是依赖这些财产而生存的，从而对该财产的使用和处置就不能完全由所有权人来决定，而是要让同样在该财产上有利益的雇员参与进来。只有企业的所有者和雇员相互协作，才能够使企业得到生存发展，使企业的社会功能得以发挥。② 宪法法院还进一步论证了财产权保障个人自由和财产权的社会义务之间的关系：

> 如果财产的使用更多体现的是个人自由地形成自我负责的生活的层面，则宪法对其的保护就更强；与此相对，如果财产有着更多的社会关联，承担着更多的社会功能，则通过法律对其进行的限制就应该更强。③

据此，宪法法院实际上将宪法所保障的财产区分为主要体现个人自由的财产和有着较强社会关联和社会功能的财产，对于后者，基于财产权的社会义务而进行的法律限制就比较容易得到合宪性的论证。宪法法院关于《雇员参与决策法》的判决是对财产权绝对观念的否定，同时也革新了公司法的理念，从"所有者绝对支配企业""企业主就是企业"的观念走向"职工就是企业""企业是所有利益相关人的"等理念。"企业的社会责任"

---

① BVerfGE 50，290（299）；另可参见霍斯特·西伯特. 德国公司治理中的共同决策. 成福蕊，译. 国外理论动态，2006（6）：33.

② BVerfGE 50，290（311ff）.

③ BVerfGE 50，290（315f）.

理论，对于当代公司治理的模式有着深远的影响。① 这种理论主张企业不能只以股东的财产利益最大化为目标，而是要兼顾其他的社会利益，包括雇员的、消费者的、中小竞争者的利益，以及社区的、环境的公共利益等等。② 这是一种基于经济伦理而对企业与社会的关系的重新思考③，与财产权的社会义务有着相同的逻辑。

（二）土地所有者对地下水的使用（水砂判决）

在这一案件中，当事人长期在自己所有的土地上采砂，数十年来一直在为此使用地下水。但根据德国《水涵养法》（Wasseraushaltsgesetz）第1条第3款的规定，土地所有者不能自行授权使用地下水，而是要取得主管部门的许可。当事人向主管机关申请许可，主管机关认为利用地下水采砂危及城市的水源涵养，从而拒绝颁发许可。当事人提起诉讼，主张这是对其财产的无补偿的征收，违反了《基本法》第14条。④ 案件在经过民事法院审理后被移送到了联邦宪法法院。宪法法院认为，被告拒绝颁发许可并不构成对原告财产权利的征收。⑤ 在判决中，宪法法院对财产权的保护范围进行了限定，认为土地所有权并不及于地表之下的水体，地下水的所有权在本质上为公众所享有⑥，因此，《水涵养法》在开采地下水上设定许可，并没有侵害土地所有人基于《基本法》所享有的财产权。宪法法院认为，社会的变迁使得对水资源的立法规制成为必要，水资源是社会的一种重要资源，而在工业化、城市化的背景下，水资源更加稀缺。如果将地下水仍作为土地所有权的内容，而任由土地所有者使用，无疑会损害公众对于水资源的利益。⑦ 对于财产权的此种限定，是出于对财产权的社会关联性的考虑。宪法法院认为对于那些与公共福利有着密切联系的自然资源，不能再置于私人的经济利益最大化的思维之下考虑，而是要考虑到其应该承担的社会义务。⑧

在财产权绝对的观念下，土地所有权"上达天宇，下及地心"，然而在此判决中，宪法法院将土地所有权主要限定在地表，而认为当到达地表

---

① 佐藤孝弘. 社会责任对德国公司治理的影响. 德国研究，2008（4）.
② 刘俊海. 公司的社会责任. 北京：法律出版社，1999：6-7.
③ 郑若娟. 西方企业社会责任理论研究进展：基于概念演进的视角. 国外社会科学，2006（2）.
④ BVerfGE58, 300 (309).
⑤ BVerfGE58, 300 (346).
⑥ BVerfGE58, 300 (345).
⑦ BVerfGE58, 300 (340).
⑧ BVerfGE58, 300 (320, 345).

下的水体时，土地所有权就终止了。宪法上对于土地所有权的这种限定与传统民法的做法是不同的，而其论证基础正是财产权的社会关联性。由于在现代，地下水的使用已经不再是土地所有者用来饮用、灌溉那么简单，而是涉及公众对于自然资源的享有，因此土地所有者的权利就被课以了社会义务。进一步，宪法法院认为，土地的使用主要在于对地表的使用，限制对于地下水的使用并没有侵害财产权的"本质内容"①，因此，《水涵养法》是合宪的。

（三）住房租赁管制

按照德国 1971 年的《住房解约保护法》(Wohnraumkündigungsschutzgesetz)，出租人不得出于提高租金的目的而解除房屋租赁合同。同时根据该法规定的标准，出租人可以要求提高房屋租金，但必须得到承租人的同意，并且只能按照该房屋所在地的可比租金水平来提高房租（ortsübliche Vergleichsmmiete）。② 德国关于住房租赁的诸多法律为承租人提供了严密的保护：一方面通过对租赁合同的解约限制，使得出租人解除合同受到诸多限制③；另一方面又严格控制租金的上涨。但是，在对承租人提供保护的同时，这些限制性规定无疑对出租人的经济利益构成了损害。有出租人提起宪法诉愿，对《住房解约保护法》的合宪性质疑，认为该法是对出租人财产权的侵害。

宪法法院认为："采用解约保护以及对提高租金设定条件是与财产权的社会义务性相适应的。社会国原则保护承租人免于恣意的解约和不正当的租金上涨的侵扰，另一方面也让出租人无法对承租人提出过分的要求。"④ 在宪法法院看来，在现代社会中，绝大多数人都居住于他人出租的住房中，而且住房作为承租人的生活重心对其有着非常重大的意义。对于立法者而言，他有义务在民法的领域（这里是指在租赁法的强行性条款中），对出租人和承租人给予同样的关怀，仅仅针对一方的优待或者亏待都是与私人财产权的社会关联性的宪法要求所不一致的。⑤ 立法者必须通过立法来建构能够实现社会平衡的、符合社会正义的财产法制度。基于以上的论证，《住房解约保护法》排除出租人出于提高租金的目的而解除合

---

① BVerfGE58，300（345）.

② BVerfGE37，132（133）.

③ 根据《德国民法典》等法律的规定，出租人必须出于承租人重大违约、出租人欲收回房屋自住等理由才可能解除租赁合同。（卡尔·拉伦茨. 德国民法通论：上册. 王晓晔、邵建东、程建英，等译. 北京：法律出版社，2004：74 以下.）

④ BVerfGE37，132（138）.

⑤ BVerfGE37，132（141）.

同的可能性的规定，就是基于财产权的社会义务，以及社会国的原则而得到了正当化。① 出租人基于财产权而提出的主张没有得到支持。

除以上的领域外，在建筑法领域，财产权的社会义务被用来论证为了保障邻居和社会公众的利益而要求在私有土地上的建设必须符合规划的正当性。在环保法领域，社会义务被用来论证对土地的经济利用（例如采矿）的限制的正当性。② 此外，在交通、农业政策以及经济调控等领域，财产权的社会义务也构成了对财产权限制的合宪性论证。③ 对照前文所列举的中国的相关制度（租金管制、环境保护、职工代表参与公司管理等），我们会发现情况与德国甚为相近。这说明，现代社会中人类生存呈现出更加紧密的社会关联，从而使得排他的、绝对的、任意的私有财产权观念被财产权应承担社会义务的观念所取代，这导致在财产法的实践中，出于社会义务性而对财产权的限制越来越广泛和深刻。

六、对财产权社会义务的合宪性审查

在上文所分析的案例中，我们可以看到财产权应负社会义务的理念对于传统的物权法、合同法、公司法等领域产生了多么重大的冲击。前文所列的中国的情况也几乎可以找到完全对应的德国案例，然而，在宪法中引入财产权的社会义务必然会带来这样的忧虑：私有财产的保护在现代社会还是否可能？如果因为对于财产权的社会义务的强调而使财产权所保障的个人经济上的自由空间被破坏，或者甚至影响到财产所有人的生存基础，无疑就是公权力以公益为借口而对私有财产权的赤裸裸的剥夺。所以在宪法财产权的规范构造中引入社会义务，必须避免对其作夸大的解释而使保障财产权不受干预的自由领域的效果彻底丧失。作为为实践问题的解决提供技术方案的法学，必须建构出避免社会义务理论被滥用的机制，建构法教义学上平衡私人财产权与社会公益的技术方案。此种控制乃是遵循以下的框架展开的。

（一）财产权社会义务与征收的区分

首先要对征收和社会义务作区分的处理。如前所述，二者在法律后果上是不同的。对财产的征收必须予以补偿，而财产权承担社会义务则是不予补偿的（例如，在前述案例中，对房屋租金的限制导致出租人经济利益损失的，出租人并不能主张国家予以补偿）。因此，对征收进行合宪性审查有两个要点：一是征收是否出于公共利益的目的，二是补偿是否公正。

---

① BVerfGE37，132（136）.
② Vgl. Peter Badura, a. a. O, S. 377ff.
③ 鲍尔/施蒂尔纳. 德国物权法：上册. 张双根，译. 北京：法律出版社，2004：254，565 以下.

而对于社会义务的审查,则只需要考虑是否实现了公益与私人财产的平衡,而无须考虑补偿。在法律上确立二者的区分标准是非常重要的,因为如果界限不清,公权力就可能将征收伪装成"财产权所应承担的社会义务"而逃避补偿。

征收(Enteignung)的本义是"没收""剥夺"。在传统上,征收是指公权力剥夺对物的所有权的行为,所有权的移转是其基本特征。① 由于所有权被转移,相应的补偿就相当于交换中的对价,因而是理所当然的。然而,在实践中,却存在一些虽然没有转移所有权,但对财产利益造成重大损害的情形,如不予补偿就难称公道。从而,扩充征收的概念以进行必要的补偿就成为必要。然而,当征收不限于对所有权的取得,而是包含其他的财产权限制(例如禁止对文物保护区内登记的建筑物进行改建,这种对财产使用的限制,也被认为是应予补偿的征收)② 时,其与财产权的社会义务的边界就模糊起来。也就是说,它们都是不转移所有权而对财产的使用、收益等的限制,有些被认为是应补偿的征收,而有些却被认为是无须补偿的社会义务。这就要求必须建立标准以区分二者。③ 对于征收和财产权的社会义务究竟应如何区分,最有影响力的理论是"特别牺牲理论"和"期待可能性理论"。分述如下。

1. 特别牺牲理论(Sonderopferstheorie)

特别牺牲理论起源于"个别侵犯理论"(Einzeleingriffstheorie)④,这种理论认为,所谓征收是对特定人在个案中的财产利益的个别侵犯。如果法律只是一般性地规定个人的某种财产在某种情况下应该承担义务,则这种概括性规定,是一律地针对所有相关财产的,所以只是一种社会义务,而非个案性的征收。德国的联邦普通法院(BGH)对此理论进行了发

---

① Günter Dürig, Zurück zum Klassischen Enteignungsbegrigg, JZ1954,9,FN 32.
② 哈特穆特·毛雷尔. 行政法学总论. 高家伟,译. 北京:法律出版社,2000:665.
③ 我国《宪法》使用的概念是"征收或者征用",这两个术语也为民事立法所沿用。按照我国法学界通常的用法,征收是国家对私人财产的所有权的强制取得,征用则是对财产的使用权的取得,在通常情况下,也意味着占有该财产,只不过在使用完毕后,必须返还征用物。(朱岩,高圣平,陈鑫. 中国物权法评注. 北京:北京大学出版社,2007:199 以下.)可以看出,我国《宪法》和民事立法中使用的"征收""征用"概念,还是比较狭窄的,对于某些并不取得所有权或者使用权的对财产的限制,征收和征用的概念并不能涵盖。例如,前述的汽车限行政策,由于限行措施并不取得私家车的所有权或者使用权,所以按照当前的理解,当然不属于对财产权的征收,从而也绝无主张补偿的可能性。因此在我国的法学概念体系中,也必须区分必须补偿的征收、征用和无须补偿的单纯限制。
④ Ö. Kimminich, Eigentum, Enteignung und Entschädigung, 1976,Rn. 125.

展①,特别强调了征收乃是对"平等原则"(Gleichheitssatz)的违反,认为财产权的社会义务所构成的限制,乃是对所涉及的所有财产的普遍性限制,在这个意义上是平等的。而征收则是针对少数人的财产的限制。由于征收是少数人为了公共利益而作出牺牲,出于"利益均沾则负担均担"的原则②,就必须由国家动用公帑对"特别牺牲者"(Sonderopfer)予以补偿。"被征收者在这种关系中变成了一个牺牲者,他被公共利益强加以负担,因此对他的补偿也就必须由社会公众来承担。"③ "(征收)是以剥夺或者负担的形式对财产的侵害,其以不同于其他人的特别方式影响有关的个人或者人群,强制其为公众承担特别的、与其他人相比不公平的,而且通常是不可预期的牺牲。"(着重号为引者所加)"征收是一种对平等原则的违背。正是为了再度获得平衡,征收必然要求相应的均衡的补偿,与此相对,对于财产权的一般性的内容限定并不要求补偿。"④ 由于财产权的社会义务具有普遍性,并没有特定的被侵害人,因此没有必要进行特别的补偿。

2. 期待可能性理论(Zumutbarkeitstheorie)

期待可能性理论从国家对财产权的限制的程度来区分征收和社会义务,主张征收是对财产权的重大侵害,而社会义务则是对财产权的轻微限制。⑤ 这种主张被德国联邦行政法院(BVerwG)所采纳,认为一个立法究竟应被看作财产权的社会义务还是征收,关键在于该立法的严重程度(Schwere)、效果(Tragweite)、重要性(Wesentlichkeit)以及强度(Intensität)。⑥ 如果是一种可以预见到的、可以忍受的轻微侵害,在严重性、持续性等方面并没有对财产的本质产生伤害,则只是财产权所应当承担的社会义务。如果是对财产权的严重侵犯,就构成征收。举例来说,道路建设工程所造成的道路沿线的商店、报亭等的销售损失,就属于不必补偿的单纯的社会约束。这种相对轻微的限制,并没有危及财产权的本质,所以可以期待财产权人的忍耐。但如果这种负担在方式、范围和强度上变得非常严重,以至于对有关的财产所有人造成了特别牺牲,就必须认定为征收而予以补偿。⑦

---

① BGHZ 6,270.
② BGHZ 6,270 (295).
③ BGHZ 6,270 (277f).
④ BGHZ 6,270 (280).
⑤ Hans Stödter, Über den Enteigungsbegriff, DÖV1953, 136ff.
⑥ BVerwGE 15,1.
⑦ 哈特穆特·毛雷尔. 行政法学总论. 高家伟,译. 北京:法律出版社,2000:670-671.

特别牺牲理论和期待可能性理论分别为德国的联邦普通法院和联邦行政法院所主张。但二者之间并非不可沟通，实际上，二者有互相补充的作用。德国联邦最高法院在使用特别牺牲理论认定征收时，也使用了"不可预期的牺牲""严重侵害"作为限定词，而联邦行政法院在用期待可能性理论界定征收时，也在考虑"造成特别牺牲"这一后果因素。而在个案中究竟以何种理论作为主要的论证框架，在很多情况下只是取决于该当个案论证上的方便。因此，似可综合这两种理论，将财产权的社会义务和征收之间的区别标准可以描述为：是否违反平等原则，造成了个别人或者人群的财产权的特别牺牲，并且这种损害是否是严重的和不可期待的。

在1981年的水砂判决中，德国联邦宪法法院在联邦普通法院和联邦行政法院所确立的标准之上进行了概括与发展。[①] 联邦宪法法院认为，构成征收的关键是，完全或者部分剥夺了财产价值的法律地位。如果立法者的目的就是去剥夺一种财产价值的法律地位，则无论其强度如何（是否具有期待可能性）、范围如何（是否构成特别牺牲），都构成征收。这意味着，如果立法者的目的是为财产权设定社会义务，则即使其实质上已经违背了平等原则而造成了特别牺牲，或者对财产权的损害已然非常严重而超出了可以期待人们忍受的程度，也不必然导致该限制转化为征收。也就是说，该法律的限制还只是社会义务，被侵害人只能主张该法律违宪，而不能请求征收补偿。[②] 这样，联邦宪法法院就给出了修正的区分社会义务和征收的标准：如果立法者的目的在于规定财产权应受的社会约束，为财产权设定普遍性的、较为轻微的约束，则仅构成财产权的社会义务，不必予以补偿；如果立法者的目的在于针对相对特定的对象而剥夺某种财产价值的法律地位，则构成征收，必须予以补偿。

（二）财产权的社会义务："形成"还是"限制"？

在与征收进行区别后，进一步要明确的是：立法者为财产权设定社会义务与立法者对财产权的具体化之间是何种关系。换言之，立法者有权力通过立法来形成财产权的具体内容，这与立法者通过立法来规定财产权的社会边界，究竟是一个问题还是两个问题？

---

① BVerfGE58，300（331-332）；Vgl. Hans D. Jarass, Inhalt-und Schrankenbestimmung oder Enteignung? Grundfragen der Struktur der Eigentumsgarantie, NJW 2000, 2841, (2841).

② 哈特穆特·毛雷尔. 行政法学总论. 高家伟，译. 北京：法律出版社，2000：673-674；陈爱娥. "'司法院'大法官会议"解释中财产权概念之演变//刘孔中，李建良. 宪法解释之理论与实务. 台北："中央研究院"中山人文社会科学研究所，1998：410.

之所以要讨论这样一个问题，乃是因为财产权本身存在一个悖论：财产权是宪法保障的基本权利，但其内容却是由法律来形成的。在这一点上，财产权与其他基本权利有着显著差别。例如，人身自由所保障的就是个人的人身和行动免受干预，住宅自由就是保障住宅不被侵入，而财产权保障的是什么，却必须借由法律层面的观察才能明了。比如，只有基于物权法定原则，立法者对物权的种类、物权的内容、物权的公示手段、物权的效力作出规定①，才会形成民法上具体的所有权、用益物权和担保物权，进而，才可能在宪法层面明确这些权利也是排除国家干预的。如无民法对财产权内容的形成，则宪法上的财产权就没有实质上的保护对象。

财产权的这种"有待立法形成"的特点，在宪法的规范语句中也有表现。德国《基本法》第14条第1款规定："财产权与继承权受保障，其内容与界限由法律规定。"这也就意味着立法者有形成财产权内涵的权力。我国《宪法》第13条第1款规定的"公民的合法的私有财产不受侵犯"也与此类似，"合法的"私有财产意味着财产权的内容要先由法律来形成。在此意义上，我们可以说宪法保护的私有财产首先必须是法律予以保护的，是合法的。② 宪法所保护的财产权内容，乃是法律已然规定为法律上财产权的内容。

由此，如果认为立法机关设定社会义务的行为也是对财产权内容的形成（Ausgestaltung），则"社会义务就不构成对财产权的限制，从而，国家对此不负合宪性论证的义务"③。按照此种观点，立法者对于财产权内容的形成，并非去限制财产权，而是使个人行使财产权成为可能。④ 一种以保障为目的的正面行为，不应该被理解为负面的限制。在立法者规定财产权内容之前，还不存在宪法上的财产权。只有在财产权的内容经由立法而具体化（Konkretierung）后，才存在对这个已然存在的权利进行限制的问题。由于立法者在规定财产权内容时，必然会对其社会关联性有所考量，并为了追求公益而为财产权设定内容的边界，这样，财产权的社会义务，就应该属于对财产权保护范围的界定，从而其本身不构成对财产权的

---

① 朱岩，高圣平，陈鑫. 中国物权法评注. 北京：北京大学出版社，2007：54-56.

② 实际上，在2004年宪法修改前后，对于"合法的"这一限定词曾有众多的质疑与批评。批评者认为，在私有财产之前加上"合法的"限定词，就意味着必须先由立法者认定合法后，财产始受宪法的保护，这减损了宪法对私有财产提供普遍和完整保护的意义。（王立兵. 私有财产宪法限制条款比较研究. 天府新论，2005（3）：76.）这种见解对于财产权保障效果的担忧是不无道理的，但显然未考虑到财产权的内容"有待立法形成"的特点。

③ BVerfGE 52, 1 (32).

④ Pieroth/Schlink, a. a. O, S. 57.

限制。相应的法律效果是，立法机关基于财产权的社会关联而设定的、由财产权人承担的社会义务，不受合宪性的审查。

然而，这种观点的危险在于过早地限缩了财产权的范围，并且使立法者可以恣意地限制基本权利。试想，如果立法者可以基于社会关联性的考虑而限定财产权的内容并且不受合宪性审查，无疑会使宪法所保障的财产权被矮化为法律所保护的财产权，从而以宪法规范"高规格"地保障财产权的意义就被消解了。基于此种认识，也有学者主张，德国《基本法》第14条第1款中的"其内容与界限由法律规定"并非授权立法者任意形成财产权的内容，而应该被解释为对立法者课以保障财产权的义务。① 立法者必须恪尽保障财产权的义务，而其作出的任何的限制性规定，都应该在"宪法保障财产权"这一价值决定下，受合宪性的审查。进而，立法者课以财产权的社会义务，就不应该被认为是对财产权内容的规定，而应该被看作对财产权的限制。这意味着，必须对财产权的社会义务进行合宪性审查。在中国语境下，这意味着，宪法所保障的私有财产权固然必须是"合法的"，但该法律自身必须首先是合宪的。

（三）对财产权社会义务的比例原则审查

既然规定财产权社会义务的法律，也就是单纯限制财产权而不予补偿的立法，也必须接受合宪性审查，那么，下面的问题就是：财产权的社会义务应当符合哪些宪法标准？

对于基本权利的合宪性审查的最重要的标准是所谓比例原则。② 比例原则要求公权力必须在限制基本权利的目的和限制基本权利的手段之间进行衡量，不能不择手段地追求目的的实现。与此相关的另外一个标准是所谓"本质内容保障"，这是指对于基本权利的限制不能导致基本权利被彻底掏空而名存实亡。限于主题，这里不对这两个公法的基本原理展开论述，而仅以德国的"小田园案"（Kleingarten）③ 判决为例来说明运用比例原则和本质内容保障对财产的社会义务的合宪性审查。

"小田园案"的背景是在德国历史上形成的一种在大城市周围规划小片的田园出租给城市居民的制度，在第一次世界大战及战后的经济萧条中，这些小田园为很多城市居民提供了食物，保证了他们的基本生存。在

---

① Walter Leisner, Eigentum, in Isensee/Kirchhof (HStR), HStR, Bd. Ⅵ., 2001, § 149, Rd. 61.

② 关于比例原则的教义学结构的介绍，参见姜昕. 比例原则研究：一个宪政的视角. 北京：法律出版社，2008：31 以下。

③ BVerfGE 52, 1.

这种情况下，德国立法规定，田园的租金由行政机关来决定，并且出租方一般不得解除租赁合同。出租方除拥有名义上的所有权以外，使用和处置土地的权利被完全限制。这种限制被认为是典型的财产权承担社会义务的情况。

在二战以后，社会经济状况发生了很大的改变，城市居民不再依靠这些小田园供给食物。但是，尽管经过一些修订，对田园出租人的这些限制却一直被保留了下来。在 1979 年，联邦宪法法院在判决中最终指出，这些限制是违背比例原则的，侵害了财产权的本质内容，因此应予取消。联邦宪法法院指出，社会经济关系已经发生了重大的变化，小田园最初承担的功能也已经不复存在。既然保障城市居民的食物供给和基本生存的目的已经不存在，那么仍然延续这些限制就是缺乏必要性的，因为这违背了手段与目的之间的合比例性。[①] 并且，这种限制已经使财产的所有者没有什么权利可言了，他们只是名义上的土地的所有者，只能接受由行政机关决定的低廉租金，并且不能使用和处分自己的土地。在这种限制下，财产权的"私使用性"，以及作为个人经济上的自由的意义已经完全丧失了。立法机关几乎完全剥夺了财产的所有权，已然损害到了财产权的本质内容。[②] 因此，这一历史上曾属正当的财产权的社会义务，在新的社会背景下却是违宪的。

在一项设定财产权的社会义务的法律因违背比例原则而被宣布违宪后，该限制自然应被废止。但是，如果立法者认为，出于公共利益的考虑，这一限制仍然是必须的，那么立法者可以通过新的立法，将该限制另行规定为对财产的征收，并附带适当的补偿，此时这一限制可能重新获得合宪性。也就是说，在一项无补偿的社会义务被认为过度限制了财产权的情况下，立法者也可以考虑对这种较严重的限制给予适当的补偿，这样，财产权人所遭受的利益损失就获得了一定的平衡。在立法者将过去被作为社会义务而处理的财产权限制，转而以征收的法理进行重新建构后，受损失的财产权人所获得的补偿，就可能成为此项限制被认定为合宪的事由。当然，在此附带补偿的征收（手段）与所要实现的公共利益（目的）之间，也要进行比例原则上的衡量。

急剧现代化带来的人们生存愈加相互依赖，并且愈加容易相互侵扰的事实，已不容我们去追求古典自由主义式的充分张扬的财产自由。同时，

---

① BVerfGE 52，1 (34-36).
② BVerfGE 52，1 (15).

宪法中的社会主义因素也为财产权的讨论设定了基本场域。如果不能秉持一种在宪法框架下平衡私人财产自由与社会公正的思路,基于财产而产生的法律争议和社会矛盾就可能导致危险的社会分裂,为了寻求此种平衡就必须在法学层面上进行技术化的方案设计。

(本文原发表于《中国社会科学》2012年第9期。)

民法人格权规范的宪法意涵

我国民法典最终采用了人格权独立成编的创新体例，突出体现了"人的保护"的价值定位。① 民法人格权保护的勃兴，与现代宪法高扬人权、强调人格尊严保护有着密切的关系。在某种意义上，民法加强人格权的保护，是宪法基本权利的价值辐射作用的结果。而我国宪法所确立的"社会主义原则"，也是民法人格权规范的重要价值基础。在人格权独立成编后，如何解释这些具有公法意涵的民法规范，如何在这些规范的适用中作合宪性的考量，是宪法与民法两个学科所共同面临的课题。笔者尝试对民法人格权保障的宪法意义以及人格权规范所蕴含的宪法原理作概要的阐述，并以人格权案件中基本权利冲突的协调为中心，阐述民法人格权规范的合宪性解释所应关注之要点。

一、民法人格权勃兴的宪法背景

19世纪民法典编纂以人与人之间的财产关系为主题，重视人的自由特别是经济上的自由，对于人格权的认识不足，没有充分贯彻人作为目的的价值观念。这在当时就已遭到了批评。"就如潘德克顿体系一样，德国的《草案》很少为人法留有空间。最高人格权，即生命、身体、自由、名誉上的权利，还只是被假定为私法的组成部分——但对该假定并非没有产生过怀疑，且对最高人格权保护仍不完美，而其他的人格利益则完全缺少私法上的保护"②。但主张强化人格权保障的观念并未被19世纪民法典的编纂所充分接受。在第二次世界大战后，基于对法西斯暴政的反思，人类社会开始更加高扬人的目的性，强调对人的尊严的保护。1945年的《联合国宪章》和1948年的《世界人权宣言》都突出强调了人的尊严的价值地位。就国内法秩序而言，德国在二战后将人的尊严作为宪法秩序的价值

---

① 王利明.民法典人格权编草案的亮点及完善.中国法律评论，2019（1）；薛军.人的保护：中国民法典编撰的价值基础.中国社会科学，2006（4）.

② 奥托·基尔克.私法的社会任务.刘志阳，张小丹，译.北京：中国法制出版社，2017：46-47.

基础，并通过宪法上的"人格自由发展权"辐射私法在内的整个法律体系的演进过程，具有代表性。

1949年联邦德国《基本法》第1条第1款规定："人的尊严不可侵犯。尊重和保护人的尊严是一切国家权力的义务。"尽管这一规定在人类精神史上可以回溯到康德的道德哲学、文艺复兴、托马斯·阿奎那的经院哲学、基督教教义乃至古希腊哲学①，但起决定性作用的无疑是对纳粹暴政的反思。正如德国联邦宪法法院所指出的，德国《基本法》完全是针对纳粹极权统治的"对立方案"（Gegenentwurf）②。纳粹时代的种族灭绝以及其他的骇人听闻的暴行，促使德国在一切领域进行反思。在法律领域的体现首先就是要为整个德国战后的法秩序寻找新的伦理上的、道德上的价值基础。由此，"人的尊严"被作为《基本法》的第1条第1款而予以了体系位置上的突出强调，而相应的教义学作业也迅速展开。杜里希首次提出应将《基本法》第1条第1款规定的"人的尊严"作为法秩序的"最高建构性原则"（oberstes Konstitutionsprinzip）。他认为，制宪者通过《基本法》第1条第1款，将人的尊严这一"伦理上的价值"转化为实证法上的命令。从"人的尊严不可侵犯"（unantastbar，有"不可触碰"的意思，较之一般意义上的"不可侵犯"更为严格）的措辞上看，《基本法》第1条第1款对于人的尊严是一种绝对性的保障，而其处于《基本法》开篇位置的体系性因素，使其应当被视为"所有客观法的最高宪法原则"③。人的尊严被认为是一切基本权利的核心，而《基本法》第1条第3款关于"基本权利是约束立法、行政与司法的直接有效的法律"的规定，使得民事法官负有在民事裁判中落实人的尊严保障的宪法义务。由此，人的尊严作为宪法所确立的客观价值，对民法体系产生辐射作用，并最终根本性地改变了德国人格权保障的民法规范体系。

对德国民法人格权制度产生深刻影响的另一项重要的宪法规定，是德国《基本法》第2条第1款。该款规定："人人享有人格自由发展的权利，只要不侵害他人权利，不违反合宪性秩序与道德法则。"就如何理解"人格自由发展"，德国联邦宪法法院先后进行了两个层面的规范建构。在1957年的"艾尔弗斯案"中，联邦宪法法院将"人格自由发展"作了非

---

① Maunz/Dürig, Grundgesetz Kommentar, Verlag C：H. Beck 2010，Abs.1 Art.1，S. 8ff.

② 张翔. 纪念鲁道夫·赫斯集会案//张翔. 德国宪法案例选释：第2辑　言论自由. 北京：法律出版社，2016：253.

③ Günter Dürig, Der Grundrechtssatz von der Menschenwürde, AöR1956, S. 119ff.

常宽泛的理解，将其解释为"一般行为自由"（allgemeine Handlungsfreiheit）和"兜底基本权利"（Auffangsgrundrecht）。联邦宪法法院认为："《基本法》使用'人格自由发展'并非只意味着人格的核心内容的发展，也就是作为精神性、伦理性的人的本质的形塑。因为很难理解，内在于人格核心内容的发展，怎么会与社会道德、他人权利或者合宪性秩序相冲突。而这些限制性规定显然是指向作为社会生活的参与者的个人，这说明《基本法》第2条第1款意味着非常广泛的行为自由。"① 由此，"人格自由发展权"被作为良心、言论、人身等特定自由权的兜底条款，当某个行为无法被特定基本权利所保护时，个人就可以通过主张《基本法》第2条第1款所规定之一般行为自由来寻求救济。这一"外向化"的解释方案大大扩展了宪法基本权利的规范领域，但多少忽视了人格内在的"精神—道德"层面，忽视了"人格"自身作为精神的、伦理的人的本质的内涵，对于人格自身的保护反而不足。基于对"一般行为自由"在人格核心内容保障上的不足的认识，联邦宪法法院对《基本法》第2条第1款进行了第二个层次的建构，也就是强调其作为狭义的、核心意义上的人格权。② 最终，联邦宪法法院在1973年的"索拉娅案"中确认了由德国联邦最高法院创立的对民法一般人格权的保护模式，为民事司法裁判确立了一般人格权的审判依据。③ 实际上，德国通过确立一般人格权来加强对人格的保护，是由民事裁判与宪法裁判互动合作完成的。早在1954年的"读者来信案"中，德国联邦最高法院就认识到了既有的民法典对于人格权保障的不足，主张《基本法》第1条规定的人的尊严和第2条第1款规定的人格自由发展权也是"每个人都必须予以尊重的私权"④。以此为开端，通过一系列判决⑤，德国联邦最高法院逐步确立了以《德国民法典》第823条第1款结合《基本法》第1条和第2条第1款导出的一般人格权的公式。⑥

德国战后民法人格权保障的演进，可以看作在宪法作出价值宣告并课以民事法官宪法义务的背景下，由民事法官超越民法典的既有结构和内容，对人的尊严和人格发展进行的判例法创造⑦，并最终得到联邦宪法法

---

① BVerfGE 6，32（36）.
② 周云涛. 论德国宪法人格权：以一般行为自由为参照. 法学家，2010（6）.
③ 齐晓琨. "索拉娅案"评注：德国民法中对损害一般人格权的非物质损害的金钱赔偿. 现代法学，2007（1）：185.
④ BGHZ 13，334（338）.
⑤ 迪特尔·梅迪库斯. 德国民法总论. 邵建东，译. 北京：法律出版社，2001：805 以下.
⑥ 同③.
⑦ 薛军. 人格权的两种基本理论模式与中国的人格权立法. 法商研究，2004（4）：67.

院的确认。宪法无疑构成了德国战后人格权保护勃兴的价值和规范背景。同时，民法对于人格权的加强保护，也以"交互影响"的方式①，促进了宪法的实施，强化了基本权利的规范效力。

我国民法人格权保护的勃兴，也有其深刻而清晰的宪法背景。我国现行的1982年宪法是在"反'文化大革命'"的社会共识基础上起草的。② 1982年宪法相对之前的1954年、1975年和1978年宪法的一个突出创新是在第38条规定："中华人民共和国公民的人格尊严不受侵犯。禁止用任何方法对公民进行侮辱、诽谤和诬告陷害。""在修改宪法的过程中，许多同志都指出，'文革'十年，在'左'的错误路线下，广大干部群众遭受残酷迫害，公民的人格尊严得不到起码的保护，批判会、斗争会、戴高帽和挂牌游街比比皆是，大小字报铺天盖地。对于这段历史我们不应该忘记，宪法正是在总结这一经验教训的基础上，才作出这方面的规定。"③ 宪法的这一价值决定，很快通过民法规范予以表达。1986年《民法通则》第101条规定："公民、法人享有名誉权，公民的人格尊严受法律保护，禁止用侮辱、诽谤等方式损害公民、法人的名誉。"2004年，我国宪法修改增加了"国家尊重和保障人权"的规定。宪法的"人权条款"毫无疑问是一种新的价值注入，为整个合宪性法秩序提供了新的评价关联。人权条款实际上对国家承担义务的类型进行了区分："尊重"是指国家针对基本权利的消极义务，也就是不得侵犯的义务；而"保障"则是指国家针对基本权利的积极义务，也就是国家促进基本权利实现的作为义务。于此，人权条款对于国家立法权也构成一种宪法委托，也就是要求通过立法实现对人的权利的强化保护。应该说，这一条款也构成了民法人格权保护勃兴的宪法背景，包括民法典人格权独立成编在内的强化人格权保护的立法选择都是立法机关承担其宪法义务的方式。④

在宪法与民法的交互影响的关系中，人格权体现了与财产权不同的模式。从法律史的角度看，财产权的规范形象是由民法先确立的。王涌教授曾有一个形象的说法："私人所有权是一个孩子，受其生父——私法的保护，后来，认了一个教父——宪法，亦受其保护。"⑤ 宪法在人类法律史上出现较晚，其规定的作为基本权利的财产权的保护范围，最初是由更早

---

① 张翔. 宪法与部门法的三重关系. 中国法律评论, 2019 (1)：32.
② 肖蔚云. 我国现行宪法的诞生. 北京：北京大学出版社, 1986：94.
③ 蔡定剑. 宪法精解. 北京：法律出版社, 2004：230.
④ 王锴. 论宪法上的一般人格权及其对民法的影响. 中国法学, 2017 (3).
⑤ 王涌. 自然资源国家所有权三层结构说. 法学研究, 2013 (4)：52.

存在的民事财产法来确定的。可以说，民法给定了财产权的基本形象，而宪法只是将其义务主体指向国家，使其作为防御国家干预个人财产的自由权。在我国也有类似的历史背景，1986 年《民法通则》规定了"财产所有权和与财产所有权有关的财产权"，确立了以所有权为核心的财产权体系，相关学理也颇有积累。民法的规范和学理，是后来私有财产权入宪（2004年）的先声。而人格权则不同，"近代民法法典化运动时的经典民法典亦未'发现'和创设人格权，宪法却抢占了'先机'"，"人格权首先是一项宪法上的权利，没有宪法或宪法性文献的赋予与规范，便没有民法上的人格权制度"①。何以会有这种差异？这实际上与人格权议题所蕴含的公私法关系，以及意识形态上的差异有关。

二、宪法"社会主义原则"的民法表达

苏永钦教授曾批评性地指出，传统的民法学沿袭着一种"前公法时代"的典范，"潜意识中把民法当成一个自给自足的独立王国"；并指出"事实上脱胎于罗马法的欧陆民法，也是在公法发达后，才真正摆脱了概念法学的典范，建立了更入世的思考方式"②。"更入世的思考方式"对于民法典编纂而言，意味着要以更开阔的视野去审视民法典的社会功能，也就是超越私法自治的公共性、政治性的功能。"民法典的起草者对于法典化的'政治性使命'需要有精深的理解。从法律技术的角度看，法典化的本质在于实现法律渊源的理性化，消除法律主体'找法'的困难……而从法律政策角度来看，民法典的政治使命在于奠定新的社会秩序（所有权、契约、家庭、继承等）"③。而对于民法典的"政治性使命"的落实，就必须回探到宪法的价值决断。"民法的体制中立性毕竟不是绝对的，尤其当宪法已经就国家经济、社会体制做了若干基本决定，使得体制的左右摆荡有其不可跨越的界限时，民法也不可能是纯然的技术规则。"④ 我国《宪法》第 1 条所确立的"社会主义原则"，就是民法典编纂所必须落实的宪法基本决定。

最早主张在民法典中规定一般人格权的基尔克，就是出于强调私法的社会功能，或者说出于社会主义的立场。基尔克认为私法和公法的二分，是基于人的个体生活和集体生活二分的事实。但是，"最终不可忘记目标的一致性，在以关注个人利益为首任的私法中同样必须追求公共福祉，在

---

① 刘凯湘. 人格权的宪法意义与民法表述. 社会科学战线，2012（2）：206，200.
② 苏永钦. 走入新世纪的私法自治. 北京：中国政法大学出版社，2002：1.
③ 石佳友. 民法典与社会转型. 北京：中国人民大学出版社，2018：6-7.
④ 同②8.

首先关注全局的公法中也必须使个人能够获得正义"①。由此，必须平衡个人自由与社会正义。"在我们的公法中务必要飘荡着自然法自由王国的空气，而我们的私法也必须浸透着社会主义的膏油"②。然而，当时的法典化体现的是新兴资产阶级的诉求："他们关注的焦点，乃是确立一种能够使得个体摆脱人身性约束的关系，成为自由的个体，使得以土地为核心的物质财富，能够以最简单和自由的方式作为市场要素，进行自由的流转，允许个体能够拥有最大限度的自由，去进行营业上的自由竞争"③。对个人所有权的绝对保护，与民事主体的形式平等、契约自由以及过错责任，共同构成了近代民法典的基本特色。而未突出保护人格权，也是基于自由主义立场下强调经济自由、财产自由的观念。例如，《德国民法典》第 823 条在起草中，一度为损害"名誉"设定了金钱赔偿的民事责任，但最终却予以排除。"立法者的这一认识的深层次背景，实际上是与当时盛行的经济自由主义的观点紧密相关的。这种观点认为，为了保证人的充分发展，特别是在经济方面充分发挥自己的能力，就不能对他的行动自由做过多的限制，包括他对他人评判的自由——即使这样有可能对他人的名誉造成损害"④。而作为对自由资本主义的修正的社会主义理念在宪法中的确立，构成了重新思考人格权保障的价值基础。

  1918 年的苏俄宪法，是人类历史上第一部社会主义宪法。对社会经济生活中处于弱势地位的劳工阶级提供生存保障是其基本价值。而它对 1919 年德国的魏玛宪法也产生了直接的影响。这两部宪法被认为是近代宪法和现代宪法的分水岭。⑤ 德国 1949 年《基本法》并未继承魏玛宪法中的社会权条款，却在第 20 条和第 28 条中规定了"社会国原则"。社会国原则使立法者负有义务去建立"公正的社会秩序"。为此，立法者必须特别保护弱势群体，实现"为所有人提供有尊严的生活"的目标，并努力"使有产者和无产者的法律保护水平逐渐接近"⑥，以达到"社会平衡"⑦。社会国理念的出现是对自由资本主义所带来的负面后果的修正，其目标是

---

① 奥托·基尔克. 私法的社会任务. 刘志阳，张小丹，译. 北京：中国法制出版社，2017：26.
② 同①31.
③ 薛军."民法—宪法"关系的演变与民法的转型：以欧洲近现代民法的发展轨迹为中心. 中国法学，2010（1）：82.
④ 齐晓琨."索拉娅案"评注：德国民法中对损害一般人格权的非物质损害的金钱赔偿. 现代法学，2007（1）：186.
⑤ 韩大元. 苏俄宪法在中国的传播及其当代意义. 法学研究，2018（5）：205.
⑥ BVerfGE 63，380 (394).
⑦ BVerfGE 11，50 (56); BVerfGE 17，210 (216); BVerfGE 40，121 (133).

为社会中的弱者,特别是经济上的弱势群体,提供平衡性的措施,使其在社会竞争中不至于无立足的基础,从而增加其自我发展的机会。

社会国原则强调对经济上的弱者的扶助,由此首先影响的是民法的财产法领域。这突出体现在传统的"所有权绝对"观念的破除和"财产权应承担社会义务"的观念的确立。财产权社会义务的基本含义是:财产权的行使,必须符合社会正义,必须有利于社会公共福祉的实现,也就是能够促进合乎人类尊严的人类生存的实现。① 在这一理念下,借由《德国民法典》第903条关于财产权行使"不违反法律的规定或者妨碍第三人的权利"的规定,许多公法上对私人财产权的限制进入民法,对民法所有权的基本面貌产生了深刻影响。社会国原则或者说私法的社会责任的理念对德国民法的影响不限于所有权领域。在合同法领域,借由《德国民法典》第241条第2款规定的"债务关系可以依其内容使任何一方负有顾及另一方的权利、法益和利益的义务",以及第307条关于"一般交易条款的内容控制"的规定等,对传统民法的契约自由原则进行了限缩;在侵权法领域,借由第823条规定的"安全保障义务"和第826条的"善良风俗条款",对私人课以了更多进行社会因素考量的义务。而在民法总则中,第134条的"违反法定禁止的法律行为无效"的规定,更使得公法上的社会性考量对民法产生了总体性的影响。在基本法时代的一些民法学家看来,"社会原则"的重要性甚至可以与私法自治、信赖保护等民法基本原则相提并论。②

此种社会主义观念当然也影响到了人格权法。正如基尔克所主张的:"今天私法的使命在于,在强者面前保护弱者,在个人的自私自利面前保护集体的福祉"③。他进而还批评了《德国民法典》仅仅重视人与人之间财产关系的取向,认为"若私法的任务仅存在于财产法中,则没有比这广泛传播的思想更危险的了。由于一切财产都仅仅是为了人的目的,且人格权位于一切财产法关系之上。同样,私法必须首先使用其可支配的手段来保障和保护各个自然人的人格;……必须由一个思维缜密的人法来组建该私法的特殊部分"④。基尔克对于人格权的重视,当然是出于维护共同体的目的。但他在主张确认一般性、普遍性的人格权之外,还主张确认"由

---

① 张翔. 财产权的社会义务. 中国社会科学,2012 (9).
② 卡尔·拉伦茨. 德国民法通论:上册. 王晓晔,邵建东,程建英,等译. 北京:法律出版社,2004:67-68.
③ 奥托·基尔克. 私法的社会任务. 刘志阳,张小丹,译. 北京:中国法制出版社,2017:43.
④ 同③46.

某阶层所限定并塑造的人格权"①，这也蕴含着保护社会中弱势阶层的意味。门格也认为，《德国民法典》对有产者的财产权利进行了广泛而细致的保障，而相对于强者所具备的优势地位，那些只有社会中的弱者才会希望得到法律有效保护的人格利益，在《德国民法典》中得到的关注极少。② 如前所述，《德国民法典》第 823 条将名誉排除在金钱赔偿的法益范围之外，是为了维护经济上的自由。而第 824 条对于"信用"的高度保护，也被认为是更有利于强者的规定。然而在个人依据自己经济上的实力进行博弈的过程中，显然是社会中的弱者的人格更可能受到损害。因此，民法对于人格权的强化保护，实际上体现着更多保护社会弱者的价值立场。

我国《宪法》第 1 条就规定了我国是社会主义国家，"社会主义制度是中华人民共和国的根本制度"。社会主义原则可以说是我国宪法的第一项基本原则。尽管对于社会主义的理解可以是多层次的，但维护社会正义、扶助社会弱者无疑是其坚硬的内核。如果说，我国民法典对人格权的加强保护，体现着宪法的精神，落实着宪法的要求，那么其也不仅仅是对人权和人格尊严等基本权利的体现和落实，同时也是对宪法的社会主义原则的体现和落实。在我国现有关于民法人格权与宪法的关系的叙述中，这一点似乎是被忽略的。当然，关注我国民法典的社会主义因素，同时也不可忽视宪法关于"社会主义市场经济"③ 和私有财产权以及其他自由权的规定，要意识到不同价值立场在民法典中的并立与调和。

三、民法典人格权编若干规范的宪法原理

无论是作为"宪法实施法"④ 来落实宪法对于人权、人格尊严的保护，还是落实取向于社会平衡的宪法价值决定，民法人格权保障的勃兴都体现了公私法之间打破壁垒走向融合的趋势。离开前文在宏观层面的描述，回到民法典人格权编的具体规范，仍然能够体会到其中浓厚的公法色彩。这在主张民法典的私法纯粹性和体系自足性的学者看来或许难以接受，但在"政治国家—市民社会"的二分相对化⑤，现代宪法实际上取代

---

① 奥托·基尔克. 私法的社会任务. 刘志阳，张小丹，译. 北京：中国法制出版社，2017：46.
② Anton Menger, Das bürgerliche Recht und die besitzlosen Volksklassen, Verlag der H. Lauppschen Buchhandlung, Tübingen, 1927, S. 188.
③ 韩大元. 中国宪法上"社会主义市场经济"的规范结构. 中国法学，2019（2）.
④ 郑贤君. 作为宪法实施法的民法：兼议龙卫球教授所谓的"民法典制定的宪法陷阱". 法学评论，2016（1）；张力. 民法典"现实宪法"功能的丧失与宪法实施法功能的展开. 法制与社会发展，2019（1）.
⑤ 张翔. 基本权利在私法上效力的展开. 中外法学，2003（5）：556.

了近代民法在法律体系建构中的中心地位①的背景下，这也可能是民法典体例和内容创新的必然选择。以破除"民法典不能包含公法规范"的眼光去审视民法典的人格权编，不难认识到其中的具体规范固然是调整个人之间关系的私法规范，但同时基于私法权利的社会关联性而可能具有公法规范的内涵，因而需要在宪法原理的笼罩下予以理解和适用。下面，就以民法典人格权编的若干条文为例，对其中的宪法原理予以说明。

（一）基本权利放弃及其界限

《民法典》第992条规定："人格权不得放弃、转让或者继承。"这一条涉及宪法上基本权利放弃（Grundrechtsverzicht）的原理。基本权利放弃是个人对其基本权利的一种处分，也就是个人允许他人（公法关系中主要指国家公权力）干预其基本权利的保护范围。② 也就是基本权利主体自愿许可国家侵害其基本权利，相应的法律后果是，国家的干预基于个人的同意而阻却违宪。一般来说，宪法学理对基本权利放弃持肯定的态度。基本权利最重要的哲学基础是取向于"个人自决"的自由主义，既然权利是个人的，就应该允许个人处分其权利。德国学者也认为，德国《基本法》第2条第1款保护"人格自由发展"，也应该包含个人以放弃自由的方式实现个人追求。③ 但在肯定基本权利放弃的合理性的同时，必须基于权利的性质、内容和被干预的程度来考虑基本权利放弃的界限。而对于人格权的放弃，必须遵循最为严格的标准。人格权具有人身专属性，这是其与财产权的重要区别。财产权通常具有非专属性，可以与权利主体发生分离。而人格权的人身性、伦理性本质决定了其与权利主体难以分割。如果人格权被一般性地、概括地放弃，必然导致人格缺损，甚至会威胁到人的主体地位，走向自由的自我否定。实际上，即使是财产权，也不允许一般性地、抽象地、概括地放弃。例如，一个人在某次征收中放弃获得补偿的权利是被允许的，但如果其概括地放弃在未来对其一切财产征收的补偿权，也无异于根本性地否定私有财产权。对于与人的主体性最密切相关的人格权，民法典作出禁止概括地放弃的规定，合乎基本权利放弃的宪法原理。④

但是，我们依然可以在人格权编看到这样一些规定："民事主体可以

---

① 薛军．"民法—宪法"关系的演变与民法的转型：以欧洲近现代民法的发展轨迹为中心．中国法学，2010（1）：86．
② Pieroth/Schlink, Grundrechte. Staatsrecht Ⅱ, 25. Aufl., 2009, S. 39.
③ Ebenda.
④ 关于基本权利放弃的宪法原理，可参见张翔，赖伟能．基本权利作为国家权力配置的消极规范．法律科学，2017（6）．

将自己的姓名、名称、肖像等许可他人使用,但是依照法律规定或者根据其性质不得许可的除外"(第993条);"完全民事行为能力人有权依法自主决定无偿捐献其人体细胞、人体组织、人体器官、遗体。任何组织或者个人不得强迫、欺骗、利诱其捐献"(第1006条第1款);"为研制新药、医疗器械或者发展新的预防和治疗方法,需要进行临床试验的,应当依法经相关主管部门批准并经伦理委员会审查同意,向受试者或者受试者的监护人告知试验目的、用途和可能产生的风险等详细情况,并经其书面同意"(第1008条第1款)。这些规定实际上意味着部分人格利益是可以放弃的,但这并不与基本权利放弃的宪法原理相抵触。第993条实际上是第992条的一个例外条款,也就是在概括地禁止人格权放弃的原则下,允许民事主体为了实现自己的利益,基于个人的自由意志,放弃特定范围的人格利益。同时第993条又以"根据其性质不得许可的"表述重申了人格权放弃的界限。而第1006条和第1008条所规定放弃的人格利益,与人的生命健康紧密联系,因此要遵循更为严格的标准,包括第1006条第2款和第1008条第1款要求的"书面形式"的同意,以及公法程序性质的风险告知、审查批准,等等。同时,作为对自身权利的处分,基本权利的放弃必须基于自愿和对后果的明确认识。① 如果受到欺骗、蒙蔽,或者在特殊压力下作出承诺,都不能成立基本权利的放弃。因而,基本权利的放弃天然蕴含着对权利主体的行为能力的要求,限于篇幅,此处不赘。

但是,从基本权利放弃的原理出发,第1006条的规定似乎有一个小的瑕疵,也就是未规定民事主体可撤回捐献决定。以"个人自决"为基础的权利放弃,应该允许基于自由意志的反悔,允许个人撤回其同意被干预的许可。第1006条所规定的是作为人格最核心内容的健康权益,对于尚未进行或者尚未完成的他人干预,个人应当可以要求停止,也就是撤回权利放弃。

(二)基本权利限制和基本权利冲突

人格权编中还有若干条文,如果从公法角度观察,属于基本权利限制的规范或者协调基本权利冲突的规范。例如,"从事与人体基因、人体胚胎等有关的医学和科研活动,应当遵守法律、行政法规和国家有关规定,不得危害人体健康,不得违背伦理道德,不得损害公共利益"(第1009条),体现了出于人格利益保障而对《宪法》第47条规定的科研自由的限

---

① Vgl. Detlef Merten, Der Grundrechtsverzicht, in Horn (Hrsg.), Recht im Pluralismus, festschrift fuer Walter Schmitt Glaeser zum 70. Geburtstag, Berlin, 2003, S. 67.

制，是一个比较纯粹的公法规范；第1015条则是对姓名的自我决定权的限制，是对人格权行使自身的限制。对于基本权利限制的合宪性审查框架与标准，学界近年来探讨较多，此处不赘。

此外，人格权保护经常会与其他权利的保护产生紧张关系，人格权编中有较多相关规范。这些规范从宪法角度看，就是调整基本权利冲突、确定协调规则的规范。例如，关于新闻报道、舆论监督对于民事主体的姓名、名称、肖像、个人信息等的合理使用（第999条），关于不需要肖像权人同意的肖像权合理使用（第1020条），关于文学、艺术作品对于特定人的描述（第1027条），关于对个人信息的收集处理（第1035条），体现了言论自由、监督权、教学自由、科研自由、艺术自由、营业自由等基本权利与人格权的冲突。这些规范当然是调整私人之间民事关系的规范，但同时也是国家立法权在为基本权利冲突确立协调规则。对"合理使用"的界定、承担民事责任与否的标准等规定，是以国家权力介入私人间关系来协调权利冲突的。第998条"认定行为人承担侵害除生命权、身体权和健康权外的人格权的民事责任，应当考虑行为人和受害人的职业、影响范围、过错程度，以及行为的目的、方式、后果等因素"的规定，第1021条关于肖像许可使用合同要作有利于肖像权人的解释的规定，第1028条关于更正和删除媒体报道的规定，体现的是更为细致的协调规则。不难看出，人格权编的众多规范都体现出双重属性，也就是作为调整人格权关系的私法规范的属性和作为基本权利协调规范的公法规范的属性。实际上，在基本权利作为客观价值秩序辐射一切法领域的现代法治图景下，以某条文规定在某法典中来认定其规范属性是缺乏通透视野的胶柱鼓瑟的思维。合理的思维方式毋宁是，应该看到这些规范是基本权利冲突在民事立法中的具体体现，并且为法官提供了更为具体的思维指引，从而应该在基本权利的价值辐射之下，对法秩序作整体融贯的理解和适用。这涉及对人格权规范的合宪性解释，以及对民事裁判权的合宪性控制问题，下文展开。

（三）基于基本权利考量的民事责任承担方式

《民法典》在第179条规定了"消除影响、恢复名誉"和"赔礼道歉"的民事责任承担方式。这两种责任主要适用于人格权侵权的领域。《民法典》第1000条第2款规定："行为人拒不承担前款规定的民事责任的，人民法院可以采取在报刊、网络等媒体上发布公告或者公布生效裁判文书等方式执行，产生的费用由行为人负担。"这一规定对行为人因侵害人格权承担消除影响、恢复名誉或赔礼道歉等民事责任的方式进行了修正。这一修正也有着宪法基本权利层面的考量。前述的民事责任承担方式，特别是赔礼道歉，与行为人的良心自由、言论自由有着密切关系。赔礼道歉当然可以缓解人格权被侵犯主体的精神痛苦，具有弥补损害的功能。但应该看到，赔礼道歉包含认错并向对方表示歉意的内涵，这是行为人良心的自主决定的问题，属于内在的精神自由；而在外在表达上，又直接关联言论自由的纯粹消极层面，也就是"不表达的自由"。如果侵权人拒绝赔礼道歉，而由国家公权力强制其执行，就有侵害基本权利的违宪之虞。①

而在我国民事司法实践中，也存在大量"赔偿可以，道歉绝不"的案例②，赔礼道歉的主张也较难得到法院支持。③由此也催生了实务中即使判处赔礼道歉，也多以法院公布裁判文书而由侵权人承担费用的方式代替的情形。在民法学上，对这种替代方式是否有效和恰当存在争议。④但在宪法层面上，这种替代方式将对良心自由、言论自由的限制转变为了对财产权的限制。良心自由、言论自由较之财产权更接近个人人格的核心，以财产负担替代良心负担，符合最小损害的比例原则精神。因而，人格权编采纳此种民事责任承担的变通方式，是符合宪法精神的。

四、人格权规范适用的合宪性考量：以基本权利冲突为视角

如前所述，无论是在保障人权、人格尊严以及维护社会平衡的宏观价值层面，还是在基本权利的具体保护技术层面，民法典人格权编都体现了宪法精神。但是，宪法精神在法秩序中的贯彻，不应只体现在立法对宪法的具体化层面。立法任务初步完成后，在接下来的司法适用中，需要继续对法秩序作合宪性控制。⑤前文已经概要说明了人格权规范中所蕴含的宪法原理，下面笔者尝试以最核心的基本权利冲突问题为视角，初步分析人格权规范适用中的合宪性考量。

前文列举了可能与人格权发生冲突的基本权利，包括言论自由、监督权、教学自由、科研自由、艺术自由、营业自由等。在《民法典》第990条规定了一般人格权，并以"其他人格利益"作出兜底性规定的条件下，我国的人格权保护体现出了范围的开放性和广泛性。⑥但是，正如德国联邦宪法法院在阐释"人格自由发展权"时所指出的，基本权利的保护范围

---

① 葛云松. 民法上的赔礼道歉责任及其强制执行. 法学研究，2011（2）.
② 张红. 不表意自由与人格权保护：以赔礼道歉民事责任为中心. 中国社会科学，2013（7）：110.
③ 姚辉，段睿."赔礼道歉"的异化与回归. 中国人民大学学报，2012（2）.
④ 同①125.
⑤ 张翔. 宪法与部门法的三重关系. 中国法律评论，2019（1）.
⑥ 王利明. 民法典人格权编草案的亮点及完善. 中国法律评论，2019（1）：98.

越宽,对其的限制可能性也就越大。① 这是因为,一项权利的保护范围越宽,就越容易与其他法益发生碰撞。② "一般人格权规则所涵摄的人格利益,因为在一般情形下并没有明确的界限,若是对之保护过于宽泛,则难免有侵蚀其他主体自由空间及社会公共利益之虞。"③ 民法正是调整私人之间关系的法,而人格权又天然具有易与其他权利发生碰撞之特性,因而在人格权案件中经常需要处理基本权利冲突的问题。这一点常见于各国司法实践。例如前文提及的"索拉娅案",就是一个民法上的人格权案件因涉及与言论和新闻自由的冲突而最终转化为宪法案件的典型例子。而德国联邦最高法院的"读者来信案""骑士案"等重要的一般人格权案件④所处理的,实际上也都是基本权利冲突问题,其中当然要具备对民法规范作合宪性解释的思维。但是,在我国民法典背景下讨论人格权案件中的基本权利冲突问题,却有着与德国等宪法可司法程度较高的国家不同的制度和观念条件。这里,特别值得讨论的有两个方面:

第一,民事法官作合宪性解释的宪法义务。德国《基本法》规定了基本权利对于包括司法权在内的一切国家公权力的直接拘束力,在宪法与民法关系上具有里程碑意义的"吕特案"中,又明确了法官实现基本权利的客观法义务。⑤ 按照《宪法法院法》,法官如果不在普通案件中妥当处理基本权利问题,就可能被当事人通过宪法诉愿将案件提交联邦宪法法院并最终撤销判决。这些制度共同课以民事法官对民法规范作合宪性解释以协调其中基本权利冲突的宪法义务⑥,相关的实践和学理也因此得以迅速积累。而我国《宪法》"序言"第十三自然段虽然规定了一切国家机关都有维护宪法尊严、保证宪法实施的职责,但大多数法院在裁判中对宪法都有刻意回避的倾向。⑦ "齐玉苓案"司法解释被废除后,民事法官保障宪法实施的职责体现,或许仅见于2016年的《人民法院民事裁判文书制作规范》中"裁判文书不得引用宪法和各级人民法院关于审判工作的指导性文件、会议纪

---

① 张翔. 艾尔弗斯案//张翔. 德国宪法案例选释:第1辑 基本权利总论. 北京:法律出版社,2012:10.
② 关于保护范围与保护强度的关系,参见杜强强. 基本权利的规范领域和保护程度:对我国宪法第35条和第41条的规范比较. 法学研究,2011(1).
③ 朱晓峰. 作为一般人格权的人格尊严权. 清华法学,2014(1):53.
④ 迪特尔·梅迪库斯. 德国民法总论. 邵建东,译. 北京:法律出版社,2001:805-807.
⑤ 张红. 吕特案//张翔. 德国宪法案例选释:第1辑 基本权利总论. 北京:法律出版社,2012:22.
⑥ 张翔. 两种宪法案件:从合宪性解释看宪法对司法的可能影响. 中国法学,2008(4).
⑦ 杜强强. 合宪性解释在我国法院的实践. 法学研究,2016(6):108.

要、各审判业务庭的答复意见以及人民法院与有关部门联合下发的文件作为裁判依据，但其体现的原则和精神可以在说理部分予以阐述"（着重号为引者所加）的表述。但是，党的十九大以来，我国的合宪性审查制度迅速推进。在相关的备案审查制度建构中，对于司法解释和地方具有司法解释性质的文件的审查工作的推进，也体现出了强化司法机关宪法实施职责的趋势。党的十九届四中全会又在国家治理现代化的大背景下提出"健全保证宪法全面实施的体制机制"。虽然当下尚没有将司法裁判与合宪性审查机制明确勾连的机制，但这些制度演进方向与《宪法》"序言"第十三自然段关于司法机关保证宪法实施的精神是一致的。人格权案件经常涉及的基本权利冲突协调，也要求民事法官在案件裁判中承担对人格权规范作合宪性解释的宪法义务。

第二，民事法官的宪法意识与宪法知识。在以往的制度条件下，民事法官自然缺乏援引宪法或者进行合宪性解释的自觉意识，相应的宪法知识和能力也嫌不足。但是，实证研究表明："我国的司法实践中依然存在着与宪法实施密切相关的重要内容"①。"我国司法实践中存在着援引宪法规范作为判决依据的现象。从裁判文书网收录的判决文书来看，援引宪法规范的判决涵盖了民事、行政和刑事等类型……有个别判决体现出合宪性解释的意味；部分判决展现出多样化的基本权利第三人效力样态，但在应用上存在盲目性"②。这说明，在之前的条件下，法官也很难完全排斥宪法问题。民法典人格权编的出现，无疑将让法官不得不面对人格权与言论、艺术、科研等自由的冲突，宪法问题避无可避。因此，在民法典的司法适用中，必须让民事法官充分认识到其裁判中基本权利问题的不可回避性，并使其加强对宪法基本权利原理的掌握。值得强调的是，此种宪法意识和宪法知识的强化，有助于补强相关民事裁判的说服力和正当性。这是因为，人格权领域的基本权利冲突的协调往往极为微妙，在民法典提供的协调规则之外，往往还要诉诸个案正义的考量，"诉诸宪法毕竟要优于诉诸公平正义的抽象观念。通过将个案正义的判断问题，转换为法律在适用过程中是否与宪法相冲突的问题，合宪性解释既能为司法造法提供宪法上的正当依据，也能对其予以宪法上的控制，有助于裁判的规范化"③。所以，有必要让民事法官认识到，在人格权案件中对相关规范作合宪性解释以协

---

① 冯健鹏. 我国司法判决中的宪法援引及其功能：基于已公开判决文书的实证研究. 法学研究, 2017（3）：59.
② 同①44.
③ 杜强强. 合宪性解释在我国法院的实践. 法学研究, 2016（6）：107.

调基本权利之间的冲突，既是其宪法义务之所在，也是补强其裁判论证和说理的有益选择。

就人格权规范中基本权利冲突的协调而言，《民法典》第998条等已经规定了总体性的规则，其中关于"行为人和受害人的职业、影响范围、过错程度，以及行为的目的、方式、后果等"的因素列举也已相当全面。对于宪法学视野中的此类所谓基本权利冲突，民法学界也早已以"利益衡量"为概念载体进行了大量的研究，其与宪法学上基本权利冲突的学理大有可沟通互动之处。笔者也有关于基本权利冲突原理的研究①，此处不欲重复。这里仅参酌比较法学理，对人格权裁判中的合宪性考量作以下几个方面的提示：

（1）不应赋予任何权利通常的优先地位。笔者的一个担心是，由于人格权编是以人格权保护为核心的，民事裁判者如果缺乏对基本权利体系的总体认识，可能会在处理冲突关系时不自觉地倾向人格权。毕竟，民事法官的职责首先在于解决私人与私人之间的纠纷，而不是保护功能更多体现在公共领域的基本权利。而经常与人格权相冲突的言论自由，对于民主政治、公共秩序的形塑有着重要作用，而其他基本权利也各有其不可或缺的价值。如果民事法官总是倾向于人格权而忽视其他权利的功能与价值，就无法充分贯彻宪法的精神。基本权利冲突原理的一项重要内容是：任何基本权利都不得要求通常的优先地位。也就是说，所有的基本权利都有其不可或缺的价值，没有任何一项权利一般性地、抽象地高于其他权利而在衡量中总应被优先保护。在著名的"雷巴赫案"中，德国联邦宪法法院系统地论证了这一原理。"雷巴赫案"涉及一般人格权与广播电视报道自由之间的冲突。针对这两项基本权利，德国联邦宪法法院在第一次"雷巴赫案"和第二次"雷巴赫案"中作出了不同的衡量结论。在第一次"雷巴赫案"中，由于相关具有社会轰动性的刑事案件刚刚发生，公众获取信息的利益更为重要，对此刑事案件进行新闻报道的自由就被认为具有优先性，而犯罪人的人格权则应相应退让；而在第二次"雷巴赫案"中，犯罪人服刑已近尾声，使其"再社会化"以回归宁静生活的利益就更为重要，从而其人格权被认为更具优先性。② 即使人格权再重要，也不具有绝对性，不应被赋予通常的优先地位。民事法官在裁判人格权案件时，绝不可轻忽对待其他基本权利。

---

① 张翔. 基本权利冲突的规范结构与解决模式. 法商研究，2006（4）.
② 冯威. 雷巴赫案//张翔. 德国宪法案例选释：第2辑　言论自由. 北京：法律出版社，2016：49以下.

(2) 不作抽象比较，而是在个案中进行具体衡量。从"梅菲斯特案"开始，德国联邦宪法法院就一直强调人格权与其他权利冲突衡量的个案性。"梅菲斯特案"涉及的是人格利益与艺术自由的冲突。如果从抽象观念上来看，普通人或许会认为人格利益比艺术自由重要，但是宪法法院认为应当同样考虑艺术自身的价值独立性和规律性，并在考量个案的所有具体情形后作出判断。① 这一点与前述的不得赋予任何权利通常的优先地位直接相关，在"雷巴赫案"和"索拉娅案"中也被重申。衡量一定不能脱离个案情形，这是与体系思维相对应的个案正义思维的要求。这对我国人格权规范之适用也有启发，例如《民法典》第 1027 条对艺术自由与名誉权的冲突规定了不同情形下的两种规则，但在司法实践中应该仍有在具体案件情形下进一步衡量之必要。

(3) "实践调和""基本权利的最优化""比例原则"等衡量方法的具体运用。与前述规则相关，对相互冲突的权利的权衡，并非只能牺牲一方而保护另一方。不能匆忙草率地进行"价值权衡"，而是要让相互冲突的权利都能发挥最佳的功效。"在不确定的情况下选择能够使基本权利规范发挥最大法律效力的解释。"② 在处理"穆岑巴赫尔案"③ 中的艺术自由与青少年法益的冲突时，德国联邦宪法法院指出："艺术自由并非只是会和他人的基本权相冲突，也可能会和其他宪法所承认并且保护的价值相冲突。在这种情形中，应该在这些方向相反，但同样都是受宪法保护的利益之间，以达成这些利益的最佳化为目标，谋求一个合乎比例的平衡、协调。"④ 这就要求进行个案中的"实践调和"（praktische Konkordanz），也就是：面对相互冲突的法益，以一种实践的、变动不居的眼光，通过充分对比冲突法益在具体情境中的各自权重，而使所有的法益价值都能获得最妥善的衡平。⑤ 这种衡量方法与作为基本权利限制的审查规则的比例原则也有联系，并由阿列克西等学者予以了理论细化。⑥ 所有这些，都指向了

---

① 赵真. 梅菲斯特案//张翔. 德国宪法案例选释：第 2 辑 言论自由. 北京：法律出版社，2016：36-37.

② BVerfGE 32, 54 (71); BVerfGE 6, 55 (72).

③ 赵宏. 约瑟芬·穆岑巴赫尔案//张翔. 德国宪法案例选释：第 2 辑 言论自由. 北京：法律出版社，2016：143 以下.

④ 英格博格·普珀. 法学思维小学堂：法律人的 6 堂思维训练课. 蔡圣伟, 译. 北京：北京大学出版社，2011：60.

⑤ 张翔. 不合时宜的游行案//张翔. 德国宪法案例选释：第 2 辑 言论自由. 北京：法律出版社，2016：121.

⑥ 冯威. 雷巴赫案//张翔. 德国宪法案例选释：第 2 辑 言论自由. 北京：法律出版社，2016：64-70.

基本权利的最优化目标（Ziel der Optimierung）。也就是将整个基本权利体系看作一个内在冲突而在总体上必须予以完整维护的价值体系，不否定任何基本权利的功能重要性，不在个案情境下草率放弃任何权利，而是要以实践的智慧找到尽可能使各项权利都能实现的解决方案。

以上几点关于人格权与相关基本权利冲突的解决方案的提示，仍然是抽象的，其具体操作仍然需要在民法人格权规范与宪法基本权利规范之间进行目光往返，需要个案中积累和提炼基准和规则。在民法典编纂完成的背景下，民法学的研究重心必然会进一步从"立法论"向"解释论"转移，对于新的人格权编的教义学建构无疑是要点，而对人格权规范所内含的丰富宪法意涵的阐释与民法技术转化，又需要宪法学与民法学的良性互动。

（本文原发表于《法制与社会发展》2020年第4期。）

个人信息权的宪法（学）证成

《个人信息保护法》的立法材料表明，立法者在个人信息保护的权利基础方面存在困惑与犹疑。虽然在该法的草案说明中已有"在编纂民法典中，将个人信息受法律保护作为一项重要民事权利作出规定"① 的表述，但在相关立法过程中一直存在个人信息是权利还是利益、个人信息保护应采支配权模式还是行为导向模式等争论。《个人信息保护法（草案三次审议稿）》中纳入"根据宪法"条款，似乎表征着个人信息保护在底层逻辑上的更动，但相关立法材料并未提供充分的说明。

立法并不能解决一切问题。法律治理目标的实现，需要法学学术的支撑。新法已立，继续阐释新法的宪法基础，使新法妥帖融贯于合宪性法秩序，是宪法学的基本学术任务。笔者尝试对《个人信息保护法》作合宪性解释，反思既有的争论，证成宪法（学）层面的个人信息保护权，阐释其规范目标，并据此对《个人信息保护法》的若干规范作出分析与评价。

一、"根据宪法"之惑

直到《个人信息保护法（草案三次审议稿）》才写入"根据宪法，制定本法"，其中意味值得深思。有学者基于细致的法律史考察，指出"'根据宪法'条款在一部法律中是否出现，是规范、政治、传统三方面因素共同作用的结果"，"它并非规范的必要，而是历史的沉积"②。考诸立法史也会发现，写或者不写"根据宪法"往往只具有形式性、标志性或者宣告性意义。

但是，观察近年来全国人大及其常委会的立法实践，会发现"根据宪法"条款的实质性、规范性意涵在明显增强。"根据宪法"条款的作用从形式性走向实质性的重要标志，是 2018 年宪法修正案将全国人大的"法

---

① 刘俊臣. 关于《中华人民共和国个人信息保护法（草案）》的说明. (2021-08-20) [2021-11-17]. http://www.npc.gov.cn/npc/c30834/202108/fbc9ba044c2449c9bc6b6317b94694be.shtml.

② 杜苏. "根据宪法，制定本法"：一个"中国特色"条款的起源、演进与分布规律. 澳门法学，2021 (2)：114，117.

律委员会"更名为"宪法和法律委员会"。在新的宪法和法律委员会正式设立后,其统一审议法律草案的功能,与推动宪法实施、开展宪法解释、推进合宪性审查的功能迅速结合,这集中体现在法律草案审议中更为普遍和显明的合宪性审查(或者说合宪性控制)上。宪法和法律委员会首次审议的法律案是《监察法(草案)》,针对《监察法》的宪法依据,宪法和法律委员会在审议报告中说明:"党中央决定启动宪法修改工作后,监察法立法与宪法修改相衔接、相统一。在本次全国人民代表大会会议上,先表决通过宪法修正案,从而为监察法立法提供有力宪法依据"①。之后,在对《人民法院组织法(修订草案)》和《人民检察院组织法(修订草案)》的审议中,宪法和法律委员会专门就合宪性问题作出了说明,内容涉及全国人大常委会修改全国人大制定的基本法律的权力行使的合宪性。②

在抽象的宪法依据宣告和立法权限说明之外,宪法和法律委员会对于法律草案的审议也愈加关注立法的具体和实质的宪法依据。例如,2021年对《人口与计划生育法》的修正,涉及人口政策从"控制人口数量"向"调控人口数量"的巨大转变。此种"颠覆性"的修法,其宪法依据如何,在宪法解释上素有争议。③ 为回应此争议,宪法和法律委员会在审议报告中,对此次修正的合宪性问题作了大段说明,核心论证如下:"宪法和法律委员会、法制工作委员会经研究认为,我国宪法有关计划生育的规定,特别是第二十五条关于'国家推行计划生育,使人口的增长同经济和社会发展计划相适应'的规定,体现了问题导向与目标导向相统一、指向性与方向性相统一,具有相当的包容性和适应性,可以涵盖不同时期实行的生育政策、相关工作及配套措施。修改人口与计划生育法,落实优化生育政策、促进人口长期均衡发展的决策部署,是与时俱进理解和把握宪法规定和精神的具体体现,也是与时俱进通过立法推动和保证宪法实施的生动实

---

① 第十三届全国人民代表大会宪法和法律委员会关于《中华人民共和国监察法(草案)》审议结果的报告. (2018 – 03 – 22)[2021 – 11 – 17]. http://www.npc.gov.cn/npc/xinwen/2018 – 03/21/content_2052364.htm.

② 全国人民代表大会宪法和法律委员会关于《中华人民共和国人民法院组织法(修订草案)》审议结果的报告. (2018 – 10 – 26)[2021 – 11 – 17]. http://www.npc.gov.cn/npc/xinwen/2018 – 10/26/content_2064484.htm;全国人民代表大会宪法和法律委员会关于《中华人民共和国人民检察院组织法(修订草案)》审议结果的报告. (2018 – 10 – 26)[2021 – 11 – 17]. http://www.npc.gov.cn/npc/xinwen/2018 – 10/26/content_2064479.htm.

③ 张翔. 计划生育政策调整的宪法空间. (2018 – 05 – 27)[2021 – 08 – 01]. https://mp.weixin.qq.com/s/apowJ1eTYMs17gbXlUP1mQ.

践，符合宪法规定和精神。"① 这样大篇幅的对法律草案合宪性的论证在以往的立法活动中是少见的。而且，此种论证并非抽象、宏观地宣示"根据宪法"，而是结合具体宪法条款展开比较充分的解释和说理。其为法律草案确立宪法实质性依据的意图至为明显，体现着《中共中央关于全面推进依法治国若干重大问题的决定》中"使每一项立法都符合宪法精神"的指导思想。

在普遍强化对法律草案的合宪性审查（控制）的背景下，以及不在形式上写明"根据宪法"或将伴随实质性违宪争议的历史经验下，《个人信息保护法》的立法工作却仍迟至三审才纳入"根据宪法"条款。这个形式性问题，正说明立法机关在实质性宪法依据上的困惑与犹疑。这也体现在宪法和法律委员会在关于《个人信息保护法（草案）》审议结果的报告中的表述上："有的常委委员和社会公众、专家提出，我国宪法规定，国家尊重和保障人权；公民的人格尊严不受侵犯；公民的通信自由和通信秘密受法律保护。制定实施本法对于保障公民的人格尊严和其他权益具有重要意义，建议在草案二次审议稿第一条中增加规定'根据宪法'制定本法。宪法和法律委员会经研究，赞同上述意见，建议予以采纳。"② 这段表述，首先当然表明，立法机关愈加重视立法的具体宪法依据问题，而不是轻率地写入形式性的"根据宪法"而实际上罔顾法律草案的合宪性。但同时也表明，立法机关并非只从民事权利的角度来理解个人信息保护，而是从基本权利的高度来定位；但对于个人信息保护的实质性宪法根据，特别是基本权利基础，又没有明确而聚焦的判断。审议结果的报告将个人信息保护关联到三个基本权利条款，分别是《宪法》第 33 条第 3 款"国家尊重和保障人权"、第 38 条第一句"中华人民共和国公民的人格尊严不受侵犯"，以及第 40 条第一句"中华人民共和国公民的通信自由和通信秘密受法律的保护"。于此仍需追问：个人信息保护究竟落入哪个条款的保护范围？各条款不同的表述所蕴含的保护强度差异应如何在个人信息保护的具体规则上落实？如果以对整个法体系都具有辐射效力的基本权利作为个人信息保护的基础，应如何对个人信息私法保护和公法保护机制进行协调？所有

---

① 全国人民代表大会宪法和法律委员会关于《中华人民共和国人口与计划生育法（修正草案）》审议结果的报告．（2021－08－20）［2021－11－17］．http://www.npc.gov.cn/npc/c30834/202108/28d98a6c596a49f0b9e3cb9ce1d90c30.shtml.

② 全国人民代表大会宪法和法律委员会关于《中华人民共和国个人信息保护法（草案）》审议结果的报告．（2021－08－20）［2021－11－17］．http://www.npc.gov.cn/npc/c30834/202108/a528d76d41c44f33980eaffe0e329ffe.shtml.

这些追问，会凝结为个人信息保护立法中的终极性宪法问题：能否成立基本权利位阶的个人信息权？以及，如果成立个人信息权，国家对其承担怎样的宪法义务？其与宪法同样保护的其他主体的权利是何种关系？这些问题，并未随着《个人信息保护法》的颁布实施而得到明晰，需要法教义学上的继续诠释。

二、个人信息权作为基本权利

必须承认，对个人信息保护的私法理解，特别是从《民法总则》到《民法典》的个人信息保护条文的设置，对我国个人信息保护法体系起到了奠基性的作用。但在《个人信息保护法》出台后，相关的法教义学建构应该具备更为开放的视野。周汉华认为，最终纳入"根据宪法"条款，意味着《个人信息保护法》是个人信息保护领域的基本法，而不是民法的特别法。① 王锡锌也认为，应该放弃个人信息保护的民事权利基础论，而以作为宪法基本权利的"个人信息受保护权"作为个人信息保护法律体系的基础。② 笔者赞同周、王二位的立场，但希望从个人信息作为"权利"抑或"利益"的民法争议开始，讨论在宪法上证立个人信息权的教义学方案。

（一）超越私法思维下的权利与利益二分

在既有讨论中，对于个人信息保护的权利基础应如何诠释，民法学界长期存在争议。核心争点在于：个人信息到底是权利还是利益。③ 主张"权利保护"、认为可以成立民法上"个人信息权"的代表性观点认为："从法律所保护的客体即个人身份信息的独立性、社会实践保护个人身份信息的必要性，以及从比较法的基础上进行分析，对于个人身份信息的保护，一是不能用法益保护方式，因为其显然不如用权利保护为佳；二是不宜以隐私权保护方式予以保护，因为隐私权保护个人身份信息确有不完全、不完善的问题。"④ 主张"法益保护"而非"权利保护"的观点则认为，"自然人对个人信息并不享有绝对权和支配权，而只享有应受法律保护的利益"⑤，以防止对个人信息保护过度，从而遏制数据流通与技术创新。从实定法上观察，《民法典》第1034条与《个人信息保护法》第2条

---

① 周汉华. 个人信息保护法借鉴国际经验 自身特色明显. (2021-08-23) [2021-10-30]. https://mp.weixin.qq.com/s/q22jKWHy5uE0dp1ph9tPHA.
② 王锡锌. 个人信息国家保护义务及展开. 中国法学, 2021 (1): 145.
③ 付新华. 个人信息权的权利证成. 法制与社会发展, 2021 (5): 123以下.
④ 杨立新. 个人信息：法益抑或民事权利——对《民法总则》第111条规定的"个人信息"之解读. 法学论坛, 2018 (1): 40.
⑤ 程啸. 民法典编纂视野下的个人信息保护. 中国法学, 2019 (4): 26.

分别使用了"个人信息受法律保护"和"个人信息权益"的表述,《个人信息保护法》第四章又使用了"个人在个人信息处理活动中的权利"的表述。从民法角度看,对个人信息的保护既可能是将其作为权利,也可能是将其作为利益,从法律解释上并无法得出唯一解。① 因此,在《个人信息保护法》出台后,民法学者仍在此种区分基础上对个人信息保护进行规范诠释。②

然而,考诸民法的规范与学说史,就会发现权利与利益二分的法益区分保护思想,自始就存在争议,并非当然之理,更非不可置疑之绝对教义。《德国民法典》采纳了区分保护原理,而更早的《法国民法典》并未强调法益的区分保护。区分保护论认为:"权利的本质不是利益,权利只是保护利益的工具之一。法律的目的确实是保护利益(个人的、集体的或者社会的),但是法律保护利益并非只有权利这一种工具,立法者可以通过单纯设定义务的方式保护他人的利益。""新类型的利益未必确定到能够通过权利工具予以保护的程度,或者是还没有必要上升到运用权利工具予以保护的程度"③ 朱虎对区分保护论的争议进行了系统梳理:在《德国民法典》制定时,就存在生命、身体、健康、自由能否被规定为权利的争议,而立法的处理是将其作为利益,却给予其与所有权同等程度的侵权法保护。然而在司法实务中,区分权利和利益并给予不同强度的保护的方案,不断受到挑战。对于被规定为利益而又被认为保护不足的,实务和理论上不断创造出新的"润滑机制"或者"补丁"去加以修正。④ 尽管区分保护论"有助于通过社会典型公开性妥当协调行为自由和法益保护的价值,具有体系理性和价值理性的基础",但无法排除基于"充分而正当的理由"而对利益给予等同于权利的侵权法保护。⑤ 在出现偏离以所有权为典范的民事权利形象的新兴权利(例如人格权),以及更多需要高强度保护的利益的现代社会条件下,权利和利益二分的基础已经发生了松动,个人信息保护只是对这种区分的一次较新的冲击而已。

更值得注意的是,现代社会情境中的个人信息处理,已经超出了传统的平等主体间的私人关系。基于个人与信息处理者之间关系的高度不对称

---

① 张新宝.《民法总则》个人信息保护条文研究. 中外法学, 2019 (1): 66.
② 张新宝. 论个人信息权益的构造. 中外法学, 2021 (5): 1144; 谢鸿飞. 个人信息泄露侵权责任构成中的"损害": 兼论风险社会中损害的观念化. 国家检察官学院学报, 2021 (5): 25.
③ 方新军. 侵权责任利益保护的解释论. 北京: 法律出版社, 2021: 88.
④ 朱虎. 规制法与侵权法. 北京: 中国人民大学出版社, 2018: 62-74.
⑤ 同④86-87.

性、处理频率的大规模性、处理风险的外溢性，个人信息保护问题具备天然的"公共化"的形态①，个人信息保护已然成为一个多部门法综合处理、共同着力的领域，民法思维未必能剀切适用。从宪法角度看，不同类型的个人信息承载、关联着不同类型的法益，在现代社会大规模处理个人信息的背景下，对个人信息权益的保护需要展开场景化与社群主义的理解②，对不同场景下不同内容的个人信息保护进行利益权衡。民法学上把个人信息作为民法上的"权利"还是"利益"的定位，并不先在地决定其在整个宪法秩序下受保护强度的高低。在《个人信息保护法》明确探寻宪法基本权利依据的规范意图下，对"个人信息权益"也应在宪法原理下予以新的诠释。

（二）指向国家的个人信息权及其公私法兼容性

在更易受到关注的私人机构与平台之外，个人信息权首先需要排除的其实是来自国家的侵害，表现为其作为指向国家的基本权利的主观防御权面向。③ 在立法层面，联邦德国在1977年出台了《联邦德国数据保护法》，这在很大程度上是出于公众对行政机关建立大规模数据库的警惕。在合宪性审查层面，在1983年的"人口普查案"中，德国联邦宪法法院便立足于《基本法》第1条人格尊严条款和第2条第1款人格自由发展条款，推导出个人享有"信息自决权"（das Recht auf "informationelle Selbstbestimmung"）④。我们知道，《基本法》第1条规定的人格尊严和第2条第1款规定的人格自由发展也是德国民法上一般人格权的规范基础⑤，但从中导出的"信息自决权"首先当然是宪法上的基本权利，直接针对的是来自国家的干预。近年来，渐有国家直接在宪法中将个人信息权明确规定为基本权利。⑥《欧盟基本权利宪章》第8条和《欧盟运行条约》第16条也规定了"个人数据受保护权"（the right to the protection of personal data）⑦。在国家大规模处理个人信息的频率日渐增长、技术愈加

---

① 胡凌. 功能视角下个人信息的公共性及其实现. 法制与社会发展, 2021 (5): 177.
② 丁晓东. 个人信息私法保护的困境与出路. 法学研究, 2018 (6): 194-206.
③ 张翔. 论基本权利的防御权功能. 法学家, 2005 (2): 65.
④ BVerfGE65, 1 (1).
⑤ 张翔. 民法人格权规范的宪法意涵. 法制与社会发展, 2020 (4): 121.
⑥ 例如，墨西哥宪法（2015年）第16条第2款规定："所有人都享有个人信息权，以及访问、更正和删除此类信息的权利，并依法享有反对公开其个人信息的权利。"阿尔及利亚宪法（2021年）第47条第4款规定："所有人在其个人信息被处理时受到保护是法律保障的一项基本权利。"
⑦ 蔡培如. 欧盟法上的个人数据受保护权研究：兼议对我国个人信息权利构建的启示. 法学家, 2021 (5).

成熟的背景下，在宪法层面确立个人信息权的首要意义便是对国家作出有效的防御和约束。《个人信息保护法》第二章第三节"国家机关处理个人信息的特别规定"也在一定程度上表明了立法者对于个人信息防御国家侵害的公法权利属性的认识。无论个人信息在民事权益体系中如何定位，都不排斥将个人信息保护上升为宪法基本权利。

而基本权利的宪法原理，并不预先将个人值得保护的行为、利益或者状态像民法理论那样区分为权利（绝对权）与非权利的其他法益，并给予强度不同的侵权法保护。相反，在基本权利的保护范围上通常会采取宽泛的理解，避免过早地将可能属于基本权利内涵的事项排除出去，以保证最大化地保障基本权利的效果。并且，在确定基本权利的保护范围时，还会引入基本权利主体的自我理解（Selbstverständnis）①，而不只是从社会大众的视角去观察。尊重基本权利主体的自我理解，是尊重个人自治的要求。宪法总是预设一个能够自己作出决定并实现自我发展的人的形象。因而，何者对于人格发展具有重大意义，何时以及如何行使基本权利，自然也应尊重个体的理解。由此，民法上以"受保护法益的价值"和"社会典型公开性"的高低强弱为标准而为的权利和利益的区分保护论②，在宪法基本权利的领域是难以适用的。

需要注意的是，在宪法层面证立基本权利性质的个人信息权，是对权利与利益二分的民法思维的超越，但绝非取消。换言之，并不是宪法学替民法学在区分保护论和等同保护论之间作出了倾向后者的选择。实际上，在基本权利教义学上，对于落入基本权利保护范围的行为、利益和状态，也自有差异化处理的方案，并且这一方案可以支撑既有的民法方案，以及容纳民法对既有方案的可能的调整和发展。其基础是基本权利作为主观权利和客观价值秩序的双重性质原理。③

基于基本权利的双重性质原理，作为基本权利的个人信息权首先表现为防御国家不当侵害的主观防御权面向。同时，基本权利还作为客观价值秩序课以国家客观法上的义务，要求国家以一切可能的手段和方式，为基本权利的实现排除干扰和提供实质性的前提条件。④ 基本权利作为客观价值秩序，要求国家承担排除第三人侵害的保护义务。就个人信息权而言，

---

① 张翔. 通信权的宪法释义与审查框架：兼与杜强强、王锴、秦小建教授商榷. 比较法研究，2021（1）：38.
② 朱虎. 规制法与侵权法. 北京：中国人民大学出版社，2018：81.
③ 张翔. 基本权利的双重性质. 法学研究，2005（3）.
④ 张翔. 基本权利的规范建构. 增订版. 北京：法律出版社，2017：226 以下.

这意味着国家有义务保护个人免于数据企业和平台等在个人信息处理中的侵害行为。个人与信息处理者之间存在组织、信息、技术、权力上的不对称结构，将基本权利引入私法关系来对抗数据企业和平台等具有准公权力性质的个人信息处理者，有其宪法上的正当性。国家对个人信息权的保护义务同样及于国家立法权，具体表现为国家建构个人信息保护的法律体系。在此意义上，《个人信息保护法》在"总则"第11条写明"国家建立健全个人信息保护制度，预防和惩治侵害个人信息权益的行为，加强个人信息保护宣传教育，推动形成政府、企业、相关行业组织、社会公众共同参与个人信息保护的良好环境"，以及在第六章规定"履行个人信息保护职责的部门"，乃至制定《个人信息保护法》的整个立法活动，都可以看作国家保护义务的履行。国家通过个人信息保护立法，为个人信息权的实现提供制度、组织、程序上的保障，同时也为私主体之间的个人信息处理提供私法性质的规范。由此，基本权利位阶的个人信息权，对一切法领域产生辐射效力。

尽管立法者受到基本权利保护义务的拘束，但其仍拥有广阔的立法空间来具体形成个人信息保护的私法规范。在这个层次上，立法者完全可以在区分保护论和等同保护论之间作出选择。如果仍采区分保护论，立法者以及私法规范的解释者，仍然可以以"受保护法益的价值高低"和"社会典型公开性的强弱"为标准来作出对民事权利和其他民事法益的差异化构造。宪法维度的个人信息保护并不会取消包括民法在内的部门法在立法中的形成空间，宪法保护与民法保护可以实现兼容与协调。民法学的固有原理和教义，在宪法基本权利的价值辐射下，依然可以发挥作用。正如谢鸿飞所言："即使将个人信息权上升为宪法上的'个人信息受保护权'，也不能否定个人信息权益完全可以同时成为一种民事权益，因为两者的规范目的、义务人等均存在根本差异。"[1] 在此意义上，证成基本权利位阶的个人信息权，并不会取消对个人信息的民法保护。其意义毋宁在于，将整个个人信息保护的法律体系建构在宪法的基础上。一方面，个人信息权作为主观防御权，指向对于国家侵害的排除；另一方面，个人信息权作为客观价值秩序，又要求国家尽一切手段，为个人信息提供制度、组织与程序保障，并排除他人的侵害。在此意义上，基本权利位阶的个人信息权可以辐射和勾连公法、私法的各个领域，并协调个人信息保护的公法机制和私法

---

[1] 谢鸿飞. 个人信息泄露侵权责任构成中的"损害"：兼论风险社会中损害的观念化. 国家检察官学院学报，2021（5）：25.

机制。个人信息保护的法律体系的建构任务，是在多元化、大规模的个人信息处理活动中对公民展开全面、有效的保护，牵涉个人自治、私人生活安宁、平等对待等横跨公私法不同领域的价值。个人信息保护法属于"领域法"①，需要统合行政法、民法、刑法等不同保护工具。此种整合性任务的落实，需要以宪法位阶的个人信息权作为我国个人信息保护法律体系的"概念基础"②。

（三）个人信息权作为"权利束"

前文只是概要说明了在宪法层面证成个人信息权的必要性，以及相应的学理建构可以超越既有的权利/利益二分的民法思维，而将其纳入基本权利双重性质的宪法思维之下。但是，教义学上的真正任务在于，根据现有的基本权利条款，诠释出宪法上的个人信息权，并明确其保护范围。宪法和法律委员会在关于《个人信息保护法（草案）》审议结果的报告中，将个人信息保护连接人权条款、人格尊严条款和通信权条款的表述，已经提供了一种体系化诠释的思路。也就是说，此项权利的证成，并不一定落入某一项权利条款的保护范围，而是可能基于多项权利条款。分述如下：

（1）通信自由与通信秘密。个人信息有可能落入《宪法》第40条通信自由和通信秘密条款的保护范围。按照日常语义，个人的通信活动所形成的信息当然是个人信息，《法治社会建设实施纲要（2020—2025年）》中也有"严格规范收集使用用户身份、通信内容等个人信息行为"的表述。但在笔者看来，个人通信信息仍应归入通信权。个人通信信息，无论是通信的内容信息，还是通信记录等非内容信息，都属于通信权中通信秘密的保护范围③，可以直接在《宪法》第40条之下予以规范保护，无须再结合其他基本权利条款。这一点与欧盟的规则有区别。在欧盟法上，通信权和个人数据保护权各自有独立的规范基础，对个人通信数据的处理往往涉及二者的竞合。从《欧洲人权公约》的角度观察，除了可以被私人生

---

① 王锡锌. 个人信息国家保护义务及展开. 中国法学, 2021 (1): 164.

② 王锡锌, 彭錞. 个人信息保护法律体系的宪法基础. 清华法学, 2021 (3): 7. 但在概念表达上，笔者认为"个人信息受保护权"中的"受保护"是冗余的。这是因为，"个人信息权"在作为主观防御权之外，其作为客观价值秩序的功能已然包含了课以国家"保护义务"的内涵，不必在概念上重复强调。而"个人信息受保护权"的表达，反而无法体现防御国家干预的功能侧面。对此概念表达，亦可参见付新华. 个人信息权的权利证成. 法制与社会发展, 2021 (5): 129.

③ 张翔. 通信权的宪法释义与审查框架：兼与杜强强、王锴、秦小建教授商榷. 比较法研究, 2021 (1): 40-41.

活利益所涵盖，个人通信数据亦可被《欧洲人权公约》第 8 条规定的通信权利所涵盖。① 而《欧盟基本权利宪章》的第 7 条与第 8 条分别对通信权和个人数据保护权作出了规定，对个人通信信息的处理既受到个人数据保护权的约束，也属于通信权的防御对象。例如，在爱尔兰通信权利组织等诉爱尔兰通信部等政府部门一案中，被诉的《2006/24/EC 号指令》规定，公开提供电子通信服务或公共通信网络的运营者有义务保留通信数据，以便在必要时向国家主管当局提供这些数据。该案便涉及同时违反《欧盟基本权利宪章》第 7 条规定的尊重通信的权利和第 8 条规定的个人数据保护权，出现了基本权利竞合。② 而在我国宪法的规范条件下，通信权具备宪法上的明确规范基础，个人信息权则属于宪法未明确规定而有待证成的权利。对个人通信信息的处理是否合宪的审查，应当径行适用《宪法》第 40 条规定的通信权。在笔者看来，能在既有权利体系中解决的问题，没有必要诉诸未列举的权利。③ 以中国宪法文本为依据，将个人通信信息直接纳入《宪法》第 40 条的保护范围的方案，可以避免欧盟方案下论证个人通信信息同时受到两项基本权利保护所增加的解释负担。当然，《宪法》第 40 条内部的规范构造，包括通信自由与通信秘密的区分、通信内容信息与非内容信息的区分、通信"检查"的概念界定及其他干预方式的允许性等等，都是宪法学上非常困难的议题。其关键是，如何在互联网时代重新理解《宪法》第 40 条极为严苛的加重法律保留。

（2）人权条款。我国宪法在 2004 年修改时纳入了"国家尊重和保障人权"，这是一种新的国家价值观的注入，为整个基本权利章的解释提供了新的评价关联。人权条款可以看作一个概括性条款而可以容纳未列举的权利。姚岳绒认为："作为一项未列举的基本权利，我国宪法第 33 条的人权条款有足够的空间容纳信息自决权。"④ 但是，宪法上的人权条款过于抽象，把个人信息保护权定义为人权，无法为实践提供明确的具体化指引。GDPR 在其第 1 条也宣告"本条例保护自然人的基本权利与自由"，但这一表述显然无法为具体适用提供参照。尽管可以抽象地讲保护个人信息是保护个人的基本人权，但难以为个人信息处理行为设定标尺，为利益衡量提供具

---

① 玛农·奥斯特芬. 数据的边界：隐私与个人数据保护. 曹博, 译. 上海：上海人民出版社, 2020：81-82.
② See Judgment of 29 January 2008, *Digital Rights Ireland Ltd* v. *Minister for Communications, et al.*, C-293/12 and C-594/12, ECLI：EU：C：2014：238, para. 64-70.
③ 张翔. 通信权的宪法释义与审查框架：兼与杜强强、王锴、秦小建教授商榷. 比较法研究, 2021 (1)：40-41.
④ 姚岳绒. 论信息自决权作为一项基本权利在我国的证成. 政治与法律, 2012 (4)：72.

体的教义指引。在笔者看来,在人权条款的价值辐射下,还应该结合更为具体的基本权利条款来探寻更加具有操作性的解释方案。

(3) 人格尊严。当下多数的主张,都将《宪法》第 38 条规定的人格尊严作为个人信息权的宪法基础。现代社会的个人信息处理活动,核心是对个人进行识别。处理者处理个人信息的过程同时也是不断识别特定个人的过程,这种识别又服务于与个人权益相关的研究、调查、分析、决策。由此,个人面临被"数字化""客体化"的风险。张新宝认为,个人信息处理"可能将个人自治置于危险之中","可能导致个人的信息化形象与其真实人格不符","可能引发针对特定个人或者群体的歧视","可能导致个人的私密信息遭受刺探、侵扰、泄露或公开,对个人隐私构成侵害",并据此将个人信息类型化为四种权益,其围绕的核心就是个人的人格尊严。① 高富平指出:"个人信息保护发端于个人基本权利(人权)保护,保护的是人的尊严所派生出的个人自治、身份利益、平等利益。"② 王锡锌和彭錞也将"个人信息保护权"的宪法基础明定为《宪法》第 38 条的人格尊严,并展开了细致的体系化建构。③ 中国学界普遍的认识是,个人信息保护指向的是对个体"数字人格"的保护,个体应当具有在个人信息处理活动中免遭窥探、压迫、控制、歧视、剥削等侵害的主体性。以保护个人自治和个人主体性为内容的人格尊严条款为个人信息权的基础,应无争议。

可以作出如下总结:依循《个人信息保护法》立法材料之提示,参酌学界既有之论证,可以借由人权条款笼罩下的《宪法》第 38 条的人格尊严及第 40 条的通信自由和通信秘密解释出个人信息权。在具体保护范围的厘定上,个人通信信息应被纳入《宪法》第 40 条,而其他个人信息应被纳入《宪法》第 38 条。在此意义上,个人信息权固然不是我国宪法明定的基本权利,但可以通过宪法学来证成,其并非实证法概念,而是法教义学概念。此法学概念,并不指向实证宪法上的单一基本权利条款,而是作为"权利束"存在。"权利束"的方案,与将个人信息保护直接纳入某一项基本权利的思考有所不同。④ 也就是说,在宪法学理上可明确个人信

---

① 张新宝. 论个人信息权益的构造. 中外法学, 2021 (5): 1150-1151.
② 高富平. 论个人信息保护的目的: 以个人信息保护法益区分为核心. 法商研究, 2019 (1): 93.
③ 王锡锌, 彭錞. 个人信息保护法律体系的宪法基础. 清华法学, 2021 (3): 24.
④ 已有学者将"权利束"的概念引入个人信息保护的领域,但其所指是个人信息处理相关的法律权利的集合,并非在个人信息保护的宪法权利基础意义上使用的概念。(闫立东. 以"权利束"视角探究数据权利. 东方法学, 2019 (2);王锡锌. 个人信息权益的三层构造及保护机制. 现代法学, 2021 (5): 107;许可. 数据权利: 范式统合与规范分殊. 政法论坛, 2021 (4): 91.)

息权的基本权利地位，但在具体保护上，则应纳入不同基本权利条款分别讨论。在此意义上，个人信息权的宪法证成，实际上是宪法学证成。

作为"权利束"的个人信息权，其内容可能不限于立法材料中所提示的人格尊严和通信权。在互联网、大数据的时代，或许并不是产生了新的"互联网基本权利"、"数据权利"或者"个人信息权"，而是所有的基本权利都在互联网化、数据化或者信息化。传统的基本权利，包括表达、人身、住宅乃至婚姻、家庭等在内，都会进入信息处理的情境，且可能因信息处理而被干预。也就是说，各项基本权利都可能被动地信息化而与宪法教义学上建构起来的个人信息权发生关联。这意味着，作为"权利束"的个人信息权具有一种扩容的可能性，由不断信息化的各项权利捆扎而成。例如，通常认为：个人针对个人信息并不享有财产权；只有平台或数据企业在将个人信息数据化并整合、归集和挖掘后，才创造出财产利益；个人哪怕可以在部分个人信息处理活动中分享个人信息的商业利用价值，这种利益也只是有限、局部和稀薄的。承认个人对个人信息的财产权对解决个人信息侵害问题、适用多元保护手段并无增益，反而可能对数据产业的发展造成阻碍。① 但在层出不穷的新业态、新情境下，财产、数据、信息等因素可能出现更加纠缠互融的样态，使得个人信息权的项下仍有容纳财产因素的可能性。② 又如，在自动化决策、算法推荐等场景下（如《个人信息保护法》第 24 条），差别对待的存在可能又需要将平等权引入进行考量。在此意义上，个人信息权作为一个基本权利教义学建构出来的概念，在实证宪法的规范上，指向多项基本权利。③ 作为"权利束"，经由立法机关的明示，个人信息权在当下被普遍认知的内容可能只是人格尊严与通信权，但其他权利被纳入的可能性仍然存在。④

作为"权利束"的个人信息权，存在内部的可区分性和差异性，要避免因为权利概念的整体构造而将保护的强度一律化。我国《宪法》第 40 条对通信自由和通信秘密的限制存在单纯法律保留和加重法律保留两种不同强度的要求，不能通过将个人通信信息纳入个人信息权而轻易逃避加重法律保留的可能适用，导致掏空《宪法》第 40 条。此外，《宪法》第 38 条第二句

---

① 程啸. 论我国民法典中个人信息权益的性质. 政治与法律，2020（8）：9-10. 张新宝. 论个人信息权益的构造. 中外法学，2021（5）：1155-1156.
② 龙卫球. 数据新型财产权构建及其体系研究. 政法论坛，2017（4）：63-77.
③ 也包括同样在学理解释和建构中的隐私权，参见李忠夏. 数字时代隐私权的宪法建构. 华东政法大学学报，2021（3）：43-44。
④ 许可. 数据权利：范式统合与规范分殊. 政法论坛，2021（4）：91。

"禁止用任何方法对公民进行侮辱、诽谤和诬告陷害"，只是以"宪法保留"的方式对针对人格尊严的最为激烈的侵害行为予以了排除，而对可能影响人格尊严的其他干预行为应以何种标准进行合宪性审查，宪法学上并无定论。① 人格尊严以及通信自由和通信秘密条款在保护强度上的多层次性，提示我们注意，作为整体概念的个人信息权在内部必然是差异化构造的，并且这种差异化构造应当在个人信息处理的具体规则上得到落实。如果此"权利束"进一步扩容，必然意味着进一步的差异化构造。《个人信息保护法》第二章第二节对敏感个人信息处理设定特殊规则，应该说体现了差异化构造的思维，但其效果如何还有待观察。需要注意的是，此种差异化构造无法仅依靠对个别条款的观察而获得，而是有赖基于整个宪法文本的中国化的法律保留学理体系的建构。

三、个人信息权的规范目标：从支配到人格发展

在证立宪法（学）意义上、"权利束"意义上的个人信息权之后，如果欲其承担个人信息保护法律体系的权利基础功能，还需要对其规范内涵进行阐释。个人信息权乃至整个基本权利体系的终极价值目标都是实现个人的自治、自决和主体性。但在以个人信息处理为基本场景的个人信息权的建构上，这一目标的实现方式与古典的基本权利应有所差异。古典基本权利中的财产权、住宅自由等的规范建构，是通过明确权利客体并赋予权利主体排他性的支配权来实现的。而个人信息权的规范建构，或许要回到更为根本的人格发展的层面。

（一）个人信息支配权说的局限

在既有讨论中，具有代表性的民法个人信息权理论，往往将个人信息想象为个人私权的客体，得由个人支配。王利明提出，信息权利人对其个人信息享有独占性的支配权，信息的收集、利用行为原则上都应当经过信息权利人的同意，权利人有权决定其哪些个人信息可以被收集、哪些个人信息可以被利用，以及在何种范围内以何种方式利用。② 杨立新认为，个人信息权的权利要求是，以自我决定权作为其权利基础；自然人对于自己的个人信息自我占有、自我控制、自我支配，他人不得非法干涉，不得非法侵害；因而个人信息权是排他的自我支配权，是绝对权。③ 对于包含了"个人信息权益"的民法人格权的理解也有类似的认识，例如："新时代的人格权必须在立

---

① 陈楚风. 中国宪法上基本权利限制的形式要件. 法学研究，2021（5）：138.
② 王利明. 数据共享与个人信息保护. 现代法学，2019（1）：50.
③ 杨立新. 个人信息：法益抑或民事权利——对《民法总则》第111条规定的"个人信息"之解读. 法学论坛，2018（1）：45.

法上突出支配性权能,明确哪些权利能够由自然人自行支配处分。"① "权利的内容是主体对客体的支配方式,非主体之利益。离开支配关系谈论权利内容,必然言不及义。"② 在《个人信息保护法》出台后的学者解读中,仍或多或少体现着将个人信息权作为支配权的认识。例如,张新宝认为:"当处理者基于个人同意处理个人信息时,个人享有同意(或拒绝)处理者处理其个人信息的权利,体现出对其个人信息的支配力。"③ 民法学者对告知同意规则的强调,追根溯源,正是民事权利理论的支配权观念。王泽鉴直陈:"人格权是一种具支配性的绝对权……人格权人得直接享受其人格利益(支配性),并禁止他人的侵害(排他性),就此点而言,人格权类似于物权。"④ 苏永钦认为,"人格权既不是法定,也不能意定,只能是社会形成,而且人人都有,全凭良知良能,连公示都不需要,是一个零社会成本的绝对权"⑤。

民事权利之所以以支配权为底色,根源在于民事权利理论是以"所有权"为原型的。《法国民法典》第544条规定的"所有权是对于物有绝对无限制地使用、收益及处分的权利"就是此种底色的经典表达。作为财产性权利的所有权指向外在于权利主体的明确客体。而通过将人格利益理解为类似财产的客体,民法理论又构造了符合权利主客体区分范式的人格权。⑥ 以所有权为原型的民事权利,强调权利的"归属功能"和"排他功能"。"归属功能和排他功能是侵权保护的最佳基础。如果权利或者利益主体基于法律规定能够对这些权利和利益进行任意处分,这就意味着法秩序为他提供了一个固定而明确的保护范围,并在该范围内保护其免受第三人侵害;并且,如果他能够排除任何他人的任何干涉,则显而易见的是,他人一般应当对其地位予以尊重。"⑦ 以"归属功能"和"排他功能"为基石的民事权利观,自然会将控制或支配作为个人信息权的核心。《个人信息保护法》以告知同意模式作为核心规则,以及设置删除权、查阅复制

---

① 朱巍. 人格权民法典独立成编,是对公民权利的更好保护. (2017-12-19) [2021-11-17]. http://news.sina.com.cn/c/nd/2017-12-19/doc-ifypsvkp4702910.shtml.
② 韩强. 人格权确认与构造的法律依据. 中国法学, 2015 (3): 143.
③ 张新宝. 论个人信息权益的构造. 中外法学, 2021 (5): 1157.
④ 王泽鉴. 人格权法. 北京: 北京大学出版社, 2013: 45.
⑤ 苏永钦. 大民法典的理念与蓝图. 中外法学, 2021 (1): 73.
⑥ 薛军. 人格权的两种基本理论模式与中国的人格权立法. 法商研究, 2004 (4): 65.
⑦ Larenz/Canaris, Lehrbuch des Schuldrechts, Bd. Ⅱ: Besonderer Teril, Halbband. 2, 13. Auflage, C. H. Beck, München, 1994, SS. 373ff. 转引自朱虎. 规制法与侵权法. 北京: 中国人民大学出版社, 2018: 62.

权、可携带权等，都体现着此种支配权思维。

然而，支配权思维在个人信息保护领域是龃龉难入的。个人信息保护的基本场景是个人信息的数据化及其利用，个人数据在流通和利用的过程中为个人、企业和社会带来便利与福利。个人数据本身便是社会事实的写照，个人数据一旦流动而走上社会化利用之路，便很难保持其支配性或独占性，无法通过特定、独立的数据权利来界分其权利边界，法律的强行赋权只会导致个人信息处理实践的混乱。由个人完全控制数据的收集和流动，在技术上和经济成本上都不是最优方案，容易导致对个人和社会不利的选择，可能根本性地破坏个人信息利用的生态。① 支配权思维不适用于个人信息保护，还有更深层次的原因。在经典的财产权理论下，个人基于劳动把自己的意志和能力等主观性因素添加到对象物之上而取得占有与支配的合法权利。也就是说，所有物本身就来自个人的创造，其支配权就是自然而然的权利。然而，正如胡凌所提示的，在个人信息保护的场域，应当反思个人信息是为何以及如何被生产出来的："现有个人信息保护立法倾向于将个人信息视为自然生成的或者既有的、固定不变的东西，而'处理'涵盖了从收集、储存到使用的诸多行为，但缺乏对信息创制维度的思考，也就是一种生产性视角的思考。实际上，个人信息是在特定法律关系中不断生产和再生产出来的，其生产和处理都依赖于市场基础设施和特定技术条件，从而不断变得有效率。"② 也就是说，个人信息从其生产的一开始就是具有公共性的，其值得保护的价值并不完全来自个人的主观能动性创造，因而以所有权式的支配思维来思考个人信息并不符合事物的本质。实际上，即使在与传统财产法更为接近的数据财产领域，支配权思维也难以简单应用。"以保护排他诉求为基本功能的传统财产权体制，与数据的规模价值和非对立性之间存在深刻张力。"③

支配权思维难以适用于个人信息保护领域的表现之一就是告知同意模式的式微。"使用个人信息须经信息主体'同意'，暗含着法律认可个人信息由个人支配或控制"④。告知同意规则看似彰显了个人对个人信息的控制力和支配力，但实践效果有限。理论上假设个人可以针对所有潜在的民事主体、在任何场景下对其个人信息进行自主支配，但实际上却缺乏权利

---

① See Paul M. Schwartz, "Privacy and Participation: Personal Information and Public Sector Regulation in the United States", 80 *Iowa Law Review* 553, 560.
② 胡凌. 功能视角下个人信息的公共性及其实现. 法制与社会发展, 2021 (5): 179.
③ 戴昕. 数据界权的关系进路. 中外法学, 2021 (6): 1564.
④ 高富平. 个人信息保护：从个人控制到社会控制. 法学研究, 2018 (3): 85.

行使的针对性与必要性。缺乏制衡能力与信息资源的个人无法单纯凭借"支配权"来实现对个人信息权益侵害风险的防御。一方面，个人不得不面对"要么放弃服务，要么放弃隐私"的困境，从而缺乏实质性的拒绝权；另一方面，个人也缺乏足够的知识、资源和能力对个人信息处理的风险进行有效评估，个人即便能够意识到个别信息被处理的直接风险，也很难全面评判信息处理的间接风险以及大量信息被整合挖掘的累积性、动态化风险。在实践中，告知同意模式主要表现为大型平台发布隐私声明，由用户阅读后作出同意，作为对个人信息收集利用的授权，以此实现对个人信息的控制权的转让。然而，随着隐私声明日渐冗长及其复杂性、模糊性不断增加，在缺乏有效制衡和约束机制的情况下，个人很难凭借告知同意机制真正作出科学、审慎的选择。① 告知同意模式已很难使个人借由对自身信息的支配而实现个人自决的目标。尽管我国《个人信息保护法》的立法仍然坚持以告知同意为核心设定了一系列个人信息处理规则，但伴随立法过程的，是众多学者对于这一模式"异化"②"日益流于形式"③"不适应现代信息处理的发展，难以实现其原有功能"④ 的担忧和批评。而且，此种困境似很难根本性扭转。在当下，虽然尚难找出对告知同意模式的根本性替代方案，但规制模式的转变已不可避免。⑤

（二）以人格自由发展为目标的个人信息权

对支配权思维的反思，并不当然意味着对民事权利理论的根本颠覆或者放弃。法教义学有其创新功能，从而避免推倒重来的制度成本和对法的安定性的冲击。实际上，民法权利理论的嬗变，已经提供了可能的方向。朱虎指出："作为道德权利的人格权可能会认为，在民法中，所有权利都是以支配权作为原型，而其分类恰恰是以支配客体的不同作为依据，而人格的客体化却可能会损害人格权的伦理价值。在发生学意义上，权利客体具有权利区分工具和体系构建工具的意义……但是，在当代民法中，权利客体所具有的上述意义逐渐丧失，转而将权利效力作为工具。如果转换传

---

① 吕炳斌. 个人信息保护的"同意"困境及其出路. 法商研究, 2021 (2): 89-92; 范为. 大数据时代个人信息保护的路径重构. 环球法律评论, 2016 (5): 90.
② 万方. 隐私政策中的告知同意原则及其异化. 法律科学, 2019 (2): 65-67.
③ 刘权. 论个人信息处理的合法、正当、必要原则. 法学家, 2021 (5): 3.
④ 韩旭至. 个人信息保护中告知同意的困境与出路：兼论《个人信息保护法（草案）》相关条款. 经贸法律评论, 2021 (1): 48.
⑤ 有学者指出："当代个人信息保护制度尽管仍强调个人同意，但总体上已转向公共规制模式。"（戴昕. 数据界权的关系进路. 中外法学, 2021 (6): 1571.）

统的权利观视角，不以支配权作为视角，似乎可能找寻到另外一种出路。"① 如果将个人自决作为民事权利所追求的目标，那么实现此目标并不当然意味着为权利主体设定权利客体，并赋予其支配权。借由支配权，确乎可以实现个人自决，这充分体现在财产法领域。但个人自决的实现，并非必须通过支配权，这也体现在人格权的证立上。"人格权就是一种受尊重权或自决权，具有排他性，但并非支配权因而不具有支配性"②。那么，如果不将个人信息作为个人信息权的客体，个人信息权又指向什么，其规范的目标是什么？"权利在实践推理中的规范力，也可进一步通过权利所蕴含的'指向性义务'（directed duty）得以解释。"③ 也就是说，没有必要围绕个人（权利主体）与个人信息（权利客体）的关系来建构个人信息权的内涵，而应转向"权利人对他人所负有的指向性义务的控制"④，分析权利主体如何对其他个体的特定行为展开制约。

在关于个人信息保护的讨论中，许可、梅夏英提倡一种"行为导向"模式，认为对于人格权除作支配意义上的理解外，也可以将其理解为权利主体对其他个体特定行为的制约。⑤ 这是从义务人的视角来理解人格权的内涵。此外，从权利人所享有利益的范围观察，也有学者将个人对个人信息的控制性利益表述为"信息处理中的自主利益（或自决利益）"⑥，以此说明这种利益仅仅适用于不对称的信息处理关系中；表明其并不具有普遍性的支配与决定的特征，对个人信息处理中人格权益的保护不意味着个人对个人信息享有普遍、先在、排他性的控制权。

如果不以对客体的支配作为人格权的内容，不以对个人信息的支配作为个人信息权的内容，那么个人信息权的规范目标是什么？这里就涉及对作为个人信息权宪法基础的人格尊严及其所蕴含的个人人格自由发展的理解。我们知道，在民法人格权的证立过程中，宪法起到了关键性的作用。德国民法上的一般人格权，是以《德国民法典》第 823 条第 1 款结合《基本法》第 1 条第 1 款"人的尊严"和第 2 条第 1 款"人格自由发展权"导出的。⑦ 德国《基本法》第 2 条第 1 款规定："人人享有人格自由发展的权

---

① 朱虎. 人格权何以成为民事权利?. 法学评论，2021 (5)：63-64.
② 同①64.
③ 同①60.
④ 同①61.
⑤ 许可，梅夏英. 一般人格权：观念转型与制度重构. 法制与社会发展，2014 (4)：100.
⑥ 王苑. 个人信息保护在民法中的表达：兼论民法与个人信息保护法之关系. 华东政法大学学报，2021 (2)：68.
⑦ 张翔. 民法人格权规范的宪法意涵. 法制与社会发展，2020 (4)：121.

利,只要不侵害他人权利,不违反合宪性秩序与道德法则。"基于此规定,德国《基本法》确立的人的形象就是"自我负责的、在社会共同体中自由发展人格的人"①。在1957年的"艾尔弗斯案"中,德国联邦宪法法院将"人格自由发展"作了极为开放的理解,将其解释为"一般行为自由"和"兜底基本权利"。宪法法院认为:"《基本法》使用'人格自由发展'并非只意味着人格的核心内容的发展,也就是作为精神性、伦理性的人的本质的形塑。因为很难理解,内在于人格核心内容的发展,怎么会与社会道德、他人权利或者合宪性秩序相冲突。而这些限制性规定显然是指向作为社会生活的参与者的个人,这说明《基本法》第2条第1款意味着非常广泛的行为自由。"② 由于人格自由发展权的范围极为宽广,其应该被置于广阔的社会生活情景和社会生活关系中去思考。由此,人格尊严和人格自由发展权,就不意味着对个人人格利益的排他性支配,而更可能指向对他人特定的对人格发展的干扰和限制行为的禁止。例如,在著名的"雷巴赫案"中,宪法法院认为,对一般人格权的保护并不意味着以一项一般性的支配权(generalles Vermuegensrecht)来禁止对针对人格的一切信息的披露和评价,在新闻自由和人格权之间进行权衡的决定性标准始终是:相关新闻报道对于人格发展的妨碍到了什么程度。③

不将权利指向客体支配,而是指向干预行为,是宪法基本权利的典型思维。而对作为"宪法原则在民法体系中的衍生物"④ 的人格权的规范形塑,就可能摆脱传统民法的对物的支配权思维而作"指向性义务"的思考。也就是作出绝对权项下对物支配和人格自由的二分,将人格权理解为"受尊重权"⑤,指向他人的特定行为。对个人信息权的理解也应该建立在人格权的社会面向的基础上,也就是要透过人格的概念,转介个人信息的公共性和社会连带性,理解个人信息权极为宽泛的内涵所带来的行使方式、限制基础上的特点。在数字时代,个人信息本身便具有公共性与交互性的特征,是个人参与政治、经济、社会事务的自然产物。从社会和共同体的面向来理解个人人格权益的保护,核心便不再是对个人信息的控制和支配,而是个人能否信任信息处理环境的公平与安全,以及能否有效防御

---

① 曾韬. 祈祷治疗案//张翔. 德国宪法案例选释:第3辑 宗教法治. 北京:法律出版社,2018:36.
② BVerfGE 6,32(36).
③ 冯威. 雷巴赫案//张翔. 德国宪法案例选释:第2辑 言论自由. 北京:法律出版社,2016:82.
④ 薛军. 人格权的两种基本理论模式与中国的人格权立法. 法商研究,2004(4):66.
⑤ 曹相见. 人格权支配权说质疑. 当代法学,2021(5):40.

他人可能的人格干预，从而能够自由参与社会生活，实现人格的自由发展。在此意义上，个人信息权的规范目标，就是保护个人自主参与社会生活的安全环境，保护个体免于工具化、客体化，实现个人自由与个人自决。个人信息权所针对的，毋宁是可能严重妨碍到个人发展的他人行为。由此，对信息的支配和控制就不再是个人信息权的核心规范目标。①

从支配权到人格自由发展权的逻辑转换，有助于处理个人信息"保护"与"利用"之间的紧张关系，也有助于在学理上重新定位和反思个人信息主体的知情、决定、查阅、更正、复制、可携带、删除等权利。这些权利在构建时，还有很强的支配权色彩。如果从防御他人对个人人格过度妨碍的角度看，这些权利就可以看作个人信息权的主体维护自身人格自由与个人自决的手段和方式。② 其并非指向对个人信息的占用和支配，而是约束平台和数据企业等个人信息处理者的行为，形塑公正有效的公共规制模式，为个人在公正、理性、透明的数字环境中生活、实现人格自由发展营造空间。

我们可以在以下两个场景中理解此种思维转化的现实意义：（1）对已收集信息的利用的规制。确立告知同意规则，是希望在未来从源头上限制对个人信息的过度收集，但是，对既往已经收集的个人信息，支配权思维的意义非常有限。③ 真正重要的毋宁是怎样防止已经收集的信息被进一步利用，妨碍个人的自决和发展，而不是让个人重新获得对这些信息的支配和控制。在实现个人自决和个人发展上，支配权思维下的查阅复制、更正补充、删除和可携带等权利的意义，或许远不及加密、去标识化、匿名化等规制措施。（2）信息茧房的破除。个性化选择本来是个人自由发展的基础，但算法推荐技术和互联网传播模式，却可能导致极端个人化和过度自主选择的信息茧房或者回音室效应。信息茧房效应的风险已经引起了普遍警觉。如果坚持支配权思维，将很难防范此种风险。毕竟很难让个人将对自己信息的支配力及于平台在匿名化信息基础上的用户画像和个性化推荐。④《个人信息保护法》第 4 条将匿名化信息排除在个人信息保护之外，也从另一个侧面说明了支配权思维的局限。相反，如果采人格

---

① "打破了支配的迷思，通过'人与人的冲突协调'而非'人与物的绝对支配'来界定权利"的思维，也是前述"权利束"思维在另一个层次上的展开。（许可. 数据权利：范式统合与规范分殊. 政法论坛，2021（4）：91.）
② 王锡锌，彭錞. 个人信息保护法律体系的宪法基础. 清华法学，2021（3）：16-17.
③ 高富平. 个人信息保护：从个人控制到社会控制. 法学研究，2018（3）：99-100.
④ 丁晓东. 用户画像、个性化推荐与个人信息保护. 环球法律评论，2019（5）：86 以下.

自由发展权的思维，就可以将信息茧房看作对人格发展的自缚手脚式的妨碍，从而要求国家承担客观法上的保护义务，建构规制框架来防止平台等对个人人格的支配，维护个人人格发展的自由空间。

四、对《个人信息保护法》的若干评述

至此，笔者在以上两个层次上作出了如下尝试：（1）在宪法（学）层次上，将个人信息权确立为具有主观权利和客观价值秩序双重属性的基本权利；（2）明确个人信息权的"权利束"性质，以及其内在的差异化结构；（3）将个人信息权的规范目标从对个人信息的控制和支配转向免于对人格发展的过度妨碍。在此基础上，笔者尝试对《个人信息保护法》的若干规范作学理评述。

（一）防御国家公权力

将个人信息权确立为宪法上的基本权利，首先意味着个人信息权是防御国家公权力的主观防御权。要保障个人免于国家对个人信息的不当收集和使用，并特别警惕国家的信息处理对个人人格发展的妨碍。在强调数字化治理的现下，国家机关和法定授权组织是重要的个人信息处理者。在数据技术急速发展的背景下，国家的信息处理和挖掘极易对与个人人格发展相关的私人生活安宁与行为自由形成压迫或侵扰，使个人降格为国家管理的手段；个人信息的不当公开更是会给个人带来人格的负面标记、声誉的损失及相关权益的减损。并且，国家机关收集、利用个人信息的行为往往存在透明度不足、个体知情参与感薄弱的问题，长期不对称、不均衡的权力结构容易使信息被处理者产生不安全感，滋生寒蝉效应。[1]《个人信息保护法》对国家机关处理个人信息的规则作出专门规定，体现了作为基本权利的个人信息权的应有之义。《个人信息保护法》第 34 条规定："国家机关为履行法定职责处理个人信息，应当依照法律、行政法规规定的权限、程序进行，不得超出履行法定职责所必需的范围和限度。"这也是个人信息权的公法权利属性的表现。国家机关处理个人信息的行为，同样属于国家的高权行为，要受到法律保留、依法行政的一般原理约束。若无法律明示或默示的授权，即便有个人同意，国家机关也不得处理个人信息。也就是说，国家机关处理个人信息需要有明确的正当化依据，应以履行法定职责为必要条件，具有严格的目的限定要求。

但是，《个人信息保护法》对于个人信息权防御功能的制度落实是

---

[1] See Lee A. Bygrave, "Data Protection Law, Approaching its Rationable, Logic and Limits", *Kluwer Law International* (2002), pp. 107 – 112.

不足的。该法未能针对国家机关处理个人信息制定有足够针对性的体系化规则，第34条指向的"法律、行政法规规定的权限、程序"远未完善。例如，《居民身份证法》《出口管制法》等法律中有关个人信息保护的规定主要集中在国家机关及其工作人员的保密义务方面，对于个人信息处理全环节风险的防范缺乏细致的规定。此外，个人信息权作为主观防御权，必然指向救济机制的建构，使个人得通过司法程序主张权利。[①]在此方面，《个人信息保护法》仅在第68条规定了对违反个人信息保护义务的责令改正和内部行政处分，在救济机制供给上严重不足，这会直接导致个人信息权的防御功能的落空。未来对国家机关处理个人信息的权限及程序的规范完善，应该在防御国家对人格发展的不当干预的理念下展开。

（二）保护与利用的协调

个人信息权从支配权思维向免于人格发展被妨碍的观念转换，有助于协调个人信息在保护和利用两端之间的紧张关系。《个人信息保护法》第1条所列出的立法目的包括"保护个人信息权益，规范个人信息处理活动"与"促进个人信息合理利用"两个方面，二者之间是存在明显张力的。有观点认为，强调人格利益，则势必强调信息主体对于其个人信息的支配性，留给信息业者利用个人信息、促进数据流通与技术创新的空间就较小。[②]但如果转换视角，从人格自由发展出发，就可以更为有效地化解这一矛盾。不过度强调个人对自身信息的支配权，就不会自始压缩信息处理者处理个人信息的空间。个人信息处理者的处理和利用行为就不会从源头上被"有罪推定"，而是从效果上考量处理和利用行为是否不合乎人类尊严地将个人客体化和工具化，是否过度而不当地妨害了个人人格的自由发展。这就需要场景化地区分不同类型的个人信息、多样化的个人信息处理情形，有针对性地开展利益衡量，并根据技术发展与数字经济趋势来不断调整个人信息处理的规则，使宪法保护的多元利益得到协调。在此意义上，以人格自由发展为规范目标的个人信息权，将比支配权思维的个人信息保护，在利益衡量层面更加开放、包容和灵活。

（三）国家对平台的介入

对个人信息的保护与利用的协调，集中体现在国家介入平台的个人信息处理的场景。而此"个人—平台—国家"的三方关系，也恰是基本权利

[①] 张翔. 基本权利的规范建构. 增订版. 北京：法律出版社，2017：119.
[②] 张彤. 论民法典编纂视角下的个人信息保护立法. 行政管理改革，2020（2）：30.

作为客观价值秩序的"保护义务功能"和"第三人效力"的作用空间。①

首先应该肯定平台在个人信息处理场景中的基本权利主体地位。在既有的讨论中，学者们用"数据权力"②"持续性不平等关系"③来描述平台相对个人的优势地位。不可否认，国内外大型商业平台可经由特定应用，汇聚海量的互联网用户，进而垄断、汲取与挖掘这些用户的历史数据和实时动态数据，在数字生活的方方面面持续塑造乃至剥削消费者，甚至造成对个人人格发展的妨碍。但同时需要注意，个人信息在由信息处理者收集整合为数据后才产生财产性价值。企业对于数据的利用和相关的交易活动，就可能落入《宪法》第 13 条规定的财产权的保护范围。处理者在其中付出了相应的成本和劳动，向个人持续地提供服务，因此平台对于处理的数据享有财产权益，应从财产权角度确立信息处理者的权利主体地位。此外，《个人信息保护法》将"个人信息处理者"界定为"在个人信息处理活动中自主决定处理目的、处理方式的组织、个人"，这也体现出数据平台对于个人信息处理活动享有一定的自主决定权，可以防御国家对企业经营活动的不当干预。结合《宪法》第 11、16、17、18 条等条文，信息处理者的与信息处理活动相关的自主经营权或者营业自由也应予肯定。对于信息处理者的财产权与营业自由的宪法保障，有利于实现个人信息保护与个人信息流通的均衡发展，避免个人信息保护法秩序的运行过度偏向于"保护"而遏制了"发展"。也就是在承认数据技术对于信息流通的积极意义的基础上，防范不正当的数据利用方式对个人人格发展带来的妨碍，而非通过控制数据流动去影响数据的分享，损害数据处理者的经营空间。④从基本权利教义学的视角，兼顾考量个人的人格发展与数据处理者的财产权和营业自由，能够更为精细、准确地确定个人信息的法律保护强度。

个人在信息处理活动中对抗平台，首先是私主体之间的民事关系。但是，基于个人与平台之间在实际力量上的结构性不平等，以及个人信息处理中风险的技术性、累积性、结构性特征，从防范个人信息处理给个人带来不利后果的角度出发，基本权利的规范效力辐射到原本应由私法调整

---

① 关于笔者在三方关系中保护个人信息的初步观点，可参见张翔，钱坤."三方互动"中的个人信息保护：从宪法视角看 FB 事件. 腾云，2018（65）；张翔，钱坤."国家—机构—个人"三方关系中的个人信息保护. 北京：第九届中德宪法论坛"大数据与基本权利"研讨会，2018.
② 王锡锌. 个人信息国家保护义务及展开. 中国法学，2021（1）：154.
③ 丁晓东. 个人信息权利的反思与重塑：论个人信息保护的适用前提与法益基础. 中外法学，2020（2）：341.
④ 梅夏英. 在分享和控制之间：数据保护的私法局限和公共秩序构建. 中外法学，2019（4）：861-864.

的、以"用户—平台"为代表的民事关系中就有更强的正当性。在个人与平台的主体关系上,作为基本权利的个人信息权具备客观价值秩序功能,这导向了国家保护个人免于第三方侵害的积极义务,令国家得介入私法关系(例如《个人信息保护法》第六章)。当然,国家对私法关系的介入,在对一方予以保护的同时,也意味着对另一方的干预,因此要受到法律保留、合比例性等公法原则的约束。

(四)公法与私法机制的协同

基于保护个人信息权的宪法义务,国家可以介入私法关系,对平台和数据企业加以约束。此种从基本权利的客观价值秩序功能导出的国家义务,还包含了建构制度、程序、组织等侧面,意味着行政法、民法与刑法等不同部门法的不同机制的协同。《个人信息保护法》也体现了制度性保障层面的公私法协同,包括:第一,在行政法层面,《个人信息保护法》建立了"决策型监管"与"个案型监管"相结合的模式,并允许个人通过投诉举报方式反馈自身的权益主张。① 这体现了国家对于个人信息权的制度与程序保障,有利于通过系统性的行政手段回应个人信息处理的公共风险。第二,国家为个人信息权的民事救济提供程序保障。例如,《个人信息保护法》第69条中规定的"个人信息处理者不能证明自己没有过错的,应当承担损害赔偿等侵权责任",在证明责任上采取了有利于个人的方式,缓解个人因技术劣势、举证困难而无法有效维权的困境。第三,在刑法层面,《个人信息保护法》第64条第2款将监管中发现违法处理个人信息涉嫌犯罪的,转介到《刑法》第253条之一"侵犯公民个人信息罪",沟通了行政监管与刑事制裁。在刑事层面,一方面,应贯彻宪法统摄下"法秩序统一性"要求,使刑事责任机制与民事责任机制、行政责任机制的违法认定标准保持协调,避免不同保护机制判断结论之间的冲突;另一方面,应保持刑法的谦抑性,参酌基本权利规范来解释刑法上的个人信息法益概念,使侵犯公民个人信息犯罪的具体适用符合宪法要求,实现对刑罚权的有效控制。② 应该说,《个人信息保护法》作为领域性立法,已经以问题为导向,在努力实现公法机制与私法机制的协同。但是,在这方面仍有继续进行学理和实践探索的必要,例如,如何更好地实现《个人信息保护法》第50条第2款规定的司法救济路径与第六章规定的公共监管路径之间的分工配合。

---

① 蒋红珍.《个人信息保护法》中的行政监管.中国法律评论,2021(5):52-53.
② 张翔.刑法体系的合宪性调控:以"李斯特鸿沟"为视角.法学研究,2016(4):59-60.

《个人信息保护法》的立法过程，反映出从"民法特别法"向"领域法"的定位转移。相应地，个人信息保护的权利基础，也应该超越民事权利的固有思维，而作宪法基本权利层面的论证。基本权利作为主观防御权的功能，及其作为客观价值秩序辐射一切法领域的规范效力，有助于整合个人信息保护的公法机制和私法机制，在"个人—平台—国家"的互动关系中建构个人信息保护的整体方案。而改变支配权思维，以人格自由发展作为个人信息权的规范目标，有利于更为包容和灵活地协调个人信息的保护与利用的关系，在保护个人自决的同时，为数据产业的发展保留空间。①

（本文原发表于《环球法律评论》2022年第1期。）

---

① 姚佳. 企业数据的利用准则. 清华法学，2019（3）：125.

国家所有权的立法形成

民事法律中规定国家所有权所带来的种种问题，需要民法学和宪法学的合力来解决。宪法学的任务在于，基于对宪法上的国家所有权条款的解释，建构出适当的教义学模式，使之能与既有的民法制度和民法所有权理论相互融洽。宪法教义学和民法教义学基于沟通目标的各自建构，或许是解决这一问题的唯一路径。

国家所有权究竟是公法上的权力，还是私法意义上的权利？从宪法教义学出发，或许首先应该对《宪法》第9条的属性作出界定。笔者想从这样一个问题开始进行教义学建构的尝试：《宪法》第9条规定的自然资源归国家所有是否是一个"基本权利条款"？之所以要研究这个问题，原因在于，《宪法》第9、10、12、13条并列规定了几种"所有"，而《宪法》第13条第1款"公民的合法的私有财产不受侵犯"应该被视为一个基本权利条款。那么，从体系一致的角度出发，与之并列的其他规定"所有"的条款，是不是也应该被视为基本权利条款？如果将第9条也视作基本权利条款，能否妥帖地解决理论和实践上的难题？

将《宪法》第9条作为基本权利条款来建构，首先要处理的棘手问题是：国家能否成为基本权利的主体？我们知道，基本权利的主要功能是所谓的防御权功能，也就是保护个人（也包括私法人）免受国家的侵害。对抗国家，是基本权利的本义。因此，传统理论认为，公权力主体不能成为基本权利主体，因为：基本权利是用来对抗公权力的，如果公权力也能主张基本权利，就会造成权利的相互抵消，使基本权利保护个人的意义丧失。例如，如果让公权力主体也得主张宪法上的人格尊严，无疑会减损宪法保护公民言论自由的意义。基于此，传统的基本权利理论否定公权力主体成为基本权利主体的可能。但是，在现代的基本权利理论中，却开始考虑一些例外情况。某些公法人，在国家公权力赋予的任务之外从事某些行为，也有可能受到基本权利的保护。比如，公立的电视台，也有主张言论自由的可能；某些以提供国家政策咨询为目的而设立的研究机构，在其任务范围外,也有主张学术自由的可能。换言之,某些公法人,在特定情况下如果处于与国家相互独立的地位,就有成为基本权利主体的可能。按照这种思路,规定国家对自然资源所有的《宪法》第 9 条,并非完全不可以被看作类似《宪法》第 13 条的基本权利条款。

但是,如果将国家对自然资源的所有,与私人所有权作同样的法规范建构,却无疑存在严重问题。正如林来梵老师举例说明的那样:《物权法》第 46 条规定,矿藏、水流、海域属于国家所有,那么,居民从河里取水是否侵犯了国家的财产所有权?[①] 因此,将国家所有权写入民法,应该将其与私人所有权进行有区分的规范体系建构。

事实上,即使将《宪法》第 9 条视为基本权利条款,也并不意味着国家所有权一定在法律层面应当具有与普通的私人财产权同样的内涵。在国家所有权的具体内容的确定方面,立法者实际上有着极大的形成自由。财产权被认为有一个不同于其他基本权利的特点:"有待立法形成"。财产权之所以是一种"有待立法形成"的权利,是因为财产权是宪法保障的基本权利,但其内容却是由法律来形成的。在这一点上,财产权与有些基本权利有着显著差别。例如,人身自由所保障的就是个人的人身和行止举动免受干预,住宅自由就是保障住宅不被侵入,而财产权保障的是什么,却必须借由法律层面的规定才能明了。比如,只有基于物权法定原则,立法者对物权的种类、物权的内容、物权的公示手段、物权的效力作出规定,才会形成民法上具体的所有权、用益物权和担保物权,进而,才可能在宪法层面明确这些权利也是排除国家干预的。如无民法对财产权内容的形成,则宪法上的财产权就没有明确的保护对象。

如果从财产权"有待立法形成"的角度去观察《宪法》第 9 条的规定,我们也可以得出这样的认识:虽然宪法规定自然资源是国家所有的,但这种所有权的具体内涵是什么,是有待下位法律去具体形成的。也就是说,不必因为宪法上都规定其为"所有",就在部门法层面一定要赋予其相同的规范内容。

基于财产权保护对象的差异,立法对其具体形成也可以存在差异。对于纯粹的私人财产,由于其主要功能在于保障个人的经济自由,因而强调其"私使用性",强调其不容侵犯性,就是当然的。而对于《宪法》第 9 条所列的自然资源这些具有很强的公共性的财产,在对其进行法律层面的

---

① 林来梵. 菊花的困惑. (2009 - 02 - 28). http://fxcxw.org.cn/dyna/content.php? id = 6536.

内容界定时，就要更多考虑其公共使用性。也就是说，虽然这些财产是属于国家所有的，但这些财产较之私人财产承担着更多的社会功能，因而应该接受更多的社会约束。例如，即使我们将太阳能、风能也视为自然资源而为国家所有，但基于这些财产天然具有的供公众使用的属性，也不应该将晒太阳或利用太阳能、风能发电视为对国家所有权的侵犯，而应该将其视为这些财产依据其公共性而当然应该承担的社会义务。基于不同财产在公共性和私使用性上的差异，对国家所有和私人所有作区分的法律制度建构，是宪法财产权教义学所允许的。并且，2004年宪法修改实际上已经将国家所有与私人所有作了分殊的处理，这为部门法的差异化构建提供了基础。

（本文原以《国家所有权的具体内容有待立法形成》为题发表于《法学研究》2013年第4期。）

住宅建设用地使用权续期
与城市土地"国家所有"

一、有偿还是无偿,物权法有意留白

2016年,温州的住宅建设用地使用权20年期间届满有偿续期的做法,引起各界热议。争议的焦点是《物权法》第149条第1款规定:"住宅建设用地使用权期间届满的,自动续期。"有一种观点认为,"自动续期"意味着自动、无条件、免费续期。这种观点传播甚广,也得到了公众的喝彩。

但是,如有的学者指出的,物权法当年规定自动续期,是相对于"申请续期"而言的,对于续期时是否要续费,物权法是留白的。全国人大在制定物权法的时候的考虑是,住宅建设用地使用权续期时是否支付土地使用费,关系到广大人民群众的切身利益,要谨慎对待,因此物权法不作规定,留待未来处理。也就是"相信子孙后代比我们更有智慧",70年后再说。从法律解释的角度来说,尽管对物权法的"自动续期"有多种理解的可能性,但对于物权法的立法者的意图还是应该给予更多的尊重。

笔者大体上同意杨立新教授提出的解决方案:自动续期,先将20年自动续期至70年,并按出让当时的价格补交出让金,等等。[①] 但是,这个方案最终还是绕不过去一个问题:70年到期的时候,是不是应该自动无偿续期?无论是立法还是法律解释,最终都还得回答这个问题。

二、"自动无偿续期"与"土地国有"存在冲突

这里涉及我国宪法所确立的土地制度。我国《宪法》第10条第1款规定:"城市的土地属于国家所有。"如果住宅建设用地使用权到期后一律自动无偿续期,那与所有权还有什么差别?永久的使用权难道不就是所有权?按照自动无偿续期的思路,所有权连收益的权能都没有了,我国宪法

---

① 杨立新. 住宅建设用地使用权届满续期的法律问题. (2016-04-18). https://www.civillaw.com.cn/bo/t/?id=30558#.

规定的城市土地国有的基本制度就被掏空了。

尽管《宪法》第10条第1款的规定遭受了很多的批评，很多学者对其依据和正当性都多有质疑，但是，宪法是一国法律秩序的基础，任何以实现法治为目标的制度建设，都不应该作出明显抵触宪法的设计。在这一条款现实存在，还看不到未来被根本性修改的前提下，相关问题的讨论就不能回避这一条款。住宅建设用地使用权期间届满续期的问题，在一定程度上已经超越了物权法解释的层面，而是一个法政策或者立法的问题，而作为法政策和立法基础的宪法就必须被纳入思考。

"国家所有"总是被自觉不自觉地理解为"政府所有"，但按照我国宪法的规定，"国家所有"是"全民所有"。就城市土地的国家所有而言，笔者认为应该理解为：所有国民（包括农民）都应该有机会利用国有土地，都应该有机会获得国有土地的使用权，或者至少应该有机会分享国有土地使用权所带来的收益。这是在"届满续期"问题讨论时必须纳入考虑的第一个宪法条款。

三、作为宪法财产权内容的续期权应被区分对待

此外，《宪法》第13条私有财产权条款也应被着重强调。宪法财产权的保护范围非常广泛，一切具有财产价值的私权利都在宪法财产权的保护之下。住宅建设用地使用权受宪法保护，而住宅建设用地使用权的续期权，也属于公民的财产利益，也应该受到宪法财产权条款的保护。而国家要对此权利作出限制性规定，无论是附加条件，还是要求续费，都应该受到合宪性审查，具备宪法上的正当性。

如果将住宅建设用地使用权的续期权纳入宪法财产权的学理，我们可以发现，不同财产权在其本质上是有差异的，而国家针对不同财产权的限制性规定，在合宪性的标准上也是有差别的。我国的物权立法明确区分了"住宅建设用地使用权"和"非住宅建设用地使用权"，就是基于其本质上的差异，而在续期问题上作了分殊的处理。事实上，对于"住宅建设用地使用权"也可以作出区分。现实中，大多数的人只有一两套维系个人与家庭基本生活的房产，而有些人拥有几十甚至几百套房子，也就是存在"自住性住房"和"非自住性住房"的区别，对于这两种不同的房产，其住宅建设用地使用权的性质其实是有差别的。

四、财产的"私人使用性"与"社会关联性"

按照宪法财产权的原理，私人所有的财产，可以分为两种：实现个人自我负责的生活的财产和与其他人的生存具有关联、有着较强社会连带性的财产。对前者被认为具有"私人使用性"，而后者被认为具有"社会关联性"；

对前者应严格甚至绝对保护,而对后者则可以使其承担更多社会负担。

对于那些个人生存所必需的财产,必须进行严格的保护,而国家要尽量避免去干预。如果国家对这部分财产也施加各种负担,那么个人依靠自己的努力而维持生存就变得非常困难。比如,国家在征收个人所得税的时候,就公民及其家人生存所需的部分设立免税额,就是出于这种考量。而另外的一些财产,比如个人投资的公司、用来出租的房屋,则具有较强的社会关联性。由于所有权人以外的其他人要依靠这些财产生存,因而所有权人的财产利益就应该受到更多限制。这种限制包括:让公司的员工参与公司决策,对出租人解除房屋租赁合同和涨房租作出限制,等等。这种做法是出于维护社会公平、促进社会平衡的政策目标,在很多国家被采用。在强调保护私有财产的同时,也应考虑社会公平,也是我国宪法中的社会主义条款的要求。[1]

五、无偿与否,区分对待

有些人在满足自己的生存之外,购买了大量非自住性住房。这些房产不是生存性的,而是投资性的,是追求财产增值的。这些房产是私有财产,当然应该受到保护,但这些房产占用大量公共资源,是具有很强的社会关联性的财产。而对于这类房产的建设用地使用权,如果也规定永久地免费自动续期的话,无疑会减少其他公民获得满足基本生存的房产的机会。在笔者看来,对这类住宅建设用地使用权的自动续期,让权利人承担较多的费用,具有宪法上的正当性。很多国家在征收房地产税的时候,对于多套房产提高税率,道理也在于此。

对于非基本生存所需住宅的建设用地使用权规定有偿续期,符合前面所说的城市的土地"国家所有",也就是"全民所有"的要求。让这部分投资性房产的建设用地使用权续期承担较多的费用,使房产持有人的持有成本增加,就会促使这部分房产重新进入市场。伴随的就是相应的土地使用权重新进入市场,这使得其他以满足基本生存为目的的公民获得了拥有房产的机会,这种机会的增加,符合前面所讲的"全民所有"的宪法精神。或者,这些费用在部分被纳入国土基金后,可以再次用于城市建设,用于满足其他人的基本生存的需要,在此意义上,也体现了全民所有的另一个层次的要求:国民分享土地所有权所带来的收益。

住宅建设用地使用权的本意,是满足人民基本的生存需要。针对符合这一权利本质的住宅建设用地使用权,也就是自住性住房的建设用地使用

---

[1] 张翔. 财产权的社会义务. 中国社会科学,2012 (9).

权，规定自动免费续期（或者象征性缴纳较低的费用）是合理的。而完全出于投资和增值愿望的房产，则远离了这一权利的本质，从社会公平和社会平衡的原则出发，对其课以较重的续费负担，也是具有正当性的。当然，这里需要精细的数额计算和复杂的制度设计以保证其可操作性，比如明确第几套住房要续费，或者按人均面积设定标准，等等。这些是有待立法继续形成的，立法机关在此问题上享有裁量自由。

（本文原以《70年建设用地使用权，该不该自动续期?》为题发表于《中国改革》2016年第3期。）

"馒头案"中的基本权利冲突与竞合

2006年2月,一个著作权法领域的问题引起了公众和学者的热烈讨论。[①] 陈凯歌执导的影片《无极》被网民胡戈戏谑改编为视频《一个馒头引发的血案》(以下简称《血案》)。在《血案》中,胡戈大量剪辑使用了《无极》的影像片段,并重新进行了配音和编排,对《无极》进行嘲讽。片中,胡戈多次用戏谑的手法指出《无极》中存在的缺乏常识和艺术水准低下之处。《血案》迅速在网络上传播,引起了《无极》的导演陈凯歌的强烈不满,声称要起诉胡戈。这一事件引起了公众与学者的热烈讨论,但最终并没有形成诉讼案件。此争议是著作权法上的争议,但以宪法学的视角观察,则存在基本权利的竞合与冲突问题。

一、争议双方各自能够主张何种基本权利?

《无极》的著作权人认为自己的"保护作品完整权"受到了侵犯,这项权利是一项民事权利而非宪法上的基本权利。但一般认为,普通法律权利都是宪法上基本权利的具体化,"保护作品完整权"应当是宪法上"人格尊严"和"艺术自由"在著作权领域的映射。而胡戈的改编行为,虽然在民法上可能是一种侵权行为,但也可以看作一种艺术创作的活动。考虑到胡戈精心而为的镜头剪辑、台词编写、剧情设计,以及对几位风格迥异的演员的声音的模仿,很难否认这是一种智力活动和情感表达。将《血案》视为"作品"似无不可,而从宪法角度看,这可以看作胡戈的"艺术

[①] 笔者在《检察日报》上发表的《"馒头案"中的基本权利冲突问题》一文中认为此案存在宪法层面的基本权利冲突问题,这引起了几位学者赞同和反对的意见,在北大法律信息网形成了数次观点交锋,具体内容见:http://article.chinalawinfo.com/article/viewpiont/default.asp?id=1。按发表顺序排列,包括以下论文:张翔:《"馒头案"中的基本权利冲突问题》;张志成:《"馒头案"中存在所谓基本权利冲突问题吗?》;张翔:《就〈基本权利冲突〉一文答客问》;侯猛:《一个馒头引发的宪法争论》;张志成:《"馒头"争出的宪法问题》;胡迟:《也谈〈馒头案〉中的宪法权利——读张翔先生和张志成先生文有感》;胡迟:《再谈"馒头案"中的宪法权利》;张翔:《宪法权利是怎样影响普通案件审判的——答胡迟先生》。

关于基本权利冲突的原理的系统分析,参见张翔.基本权利冲突的规范结构与解决模式.法商研究,2006(4):94-102。

自由"的行使。所以，制片人对《无极》的著作权可以落入宪法上人格尊严和艺术自由的保障范围，而胡戈的改编行为有可能属于艺术自由的保障范围。

二、艺术自由与言论自由的竞合问题

对于这一案件，笔者主张胡戈的行为属于艺术自由的保障范围，但有学者主张，胡戈是行使"言论自由"或"表达自由"，而不存在艺术自由的问题。① 这种理解虽没有大错，但没有意识到"基本权利的竞合"问题。

实际上，在这一案件中，胡戈既可以主张表达自由，也可以主张艺术自由，其行为同时落入了表达自由和艺术自由的保障范围内，构成了基本权利的竞合关系。这里存在一个本案中选择适用哪个基本权利的问题。在美国，由于其宪法没有关于艺术自由的规定，故而美国宪法将这种"嘲讽性模仿"（也称"戏仿"）归入宪法第一修正案"表达自由"的保障范围，也就是把艺术创作看作特殊的表达形式。但在德国等其宪法里同时规定了言论自由和艺术自由的国家，这类案件都是用"艺术自由"去保障的。这是因为，在两相竞合的基本权利中，如果一个权利属于另一个权利的特殊形式，按照"特别关系优先于普通关系"的原则，应当选择适用特别关系。我国宪法中既规定了言论自由，也规定了艺术自由，"戏仿"同时落入二者的保障范围，但应该按照作为言论自由的特别形态的艺术自由问题进行处理。所以，在胡戈的主张上，言论自由与艺术自由构成了竞合，如果这个案件形成诉讼，法官应当予以考虑的是艺术自由。

三、人格尊严与艺术自由的冲突问题

这一案件中更为关键的是《无极》的著作权人和导演的人格尊严与网络改编者胡戈的艺术自由之间的冲突问题。胡戈的改编行为在著作权法上被称作"嘲讽性模仿"，"嘲讽性模仿者常利用被模仿作品最有特色的部分，因而有侵害著作权之疑虑。嘲讽性模仿是一种艺术创作，享有艺术自由，被利用作品的著作人格权与著作财产权，也受宪法位阶的人格权与财产权保护。故嘲讽性模仿是否侵害著作权之问题，基本上是一种基本权冲突，立法者与法院应本于利益衡量之立场调和此种冲突"②。基本权利的冲突问题在民法领域就是"基本权利的第三人效力"问题。在基本权利发

---

① 侯猛. 一个馒头引发的宪法争论. http://article.chinalawinfo.com/article/viewpiont/default.asp?id=1；蔡定剑. "馒头血案"的宪法视角：表达自由的价值更受保护. http://article.chinalawinfo.com/article/user/article_display.asp?ArticleID=32508.

② 林昱梅. 艺术自由与嘲讽性模仿之著作权侵害判断. 成大法学，2004（7）：130.

生冲突的情况下,一方援引宪法规定去对抗另一方,就是基本权利在私人关系间发生效力的问题。那么这种艺术自由与人格尊严发生冲突的情形应当如何认定呢?

(1) 德国"Mattscheibe案"。①

R电视台的广告节目于1994年4月26日播出了关于增强膀胱功能的G食品的广告。讽刺性电视评论节目K"S Mattscheibe是一个付费电视频道的节目。5月8日,K"S的评论节目内容涉及利用R电视台的广告的内容。在1分25秒的长度中,该广告内容共有58秒被播出。该评论节目后又重播两次。广告的著作权人提起侵害著作权的诉讼。

K"S的节目把原作主持人装扮成渔夫,渔夫捞到一条鱼,鱼说只要渔夫把自己放回大海,就能帮助渔夫实现愿望。渔夫照办后,渔夫愿望实现的剧情就在银幕上以加金色边框的方式播出。节目还影射R电视台的广告节目在一个封闭的精神病院受到欢迎。

德国联邦最高法院最终判决K"S不构成侵权。理由是:K"S使用G食品广告的内容,是将其作为讽刺的目标。通过重新安排原广告的片段,隐含了对原广告水准的尖酸刻薄的批评,意在突出原广告的愚蠢的娱乐手法。K"S的节目使用原广告的片段是有选择性的,挑选可笑的部分来进行讽刺,并评价它为"白痴广告节目",传达了自己的价值判断和精神,从而是一种新的具有"原创性"的创作活动。新作与原作之间有着"足够的内在距离",从而不构成侵权。

(2) 美国 *Elsmere Music Inc. v. National Broadcasting Co.* 案。②

在1977年的纽约经济萧条时期,有人想通过文艺振奋人们的精神。广告作曲家Steven Karmen创作了一首广告歌曲,一群舞蹈演员簇拥着头戴高顶礼帽的百老汇女明星,女明星高唱"我爱纽约!"(I-I-I-I-I Love New Yo-o-o-o-o-o-rk!)。NBC的一个节目播出了一个短剧,描述了《圣经》里的罪恶之城索多玛(Sodom)的市长和商会会员在议论城外的人对自己城市的不良印象,以及因此造成的在贸易上的损失。为了重塑形象,创作了一首宣传歌曲,旋律还是"我爱纽约",但歌词改为"I Love Sodom",重复三次。

法院认为不构成侵权,认为这种嘲讽性模仿是一种创作,这种创作由

---

① 林昱梅. 艺术自由与嘲讽性模仿之著作权侵害判断. 成大法学,2004(7):171-173.
② 同①191-194.

于是对别人的嘲讽，必然要使用原作，所以应该更能够主张合理使用。虽然使用了原作，但嘲讽性模仿的核心在于嘲讽，是一种对原作的批评。在艺术的言论市场上应该有多元的声音，这也可以促进艺术的进步与发展，这也是宪法保护言论自由的目的。

在这两个案件中，德国和美国分别适用了不同的原理去保障改编者的权利。德国使用了"距离"理论，认为改编者是出于嘲讽的目的，与原作品在目的上有足够的距离，因而改编应受保护。而美国则使用了"言论的市场"理论，批判性意见应该由公众在言论的市场中自由选择，这才有利于艺术的进步和发展。

在我国宪法背景下讨论"馒头案"，必须从我国的宪法规定出发，我国《宪法》第47条规定："中华人民共和国公民有进行科学研究、文学艺术创作和其他文化活动的自由。国家对于从事教育、科学、技术、文学、艺术和其他文化事业的公民的有益于人民的创造性工作，给以鼓励和帮助。"从这一规定中可以解读出艺术自由的构成和限制两项内容，其关键字眼在于"有益于人民的创造性工作"。

第一，胡戈的行为是否属于"创造性工作"？胡戈的改编可谓"煞费苦心"，他精心设计人物、剧情，尽管使用的主要是《无极》的素材，但在故事上已经与《无极》基本无关，所关注的焦点是挖苦讽刺《无极》的艺术水准低下。所以，他的行为具有"创造性"应无问题，这一点还可以从胡戈模仿演员的声音进行相当高难度的配音中看出来。

第二，胡戈的行为是否"有益于人民"？对这一点的认定比前一点困难。笔者认为应该是可以认定对人民有益的。中国的文化市场中充斥着大量水平低下、粗制滥造的文艺作品，许多著名导演和艺人的作品也常有欺世盗名之嫌。胡戈的这种批判应该说对于提高中国的艺术创作者的创作自觉、拒绝低水平的创作和"伪创作"是有益的。胡戈的行为在文艺批判上有一定的开创性意义，有人甚至认为："《血案》开创影像化影评的先河。"从而笔者认为，胡戈的行为是"有益于人民"的，应当属于我国宪法上艺术自由的保障范围。

在认定胡戈的行为属于"艺术自由"后，这一案件才构成艺术自由与其他权利的冲突问题。在胡戈的艺术自由与《无极》的著作权人的人格尊严的冲突中，笔者认为应当保护胡戈的艺术自由。这是因为，《无极》是公开发行并有巨大票房的作品，其著作权人作为"公众人物"，有忍受批评的义务。这种批评是有利于艺术的进步的。胡戈的改编并非恶毒的人身攻击，而是用戏谑的方式指出《无极》的荒谬与可笑，这种批评并未超出一般性的文艺批评的范围。尽管在方式上有令被批评者难以接受的地方，但是这应当是公众人物忍耐范围内的问题。故而，笔者认为在这一艺术自由与人格尊严的冲突中，应当优先保护艺术自由。

第三，这一案件何以有必要作宪法层面的考量？这一案件并未形成诉讼，即使形成诉讼也只是一个民事案件，那么何以在这个案件中有必要考虑宪法因素，有必要考虑基本权利在民事主体之间发生效力呢？

一般来说，个人不能在普通案件的审理中主张宪法权利。按照传统的理论，基本权利的冲突只能由立法机关来协调解决。也就是说，立法机关先把相互冲突的基本权利的各自范围协调好，司法机关具体操作的时候适用法律就行。按照这种理论，这个案件就很简单了。按照《著作权法》的规定，如果胡戈的行为是侵权，那就是侵权；如果胡戈的行为属于"合理使用"，那就是"合理使用"。

这种解决模式就是"抽象模式"。抽象模式的弊端在于无法充分考虑到一切基本权利冲突的具体情形，难免有失公正。所以，有必要在具体案件中，由法官对基本权利冲突作进一步的衡量。法官在具体案件中考虑宪法因素，是法官的宪法义务的要求。

法官作为公权力主体，有维护宪法和贯彻宪法精神的义务。在我国《宪法》"序言"规定一切国家机关都必须以宪法为根本活动准则的情况下，不应该有自外于宪法的法官，也不应该有对宪法漠不关心的法律思维。现代宪法中的基本权利除了排除国家的干预，还具备了要求国家积极"保护"的功能。法院作为国家权力机关，在运作中考虑宪法，时刻以基本权利的保障为归依是责无旁贷的。

这种义务表现在法学方法上，就是"法律的合宪性解释"。法律的合宪性解释是指，当法律有多种解释可能性时，如果其中一种解释可能性是与宪法相一致的，法官应当选择这种合乎宪法的解释。同时，在对法律中的"概括条款""不确定性概念"进行解释时，也应当考虑宪法的精神。概括条款和不确定性概念在某种意义上是立法者赋予司法者的裁量空间，但法官裁量权的运用要受到很多规则的限制，其中之一就是法官不能作违背宪法精神的裁量。在这种情况下，法官应该充分考虑宪法的相关规定对于自己要处理的案件的意义，从而将宪法的精神纳入对普通法律的解释中。

（本文原发表于韩大元主编《中国宪法事例研究（二）》，法律出版社2008年版。）

第二编

宪法与刑事法

　　刑法被称作"犯罪人的大宪章",刑事诉讼法也因其在人权保障上的突出重要性而被称为"小宪法"。现代立宪主义确立了人权保障和国家公权力控制两个价值基石。国家刑罚权的发动,往往意味着对个人自由、财产、尊严的限制或剥夺,乃至对生命的根本性剥夺。对国家刑罚权的控制是宪法和刑事法的共同任务。如何用宪法来缓和刑事政策对刑法体系的冲击,在坚持罪刑法定的同时维护个案正义;逮捕权应如何配置方能实现人身自由保护的目标,相应的宪法解释和制度建构应如何回应刑事诉讼法的价值诉求;强制证人出庭制度中存在怎样的宪法基本权利冲突,如何在立法和个案中协调;等等:这些是本编所关注的宪法与刑事法交织的议题。

刑法体系的合宪性调控

一、问题的提出

"原则上讲,所有的刑法问题都可以从宪法角度来解释。"[①] 我国学界对于宏观上的刑法与宪法关系,论述颇多,但此种宏观论说以价值宣告为主,对刑事立法和司法的具体实践缺乏直接意义。在微观层面,对具体的刑法教义学争议,特别是一些刑法各论问题,宪法学者也已有涉足。[②] 在具体争议中作个别权利的思考,是宪法学惯常的研究思路。这种研究是针对刑法体系输出结果的合宪性判断,对刑法一般原理的脉络的把握往往不足,容易给刑法学者以无章法的"局外论事"的印象。宪法学界和刑法学界对对方学理体系和思考框架的陌生,会造成在"限制国家、保障人权"的立宪主义目标上,难以形成合力。

笔者尝试,在中观层面上,将刑法学的重要理论置于宪法教义学的观察之下,并在刑法的规范与学理现状的基础上,思考国家刑罚权的界限问题。在尊重刑法学既有学理的前提下探讨刑法体系的合宪性调适,并寻找刑法学和宪法学的沟通渠道,以形成整体法教义学的体系融贯。[③] 一国的法律体系应当具备融贯性,而现代宪法构成法律体系的规范基础和价值基础,各部门法的规范与学理更有向宪法调整之必要。同时,宪法学也必须充分考量部门法固有体系的稳定性与科学性,并且有选择地将部门法的成熟学理接受为具体化宪法的方案。这种"交互影响"(Wechselwirkung)下的调整[④]并不容

[①] 洛塔尔·库伦. 论刑法与宪法的关系. 蔡桂生,译. 交大法学, 2015 (2): 158.

[②] 例如:白斌. 刑法的困境与宪法的解答:规范宪法学视野中的许霆案. 法学研究, 2009 (4); 白斌. 宪法价值视域中的涉户犯罪: 基于法教义学的体系化重构. 法学研究, 2013 (6); 杜强强. 论宪法规范与刑法规范之诠释循环: 以入户抢劫与住宅自由概念为例. 法学家, 2015 (2); 张翔, 田伟. "副教授聚众淫乱案"判决的合宪性分析. 判解研究, 2011 (2); 尹培培. "诽谤信息转发 500 次入刑"的合宪性评析. 华东政法大学学报, 2014 (4).

[③] 雷磊. 融贯性与法律体系的建构: 兼论当代中国法律体系的融贯化. 法学家, 2012 (2).

[④] 此种融贯性有赖宪法规范与部门法规范之间的"诠释循环"和"相互动态调适",杜强强教授指出:"一国法律秩序本是一个动态的规范体系,对法律的解释需要考虑到宪法的规定,而对宪法的解释岂能无视普通法律的规定? 法律解释者负有义务将宪法与下位阶法律规范互为动态调整而维持法律体系的和谐。"(杜强强. 论宪法规范与刑法规范之诠释循环: 以入户抢劫与住宅自由概念为例. 法学家, 2015 (2): 26 - 27.) 诚哉斯言!

易,例如,在德国,联邦宪法法院并未能充分接受刑法学中成熟的法益保护理论,从而在"血亲相奸"① 等案的处理上引发了刑法学界的强烈不安。② 对于中国法学体系的建构而言,接纳此种具有前瞻性的"整体法教义学"视角,在某种意义上也是一种后发优势的体现。

笔者选择以刑法体系与刑事政策的关系为切入点。一方面,"刑事一体化",刑法教义学与刑事政策学的整合,是我国刑法学界当前的理论热点。另一方面,在我国刑法体系的发展中,刑事政策的影响越来越明显。例如,2015年出台的《刑法修正案(九)》的诸多内容都具有浓烈的刑事政策色彩,包括:死刑罪名的削减,刑罚执行制度的改革,加大对贪污受贿犯罪的打击,增设恐怖活动、网络安全、扰乱国家机关工作秩序等方面的罪名,增加既有罪名的构成要件要素,以及将民事行政违法纳入刑罚制裁,等等。③ 同时,在刑法适用中,基于特定政策性考量而对非法经营罪、寻衅滋事罪等"口袋罪"进行宽泛解释,也引发了公众焦虑。刑法立法与司法中的"活性化""民粹化""应急性""被动化""压力回应型"的趋向,"国家刑罚权的扩张冲动"④,有从宪法层面予以评价的必要性和紧迫性。应如何对刑事政策引导下的国家立法进行合宪性控制,应如何对待刑事司法中的政策因素和宪法因素,是宪法教义学必须回答的问题。

笔者尝试,学习和评述我国刑法学者关于刑事政策与刑法体系一般关系的观点,并探讨将刑事政策这一"法外因素"纳入宪法秩序,以控制刑事立法和刑事司法中可能出现的模糊和任意。通过法益内涵的宪法化、对刑法的合宪性解释以及对刑罚权的比例原则控制等路径,探讨宪法教义学对刑法学的可能助力,并重点回应《刑法修正案(九)》的两个具体争议问题:"扰乱国家机关工作秩序罪"和"终身监禁"。

二、"李斯特鸿沟"的宪法意义

刑法体系与刑事政策的关系是当下中国刑法学的重要议题,在相关讨论中,德国刑法学家罗克辛概括的"李斯特鸿沟"(Lisztsche Trennung)成为术语焦点。李斯特鸿沟是对刑法教义学与刑事政策学的疏离状态的描述。在一个学科内存在"鸿沟"是难以忍受的,从而各种"沟通""跨越"

---

① BVerfGE 120,224.
② 克劳斯·罗克辛. 对批判立法之法益概念的检视. 陈璇,译. 法学评论,2015(1):57.
③ 齐文远. 修订刑法应避免过度犯罪化倾向. 法商研究,2016(3).
④ 梁根林. 法治中国刑法变迁的四个维度.《法学研究》春季论坛·刑事法治体系与刑法修正理论研讨会,2016.

的努力也就在所难免。① 即使认为跨越李斯特鸿沟是"一场误会"的学者，也同样主张："需要积极推动中国刑法学向刑法教义学转型，努力建构起一个可以接受刑事政策的引导但同时又能对刑事政策的考量进行有效约束的刑法体系。"② 然而在谋求贯通李斯特鸿沟的学科共识之下，依然有必要追问：李斯特何以有意区隔刑事政策与刑法体系？刑法学者对此已有深入分析，但在笔者看来，李斯特鸿沟的存在有其宪法意义，而对于当下中国而言，这一宪法意义仍然值得深思并坚持。

李斯特鸿沟的命题表述为"刑法是刑事政策不可逾越的屏障"③（Das Strafrecht ist die unübersteigbare Schranke der Kriminalpolitik），或"罪刑法定是刑事政策不可逾越的藩篱"④。李斯特认为，对社会失范行为的刑法处理，必须严格依据刑法的明文规定，受司法方法的严格限制，避免刑事政策的影响。然而，作为一个刑法学家，他的论证理由却是宪法性的。李斯特指出，与刑事政策取向于实现刑法的社会任务不同，刑法的司法意义就在于："法律的平等适用和保障个体自由免受'利维坦'的干涉。"⑤ 正是在此意义上，刑法要为叛逆的个人提供保护，刑法典是"犯罪人的大宪章"⑥。而刑法学的任务就是，"从纯法学技术的角度，依靠刑事立法，给犯罪和刑罚下一个定义，把刑法的具体规定，乃至刑法的每一个基本概念和基本原则发展成完整的体系"⑦。这就是刑法教义学的工作，而其中刑事政策、价值判断被谨慎限制。

李斯特将此称为刑法的"法治国—自由"机能⑧，彰显的正是其宪治功能：（1）在"限制国家"的层面，李斯特这样论证："法制确定了国家权力的界限；它规定了国家意志得以实现的范围，以及国家意志干预其他法律主体的意志和范围，比如要求其做什么，不做什么。它确保自由、自

---

① 包括但不限于：陈兴良. 刑法教义学与刑事政策的关系：从李斯特鸿沟到罗克辛贯通. 中外法学，2013（5）；劳东燕. 刑事政策与刑法解释中的价值判断：兼论解释论上的"以刑制罪"现象. 政法论坛，2012（4）；劳东燕. 罪刑规范的刑事政策分析：一个规范刑法学意义上的解读. 中国法学，2011（1）；劳东燕. 刑事政策与刑法体系关系之考察. 比较法研究，2012（2）；杜宇. 刑事政策与刑法的目的论解释. 法学论坛，2013（6）.
② 邹兵建. 跨越李斯特鸿沟：一场误会. 环球法律评论，2014（2）：123.
③ 克劳斯·罗克辛. 刑事政策与刑法体系. 蔡桂生，译. 北京：中国人民大学出版社，2011：3.
④ 陈兴良. 刑法教义学与刑事政策的关系：从李斯特鸿沟到罗克辛贯通. 中外法学，2013（5）：975.
⑤ 同③4.
⑥ 同③4.
⑦ 李斯特. 德国刑法教科书. 徐久生，译. 北京：法律出版社，2006：3.
⑧ 同③4.

愿，禁止专断"①。拉德布鲁赫也指出，"（刑法）的目的不仅在于设立国家刑罚权力，同时也要限制这一权力，它不只是可罚性的缘由，也是它的界限"②。（2）在"保障人权"的层面，李斯特指出："不得为了公共利益而无原则地牺牲个人自由。尽管保护个人自由因不同历史时期人民对国家和法的任务的认识不同而有所不同，但是，有一点是一致的，即在法治国家，只有当行为人的敌对思想以明文规定的行为表现出来，始可科处行为人刑罚。"③拉德布鲁赫也指出："（刑法）不仅要面对犯罪人保护国家，也要面对国家保护犯罪人，不单面对犯罪人，也要面对检察官保护市民，成为公民反对司法专横和错误的大宪章。"④ 限制国家和保障人权正是现代宪法的核心精神。也正是在此宪法意义上，李斯特认为罪刑法定原则本身就具有刑事政策功能："只要我们在努力追求，对孤立的公民对抗国家权力恣意独裁的自由提供保护，只要我们还恪守罪刑法定原则，那么，按照科学的基本原则进行法律解释的严谨方法，也就同时贯彻了其高度的政策意义"⑤。于此，罪刑法定的"高度的政策意义"正是宪法性的法治原则和自由原则。在德国学者看来，起源于启蒙运动的罪刑法定原则是"维护自由的工具"，"在'驯化至高无上的主权'这条唯一独特的欧洲之路上，罪刑法定原则就是它发起和保护的措施之一"⑥。罪刑法定最早在实定法上的规定，也出自《人权宣言》等宪法文件。可以说，现代立宪主义从来都以罪刑法定作为其最基本的内容⑦，因为"罪刑法定原则的核心目的就是限制司法擅断，从而限制国家权力"⑧。基于此，我们甚至也可以认为，严格依据刑法典而进行的刑法教义学工作，也具有宪治功能。这是因为，刑法教义学的体系越是严谨，越是细密，越是排除刑法典之外的其他因素，越是能够为法官判案提供确定性指引，就越能够控制国家权力的恣意，越有利于保障自由。

---

① 李斯特. 德国刑法教科书. 徐久生，译. 北京：法律出版社，2006：7.
② 拉德布鲁赫. 法学导论. 米健，朱林，译. 北京：中国大百科全书出版社，1997：96.
③ 同①23.
④ 同②.
⑤ 克劳斯·罗克辛. 刑事政策与刑法体系. 蔡桂生，译. 北京：中国人民大学出版社，2011：4-5.
⑥ 埃里克·希尔根多夫. 德国刑法学：从传统到现代. 江溯，黄笑岩，等译. 北京：北京大学出版社，2015：198.
⑦ 与此类似，近代民法所确立的"私法自治"等原则也有宪法功能。（易军."法不禁止皆自由"的私法精义. 中国社会科学，2014（4）；石佳友. 治理体系的完善与民法典的时代精神. 法学研究，2016（1）.）
⑧ 同⑥217.

我国刑法学者对于罪刑法定原则的宪法意义有着深刻理解。① 1997年刑法修改最终确立罪刑法定原则，取消类推，也应该被看作由刑法学者作为主要推动力而进行的一项宪治建设（作为罪刑法定的上位原则的法治原则在宪法中的确立，反而是在略晚的1999年修宪）。而在此之后，刑法学界接受"法律不是嘲笑的对象"②的观念，刑法学术的重心开始从立法论转向解释论，刑法教义学开始走向繁荣，这些都与具有宪治价值的罪刑法定原则的确立有直接关系。而关于刑事政策与刑法体系关系的集中讨论，也是出现在这一背景下。

理解李斯特鸿沟的宪法意义，归根到底要基于我国法治建设的现实。李斯特强调"刑法是刑事政策不可逾越的屏障"，本质上是对形式法治的坚守。"毫无疑问，罪刑法定主义原则承担着法治国的边界坚守之任务。罪刑法定主义兼具实质理性与形式理性，旨在为实质正义的追求划定最低限度的形式正义之底线。"③ 形式法治意味着：即使国家可以决定法律的内容，它也必须遵守这些由它制定的规则。国家对人民的权利和自由的限制，必须有明确的法律依据。形式法治让人们预先了解：国家在何种情况下，将采取何种行动。这种规则是公开的和具有一般性的，并不考虑特定的时空与人的因素。这种形式一致性使得法治天然具有遏制公权力专横和保障个人自由的功能。中国刑事法治仍然面临古典自由主义的命题，也就是防止"法外恣意"，限制国家刑罚权的任意发动。④ 所以，"真正的李斯特鸿沟，旨在坚守形式理性、恪守罪刑法定，不能也不应被跨越"⑤。

我国《宪法》第5条第1款规定："中华人民共和国实行依法治国，建设社会主义法治国家。"从"社会主义法治国家"的表述来看，我国宪法中的法治原则具有实质法治的内涵⑥，而对此宪法条文的解释，还涉及

---

① 相关文献，包括但不限于：陈兴良. 刑法的宪政基础//北京大学法学院. 法治和良知自由. 北京：法律出版社, 2002；梁根林. 刑事政策：立场与范畴. 北京：法律出版社, 2005：180-213；劳东燕. 罪刑法定的宪政诉求. 江苏社会科学, 2004 (5)；刘树德. 宪政维度的刑法新思考. 北京：北京大学出版社, 2005：5以下；赵秉志，王鹏祥. 论我国宪法指导下刑法理念的更新. 河北法学, 2013 (4).
② 张明楷. 刑法格言的展开. 北京：法律出版社, 1999：1.
③ 杜宇. 刑事政策与刑法的目的论解释. 法学论坛, 2013 (6)：80.
④ 劳东燕. 刑法解释中的形式论与实质论之争. 法学研究, 2013 (3)：137.
⑤ 邹兵建. 跨越李斯特鸿沟：一场误会. 环球法律评论, 2014 (2)：123.
⑥ 宪法秩序中法治原则的内涵，对刑法体系与刑事政策的关系有直接影响，例如，罗克辛关于沟通刑事政策与刑法体系的努力，也将宪法上的"自由法治国—社会法治国"、行政法上的"干预行政—给付行政"的变迁作为背景。（克劳斯·罗克辛. 刑事政策与刑法体系. 蔡桂生，译. 北京：中国人民大学出版社，2011：11-12.）

对实质法治与形式法治关系的认识。"如果一个不纠缠伦理争议的、内容有限的、最低程度的形式法治都无法实现，实质法治的各种宏大价值诉求就更没有实现的机会……在具体争议的解决层面，实质法治观使法律判断承担了过多的政治判断、社会判断和后果裁量的负担，不仅无法完成，还影响了法律判断的可预期性、处断一致性和稳定性，最终损害了法治。"①尽管我国宪法的规定体现的是实质法治的内涵，但必须意识到形式法治更为基础的意义。正因为如此，我们必须认真对待李斯特鸿沟，重视其限制国家、保障人权的宪法意义，而警惕轻言跨越这一鸿沟所可能导致的宪法风险。特别是，刑事政策总是指向"同犯罪进行的预防性斗争"，这与刑法体系取向"宽容地保护自由"之间是存在紧张关系的。② 因此，尽管主张要在刑事政策与刑法体系之间架构桥梁，但陈兴良教授依然提醒："罪刑法定原则在刑法中确立不久，尚未深入人心，李斯特体系还是具有现实意义的。"③ 在我国，植根未深的罪刑法定还面临着诸多挑战，包括刑法明确性的不足、"口袋罪"的存在、刑法解释的开放性等等。④ 此时，重视形式理性，谨慎对待政策性因素，是合乎立宪主义精神的妥当考虑。

认识到李斯特鸿沟的宪法意义，我们也就获得了从宪法的角度对其重新观察的可能。尽管在刑法学者眼中，刑事政策与刑法可能是对立而需要沟通的，但如果从宪法教义学的角度看，二者却都是被笼罩在宪法之下的，体现的是宪法的价值体系在不同阶段、不同层次上对刑法秩序的影响。笔者认为，在此意义上，李斯特鸿沟的贯通也应当是在宪法教义学助力下的法律技术操作。

三、刑事政策：超越实证法抑或基于宪法

（一）刑事政策的"超实证法"形象

在罗克辛教授看来，李斯特体系不可避免地会导致体系正义与个案正义的冲突。李斯特强调实证主义的体系思维，谋求以一个完备封闭的刑法规范体系（基于实证法的教义学体系），保证对一切细节（通过一定程度的抽象）的预先设定，使刑事司法不再存在偶然和专断。此种体系思维对于法治而言是必要的：以一套可靠的法律技术来使法律所追求的价值目标

---

① 张翔. 形式法治与法教义学. 法学研究，2012 (6)：7.
② Claus Roxin, Strafrecht, Allgemeiner Teil, 4. Aufl., 2006, S. 228.
③ 陈兴良. 刑法教义学与刑事政策的关系：从李斯特鸿沟到罗克辛贯通. 中外法学，2013 (5)：1000.
④ 梁根林. 法治中国刑法变迁的四个维度.《法学研究》春季论坛·刑事法治体系与刑法修正理论研讨会，2016；劳东燕. 罪刑法定的明确性困境及其出路. 法学研究，2004 (6).

得以体系化地实现，为法律问题的解决提供普适模式，并让这些模式得以长期贯彻，从而达致稳定性与可预见性的法治目标。这正是法学所必须承担的社会任务。然而，罗克辛教授担心："教义学中这种体系化的精工细作是否会导致深奥的学理研究与实际收益之间产生脱节。"① "若刑事政策的课题不能够或不允许进入教义学的方法中，那么从体系中得出的正确结论虽然是明确的和稳定的，但是却无法保证合乎事实的结果。"② 于此，法学的两种基本思维模式——体系主义和个案推论主义③——的紧张也映射于刑法领域。在体系正义与个案正义之间，在保卫自由与保卫社会之间，刑法的思考纳入后果考量、实质价值考量就成为必要。因此，罗克辛尽管认为"主张放弃体系的想法是不严肃的"，但也认为法律科学如果只考虑实证法律规则的概念分析和体系建构，而把刑法的社会内涵和目的等刑事政策当作"不属于法律人探讨的事情"④，就是错误的。实证主义的体系思维会导致刑法学和刑事政策的对立，"在教义学上是正确的东西，在刑事政策上却是错误的，或者在刑事政策上正确的东西，在教义学上却是错误的"⑤。因此，"只有允许刑事政策的价值选择进入刑法体系中去，才是正确之道，因为只有这样，该价值选择的法律基础、明确性和可预见性、与体系之间的和谐、对细节的影响，才不会退到肇始于李斯特的形式——实证主义体系的结论那里。法律上的限制和合乎刑事政策的目的，这二者之间不应该互相冲突，而应该结合到一起"⑥。据此，罗克辛谋求将刑事政策纳入刑法，形成体系性的统一，而其方法是对犯罪论进行改造。

对于将刑事政策引入刑法教义学，中国刑法学界也有基本共识。黎宏教授认为："刑法的刑事政策化已经成为当今我国刑法学发展的大趋势"，"所谓'刑法的刑事政策化'，就是在刑法的制定和适用过程中，考虑刑事政策，并将其作为刑法的评价标准、指引和导向"⑦。劳东燕教授认为：

---

① 克劳斯·罗克辛. 刑事政策与刑法体系. 蔡桂生, 译. 北京：中国人民大学出版社, 2011：6.
② 同①7.
③ 法学的思维模式可以分为体系主义和个案推论主义两种。后者，也就是所谓"问题探讨法"（topische Methode），是对体系思维的反思和补充。（颜厥安. 规范、论证与行动. 台北：元照出版有限公司，2004：13 以下；舒国滢. 寻访法学的问题立场：兼谈"论题学法学"的思考方式. 法学研究，2005（3）.）
④ 同①10.
⑤ 同①14.
⑥ 同①15.
⑦ 黎宏. 论"刑法的刑事政策化"思想及其实现. 清华大学学报（哲学社会科学版），2004（5）：42.

"将刑事政策引入刑法教义学的研究之中,代表着刑法理论发展的走向。将刑事政策弃之不顾的做法,已经难以获得基本的正当性……缺乏刑事政策这一媒介,不仅刑法与社会现实之间的联系通道会全面受阻,刑法教义学的发展也会由于缺乏价值导向上的指引而变得盲目。"① 陈兴良教授认为,任何法律都不是完美无缺的,对于刑法规定的盖然性与粗疏性,有必要以刑事政策进行价值补充。特别是,陈兴良教授还认为,刑法典无法一一列举"超法规的违法阻却事由",从而通过"目的性限缩"限制犯罪的范围这种"罪刑法定原则限度内的刑事政策填补"是值得认同的。②

值得注意的是,刑法学者眼中的刑事政策似乎具有某种"超实证法"形象。在前面引述的论证中,我们看到了这样的表述:(刑事政策)"不属于法律人探讨的事情"、"超法规的违法阻却事由"、(刑法)"基本的正当性"、"价值导向"。劳东燕教授有这样的表述:"在刑法解释中,为确保刑法规范的开放性,有必要赋予其合乎时代精神与现实需要的价值判断,包括引入超越实证法范围的价值判断。教义学本质上涉及的是价值判断的规范化问题,具有将价值判断问题转化为法解释技术问题的功能。在法教义学层面,基于罪刑法定的制约,只有部分法外的价值判断能够实现向法内价值判断的转换。概括性条款与规范性构成要件要素充当着法教义学与法外价值判断之间的联结点,描述性构成要件要素也并非与法外的价值判断无涉。"③(着重号为引者所加)从加注着重号的文字中,我们不难看出,在刑法学者的眼中,刑事政策及其伴随的价值判断,都具有相对于实证法的外部性。④ 卢建平教授认为,"在宏观上,政策应优位于法律。这不是指法律位阶,因为政策本身不是法律,所以不能置于法律效力之位阶体系的评价中"⑤,这更是明确认为刑事政策是法外因素。

---

① 劳东燕. 罪刑规范的刑事政策分析:一个规范刑法学意义上的解读. 中国法学,2011(1):127.

② 陈兴良. 刑法教义学与刑事政策的关系:从李斯特鸿沟到罗克辛贯通. 中外法学,2013(5):1000.

③ 劳东燕. 刑事政策与刑法解释中的价值判断:兼论解释论上的"以刑制罪"现象. 政法论坛,2012(4):30.

④ 但从2016年以后的论文看,劳东燕教授开始更多地认识到刑事政策的宪法关联性。她在关于法益衡量的研究中,认为"有必要引入法治国的基础利益这样的概念,并以宪法所确立的基本价值为中心来展开对其的理解","对具体的制度利益的解读,既要超脱于对当事各方现实法益的考量,又要以法治国的基础利益(尤其是宪法基本权利)所彰显的价值作为必要的指导"。(劳东燕. 法益衡量原理的教义学检讨. 中外法学,2016(2):378,380.)

⑤ 卢建平. 刑事政策与刑法关系的应然追求. 法学论坛,2007(3):59.

(二) 宪法作为刑事政策的实质来源

笔者发现，尽管罗克辛教授是相关讨论的重要思想来源，但在他那里，刑事政策却并非是超越实证法的。罗克辛从犯罪论体系的改造来谋求"刑事政策和刑法之间的体系性统一"，但他认为这一任务"也同样是我们今天的法律体系在各个领域所共同面对的任务"①。他的思考显然并不局限于刑法，而是以整体法秩序为背景。关于犯罪论体系改造的具体方案，罗克辛有这样的论述："罪刑法定原则的前提、利益对立场合时社会进行调节的利益衡量和对于刑法之目的的探求，就是我们所常见的各个犯罪类型的刑事政策之基础。这其中有两个部分，亦即构成要件理论和罪责理论，被解释成是刑法中特有的规则，而违法性领域，人们则要贯彻和履行整体法秩序的任务。按照这一原则，正当化事由可以产生于任何法律的领域，这样，刑法才和其他的法律领域相衔接，并形成统一的法秩序。"②这里，罗克辛特别强调了违法性认定层次的刑事政策考量③，而此种考量是来自整体法秩序的。"（刑法）干预权是源自整个法的领域的"，"不受罪刑法定原则影响的其他法领域的发展变化可以在正当化事由方面直接影响到案件是否可罚，而并不需要刑法做出同步修改"④。因此，并不能一看到刑事政策，就将其作为法外因素。杜宇教授从刑法目的性解释的角度分析了刑事政策对刑法教义学的影响，认为"违法性阶层的政策性任务就在于：站在统一的法秩序之立场，对刑法与其他法域、一般社会领域间可能的价值冲突予以协调"⑤。这里的"其他法域"当然意味着民法、行政法等为刑法上的违法性判断提供标准，也意味着这些部门法为刑法上的行为提供正当化理由。⑥

关照整体法秩序的政策性考量，当然必须建基于宪法。宪法是一国法

---

① 克劳斯·罗克辛. 刑事政策与刑法体系. 蔡桂生, 译. 北京：中国人民大学出版社，2011：16.
② 同①22.
③ 实际上，在其他层次也存在刑事政策考量。比如，对于构成要件，其政策考量就是明确化。也就是要让构成要件尽可能清楚，具有明确的行为指导功能。而这一点，体现的正是宪法层面的"法律明确性原则"。（克劳斯·罗克辛. 刑事政策与刑法体系. 蔡桂生, 译. 北京：中国人民大学出版社，2011：28-30.）对于构成要件的刑事政策考量，除了此形式层面，也有学者认为，构成要件阶层仍然可基于刑事政策而实质化。（陈兴良. 刑法教义学与刑事政策的关系：从李斯特鸿沟到罗克辛贯通. 中外法学，2013（5）：986.）
④ 同①39-40.
⑤ 杜宇. 刑事政策与刑法的目的论解释. 法学论坛，2013（6）：78.
⑥ 罗克辛指出，"绝大多数正当化依据都来自其他法领域"，"从刑法中产生出来的正当化依据却是很少的，并且通常还被其他法领域所采用"。（Claus Roxin, Strafrecht, Allgemeiner Teil, 4. Aufl., 2006, S. 615.）

秩序的基础，德国联邦宪法法院指出，国家的法秩序必须是"在实质上和形式上都符合宪法的合宪法秩序"（verfassungsmäßige Ordnung），而这正是个人的"一般行为自由"之边界所在。① 刑事政策的宪法基础也被罗克辛所强调。他认为，如果学者和法官要运用刑事政策来解释刑法并将其予以体系化，所根据的不能是"学者或者法官自己关于刑法目的的观念"，如果可能，应当以"宪法层面能够得出的刑法目标为基础"②。他还引用了另一位刑法学者梅瓦德的观点，认为："在刑事政策、宪法和刑法教义学之间，并不存在确定的界限。"③ 我们应该认识到，刑事政策并非是超越实证法的，而是应以宪法为基础。刑事政策取向于为刑法体系提供价值判断（在立法和司法两个层次），而宪法正是一个包含各种价值目标（包括个人自由、社会正义、共同体秩序、国家安全等）的价值体系，刑事政策的价值补充，应当以宪法价值为其实质来源。

　　宪法作为刑事政策的实质来源，首先意味着罪刑法定原则的确立。如前所述，罪刑法定原则本身就具有刑事政策功能，这也是宪法作为权利保障书的直接要求。同时，宪法又提供其他刑事政策的基础，而由立法者在立法裁量的形成自由空间中进行调和，并表现出形式法治的外观。在刑事司法中，对刑事政策的考量，应当表现为宪法价值对刑法解释和适用过程的实质影响。于此，在笔者看来，刑事政策和作为刑法体系核心的罪刑法定原则，就是宪法价值在刑法立法和司法不同层面的贯彻。而刑事政策与刑法体系的一体化，不过是宪法之下的整体法秩序中的矛盾调和和体系融贯。刑事政策与罪刑法定的冲突，就表现为两种以上宪法价值的冲突，而罪刑法定原则所直接代表的自由价值，在此种衡量中，应该更容易被赋予优先性。而如果罪刑法定原则因为其形式上的僵硬反而变得不利于自由，那么，突破罪刑法定原则，回归更为根本的自由原则，对行为人的行为作出合宪法的正当化判断，就具有充分的宪法教义学基础。也就是说，当出现法治优位还是自由优位的判断问题时，形式价值让位于实质价值。而当基于国家任务出现为了保卫社会而科处刑罚的情况时，刑法规范及其适用，就直接表现为对个人权利的限制，就应该在基本权利教义学层面对其予以合宪性审查。

（三）刑事政策宪法化的规范意义

　　以宪法作为刑事政策的实质来源，当然首先是一种取向于法秩序的融

---

① BVerfGE 6，32（32）.
② Claus Roxin, Strafrecht, Allgemeiner Teil, 4. Aufl., 2006, S. 229.
③ Claus Roxin, Strafrecht, Allgemeiner Teil, 4. Aufl., 2006, S. 229.

贯性和正当性的价值主张。但在规范与技术的层面，以宪法作为刑事政策的实质来源，还有其更为具体的、对刑法的理论与规范体系更为直接的意义，分述如下：

第一，改善刑事政策抽象模糊的形象。何为刑事政策？刑法学上长期存在疑问。刑事政策的内涵，总是表现为"宽严相济""整体社会意义之目的""与犯罪作斗争"等极为模糊的表达。罗克辛也曾指出，"如果评价的理由仅仅是出于法感情或者选择性的目标设定，而不是在法条的评价关系（Wertungszusammenhang）中找寻可论证的支撑的话，那么，这种评价的理由就是模糊和任意的，而且缺乏学术上的说服力"[1]。因此，需要为刑事政策寻找"价值选择的法律基础"[2]。而将宪法价值作为其实质来源，就可以用具体的国家任务、国家基本制度以及特别重要的基本权利保护等宪法内容，使刑事政策的内涵清晰化。这里，举刑法适用中的两个例子加以说明：

（1）德国"施密特—《明镜》周刊案"。[3] 德国联邦高等法院院长施密特针对《明镜》杂志对他的批评，攻击《明镜》杂志是下流刊物，是政论类刊物中的色情文学。《明镜》杂志提起侮辱罪的自诉。法院判决构成侮辱罪，施密特因此提起宪法诉愿，并得到联邦宪法法院支持。联邦宪法法院认为，此案涉及名誉与言论自由的冲突和衡量，如果名誉优先，则构成侮辱罪，如果言论自由优先，则言论自由构成侮辱罪的阻却事由。联邦宪法法院认为，言论自由具有公共利益取向，较之纯粹私人性的名誉具有优先性。本案中，施密特的言论与公共意见的形成具有密切联系，虽然侵害了《明镜》杂志的名誉，但由于出版物也负有维护公共利益的义务，所以施密特的言论因其与公共意见的形成的密切联系，就应当被正当化。

（2）南京"副教授聚众淫乱案"。江苏省南京市秦淮区人民法院对南京某大学原副教授马某等人聚众淫乱案作出一审判决，22 名被告人均以聚众淫乱罪被追究刑事责任。其中，马某被判处有期徒刑 3 年 6 个月。马某对公诉机关指控其聚众淫乱的基本事实不持异议，但认为自己有"宪法上的性自由"，认为成年人自愿参加性聚会不应构成犯罪。其辩护人辩称，马某主观上没有扰乱社会公共秩序的故意，客观上其所参加的"换妻"或

---

[1] 克劳斯·罗克辛. 刑事政策与刑法体系. 蔡桂生, 译. 北京：中国人民大学出版社，2011：14.
[2] 同[1]15.
[3] BVerfGE 12, 113.

性聚会具有封闭性、隐蔽性、自愿性，不涉及公共生活和公共秩序，不构成聚众淫乱罪，故不应当以刑法处罚。①

以上两个案件，如果以纯粹刑法教义学的视角观察，普通法院之处理都无问题，但是如果以宪法的视角观察，就都存在侵犯基本权利之嫌疑。而德国联邦宪法法院在"《明镜》周刊案"中对言论自由功能的阐释，更是将民主国家所应护持的价值引入刑法体系，实际上就是一种政策判断。这在教义学上，就是以宪法的基本权利作为阻却违法、正当化行为的事由。在这两个案例中，我们会发现，刑事政策模糊的内涵，借由宪法规范，特别是基本权利规范的补充，得以明确化。而宪法上基本权利冲突、基本权利限制的合宪性等理论资源，就可用来克服刑事政策论证过于抽象的弊端。

第二，缓和价值判断对实证法体系的冲击。将作为"法外因素"的刑事政策内化为宪法之规范命令，有助于缓和表现为价值判断的刑事政策考量对刑法体系的冲击。如前所述，刑事政策一直被作为法外因素，因而才有与刑法体系贯通以实现"刑事一体化"之必要。然而，正如劳东燕教授所指出的，"刑事政策往往成为某种偏离教义学常规做法的正当根据所在，即允许在特殊情形中，依据刑事政策上的理由来突破教义学规则"②。这是难以接受的。主张沟通刑事政策和刑法体系的罗克辛教授也警告："若允许通过刑事政策上的评价来打破教义学上的基本原则的话，那么这就要么会导致不平等地或者专横地适用法律——这样体系所具有的优点立马荡然无存，要么就找不到既依赖于任何体系的、可以直接进行评价的，又具有法安全性和可以对法律素材进行控制支配的案件问题的解决答案了。"③然而，如果以整体法秩序（包括刑法秩序在内的合宪性秩序）或者整体法教义学（各部门法教义学的融贯整合）的视角来思考刑事政策，那么其对于实证法的体系正义的冲击就会缓和得多。这是因为，被引入刑法体系的并非某种超越实证法的价值，更非诉诸虚无缥缈的法感的主观判断，而是有着宪法基础的、可以借由宪法教义学得到论证的规范命令。尽管在罪刑法定的约束之下，以此种宪法判断来"入罪"是不可接受的，但基于宪法因素作出"出罪"判断就具备更有力的规范论证，而不会被当作恣意的价值判断。于此，形式正义与实质正义也得到了调和。

这一点，可以以更为具体的视角来分析。如前所述，陈兴良教授特别

---

① 对于此案的宪法学分析，参见本编中的《"副教授聚众淫乱案"判决的合宪性分析》。
② 劳东燕. 刑事政策与刑法体系关系之考察. 比较法研究，2012（2）：91.
③ 克劳斯·罗克辛. 刑事政策与刑法体系. 蔡桂生，译. 北京：中国人民大学出版社，2011：8.

指出"超法规的违法阻却事由"刑法典不能一一明文列举，以此作为刑法教义学应当引入刑事政策的论据，并主张运用"目的手段限缩"来实现限制犯罪适用的目标。如果诉诸法学方法论，这一方案也完全可以得到宪法教义学的有力支持。这是因为，"从价值取向的角度来观察法律，便必须取向于宪法"①。部门法解释所需要的价值补充，应该首先从宪法中寻找，而不能轻易超越实证法秩序而诉诸伦理观、政治哲学或者比较法。在现代法治之中，宪法具有整个法秩序的价值基础的性质。法律解释，正如其他在宪法价值笼罩下的法律活动一样，都应该以宪法作为修正法秩序的缺漏、补充漏洞的规范来源。"法还包括其他来自合宪法秩序的意义整体，对法律可以发挥补正功能的规范；发现它，并将之实现于裁判中，这正是司法的任务"②。对于刑法的教义学操作而言，将宪法规范作为"控制性"乃至"补充性"因素而纳入思考就是必要的。基于合宪性考量，甚至可为"合宪性的法律续造"。"假使立法者追求的影响作用超越宪法容许的范围，可以将法律限缩解释至'合宪的'范围。于此，立法者所选择的准则，在以宪法能维持的程度内，也被维持。此处涉及的不再是解释，毋宁是一种目的论的限缩，一种合宪的法的续造。"③ 换言之，如果立法者制定的规范超越了宪法所能允许的边界，则可以依据宪法对法律作限缩的解释。这种限缩，是以该法律外的目的考量（作为上位法的宪法）为基础的，因而是一种目的性限缩。其依据，是居于上位法、最高法地位的，作为整个法秩序价值基础的宪法。这意味着，在一般情形下，应当尊重立法者对宪法的具体化，但当立法者逾越宪法所设定的边界而谋求某种抵触宪法的立法效果时，就可以对该当法律规范进行限缩的解释。所以，陈兴良教授所建议的超法规的手段目的限缩，完全可以得到宪法正当化论证。

试举一例：德国联邦宪法法院 2004 年关于"辩护律师洗钱案"（Geldwaesche durch Strafverteidiger）的判决。④ 根据《德国刑法典》第 261 条第 2 款第 1 项的规定，接受通过洗钱而来的财物作为报酬，也应被认定为洗钱罪。有刑事辩护律师接受通过洗钱得来的资金作为律师费，被作为洗钱罪处理。但联邦宪法法院认为，在此案中刑法第 261 条应作合宪性解释。联邦宪法法院认为：如果不考虑宪法因素，则刑事辩护律师接受报酬的行为的确足以构成洗钱罪；但是如果考虑到《基本法》第 12 条第 1 款

---

① 黄茂荣. 法学方法与现代民法. 北京：中国政法大学出版社，2001：286.
② Larenz. 法学方法论. 陈爱娥，译. 台北：五南图书出版股份有限公司，1996：279.
③ 同②243.
④ BVerfGE 110，226.

关于"职业自由"（Berufsfreiheit）的规定，则应考察刑法对刑事辩护律师职业活动的干预必要性。如果对刑法第261条作宽泛解释，就会损害律师从事职业的自由，因此，为了使刑法第261条的适用不侵犯刑事辩护律师的基本权利，就应对该条作合宪性限缩，也就是：刑事辩护律师只有在接受报酬的时间点，明确知悉该项资金来源于刑法第261条所列举的违法行为，其接受报酬的行为才构成洗钱罪。① 应该说，这种处理具有强烈的政策色彩，似乎具有超法规性，但如果从宪法职业自由条款出发，这种限缩处理就是在宪法笼罩下的法秩序内的操作，从而对实证法体系的冲击就得以缓和。

第三，补强刑事政策的指导立法功能。刑事政策首要的功能在于指导立法，而宪法正是一切立法的基础。在前宪法时代，我们可以将刑事立法的指导原则归于刑事政策，甚至归于更为遥远的政治哲学和启蒙思想。但是，在现代宪法产生之后，这些"前宪法法律"必须向着宪法的方向进行调整（我国的刑法制定于现行宪法之前，也与此形势类似）。因此，在落实依宪治国的目标下，刑事政策就不应该交由立法者自由裁量，相反，立法者的刑事政策判断必须受到宪法的约束。特别是，宪法的基本权利被看作"客观价值秩序"而辐射一切法领域，刑事立法者因此负有"保护义务"，有义务通过刑法规范的制定和修改，保护基本权利免受侵害。此种"刑事立法者的宪法上的保护义务"② 就应该是刑事政策的直接来源。刑事政策的指导立法功能，与宪法作为立法的基础，在此意义上是直接契合的。

（四）部门法的宪法化

宪法作为刑事政策的实质来源，还涉及"部门法的宪法化"。在许多国家，刑法典、民法典等对法律体系具有发生学上的奠基意义并塑造了法律文化传统的重要法典，往往制定于现行有效的宪法之前（如《法国民法典》之于法国1958年宪法，《德国民法典》《德国刑法典》之于1949年《基本法》），并各自形成了相对独立的规范与学理体系。对于各部门法学科在价值、伦理层面的根本性思考，也经常会超越法律体系本身，而诉诸哲学、宗教等层面，以至于在德国这样的"精神和思想之乡"③，刑法学

---

① Lothar Kuhlen, Verfassungskonforme Auslegung von Strafgesetzen, 2006, S. 52ff. 关于该案的中文介绍，参见斯特凡·科里奥特. 对法律的合宪性解释：正当的解释规则抑或对立法者的不当监护?. 田伟，译. 华东政法大学学报，2016（3）：11。

② Klaus Tiedemann, Verfassungsrecht und Strafrecht, 1990, S. 44ff。

③ 格奥尔格·G. 伊格尔斯. 德国的历史观. 彭刚，顾杭，译. 南京：凤凰出版传媒集团，译林出版社，2006：127。

家经常在为法哲学作着贡献。然而,在宪法被最终确立根本法、最高法的地位之后,特别是在借由现代违宪审查制度其被赋予辐射整个法律体系的程序机制后,许多原本属于法体系外的讨论,就转而表现为宪法秩序下的讨论。正如刑法学者迪亚斯所言,"刑法('法学-哲学的')问题,被转移成了宪法('实定法的')问题","以前属于法学-哲学的内容因而处于体系之外的学说讨论,今天进入到民主法律秩序之内,从而演变成了体系之内的问题,乃至成了实定法上的问题"①。在宪法规范的约束下,各部门法固有的规范和学理体系向着宪法的方向进行调整,是现代法治的基本趋势。刑事政策受到宪法控制,被作为宪法下的实证法内的因素,就是此种"部门法的宪法化"的体现之一。

四、贯通"李斯特鸿沟":宪法关联的法益概念与比例原则

在宪法教义学助力下贯通李斯特鸿沟,意味着对众多刑法基础理论的新思考,其路径和连接点是全方位、多层次的。罗克辛的方案是对犯罪论体系作全面改造,而宪法考量在其中具有重要地位。在刑罚论的层面,具有政策意味的刑罚目的的正当性论证、刑罚种类的调整、量刑制度的改革等问题,同样应该在合宪性(特别是人权保障)因素的控制下展开。此外,基本权利对整个法律体系的辐射作用、法律的合宪性解释、比例原则等宪法原理,也必将对刑法体系的构成、刑法解释理论、刑法的谦抑性和最后手段性等刑法基础理论产生影响。而在刑法各论的层面,刑法教义学与刑事政策学的沟通会有更多合宪性因素需要被考虑。在宪法笼罩下反思重构刑法的学理体系,是一个极为宏大而细节上丰富精微的工程。

接下来,笔者尝试针对我国《刑法修正案(九)》中的两个富于政策色彩的争议性问题——"扰乱国家机关工作秩序罪"和"终身监禁"——进行宪法层面的分析。这两项分析的基本预设分别是:法益概念应具有宪法关联性,刑罚的目的和手段应具有合比例性。笔者希望借此说明合宪性控制在实现刑事政策与刑法体系的沟通方面的功能,并回应和补强刑法学者对相关问题的分析论证。

(一)"扰乱国家机关工作秩序罪"与法益的宪法关联性

《刑法修正案(九)》中增加规定"扰乱国家机关工作秩序罪"。车浩教授从法益的批判立法功能角度分析认为,解决或回应涉及公民个人自由及其发展事项的"缠访""闹访"行为,本来就是国家机关工作秩序的一部分。"如果将其评价为对'国家机关工作秩序'的'扰乱',则

---

① 洛塔尔·库伦. 论刑法与宪法的关系. 蔡桂生,译. 交大法学,2015(2):158.

意味着将本应属于该秩序的一部分内容抽离出来，使之成为与国家机关的工作相脱离、相对立的东西，但这也抽空了国家机关存在和受到保护的理由和基础，使得国家机关变为一个由建筑物、人和权力编织而成的怪物。"① 进而他认为，扰乱国家机关工作秩序罪的设定，"难以经受住批判性法益概念的检验"②。车浩教授的分析，涉及刑法学法益理论的两个根本性问题：一是法益从何而来，二是法益的功能。而这两个问题都与宪法密切相关。

现代刑法机能理论普遍接受：刑法是法益保护法。③ 按照我国法益保护论的重要倡导者张明楷教授的概括，关于法益概念的首要分歧在于："法益是前实定法的概念还是实定法的概念？即在实定法将法益作为保护客体之前，是否已经存在法益或法益的内容？"④ 这个分歧也会影响到对法益功能的认识，从而直接关涉李斯特鸿沟问题。也就是，法益概念究竟只具有刑法体系内的构成要件认定、违法性评价等法解释功能，还是兼具超越刑法体系的批判立法的刑事政策功能。在笔者看来，将法益概念与宪法直接关联，使其兼具法解释与批判立法功能具有重要意义，而这也将有助于李斯特鸿沟的弥合。

"法益保护说"是基于对"权利侵害说"的批判和反思而出现的。权利侵害说是近代启蒙思想的社会契约论、自然权利观和法治主义影响的结果，其核心精神是让刑法摆脱宗教和伦理的束缚，严格区分合法性和合道德性，拒绝将仅仅违反宗教戒律和伦理规范的行为作为犯罪处理。法益保护说将法益作为犯罪与刑罚之间的连接点，也就是认为只有侵害了法律所保护的利益的行为才是犯罪。其基本思想是："刑法只能保护具体的法益，而不允许保护政治或者道德信仰，宗教教义和信条，世界观的意识形态或者纯粹的感情。"⑤ 在控制国家的刑事暴力这一宪治目标上，法益保护说与权利侵害说并无二致。然而，法益保护说永远无法回避一个问题：法益

---

① 车浩.刑事立法的法教义学反思：基于《刑法修正案（九）》的分析.法学，2015 (10)：5.

② 同①6.

③ 关于刑法的机能，存在"法益侵害说"和"规范违反说"两种理论。张明楷教授指出，前者的价值观是自由主义的，而后者则具有更多全体主义或者社会连带主义因素。（张明楷.法益初论.北京：中国政法大学出版社，2003：274.）那么，在我国宪法明确规定社会主义原则，但又容纳尊重和保障人权的自由理念的价值决定下，对我国刑法的机能应如何理解？笔者接受法益保护说，但仍然认为此问题有在我国宪法之下重新思考之必要。

④ 张明楷.法益初论.北京：中国政法大学出版社，2003：158.

⑤ 克劳斯·罗克信.刑法的任务不是法益保护吗?.樊文，译//陈兴良.刑事法评论：第19卷.北京：北京大学出版社，2007：147.

从何而来？在刑法学斩断了刑法与宗教、伦理、意识形态、政治的纠缠之后，刑法所保护的法益是否就只服从于刑事立法者的决断？有学者认为，"应纯粹以刑法的观点来界定法益。即法益概念只能限定在刑法范围内，而不能基于政治学或经济学上的考虑来处理法益概念"①。按照这一观点，法益概念就是一个纯粹实定（刑）法下的概念。然而这种认识显然存在宪法正当性上的疑虑：如果法益概念是一个纯粹的刑法概念，由刑事立法者恣意决断，那么在实现形式上的民主主义和法治主义之外，宪法所保障的其他价值，特别是人权价值，就会遭受立法者的威胁。换言之，立法者对法益内涵不受限制的形成自由，使得刑法可能逾越宪法的价值决定。因此，对于法益概念，有在宪法基础上重新思考的必要。

我国刑法学界在接受法益保护说时，已经意识到了法益概念的宪法相关性。张明楷教授将"法益必须与宪法相关联"作为界定法益概念的五项原则之一，认为针对什么样的利益可以上升为法益，"立法者的选择必须具有宪法的根据"。据此，他给出的法益概念是："法益是指根据宪法的基本原则，由法所保护的、客观上受到侵害或者威胁的人的生活利益。这是一般性的法益概念，其中由刑法所保护的人的生活利益，则是刑法上的法益。"② 但是，张明楷教授对于法益的具体论证却有可商榷之处：（1）在对法益的宪法相关性作出一般性论断之后，张明楷教授在具体法益讨论中并没有太多地回溯到宪法。例如，他对于我国刑法中非法侵入住宅罪的法益分析，并未援引《宪法》第 39 条及相关学理（当然，在介绍日本的相关讨论时涉及了日本刑法学者依据宪法条款的研究）。③ 而在白斌看来，包括张明楷教授在内的中国刑法学者，都未能充分理解宪法住宅自由的独立价值，而错误地将非法侵入住宅罪的法益看作"依附于住宅权利人的人身、财产、生命等其他更为重要的人格利益"④。（2）张明楷教授认为，"立法者的选择必须符合人民群众的意志……可见，所谓法益与宪法相关联，实际上指法益与民主主义相关联"⑤。这种认识似乎是将法益看作民主多数决的产物，是刑事立法者基于"民意"而作出的判断。如果张明楷教授的观点确乎如此，那么宪法协调民主与自由两项价值的紧张关系，在

---

① 我国台湾地区学者陈志龙的观点。（张明楷. 法益初论. 北京：中国政法大学出版社，2003：160.）

② 张明楷. 法益初论. 北京：中国政法大学出版社，2003：167.

③ 同②490 以下.

④ 白斌. 宪法价值视域中的涉户犯罪：基于法教义学的体系化重构. 法学研究，2013（6）：134.

⑤ 同②.

"多数决"原则下保护少数的理念就并未得到贯彻；如果法益的确立仍然只是基于民主主义的立法者决断，那么人权保障的宪法精义于此就未体现。(3) 如果将法益仍然交给民主决断，那么法益就依然只是立法形成的结果，只是实定法下的概念，也就仍然不具备法益在刑事政策层面的批判立法功能。

笔者认为，"法益的宪法关联性"应该被理解为宪法对于法益内容的控制。这既包括为立法者的形成自由设定宪法边界，也包含在教义学层面对刑法中法益内容的合宪性解释。宪法对于立法者的"法益形成自由"的控制，不仅是就立法程序而言的，而且是就其实质内容而言的。"一个现代的立法者，即便他在民主性上是合法的，也不容许因其不喜欢某种事物而因此予以刑罚威胁"①，"立法者的纯粹心愿和喜好"无法提供刑法的合法性，而能够提供此种合法性的，只能是宪法。主张贯通李斯特鸿沟的罗克辛，也是当代德国法益保护论的最重要倡导者，他的法益概念完全是宪法性的。罗克辛认为："对于安全、自由的、保障所有个人人权和公民权的社会生活所必要的，或者对于建立在此目标上的国家制度的运转所必要的现实存在或者目的设定就是法益。"② 而在《刑法总论》第 4 版中，他给出的法益概念是："所有对于个人的自由发展、其基本权利的实现和建立在这种目标观念基础上的国家制度的功能运转所必要的现实存在或者目的设定。"③ 罗克辛特别指出，这个法益概念是"人的"法益概念，完全是围绕个体权利的。

"个人的自由发展"这一法益概念的核心，来自德国《基本法》第 2 条第 1 款："人人享有人格自由发展的权利，只要不侵害他人权利，不违反合宪性秩序与道德法则。"其价值基础是《基本法》第 1 条第 1 款的"人的尊严不可侵犯"④。罗克辛认为："刑法规范只能遵循保障公民在维护人权前提下和平自由的共处目的"，一切围绕人权。刑法所保护的法益虽然不限于个人法益，而是包括公共法益在内，"但是只有当它最终服务

---

① 克劳斯·罗克信. 刑法的任务不是法益保护吗?. 樊文, 译//陈兴良. 刑事法评论: 第 19 卷. 北京: 北京大学出版社, 2007: 147.

② 同①152.

③ Claus Roxin, Strafrecht, Allgemeiner Teil, 4. Aufl., 2006, S16. 译文出自克劳斯·罗克信. 刑法的任务不是法益保护吗?. 樊文, 译//陈兴良. 刑事法评论: 第 19 卷. 北京: 北京大学出版社, 2017: 152.

④ 德国联邦宪法法院在"艾尔弗斯案"(Elfes-Urteil, BVerfGE6, 32.) 中, 将这一条款解释为"一般行为自由", 作为"兜底基本权利"条款. (张翔. 艾尔弗斯案//张翔. 德国宪法案例选释: 第 1 辑 基本权利总论. 北京: 法律出版社, 2012; 张翔. 基本权利的体系思维. 清华法学, 2011 (4).)

于个体的国民时,这种公众法益才是合法的"①,而国家制度(司法制度、货币和税收制度、廉洁的政府)之所以能够被作为法益内容,也在于其保障个人有尊严的、合于人权标准的和平生活。"从这种法益理论出发,我们可以推导出一个至关重要的、对自由起着捍卫作用的结论,即如果罪刑规定既不是为了保护个人的自由发展,也不是为了保护实现个人自由发展的社会条件(例如正常的司法和国家行政),那么该规定就不具有合法性。"② 据此,罗克辛指出了诸多与权利保护原则的要求不一致的刑法规范,"恣意的、纯粹由意识形态发动的或者违反基本权利的刑法并不保护法益",(法益)"多数要直接回溯到宪法"③。

在刑法学上确立一个以宪法规范为内容的法益概念,可以促进刑事政策与刑法体系的贯通。具有宪法关联性的法益概念,可以使法益概念恢复其实质性的批判立法的功能。④ 一个具有批判立法功能的法益概念,应当与宪法确立的价值秩序建立勾连。⑤ "毫无疑问,对立法者产生约束性限制作用的,不可能是教授们的观点,而只能是宪法。"⑥ 立法者要受到宪法的约束,刑事立法者在确立法益内容时,应当意识到其内核是基本权利。完全没有基本权利内容的,或者完全不服务于基本权利保护目标的所谓利益,不应被确立为刑法的法益。当然,这里还有以下几个宪法问题需要考虑:(1)刑法在保护以基本权利为内核的法益的时候,同时可能会对公民的基本权利作出限制,这在宪法上就表现为基本权利的冲突,而立法者于此必须作出衡量。(2)在确定和保护法益上,立法者不再具有绝对的独断权,而是要受到宪法的约束。但是,宪法于此也留给立法者以形成自由。刑事立法过程也是宪法规制下的政治过程,但是,宪法对于政治而言只是一种"框架秩序",其在为政治设定边界的同时,依然为政治保留了广阔的功能空间。立法机关基于对社会事实的评估,仍然有权决定制定怎样的规范。⑦ 宪法作为

---

① 克劳斯·罗克信. 刑法的任务不是法益保护吗?. 樊文,译//陈兴良. 刑事法评论:第19卷. 北京:北京大学出版社,2007:151,152.
② 克劳斯·罗克辛. 对批判立法之法益概念的检视. 陈璇,译. 法学评论,2015(1):55.
③ Claus Roxin, Strafrecht, Allgemeiner Teil, 4. Aufl., 2006, S. 18.
④ Armin Englaender, Revitalisierung der materiellen Rechtsgutslehre durch das Verfassungsrecht, ZSTW 2015.
⑤ Ivo Appel, Rechtgueterschutz durch Strafrecht? Anmerkung aus verfassungsrechtlicher Sicht, KritV 1999, S. 278(293).
⑥ 同②57.
⑦ Vgl, Christian Starck, Das Bundesverffassungsgericht in der Verfassungsordnung und Politischen Prozeß, in Badura/Dreier(hrsg.), Festschrift 50 Jahre Bundesverfassungsfgericht, Bd II, 2001, S. 7f.

框架秩序而存在，只是给出消极的边界，而不直接形成刑法规范本身。刑事立法通过确定和保护法益，来具体化对宪法上基本权利的保障，而立法者具体化宪法的优先权应受到尊重。"确定具体的保护方式和范围是立法者的任务，宪法将保护义务视为目的，却不提供具体的保护方案。"①（3）即使法益以基本权利为核心，对于刑法中法益的解释，也仍然主要是刑法学科的任务。但是，刑法解释要时刻回溯宪法，作合宪性考量。换言之，刑事立法所确立的具有宪法相关性的法益，仍然需要刑法教义学的进一步形成，宪法在法益的具体解释中只是一个控制性因素。"即便是在将来，具体犯罪的构成要件的解释，也都主要是刑法科学和刑事法庭的问题"②。但无论如何，合宪性解释的要求已不可被刑法解释所忽略。

概括言之，借由一个具有宪法关联性的、兼具解释和批判立法功能的法益概念，刑事政策与刑法体系之间的区隔得以弥合。刑法对宪法的具体化，也就是刑事立法者基于宪法而确定法益的过程。而对刑法的合宪性解释，使得刑事政策和刑法教义学，都被笼罩在宪法教义学的框架之下。

基于以上判断，让我们再回到"扰乱国家机关工作秩序罪"的刑事政策和教义学争议。车浩教授强调以"批判性法益概念"来对刑事立法作教义学反思，正是试图在刑事政策和刑法体系之间架构桥梁，而他的论证于此也可以得到宪法教义学的补强。车浩特别强调国家机关的存在以公民个人的自由发展为目的，他所接受的正是前述罗克辛的宪法性的法益概念。从宪法的角度看，国家机关的存在本身并不是目的，人民作为国家主权者的权力行使和作为基本权利主体的权利保障才是目的。我国《宪法》第 2 条第 1、2 款规定："中华人民共和国的一切权力属于人民。""人民行使国家权力的机关是全国人民代表大会和地方各级人民代表大会。"第 3 条第 3 款规定："国家行政机关、监察机关、审判机关、检察机关都由人民代表大会产生，对它负责，受它监督。"这些规定充分说明设立国家机关的目的是保证人民权力的行使。《宪法》第 2 条第 3 款"人民依照法律规定，通过各种途径和形式，管理国家事务，管理经济和文化事业，管理社会事务"的规定，更是说明"国家机关工作秩序"的本质就是"人民管理国家事务"。与此密切相关的《宪法》第 35 条规定的公民的言论、出版、集

---

① 陈征. 第二次堕胎判决//张翔. 德国宪法案例选释：第 1 辑 基本权利总论. 北京：法律出版社，2012：167.

② 洛塔尔·库伦. 论刑法与宪法的关系. 蔡桂生，译. 交大法学，2015（2）：158.

会、结社、游行、示威等自由和《宪法》第41条规定的批评、建议、申诉、控告、检举等权利，都是人民参与国家事务的"途径和形式"，而"扰乱国家机关工作秩序罪"所制裁的行为，在宪法教义学上可能就构成这些基本权利的行使。如果刑法设定的"国家机关工作秩序"法益完全走向这些基本权利的对立面，不仅难以经受住批判性法益概念的检验，也难以经受住合宪性的审查。

但是，既然这一条款已经明列于刑法典，基于形式法治的要求，法院就不能拒绝适用，虽然迄今这一条款还未被适用过。此时，对该条文作合乎宪法的限缩解释就是必要的。也就是说，刑法教义学应该对该条文作合宪性的解释，使该条文所保护的法益范围被进一步限定，从而避免对公民基本权利的过度限制。可以辐射这一条文的宪法规范，除前述的第1条、第2条、第35条和第41条之外，还应该包括第27条第2款："一切国家机关和国家工作人员必须依靠人民的支持，经常保持同人民的密切联系，倾听人民的意见和建议，接受人民的监督，努力为人民服务。""为人民服务"的表述，甚至在措辞上都与前述车浩的"国家机关的存在服务于个人发展"的主张符合。刑法教义学的论证于此得到了宪法教义学的补强。此外，刑法教义学在解释"多次扰乱国家机关工作秩序，经行政处罚后仍不改正，造成严重后果"的构成要件时，也应在《宪法》第35条和第41条的价值笼罩之下，严格进行比例原则的衡量，慎用刑罚这一最后手段。

基于上述分析，我们不难看出，"国家机关工作秩序"这一刑事立法确定的法益，在获得宪法关联后，同时具备了刑事政策功能和刑法解释功能。合宪性既存在于对刑事立法的评价中，也存在于对刑法规范的解释中，是实现刑事一体化思考的重要路径。

（二）"终身监禁"的比例原则审查

《刑法修正案（九）》中另外一项富于刑事政策色彩的内容是加大对腐败犯罪的惩处力度。《关于〈中华人民共和国刑法修正案（九）（草案）〉的说明》中有这样的表述："随着反腐败斗争的深入，需要进一步完善刑法的相关规定，为惩腐肃贪提供法律支持"，"按照党的十八届三中全会对加强反腐败工作，完善惩治腐败法律规定的要求，加大惩处腐败犯罪力度"。这些充分说明了其政策考量。在此政策目标下，对贪污贿赂犯罪相关条款进行了修改。其中，关于"终身监禁"的规定引发较多争议。按照《刑法修正案（九）》的规定，因重特大贪污受贿罪被判处死缓的犯罪分子，依法减为无期徒刑后，"终身监禁，不得减刑、假释"。车浩教授认为：这种彻底剥夺犯罪人自由的"真无期徒刑"可能超过了罪责边界，存在罪刑相适应上的疑问；同时，贪腐分子即使出狱，由于仕途已经终结，基本也没有再犯贪污受贿罪的可能；实践中，这类罪犯通过减刑、假释而导致实际服刑期过短的问题，主要是狱政腐败问题，与刑罚本身无关；切断这些没有人身危险性的犯罪分子重归社会的道路，不符合刑罚的"再社会化"目的。① 车浩教授的质疑，仍然是从刑法教义学的角度，对刑事政策引导下的刑事立法的批评。这里，还有必要对"终身监禁"这一刑罚制度的重大改革作合宪性的分析。

"终身监禁"在宪法上的问题，不仅表现在其立法程序上存在瑕疵②，而且基于《宪法》第33条规定的"公民在法律面前一律平等"，其刑罚适用的平等性也值得质疑。更重要的是：作为与死刑一样根本性剥夺犯罪人权利的刑罚，其对公民人身自由等基本权利的限制是否具有合宪性？在此问题上，德国的"终身自由刑案"③ 具有参考价值。《德国刑法典》第211条规定，"谋杀者处终身自由刑"④。对终身自由刑的合宪性质疑主要在于：长期监禁可能导致人格改变，因此侵犯《基本法》第1条对"人性尊严"的保障；终身自由刑完全剥夺了犯罪人的人身自由，而按照德国《基本法》第19条第2款"本质内容保障"的学理，对于基本权利的限制不能使基本权利被彻底掏空而名存实亡。⑤ 但德国联邦宪法法院经过审查认为，终身自由刑并不违宪。针对终身自由刑导致人格改变从而侵害人性尊严的观点，宪法法院认为其并没有经验科学上的可靠证据，因而不予接受。而对于终身自由刑侵犯人身自由的"本质内容"的质疑，宪法法院认为，由于假释制度的存在，犯罪人无论如何还有可能重获自由，因此，只要完善和落实假释制度，终身自由刑就不会根本性地否定和掏空人身自由。⑥ 这意味着，终身自由刑获得合宪性评价，是以假释制度的存在为前提的。而相比之下，我国《刑法修正案（九）》中的"终身监禁"，恰恰

---

① 车浩. 刑事立法的法教义学反思：基于《刑法修正案（九）》的分析. 法学，2015(10)：8-9.

② "终身监禁"是在《刑法修正案（九）》三审稿中才增加的内容，是否符合《立法法》规定的"三次审议后再交付表决"的规定，值得探讨。

③ BVerfGE 45, 187.

④ 在德国刑法上，谋杀者是指出于杀人嗜好、性欲的满足、贪财或者其他卑劣动机，以阴险、残暴或危害公共安全的方法，或者意图实现或掩盖其他犯罪行为而杀人的人。

⑤ Pieroth/Schlink, Grundrechte, Staatsrecht Ⅱ, 25. Aufl., 2009, S. 73f.

⑥ 李忠夏. 终身自由刑案//张翔. 德国宪法案例选释：第1辑 基本权利总论. 北京：法律出版社，2012：184以下. 此外，德国联邦宪法法院还讨论了一般预防、特殊预防、罪刑相适应、刑罚的平等性等问题，并通过比例原则的分析，认为尽管对谋杀毫无例外地适用终身自由刑显得很僵化，但是由于可以对该罪的构成要件作出合比例性的限缩解释，因此还是可以接受的。

是在取消了减刑、假释的可能性后达成的。可以认为，德国的终身监禁是相对的，而中国的终身监禁将是绝对的。那么，这种根本性剥夺公民人身自由的刑罚是否合宪？

对于公民基本权利的剥夺，要接受比例原则的审查。比例原则是对公权力行为的目的与手段的衡量，也就是在所欲实现的目的与所造成的损害之间进行衡量，不能为了某个目的而付出过分的、不合比例的代价。比例原则要求以温和而必要的手段去实现正当的目的，以实现利益的均衡和总体最大化。比例原则起源于19世纪后期的普鲁士警察法，最初目的是防止警察权力扩张的危险，后来逐步成为大陆法系国家宪法、行政法的基础原理，并且其影响领域不断扩张。此种扩张不仅表现为其对英美法系中目的手段衡量的学理和实践产生影响，也表现为其对传统公法以外的法律部门产生影响。[①] 比例原则之所以具有如此广阔的适用性，在于其针对人类行为中无处不在的"权衡"进行了高度理性化的处理和精巧细密的思考路径设计。马克斯·韦伯指出："谁若根据目的、手段和附带后果来作他的行为的取向，而且同时既把手段与目的，也把目的与附带后果，以及最后把各种可能的目的相比较，做出合乎理性的权衡，这就是目的合乎理性的行为。"[②] 比例原则就是此种目的理性的凝结，而在纪海龙教授看来，比例原则还是经济学上成本收益分析的另一种表达，并且可以沟通事实判断与价值判断，因而具有普适性。[③]

刑法（也包括规范国家司法权的刑事诉讼法、民事诉讼法等）也被作为广泛意义上的公法看待，因而以约束公权力为目标的比例原则，当然也对以控制国家刑罚权为目标的刑法具有适用性。毫无疑问，刑罚权在国家干预公民自由的公权力谱系中是最为严厉的，因而对其进行的比例原则论证也应该最为严格。比例原则对于刑法的一般性要求是：针对某种可能侵害法律保护的利益的行为，如果能使用国家政策、行政制裁等手段去实现制裁的目的，就不应该动用刑法手段。换言之，针对某种必须保护的利益，只有在其他手段都无法达到保护目的时，刑法手段才应该被考虑。过度禁止（Übermaßverbot）是比例原则的基本要求，刑罚权作为最严厉的国家权力当然也应受到比例原则约束。实际上，刑法学的一些固有理念，

[①] 我国学者对比例原则在私法领域的适用亦有探讨，参见郑晓剑. 比例原则在民法上的适用及展开. 中国法学，2016（2）；纪海龙. 比例原则在私法中的普适性及其例证. 政法论坛，2016（3）。

[②] 马克斯·韦伯. 经济与社会：上卷. 林荣远，译. 北京：商务印书馆，1997：57.

[③] 纪海龙. 比例原则在私法中的普适性及其例证. 政法论坛，2016（3）：96-98.

例如认为刑法应该奉行谦抑主义,刑法在调控社会生活方面相对于其他手段具有辅助性,等等①,就是从合比例性的角度将刑法作为国家权力规制社会、干预公民自由的"最后手段"。在此意义上,比例原则对于刑法也具有普适性,不仅约束刑事政策指导下的刑事立法,也约束刑法体系内的解释与适用。同时,比例原则的思考也是跨越刑事政策和刑法体系的控制性因素,比例原则作为宪法原则而渗透于一体化的刑法思维的各个层面。

比例原则有着非常精细严密的思考框架,涵括了人类进行合乎理性的权衡所应该考虑的各种因素,并以步骤化、可操作化的方式呈现出来。就限制基本权利的法律而言,其比例原则的分析框架大致有以下审查步骤:(1)该限制性法律是为了追求正当的目的。(2)限制的手段必须具有适当性。这要求,法律所采用的限制性手段,必须是能够促成其所追求的目的的。(3)限制的手段必须是必要的。适当的手段可能有多种,必要性原则要求必须选择最温和的手段,也就是给被限制对象的干预最小,带来的负担最少。(4)狭义比例原则。这是指,要将被立法者设为目标的利益与基本权利主体所受损害进行衡量,如果后者大于前者,则不应采取此限制措施。针对因重特大贪污受贿罪被判处死缓的犯罪分子,依法减为无期徒刑后"终身监禁,不得减刑、假释"的刑罚制度,也应该作比例原则的审查,探究其是否是合乎宪法的刑罚权行使,试分析如下:

比例原则首先要求国家行为的目的必须具有正当性,这里意味着刑罚目的应当具有正当性。我国刑法学界大体接受"报应"和"预防"综合统一的刑罚目的理论。而"预防"功能又可以分为"一般预防"和"特殊预防",前者是指预防社会上的一般人实施犯罪,而后者是指预防犯罪人再次犯罪。从我国《宪法》第 28 条关于国家"维护社会秩序""惩办和改造犯罪分子"等表述看,这些刑罚目的都具有宪法上的正当性。② 但是,具体的刑罚措施,还要与刑罚目的相结合进行"手段—目的"衡量。确定终身监禁是否合宪,需要逐层分析其是否符合"适当性原则""必要性原则"等要求。

首先需要考察的是:终身监禁这一刑罚手段是否具有适当性? 也就是终身监禁是否能够实现刑罚目的? 显然,终身监禁能够实现报应和一般预

---

① 埃里克·希尔根多夫. 德国刑法学:从传统到现代. 江溯,黄笑岩,等译. 北京:北京大学出版社,2015:28.

② 陈征教授通过"从宪法角度进行筛选与整合",认为刑罚的剥夺、惩罚、改造、感化、教育、威慑等功能都是我国《宪法》第 51 条认可的目的。(陈征. 从宪法视角探讨死刑制度的存废. 华东政法大学学报,2016(1):83.)

防的目的，同时，由于终身监禁使犯罪人永远与社会隔绝，杜绝了其重新犯罪，特别是重新犯贪污受贿罪的可能，因而也具有特殊预防的效果。① 因此，终身监禁能够通过适当性原则审查。但是，终身监禁在必要性审查的层次，却存在明显问题。贪污受贿犯罪是职务犯罪，按照我国《公务员法》第26条的规定，"因犯罪受过刑事处罚的"人不得被录用为公务员，而国有企业、事业单位等，也同样不录用有犯罪记录的人。这意味着，犯贪污受贿罪的人，只要被判处刑罚，就再也没有重获公职的可能，也就没有重新犯贪污受贿罪的可能。也就是说，对于犯贪污受贿罪的人，即使予以减刑、假释，由于其已经被"消除再犯条件"②，也完全可以实现特殊预防效果。必要性原则要求，在多个能实现目的的手段之中，选择最为温和的手段。不能减刑、假释的终身监禁是一个非常严厉的手段，是对犯罪人人身自由的彻底剥夺，取消了其重返社会的可能性。而允许减刑和假释，依然保留了犯罪人重获自由、重返社会的可能性。在特殊预防的效果上，二者没有明显差异，而在刑罚的严厉性上，终身监禁却显然更高。由于在同样能够达到目的的手段中，立法者选择了更为严厉的手段而非最温和的手段，因而无法通过必要性审查。

　　刑法作为"犯罪人的大宪章"，在剥夺个人自由时必须极为慎重。从宪法学的角度看，对根本性剥夺个人自由的刑罚的合比例性审查，甚至可以回溯到人民主权、社会契约等立宪主义的基本原理。"根据社会契约的思想理念，只是为了达到自由与和平的共同生活必要的时候并且这种生活在程度上只是不能通过其他更轻的手段达到时，作为国家权力所有者的公民才把如此之多的刑法干预权转让给了立法者。这种理念的思想背景是，国家的干预权和公民的自由必须达到平衡，这种平衡提供个人尽可能必要的国家保护，同时又给予尽可能多的个人自由。"③ 我国《刑法修正案（九）》强化对腐败犯罪的惩处，目的是加大对"公职行为的廉洁性"法益的保护力度，其政策考虑的出发点是完全正确的，而其最终取向于实现公民个人自由所必需的廉洁的国家公务秩序，从刑法法益的宪法关联性角度也完全可以获得正当性评价。但是，目的正当性并不能轻易"圣洁化"一切严厉手段。④ 在终身监禁问题上，刑法学从刑罚目的角度进行的反

---

① 张明楷. 刑法学. 4版. 北京：法律出版社，2011：460.
② 同①464.
③ 克劳斯·罗克信. 刑法的任务不是法益保护吗?. 樊文，译//陈兴良. 刑事法评论：第19卷. 北京：北京大学出版社，2007：150.
④ 韦伯. 学术与政治. 钱永祥，等译. 桂林：广西师范大学出版社，2004：262.

思，同样也应该建基于立宪主义和宪法教义学的基本原理。

五、刑法体系的合宪性控制：未竟话题

前文以"李斯特鸿沟"为切入点，探讨了在宪法教义学的笼罩下，刑事政策与刑法教义学的价值沟通与体系融贯，并以《刑法修正案（九）》中的两个争议问题为例，探讨了法益概念的宪法相关性和刑罚的比例原则审查等问题。李斯特鸿沟的贯通和刑法体系的合宪性控制，还有诸多未竟的话题，列举几点：

（1）形式解释论、实质解释论与合宪性解释。形式解释论与实质解释论之争的关键，是构成要件解释是否应该受到刑事政策的价值影响。① 如果刑法解释本身应贯彻合宪性解释②的要求，此种分歧将会如何？③

（2）"风险刑法"与国家任务。风险预防是现代国家公共政策的重要考量。在风险社会背景下，人们倾向于赋予国家更多预防任务。然而，国家任务的增加，就意味着国家对个人自由干预能力的增加，"预防性控制突破法律所允许的干预范围，为国家侵入私人领地打开入口"④。风险预防，在宪法层面就意味着更为严峻的国家权力扩张的压力。是否应该让人民拥有"冒险的自由"，而反对预防刑法、安全刑法的主张？对于在反恐、环境、高科技等新领域的刑法扩张，如何用比例原则保证刑法应有的谦抑性？⑤

（3）构成要件、刑罚的明确性与立法机关的裁量权。罪刑法定原则要求犯罪构成应当明确，刑罚的种类与范围也要预先给定，以此给予刑事法官清楚的指引，保证判决的可预期性。这也是宪法上的法律明确性原则（Bestimmtheitsgebot）的直接要求。然而立法机关又必然拥有一定程度的裁量自由。在此种紧张关系中，针对不同种类的犯罪、不同严厉程度的刑罚，刑事立法者的裁量空间究竟应有何差异？

---

① 劳东燕. 刑法解释中的形式论与实质论之争. 法学研究，2013（3）：125.

② Lothar Kuhlen, Verfassungskonforme Auslegung von Strafgesetzen, 2006. 关于中国语境下的合宪性解释，参见张翔. 两种宪法案件：从合宪性解释看宪法对司法的可能影响. 中国法学，2008（3）。对我国合宪性解释研究的综述，参见黄卉. 合宪性解释及其理论检讨. 中国法学，2014（1）。我国刑法学者对于合宪性解释也已有关注，可参见梁根林. 罪刑法定视域中的刑法适用解释. 中国法学，2004（3）：128；时延安. 刑法规范的合宪性解释. 国家检察官学院学报，2015（1）。

③ Vgl. Lothar Kuhlen, Verfassungskonforme Auslegung von Strafgesetzen, 2006.

④ 迪特尔·格林. 宪法视野下的预防问题//刘刚. 风险规制：德国的理论与实践. 北京：法律出版社，2012：122.

⑤ 埃里克·希尔根多夫. 德国刑法学：从传统到现代. 江溯，黄笑岩，等译. 北京：北京大学出版社，2015：32.

以上所列，只是刑法一般理论层面的宪法问题，而在刑法各论层面，还有更多具体的宪法问题。实现对国家刑罚权的有效控制，是刑法和宪法两个学科的共同目标。这在机制上，依然有赖于合宪性审查制度的完善和运行，而在学术上，有赖于宪法学和刑法学的相互融通。特别是，这项任务表现为法秩序的整合与融贯，对于中国法学而言是个新的课题。对此新课题，我们一时还无法摆脱比较法的影响。但无论如何，法学必须针对本国的法秩序和法律实践。在中国的法律体系和制度现实下，刑法学者和宪法学者应当相向而行，协力完成刑法体系的合宪性调适。

（本文原发表于《法学研究》2016年第4期。）

"近亲属证人免于强制出庭"之合宪性限缩

一、问题的提出

2012年修正后的《中华人民共和国刑事诉讼法》第188条第1款①规定:"经人民法院通知,证人没有正当理由不出庭作证的,人民法院可以强制其到庭,但是被告人的配偶、父母、子女除外。"在刑事诉讼法解释中,一般认为这一款包含两个层次:(1)人民法院可以强制证人到庭;(2)对被告人的配偶、父母、子女不得强制出庭作证。② 从宪法学角度看,这两个层次亦对应两项宪法保护的法益。全国人民代表大会在刑事诉讼法修改中新增这一条款,可以看作国家立法机关在落实"宪法委托"。该款的前半句规定证人可被强制出庭,是在履行《宪法》第125条③中"被告人有权获得辩护"的规定所课以立法机关的立法义务,而后半句的但书条款则是在履行《宪法》第49条第1款"婚姻、家庭、母亲和儿童受国家的保护"所课以立法机关的立法义务。

这一条款是对我国刑事诉讼证据制度的完善,贯彻了"尊重和保障人权"的宪法精神("尊重和保障人权"也见于《刑事诉讼法》第2条),其进步意义不容否认。但是,其中两种宪法法益之间的紧张关系也显而易见,而相关的实践争议也已出现。例如,在若干贪污受贿案中,被告人的妻子提供证人证言,证明丈夫犯罪。在庭审中,被告人要求其妻子出庭,法庭也认为其妻子应该到庭作证,但被其妻子拒绝。根据《刑事诉讼法》第188条之规定,法庭无法强制其妻子出庭。这里蕴含着人权保障的大问题。对此问题,龙宗智教授一方面认为"法庭在处理证人出庭问题上并未出现程序瑕疵";另一方面又认为"这一规定对被告人是不公正的,这一点被立法所忽略了",

---

① 我国刑事诉讼法2018年修改后,相关条文序号已变化。为保留讨论原貌,不再一一订正。
② 陈光中.《中华人民共和国刑事诉讼法》修改条文释义与点评.北京:人民法院出版社,2012:270-272;郎胜.中华人民共和国刑事诉讼法释义(最新修订版).北京:法律出版社,2012:409.
③ 我国宪法2018年修正后,第125条已被修改为第130条。

"损害了被告的基本诉讼权利","违背了诉讼法与证据法的基本法理"①。进而,龙宗智教授给出了两个解决方案:一为明确规定亲属的免证权;另一为在被告人要求之下,给其庭审前的对质询问机会。这两个方案,都指向《中华人民共和国刑事诉讼法》的再修改。

然而,值得思考的是:当对法律的文义解释引发某种"正义感焦虑"的时候,是否应当径行考虑修法?对于一部刚刚修改完成的法律,法律人迅即提出"再修改"建议,是否有欠对立法者的形成自由的尊重,是否会危及法的安定性价值?笔者秉持"法教义学是法学的学科根本"的观念,认为在对法律的文义解释出现问题时,首先应考虑的是通过法律解释方法修补其缺陷,而径行主张修法则有损成文法权威。此外,基于宪法的根本法、最高法的地位,以及法律应贯彻宪法精神的现代法治原理,法律人在解释适用法律时,有义务秉持宪法意志作成解释,使下位法的适用能够落实宪法价值。这就是所谓"法律的合宪性解释"。在《刑事诉讼法》第188条第1款中,存在两个层次的宪法法益保护问题,因此,对这一条款的解释,必须以合宪性作为重要的考虑因素。

基于以上的认识,笔者尝试对《刑事诉讼法》第188条作合宪性的限定解释,以解决"被告人的配偶、父母、子女"在作为针对被告人的不利证人时,是否得被强制出庭的法律争议。笔者的分析,将从第188条第1款所涉及的"辩护权"和"婚姻家庭保护"两项宪法法益的地位与内容入手,确定解释该条款的宪法规范背景,最终以合宪性解释、个案衡量、目的性限缩等方法,针对具体个案给出解决方案。最后,还将一般性地探讨宪法与部门法的相互影响,探讨宪法与部门法的学术研究如何相向而行,以实现法学的学科融贯。

二、《宪法》第125条规定的"获得辩护权"是否为基本权利?

首先需要解决的问题是,规定在《宪法》第三章"国家机构"部分的"被告人有权获得辩护"是否与《宪法》第二章规定的"公民的基本权利"具有相同的性质或者位阶,从而可以与第49条规定的"婚姻、家庭……受国家的保护"被置于同等的地位而进行衡量。对此问题,学理上并非没有争论。

有趣的是,我国的刑事诉讼法学者,大都认为辩护权是基本权利。如顾永忠教授认为:"辩护权是公民的基本权利","辩护权首先表现为法治社会人人平等享有的基本公民权利"②。龙宗智教授认为:"(对质)涉

---

① 龙宗智. 薄熙来案审判中的若干证据法问题. 法学, 2013 (10): 9.
② 顾永忠. 刑事辩护的现代法治涵义解读:兼谈我国刑事辩护制度的完善. 中国法学, 2009 (6): 98.

当事人的一种基本权利即对质权"①。阅读我国刑事诉讼法学界关于辩护权的研究可以发现,几乎都将"辩护权是基本权利"作为论证基础,并经常会引出美国宪法第六修正案、德国《基本法》第103条、日本宪法第34条等作为论据。然而,我们毕竟不能以外国的宪法文本作为讨论我国问题的基础,而应将论证建基于我国的宪法规范。因此,评价刑事诉讼法学者的观点,必须解决这样一个问题:"被告人有权获得辩护"被规定在我国《宪法》第三章"国家机构"部分的第七节②"人民法院和人民检察院",并非如日本等国的宪法将它明确规定在基本权利章中,那么,非列于基本权利章中的辩护权,是否为基本权利?

根据此文本因素,周伟教授认为:"由于'被告人有权获得辩护'并不是宪法第二章'公民的基本权利和义务'中的内容,因此,还算不上是公民的基本权利","从辩护权条款在宪法中的位置看,'被告人有权获得辩护'的规定……是作为司法机关运行中应当遵循的一项原则来对待的。可见立宪者并不认为辩护权是公民基本权利和义务中的有机组成部分,而是一种刑事司法准则。因此依照现行宪法,辩护权充其量只属于从'审判公开'等司法原则中推导出来的权利"③。周伟教授对"被告人有权获得辩护"只是刑事司法原则、不是基本权利条款的论证,无疑是相当有力的。如果法学的讨论,不受本国法律文本之约束,而任由价值判断,甚至比较法论证泛滥,不仅无助于本国法律问题的解决,还会有损于实定法下的法秩序建构。但与此种法学立场存在紧张的是,周伟教授在进一步的论证中,主张通过修宪来确认辩护权,认为应当"将被告人有权获得辩护从'人民法院和人民检察院'那一章节删除,写入'公民的基本权利和义务'一章中,将其明确为公民的基本权利"④。这里的问题在于,周伟教授的论证一方面是对缺乏宪法规范的关照的批评,但另一方面又主张修改宪法的规范文本以达成某种价值目标,这种主张同样存在价值判断与实定法的安定性之间的紧张。

笔者曾概括过中国宪法学研究的两种思维模式:"修宪思维"和"释宪思维"。前者是批判性的,所关注的是宪法文本的缺陷与不足,并以提出修宪建议为主要的表现形式;而后者大体上承认或者接受宪法文本的正

---

① 龙宗智.论刑事对质制度及其改革完善.法学,2008(5):12.
② 我国宪法2018年修正后,第三章第七节"人民法院和人民检察院"已被修改为第三章第八节.
③ 周伟.宪法依据的缺失:侦查阶段辩护权缺位的思考.政治与法律,2003(6):92.
④ 同③96.

当性，希望通过对宪法文本的阐释，建立为实践服务的宪法规范体系①。笔者倾向于后一种模式，也就是法教义学的模式，希望首先通过解释来处理宪法文本存在的问题，而避免径行修改宪法而动摇宪法秩序的稳定性，损害法律的安定性价值。基于此种认识，笔者虽然完全认同"辩护权应该是基本权利"的价值主张，但希望通过宪法解释的路径来导出"我国《宪法》第125条规定亦属于基本权利规范"的法学判断。

对此问题，已有学者作了非常有力的论证。尹晓红博士发现，我国的几本权威宪法学教科书都未将获得辩护权列入基本权利目录，但她认为："'被告人有权获得辩护'既是一项司法原则，同时也是被告人的一项基本权利。"② 对此，尹晓红博士提示了两个重要的论证基点：第一，与我国宪法相同，许多国家的宪法都未将辩护权规定在基本权利章中，而是在司法制度部分加以规定；第二，我国《宪法》第33条纳入"国家尊重和保障人权"作为第3款，加强了对公民基本权利的保护，提出了在刑事司法中加强人权保护的要求。这两点，指向体系解释和目的解释。笔者尝试就此两点作一些补充的论证。

首先，从目的解释的角度出发，笔者认为，"人权条款"毫无疑问是一种新的价值注入，为基本权利的宪法解释提供了新的评价关联。在"人权条款"入宪之前，我们对于基本权利的理解具有法律实证主义的封闭性。以纯粹法律实证主义的立场，认为只有列举在《宪法》第二章中的才是基本权利，并无根本性问题。我国既有的宪法学教科书未将获得辩护权列入基本权利清单，或许正是此种立场的惯性使然。但是，人权具有天然的开放性，人权作为人之为人所应该享有的权利，具有道德权利的性质。这意味着，按照伦理与价值观念被认为是人权的权利，就应该受到宪法的保障。在宪法中纳入具有自然法性质的人权，可以被看作对法律实证主义与自然法的调和，在相当程度上意味着基本权利体系的开放。据此，宪法未列举的生命权、健康权、迁徙自由等权利，基于严格的宪法解释与论证，都有可能被作为基本权利而得到宪法层面的保护。③ 同时，对于列于宪法其他章节中的条款，也

---

① 张翔.宪法学为什么要以宪法文本为中心?.浙江学刊，2006（3）：14.
② 尹晓红.获得辩护权是被追诉人的基本权利：对《宪法》第125条"获得辩护"规定的法解释，法学，2012（3）：63.
③ 各国依据其宪法文本之不同，对于如何纳入宪法未明确列举的权利，各有不同的操作。关于美国纳入隐私权的宪法解释，参见屠振宇.未列举权利研究：美国宪法的实践和经验.北京：中国法制出版社，2012.关于德国如何将"一般行为自由"解释为"兜底基本权利"而容纳未列举权利，参见张翔.艾尔弗斯案//张翔.德国宪法案例选释：第1辑 基本权利总论.北京：法律出版社，2012.

应该在"人权条款"的价值辐射下,作合于基本权利的解释。

其次,从体系解释的角度看,对于基本权利的理解,也不能仅限于宪法的基本权利章。宪法是一个整体,不可被割裂地观察。对于基本权利的法学思考,应该具有"整体性"和"综合性","在整个宪法秩序中考量基本权利的本质和功能"①,应当"将基本权利与宪法其他部分的意义关联放在一个统一的理论中去研究"②。实际上,宪法中的"基本权利规范"与"国家机构规范"之间是相互渗透的(我国《宪法》的"总纲"部分也包含了多种性质的宪法规范),在国家机构章中可以找到基本权利规范,而在基本权利章中也可以找到国家机构规范。③ 例如,《宪法》第 37 条第 2 款中的"非经人民检察院批准或者决定或者人民法院决定,并由公安机关执行",以及第 40 条中的"由公安机关或者检察机关依照法律规定的程序"的规定,就具有规定国家机关的权限及其行使程序的性质,也可被看作国家机构规范。前述尹晓红博士的主张"获得辩护权既是司法原则也是基本权利",正是此种体系解释的结果。从比较法上看,这种基本权利并非都列于宪法的基本权利章的情形,在各国宪法中非常常见(尹晓红博士也基于对各国宪法文本的统计指出,多国宪法都将获得辩护权规定在司法权部分④)。以德国为例,德国《基本法》的第一章是"基本权利",包括第 1~19 条,但通说认为,第二章"联邦和州"中的第 20 条第 4 款的"抵抗权"、第 33 条的"担任公职权",第三章"联邦议院"中的第 38 条的"选举权",第九章"司法"中的第 101 条的"获得法官审判权"、第 103 条的"诉讼中的听证权"、第 104 条的"剥夺人身自由的法律程序",是"等同于基本权利的权利"(grundrechtsgeleiche Rechte)⑤。可以看出,在各国都毫无例外地被视为基本权利的选举权,在德国《基本法》中并非被规定在基本权利章,而是位于规定选举制度的章节,而此种体系安排,只是出于法律条文表述的便利和避免重复。因此,基于体系解释的方法,

---

① Peter Häberle, Die Wesengehaltgarantie des Artikel 19 Abs. 2 Grundgesetz, 1962, S. 180ff.

② Luhmann, Grundrecht als Institution, 1965, S. 11.

③ 朱应平. 宪法中非权利条款人权保障功能研究. 北京:法律出版社,2009:295.

④ 尹晓红. 获得辩护权是被追诉人的基本权利:对《宪法》第 125 条"获得辩护"规定的法解释. 法学,2012(3):64.

⑤ Pieroth/Schlink, Grundrechte, Staatsrecht Ⅱ, 25. Aufl., 2009, S. 19f. 当然,德国宪法学的这一通说还有另一个规范依据。《基本法》第 93 条规定的联邦宪法法院管辖的案件中,包括了第 4a 项规定的"认为公共权力机关侵犯个人基本权利或侵犯本基本法第 20 条第 4 款、第 33 条、第 38 条、第 101 条、第 103 条和第 104 条规定的权利时,任何人所提起的宪法诉愿",这一条款被认为赋予了这些权利基本权利的地位。

考虑到宪法自身的整全性,就不能仅仅将列于基本权利章的权利作为基本权利,而同时应从其他章中确立基本权利。

基于以上分析,笔者认为,我国宪法学可确立"列于基本权利章内的基本权利"和"等同于基本权利的权利"一组概念。① "等同于基本权利的权利"这一概念,可以涵盖位于《宪法》"总纲"中的财产权(第13条)②、经济活动自由(第16、17条)和位于"国家机构"中的获得辩护权(第125条)等权利条款(也可涵盖我国学者关注较多的"宪法未列举权利")。具体就我国《宪法》第125条的获得辩护权来说,虽然是规定在司法制度部分,但是,考虑到个人对抗国家公权力的犯罪指控是个人与国家关系中重要的部分,仍然应该基于前述的目的解释和体系解释,赋予其宪法基本权利的地位,至少也应该认为,获得辩护权是与其他基本权利价值位阶相同的权利。

三、对质权作为辩护权的内容:刑事诉讼法对宪法的具体化

上文已说明,辩护权也属于我国宪法确立的基本权利。但还有必要进一步追问宪法中的辩护权与刑事诉讼法中的证人出庭之间的关系问题:作为基本权利的辩护权,其"保护范围"是什么?其规范内涵是否包括证人出庭,乃至强制证人出庭?明确宪法规定的辩护权与刑事诉讼法规定的证人出庭之间的规范关系,是在宪法层面分析《刑事诉讼法》第188条的前提。

宪法上的基本权利规范,用语大多简略抽象,因而基本权利经常被认为是"有待立法形成"的。也就是说,宪法基本权利的具体内涵,首先需要立法者在建构相关法律制度时加以认识和形塑。同样,宪法学上对辩护权条款的解释,也首先要了解刑事诉讼法学者的认识和理论建构。

根据笔者的观察,我国刑事诉讼法学者很早就将辩护权的内涵实质化解读为"获得有效辩护权",而在此认识下,与证人出庭直接相关的被告人的"对质权"也被认为是我国刑事诉讼法应当确立的权利。陈卫东教授很早就认为,基于国际标准,被告人在刑事诉讼中所享有的最低限度的权利之一是辩护权,辩护权是"法律赋予被告人针对指控进行辩解,以维护自己合法权益的一种诉讼权利,这是被告人所享有的诉讼权利的核心"。关于

---

① 张翔. 基本权利的体系思维. 清华法学, 2012 (4): 34.
② 对于2004年《宪法》修改之后的第13条"公民的合法的私有财产不受侵犯"是不是基本权利条款,不无争议。王广辉教授就曾发问:考虑到财产权规定在"总纲"部分,"宪法关于财产的规定,到底是财产权利还是财产制度"?并认为"宪法确认的是公有制为主体的多种所有制并存的经济制度,公民对财产的私有在最基本的性质上不是基本权利的问题,而是作为所有制中的一种表现形式即私人所有制的问题"。但笔者认为,基于正文中关于宪法目的解释和体系解释的理由,第13条作为财产权条款应无问题。当然,不能因此忽视其作为所有制条款的内涵。

辩护权的内容，陈卫东教授突出强调包括"享有获得有效辩护的权利"[1]。那么，何为"获得有效辩护"呢？基于国际标准，包括"调查案件的权利""享有充足时间与便利条件以准备辩护的权利""询问证人时控辩双方力量平衡的权利""免费获得口笔译的权利"[2]，其中"询问证人时控辩双方力量平衡的权利"就包含了"若证人不愿意出庭作证，控方或辩方可以向法院申请发传票传唤证人出庭"[3] 的内容。据此，基于"获得有效辩护"的要求，我国刑事诉讼法学者深入探讨了被告人的"对质权"的功能。龙宗智教授认为："让事实陈述有矛盾的双方或多方当面质询，有利于发现错误、揭穿谎言，有利于查明情况、发现真实，这是对质及对质制度的基本意义和价值。"[4] 易延友教授认为："（对质权的）功能主要在于防止无辜者遭受错误追究、保证审判程序的公正和加强裁判的正当性。"[5] 不难看出，被告人享有对质权，是保障其获得有效辩护的应有之义。而被告人对质权的对立义务面，就包含了证人的出庭义务，特别是对被告人不利的证人的出庭义务。"所谓证人出庭问题，实际上应当替换为必要证人出庭问题……所谓证人出庭问题，基本上可以替换为被告人对质权的保障问题。"[6] 对质权天然要求"必要证人""关键证人""不利证人"的出庭。"从对质权的角度观之，对于不利于被告人的证人，被告人有权要求其出庭作证"[7]，"（对质权）主要指向对象是不利证人"[8]。

笔者并非刑事诉讼法学者，上述的脉络梳理或许有欠全面和精准，但总体可以认为，在刑事诉讼法学者的论述中，存在"辩护权—获得有效辩护权—对质权—不利证人出庭"的逻辑推演，而且也体现了从比较法视角到本土化的思考过程。[9] 而我国刑事诉讼法最终规定证人出庭，正是在这种认识背景下实现的。《刑事诉讼法》第187条第1款规定：

---

[1] 陈卫东，郝银钟. 被告人诉讼权利与程序救济论纲：基于国际标准的分析. 中外法学，1999（3）：79.

[2] 丁鹏，等. 欧洲四国有效刑事辩护研究：人权的视角. 北京：法律出版社，2012：79-85，154-162，231-242.

[3] 同[2]82.

[4] 龙宗智. 论刑事对质制度及其改革完善. 法学，2008（5）：13.

[5] 易延友. 证人出庭与刑事被告人对质权的保障. 中国社会科学，2010（2）：162.

[6] 同[5]165.

[7] 熊秋红. 刑事证人作证制度之反思：以对质权为中心的分析. 中国政法大学学报，2009（5）：68.

[8] 郭天武. 论我国刑事被告人的对质权. 政治与法律，2010（7）.

[9] 陈兴良. 为辩护权辩护：刑事法治视野中的辩护权. 法学，2004（1）.

"公诉人、当事人或者辩护人、诉讼代理人对证人证言有异议,且该证人证言对案件定罪量刑有重大影响,人民法院认为证人有必要出庭作证的,证人应当出庭作证。"这一规定虽然只是赋予了当事人或者辩护人、诉讼代理人证人出庭的请求权,而将决定权赋予法院,但总体上仍然体现了"有效辩护"的要求,可以说向着完整的对质权前进了一大步。

从宪法与部门法的关系看,立法机关拥有"具体化宪法"的优先权。立法机关基于对宪法的理解而设计相关制度,是立法机关在落实"宪法委托",在履行基本权利作为客观价值秩序所课以国家的客观法义务。在此意义上,《刑事诉讼法》纳入第187、188条,正是立法者具体化宪法的体现,是对"辩护权"这一宪法基本权利所提供的"制度性保障"或者"程序保障"。同时,刑事诉讼法学者对于《宪法》第125条辩护权的解释,也可以被接受为宪法学上的解释方案[①],由此也可沟通宪法教义学与刑事诉讼法教义学(关于宪法与部门法关系的另一层面,"对法律的合宪性控制",笔者将在下文说明)。

四、婚姻家庭保护作为宪法确立的"客观价值"

(一)《宪法》第49条作为《刑事诉讼法》第188条第1款中的例外规定的立法依据

如果说《刑事诉讼法》第187条第1款和第188条第1款前半句是在对质权层面对作为基本权利的辩护权的具体化,那么第188条第1款中的例外规定,就是《宪法》第49条"婚姻、家庭……受国家的保护"在刑事诉讼法中的具体化。《刑事诉讼法》第188条第1款中的例外规定的内容是"但是被告人的配偶、父母、子女除外",时任全国人大常委会副委员长王兆国在关于《刑事诉讼法修正案(草案)》的说明中,说明了这一但书的立法目的:"同时,考虑到强制配偶、父母、子女在法庭上对被告人进行指证,不利于家庭关系的维系,规定被告人的配偶、父母、子女除外。"关于这一条款的诸多释义著作也都认为,强制这些特殊身份的人出庭作证,"不利于家庭关系的维

[①] 尹晓红博士在另一篇论文中也指出获得有效辩护是辩护权的核心。(尹晓红. 获得律师的有效辩护是获得辩护权的核心:对宪法第125条获得辩护条款的法解释. 河北法学,2013(5).)此外,对于《宪法》第125条的"被告人有权获得辩护"的宪法解释的完善,还需要考虑其他问题。比如,"被告人"的范围可否在"人权条款"笼罩下被扩大解释为所有"被指控人",从而解决刑事侦查阶段的辩护人介入问题,等等。

系和社会和谐的建构"①,"有悖于我国传统的伦理道德要求和人性的基本价值取向"②。从这些解释中,不难看出其与《宪法》第 49 条规定的婚姻家庭保护之间的关联性。

这一例外规定的价值源头,可以回溯到久远的"亲亲相隐"的文化传统③,有论者直接将这一例外规定视为"亲亲相隐制度的理性回归"④。但若论该规定在实证法体系中的直接依据,则当然是《宪法》第 49 条。对此,已有学者指出。如张龑博士提出了"家价值"的概念,认为我国《宪法》第 49 条"对家价值给出了基础而翔实的规定",并认为"亲属拒证在刑诉中的重新发现……隐含着对家价值的承认","若是为了惩罚犯罪,保护受害人的生命、自由或财产,反而破坏了'家作为整体的权益',就成了拆了东墙补西墙。新刑诉法显然认为,家价值可优先于其他刑法所保护的价值,当然并非没有条件,即仅限于家庭成员和近亲属"⑤。张龑博士将这一但书解读为"亲属拒证"稍欠准确(该规定只是免除了近亲属出庭的义务,并没有免除作证义务),但他的确指出了这一规定在宪法规范上的基础。

(二)"婚姻家庭保护"的客观价值秩序功能

对于《宪法》第 49 条规定的"婚姻、家庭……受国家保护",我国宪法学界也有学者进行了教义学建构。王锴博士借用德国的"制度性保障"(institutionelle Garantie)理论分析了《宪法》第 49 条的规范内涵。⑥ 卡尔·施密特在其 1928 年出版的《宪法学说》中提出,应将基本权利与"制度性保障"进行区分;认为某些在宪法之前就已经存在的制度,是由宪法所确认的,因此应该受到特别的保护而不能允许立法机关通过法律予以废弃。⑦ 被施密特认定为"制度性保障",从而不能由立法机关废弃的制度包括:(1) 接受法官审判的制度;(2) 婚姻家庭制度;(3) 星期天的休息制度;(4) 民法上的财产权制度;(5) 公务员制度;(6) 乡镇的自治制度。德国在二战后制定的《基本法》在第 6 条第 1 款规定了"婚姻和家

---

① 郎胜. 中华人民共和国刑事诉讼法释义(最新修订版). 北京:法律出版社,2012:409.
② 陈光中.《中华人民共和国刑事诉讼法》修改条文释义与点评. 北京:人民法院出版社,2012:271.
③ 范忠信. 中西法律传统中的"亲亲相隐". 中国社会科学,1997 (3).
④ 余福明. 论亲亲相隐制度的理性回归:以强制证人出庭的例外情形为视角. 人民司法·应用,2013 (9):92.
⑤ 张龑. 论我国法律体系中的家与个体自由原则. 中外法学,2013 (4):701,703.
⑥ 王锴. 婚姻、家庭的宪法保障:以我国宪法第 49 条为中心. 法学评论,2013 (2).
⑦ Carl Schmitt, Verfassungslehre, neunte Ausflage, Berlin, 2003, S. 170ff.

庭受国家特别保护",而在德国联邦宪法法院的基本权利"客观价值秩序理论"① 之下,婚姻、家庭的"制度性保障"理论也得到了更新。德国联邦宪法法院认为:"基本权利首先是公民对抗国家的防御权;但《基本法》中的基本权利规定同时也体现为一种客观的价值秩序(objektive Wertordnung),而其作为宪法上的基本决定而对所有法领域发生效力。"② 按照这一理论,基本权利作为客观价值秩序构成立法机关建构各种制度的原则,也构成行政权和司法权在执行和解释法律时的指导原则,基本权利构成整个社会共同体的价值基础,国家应该为基本权利的实现提供实质性的前提条件。③ 然而,此种抽象的要求毕竟是难以操作的,因此,德国联邦宪法法院也在诸多层面尝试对这一"客观价值秩序"进行具体化。实际上,在最终确立"客观价值秩序理论"的"吕特判决"之前,德国联邦宪法法院就已经开始了对德国《基本法》第6条规定的婚姻家庭保护的规范建构,最为重要的案件是1957年"夫妻共同课税案"。此案的基本案情是:按照德国1952年的个人所得税法,夫妻应该合并申报所得税。有夫妻对此提出异议,因为按照新的合并纳税的规定,他们夫妻二人要缴纳的个人所得税,超过了他们分别纳税的总额。也就是说,合并纳税要交得更多。德国联邦宪法法院经审查认为,这种税收政策构成了"对婚姻的惩罚",违背了"婚姻家庭保护"作为客观价值秩序课以立法者的保护义务。基于此,德国联邦宪法法院宣布1952年个人所得税法因为抵触《基本法》第6条第1款而违宪,并要求个人所得税制度的建构必须考虑婚姻家庭的制度性保障。④ 德国宪法学的通说认为,《基本法》第6条第1款将婚姻与家庭列入国家秩序的特别保护范围,使其成为涉及婚姻家庭的全部公法与私法制度的一个原则性规范。一方面,国家不得侵犯婚姻与家庭;另一方面,国家还负有积极的义务,以适当的措施支持和帮助家庭。⑤ 这意味着当各部门法的制度建构涉及婚姻家庭问题时,立法者负有义务去保护婚姻家庭利益。

(三)《刑事诉讼法》第188条第1款中的例外规定在婚姻家庭保护上的进步与不足

我国《刑事诉讼法》第188条第1款中的例外规定,也应该被看作立

---

① 张翔. 基本权利的双重性质. 法学研究, 2005 (3).
② BVerfGE 7, 198 (198).
③ Robert Alexz, Gundrechts als subjektive Recht und als Objektive normen, Der Staat 29/1990, S. 49.
④ BVerfGE 6, 55.
⑤ 康拉德·黑塞. 联邦德国宪法纲要. 李辉, 译. 北京: 商务印书馆, 2007: 359.

法者受婚姻家庭作为"客观价值秩序"的约束而作制度建构的表现。① 然而，在证人作证的制度建构上，立法者是否充分尽到了保护婚姻家庭之义务，却不无疑问。

针对第 188 条第 1 款中的例外规定，一般认为只是免除了被告人的配偶、父母、子女的出庭义务，而非免除了作证义务。《刑事诉讼法》第 60 条第 1 款规定："凡是知道案件情况的人，都有作证的义务。"这一条款一般性地课以所有知道案件情况的人作证义务。因此对于第 188 条第 1 款中的例外规定，通常认为："规定的是免于强制出庭，不是拒证权"②，"新《刑事诉讼法》规定不得强制被告人的配偶、父母和子女出庭作证，与证人拒绝作证特权不同"③。对于刑事诉讼法仅仅规定近亲属免于出庭，而非免于作证，刑事诉讼法学者多有批评。这些批评所体现的，正是《宪法》第 49 条"婚姻、家庭……受国家保护"的价值理念。万毅教授在《刑事诉讼法修正案（草案）》出台后曾书面向全国人大常委会法工委建议将第 188 条中的"但是被告人的配偶、父母、子女除外"这一但书规定，移至第 59 条第 1 款，即"凡是知道案件情况的人，都有作证的义务。但是犯罪嫌疑人、被告人的配偶、父母、子女、兄弟姐妹除外"，由此构建起真正意义上的近亲属拒绝作证权。在《刑事诉讼法》修正颁布之后，万毅教授又批评认为："既然本条立法之目的在于尊重和维护'亲亲相隐不为罪'的文化传统以及家庭成员之间的人伦亲情，那么，被告人的近亲属不仅有权免于在审判中向法官作证，亦应当免于在侦查中接受警察调查，更不得将其询问笔录作为证据在法庭上出示……立法者在立法思想上顾虑重重，既想革新传统的'大义灭亲'式作证条款，推动我国刑事诉讼制度的文明化进程，又想维护打击犯罪的实效性，权衡折中之下，遂出现了这种既免予近亲属在庭审阶段强制出庭作证，又要求其在侦查阶段接受调查、询问这样不伦不类的立法。"④ 批评不可谓不尖锐。此外，柯葛壮在肯定这一规定"维护家庭关系的稳定和睦""具有人文精神"之外，认为这一规定适用范围过窄，应当将（外）祖父母、（外）孙子女、岳父母、

---

① 关于客观价值秩序理论何以可以借鉴而作为处理中国宪法下的基本权利问题的理论，笔者有初步的论证，参见张翔. 基本权利的双重性质. 法学研究, 2005 (3).

② 郎胜. 中华人民共和国刑事诉讼法释义 (最新修订版). 北京: 法律出版社, 2012: 409.

③ 陈光中:《中华人民共和国刑事诉讼法》修改条文释义与点评. 北京: 人民法院出版社, 2012: 271.

④ 万毅. 新刑诉法证人出庭制度的若干法解释问题. 甘肃政法学院学报, 2013 (6): 5.

公婆、亲兄弟姐妹、热恋中的未婚夫妻等都纳入免于出庭作证的范围。①这些观点，应该说都是基于婚姻家庭保护的价值考量。在此意义上，第188条第1款中的例外规定，在"婚姻家庭保护"这一宪法价值的贯彻上，是有进步的，但在很多学者看来，亦尚有不足。

五、宪法法益冲突与刑事诉讼法学者的解决方案

至此，《刑事诉讼法》第188条第1款中存在的宪法疑虑已经清晰了。首先，这一条款在落实"辩护权"和"婚姻家庭保护"两项宪法法益上都有不足：一方面，仅仅规定配偶、父母、子女"免于强制出庭"而非"免于强制作证"，乃至"免于作证"，无法为婚姻家庭法益提供充足、彻底的保障；另一方面，在被告人的配偶、父母、子女提供证言的情况下，又不令其出庭接受质证，有损于被告人的对质权（作为基本权利的"辩护权"的内容）。其次，在这一条款中两相对立的"获得辩护权"和"婚姻家庭保护"法益，因为方向相反，也基本没有同时获得充分实现之可能性。例如在具体案件中，配偶、父母、子女对被告人而言是"不利证人"，如果被强制出庭，则婚姻家庭保护法益受损，而如果不被强制出庭，则被告人获得辩护权受损。顾此则失彼，实为两难。

对此两难，李奋飞博士从刑事诉讼法教义学的视角，提出了解决方案。他认为，应当从目的解释的角度，将第188条第1款中的例外规定解释为"免于强制作证的权利"而非"作证却免于强制出庭的权利"，"具体而言就是，如果亲属证人在审前未向控方作证，那么法庭不得强制其到庭作证。如果其已在审前作证，且应当出庭作证，经人民法院通知没有正当理由不出庭作证，法院固然不能强制其出庭，但其审前书面证言也不应再作为定案的根据"②。李奋飞博士的解释方案，应该说相当充分地考虑了"获得辩护权"和"婚姻家庭保护"两项宪法法益（虽然其行文中几乎未提及宪法），也考虑了"查明案件的事实真相"等刑事诉讼法的立法目的。③ 同时，李奋飞博士还相当谨慎地避免解释导致明显的"体系违反"，他将第188条第1款中的例外规定仅仅解释为"免于强制作证的权利"，而没有更进一步解释为"免于作证的

---

① 其他的批评，还包括认为该条规定的亲属范围过窄。（柯葛壮.我国《刑事诉讼法》修正三论.政治与法律，2012（1）：6.）
② 李奋飞."作证却免于强制出庭"抑或"免于强制作证"？：《刑事诉讼法》第188条第1款的法教义学分析.中外法学，2015（2）：494.
③ 同②. 李奋飞博士认为："对第188条第1款作出上述解释，既不是要绝对禁止亲属证人的作证行为，也不是要一律排除审前其向控方作出的书面证言。毕竟，亲属证人的证言是许多案件尤其是贪污贿赂案件的重要证据来源，如果其能积极配合控方作证，无疑有助于查明案件的事实真相。"

权利"，因为后者会直接抵触《刑事诉讼法》第60条第1款"凡是知道案件情况的人，都有作证的义务"的明确文义。可以推论，李奋飞博士的意思是：将第188条第1款中的例外规定解释为"免于强制作证的权利"后，被告人的配偶、父母、子女仍然是有作证义务的，其自愿提供证人证言仍然是履行作证义务的方式。毫无疑问，李奋飞博士的解释方案相当精致，也有很强的说服力。

但是笔者对此解决方案却有以下几点质疑：

(1) 是否对"例外规定"作扩大解释？

法解释有一个基本规则：对于例外规定、但书规定，应作狭义解释，而且避免类推适用。《刑事诉讼法》第188条第1款的"但是被告人的配偶、父母、子女除外"显然是一个但书规定、例外规定。李奋飞博士将其含义，从字面的"作证却免于强制出庭"扩大解释为"免于强制作证"，有违反解释规则之虞。例外规定之所以是例外，乃是因为立法者希望一般规则被尽可能广泛适用。如果例外规定被宽泛解释，则一般规则就被釜底抽薪，立法者本欲达到的一般性目的就会被最终摧毁。所以，对例外规定的扩张解释，会造成南辕北辙、背道而驰的效果。拉伦茨尽管对"例外规定应作狭义解释，而其不得为类推适用"这一规则的僵化适用提出了批评，但也阐述了其基本原理："法律希望赋予一项规则尽可能广泛的适用范围，仅在特定（严格限制的）事例，容许突破此项规则，立法者认为，假使在此种事例亦贯彻此项规则，实际上并不可行或并不欠当，因此愿意放弃其适用。"① 进一步，拉伦茨指出，如果要对"例外规定"作扩大解释乃至类推适用，必须获得立法理由的支持，而于此"参与立法程序者的规范想法可以提供一些咨询"。但如果从立法理由上看，"其确仅针对此类事例，则不得将其他事例引入其中"②。

考诸2012年修正刑事诉讼法的立法资料，即使是李奋飞博士也无法认为有资料能支持他的扩大解释，因为"参与立法程序者"（全国人大常委会法工委刑法室、法工委副主任郎胜等）的解释并不支持将第188条第1款中的例外规定解释为"免于强制作证的权利"③。李奋飞博士的扩大解释，依据的是"刑事诉讼法的整体目的"，强调"个别目的与整体目的的循环互动"。但总体上，他的解释有欠个别目的的论证，而是以整体目的

---

① Larenz. 法学方法论. 陈爱娥，译. 台北：五南图书出版股份有限公司，1996：257.
② 同①.
③ 参见李奋飞博士对全国人大常委会法工委刑法室所编《关于修改中华人民共和国刑事诉讼法的决定——条文说明、立法理由及相关规定》和法工委副主任郎胜所编《中华人民共和国刑事诉讼法释义》的引述。

来扩张个别规定（并且是例外规定）的含义，存在可质疑之处。①

（2）是否基于目的解释而超越文义？

李奋飞博士所作的是"第188条第1款的目的解释"，认为"亲属证人免于强制作证才能实现立法目的"②。然而，需要注意的是，即使是目的解释，也要遵循法解释的边界。我们知道，解释之所以为"解释"，乃在于其受文本含义的约束。具体而言，就是法律解释应以文义的可能范围，或者"文义射程"为边界。"法律解释不得超越文义范围"这一解释规则，乃是民主原则、法治国原则、法的安定性等诸多原则之推导，限于主题，这里不展开说明。拉伦茨引述迈尔-哈尧茨（Meier-Hayoz）的论述"字义具有双重任务：它是法官探寻意义的出发点，同时也是划定其解释活动的界限"并指出，"字义可能范围外的说明，已经不再是阐明，而是改变其意义。这不是说，法官始终都不能逾越字义范围；然而，其只有在特定要件下始被容许，而且已属于'公开的法续造的领域'"③。也就是说，如果认为目的应优先于明确的字义，那么所谓的"解释"已经不再是解释了，而是漏洞补充、类推适用等法的续造活动。让我们再次引用第188条第1款："经人民法院通知，证人没有正当理由不出庭作证的，人民法院可以强制其到庭，但是被告人的配偶、父母、子女除外。"应该说，其文义是清楚明白的。此外，这一条款的体系位置也有助于理解这一条款的文义。如前所述，万毅教授曾建议将这一例外规定作为"证人作证义务"的例外规定，但《刑事诉讼法》却仍将这一规定作为"证人强制出庭"的例外规定，这充分说明将其解释为"免于强制作证"是超越文义的。以目的解释超越文义，亦为解释规则所不允许。④（当然，这里依然存在合目的性限缩的可能性，下文将会讨论。）

（3）"亲属证人拒不出庭则证言无效"的判断是否过于仓促？

李奋飞博士认为，"如果其（指亲属证人。——引者注）已在审前作

---

① 基于例外规定应作狭义解释的规则，前述柯葛壮认为应当将（外）祖父母、（外）孙子女、岳父母、公婆、亲兄弟姐妹、热恋中的未婚夫妻等都纳入免于出庭作证范围的主张在法解释上也是无法成立的。当然，不妨碍其作为一种"立法论"主张。

② 李奋飞. "作证却免于强制出庭"抑或"免于强制作证"？：《刑事诉讼法》第188条第1款的法教义学分析. 中外法学，2015（2）：493.

③ Larenz. 法学方法论. 陈爱娥，译. 台北：五南图书出版股份有限公司，1996：227.

④ 值得注意的是，2012年修正的《刑事诉讼法》第187条第3款规定了鉴定人应当出庭而不出庭，鉴定意见不得作为定案依据。这一规定可否被理解为刑事诉讼法已经一般性地确立了"传闻证据排除规则"，从而可以类推适用于证人证言呢？笔者认为答案是否定的。原因在于，根据刑事诉讼法明白的条文，针对鉴定意见和证人证言，在不出庭是否导致无效的问题上，立法者显然已经作了分殊的处理，文义清楚，不能超越。

证,且应当出庭作证,经人民法院通知没有正当理由不出庭作证,法院固然不能强制其出庭,但其审前书面证言也不应再作为定案的根据"。这一构想非常巧妙,据此,婚姻家庭法益得到了保护,而对被告人不利的证言也失去了效力,被告人的"获得有效辩护权"因此也得以实现。两项相互冲突的法益,于此都得到完美保护。以一方案使两难自解,皆大欢喜。

然而这一皆大欢喜的方案,细究之,却不无疑问。按照前述李奋飞博士的论述,将第188条第1款中的例外规定解释为"免于强制作证的权利"并不导致《刑事诉讼法》第60条规定的包括亲属在内的所有人都负有的"作证义务"的免除,亲属自愿作证也是在履行作证义务。这一论述是在小心避免第188条第1款中的例外规定的解释方案抵触第60条,避免体系违反。但是,如果认为"亲属证人拒不出庭则证言无效",就会发现这实际上免除了亲属的作证义务。这意味着,如果在审前已经自愿作证的亲属改变主意不想作证了,只要其拒绝出庭,其前面所作证言就归于无效。这种法效果,已经使得《刑事诉讼法》第60条规定的一般性作证义务归于无效。于此,李奋飞博士所言"法院固然不能强制其出庭"的判断似乎过于仓促了。

(4) 是否忽视了立法者的规范意图?

法律解释,存在解释目标的"主观论"与"客观论"两种不同取向。主观论将解释的目标确定为探究历史上立法者的心理意愿。这种观点被批评为过于僵化,因为时移世易,仍以历史上立法者的心理意愿为解释准则,难免有刻舟求剑、胶柱鼓瑟之弊。从而客观论,也就是以确定法律"客观上"表现出来的意义为目标,被认为更为正确。然而,并不能因此认为历史上立法者的规范意图毫无意义。特别是,当一部法律刚刚制定出来的时候,就轻易超越立法者的规范设定,而以解释者的价值判断为所谓的解释依据,无疑是欠妥当的。这种思维,不利于法秩序的稳定。就《刑事诉讼法》第188条第1款中的例外规定而言,尽管存在争议,甚至被万毅教授批评为"不伦不类",但其规范意图指向"仅仅免除亲属出庭之义务"而非"免除亲属作证之义务"应该说是非常明确的。在现代的民主法治国家,立法者在创制规范上具有优先的地位,虽然这并不排除法律解释者参与创制规范的可能性,但完全忽略立法者的意图也是难以接受的。

笔者整体上认同李奋飞博士更好地协调婚姻家庭保护和对质权两项法益的目标[①],但在具体方案上存在不同看法。下面,笔者将尝试提出自己

[①] 此外,对于李奋飞博士"刑事诉讼法教义学之倡导",笔者非常认同。笔者以为,这在刑事诉讼法学科的方法论自觉上,具有开拓性的意义。

的解决方案。

六、合宪性解释与个案中基本权利冲突的"实践调和"

（一）刑事诉讼法的合宪性解释

李奋飞博士称其解释是基于刑事诉讼法的"整体目的"，这是非常正确的解释方向，但尚需作更为开放的思考，也就是考虑"整体法秩序"。这里涉及刑事诉讼法与宪法关系的第二个层面（第一个层面是前述的"刑事诉讼法对宪法的具体化"）："法律的合宪性解释"①。如前所述，《刑事诉讼法》第188条第1款，涉及落实两项宪法法益——"获得辩护权"和"婚姻家庭保护"，但在这两个方向上都嫌不足。于此，单纯依靠刑事诉讼法解释已经无法完全解决问题，而须作宪法层次的考虑。"为了说明这两个规范在哪些适用范围有所冲突，以及为了重建法律的和谐，有人尝试通过解释让低位阶规范的文义不再与高位阶规范有所冲突。也就是说，人们将低位阶规范的适用范围限缩在高位阶规范可适用的情形。这种方式，在实践上最为重要者，就是我们对于单纯法律所为的'合宪解释'（verfassungskonforme Auslegung）。"②李奋飞博士的解释，也包括前述张翀博士的论述，实际上是将价值因素引入法律解释。然而需要注意的是，"从价值取向的角度来观察法律，便必须取向于宪法"③。部门法解释所需要的价值补充，应该首先从宪法中寻找，而不能轻易超越实证法秩序而诉诸伦理观、政治哲学或者比较法。在现代法治之中，宪法具有整个法秩序的价值基础的性质。法律解释，正如其他在宪法价值笼罩下的法律活动一样，都应该以宪法作为修正法秩序的缺漏、补充漏洞的规范来源。"来自合宪法秩序的意义整体，对法律可以发挥补正功能的规范；发现它，并将之实现于裁判中，这正是司法的任务"④。对于《刑事诉讼法》第188条第1款中的例外规定的解释而言，既然其涉及宪法上的基本权利，就应当避免仅作刑事诉讼法层次的解释，而应将宪法规范作为"控制性"乃至"补充性"因素纳入思考。

合宪性解释，是对法律的合宪性解释。作为解释，其仍然不能超越法律的可能文义的边界，也不能因为考虑宪法价值层面，而对法律的目的置之不理。但是，在合宪性解释之外，还有"合宪性法律续造"的层面。

---

① 关于中国语境下的合宪性解释，参见张翔．两种宪法案件：从合宪解释看宪法对司法的可能影响．中国法学，2008（3）。关于我国合宪性解释的研究综述，参见黄卉．合宪性解释及其理论检讨．中国法学，2014（1）。
② 英格博格·普珀．法学思维小学堂：法律人的6堂思维训练课．蔡圣伟，译．北京：北京大学出版社，2011：58.
③ 黄茂荣．法学方法与现代民法．北京：中国政法大学出版社，2001：286.
④ Larenz．法学方法论．陈爱娥，译．台北：五南图书出版股份有限公司，1996：279.

"假使立法者追求的影响作用超越宪法容许的范围,可以将法律限缩解释至'合宪的'范围。于此,立法者所选择的准则,在以宪法能维持的程度内,也被维持。此处涉及的不再是解释,毋宁是一种目的论的限缩,一种合宪的法的续造。"① 换言之,如果立法者制定的规范超越了宪法所能允许的边界,则可以依据宪法对法律作限缩的解释。这种限缩,是以该法律外的目的考量(作为上位法的宪法)为基础的,因而是一种目的性限缩。在此意义上,已经不再是在文义范围内的"解释",而是超越文义的"法的续造"。

"合宪性法律续造"提示我们,对于部门法的理解,存在一种可以超越文义的法的续造,其依据,是居于上位法、最高法地位的,作为整个法秩序价值基础的宪法。其方式,是对法律进行"目的性限缩"。这意味着,在一般情形下,应当尊重立法者对宪法的具体化,但当立法者逾越宪法所设定的边界而谋求某种抵触宪法的立法效果时,就可以对该当法律规范进行限缩的解释。并且,即使这种目的性限缩是有违文义的,也可被允许,因为这在整体上是取向于宪法秩序的。

(二)个案衡量、"实践调和"与目的性限缩

对《刑事诉讼法》第188条第1款进行"合宪的"塑造的前提,是要明确宪法规范的含义。这里必须面对非常困难的"基本权利冲突"的问题。如前所述,第188条第1款中存在"获得辩护权"和"婚姻家庭保护"两个基本权利位阶的法益之间的冲突。如何协调?宪法所保护的基本权利,其重要性无须多言,而相互之间并无当然的高低先后之顺位关系。例如,言论自由与人格尊严,二者在诽谤案件的认定中恒常冲突,但绝无一般性地给出孰优孰劣判断的可能性。在某些情形下,人格尊严优先,而在另外的情形下,则是言论自由优先。当两项基本权利冲突时,"手心手背都是肉""世间难得两全法",舍此取彼还是舍彼取此,实费思量。宪法学理论在经过艰难探索后,最终明确了"个案衡量""实践调和"的解决思路。②

对于相互冲突的法益,通常的认识会认为权衡的结果只能是牺牲一方,而保护另一方。但是,现代的宪法学理论却要求不能对此匆忙草率地进行抽象的"价值权衡",而是要让两种法益都能发挥最佳的功效。"在不确定的情况下选择能够使基本权利规范发挥最大法律效力的解释。"③ 德

---

① Larenz. 法学方法论. 陈爱娥,译. 台北:五南图书出版股份有限公司,1996:243.

② 关于处理基本权利冲突的学理的发展,参见张翔. 基本权利冲突的规范结构与解决模式. 法商研究,2006(4).

③ BVerfGE 32,54(71);BVerfGE 6,55(72).

国联邦宪法法院在处理艺术作品的传播自由与为保护青少年而禁止猥亵物品自由销售的规范冲突的案件时，作出了这样的论证："艺术自由并非只是会和他人的基本权相冲突，也可能会和其他宪法所承认并且保护的价值相冲突。在这种情形中，应该在这些方向相反，但同样都是受宪法保护的利益之间，以达成这些利益的最佳化为目标，谋求一个合乎比例的平衡、协调。在艺术自由与其他的宪法利益相冲突时，便是通过各种利益的个案衡量来达成。"① 这里，德国联邦宪法法院提出了在个案中进行"实践调和"（praktische Konkordanz）的原则。实践调和原则的基本内涵是：尽管立法者拥有具体化宪法上的"形成自由"和作出评价的权力，但却不能将某种宪法法益置于绝对的优先位置，并使其毫无例外地、自始至终地相对于别的法益享有绝对的保障。相反，面对相互冲突的法益，立法者应通过充分对比冲突法益在具体情境中的各自权重，而使所有的法益价值都能获得最妥善的衡平。② 而且，这种"实践调和"，不仅是对立法者的要求，也是对司法过程中解释适用法律的要求，而司法者在个案中调和基本权利冲突，运用的正是"个案中之法益衡量"的方法。③

立法者在制定刑事诉讼法相关条款、处理"对质权"与"婚姻家庭保护"两种法益的冲突时，既没有赋予"婚姻家庭保护"绝对的优先性而规定绝对的亲属免证权④，也没有完全倒向"对质权"而规定包括近亲属在内的所有证人都可被强制出庭，应该说思虑尚属充分。万毅教授尽管批评"立法者在立法思想上顾虑重重""既想革新，又想维护"，但也说立法者在"权衡折中"。其实，对各种价值目标衡量协调，正是立法的常态。即使立法水平大幅度提高，要求立法者对所有案件中的具体情形都预先作出衡量，也属苛责。笔者认为，针对这一规范，更为重要而可行的是：在个案中针对具体情形，考量两相冲突的法益的各自权重，比较衡量，以作出最后的权衡判断。

（三）针对个案的具体衡量

遵循此"在个案中进行实践调和"的思路，我们针对实践中妻子指证丈夫贪污贿赂的案件，可能可以作出这样的评价：在夫妻一方指证另一方

---

① 英格博格·普珀. 法学思维小学堂：法律人的6堂思维训练课. 蔡圣伟, 译. 北京：北京大学出版社, 2011：60.
② 康拉德·黑塞. 联邦德国宪法纲要. 李辉, 译. 北京：商务印书馆, 2007：49 - 51.
③ Larenz. 法学方法论. 陈爱娥, 译. 台北：五南图书出版股份有限公司, 1996：312.
④ 此外，立法者尚有有效打击犯罪的考虑，从而"立法方面颇有顾虑"。（龙宗智. 薄熙来案审判中的若干证据法问题. 法学, 2013（10）：9.）

犯罪，而对方反指其撒谎并要求其出庭质证的条件下，夫妻恩义已绝，需要保护之婚姻家庭法益已非常淡薄。而此时，被告人面临重罪指控，作为对其作出极端不利证言的最关键的证人之一的妻子却拒绝出庭，从而无法对其证人证言进行质证，将导致被告人"获得有效辩护"的法益处于极端危险之中。此时，虽然依据第188条第1款的解释，法院不强制其妻子出庭形式上合法，但却存在损害重大法益之危险。"如果具体个案清楚地可以被包摄到法条文之下，但目的性衡量的结果却是反对将该法条适用于此案件，这个法律的适用范围就可能通过所谓的'目的性限缩来限制'，使其不再涵盖这个案件。"[1] 基于此案中婚姻家庭法益已经至为微弱，乃至于无，而获得有效辩护以对抗重罪指控的法益非常重大而突出，笔者认为：可以在此案中对"但是被告人的配偶、父母、子女除外"的规定作出"合宪法"的"目的性限缩"，也就是，法院可以强制其妻子出庭。[2]

（本文原发表于《华东政法大学学报》2016年第1期。）

---

[1] 英格博格·普珀. 法学思维小学堂：法律人的6堂思维训练课. 蔡圣伟，译. 北京：北京大学出版社，2011：60.

[2] 有学者提出，可以用"庭前对质询问"的方式来解决对质权和婚姻家庭保护法益的冲突。（龙宗智. 薄熙来案审判中的若干证据法问题. 法学，2013（10）：10.）但笔者以为，庭前对质询问并非现有刑事诉讼法已规定的制度，在法解释中难以包容，只能作为立法建议。同时，"庭前对质"仍然表现出"夫妻对峙""反目成仇"的景象，与出庭质证并无根本区别。

逮捕权配置与《宪法》第 37 条的解释

在我国刑事法治的发展中，越来越多的人主张：出于更好保护人身自由的考虑，应该将对公民的逮捕权仅仅配置给法院，也就是使逮捕权成为专属于法院的权力，而检察院批准和决定逮捕的权力应逐步予以取消。这种逮捕的"司法令状主义"也是现代民主法治国家通行的做法，是对人身自由最有力的保护手段之一。但是，反对的观点认为：逮捕权的配置并非只是刑事诉讼法的问题，检察院批准和决定逮捕的权力是宪法赋予的（我国现行《宪法》第 37 条第 2 款规定："任何公民，非经人民检察院批准或者决定或者人民法院决定，并由公安机关执行，不受逮捕。"），因而，通过修改刑事诉讼法而取消检察院的逮捕权是违宪的。针对这一观点，支持逮捕权应专属于法院的人进而认为，有必要通过修改《宪法》第 37 条来排除障碍，确立逮捕的"司法令状主义"。

法律系统的功能在于为社会提供稳定的预期，因而，出于某种价值判断而轻言修法，并非正确的法学思维，而修宪可能导致巨大的政治纷争，故更要谨慎。法律人应该首先运用法律解释方法，去探究存在争议的规范究竟有怎样的解释可能性，进而谨慎推导出能够实现法的正义性与稳定性平衡的解释结果。在笔者看来，关于逮捕权配置的争议，应当被置于对《宪法》第 37 条人身自由条款的宪法解释之下来讨论。

笔者认为，《宪法》第 37 条第 2 款，不应该被理解为对公权力机关的"授权条款"，而应该被理解为对公权力的"限制条款"，从而其规范内涵有被进一步限缩的可能。首先，第 37 条位于《宪法》第二章"公民的基本权利和义务"中，作为一个基本权利条款，其规范目标自然是对公民人身自由予以确认和保障，而非对公权力机关进行授权。第 37 条第 2 款的措辞——"任何公民，非经……不受逮捕"是以"权利保障"为指向的。"非经人民检察院批准或者决定或者人民法院决定，并由公安机关执行"是对公权力机关的限制，包括主体和程序两个方面：一是禁止其他机关进行逮捕，二是规定检察机关和审判机关的逮捕也必须遵守特定程序。禁止公权力机关随意限制人身自由，是对这一条款内涵的恰当理解。如果结合第 37 条第 1 款"中华人民共和国公民的人身自由不受侵犯"和第 3 款"禁止非法拘禁和以其他方法非法剥夺或者限制公民的人身自由，禁止非法搜查公民的身体"，则不难理解第 2 款的规范目的只是防止公权力随意限制人身自由。将这样一个人权保障条款，理解为授权公权力限制个人权利的条款，是不恰当的。

考察《宪法》第 37 条制定的历史背景，也可以帮助我们准确理解第 37 条的规范内涵。在人身自由的保障方面，我国有过惨痛的历史教训。正是基于对"文化大革命"的深刻反思，1982 年宪法制定时才特别强调对公民人格尊严和人身权利的保障，强调禁止随意剥夺人身自由。《宪法》第 37 条第 2 款对逮捕作出明确的限制性规定正是保障个人权利的制宪精神的体现。因此，尽管在第 37 条中确乎有"人民检察院批准或者决定或者人民法院决定"的字眼，但从文义、历史、体系和目的解释来看，都应该明确，该条款是一个人权保障条款，而非对公权力机关的授权条款。其对立法机关的要求在于，立法机关在制定刑事诉讼相关法律时，必须符合此种限制性要求，不得超越"非经人民检察院批准或者决定或者人民法院决定"的范围而滥授逮捕权。

既然第 37 条第 2 款应被解释为限制公权力的条款，而非向检察院和法院授予逮捕权的条款，那么其逮捕权从何而来？在笔者看来，在现行法秩序下，对人身自由作出限制性规定而将逮捕权授予检察院和法院的，是刑事诉讼法，其上位宪法规范是《宪法》第 62 条第 3 项规定的全国人大"制定和修改刑事、民事、国家机构的和其他的基本法律"的职权。这一规定是宪法授权全国人大对刑事法律相关制度作出规定、对相关公权力进行配置的直接依据，而《宪法》第 37 条则构成对全国人大之立法权的约束，也就是其对逮捕权的配置，不得违背第 37 条第 2 款这一限制条款。

当然，现行的刑事诉讼法将逮捕权授予检察院和法院，是合宪的，因为其并没有逾越《宪法》第 37 条所设定的限制标准。但是，并不能就此推论，如果对刑事诉讼法进行修改而将逮捕权仅仅赋予法院，就是违宪的。《宪法》第 37 条的规范目标在于保障人身自由，而第 37 条第 2 款作为对公权力的限制条款，也只是一个"底线标准"。也就是说，立法机关固然不能违反这一限制条款而滥授逮捕权，但如果其采用更高的人权保障标准，建构更有利于人身自由保障的刑事程序与制度，当然是符合第 37 条之规范目的的。换言之，如果刑事科学的研究认定，只由法院来决定逮捕，采纳"司法令状主义"，能够更好地保护人身自由，则此种主张当然绝无抵触《宪法》第 37 条保障人身自由条款之虞。

而且，第 37 条第 2 款的文义射程实际上已经为进行这种制度变革留下了立法裁量的空间。"非经人民检察院批准或者决定或者人民法院决定"中的第二个"或者"，在文义上完全可以解释为在"人民检察院"和"人民法院"之间二选一。作为连词的"或者"表示的正是"选择关系"①。立法机关在刑事法律制度的建构中将逮捕权配置给其中的一个机关的做法，包含在这一条款的文义射程内。而认为必须将这一条款解释为"二者都可决定"，只是一种基于制度事实的惯性思维。

当然，这里可能还存在一个障碍。按照《宪法》第 37 条第 2 款的规定，人民检察院是"批准或者决定"逮捕，而人民法院仅仅是"决定"逮捕。有人据此认为法院只能够自我决定逮捕，而不能依申请批准逮捕。应该说，这种理解在文义解释的层面是有道理的。但是法律解释负有实现法秩序的总体原则、落实立法者原本的计划的任务，如果从目的论的角度，认为法律条文的文义不能够充分实现法律的目的，则法的续造与漏洞补充也是合乎法治精神的。如前所述，这一条款的目的是保护人身自由，而宪法起草者限于当时的规范环境（1979 年刑事诉讼法对逮捕权的规定），无法意识到其意图强化人身自由保护的文字表述在未来会不利于这一目的的实现，因此，当下的宪法解释，考虑到宪法增加规定"国家尊重和保障人权"，以及人们对人身自由更加珍视的事实，在此对法院"决定"逮捕的含义作目的论的扩张解释，应该说是可以接受的。将"决定"逮捕理解为既包含自行决定，也包括批准决定，也符合"举重以明轻"的逻辑。

笔者无意于此对我国的司法体制改革应该如何配置逮捕权作出超越现行实定法的判断，而只是想从宪法解释的角度说明：我国现有的逮捕权配置固然合乎宪法，而如果进行改革使逮捕权专属于法院，也并不违反《宪法》第 37 条；为此启动修宪，修改第 37 条也无太大必要，因为归根到底，第 37 条第 2 款的目的和文义，大体上可以容纳这种改革，立法机关在此问题上有充分的形成自由。

（本文原以《逮捕权配置与宪法相关条款的释义》为题发表于 2013 年 5 月 22 日《法制日报》。）

---

① 中国社会科学院语言研究所词典编辑室. 现代汉语词典. 6 版. 北京：商务印书馆，2012：593.

留置、基本权利与监察权配置

一、国家权力配置的"积极规范"与"消极规范"

宪法具有"建立统治"和"限制统治"的双重功能。[①] 宪法中的国家机构条款，具有直接形成国家权力的功能，也就是，根据国家任务的区分设定国家的不同功能，建立不同的国家机关，并将不同的国家功能（职权）配置给不同的国家机关，以及规定国家机关之间的关系。在此意义上，宪法中的国家机构条款所承载的主要是"建立统治"的功能，但其中也有对国家权力的制约和监督，因此也具有"限制统治"的功能。但无论是"建立统治"还是"限制统治"，国家机构条款都是国家权力配置的"积极规范"，也就是直接规定国家机关及其权力的具体内容。

而宪法中的基本权利条款，则是国家权力配置的消极规范（negative Kompetenznormen）。[②] 基本权利的主要功能是"限制统治"，这首先意味着国家权力不得不当限制个人自由。也就是说，已经依据国家机构规范建立起来的公权力机关，在行使职权中不得侵害个人基本权利。这里主要体现的是基本权利的"防御权功能"[③]。除此以外，基本权利"限制统治"的功能还在于：基本权利直接影响国家权力的形成，对国家权力配置起到消极的限制作用。在国家权力的配置中应当考虑基本权利的因素，是现代立宪主义固有的观念。例如，卡尔·施密特就认为，公民自由的观念引出了法治国的两个基本原则：一个是"分配原则"，也就是个人自由被预设为先于国家的、原则上不受限制的东西；另一个是"组织原则"，内容是"（原则上受到限制的）国家权力由几个机构共同分享，并被纳入一个受限定的权限系统中"[④]。也就是说，并非只是在国家机构建立后再考虑如何

[①] 克里斯托夫·默勒斯. 德国基本法：历史与内容. 赵真，译. 北京：中国法制出版社，2014：44.

[②] Pieroth/Schlink, Grundrechte, Staatsrecht Ⅱ, 25. Aufl., 2009, S. 25f.

[③] 张翔. 论基本权利的防御权功能. 法学家，2005（2）.

[④] Carl Schmitt, Verfassungslehre, 8. Aufl., 1993, S. 126.

防御其侵犯自由，而是在国家机构建立和配置权力时就应考虑如何有助于实现自由。

所谓基本权利条款作为国家权力配置的消极规范，是指在国家机关设置与权力配置上，将基本权利作为考量因素，避免国家机关及其职权的设置，直接导致损害基本权利的后果。"个人基本权利的空间同时也是国家权限的界限，该界限客观存在，并不取决于个人是否确实行使了自由或提出了相关请求。"① 这里体现的是基本权利的"客观价值秩序功能"②，也就是要求国家的一切制度建构，包括国家机关的设置及其职权的配置，都必须作基本权利的考量。在此意义上，基本权利规范也是国家机构规范，只不过，国家机构规范直接规定国家机关的设置、职权和相互关系，而基本权利规范只起到消极的边界作用，也就是要求立法机关在制定组织法时，不能不当设置机关和职权，导致该机关特别容易损害基本权利。在国家机关被创立、国家权力形成时，就须考虑基本权利边界。如果说，宪法中的国家机构规范对国家组织法的立法具有正向的形成功能，那么基本权利规范就具有反向的限制功能。在此意义上，基本权利规范是国家权力配置的消极规范。

基本权利条款作为国家权力配置的消极规范，还可以具体分为两种情形：一种情形是在基本权利条款中直接规定与国家机关行使职权有关的内容，例如，我国《宪法》第37条是人身自由条款，其第2款规定："任何公民，非经人民检察院批准或者决定或者人民法院决定，并由公安机关执行，不受逮捕。"《宪法》第40条是通信自由和通信秘密条款，其中规定对通信的检查只能"由公安机关或者检察机关依照法律规定的程序"进行。这些规定是对国家机关的权限及其行使程序的直接规定，但这种规定对于国家机关及其职权配置而言，并非积极的形成性规范，而是消极的限制性规范。例如，"非经人民检察院批准或者决定或者人民法院决定，并由公安机关执行"是对公权力机关的限制，包括主体和程序两个方面：（1）禁止其他机关进行逮捕；（2）遵守特定程序。在此意义上，作为基本权利规范的《宪法》第37条，同时也是国家权力配置的消极规范。另一种情形是，基本权利条款中并没有关于国家机关及其职权的直接规定，但在具体的组织建构时，仍要考量基本权利因素，避免机构设置造成危害基本权利的可能。例如，宗教自由之于宗教管理机构的设置，职业自由之于

---

① 陈征. 国家从事经济活动的宪法界限：以私营企业家的基本权利为视角. 中国法学，2011（1）.

② Vgl. Pieroth/Schlink, a. a. O, S. 25.（张翔. 基本权利的双重性质. 法学研究，2005（3）.）

劳动就业管理机构的设置,通信自由之于邮政、电信、互联网管理机构的设置,艺术自由之于文化管理机构的设置,都是后一种意义上的国家权力配置的消极规范。

对我国的国家监察制度的试点改革,也可以从此"积极规范"与"消极规范"的区分展开分析。2016年11月,中共中央办公厅印发了《关于在北京市、山西省、浙江省开展国家监察体制改革试点方案》,目标在于"建立党统一领导下的国家反腐败工作机构。实施组织和制度创新,整合反腐败资源力量,扩大监察范围,丰富监察手段,实现对行使公权力的公职人员监察全面覆盖,建立集中统一、权威高效的监察体系"。此项改革构想,是在我国的国家机构中,增设一个专门的廉政分支(反腐分支)。这一分支不属于国家权力机关、行政机关、审判机关或者法律监督机关,是一个新的分支。① 毫无疑问,国家监察委员会的创设是对国家权力的重新配置。这一配置工作,需要在政治决断之后完成法律表达,在规范上需要修改宪法。② 但修宪不是制宪,不能颠覆既有的宪法框架③,并且应符合先在的法教义学结构,也就是不能因为修宪而导致固有法秩序的崩解。④ 全国人大作为国家权力机关和国家立法机关,在政治决断和立法形成上有广阔空间,但是亦须受宪法的框架秩序约束。具体而言,通过修宪增设新的权力分支,要在《宪法》第3条规定的"民主集中制"原则下,结合既有的国家机构规范展开,而不能无视宪法已经作出的权力配置,不能颠覆性地改变宪法的既有权力结构。相关的修改应该以落实宪法规定的民主集中制原则和人民代表大会制度为目标。

---

① 林彦. 从"一府两院"制的四元结构论国家监察体制改革的合宪性路径. 法学评论, 2017 (3):163-166.

② 关于是否需要修宪,学界主要有两种观点:马怀德等学者认为全国人大是国家权力机关,可以在不修宪的情况下通过立法设立国家监察委员会,当然也不否认从长远看修宪的必要性。(马怀德. 国家监察体制改革的重要意义和主要任务. 国家行政学院学报, 2016 (6).)而宪法学者在修宪问题上基本形成共识,如果监察体制的改革需要全面施行,现行宪法是无法容纳此项改革的,必然需要修改宪法。(韩大元. 论国家监察体制改革中的若干宪法问题. 法学评论, 2017 (3);秦前红. 困境、改革与出路:从"三驾马车"到国家监察——我国监察体系的宪制思考. 中国法律评论, 2017 (1);童之伟. 将监察体制改革全程纳入法治轨道之方略. 法学, 2016 (12);李忠. 国家监察体制改革与宪法再造. 环球法律评论, 2017 (2);郑磊. 国家监察体制改革的修宪论纲. 环球法律评论, 2017 (2).)

③ 韩大元. 试论宪法修改权的性质与界限. 法学家, 2003 (5);杜强强. 修宪权的隐含界限问题:美国宪法学理论关于宪法修改界限的争论. 环球法律评论, 2006 (4).

④ Vgl. Okko Behrends, Einfuerungsreferat: Das Buendnis zwischen Gesetz und Dogmatik und die Frage der dogmatischen Rangtufen, in Gesetzgebung und Dogmatik, Okko Behrends, Wolfram Henckel (Hrsg.), 1988, S. 9ff.

宪法中的国家机构规范，包括可能新增的监察制度规范，是监察制度改革的"积极规范"。我国学者对于监察体制改革的研究，涉及改革试点的合宪性与正当性、监察机关的组织构建、对监察权力的监督、监察体制改革涉及的修宪问题、监察机关与司法机关的衔接等诸多问题，主要是从宪法关于国家机构规定的"积极规范"出发的研究。① 但是，监察制度改革也应该注意宪法中国家权力配置的消极规范，也就是相关的基本权利规范。2016年12月，《全国人民代表大会常务委员会关于在北京市、山西省、浙江省开展国家监察体制改革试点工作的决定》（以下简称《决定》）授权监察委员会可以采取谈话、讯问、询问、查询、冻结、调取、查封、扣押、搜查、勘验检查、鉴定、留置等十二项措施。这些措施，涉及多项公民的基本权利。特别是留置措施属于新创设的国家权力，对公民的基本权利干预强度甚高，如何规范和配置，争议颇多。② 笔者将在"基本权利规范作为国家权力配置的消极规范"的认识下，探寻留置权的组织法建构所应恪守的基本权利边界。

二、留置措施对人身自由的限制及其审查

（一）留置措施是限制人身自由的新措施

在《决定》授予监察委员会的十二项监察措施之中，留置措施因涉及人身自由这一核心人权而备受关注。陈越峰博士指出，监察体制改革的正当性在很大程度上要取决于留置措施的合法性和正当性。③ 其原因在于：监察体制改革的目标是将过去的反腐机制法治化，如果关键性的留置措施缺乏合法性和正当性，则改革的初衷将被违反。在此合法性和正当性的考量中，宪法基本权利是关键因素。特别关注留置措施的原因还在于：在这十二项措施中，其他十一项措施都是从现有的行政调查、刑事侦查和党纪检查中"借用"而来的（参见表1），只有留置措施不存在于现行的法律

---

① 除前文已列文献外，还可参见陈光中. 关于我国监察体制改革的几点看法. 环球法律评论，2017（2）；马怀德.《国家监察法》的立法思路与立法重点. 环球法律评论，2017（2）；秦前红. 全国人大常委授权与全国人大授权之关系探讨：以国家监察委员会为研究对象. 中国法律评论，2017（2）；童之伟. 对监察委员会自身的监督制何以强化. 法学评论，2017（1）；何家弘. 论反腐败机构之整合. 中国高校社会科学，2017（1）；马岭. 关于监察制度立法问题的探讨. 法学评论，2017（3）。

② 关于监察措施中涉及的人权保障问题，如辩护权、措施的期限、严禁刑讯逼供、救济等，刑事诉讼法学界论述较多。（陈光中，邵俊. 我国监察体制改革若干问题思考. 中国法学，2017（4）；张建伟. 法律正当程序视野下的新监察制度. 环球法律评论，2017（2）；施鹏鹏. 国家监察委员会的侦查权及其限制. 中国法律评论，2017（2）；熊秋红. 监察体制改革中职务犯罪侦查权比较研究. 环球法律评论，2017（2）.）

③ 陈越峰. 监察措施的合法性研究. 环球法律评论，2017（2）：93 - 104.

体系和党的纪律规范之中。① 留置作为一项新的措施，其内容和性质在《决定》中未予明确，也未有其他公开的官方文件作出定论，更需要在对试点实践的观察之上充分探讨厘清。

表1 《决定》授权监察委员会的监察措施及其来源规范

监察措施	来源规范
谈话	《中国共产党纪律检查机关案件检查工作条例》第25条
讯问	《刑事诉讼法》第117条
询问	《刑事诉讼法》第122条
查询	《中国共产党纪律检查机关案件检查工作条例》第28条，《行政监察法》第19、21、26条
冻结	《刑事诉讼法》第142条、《中国共产党纪律检查机关案件检查工作条例》第28条、《行政监察法》第21条
调取	《中国共产党纪律检查机关案件检查工作条例》第28条
查封、扣押	《刑事诉讼法》第139条、《中国共产党纪律检查机关案件检查工作条例》第28条、《行政监察法》第20条
搜查	《刑事诉讼法》第134条
勘验检查	《刑事诉讼法》第126条
鉴定	《刑事诉讼法》第144条。

注：本表中《刑事诉讼法》的条文序号为2012年修正后的《刑事诉讼法》的条文序号。

尽管北京、山西、浙江三个试点省市针对监察委员会的调查手段制定了规范性文件，但由于具体文件未予公开，我们只能从已有的媒体报道中窥测分析。最早采取留置措施的是浙江省监察委员会。2017年3月17日，浙江省杭州市上城区监察委员会将对涉嫌贪污的余某进行调查的"立案审批表"报送至区委书记处，签批后即实施了留置措施，由办案人员和留置看押人员对被留置人关押看守，上城区监察委员会于4月17日将对余某的起诉意见书连同案卷材料移交区人民检察院，4月20日区人民检察院正式决定逮捕余某，留置措施此时自动解除。② 此案中对余某留置达34天。在《浙江省监察留置措施操作指南》中，对留置的使用、延长、解除、期限等都作出了明确规定。山西制定了《山西省纪委监委机关审查措施适用规范》，明确要求留置措施应当在指定的专门场所实施，与被留置

---

① 需要说明的是，此处的留置措施与《人民警察法》中的留置盘问明显不同，已有诸多学者指出，在此不作赘述。(陈越峰. 监察措施的合法性研究. 环球法律评论，2017 (2).)

② 张磊. 改革，不止于挂牌：浙江开展国家监察体制改革试点工作纪实（下）. 中国纪检监察报，2017-06-14 (1).

人的谈话、讯问应在专门谈话室进行，且留置时间不得超过 90 天，特殊情况下经批准可延长一次，延长的时间不得超过 90 天，即留置措施最长可达 180 天。山西第一起采取留置措施的案件发生在 2017 年 4 月 14 日，办案人员专门为被留置人郭某制定了日常起居计划并严格按计划进行调查和讯问。① 北京的首起留置措施是 2017 年 4 月 7 日针对涉嫌利用职务便利将公款转入个人股票账户用于股票交易的李某采取的，前后历经 28 天。② 尽管三地的留置实践有一些细微差异，但在整体形态上基本一致。据此，可将留置措施描述为：由监察委员会具体办案人员在职务犯罪案件中，提请有权主体审批是否采取留置措施，审批通过后，由办案人员持批准文件将被留置人抓捕并关押在特定的场所。如果犯罪事实成立，则在证据收集充分后提请检察机关逮捕，留置措施解除；如果犯罪事实不成立或证据不足，则由有权主体审批解除留置措施。

被留置人在一段时间内被办案人员限制在特定场所，这无疑是对其人身自由的限制。我国《宪法》第 37 条规定了人身自由不受侵犯以及限制人身自由的条件。留置措施只有能够经受住宪法人身自由条款的审查，方能具备合法性和正当性。

（二）留置措施具有刑事强制措施的性质

以宪法工程学的视角来看，现代宪法之下可以建构专门的廉政分支，其不属于传统三权中的任何一个。③ 我国监察制度的改革也可以被看作类似的尝试。对此，官方的解读是：监察机关不是司法机关，"监察机关行使的调查权不同于刑事侦查权，不能简单套用司法机关的强制措施"④。由此，留置措施被认为是新的"监察权"下的措施，而不被界定为行政措施或刑事措施。但是，如前文所述，改革也应在既定的宪法框架下，并符合先在的法教义学结构。既有的行政权和司法权的区分，仍然是认识留置权之性质可以凭借的概念工具。在留置措施的性质问题上，秦前红和陈越峰认为，其既可能是行政性措施，也可能是刑事措施。⑤ 根据《决定》，

---

① 张磊. 做好深度融合大文章：山西开展国家监察体制改革试点工作纪实（下）. 中国纪检监察报，2017 - 06 - 08（1）.

② 王少伟. 以首善标准完成监察体制改革试点任务：北京开展国家监察体制改革试点工作纪实（上）. 中国纪检监察报，2017 - 06 - 01（1）.

③ 布鲁斯·阿克曼. 别了，孟德斯鸠：新分权的理论与实践. 聂鑫，译. 北京：中国政法大学出版社，2016：82 - 87.

④ 深化监察体制改革　推进试点工作之四：使党的主张成为国家意志. 中国纪检监察报，2017 - 07 - 17（1）.

⑤ 秦前红，石泽华. 监察委员会调查活动性质研究：以山西省第一案为研究对象. 学术界，2017（6）；陈越峰. 监察措施的合法性研究. 环球法律评论，2017（2）.

监察委员会的职权范围是对"职务违法"和"职务犯罪"行为作出处置决定，但是在已有的留置实践中，只对"职务犯罪"行为采取过留置措施。实践层面的理解似乎是：对职务违法行为无须采取如此严厉的调查措施。① 留置措施都针对职务犯罪行为而不针对职务违法行为，至少说明，其作为行政措施的性质面向尚未展现（也许不会再展现），而是只表现出刑事强制措施的性质。

按照《刑事诉讼法》的规定，刑事侦查的目的是"收集、调取犯罪嫌疑人有罪或者无罪、罪轻或者罪重的证据材料"，查封、扣押、讯问等措施的目的都是获取证据。而留置措施却与《刑事诉讼法》中的传唤、拘传、拘留、逮捕等强制措施类似，其目的并不在于直接获取证据，而在于保障侦查活动的顺利展开，为获取证据创造条件。而且，根据《决定》，检察机关不再承担职务犯罪案件的侦查职责，而只是在接到监察委员会移送的案件后提起公诉。我们不能认为对职务犯罪案件的刑事侦查权从我国国家权力体系中消失了，只能认为其转入了监察委员会的调查权中，而监察委员会的调查权中的留置措施在功能上又与刑事强制措施相同，因此，有学者直接认为：监察委员会对涉嫌职务犯罪者的调查相当于《刑事诉讼法》规定的侦查。②

在功能上与刑事强制措施等同，而在实践中不针对行政法上的职务违法行为，都说明留置措施具有刑事强制措施的性质。

（三）留置措施与逮捕雷同

尽管依据《决定》的规定，留置措施与逮捕处于案件侦查的不同阶段，但在性质和内容上，二者具有极高的相似性，主要体现在两个方面：其一，二者都是对人身自由的剥夺，属于羁押性措施。③ 有关判决认定，留置一日折抵刑期一日④，这与逮捕、拘留等羁押性强制措施一致。其二，从羁押的期限看，留置与逮捕的形态相似。尽管拘留与逮捕均是羁押性措施，但拘留是一项紧急情况下的临时性措施，最长不得超过 37 天，而逮捕更加严厉，最长可达 7 个月。从试点地区的情况看，留置措施的期限设置最长为 180 天，与逮捕的期限非常接近。在我国现行法律

---

① 陈光中教授也有类似观点，认为留置措施只适用于比较严重的职务犯罪案件中。（陈光中，邵俊. 我国监察体制改革若干问题思考. 中国法学，2017（4）.）

② 陈光中：制定《国家监察法》保障被调查人权利. (2017-03-29) [2017-07-27]. http://china.caixin.com/2017-03-29/101072187.html；张建伟. 法律正当程序视野下的新监察制度. 环球法律评论，2017（2）：61-82.

③ 陈瑞华. 审前羁押的法律控制：比较法角度的分析. 政法论坛，2001（4）.

④ 参见山西省夏县人民法院（2017）晋 0828 刑初 45 号刑事判决书.

体系中，除逮捕外，没有其他强制措施可以对公民的人身自由作出如此之长的限制。可以说，试点中的留置措施与逮捕具有非常相似的权力性质和制度形态，而且，从期限和批准程序来看，试点中的留置措施比逮捕对人身自由的限制还要严厉。① "凡有逮捕之实，无论出自什么样的名目，都视为宪法中的'逮捕'。有逮捕实质而不受宪法限定的程序约束，就有违宪之嫌。"② 那么，留置措施究竟是否会因抵触《宪法》第 37 条而违宪呢？

（四）留置措施与《宪法》第 37 条抵触

1. 立法可否将逮捕权授予其他机关

既然留置与逮捕如此类似，那么，为何不直接授予监察机关逮捕权？这是因为，我国《宪法》第 37 条第 2 款对逮捕权的行使主体作出了限制规定："任何公民，非经人民检察院批准或者决定或者人民法院决定，并由公安机关执行，不受逮捕。"这一条款作为国家权力配置的消极规范，构成对全国人大立法权的约束。这一规范是所谓"宪法保留"，也就是说，宪法对逮捕权的归属已经作了限定，立法机关没有将逮捕权授予其他机关的裁量空间。如果立法机关将逮捕权授予检察院和法院之外的其他机关，都属违宪。

2. 立法可否创设类似逮捕的措施

那么，立法机关可否在逮捕权之外，再创设另一项与逮捕权在性质和内容上高度相似的强制措施，并将其授予其他国家机关？这里需要完整援引《宪法》第 37 条的三款规定进行体系解释：

> 中华人民共和国公民的人身自由不受侵犯。
> 任何公民，非经人民检察院批准或者决定或者人民法院决定，并由公安机关执行，不受逮捕。
> 禁止非法拘禁和以其他方法非法剥夺或者限制公民的人身自由，禁止非法搜查公民的身体。

---

① 尽管留置措施的最长期限 180 天稍短于逮捕的最长期限 7 个月，但是逮捕的最长期限是"2+1+2+2"的模式，中间需要经历三次不同条件的批准才能获得 7 个月的期限，程序设置比较严格。而留置措施的最长期限是"90+90"的模式，第一次批准的期限就长达 90 天，中间仅需一次批准即可延长到最长期限。从批准程序上看，试点中留置措施的批准主要是党委负责人批准和监察机关自行批准，与逮捕权改革所追求的"司法令状主义"和"法官保留"也背道而驰。（艾明. 刑事诉讼法中的侦查概括条款. 法学研究，2017（4）：155-172.）留置措施所受到的限制远远不如逮捕制度严格。

② 张建伟. 法律正当程序视野下的新监察制度. 环球法律评论，2017（2）：61-82.

如前所述，第 37 条第 2 款已经排除了将逮捕权授予其他国家机关的可能性。但是，按照第 3 款的规定，合法地剥夺或者限制公民的人身自由是被允许的，这似乎意味着：立法机关可以设置任何人身强制措施，即使其达到乃至超越了逮捕强度。但是，稍作分析，就可以看出这种理解是错误的：如果立法机关可以以第 3 款为依据创设与逮捕差不多的人身强制措施，那么第 2 款禁止非法逮捕的意义就被取消了。按照这种理解，第 37 条第 2 款就被第 37 条第 3 款掏空了：既然逮捕有那么严格的主体和程序限制，那么何不绕开逮捕，使用有逮捕之实而无逮捕之名的"合法剥夺和限制"呢？第 37 条第 2 款的规范含义绝对不是只针对一个叫作"逮捕"的措施，而任由立法者设定强度相当，甚至更加严厉的限制公民人身自由的强制措施。认为立法机关可以基于第 37 条第 3 款创设与逮捕强度相当的强制措施的观点，会造成法解释上明显的"体系违反"，在宪法同一条文内造成对融贯性的破坏。

在此意义上，宪法的人身自由保障，不仅有针对逮捕权主体的宪法保留，还有对人身自由干预强度的宪法保留。也就是：在未决羁押阶段①，宪法所能允许的对人身自由最高程度的限制就是逮捕。立法机关在宪法已经规定的逮捕之外，再创设一个与逮捕对人身自由的限制强度相当甚至比逮捕更严厉的措施，是宪法所不能允许的。如果任由立法者规避宪法约束，任意设置对公民基本权利的限制，会使宪法对基本权利保障的意义完全丧失。

综上，逮捕条款是未决羁押阶段强制措施立法的宪法边界，立法机关不能创设一项强度与逮捕相当的措施。而试点中的留置措施就是与逮捕实质相当的人身自由强制措施，受宪法约束的立法机关缺乏相应的立法权限。

三、党纪克减党员权利的界限

从宪法人身自由条款出发，很难得出留置措施合宪的结论。那么，是否还有其他的正当化路径？在监察制度改革试点过程中，有一种观点认为，留置措施是对党内纪律中早已存在的"双规"的法治化，公民加入政党，就应该受政党的纪律约束。留置措施作为政党内部规则的外部化，因此有其正当性。这种观点被通俗地称作"家法论"。这一观点也是留置讨论中值得认真对待的。

---

① 宪法上的人身自由条款，并非用来对抗刑事判决后的管制、拘役、有期徒刑、无期徒刑等刑罚。这些刑罚以剥夺人身自由为当然内容。宪法中的人身自由保护，从"人身保护令"到"正当程序"等的各种制度，从来都是以判决前的刑事羁押为主要防御对象的。

（一）留置措施作为"双规"的法治化

"双规"是"党内法规规定的纪检机关查处违反党纪案件的一项纪律约束措施和组织措施"①。具体而言，是指党的纪律检查机关有权"要求有关人员在规定的时间、地点就案件所涉及的问题作出说明"②。我国职务犯罪侦查形成了双轨制③：检察机关依照《刑事诉讼法》对职务犯罪案件享有侦查权，党的纪律检查机关在职务犯罪侦查中承担调查取证的职权。在司法实践中，对于贪腐案件，由于其无被害人，无物理意义上的现场，无目击证人、视听资料和物证、书证等不变证据，嫌疑人具有较强的反侦查能力，以及对口供证据的高度依赖④，检察机关依靠《刑事诉讼法》规定的侦查手段趋于无效，因此不得不依赖纪检机关的"双规"来实现对贪腐案件的侦破。纪检机关对贪腐案件的侦破能力远远高于检察机关，检察机关在贪腐案件的侦破中处于相对边缘化的地位，主要功能是协调配合纪检机关，成为一个审查转换证据的机构。"双规"作为一项党内纪律调查手段，避开了《刑事诉讼法》的约束。模糊的"规定时间"和"规定地点"，使其调查权限极为宽泛。"规定时间"限制非常宽松⑤，"规定地点"不仅未作限制，还要求"不准使用司法机关的办公、羁押场所和行政部门的收容遣送场所"和"不准修建用于采用'两指''两规'措施的专门场所"⑥，这使得对嫌疑人的人身自由的限制完全处在无人监督的境地。

尽管"双规"在检察机关反贪能力不足的情况下获得生命力，是实践选择的结果，但其对人身自由的限制也使其饱受争议，其在反腐败治理上的重大贡献无法掩盖其合法性不足的弊病。因此，就产生了将"双规"法治化的动力。

党的十八大之后，中国进入了反腐败新常态，而法治化是其基本特征。"要善于用法治思维和法治方式反对腐败，加强反腐败国家立法，加

---

① 《中共中央纪委办公厅关于印发〈关于纪检机关使用"两规"措施的办法（试行）〉的通知》（中纪办 [2000] 1号，2000年1月20日）。
② 《中国共产党纪律检查机关案件检查工作条例》第28条第3项。
③ 施鹏鹏. 国家监察委员会的侦查权及其限制. 中国法律评论，2017（2）：44-50.
④ 刘忠. 解读双规：侦查技术视域内的反贪非正式程序. 中外法学，2014（1）：209-233.
⑤ 2017年1月，中国共产党第十八届中央纪律检查委员会第七次全体会议通过的《中国共产党纪律检查机关监督执纪工作规则（试行）》第28条第2款规定：（纪检机关审查组的）审查时间不得超过90日。在特殊情况下，经上一级纪检机关批准，可以延长一次，延长时间不得超过90日。
⑥ 《中共中央纪律检查委员会、监察部关于纪检监察机关依法采用"两指""两规"措施若干问题的通知》（1998年6月5日）。

强反腐倡廉党内法规制度建设，让法律制度刚性运行。"① 监察委员会的改革方案正是为解决反腐败的合法性问题而提出的，"把目前正在实际运用的调查手段写入法律，赋予必要的调查权限，以法治思维和法治方式惩治腐败"②。这一方向值得肯定。

　　留置措施是"双规"的法治化，在改革中体现得非常明确。中纪委强调："监察委员会不自行搞一套侦查体系，现有的十二项调查措施都是实践中正在实际使用、比较成熟的做法，没有增加新的权限。"③ 而无法在现有法律法规中找到出处的留置措施，正是来源于实践中使用成熟的"双规"。除此之外，试点地区在留置期限的设置上，也基本与《中国共产党纪律检查机关监督执纪工作规则（试行）》中纪检审查的期限保持一致。更为值得关注的是，在监察制度改革试点地区开展试点工作后，对职务犯罪行为已统一适用留置措施而未再使用"双规"。概括言之，留置措施就是要替代过去的"双规"。

　　（二）社团内部规则对成员权利的克减及其界限

　　既然留置来自"双规"，可否认为：政党的内部规则可以对其党员的基本权利进行克减，从而使留置措施具备正当性？

　　任何社团都有内部规则，这些规则难免会对其成员的权利产生限制。这种限制有很多种表现，例如：加入工会的条件之一可能是接受工会与资方进行集体谈判，工人个人与资方谈判和缔约的权利就可能受到限制；一个倡导良好社会风尚的社团可能要求成员不得参与涉赌活动④，甚至一个业余足球俱乐部要求成员每周六参加训练和比赛，也构成了对一般行为自由的限制。

　　在此意义上，限制成员权利是结社自由当然的内涵。任何一个社团都必然会限制其成员的权利，否则结社的目标将不可能达成，结社自由将不复存在。结社自由是不特定多数人为了追求共同的目的而进行的持续性的结合。追求共同目的，是结社自由的基本特征。尽管所有成员在自愿加入社团时，都接受社团的共同目的，但是，共同目的的实现过程与个人的具体利益之间，难免发生偏差。为了保证结社能够实现其意义，社团对其成

---

① 中共中央文献研究室. 习近平关于全面从严治党论述摘编. 北京：中央文献出版社，2016：176.

② 深化监察体制改革 推进试点工作之四：使党的主张成为国家意志. 中国纪检监察报，2017-07-17 (1).

③ 深化监察体制改革 推进试点工作之五：调查决策要严. 中国纪检监察报，2017-07-24 (1).

④ 程迈. 对社团处置其成员利益问题的宪法学研究，未刊稿.

员的权利进行一定的限制就是必要而正当的。试想：如果一个由业余人士组成的足球俱乐部，不能要求成员在特定时间地点参加训练和比赛，则此俱乐部就几无存续之可能；一个工会，如果不能对工人个人的缔约自由作出限制，则该工会代表工人集体谈判以谋取工人群体更大利益的功能就无从发挥，工会存在的意义也就很微小了。"个人在结社的时候，他的自主性总是会受到各种有形和无形的限制……强制会员是一部分社团的先天条件"[①]。

从基本权利教义学的角度看，社团对其成员权利的限制，其实是一种基本权利冲突。结社自由一方面保障个人加入或者不加入社团的权利，另一方面也保障社团自身的活动自主权。而社团要想自主活动，其内部就必须有民主程序以形成统一意志，从而得以对外表现出社团的自主性。社团的自主性和主体性，必然伴随着对社团成员的权利克减，从而，社团的自主自律与成员的权利之间，就构成了冲突。这种冲突，甚至是有学者所称的"同一主体的基本权利冲突"。成员接受社团章程和纪律，就必然存在自己的权利被社团内部规则限制的可能性。这是个人通过结社以实现自己自由而在另外的自由上的代价。

社团为实现其成员的共同目的，必然要对成员的个别权利作出限制。但无论如何，这种限制不是没有边界的。个人结社的目的，是扩大自由，而不是否定自由。结社如果走到了自由的对立面，就应该受到限制。如前所述，社团内部规则与成员个人权利之间，是一种基本权利冲突关系。认定社团规则能在何种程度上克减成员权利，应遵循解决基本权利冲突的法律规则。[②] 现代的基本权利冲突理论，并不尝试在各个基本权利之间确立位阶顺序，也就是不认为任何基本权利相对于其他权利具有"通常的优先地位"[③]，而是要在具体情形中，结合不同权利的性质和各自受到威胁的程度进行合比例性的衡量。在结社自由领域，也可以观察到此种衡量。例如，《公民权利和政治权利国际公约》第22条在规定结社自由的限制时，也将"保护他人的权利和自由的必要的限制"作为内容。[④] 而实践中，法院会在衡量各种因素的前提下，确定社团自治

---

① 刘培峰. 结社自由及其限制. 北京：社会科学文献出版社，2007：196.
② 张翔. 基本权利冲突的规范结构与解决模式. 法商研究，2006 (4)：94-102.
③ 冯威. 雷巴赫案//张翔. 德国宪法案例选释：第2辑 言论自由. 北京：法律出版社，2016：70.
④ 曼弗雷德·诺瓦克.《公民权利和政治权利国际公约》评注（修订第二版）. 孙世彦，毕小青，译. 北京：生活·读书·新知三联书店，2008：516.

与成员权利的具体优先性。例如，在劳动结社的问题上，欧洲人权法院认为，如果工会是封闭会员制，并且具有在某个领域的垄断地位，工人只有成为这个工会的会员并受其内部规则约束，才可能获得工作机会甚至基本生存条件。在这种情况下，面对个人生存权和社团自治权的冲突，衡量的结果将是保障个人自由。①

（三）党纪与党员人身自由的权衡

政党作为现代具有特定政治目标和政治理念的社团，也属于社团的范畴。党组织与党员本质上是社团与社团成员的关系，党组织对党员基本权利的限制是社团自主权的体现。② 在中国共产党的章程和纪律处分条例等党内规则中，对于党员反对党的基本路线方针等有相关的处分规定，这对于维护党的总体目标，也就是全体党员的共同目的而言，是有合理性的。但是，现代国家的政党和其他一切社会团体的活动，都有其法律上的界限，政党和其他社团的内部规范都必须合乎以宪法为核心的法秩序。这一点也为我国宪法所确认。我国《宪法》第5条第4款规定："一切国家机关和武装力量、各政党和各社会团体、各企业事业组织都必须遵守宪法和法律……"参与了现行宪法起草的肖蔚云教授指出："这一条（指第5条。——引者注）是过去几部宪法所没有的。是根据全国人民的意见，并总结过去我们不重视法制的教训而写的。在宪法讨论过程中，全国各地有许多意见指出，一定要加强社会主义法制，防止像'文化大革命'当中类似事件的发生，防止野心家钻我国法制还不够健全的空子。""写各政党和各社会团体必须守法，实际上主要是指执政党。执政党不以身作则遵守法律，法制就很难健全。"③ 可以说，我国宪法对于政党法制作了总体性的要求，而政党的内部规则，也应该在此整体法秩序之下制定。国法与党规的关系，是当前我国全面深化改革中的重大议题。这里仍就留置措施这一党规法治化问题展开研讨。

如前所述，社团内部规则克减成员权利的问题，是基本权利冲突的问

---

① 刘培峰.结社自由及其限制.北京：社会科学文献出版社，2007：206.

② 有学者从特别权力关系的角度来论证"双规"的正当性。但是，传统的特别权力关系的理论只适用于监狱与犯人、行政机关与公务员、公立学校与学生之间的关系以及公营造物的利用关系，将其扩张适用于政党与党员关系需要论证。同时，在当代的公法理论中，特别权力关系的理论已被基本否定，也就是不再能排除基本权利规范的约束。因此，从这个角度论证"双规"的正当性意义不大。（赵宏.犯人通信案//张翔.德国宪法案例选释：第1辑 基本权利总论.北京：法律出版社，2012：86-88；张翔.基本权利的体系思维.清华法学，2012（4）.）

③ 肖蔚云.我国现行宪法的诞生.北京：北京大学出版社，1986：107-108.

题，需要进行具体的衡量。"结社自由的限度应当在与其他基本权利以及其他主体的权利综合平衡的基础上确定。"① 留置措施的合法性问题，不能以"家法论"一概论之。政党内部规则是为了保证政党的目标实现，也就是全体党员的共同目的的实现，而留置措施则是对党员个体的人身自由的严重克减。对留置措施的审查，应当考量其对于党的目标的实现是否是适当和必要的。在适当性层面的审查，要考察限制涉嫌腐败犯罪的党员的人身自由是否有助于党的目标的实现。关于这一点似乎尚可得出肯定性回答。但是，留置措施长时间限制被留置人的人身自由，是非常严厉的限制基本权利的措施。很难证明，若不采用如此严厉的人身限制措施，就无法达成党的目标。因此，也无法得出发端于党内规则的留置措施在保证党的目标实现上具有不可替代性的结论。更为重要的是，即便留置措施在实现党的目标上具有必要性，它也在根本上与个人通过结社以扩大自由的原初目标相抵触，造成了对个体自由的本质性限缩。在此结社自由与人身自由的衡量中，无法认为结社自由具有优先性。

四、留置措施与基本权利放弃

在对于留置措施的论证中，还有一种"权利放弃论"。也就是认为：个人加入中国共产党和担任公职时，已经放弃了自己的部分基本权利，其中就包括留置措施所限制的人身自由。在《中国共产党章程》规定的入党誓词中，包含"严守党的纪律"的内容；而在个人自愿以报考等方式被录取为公务员时，也应了解公务员法所规定的"遵守纪律，恪守职业道德""清正廉洁，公道正派"的公务员义务。此外，按照我国的宪法宣誓制度，各级人大及县级以上各级人大常委会选举或者决定任命的国家工作人员，以及各级人民政府、人民法院、人民检察院任命的国家工作人员在就职时均应宣誓"恪尽职守、廉洁奉公，接受人民监督"。那么，是否可以认为：宣誓者和担任公职者，都明了自己的廉洁义务，并且作了接受党纪约束和法律约束的自我宣告，从而意味着其同意放弃部分的基本权利？是否可以认为留置措施基于被留置人事先的同意，而不构成对其人身自由的侵害？换言之，如果某人对于党的纪律以及国家法律约束党员和干部的规则都有预先的了解，而仍然要求入党或者接受党组织将其遴选为领导干部，是否意味着其已许可监察机关在反腐败调查中限制自己的人身自由？

这个问题，涉及基本权利教义学中的"基本权利放弃"问题。下面，笔者将在对基本权利放弃的学理阐释的基础上，探讨留置措施可否经由

---

① 刘培峰. 结社自由及其限制. 北京：社会科学文献出版社，2007：186.

"权利放弃论"的论证而获得合宪性。

(一) 基本权利放弃的特征与法律后果

基本权利放弃,是个人对其基本权利的一种处分,也就是个人允许国家干预其基本权利的保护范围。① 其法律后果在于,国家的干预基于个人的同意而不被认定为违宪。因此,基本权利放弃可以被理解为基本权利主体对国家侵害其基本权利的自愿许可,或者对国家侵害其基本权利保护的法益的同意。可以以《治安管理处罚法》的若干规定为例来说明何为基本权利放弃。《治安管理处罚法》第87条中规定,"检查公民住所应当出示县级以上人民政府公安机关开具的检查证明文件",如果某人允许警察在没有检查证明文件的情况下对自己的住所进行搜查,就是对其住宅自由的放弃。《治安管理处罚法》第83条规定,对违反治安管理行为人,公安机关在传唤后,应当及时将传唤的原因和处所通知被传唤人家属。如果被传唤人不欲家属了解自己涉嫌违法的情况,自行提出不通知家属,也属于基本权利放弃的情形。由于个人同意国家干预其基本权利,公安机关的无证搜查行为和不通知家属的行为,就不被认为是违法的。

作为一种对自身权利的处分权,基本权利放弃当然必须基于自愿和对后果的明确认识。② 如果受到欺骗、蒙蔽,或者在公权力压力下作出承诺,则不构成基本权利放弃。基本权利放弃天然蕴含着对基本权利主体的行为能力的要求,此处不赘。

要充分理解基本权利放弃,需要将其与基本权利的消极不行使进行区分。③ 基本权利往往有其纯粹的消极层面,例如,消极的言论自由就是不发表言论,消极的结社自由就是不加入社团或者政党。对于一些只能以积极作为的方式实现的基本权利,个人也可以不去主张自己的权利,也就是选择不行使基本权利。例如,一个人在自己的权益受到损害时不去提起诉讼,就是选择了不行使自己的诉讼权利。但本质上,基本权利的消极不行使,仍然应被认为是基本权利的行使,只不过是以一种消极不作为的方式表现出来。这意味着,基本权利主体仍然享有宪法对其相关法益的保护,仍然可以以积极的方式去行使权利。一个保持沉默的人,仍然可以发表言论;一个离群索居的人,仍然可以加入俱乐部;一个人在上一次权益被侵害时没有起诉,在下一次权益被侵害时,仍然可以起诉。而基本权利放弃

---

① Pieroth/Schlink, a. a. O, S. 39.
② Vgl. Detlef Merten, Der Grundrechtsverzicht, in Horn (Hrsg.), Recht im Pluralismus, festschrift fuer Walter Schmitt Glaeser zum 70. Geburtstag, Berlin, 2003, S. 67.
③ Merten, a. a. O, S. 54f.

则不同。基本权利放弃是个人针对国家公权力作出同意自己的权益不再受宪法保护的承诺。基本权利的放弃，以基本权利主体的明确意思表示为要件，也就是个人明确向国家公权力表示自己放弃基本权利保护。而基本权利的消极不行使，只是个人不以积极作为方式去实现基本权利，不存在意思表示问题。个人在放弃基本权利、作出同意公权力干预的意思表示后，就发生相应的基本权利不再被保护的法律后果，对于公权力干预其基本权利的行为，无法再主张其违反宪法。例如，如果某人同意没有搜查证的警察搜查其住宅，就应该接受警察的搜查行为，并且不可以在事后主张警察的行为违法，主张自己的住宅自由受到侵犯。又如，如果某人接受国家征收其财产，并明确表示放弃补偿，则该征收就不会因为违反"征收必须附带补偿"的"唇齿条款"而被认定为违宪。个人消极地不行使权利，并不意味着国家限制其基本权利是合宪的。例如，一个人不发表言论，并不意味着国家可以禁止其发表言论；一个人不去起诉，并不意味着国家可以禁止其起诉。而基本权利放弃的法律后果则是，国家对基本权利的干预不会被认定为违宪。

在基本权利限制的"保护范围—限制—限制的合宪性论证"的审查步骤中，基本权利放弃被放在"限制"的阶层讨论：如果存在基本权利放弃的情形，则不构成"限制"。还有一种进路认为，在这种情形下，国家的行为仍然构成"限制"，但在"限制的合宪性论证"阶层，该限制的违宪性因基本权利放弃而被阻却。① 但无论在哪个审查阶层予以考虑，基本权利放弃的法律后果都是：国家对基本权利的干预行为不构成违宪。如果入党宣誓、宪法宣誓乃至自愿担任公职，被认为其中存在对人身自由的放弃，则留置措施就是合宪的。

（二）基本权利放弃的界限

对于是否在教义学上接受基本权利放弃，也就是允许个人放弃宪法对其基本权利法益的保护，存在理论上的争议。于此存在"肯定说"、"否定说"和"折中说"。基本权利放弃的肯定说认为，基本权利的哲学基础是取向于"个人自决"的自由主义，既然权利是个人的，就应该允许个人处分其权利。② 德国有学者认为，德国《基本法》第 2 条第 1 款保护"个性的自由发展"，也应该包含个人以放弃自由的方式实现个人的追求。③ 肯

---

① Pieroth/Schlink，a. a. O，S. 40.
② 这在政治哲学上涉及是否允许"放弃自由的自由""为奴的自由"。刑法上的"被害人承诺"等问题也与此相关。
③ Pieroth/Schlink，a. a. O，S. 39.

定说强调基本权利作为主观权利的性质，基于"权利是个人主观意志的主张"的观念，视处分权为个人权利的当然内容。基本权利放弃的否定说则认为，基本权利除了个人权利的属性，还具有促进国家意志形成（如选举权）、促进公共讨论以形成社会整合（如表达自由）的功能。为了国家的存续和政治过程的畅通，不应该允许基本权利放弃。否定说与基本权利作为客观价值秩序的观念密切相关。按照客观价值秩序理论，基本权利作为社会的共同价值和国家建构的伦理基础，具有形成和维持共同体秩序的功能。基本权利放弃会动摇共同体的客观价值基础，因而应予以否认。应该说，基本权利放弃的肯定说和否定说都有其合理性，从而也自然生成了折中的学说。

基本权利放弃的折中说原则上认可"个人自决"，允许个人放弃宪法对基本权利法益的保护。但是，如果允许个人彻底地放弃自由，无异于走向自由的自我否定，并且动摇自由民主社会的政治基础，因此，折中说主张必须为基本权利放弃设定界限。前述的基本权利放弃的构成要件——自愿、明确的意思表示——也可以看作基本权利放弃的界限，也就是：如果个人不是自愿放弃，或者没有以明白的方式表示放弃，就不构成基本权利放弃，也不产生国家干预行为被认定合宪的法律后果。除此以外，基本权利放弃的界限还可以从以下几个方面分析。①

1. 可否概括性地放弃基本权利？

个人可否一般性地、抽象地放弃全部基本权利或者某项基本权利，从而使得国家对其基本权利的干预一概被认定为合宪？概括性地放弃全部基本权利显然是不被允许的，因为这无异于取消人的主体地位，使个人成为国家的奴隶。自愿为奴式的放弃，将个人置于国家权力的纯粹客体地位，违背了个人作为国家权力来源和国家权力目的的人民主权原则，因而是任何民主国家所不能允许的。另外，概括性地放弃某项基本权利，一般也不应该被允许。例如，一个人在某次征收中放弃获得补偿的权利是被允许的，但如果其概括性地放弃在未来对其一切财产的征收的补偿权，也无异于根本性地否定其私有财产权。基本权利放弃不应该导致基本权利被本质性地否定的效果（这一点与下文讨论的"权利损害的程度"也相关）。为落实基本权利保障作为现代国家正当性基础的地位，可以被允许的基本权利放弃只能是在个别情形下的具体的放弃。

并且，即使是在个别情形下的具体的基本权利放弃，也应该允许权利

---

① Merten, a. a. O, S. 56ff.

人反悔，撤回其同意被干预的许可。对于个人在自愿、明确表达了基本权利放弃后，已经完成的国家干预保护范围的行为，个人固然不能主张其基本权利遭到了违宪侵害，但对于尚未进行或者尚未完成的国家干预行为，个人则可以要求停止，也就是撤回其基本权利放弃。

2. 区分权利的内容

有些基本权利不仅与个人利益有关，而且与国家意志的形成有关，例如选举权、担任公职的权利以及监督权。个人可以不行使这些权利，但不能从法律上放弃这些权利。个人应永远保留着参与民主过程、参与国家意志形成过程的可能性。如果这些权利可以被放弃，意味着国家可以禁止拥有这些权利的人参与国家的民主生活，并且不会被认定为违宪，这无异于从根本上取消了民主制。因此，这类与形成国家意志相关的权利是不可以放弃的。

而放弃纯属个人利益的权利，就属于个人自决的范围，允许放弃就较具正当性。个人在明知后果的情况下，放弃部分的财产权、住宅自由、个人信息、通信秘密甚至健康权（例如在明确知情的情况下，自愿接受医学实验，使个人健康权陷入风险）都是被允许的。特别是，个人为了实现自己的利益而放弃部分基本权利，例如，为了自身的安全而允许警察监听自己的电话、监视自己的住宅，甚至要求警察到自己家中提供保护，都属于具有正当性的基本权利放弃。

3. 考虑权利损害的程度

如前所述，基本权利放弃的法律后果是国家的干预行为不被认为是违法干预，或者被阻却违法性。但是，如果基本权利放弃具有较高强度和较长持续性，则也应该从合比例性的角度分析是否应予许可。假设个人针对国家放弃生命权，意味着国家可以随意剥夺其生命，所造成的损害后果与所实现的"个人自决"的目的就不成比例，因此不应被允许（当然，也可以理解为生命权本来就属于不可放弃的权利）。在关于基本权利放弃的比例原则衡量中，被牺牲的是个人承诺放弃的基本权利，而所欲实现的目的主要是"个人自决"的自由原则，以及人的尊严等价值目标。如果因放弃而导致的基本权利损害，根本上抵触了"个人自决"等正当目的，或者过度地、不必要地损害了这些正当目的，此种基本权利放弃就应该不被允许。这里涉及比例原则在基本权利放弃中的复杂情形，限于篇幅，这里不再展开。

（三）"权利放弃论"无法成立

基于上述的学理阐释，我们可以对留置措施讨论中的"权利放弃论"展开分析。"权利放弃论"实际上是认为个人在入党宣誓、宪法宣誓或自愿担任公职时,已经放弃了反腐败调查中涉及的个人人身自由,从而留置措施就是合宪的。但是,这一论证在基本权利放弃的学理下难以成立,分析如下:(1)个人担任公职往往具有较长时间的持续性,而党员身份基本会伴随终生。如此长时间的基本权利放弃,就是一种概括性的放弃。如前所述,概括性放弃意味着对基本权利的本质性否定,会根本动摇现代国家的正当性基础。(2)个人在入党宣誓、宪法宣誓或自愿担任公职时,是否对留置措施的性质、强度和法律后果有明确认识?关于这一点是不容易得出肯定性回答的。如果个人的认识并不明确,很难认为其是自愿的。(3)在入党宣誓、宪法宣誓时,只是概括性地表达要保持清廉、履行义务,并没有对放弃人身自由的明确意思表示,一般公务员的入职中,更没有此种意思表示。(4)人身自由在性质上与财产权、住宅自由、个人信息、通信秘密等权利不同,具有极强的身体性,而留置措施又是对个人的行动自由的严重限制,其对基本权利的干预在强度上甚至超过了逮捕。如前所述,允许基本权利放弃的原因是为了实现"个人自决",而一个被剥夺人身自由的人,是谈不上"个人自决"的。从比例原则的角度看,接受一种严重限制人身自由的措施,以一种放弃个人身体和行动自由的方式去实现所谓的"个人自决",缺乏适当性和必要性。也就是,此手段抵触了所欲实现的目的。综上所述,认为个人在入党宣誓、宪法宣誓或自愿担任公职时已经放弃了反腐败调查中涉及的人身自由的观点,是难以证立的。留置措施并不能借由基本权利放弃的学理获得合宪性论证。

推进反腐败机制的法治化,是我国"完善和发展中国特色社会主义制度,推进国家治理体系和治理能力现代化"的全面深化改革的总目标的重要组成部分。《中共中央关于全面推进依法治国若干重大问题的决定》提出:"加快推进反腐败国家立法,完善惩治和预防腐败体系,形成不敢腐、不能腐、不想腐的有效机制"。"不敢"是震慑,手段是严厉的刑事追惩,而"不能"和"不想"才是治理腐败的根本。国家监察体制改革的根本还在于实现"不能腐",通过体制改革加大对职务犯罪和职务违法的监督力度,把权力关进制度的笼子。追惩程序再严厉,也有其功能极限,追惩做不到源头治理。如果因此导致人权保障的退步,就更得不偿失。

通过改革推进反腐败法治化是正确的方向。现有的反腐败措施有其阶段性的事实合理性,改革当然不能忽视既有经验。[①]《中共中央关于全面推进依法治国若干重大问题的决定》要求"使每一项立法都符合宪法精

---

① 刘忠. 解读双规:侦查技术视域内的反贪非正式程序. 中外法学, 2014 (1).

神",并要求"加强人权司法保障""完善对限制人身自由司法措施和侦查手段的司法监督",为改革设置了法治和人权上的高标准。不应该将反腐败与法治建设、人权保障对立起来,它们都是国家治理现代化的目标。在监察体制改革中,我们既要关注权力的配置,更要关注权利的保障,不能"只转权力,不转权利"[1]。宪法上的基本权利规范,在国家反腐败机制立法中,应该发挥重要的制度边界功能。对于留置措施在试点实践中的各种争议,需要依据宪法进行正当性评价。如何在总结既有经验的基础上,在宪法的框架秩序之下,建构出有利于强化国家反腐败能力的廉政机构,并充分落实人权的法治保障,仍然是未竟的课题。

(本文与赖伟能合作,原以《基本权利作为国家权力配置的消极规范》为题发表于《法律科学》2017年第6期。)

---

[1] 熊秋红. 监察体制改革中职务犯罪侦查权比较研究. 环球法律评论,2017(2).

特赦的法理

许霆利用ATM机漏洞取款一案，在被广东省高级人民法院发回后，经广州市中级人民法院重审判决，认定许霆构成盗窃罪，并判处5年有期徒刑。

从案件本身来看，即使在法律专家中，也存在着是否构成犯罪、是否构成盗窃罪、是否构成盗窃金融机构等很多层面的争议。而普通公众更是普遍认为"许霆冤枉""判得太重"。在这一案件存在重大争议和引起公众对其普遍的不正义评价的情况下，在许霆即使上诉也很难获得无罪判决的情况下，笔者认为，全国人大常委会可以考虑行使《中华人民共和国宪法》第67条第17项①赋予其的特赦权，对许霆决定特赦。

之所以建议特赦，是基于这样的考虑：在刑法层面上论证许霆无罪非常困难，即使许霆上诉，获得二审无罪判决的可能性也基本不存在。但普通公众却普遍同情许霆，认为有罪判决缺乏公正性或者量刑过重。在这种法律判断与公众观念产生巨大冲突的情况下，运用宪法规定的特赦制度来消解社会分歧是一个可以考虑的手段。

我国《宪法》第67条规定："全国人民代表大会常务委员会行使下列职权：……（十七）决定特赦……"而《宪法》第80条规定由国家主席发布特赦令。宪法文本将我国的特赦权明确赋予了全国人大常委会，但这项职权却处于长期被搁置的状态。中华人民共和国成立以来，截至2008年共进行过7次特赦，分别于1959年、1960年、1961年、1963年、1964年、1966年、1975年对"确认改恶从善的蒋介石集团、伪满洲国和伪蒙疆自治政府的战犯"进行赦免。但在"八二宪法"制定之后，全国人大常委会还从未进行过特赦。那么，可否对战犯之外的其他人进行特赦呢？特赦应该基于怎样的理由？特赦应该符合怎样的法理？这些问题在中国没有太多实践经验可以参考，也缺乏理论上的深入探讨。

---

① 我国宪法2018年修正后，第67条第17项已被修改为第18项。

从世界范围看，特赦是一项普遍存在和经常运行的制度。如果以法治的理念看，特赦实在是离经叛道、无法无天的。考察各国的特赦制度，我们会发现特赦有很多违背法治一般原则的特点，包括以下几个方面：

（1）无限制。很多国家宪法将特赦权（pardon power）赋予国家元首，而这些元首的特赦权几乎是无限制的。在美国，白宫的相关机构和司法部在对特赦的申请进行审查后，可以向总统提出特赦某些人的建议。但这些建议并不构成对总统特赦权的限制，因为他们都是给总统"打工"的。总统可以针对任何犯罪决定特赦，可以在犯罪行为发生后的任何时间决定特赦。这意味着，一项犯罪可能还未被提起公诉，还不一定会被定罪，就已经被赦免了。如果说有限制的话，仅仅是总统不能在犯罪发生之前预先特赦。特赦权的不受限制还表现在，总统在特赦时不需要考虑国会的意见，也不用考虑司法判决的既判力。

（2）不回避。当法官和公职人员面对与自己有利益关系的案件时，回避是法治的一个重要体现，是"正当程序"（due process）的基本要求。但是，美国总统在特赦时却不用考虑"避嫌"的问题。没有什么能阻止美国总统去特赦自己的好朋友、亲戚、内阁成员或者其他有关系的人。例如，老布什总统曾是当年深受伊朗门丑闻困扰的里根政府的副总统，然而，1992年圣诞节的时候，老布什总统特赦了因为试图掩盖伊朗门丑闻而马上就要受审的国防部前部长卡斯伯·伟恩伯格。

（3）不讲理。与法院判决必须有判决书，必须有令人信服的判决理由和论证不同，美国总统在决定特赦时不需要给任何理由。理论上讲，总统可以对任何人作出特赦决定，无论他的罪行如何。总统只需要决定特赦，而不需要作任何法律上的理由说明。

概括起来看，特赦权的行使几乎没有法律上的约束可言，这与一切权力都要伴随对权力的限制的法治理念是相抵牾的。如果非要去找对特赦权的制约，我们也会发现这种制约并非来自法律体系之内。美国著名宪法学家劳伦斯·却伯概括说，如果说总统的特赦权受到什么限制的话，无非以下几个方面：首先，如果总统还在位子上，他得小心被弹劾（大家都知道，在美国弹劾总统有多难）；其次，如果总统还想谋求连任，他得小心选民对特赦的反应；最后，如果总统不再担心被弹劾，也不再谋求连任，那他要担心的，就只是历史的评价了！

这说明，特赦本质上就是超法治或者非法治（与法治无关）的。用"破坏法治"来否定特赦就等于用"太苦"来否定苦瓜一样。

我国宪法关于全国人大常委会特赦权的规定就四个字："决定特赦"。

这实际上也赋予了全国人大常委会裁量权。也就是说，全国人大常委会可以以任何理由对任何人作出特赦的决定，而且不需要对理由作出任何说明。所以，由全国人大常委会对普通刑事案件中的犯罪人作出特赦，于宪法上是不存在障碍的。

当然，在任何国家，特赦都不是随意进行的。概括一下，特赦的理由一般是两种：一种是政治上的安抚与和解。国家对政治上的反对派、叛乱分子等的特赦，有助于国家的政治和解，有助于社会的安定与和谐。这一方面，我国在1959年、1960年、1961年、1963年、1964年、1966年、1975年对"确认改恶从善的蒋介石集团、伪满洲国和伪蒙疆自治政府的战犯"的赦免就是例证。另一种是司法机关的定罪和量刑过于严厉或者明显不正当。这时候，特赦权的行使实际上是对司法机关的一种制约，当然，是一种极端例外情况下的制约。

在后一种情况，特赦实际上是对法治所导致的错误的修正机制。从形式上看，特赦是对法治的严重挑战，因为一个严格按照法律判决的案件，却被不讲任何理由的特赦否决。而且，法院的判决被其他机关否定，也是对依法独立行使司法权的破坏。但是，必须注意，特赦制度是一个法治的例外机制。

我们必须承认，任何法律制度都可能导致不公正的结果，人类的法律制度不可能是完美的。在一个良好运行的法律秩序下，绝大多数的公民都在享受着法治为我们带来的安宁与善，但极例外情况下法治所导致的不公正却要由极个别的人去承担。让极个别的人去承担整体法治的负面成本，是不正义的。所以，法治国家必须针对严厉和不正当的刑罚设置纠正和弥补的机制。这个机制可以有多种形态，但特赦一定是其中重要的一种。

我们面对的"许霆案"，显然存在着巨大的刑法学上的争议，但这并非笔者所关注的重点。无论许霆是否构成犯罪，是否该判无期徒刑或者5年有期徒刑，都可以适用特赦，因为特赦是可以针对确实犯了罪的人的。而且，笔者相当倾向于承认，法院的判决是有充分的刑法的法理依据和严格的法律论证的。

问题的关键在于，"许霆案"的有罪判决和5年有期徒刑，在公众那里普遍被看作过于严厉的判决，甚至该案被认为是冤案。在新浪网2008年4月2日的网络调查中，认为"判得太重"的网民占70.6%，而认为"判得恰当"和"判得太轻"的各占16.82%和12.58%（截至2008年4月2日14:24）。而许多网民也表示，在同样的情况下，自己也会去取款。无论许霆是否构成犯罪，对于这个案件的判决公众显然已经普遍认为其不公正。在这种情况下，全国人大常委会即使出于校正公众心目中司法给人的不正义感，也完全可以考虑特赦许霆。

特赦是由国家的宪法明确规定下来的制度，以法律上的制度去纠正法律制度导致的不正当，不应该被看作对法治的破坏。更重要的是，特赦的适用是极其慎重和极为罕见的。即使在有特赦案例的国家，掌握特赦权的主体（往往是国家元首）在适用特赦上也是极为小心的。而从统计数据来看，经特赦的案件在刑事案件总数中占的比例是微乎其微的。我们不应该把特赦的个案作放大的思考，然后去担心其对法治和司法独立的普遍破坏。

特赦，是我国宪法上明确规定但被长期搁置的重要职权，我们甚至会习惯性地把"特赦"和"战犯"联系起来。实际上，特赦制度是现代人权保障制度中非常重要的环节。法律制度会让绝大多数人享受秩序与安宁，却也可能把制度不完美的后果让极个别的人承担。而特赦的意义就在于消除这种不正义，尽管特赦有时会有破坏法治的表象。特赦的意义并不限于人权的保障，特赦所蕴含的宽容、和解的理念会促进社会的安定与和谐。

（本文原以《特赦的法理以及权力分工的"功能适当原则"》为题发表于韩大元主编《中国宪法事例研究（四）》，法律出版社2010年版。）

"副教授聚众淫乱案"判决的合宪性分析

2010年5月20日,江苏省南京市秦淮区人民法院对南京某大学原副教授马某等人聚众淫乱案作出一审判决,22名被告人均以聚众淫乱罪被追究刑事责任。其中,马某被判处有期徒刑3年6个月,其他21名被告人分别被判处免予刑事处罚到2年6个月有期徒刑不等的刑罚。① 案件被广泛报道后引发了热议,首先是民众对案件判决和聚众淫乱罪本身的正当性进行了质疑②,进而学界对此也展开了激烈的争论,以社会学家李银河研究员为代表的一些学者主张废除聚众淫乱罪,但也有许多学者旗帜鲜明地反对取消这一罪名③,并对本案判决表示认同。④

关于聚众淫乱罪,刑法学界的主流观点是:只要行为人故意实施了聚众淫乱行为,就构成本罪,至于其淫乱活动是否公开并不予考虑。本案法官也强调,"聚众淫乱侵犯了公共秩序,无论是私密还是公共场所,都不影响对此类行为的认定"⑤。但也有不同观点,例如张明楷教授认为,三个以上成年人基于同意而秘密实施的性行为,不属于刑法规定的聚众淫乱行为。⑥ 显

---

① 南京"副教授聚众淫乱案"一审宣判. [2011-05-26]. http://news.xinhuanet.com/legal/2010-05/20/c_12123832.htm.
② 北京师范大学刑事法律科学研究院进行的一项在线调查显示(自2010年4月9日至2011年5月26日,共有12 356人参与投票),支持对马某以聚众淫乱罪起诉的比例为50.03%,反对的占49.68%,认为不好说的占0.29%。([2011-05-26]. http://www.criminallawbnu.cn/criminal/poll/pollresult.asp?view=Y&pollid=12.)另据中国人民大学潘绥铭教授此前的调查,在2006年18~61岁的中国总人口中,38.5%的人认为聚众淫乱行为不是犯罪,58%的人认为现行刑法对此处罚过重。潘教授还特意指出,对这一结论,社会各个阶层的态度基本是一致的。(潘绥铭. 聚众淫乱罪不合民意. [2011-05-26]. http://blog.sina.com.cn/s/blog_4dd47e5a-0100hjpm.html.)
③ 李银河. 建议取消聚众淫乱罪. [2011-05-26]. http://blog.sina.com.cn/s/blog_473d53360100hdz0.html?tj=1. 关于聚众淫乱罪存废之争,可参见《法治资讯》2010年第4期。
④ 多位法学专家认同南京聚众淫乱罪审判结果. [2011-05-26]. http://news.xinhuanet.com/legal/2010-05/20/c_12123846.htm.
⑤ 同①.
⑥ 张明楷. 刑法学. 3版. 北京:法律出版社,2007:776.

然，对于聚众淫乱罪存在刑法教义学上的两种不同的解释，分歧非常明显。

需要注意的是，对聚众淫乱罪的解释，不仅是刑法规范体系内的问题，也是宪法上的基本权利问题。基本权利是笼罩一切法体系的客观价值秩序，解决聚众淫乱罪中的价值冲突也必须诉诸基本权利层面的论证。① 笔者尝试从基本权利的角度对"副教授聚众淫乱案"判决的合宪性进行分析。在具体分析框架上，笔者将使用审查基本权利限制的三阶段分析框架②：首先讨论刑法所制裁的聚众淫乱行为落入哪项基本权利的保护范围，其次论证刑法的聚众淫乱罪是否构成对该项基本权利的限制，最后运用比例原则对此限制的合宪性进行审查，论证其是否具备阻却违宪事由，最终就限制是否具有宪法正当性得出结论。

一、基本权利的保护范围

基本权利的保护范围，也就是基本权利的调整领域或规制范围。个人的行为只有在基本权利的保护范围内，才构成基本权利的行使，才受宪法保障。③ 只有国家对落入基本权利保护范围的事项进行干预，才有可能产生基本权利限制的问题。如果三人以上自愿的性行为，并不落入宪法中任何一项基本权利的保护范围，那么依据《刑法》第301条聚众淫乱罪对此类行为进行处罚就不构成对基本权利的限制，《刑法》第301条和相关的判决也就是合宪的。

三人以上自愿发生性关系等所谓的"聚众淫乱"行为④，实际上属于公民的性自由，是公民对其性自主权的行使。性自主权即公民自主决定其性活动的对象、方式、地点等的权利。欧爱民教授认为，"在我国性自由不可能成为一项法定权利，有关机关也从未将性自由纳入宪法保障的范围"⑤，因此聚众淫乱罪并不构成对公民权利和自由的干涉。在否认了性自由之后，欧爱民教授进而从国家对婚姻家庭的保护义务出发，从制度性

---

① 对此问题，已经有学者从宪法学的角度进行了分析。（欧爱民. 聚众淫乱罪的合宪性分析：以制度性保障理论为视角. 法商研究, 2011 (1)：36 - 41.）但笔者对于欧爱民教授的结论与论证，均持不同意见，详见后述。

② Pieroth/Schlink, Grundrechte, Staatsrecht Ⅱ, 25. Aufl., 2009, S. 3；张翔. 基本权利限制问题的思考框架. 法学家, 2008 (1)：136 - 137.

③ Pieroth/Schlink, a. a. O, S. 54.

④ 《刑法》第301条第1款规定："聚众进行淫乱活动的，对首要分子或者多次参加的，处五年以下有期徒刑、拘役或者管制。"根据刑法学对此罪名的解释，所谓"众"，是指三人以上；所谓"淫乱活动"，主要是指性交行为，即群奸群宿，还包括手淫、口淫、鸡奸等其他刺激、兴奋、满足性欲的行为；此外，参与者应当是自愿的。（郎胜. 中华人民共和国刑法释义. 4版. 北京：法律出版社，2009：473；张明楷. 刑法学. 3版. 北京：法律出版社，2007：776.）

⑤ 欧爱民. 聚众淫乱罪的合宪性分析：以制度性保障理论为视角. 法商研究, 2011 (1)：37.

保障的角度论证了聚众淫乱罪的合宪性。这种观点值得商榷。首先，我国的法律并非不保护性自由权。如果认为法律不保护公民的性自由，那么《刑法》第 236 条强奸罪保护的法益是什么呢？进而，又应该如何理解强奸罪规定在刑法"侵犯公民人身权利、民主权利罪"这一章当中呢？对于强奸的概念，我国学界一般的界定是：违背妇女意志，使用暴力、胁迫或者其他手段，强行与妇女性交的行为。① 这显然是对妇女性自主权的保护。所以，欧爱民教授至多只能讨论，对于个人的性自由权，基于保障婚姻家庭制度的理由，应在何种程度上进行限制，而不应该自始否认性自由受法律保护。实际上，如果性自由权不存在，现代婚姻制度的前提——婚姻自由——也就不存在了。

那么，宪法中并没有明确列举性自由权，是否意味着宪法不保护性自由权呢？宪法学上一般认为，宪法中的基本权利规定"只是列举了在历史上遭受国家权力侵害较多的重要的自由权利，并不意味着已然网罗和揭示了所有的人权"②。在"国家尊重和保障人权"的条款进入宪法规范的背景下，仍坚持基本权利仅以宪法明确列举的为限，无疑是过于狭隘的观点。对于宪法没有明确列举的权利，可以通过两种方法予以保护：一种方法是概括基本权利条款。比如在德国著名的"艾尔弗斯案"的判决中，德国联邦宪法法院就将宪法并未明确列举的"出国旅行自由"纳入德国《基本法》第 2 条第 1 款的"一般行为自由"的保护范围，并赋予了"一般行为自由""兜底基本权利"的作用。③ 另一种方法是对基本权利条款进行扩大的解释。宪法中的基本权利条款中充满了不确定法律概念，这就为宪法解释留下了巨大的解释和填充空间。这种做法在宪法解释中是普遍存在的，比如，美国联邦最高法院的斯卡利亚大法官曾举过这样一个例子：美国宪法第一修正案规定了言论和出版自由（the freedom of speech, or of the press），这个表述并没有列举出所有的表达交流的形式，比如信件，但这绝不意味着信件是被禁止的。所以，言论和出版两个词实际上代表了整个一类的表达行为。④

---

① 高铭暄，马克昌. 刑法学. 3 版. 北京：北京大学出版社，高等教育出版社，2007：525；王作富. 刑法. 3 版. 北京：中国人民大学出版社，2007：518.

② 芦部信喜. 宪法（第三版）. 林来梵，凌维慈，龙绚丽，译. 北京：北京大学出版社，2006：103. 德国联邦宪法法院也持同样的观点，参见 BVerfGE 6, 32/37. 而美国宪法第九修正案关于"未列举权利"的规定，也有着类似的内涵。

③ BVerfGE 6, 32/36.

④ Antonin Scalia, *A Matter of Interpretation: Federal Courts and the Law*, Princeton University Press, 1997, pp. 37-38.

有鉴于此，不能简单地认为宪法文本中未明文列举的权利就不受保护。妥当的做法是在整个基本权利规范体系中，对各项基本权利的保护范围进行具体的解释；而且为了实现基本权利效力的最大化，还应该尽可能宽泛地加以解释，以避免个人的自由过早地被排除。回到本案，首先需要解决的问题就是：作为一项权利，如果公民的性自主权受宪法保护，那么其应当落入哪项基本权利的保护范围？或者说，哪项基本权利包含了性自主权的内容？

（一）几种解释可能

1. 人身自由

性自主权是公民自主决定其性活动的权利，其中必然包含着对自己身体的自由支配，因此首先会被考虑到的是人身自由。人身自由又称身体自由，其首要的含义是个人有人身自主权，不受他人的支配或者控制。① 但我们不能贸然作出人身自由包含性自由权的判断，而是要严格以宪法上的人身自由条款为中心进行宪法解释，考察我国宪法上的人身自由是否包含了性自由权。为说明问题，援引《宪法》第37条如下："中华人民共和国公民的人身自由不受侵犯。""任何公民，非经人民检察院批准或者决定或者人民法院决定，并由公安机关执行，不受逮捕。""禁止非法拘禁和以其他方法非法剥夺或者限制公民的人身自由，禁止非法搜查公民的身体。"对于这3款规定，一种最狭义的理解是：后两款即是对人身自由内涵的具体化，人身自由就是公民不受非法逮捕、拘禁、搜查的权利。即使我们认为这种理解过于拘泥于文字的表面含义而不应被采纳，并认为第2款和第3款只是对作为概括性规定的第1款内容的一种例示性的列举，人身自由的内容并不限于不受非法逮捕、拘禁、搜查，我们仍必须承认这一条文比较明确地将人身自由的核心内容指向免受公权力的非法逮捕、非法拘禁。从文义解释的角度，从第37条3款之间的逻辑关系的角度，都很难认定人身自由包含了性自由。

从历史解释的角度看，人身自由条款也无法包含性自由权。我国1954年宪法规定的人身自由，仅仅强调公民不受非法逮捕。1975年、1978年宪法承继了1954年宪法的表述。② 1982年修改宪法时增加了有关

---

① 许崇德. 中国宪法. 4版. 北京：中国人民大学出版社，2010：320.
② 1954年《宪法》第89条规定："中华人民共和国公民的人身自由不受侵犯。任何公民，非经人民法院决定或者人民检察院批准，不受逮捕。"1975年《宪法》第28条第2款规定："公民的人身自由和住宅不受侵犯。任何公民，非经人民法院决定或者公安机关批准，不受逮捕。"1978年《宪法》第47条规定："公民的人身自由和住宅不受侵犯。任何公民，非经人民法院决定或者人民检察院批准并由公安机关执行，不受逮捕。"

人身自由的内容,将人身自由规定得"更加具体""更加切实和明确",是"根据历史的经验和'文化大革命'的教训"①。基于对"文化大革命"的沉痛历史教训的反思,为了使悲剧不再重演,对宪法人身自由条款作了补充规定。② 对历史上制宪者的意图以及历史上人身自由条款的规范内涵进行考察,都无法认为人身自由条款包含了对性自由的保护。

2. 人格尊严

在德国宪法学中,人的尊严被认为是德国《基本法》的最高建构性原则③,具有巨大的解释空间。与人的尊严密切相关的人格自由发展权包含着自我决定权的内容,个人的自我决定权当然也包含着对性生活的自我决定。但在我国宪法中很难直接援引这种宪法解释。我国《宪法》第38条规定:"中华人民共和国公民的人格尊严不受侵犯。禁止用任何方法对公民进行侮辱、诽谤和诬告陷害。"从此条文前后两句的紧密关联来看,我国宪法上的人格尊严的核心内容应该被限定在禁止对公民的侮辱、诽谤和诬告陷害上。④ 如果考察人格尊严条款的发生史,会发现其有着比第37条人身自由条款更为明显的反"文化大革命"色彩:在"文化大革命"时期,许多公民人格扫地,毫无尊严,因此1982年修宪时特别在基本权利章中写入了人格尊严条款这一新的条文。⑤ 由此,我们也面临与人身自由条款相同的问题,在对人格尊严条款进行文义解释和历史解释后,很难使其保护范围涵盖性自由。

3. 住宅自由、通信自由和通信秘密

在"副教授聚众淫乱案"中,还涉及住宅自由(《宪法》第39条)以及通信自由和通信秘密(《宪法》第40条)。本案当事人在酒店房间中聚众进行性行为,在设有加入限制的QQ群中约定聚会时间、地点等,也受到住宅自由以及通信自由和通信秘密的保护。⑥ 但住宅自由和通信自由、

---

① 彭真. 关于中华人民共和国宪法修改草案的报告//中共中央文献研究室. 十二大以来重要文献选编: 上. 北京: 人民出版社, 1986: 141.

② 许崇德. 中华人民共和国宪法史. 福州: 福建人民出版社, 2003: 795-796.

③ Günter Dürig, Der Grundrechtssatz von der Menschenwürde, AöR1956, S. 119.

④ 我国学者虽然也肯认了人格尊严的宪法基础性价值原理地位,但仍继续将其解释为"一项个别性权利",类似于宪法上的人格权。(林来梵. 人的尊严与人格尊严: 兼论中国宪法第38条的解释方案. 浙江社会科学, 2008 (3): 53.)

⑤ 彭真. 关于中华人民共和国宪法修改草案的报告//中共中央文献研究室. 十二大以来重要文献选编: 上. 北京: 人民出版社, 1986: 141; 许崇德. 中华人民共和国宪法史. 福州: 福建人民出版社, 2003: 795-796.

⑥ 事实上,正是这种隐蔽性造成了对聚众淫乱罪调查取证的困难,故而这一罪名自设立以来很少出现在司法实践中。

通信秘密都并不直接保护性自由。认为这两项权利包含性自由的观点，显然偏离了《宪法》第 39 条和第 40 条的规范意旨。即使我们通过对住宅自由以及通信自由和通信秘密的解释推导出隐私权，并主张隐私权当然保护性隐私权，这也只是性自由权的一个侧面，而不能包含决定性活动的对象和方式的自由。无论如何，不可能将性自由整体纳入住宅自由或者通信自由和通信秘密的保护范围。

（二）人权条款的辐射

在文义解释和历史解释的层面，性自由显然无法为人身自由和人格尊严所涵盖。但是，如果结合《宪法》第 33 条第 3 款"人权条款"进行目的解释，依然可以为性自由权的保护找到基本权利的依据。2004 年《宪法修正案》将"国家尊重和保障人权"写入宪法，为整个宪法和整个基本权利体系带来了新的法解释上的可能性。作为我国宪法中基本权利的概括性条款，人权条款可以作为目的解释的基础。人权概念天然隐含了一种价值追求，我们在宪法中写入"国家尊重和保障人权"，具有重构国家价值观的意义①，实际上是将人权作为一种整个国家的价值观注入宪法。而将人权条款作为基本权利新的价值基础，可以引导我们用这种价值去重新检视基本权利规范，对这些条款进行新的目的解释。人权条款入宪后，宪法中基本权利条款的价值背景发生了变化，对这些在反思"文化大革命"背景下制定的、含义非常局限的条款就有了重新进行目的解释的可能性，而解释的结果很可能就是对原保护范围的一种扩张，进而为我国宪法文本中未列举权利的保护提供规范依据。② 笔者认为，在人权条款的价值笼罩下，可以从人身自由条款中解释出性自由。

1. 性自主权属于人权

尽管人权在内容上具有开放性和不确定性，但性自由无疑是属于人权范畴的。人权是人之为人的权利，而作为人的生物本能，性的权利当然是人权的一部分。有关性的权利，最具影响力的表述是《性权宣言》。1999 年世界性学会在香港举行第 14 次世界性学会议，会议通过了这份宣言，其中列举了性自由权、性自主权等 11 项性的权利，并认为性权是一种"基本的、普世的人权"③。尽管这份宣言并不具有法律效力，但它获得了广泛的关注和认同。而且，《性权宣言》是"根据国际人权文件的基本精

---

① 韩大元. 宪法文本中"人权条款"的规范分析. 法学家，2004（4）：10.
② 韩大元. 宪法学. 北京：高等教育出版社，2006：135 - 137. 本部分为张翔撰写。
③ 性权宣言（Declaration of Sexual Rights）.［2010 - 05 - 26］. http://www.sexology.it/declaration_sexual_rights.html.

神和价值原则制定的",宣言中列举的11项性权利,都可以从《世界人权宣言》《公民权利和政治权利国际公约》《经济、社会、文化权利国际公约》等国际人权文件中找到相应的根据或出处。① 我国已经签署了《公民权利和政治权利国际公约》和《经济、社会、文化权利国际公约》,对建基于这些公约的性的权利,在宪法解释中应该予以考虑。

2. 性自主权落入人身自由的保护范围

人权条款入宪,给基本权利条款带来了进行新的目的解释的可能性。也可以说,通过人权条款,"宪法中的基本权利表明了自身的动机",这种动机意味着基本权利要"以人权为指针,从而最大程度上实现人权的要求"②。人权中包含了性自主权,要求对性自主权加以保护,这也就成为基本权利条款的动机。对于性自主权的保护,可以通过对既有的基本权利条款的解释来实现。这种方法在其他国家也多有使用,例如韩国宪法裁判所在2009年的一起违宪审查案件中,认定韩国刑法第304条因为侵害了男子的性自主权和隐私权而部分违宪,明确地将性自主权作为一项基本权利来保护。③

就我国宪法而言,在人权条款的辐射下,最可作为保护性自由依据的还是人身自由。固然,从历史经验出发,人身自由主要防御的是国家非法的逮捕和拘禁,但如果从"人之为人所应当享有的权利"的角度思考,则可以认为,人身自由最原始、最基本的意义是个人的举止行动的自由,也就是个人支配自己的身体去做各种自己想做的事情而免于他人干预的自由,即所谓"身体自由"。从宪法解释的角度看,"免受非法逮捕和拘禁的自由"与"个人支配自己身体的自由"都可以落入"人身自由"的文义射程,但后者更多地是从"人权是人之为人所应当享有的权利"这一价值判断中导出的,而非单纯依据《宪法》第37条的文义得出的解释可能性。在基本权利保护范围的确定上,这种通过目的解释的扩充也合乎基本权利保障最大化的原理。正如生命权的保护范围当然包括呼吸的权利、吃饭的权利一样④,个人支配自己身体的权利当然也包含性自主权。总结一下,在明确基本权利的保护范围这个步骤,可以得出的结论是:在人权条款的辐射下,性自主权落入

---

① 赵合俊. 性权与人权:从《性权宣言》说起. 环球法律评论,2002 (1):100.

② 张翔. 论人权与基本权利的关系:以德国法和一般法学理论为背景. 法学家,2010 (6):17,27.

③ 该案判决中写道:刑法系争条款规定禁止"以约为婚姻之欺诈手段引诱性非淫荡的女子而与其发生性关系",违反了禁止过度侵害原则(比例原则),从而构成了对男性性自主权、隐私权的侵害。(韩大元. 中国宪法事例研究:第5卷. 北京:法律出版社,2010:275.)

④ Pieroth/Schlink, a. a. O, S. 55.

《宪法》第 37 条人身自由的保护范围。

二、对基本权利的限制

性自主权受到人身自由的保护，接下来需要考虑的问题便是，刑法上的聚众淫乱罪是否构成了对人身自由这项基本权利的限制。传统上，国家对基本权利的限制要求具备目的性、直接性、法效性、强制性和高权性五个要素。随着现代国家职能的扩张，上述判断标准有所放松，限制概念不断扩张。①

即便依据传统的认定标准，聚众淫乱罪也明显构成了国家对基本权利的限制。首先，国家的立法活动将三人以上自愿发生性关系等行为纳入犯罪圈，特意规定聚众淫乱罪，以刑罚制裁此类行为，无疑构成了非常严厉的限制。其次，在具体案件中，法官已经按照这一罪名对马某等人量刑处罚，国家的司法活动对公民的基本权利进行了直接的限制。

三、对基本权利限制的合宪性论证

如果国家的行为构成了对基本权利的限制，就需要对此限制进行合宪性论证，以检验这种限制是否具有宪法上的正当性。如果是不合宪的限制，那么就构成了对基本权利的侵害。

对基本权利的合宪限制，首先要符合形式要件，即法律保留原则；其次要符合实质要件，主要是比例原则。简单地讲，法律保留原则是指对基本权利的限制，只能通过法律进行。此处的"法律"指的是狭义上的法律，即由全国人大和全国人大常委会制定的法律。本案中，聚众淫乱罪的适用依据是刑法，从而本案中对基本权利的限制是符合法律保留原则的，因此，在这一点上不必展开。

比例原则的分析是对基本权利限制的合宪性审查过程中非常重要的一个步骤。这一原则一般包括三个部分，适当性原则、必要性原则和狭义比例原则。在适当性原则之前，还需要对限制行为所欲达成的目的的正当性进行审查。所谓目的的正当性，是指国家对基本权利的限制必须是为了追求正当的目的。适当性原则是指法律所采取的限制性手段，必须能够促成其所追求的目的；必要性原则要求在多种可能的适当手段中，选择最温和、对被限制对象干预最小的手段；狭义比例原则要求手段所追求的目标（某种公益的实现或者增进）大于对基本权利造成的损害或者不利益。②

---

① Vgl. Albert Bleckmann, Staatsrecht II, 3. Aufl., 1989, S. 336f.
② Pieroth/Schlink, a. a. O, S. 68f.

（一）目的的正当性

目的的正当性要求立法者不能为了追求一个违宪的目的而对基本权利作出限制，申言之，《刑法》第301条聚众淫乱罪对公民性自由、人身自由的限制，必须符合我国宪法所预设的、所允许的基本权利的限制目的，只有这样才具有正当性。我国《宪法》第51条是对基本权利的概括限制条款，第51条规定："中华人民共和国公民在行使自由和权利的时候，不得损害国家的、社会的、集体的利益和其他公民的合法的自由和权利。"亦即刑法对聚众淫乱行为加以制裁，必须是因为这种行为损害了国家的、社会的、集体的利益或者其他公民的合法的自由和权利。这就需要我们对聚众淫乱罪所希望保护的法益进行细致的分析。

1. 公共秩序与交往规则

聚众淫乱罪规定在《刑法》第六章"妨害社会管理秩序罪"第一节"扰乱公共秩序罪"中，这其实已经透露出立法者的意志。刑法学者也认为，聚众淫乱罪的犯罪客体是公共秩序[1]，或者表述为"以公共生活规则来维持的公共生活的健康生活状态"[2]。有学者还注意到："司法实践中，人们常感到对本罪的犯罪客体不好理解，认为这类行为若发生在光天化日之下，公然进行淫乱活动，这时的犯罪客体是公共秩序比较容易理解，因为这种行为的公开性，足以引起一般人的羞耻感情，引起人们的憎恶。而实践中，聚众淫乱活动却多以暗地进行并且是互相自愿的形式为常见，对于这种行为，人们往往认为其并未干涉他人自由、影响他人正常生活，因此，很难理解为破坏了公共秩序。"[3]

作为回应，这些学者对公共秩序的概念进行了解释，他们认为："公共秩序一方面包括公共场所的秩序，另一方面还应包括人们在日常交往中所应共同遵守的生活规则。其中，前者由纪律规则调整，是相对具体的；后者则由交往规则调整，是相对抽象的"。"任何违反公共生活规则的行为都是对公共秩序的破坏"，聚众淫乱行为违反了社会公共生活中的交往规则，从这个角度讲，破坏了公共秩序。[4] 这里将聚众淫乱罪的犯罪客体"公共秩序"区分为"公共场所的秩序"（纪律规则）和"日常交往中的共同生活规则"（交往规则），认为公然进行的聚众淫乱行为，违反了纪律规

---

[1] 赵秉志. 扰乱公共秩序罪. 北京：中国人民公安大学出版社，1999：451；陈兴良. 罪名指南：下册. 2版. 北京：中国人民大学出版社，2008：109.

[2] 王作富. 刑法分则实务研究：中. 3版. 北京：中国方正出版社，2007：1327.

[3] 赵秉志. 扰乱公共秩序罪. 北京：中国人民公安大学出版社，1999：451.

[4] 同③.

则，扰乱了公共场所的秩序，构成了对公共秩序的破坏。这确实是比较明显的，不存在疑问。

但是，认为私密进行的多人性行为，违反了交往规则，进而构成了对公共秩序的破坏，这种论证似乎存在问题。公共场所具有公开性，出现在公共场所的人是不特定的，因此维护公共场所秩序的纪律规则对于所有人都是一致的，每一个人都必须遵守。然而，维系人们日常联系的交往规则却并非如此。对于社会大众而言，确实可能已经形成了一套共同的生活规则，"这种规则和秩序不仅由统治阶级所确立，而且由传统的社会公德所维系"①，人们通过遵守这些规则来处理人际关系，进而维系社会公共生活的稳定状态。但是，整个社会通行的交往规则并不能排斥少数人、小群体之间特殊交往规则的存在。人类社会的发展，不能依靠把一切个性都磨成一律，也不应该追求所有行为规范的绝对一致，而要"容许不同的人过不同的生活"②。交往规则建立在人际交往的基础上，而参与交往的人可以被特定，只要这些特定的参与交往的人都认同某种交往规则，就应当允许这种规则的存在，即便它并不符合社会整体的共同交往规则。例如，人们在交往中普遍接受了礼貌待人的规则，但在熟人之间这一规则却并不一定适用，有时貌似无礼甚至粗鲁的举动，反而正是关系亲昵的表现，接受者也并不会恼怒。

在有关性活动的规则上也是一样，社会可能已经存在一整套关于性活动的规则，这套规则排斥多人性行为；但对于性关系的当事人而言，"所谓社会的性道德已经被转化为个人与个人之间的权利关系（个人当然也可以组织起来）"③。自愿参加多人性活动的人，首先在价值观上认同了这种行为，社会整体与接受了多人性行为、接受了"换偶"行为的特定群体之间，其在性方面的交往规则明显是不同的。某个群体成员之间的交往活动，适用那个群体成员所一致认同的交往规则并无问题，因此，对于接受了所谓"聚众淫乱"行为的群体来说，违反交往规则的说法并不能成立，换言之，私密的多人性行为不构成对公共秩序的破坏。

综上所述，公然进行的聚众淫乱行为，破坏了公共秩序，对此进行限制，具有维护公共秩序、保护公共利益的正当目的；但是，自愿且私密进行的多人性活动，并不违反交往规则，不构成对公共秩序的侵害，对这种行为进行限制不具有保护公共利益的目的。

---

① 陈兴良. 罪名指南：下册. 2版. 北京：中国人民大学出版社，2008：109.
② 约翰·密尔. 论自由. 许宝骙，译. 北京：商务印书馆，1959：75.
③ 潘绥铭. 性的人权道德. 甘肃理论学刊，2008（4）：88.

2. 其他公民的自由和权利

也有学者认为，刑法规定聚众淫乱罪并不只是因为该行为违反了伦理秩序，而是因为这种行为侵害了公众对性的感情。① 成年人享有性自由，即便性活动的参与者希望或者不反对别人观览其性行为，每个公民对于自己是否愿意目睹他人的性活动也享有自我决定的自由。而性是一件私密的事情，这是社会业已形成的性风俗，对于普通人而言，他们并不愿意在不知情的情况下在公众场所看到这种行为。因此，以不特定人或者多数人可能认识到的方式实施淫乱行为，就侵害了公众对性的感情。这实际上是将处罚聚众淫乱罪的正当性建立在保护不愿意看的人的自由上，也就是《宪法》第51条中的"其他公民的合法的自由和权利"。如果认为聚众淫乱罪保护的法益是其他公民的自由和权利，那么"三个以上的成年人，基于同意所秘密实施的性行为，因为没有侵害公众对性的感情，不属于刑法规定的聚众淫乱行为"②。

综上，可以得出结论：对于公然实施的聚众淫乱行为进行处罚，当然具有维护公共秩序，或者保护其他公民的自由和权利的目的，这些目的是正当的；而对于三个以上成年人自愿、秘密实施的性行为，进行限制的正当目的并不存在。(此外，除保护不愿意看的人的自由外，需要保护的还有性发育尚未健全的青少年。③ 青少年心智还不成熟，他们参加或者目睹这样的行为，即便是自愿的，也有可能受到生理和心理上的伤害。正是为了保护青少年的健康成长，《刑法》第301条第2款规定"引诱未成年人参加聚众淫乱活动的"，从重处罚。)

3. 婚姻家庭

我国《宪法》第49条第1款规定："婚姻、家庭、母亲和儿童受国家的保护。"虽然实际上聚众淫乱行为的参与者并不一定处于婚姻关系之中，但应当承认，这种行为本身是有可能与婚姻家庭产生联系的。欧爱民教授就认为，我国宪法已经将婚姻家庭纳入制度性保障的范围，而聚众淫乱行为严重损害了婚姻家庭的核心功能，因此聚众淫乱罪为维护婚姻家庭制度所必需，是合宪的。④ 的确，依据《宪法》第49条，国家对婚姻家庭负有

---

① 张明楷. 刑法学. 3版. 北京：法律出版社，2007：776.

② 同①.

③ 西田典之. 日本刑法各论（第三版）. 刘明祥，王绍武，译. 北京：中国人民大学出版社，2007：304.

④ 欧爱民. 聚众淫乱罪的合宪性分析：以制度性保障理论为视角. 法商研究，2011（1）：40.

保护义务，婚姻家庭法上也规定了夫妻之间的忠实义务，但由此即认为聚众淫乱行为（无论是否公开）构成了对婚姻家庭的破坏，而作为国家保护义务的履行，对其予以制裁就具有正当性，恐怕并不具有足够的说服力。

如果我们认为刑法规定聚众淫乱罪的目的之一是通过制裁聚众淫乱行为在客观上为婚姻家庭提供保护，那么首先就必须区分这种行为的参与者是否已婚。只对已婚者进行处罚，这在立法和实践中都是比较棘手的。其次，即便参与者已经结婚，也并不意味着就应当出于保护婚姻家庭的目的对聚众淫乱行为进行制裁。在逻辑上，有配偶者参加多人性活动，可具体分为以下几种情况：第一，夫妻双方同时自愿参与①，或者一方参与，另一方对此表示同意。在这种情况下，配偶之间互相放弃了要求对方在性关系上保持忠贞的权利，也就不能认为这种行为构成了对忠实义务的违反；既然不构成对忠实义务的违反，那么保护婚姻家庭的目的实际上也并不存在。第二，夫妻一方主动参与，另一方被胁迫、欺骗参加，这可能构成强奸罪、强制猥亵妇女罪等其他犯罪，不属于此处讨论的问题。第三，夫妻一方参与，另一方对此并不知情，这时涉及违反婚姻关系中的忠实义务的问题。但是，这里首先涉及的是通奸的问题，其次才是聚众淫乱的问题。在此种情况下，如果我们为了保护婚姻家庭而处罚聚众淫乱行为，那么实际上着眼点并不在于聚众淫乱本身，而是因为在参加这种行为的人当中有人违背了婚姻上的忠实义务。但鉴于我国刑法已经将通奸行为非罪化，也即意味着我们不再用刑罚手段处罚通奸以保护婚姻家庭，再将处罚聚众淫乱行为的正当性建立在保护婚姻家庭上，就是讲不通的。刑法不处罚通奸，已经斩断了处罚聚众淫乱与保护婚姻家庭二者之间的逻辑关联。至此，我们的结论是：对处于婚姻关系中的人参与多人性活动——无论属于上述哪一种情形——进行限制，都无法与保护婚姻家庭这个目的连接起来。

4. 刑法的功能

从刑法的功能这个角度进行分析，并不是要论证在刑法上设立聚众淫乱罪能否或者如何实现维护公共秩序、保护其他公民的自由和权利这个目的，这属于对手段适当性的分析。这里的讨论，是为了回答一个刑法问题："犯罪的法律本质是对法益的侵害。刑法的目的和任务是保护法益"②，但聚众

---

① 例如人们俗称的"换妻""换偶"活动。实际上，在本案被告人中即有两对夫妻。（南京副教授被认定聚众淫乱和所谓"换妻"无关．［2010－05－26］．http://news.xinhuanet.com/legal/2010－05/21/c＿12126001.htm.）

② 张明楷．刑法分则的解释原理．北京：中国人民大学出版社，2004：134.

淫乱罪属于刑法上的"无被害人犯罪",并不对法益产生侵害或危险,从这个角度看,聚众淫乱罪并不符合犯罪的本质特征①,那么,刑法处罚聚众淫乱行为的根据何在呢?

所谓刑法处罚聚众淫乱行为的根据,或者说聚众淫乱罪的犯罪客体、聚众淫乱罪保护的法益,实际上就是此处所讨论的限制的目的。对于这一问题,日本刑法学上关于公然猥亵罪等针对风俗的犯罪的争论足资借鉴。②而引述日本刑法学上有关刑法的任务与功能的学说变迁,并结合这些理论对聚众淫乱罪进行分析,不仅可以回答上述刑法问题,也有助于我们更深入地思考限制聚众淫乱行为的目的到底应该是什么。③

日本刑法学传统的道德主义观点认为,国家或者刑法具有防止社会的性道德混乱或者退化的任务。④按照这种观点,尽管聚众淫乱行为可能基于参与者的自愿,在私下隐蔽地进行,对构成社会的个人没有造成任何侵害,没有侵犯个人的、明确的、实体的法益,但法律仍有责任充当防止道德颓废的"临床医生",用刑法矫正这种行为。我国一些学者认为聚众淫乱罪的犯罪客体是"社会的良风美俗"⑤,就是这种道德主义刑法观的写照。但是,如果用刑法对聚众淫乱行为加以调整,"其目的不在于保护法益,而仅仅在于维护社会中的传统的、要求较高的性道德体系。这种性道德体系属于'应当为善'的道德体系,不是法律更不是刑法所能够承担的职责"⑥。"法律不是养成道德英雄主义的地方,那'是家庭、教堂和其他性格养成机构的工作'。"⑦ 所谓的道德主义是法律父爱主义的滥用⑧,也是法律万能论在作祟。实际上,我们根本不可能通过法律的力量彻底清除聚众淫乱行为,或者清除任何一种犯罪。这也就是说,所谓的保护性道德(或者说维护"交往规则"),并不是刑法的任务,不能构成以刑罚对某种

---

① 黄京平,陈鹏展. 无被害人犯罪非犯罪化研究. 江海学刊, 2006 (4): 138;蔡曦蕾. 论聚众淫乱罪. 广州:中山大学,2008:30-33.
② 《日本刑法典》第二十二章"猥亵、奸淫和重婚罪"中规定了公然猥亵罪、散布猥亵物等罪,在刑法学中,认为此二者是针对风俗的犯罪,属于针对社会性法益的犯罪。(西田典之. 日本刑法各论(第三版). 刘明祥,王绍武,译. 北京:中国人民大学出版社,2007:303-309.)
③ 在某个问题进入宪法层面的论证以前,部门法学者往往已经就此问题积累了较多的讨论,这些讨论对于宪法学者进行合宪性分析——在此处即为理解和分析限制基本权利的目的——具有极为重要的参考和借鉴价值。
④ 黎宏. 日本刑法精义. 2版. 北京:法律出版社,2008:509.
⑤ 高铭暄,马克昌. 刑法学. 3版. 北京:北京大学出版社,高等教育出版社,2007:618;王作富. 刑法. 3版. 北京:中国人民大学出版社,2007:615.
⑥ 黄京平,陈鹏展. 无被害人犯罪非犯罪化研究. 江海学刊, 2006 (4): 138.
⑦ 徐国栋. 人性论与市民法. 北京:法律出版社,2006:163.
⑧ 孙笑侠,郭春镇. 法律父爱主义在中国的适用. 中国社会科学, 2006 (1): 56.

行为进行限制的目的。

现在多数日本学者认为，即便性道德混乱已成事实，这也不是国家或者法律方面的问题。刑法的干预根据，必须从对他人利益的侵害中求得，也就是"侵害原理"①。将这一原理适用于日本刑法上针对风俗的犯罪，就会认为，公然猥亵罪"不是为了维持性的道义观念，防治社会道德的颓废，而是保护现实社会生活中已经形成的性风俗"②。将这一原理适用于我国刑法上的聚众淫乱罪，就会认为，处罚聚众淫乱行为的根据也必须从侵害原则中寻求，亦即这种行为只有在侵害了其他公民的自由和权利时——侵犯了不愿意看的人的自由，侵害了青少年——才构成犯罪。

这也呼应了上文中对于限制目的的讨论，从刑法的功能的角度来看，结论也是一致的：公开的聚众淫乱行为，侵犯了法益（其他公民的自由和权利），应当被规定为犯罪；而私密的多人自愿参加的性活动，没有侵害他人，没有侵害法益，不能被认定为犯罪。

通过以上四个方面的论证，可以发现，作为性自主权的行使，私下和公然进行的多人性行为，在限制的目的上并不相同。私密的多人性活动，并不构成对社会公共生活中交往规则的违反和对公共秩序的破坏，没有侵害其他公民的自由和权利，对其限制以保护婚姻家庭的目的也不成立。因此，就三个以上成年人自愿、私密进行的性活动而言，并不存在对其进行限制的正当目的。既然限制不具有正当的目的，合宪性分析的过程也就可以至此终结。结论是：在"副教授聚众淫乱案"中，法院适用《刑法》第301条，对私密进行的多人性行为进行处罚，其判决是违宪的。

（二）适当性原则

然而，笔者还希望继续讨论，对公然进行的聚众淫乱行为进行处罚是否是合宪的，也就是对《刑法》第301条整体上的合宪性进行分析。通过前面的论证，我们可以看出，公然进行的聚众淫乱行为，违反了社会公共秩序，侵害了其他公民的自由和权利。宪法对于这些价值的保护，就成为刑法聚众淫乱罪对人身自由进行限制的正当目的。接下来需要分析的是，对公然的聚众淫乱行为的刑法处罚手段是否符合适当性原则、必要性原则和狭义比例原则。

适当性原则要求国家对聚众淫乱行为的限制手段能够促成上文所讨论

---

① 黎宏. 日本刑法精义. 2版. 北京：法律出版社，2008：509.
② 大谷实. 刑法讲义各论（新版第2版）. 黎宏，译. 北京：中国人民大学出版社，2008：470.

的维护公共秩序、保护其他公民的自由和权利等目的的实现。总体上，适当性原则并不要求手段能够完全达成目的，只要其能促成目的的实现即可。① 对于公然进行的聚众淫乱行为进行刑法处罚，显然可以达到维护公共秩序和保护他人权利的目的，因此此限制手段是合乎适当性原则的。

（三）必要性原则

必要性原则又称最小侵害原则，要求公权力在都能达到效果的若干手段中，选择对基本权利限制最小的一个。也就是说，即便立法者选择了最严厉的限制手段，将公然实施的聚众淫乱行为规定为犯罪，而且通过刑罚确实也能够实现限制的目的，还必须证明不存在其他相同有效而对当事人侵害更小的手段，只有这样聚众淫乱罪才具有合宪性。

首先，公然实施的聚众淫乱行为，其主观恶性和社会危害性都很大，三人以上以不特定人或者多数人可能认识到的方式实施淫乱行为，对于不想看但目睹这种行为的人，可能会在情感上、心理上甚至生理上造成严重的伤害，也影响了整个社会共同体正常的生活秩序。这种行为侵犯了其他公民的自由和权利，也构成了对公共秩序的破坏，有可能带来严重的后果，将此规定为犯罪，普遍是可以接受的。而且，其他国家和地区的立法例，大多都将公然猥亵等行为规定为犯罪。②

其次，立法者对于限制手段的选择，是有自觉的。《治安管理处罚法》第69条规定，对参与聚众淫乱活动的，处十日以上十五日以下拘留，并处五百元以上一千元以下罚款。③ 而《刑法》第301条规定，聚众进行淫乱活动的，对首要分子或者多次参加的，处五年以下有期徒刑、拘役或者管制。显然，在立法者看来，对聚众淫乱活动的首要分子或者多次参加聚众淫乱活动者，仅予以行政处罚是不够的，必须用刑罚的手段加以惩处才能实现其立法目的。换言之，立法者认为只有通过刑罚才能有效实现限制的目的，不存在其他"相同有效"的手段。这种分层次的限制手段，也为通过刑罚制裁组织、指挥、策划或者多次参加公开的多人性活动者，在必要性方面提供了支持。

最后，对聚众淫乱罪立法史进行考察。聚众淫乱罪实际上是"苍蝇飞进论"的产物④，聚众淫乱等"腐朽的东西"被看作改革开放打开窗户后

---

① Vgl. Pieroth/Schlink, a. a. O, S. 68.
② 详见后述"四、比较法的分析"。
③ 上文分析结论也适用于对《治安管理处罚法》第69条的解释，即该条中"参与聚众淫乱活动"应当解释为参与公然实施的聚众淫乱活动。
④ 姜涛. 刑法中的聚众淫乱罪该向何处去. 法学, 2010 (6): 7.

"飞进来的几只苍蝇"，必须坚决打击。1979年制定刑法时并未规定聚众淫乱罪，1984年"严打"期间，《最高人民法院、最高人民检察院关于当前办理流氓案件中具体应用法律的若干问题的解答》中规定："聚众进行淫乱活动（包括聚众奸宿）危害严重的主犯、教唆犯和其他流氓成性、屡教不改者"属于"其他流氓活动"，情节恶劣的，构成流氓罪。① 1997年修订刑法时，鉴于流氓罪的规定比较笼统，在实际执行中定罪的随意性较大，将这一"口袋罪"分解为四条具体规定，最终形成了现行《刑法》第301条的聚众淫乱罪。② 由此可见，聚众淫乱罪的设立，实际上是对于流氓罪的一种修正，具有一定的历史正当性。

进行聚众淫乱活动，虽然属于性自主权的行使，但性自由毕竟只是人身自由的"外围"部分。对基本权利"外围"部分的限制，在是否最小干预的审查方面，自然要比针对人身自由"核心"部分（不受非法逮捕、非法拘禁）的限制更为宽松。因此，综上所述，对公然实施的聚众淫乱行为进行刑法制裁，是必要的，不存在其他对当事人影响更小的手段。

（四）狭义比例原则

狭义比例原则是一种利益衡量，它要求通过限制基本权利所实现的公益大于对基本权利造成的损害。公然实施的聚众淫乱行为具有严重的主观恶性和社会危害性，以刑罚的方式对这种行为进行限制，保护了其他公民的自由和权利，维护了公共秩序，所获得的对公共利益的保护，要大于对极少数人的性自主权造成的损害，亦即聚众淫乱罪符合狭义比例原则。

至此，我们完成了整个比例原则的分析，最终得出结论：将公然实施的聚众淫乱活动规定为犯罪，是为了追求正当的目的，也是适当的、侵害最小的手段，符合狭义比例原则，这种限制具有宪法上的正当性；而对纯粹私密的三人以上自愿实施的性行为等活动进行刑罚制裁，不具有正当的目的，是违宪的。

四、比较法的分析

通过比例原则的分析，笔者认为，对多人性活动的限制，必须首先将这种行为区分为公开和私密两种情形，并只对前者进行制裁，才是合宪的做法。这种解释的正确性，还可以通过比较刑法上的考察来证成。《日本

---

① 《最高人民法院、最高人民检察院关于当前办理流氓案件中具体应用法律的若干问题的解答》（1984年11月2日［84］法研字第13号）。该解答已废止。

② 王汉斌. 关于《中华人民共和国刑法（修订草案）》的说明：1997年3月6日在第八届全国人民代表大会第五次会议上. 全国人民代表大会常务委员会公报，1997（2）：224.

刑法典》第 174 条"公然猥亵罪"规定"公然实施猥亵行为的,处六个月以下惩役或者三十万元以下罚金、拘留或者科料"①。《韩国刑法典》第 22 章"妨害风化罪"第 245 条规定了公然淫秽罪,"公然进行淫秽行为的,处一年以下劳役、四十万以下罚金、拘留或者科料"②。我国台湾地区"刑法"第 234 条也规定了公然猥亵罪,"意图供人观览,公然为猥亵之行为者,处一年以下有期徒刑、拘役或者三千元以下罚金"。《德国刑法典》第 183 条规定惩处露阴行为,该条第 1 款规定,"男子以暴露生殖器行为干扰他人的,处 1 年以下自由刑或罚金刑";第 183 条 a(激起公愤)规定,对第 183 条未规定刑罚的"公开地实施性行为,故意地或明知地引起公众厌恶"的行为,处 1 年以下自由刑或罚金刑。③ 考察这些立法例可知,其认定犯罪行为的"无价值",着眼点都在于"公然",即公开地实施猥亵行为,而实施行为的人数则在所不论;而按照大多数学者对我国刑法中聚众淫乱罪的解释,其着眼点在于"众",只要是三人以上实施性行为就达到了立法者眼中"无价值"行为的判断标准,就构成犯罪,而不考虑行为是公开的还是私密的。这些比较法的资源,支持了笔者的结论,亦即刑法制裁的只能限于公然的聚众淫乱行为。

实际上,通过比较,我们还可以发现我国刑法中聚众淫乱罪在立法逻辑上的一些不足。例如,根据现行刑法的规定,"两人在公共场所自愿发生性交或者裸露身体,或者一人故意在公共场所裸露身体,使众人有目共睹的行为,属于法无明文规定的公然猥亵,不成立犯罪"④。而三人以上秘密实施性行为,尽管不打扰到任何人,却构成聚众淫乱罪。两人在公园等公共场所进行性活动,其社会危害性无疑要比三人在家实施性行为的社会危害性更大,但对社会危害重者不构成犯罪,轻者却要受到刑事处罚,这显然是非常荒谬的。⑤ 又比如,三人以上不涉及金钱关系实施性行为,构成聚众淫乱罪;但多人参加的卖淫嫖娼行为,例如多名妇女同时向行为人卖淫,有学者却认为不符合聚众淫乱罪的构成特征,只能给予治安管理处罚。⑥ 这种见解,恐怕也让人难以信服。

---

① 日本刑法典. 张明楷,译. 2 版. 北京:法律出版社,2006:67.
② 韩国刑法典及单行刑法. 金永哲,译. 北京:中国人民大学出版社,1996:39.
③ 德国刑法典. 徐久生,庄敬华,译. 北京:中国方正出版社,2004:97-98.
④ 张明楷. 刑法学. 3 版. 北京:法律出版社,2007:776.
⑤ 相同观点亦可参见彭文华. 性权利的国际保护及我国刑法立法之完善. 法学论坛,2002(5):83.
⑥ 赵秉志. 扰乱公共秩序罪. 北京:中国人民公安大学出版社,1999:456.

五、应用：法官的合宪性解释义务

笔者的结论是：将私密的多人性活动认定为聚众淫乱罪，不具有宪法正当性，亦即"副教授聚众淫乱案"的判决违宪。在普通的法律案件审理中，法官也负有对法律作"合宪性解释"的义务，有将宪法的精神借由法律解释贯彻于法体系中的义务。① 这种义务的一个重要方面，就是当法律条文存在多种解释可能性时，"在多数可能的解释中，应始终优先选用最能符合宪法原则者"②。具体地讲，当刑法中的聚众淫乱罪有"公开和私密都入罪"与"只有公开才入罪"这两种解释可能性时，法官有义务选择合宪的那一种，依据上文的论证，就是将《刑法》第301条解释为：只有公开实施聚众淫乱行为才构成聚众淫乱罪。合宪性解释在此时是解决解释冲突的一种方法。③

法官不仅有对法律作合宪性解释的义务，而且在审理具体案件时，即便对于公开的聚众淫乱行为，也要充分考量基本权利的价值，谨慎地作出限制。根据上文的分析，公然的聚众淫乱行为，在本质上构成了公民的性自主权和其他公民的权利之间的冲突。在刑法中规定聚众淫乱罪，是国家通过刑事立法的方式对这种冲突作出了决断，属于基本权利冲突的抽象解决模式。而在司法过程中，法官也有义务在裁判时纳入基本权利的考量，进行基本权利冲突的衡量。④ 举一个案例说明，广西钦州法院曾在1999年审理一起四男一女同睡在楼顶平台上并发生性关系的案件，并对其中的首要分子以聚众淫乱罪判处有期徒刑两年。⑤ 这个判决是没有问题的，这里想说的是，如果这个楼顶确实没有被不特定人目睹的可能性，那么即便楼顶是露天场所，对于被告人行为公开性的认定，也需要慎重考虑⑥；如果确如被告人所辩称的，其"只是想和女方搞性关系，发生性关系后，自己到另一边睡，并没有安排其他人去搞性关系"，那么对其是否起到了组织、指挥、策划的作用，是否构成首要分子，也要慎重判断。聚众进行性行为，是行使基本权利的行为，即便对他人的权利造成了侵害，符合聚众

---

① 张翔. 两种宪法案件：从合宪性解释看宪法对司法的可能影响. 中国法学，2008（3）：111.

② 拉伦茨. 法学方法论. 陈爱娥，译. 北京：商务印书馆，2003：217.

③ 同①112.

④ 张翔. 刑法领域的基本权利冲突及其解决. 人民检察，2006（23）：17.

⑤ 参见"刘某锋聚众淫乱案"，一审判决书：广西壮族自治区钦州市钦南区人民法院（1999）钦南刑初字第181号；二审裁定书：广西壮族自治区钦州市中级人民法院（1999）钦刑一终字第100号.

⑥ 蔡曦蕾. 论聚众淫乱罪的法理缺陷与完善. 时代法学，2010（4）：52-56.

淫乱罪的构成要件，对其判处刑罚也需要持一种谨慎的态度。

不仅法官有这样的义务，一切公权力机关在面对这种多人性活动时都有义务贯彻宪法的精神，按照合宪的方式理解聚众淫乱罪。2010年3月，一段涉及多人的不雅视频在网络上疯传，视频的女性当事人系广东东莞一所职业技术学校的学生。视频流传开后，女生家长报警，但之后当地警方却以聚众淫乱罪对该女生刑事拘留25天，检察院也提起了公诉。① 这名女生与多名男性在私下发生性关系，只要是自愿的，就是在行使性自主权，即便他们将此拍摄下来，也不构成对任何人的侵害。视频被人发布到网络上，实际上是对这名女生的隐私权造成了侵害。但是，当地警方不仅没有为受害人提供保护，还将其刑事拘留，这种对聚众淫乱罪的理解，显然有悖于宪法的精神。

（本文与田伟合作，原发表于《判解研究》2011年第2辑。）

---

① 广东"职校门"不雅视频女生：涉聚众淫乱被拘25天．[2010-05-26]．http://news.xinhuanet.com/legal/2010-06/04/c_12183209.htm．

第三编

宪法与行政法

"宪法消逝,行政法长存。"奥托·迈耶的这一名言被广泛传播,也被广泛误解。宪法与行政法从来不是此消彼长,而是挹彼注此,也就是共享着诸如法律保留、合比例性等原则,交换着思维方式和法律技艺。在基本原理的讨论中,保护规范理论与基本权利作为主观权利,行政行为与基本权利干预,特别牺牲与期待可能性,都是宪法学与行政法学水乳交融、难分彼此的例证。在中国行政法治的实践中,机动车限行、交警查手机、计划生育、大学章程治理,所关涉的无外乎宪法的财产权,以及通信、生育、学术等诸权利。行政法是具体化的宪法,是活生生的宪法。前提是,得有宪法。

机动车限行、财产权限制与比例原则

一、机动车使用作为宪法财产权的保护范围

（一）"使用"作为财产权的内容

机动车限行①是国家公权力对私家车的使用限制。个人对于私家车的使用，属于宪法上财产权的保护范围。一般认为，与那些"事实创造的基本权利"（如生命权、言论自由、人身自由）②不同，宪法财产权具有"有待立法形成"的特点。也就是说，财产权虽然是宪法保障的基本权利，但其内容却是由法律来形成的。在人类法律史上较晚出现的宪法，其规定的财产权的内涵，首先是由更早存在的民法等法律来确定的。对于宪法财产权所保障的内容为何，也要借由民法层面的观察才能明了。在民法所保障的诸种财产权中，首要的是对物的所有权。所有权属于民法上的财产权，因此也自然成为宪法财产权的内容，受到宪法规范的保护。③王涌教授对此有一个形象的比方，他说："私人所有权是一个孩子，受其生父——私法的保护，后来，认了一个教父——宪法，亦受其保护。"④尽管在各国宪法实践中，渐有将宪法财产权的保护范围扩张而使其超出民法上财产权范围的趋势⑤，但所有权作为宪法财产权的核心内容却没有变化。

所有权的权能包括占有、使用、收益、处分。所有权落入宪法财产权的保护范围时，也自然包含财产权人对其财产自由地占有、使用、收益、处分而免于国家干预的内涵。个人使用其所有的机动车，属于个人

---

① 这里所讨论的机动车限行，是指具有长期性的限行，而非临时性的限行。讨论范围包括长期的按尾号每周限行一天、较长期限的单双号限行（如奥运会、APEC 会议期间的限行），以及"单双号限行常态化"。

② 哈特穆特·毛雷尔. 行政法学总论. 高家伟，译. 北京：法律出版社，2000：678.

③ 关于宪法财产权与民法财产权的关系，参见林来梵. 针对国家享有的财产权：从比较法角度的一个考察. 法商研究，2003（1）.

④ 王涌. 自然资源国家所有权三层结构说. 法学研究，2013（4）.

⑤ 谢立斌. 论宪法财产权的保护范围. 中国法学，2014（4）.

对其财产的使用。公权力设定的限行措施,就是对财产的使用进行的限制①,因而需要审查其合宪性。

(二) 是否存在"公共设施使用权"?

对于机动车限行涉及对何种权利的限制,在公共讨论中存在不同的意见。在 2008 年关于北京奥运会期间机动车单双号限行措施的讨论中,有人认为,"单双号限行不是车主的权利问题","所涉及的并不是车主的物权,而是公共资源的分享……单双号限行,并不是没收车主的车,而是限制车主使用公路等公共设施的权利"②。这种观点具有一定的代表性,也就是认为限制的是"公共设施使用权"或者"路权",甚至"驾车通行权"③,而并非对私有财产权的限制,持此论者在网络空间也所在多有。在笔者看来,这种观点是似是而非的。首先,"使用公共设施"并不是法律规范所类型化的、确定下来的权利,而且实际上也没有必要创设这样一项权利。这是因为,个人权利的行使经常会涉及利用公共资源、使用公共设施。比如,集会游行示威的权利的行使,必然会占用道路、广场,出版书籍(出版自由)也会涉及对公共资源的占用(纸张—林木),甚至作为当然人权的呼吸、饮食也必然在利用公共资源。如果按照这个思路,几乎所有的基本权利都可以被看作一种"公共资源使用权"。而这是无意义的,这将使宪法将不同生活领域类型化为各单项基本权利的意义完全丧失,使个人权利保障重新成为一个混沌模糊的问题。"公共设施使用权"的概念是对个人权利与公共资源的关系的误解,我们不能用基本权利行使的物质条件来否定基本权利本身,基本权利行使所需的公共资源是否稀缺,也与该项基本权利是否存在没有关系。

此外,从上述观点中"并不是没收车主的车"的表述可以看出,这位论者对于财产权内容的理解比较狭窄,只是笼统地将财产权理解为私人所有,而仅将彻底剥夺所有权作为宪法财产权的防御对象。这种观点没有意识到财产权的内涵包含使用、收益、处分等权能,没有意识到限制使用也是对财产权的限制。

(三) 机动车使用的"社会关联性"

但是,上述思路也提示了非常重要的一点,也就是作为财产权内容的私

---

① 多数参与讨论的学者都持这一观点,例如余凌云教授认为:"继续限行实际上限制了有车族对车辆的所有权(使用权),是对财产权利的限制。"(余凌云. 机动车单双号限行:是临时还是长效? ——行政法学的视角. 法学家,2008 (5).) 姚辉教授也认为是"对公民私人财产所有权的限制"。(姚辉. 单双号限行中的所有权限制. 法学家,2008 (5).)

② 薛涌. 单双号限行不是车主的权利问题. 中国青年报,2008-09-02.

③ 莫纪宏. 机动车限行必须要有正当的公共利益. 法学家,2008 (5).

家车使用,具有比较强的"社会关联性",从而对这种财产权的使用进行限制往往具有较多的正当性。从社会关联性的角度看,私有财产可以区分为两种类型:有些私有财产属于主要体现"私使用性"(Privatnützigkeit)①,纯粹关涉个人生存、个人"形成自我负担的生活"② 的财产,而有些私有财产则是具有更多社会关联性、关系到他人的生存和生活的财产。相应地,宪法对这两种私有财产的保护程度也会有所差别。德国联邦宪法法院基于德国《基本法》中的"社会国原则",有过这样的论证:"如果财产的使用更多体现的是个人自由地形成自我负责的生活的层面,则宪法对其的保护就更强;与此相对,如果财产有着更多的社会关联,承担着更多的社会功能,则通过法律对其进行的限制就应该更强。"③ 出于对财产的社会关联性的考虑,那些与公共福利有着密切联系的私有财产,就不能拘泥于私人经济利益最大化的思维,而是要使其承担更多社会义务。私家车不同于许多其他的生活资料,其使用直接涉及对公共道路的占用,并且必然伴随着环境污染,在此意义上,私家车属于具有强烈社会关联性的财产,基于此对其进行限制较容易被认为是合宪的(例如,后文提及的"多乘客专用车道"的措施,也就是载有较多乘客的车辆才可以进入较快速度的车道,也是对独自驾车的私家车主的财产权使用的限制,这种限制应该是合宪的)。但即使如此,基于财产的社会关联性而论证对财产使用的限制,属于"基本权利限制"层次的问题,而非"基本权利的保护范围"层次的问题。换言之,即使认为限制财产使用是正当的,也不能说财产使用根本就不是财产权的内容。

二、机动车限行的性质:社会义务抑或征收

(一)财产权限制的两种类型:社会义务与征收

公权力对财产权的限制可以分为两类:一为征收,一为财产权的社会义务。从法律后果的角度可以对二者作简单的区分:征收必然伴随着补偿,而财产权的社会义务则是无补偿的单纯限制。征收的本义是"没收""剥夺"。在传统上,征收是指公权力剥夺对物的所有权的行为,所有权转移是其基本特征。④ 由于所有权被转移,相应的补偿就相当于交换中的对价,因而是理所当然的。征收是最为传统和典型的财产权限制。然而,随着实践的发展,"征收"概念发生了扩张,这是因为,存在一些虽然没有转移所有权,但对财产利益造成重大损害而实际上构成"征收效果"的情

---

① Maunz-Dürig, Grundgesetzkommentar, BD. II, 2010, Art. 14, Rn. 1-5.
② BVerfGE 24, 367 (389); BVerfGE 50, 290 (339).
③ BVerfGE 50, 290 (315f).
④ Günter Dürig, Zurück zum Klassischen Enteignungsbegrigg, JZ1954, S. 9.

形，各国学说多认为，这种造成实际征收效果的限制措施，也应该予以补偿。在各国财产权理论中，这一类并不转移所有权，但具有类似征收效果的限制，被指称为"应与公平补偿的内容限制"、"准征收"①或者"管制性征收"②，并需要以宪法上的征收条款来规范。

在必须伴随补偿的征收之外，还存在对财产权无补偿的单纯限制。对此种单纯限制，笔者曾使用"财产权的社会义务"的概念进行过分析。"财产权的社会义务"是出于这样的理念：为了维护社会正义的目的，财产权应当作自我限缩。个人在张扬其财产自由的同时，应使其财产亦有助于社会公共福祉的实现，也就是能够促进合乎人类尊严的人类整体生存的实现。财产权的社会义务乃是基于社会关联性而对财产的使用、收益等的限制，被认为是财产出于公共福利的原因而应该承担的负担，不需要补偿。

那么，应如何区分"征收"和"社会义务"这两种财产权限制？学理上发展出了"特别牺牲理论"和"期待可能性理论"两种标准。"特别牺牲理论"认为，财产权的社会义务是对所涉及的所有财产的普遍性限制，而征收则是针对特定人的财产限制。基于平等原则，由于征收是特定人为了公共利益而作出的牺牲，就必须由国家动用公帑对"特别牺牲者"予以补偿。而"期待可能性理论"则从对财产权的限制程度来区分征收和社会义务，征收是对财产权的重大侵害，而社会义务则是对财产权的轻微限制。③"特别牺牲理论"和"期待可能性理论"之间并非不可沟通，笔者认为可综合两种理论，将财产权的社会义务和征收的区别标准描述为：是否违反平等原则，造成了个别人或者人群的财产权的特别牺牲，并且这种损害是否是严重的和不可期待的。

（二）"按尾号每周限行一天"作为财产权的社会义务

非临时性的机动车限行措施大体上有两种类型：一种是在北京等多地实施的机动车按尾号每周限行一天，而另一种则是单双号限行。那么这两种限行措施属于何种类型的财产权限制呢？对于"按尾号每周限行一天"的措施，按照前述的区分征收和社会义务的标准，可以作这样的分析：按尾号每周限行一天是针对机动车的一般性的限制措施④，并非

---

① 哈特穆特·毛雷尔. 行政法学总论. 高家伟，译. 北京：法律出版社，2000：701-711.
② 刘连泰. 确定"管制性征收"的坐标系. 法治研究，2014（3）.
③ Hans Stödter, Über den Enteignungsbegriff, DÖV1953, 136ff.
④ 按照《北京市人民政府关于实施工作日高峰时段区域限行交通管理措施的通告》（2010年4月1日）的规定，限行措施针对的是所有机动车，例外仅仅是警车、消防车、救护车、工程救险车、公交车、出租车等承担特殊公共职能的机动车。

个别性的限制措施，私家车主都会受到此种限制。由于此限制是针对财产的普遍性限制，是一律针对所有机动车的使用的，因此是平等的，并未构成对特定人的"特别牺牲"；此外，按尾号每周限行一天在程度上尚属较轻微的限制，并没有使汽车的财产价值受到根本性伤害，从社会公众的反应来看，似乎也尚可期待普通人接受。因此，笔者认为，无论依何种标准，私家车按尾号每周限行一天的措施，都应属设定财产权社会义务的行为。

（三）"单双号限行"具有征收效果

而单双号限行在笔者看来已经具有了征收效果，应受征收规范调整。机动车按尾号单双号限行的措施，在严重程度上远远超过按尾号每周限行一天，属于对财产使用的严重限制，严重减损了汽车的使用价值。使用是财产权的基本权能，如果在特定财产的存续期间，有一半的时间都无法正常发挥财产的功能，无疑使这一财产的内容被部分空洞化。按照前述的区分标准，每周限行一天尚属于相对轻微的限制，也还没有危及财产权的本质，所以可以期待财产权人忍耐，但是，当这种负担在方式、范围和强度上变得非常严重，实际上使财产在非常大的时间比例和空间范围内无法被使用时，就构成了征收。是否构成征收，"关键在于是否涉及财产中值得保护的部分，侵害之后财产的实体内容是否可供使用，损害的强度是否是可预期的，财产是否还可供所有人使用或者作符合其功能的使用"[①]。单双号限行，虽然并非完全地剥夺财产的使用权，却是对涉及的机动车的财产地位的部分剥夺（可以粗略地说是近半数的剥夺），显著地造成了财产价值的减损，因此属于"无论是从内容上还是从效果方面都可以视为征收，实际上具有给关系人造成特别牺牲的效果"[②]的限制措施。

对于虽然并不剥夺所有权，但在内容和效果上等同于征收的财产权限制措施，也应按照征收的法理来处理。我国《宪法》第 13 条第 3 款（2004 年《宪法修正案》第 22 条修正）规定："国家为了公共利益的需要，可以依照法律规定对公民的私有财产实行征收或者征用并给予补偿。"这一规定体现的是所谓征收与补偿作为"唇齿条款"的关系，也就是要求征收必须伴随补偿，无补偿则无征收。在北京奥运会期间实行的单双号限行措施，实际上也给予了补偿，也就是减征养路费和车船使用费。按照北

---

① 哈特穆特·毛雷尔. 行政法学总论. 高家伟，译. 北京：法律出版社，2000：668.
② 同①669.

京奥运会期间交通保障方案,对于停驶、限行的持有北京号牌的机动车,减征三个月养路费和车船税,"小汽车共计减免税费450元"①。这一减免措施显然具有补偿的性质(是否构成公正的或者全面的补偿另当别论)。这从另一个侧面说明,政策制定者也是将单双号限行理解为具有征收效果的财产权限制。

三、机动车限行的合宪性分析

对于基本权利限制的合宪性审查,包括形式要素和实质要素两个层面的审查,也就是法律保留原则和比例原则的审查,下面分别分析。

(一)法律保留与法律明确性原则

基于民主正当性和法治主义,对基本权利的限制原则上要符合法律保留的要求,也就是国家公权力只能通过法律或者依据法律限制基本权利。财产权限制也是法律保留的事项。我国《宪法》第13条规定对财产的征收须"依照法律规定",《立法法》第8条也将"对非国有财产的征收"规定为法律保留事项。这里的"法律",是指"形式法律",也就是全国人大及其常委会制定的法律。那么,机动车限行的措施是否有法律上的依据呢?在相关讨论中,被作为限行措施法律依据的主要有两条:《道路交通安全法》第39条和《大气污染防治法》第17条第3款。

《道路交通安全法》第39条规定:"公安机关交通管理部门根据道路和交通流量的具体情况,可以对机动车、非机动车、行人采取疏导、限制通行、禁止通行等措施……"《大气污染防治法》第17条第3款规定:"未达到大气环境质量标准的大气污染防治重点城市,应当按照国务院或者国务院环境保护行政主管部门规定的期限,达到大气环境质量标准。该城市人民政府应当制定限期达标规划,并可以根据国务院的授权或者规定,采取更加严格的措施,按期实现达标规划。"② 对于《道路交通安全法》第39条是否可以作为限行措施的法律依据,主要的争论在于:"限制通行、禁止通行"是临时性的,还是也包括长期性限制?③ 而对于《大气污染防治法》第17条第3款的讨论的核心在于:"更加严格的措施"是否包括长期的尾号限行措施。

---

① 北京公布奥运期间机动车减征养路费和车船税方案. (2008-07-02). http://news.163.com/08/0702/05/4FQSSA3V0001124J.html.
② 该款规定在2015年修订《大气污染防治法》时已被修改。
③ 杨小军教授认为包括长期性限制。(党小学,程晶晶. "长期单双号限行"是否可行?. 检察日报, 2008-09-03 (6).) 而刘莘教授则认为,规定中的"根据……具体情况"等表述,说明仅包括临时性措施,进而认为长期限行还没有法律依据。(刘莘. 长期限行尚无法律依据. 检察日报, 2008-09-10 (5).) 笔者赞同刘莘教授的意见。

限于篇幅和主题,这里不对这两个条款作行政法释义学上的展开。此外,还有必要补充另一个层面:"法律明确性"原则。基于这一原则,法律对于基本权利的限制性规定,在内容上必须明确,如果限制规定过于模糊,就会导致法律适用上的危险,也就是造成法律被行政机关恣意解释而过度限制基本权利的危险。对于基本权利的限制程度越高,法律的规范就应该越明确。因此,即使将《道路交通安全法》第39条和《大气污染防治法》第17条第3款作为长期限行的法律依据,此依据也因其明确性不足而不具备形式合宪性。

(二)比例原则

限行措施在法律保留和法律明确性原则上的不足,或许在未来会经由国家立法而改变。2014年12月22日,《大气污染防治法(修订草案)》首次提交全国人大常委会审议,其第45条规定:"省、自治区、直辖市人民政府根据本行政区域大气污染防治的需要和机动车排放污染状况,可以规定限制、禁止机动车通行的类型、排放控制区域和时间,并向社会公告。"这一规定虽然在"授权明确性"上仍然存在问题,但却是符合法律保留原则的,也被认为是未来采用单双号限行措施的直接依据。[①] 但是,法律保留只是对限制措施的形式合宪性要求,即使国家通过法律,以对象、范围、措施上都具有明确性的法律规范规定了限行,这一规范也要接受是否具备实质合宪性的审查。其中主要的内容是比例原则。比例原则是在公权力行为的目的与手段之间进行衡量,也就是在所欲实现的目的与所造成的损害之间进行衡量,不能为了某个目的而付出过分的、不合比例的代价,要实现利益的均衡和总体最大化。比例原则依审查顺序包括对目的的正当性、手段的适当性(合目的性)、手段的必要性和狭义比例原则的审查。具体分析如下。

1. 限行的目的:缓解交通拥堵与治理污染

限行措施所追求的公益目的有两个方面:缓解交通拥堵和治理污染。但在限行措施实施的过程中,侧重点却有变化。在《北京市人民政府关于2008年北京奥运会残奥会期间对本市机动车采取临时交通管理措施的通告》(京政发〔2008〕27号)中关于限行目的的表述是:"为保证2008年北京奥运会、残奥会期间交通正常运行和空气质量良好"(着重号为引者所加)。而在2014年《北京市人民政府关于实施工作日高峰时段区域限行

---

① 修法驱霾会不会为"单双号限行常态化"开绿灯?.(2014-12-23). http://news.xinhuanet.com/energy/2014-12/23/c_127326626.htm.

交通管理措施的通告》(京政发[2014]9号)中的表述则是:"为有效降低汽车污染物排放和确保首都交通安全顺畅"(着重号为引者所加)。不难看出,限行措施的重点已经从缓解交通转向了治理空气污染。(北京在APEC会议期间的限行措施,主要实现的目的也是治理空气污染,这一点从"APEC蓝"这一网络热词可以观察到。)但不论侧重点为何,这两个目的都是非常正当的目的,限行措施因而可以通过目的正当性的审查。(需要说明,"治理污染"的本质是"保护人民健康"①。)

但是,目的正当未必意味着可以为了这个目的而不择手段。"'善'的目的,往往必须借助于在道德上成问题的或至少是有道德上可虞之险的手段,冒着产生罪恶的副效果的可能性甚至于几率,才能达成。"② 不能为了追求某个"善"而没有道德焦虑感地实施某种"恶"。为了实现缓解交通、保护健康这样非常正当的目的,未必一定要以放弃财产利益为手段。在相互冲突的利益之间,不应该总是"你死我活",而是要通过衡量而达到"基本权利保护效果的最大化"③。限行措施是否合乎比例原则,就是要将此种"财产权限制"与"交通畅通"、"人民健康"进行手段与目的的衡量。

2. 限行手段是否具有"适当性"和"必要性"?

在确认限行措施的目的具有正当性之后,下一步需要审查的是,限行措施是否具有"适当性"。适当性也称合目的性,是要求手段能够促成目的。那么,限行措施是否有助于缓解交通拥堵和治理空气污染?

这似乎是不言而喻的,但实际上却需要更为精细的考察。对此,中国人民大学经济学院陆方文博士的研究结论是:限行有助于畅通出行,但是对空气几乎没有影响。陆博士的研究进路大致如下:尾号4和9的机动车是同一天限行,由于中国人不喜欢4这个数字,因此尾号4和9的机动车仅占总体的14%左右。将4和9限行的这一天的交通拥堵数据和空气质量数据与其他日子的数据相比,会发现这一天交通更拥堵,但是空气质量却并没有更恶化。④ 后一个结论可以为另一组数据所印证。根据北京公布的PM2.5源解析数据,北京的PM2.5有64%~72%是来源于本地的,其中

---

① 参见宋国君教授观点:机动车单双号限行常态化?:中国人民大学法学院社会热点沙龙实录.(2014-12-14). http://www.calaw.cn/article/default.asp?id=10324.
② 韦伯. 学术与政治. 钱永祥,等译. 桂林:广西师范大学出版社,2004:262.
③ 陈征. 第一次堕胎判决//张翔. 德国宪法案例选释:第1辑 基本权利总论. 北京:法律出版社,2012:149.
④ 同①.

有31.1%是机动车排放的，其他来源于燃煤、工业、扬尘、餐饮等的占68.9%。这意味着机动车排放在PM2.5总的排放值中占19.9%~22.4%。[①] 从而，粗略计算的结论是：即使机动车减半（单双号限行），所减少的最多只是10%左右的PM2.5排放。在这种意义上，限行措施能否达成治理污染进而保护健康的目的，是存在疑问的。

即使认为限行措施能够缓解交通拥堵，也有助于治理污染，仍然需要进一步分析其是否具有"必要性"。必要性原则要求，必须在能够实现目的的手段中选择最温和的手段。所谓最温和的手段，也就是对基本权利干预最小、课以负担最少的手段。必要性原则要求采取限制措施的公权力机关证明已无其他手段能够实现这个目标，而必须采用此种限制基本权利的手段。那么，为了缓解交通拥堵、治理污染，是否还有其他同样有效但更温和的手段？

就缓解交通拥堵而言，存在这样一些可能的手段：设置私家车不可驶入的区域，征收高额的停车费或者拥堵费。但这些手段是否是比限行更温和的手段，需要分析。相对于单双号限行，这些手段应该是更温和的，在此意义上，单双号限行因缺乏必要性而违宪。但如果与按尾号每周限行一天相比，这些手段却似乎是更严厉的手段。按尾号每周限行一天，或许就是最温和的手段，从而是合宪的。实际上，作为一种财产权的社会义务，按尾号每周限行一天也比较容易被认为合宪。从缓解交通拥堵的角度看，按尾号每周限行一天或许是合宪的。[②]

而就治理污染而言，我们却会发现，限行措施显然是缺乏必要性的。首先，不难发现，存在大量非针对机动车的有效治污措施。2014年11月13日，北京市环保局通报了APEC会议空气质量保障措施效果初步评估结果，指出"APEC会期空气质量总体较好，得益于保障措施带来的本地污染排放大幅减少以及周边联防联控协同减排，同时没有发生极端不利的气象条件"[③]。实现"APEC蓝"的措施包括："扬尘控制措施"（全市工地全部停工、强化道路吸扫冲刷频次等）、机动车限行措施（单双号限行、渣土车与黄标车禁行、部分非道路机械停用、封存70%公车）、"高污染

---

① 北京公布PM2.5源解析数据：本地来源尾气最多.新京报，2014-04-16（A07）. 从内容看，这一报道的标题有误导之嫌。

② 但是，按尾号每周限行一天导致的另外的后果是：大量家庭购买第二辆机动车，导致北京机动车数量激增，交通恢复原来的拥堵状况，这最终消解了限行的积极作用。

③ APEC蓝的启示.（2014-11-13）. http://news.xinhuanet.com/2014-11/13/c_127207013.htm.

工厂停产"（会前完成一批石化、汽车制造、包装印刷等重点行业污染治理和环保技改工程，调整退出 375 家高污染企业，会期累计停限产 462 家工业企业）、"京津冀及周边地区联防联控"（天津、河北、山东、山西等多省市停产限行①）。这也就是所谓"四招炼成'APEC 蓝'"②。针对这些事实，有专家指出："只要各地工业排放与扬尘污染等经由治理得到有效的降低，再辅之以实行机动车油品升级，降低机动车有害物质排放量，也就可以在不实行机动车单双号限行情形下，取得有效提高大气与环境质量的成效。"③ 也就是说，在针对机动车的措施之外，还存在众多能够促成治污目的实现的手段。

其次，即使是仅仅针对机动车污染的治理，也存在许多限行之外的手段。"受访的专家认为，即便仅盯着机动车，从必要性上讲，还有一些措施比单双号限行更有用，比如加快淘汰老旧黄标车，加强对过境大货车的监管，加大对清洁能源机动车的支持力度等。"④（着重号为引者所加）也就是说，"淘汰老旧黄标车"、降低工业排放与扬尘污染、机动车油品升级等，对于治理机动车污染同样有效并且对财产权限制更小。这一观点也得到了官方的肯定："北京市环保局机动车排放管理处处长李昆生认为，根据 APEC 北京会议之后对减排数据的分析，单双号减排效果，与淘汰国一国二黄标车、老旧车的减排效果等同。北京市下一步将在集中淘汰这些黄标车、老旧车上下功夫，从而达到减排效果。"（着重号为引者所加）"效果等同"这一表述充分说明，即使是北京市主管减排事务的官员也认为，存在与单双号限行同样有效的手段，而且这种手段显然更温和。

实际上，针对机动车的治污措施，远不限于提高油品质量、淘汰老旧黄标车等。宋国君教授以美国加州为例，介绍了有充分科学论证基础的针对汽车污染的公权力措施，包括"车辆燃油经济性和环境绩效标签""重型柴油车排放控制战略和黑烟监测计划""零排放车辆计划""替代燃料转化认证计划""购买电动车辆奖励计划""低排放校车计划""多乘客专用车道计划""自愿加速车辆报废计划"等十余种。⑤ 在存在众多更温和治

---

① 河北 881 个工地将为 APEC 停工省长：河北义不容辞．（2014 - 10 - 19）．http://news.163.com/14/1019/19/A8UMGLPO00014SEH.html；APEC 蓝，山西出了一份力．（2014 - 11 - 25）．http://jjsx.china.com.cn/lm70/2014/275851.htm．
② 揭秘"APEC 蓝"成分，数据告诉你限行停产作用多大．新华每日电讯，2014 - 11 - 14 (5)．
③ 魏文彪．机动车单双号限行当慎行．中国消费者报，2014 - 11 - 28 (A02)．
④ 如果单双号限行，京城公共交通吃得消吗?．新华每日电讯，2014 - 11 - 28 (5)．
⑤ 参见宋国君教授观点：机动车单双号限行常态化?．中国人民大学法学院社会热点沙龙实录．（2014 - 12 - 14）．http://www.calaw.cn/article/default.asp? id=10324．

污措施的条件下，单双号限行显然是缺乏必要性的。为了治理空气污染，公权力应该首先从前列的手段中进行选择，基于对雾霾生成机制的科学论证，采取相应的治理手段。在仍然存在众多可选择手段的条件下，径行采用对公民基本权利构成严重限制、对公民日常生活造成重大干扰的限行措施，一禁了之，是一种"懒政"。

根据上述的分析，我们大体可以得出结论：单双号限行措施尽管出于正当的目的，但在有其他手段的情况下不必要地过度限制了公民的财产权。如果政策制定缺乏充分的科学基础，而又缺乏尊重基本权利的自觉，这样的情形就难以避免。

3. 单双号限行"常态化"可否借由补偿而正当化？

这里需要补充分析一个问题：给予私家车主"完全的""公正的"补偿，是否可以正当化单双号限行的"常态化"？在关于《大气污染防治法》修订的讨论中，有学者认为，"向地方政府授权，应对授权条款有所规制，补偿机制更加明确、完善，防止地方保护和部门利益法制化"①。许多人也认为，只要给予补偿，常态化的单双号限行可能就是正当的。但笔者对此有不同看法，这里涉及对宪法财产权的保障效果的认识。财产权的保障首先是"存续保障"，然后才是"价值保障"，而"存续保障"不能轻易滑坡为"价值保障"。这意味着，财产权首先保障的是个人能够继续占有和使用自己的财产，而非因为无法继续占有或无法继续正常使用这一财产而获得的补偿。如果财产权只是意味着国家随意剥夺后给予的一点儿金钱利益，那么宪法保障私人财产权的意义就被大大减损了。用通俗的话说，自己的汽车在相当多的时间不能上路，但可以换来一些税费减免或者现金，或者说，拥有汽车这一财产的意义只是停在那里而换得一点儿补偿，这是难以接受的。这样的法律效果，不符合汽车这一财产的功能，也不符合人们购买汽车时对此财产的预期。

四、单双号限行常态化在何种情形下是合宪的

综上所述，笔者认为，常态化的单双号限行，虽然是出于追求正当的公益目的，但却未必能实现这一目的，而且这一措施过于严厉地限制了财产权而缺乏必要性，因而是违宪的。② 法律和相关政策的制定者，应该基

---

① 修法驱霾会不会为"单双号限行常态化"开绿灯?. (2014-12-23). http://news.xinhuanet.com/energy/2014-12/23/c_127326626.htm.

② 这里或许有例外，比如在奥运会和APEC会议期间的限行，在"缓解交通拥堵"和"治理污染"之外，还存在其他重大公益（如奥运会期间限行的目的之一是"履行办奥运会时的承诺"），因此在比例原则衡量中，有可能获得合宪性的评价。

于充分的科学论证而采取其他能达成目的的手段。

进一步的追问是：这种严厉的限制措施是否在任何情况下都是违宪的？这里涉及比例原则衡量的具体情境问题。任何的衡量，必须在非常具体的情境中进行，而不是非常抽象地作非此即彼的判断，这是比例原则之精髓所在，也是对法律、政策和具体行政措施的理性和科学性的要求。笔者认为，如果出现了极其严重的恶性空气污染，会在短时间内严重损害个人健康，也就是出现了对生命健康利益的现实的、紧迫的危害，此时，采取一切有助于消除危险的手段都是正当的。这种情形，应当是类似美国洛杉矶"光化学烟雾事件"[①] 的紧迫情形。《大气污染防治法》修订稿第72条规定的需要行使"紧急命令权"、启动应急预案的情形，应该包括这种紧迫情形。

（本文原发表于《法学》2015年第2期。）

---

① 洛杉矶"光化学烟雾事件"．（2014 - 12 - 24）．http://baike.baidu.com/link?url＝JeZGfD1XxE1aL0hSTY2XpjH0kfF49AnhqmL2v9vQNBeb5GqgbJnIW9S8KLg2p8TukEF9TdSE7LfNbINctaXKbq．

通信权的宪法释义与审查框架

自 2019 年以来，在"法院调取通话记录"①"交警查手机"② 等实践争议引导下，杜强强、王锴、秦小建教授分别发表论文③，围绕对我国《宪法》第 40 条规定的"通信自由和通信秘密"的解释展开了精彩的论辩。这些研究，不仅具有回应实践争议、细化基本权利分论研究的意义，更具有法教义学积累的典范价值。通信相关权利，在我们所处的信息时代，呈现出了远超制宪者预见的复杂状况，牵涉几乎一切法律领域。笔者曾就我国《网络安全法》和《数据安全管理办法》的草案征求意见稿中若干条款的合宪性问题进行过分析④，主要的规范依据也是《宪法》第 40 条。笔者将在杜、王、秦三位教授设定的议题下，继续针对《宪法》第 40 条展开教义学作业，以期推进夯筑相关领域法制的宪法基础。

为方便讨论，引述我国《宪法》第 40 条有关通信权的规定如下："中华人民共和国公民的通信自由和通信秘密受法律的保护。除因国家安全或者追查刑事犯罪的需要，由公安机关或者检察机关依照法律规定的程序对通信进行检查外，任何组织或者个人不得以任何理由侵犯公民的通信自由和通信

---

① 我国《民事诉讼法》规定"人民法院有权向有关单位和个人调查取证，有关单位和个人不得拒绝"，但实践中通信公司依据《中华人民共和国电信条例》第 66 条（该条在该条例 2016 年修订后已变为第 65 条）可以予以拒绝。全国人大常委会法工委认可了"通话对象、通话时间、通话规律等属于宪法保护的通信秘密范畴"的理解，支持了通信公司的做法。（全国人大常委会法制工作委员会. 法律询问答复（2000—2005）. 北京：中国民主法制出版社，2006；129 - 131.）

② 有地方性法规规定，公安机关交通管理部门调查交通事故时可以查阅、复制当事人通信记录。全国人大常委会法工委认为此规定涉及公民通信自由及通信秘密，向制定机关发出审查意见要求纠正。（全国人大常委会法制工作委员会法规备案审查室. 规范性文件备案审查理论与实务. 北京：中国民主法制出版社，2020；113.）

③ 杜强强. 法院调取通话记录不属于宪法上的通信检查. 法学，2019（12）；秦小建. 新通信时代公民通信权的实践争议与宪法回应. 政治与法律，2020（7）；王锴. 调取查阅通话（讯）记录中的基本权利保护. 政治与法律，2020（8）.

④ 张翔. 检查公民通信是谁的权力？：小议网络安全法二审稿第 46 条. 法治周末，2016 - 08 - 31；张翔. 对《数据安全管理办法（征求意见稿）》第 25 条的若干意见. 中国人民大学未来法治研究院"数据法治化治理"学术研讨会，2019 - 06 - 24.

秘密。"

实践和学理上的争议点主要在于：(1) 包含通话对象、通话时间等信息的通话（信）记录是否属于通信秘密？(2) 对通信权的限制是否只有"通信检查"这一种方式，并且必须受到严格的理由要件（"因国家安全或者追查刑事犯罪的需要"）、主体要件（"公安机关或者检察机关"）和程序要件（"法律规定的程序"）约束（以下简称"三要件"）？除此以外的其他限制是否一律违宪？(3) 如何理解对通信自由和通信秘密的法律保留？以上各争议点分别落入基本权利限制的"三阶层"分析框架的不同阶层。笔者将首先对此分析框架略作评述，然后在此框架下展开讨论。

一、基本权利限制"三阶层"审查框架的学科意义

尽管存在明显的观点分歧，但杜强强、王锴和秦小建教授的讨论都在基本权利限制的"三阶层"审查框架①下展开。也就是，依次在"基本权利的保护范围"、"基本权利限制"和"基本权利限制的合宪性论证"三个层次上进行讨论。王锴教授概要说明了"三阶层"分析框架的内容②，并在三个层次上递进论述。杜强强教授亦指出，应遵循基本权利问题分析的基本框架，在讨论法院是否有权调取通话记录之前，应首先考量通话记录是否落入《宪法》第 40 条的保护范围。③ 秦小建教授认为，就相关理论与实践上的错误来说，其本质在于"未能有效界分公民通信权与其他基本权利的不同保护范围"④，并认为应该最终落实在对"法律保留"规范的调整上来解决问题。他的论证分别落在前述基本权利限制审查框架的第一阶层和第三阶层。在笔者看来，在表面歧见背后的基础性框架层面的共识，具有重要的学科建构意义。

近年来，以德国法为主要借镜，中国的刑法学、民法学、行政法学等众多学科在尝试建构中国现行法秩序下的法教义学体系。其中，作为案件解决技术的案件审查框架（Schema）的引入是重要环节。⑤ 与请求权基础分析之于民法学、犯罪成立的三阶层检验模式之于刑法学相埒，基本权利

---

① 笔者之前使用过"思考框架""分析框架"的概念，但所指相同。（张翔. 基本权利限制问题的思考框架. 法学家，2008（1）.）
② 王锴. 调取查阅通话（讯）记录中的基本权利保护. 政治与法律，2020（8）：108.
③ 杜强强. 法院调取通话记录不属于宪法上的通信检查. 法学，2019（12）：81.
④ 秦小建. 新通信时代公民通信权的实践争议与宪法回应. 政治与法律，2020（7）：88.
⑤ 傅广宇. 从"飞机旅行案"看德国的民法方法论. 华东政法大学学报，2013（4）：52 - 53；季红明，蒋毅，查云飞. 实践指向的法律人教育与案例分析：比较、反思、行动//李昊，明辉. 北航法律评论：2015年第1辑（总第6辑）. 北京：法律出版社，2016；夏昊晗. 鉴定式案例研习：德国法学教育皇冠上的明珠. 人民法治，2018（18）.

限制的"三阶层"审查框架也是宪法学上基本权利案例分析的基础框架。基本权利限制的"三阶层"审查框架,适用于对国家公权力行为是否因侵犯基本权利而构成违宪的审查判断,与刑法学上通过"构成要件该当性—违法性—有责性"的框架来检验某行为是否构成犯罪有着相似的结构。其分析步骤依次如下:(1)基本权利的保护范围。也就是判断某主体的某行为、利益或者状态是否受到某基本权利的保护。(2)基本权利的限制。也就是判断待审查国家公权力是否对该行为、利益或者状态构成了限制。(3)基本权利限制的合宪性论证。也就是判断待审查的国家公权力行为是否具有宪法上的合法性,或者说是否具备阻却违宪的理由。对于这一分析框架,我国学者近年来已有不少评介文字和具体运用实例[1],笔者不欲重复。这里,仅就这种"阶层式"分析框架的特点(优点)略加展开,并借此说明杜、王、秦三位教授对此分析框架的坚持何以具有学科建构意义。

阶层性是此基本权利限制审查框架的显著特点。阶层性所保证的法律思维的清晰、准确、严密和可验证,又是此类审查框架的优点所在。正如王锴教授所言:"三阶段审查步骤呈现出一种递进关系,前一阶段的审查没有通过,不得进入下一阶段的审查。"[2] 杜强强教授也指出,保护范围是分析基本权利问题的"门槛条件","具有逻辑上的前提性。只有在迈过这个门槛后,才有必要进一步讨论国家的某项限制措施是否构成对基本权利的不当干预。这个逻辑上的先后次序不能颠倒"[3]。此种阶层式思维,在各部门法的案件审查框架中都有体现。例如,按照吴香香教授的概括,民法中的请求权基础思维(以及以此为基础的司法实践中的关联分析法),"外在结构上,预选的多项请求权基础有其特定的检视次序。内在结构上,每项请求权基础的检视均遵循'积极要件→消极抗辩'的结构;其中,抗辩的检视又依'权利未发生的抗辩→权利已消灭的抗辩→权利阻止的抗辩'之次序进行"[4]。将待分析案例按预先设定的步骤逐层依次审查,正是此种阶层式框架的基本特征。陈兴良教授将此位阶性概括为两个方面的关系:"就前一要件与后一要件的关系而言,存在着'即无后者,亦有前

---

[1] 包括但不限于张翔. 基本权利限制问题的思考框架. 法学家,2008(1);赵宏. 限制的限制:德国基本权利限制模式的内在机理. 法学家,2011(2);王锴. 基本权利保护范围的界定. 法学研究,2020(5).
[2] 王锴. 调取查阅通话(讯)记录中的基本权利保护. 政治与法律,2020(8):108.
[3] 杜强强. 法院调取通话记录不属于宪法上的通信检查. 法学,2019(12):81.
[4] 吴香香. 请求权基础思维及其对手. 南京大学学报(哲学·人文科学·社会科学),2020(2):103.

者'的关系；就后一要件与前一要件的关系而言，存在着'若无前者，即无后者'的关系。'即无后者，亦有前者'是指前一要件独立于后一要件，即使没有后一要件，前一要件也可以独立存在。'若无前者，即无后者'是指后一要件依附于前一要件，如果没有前一要件就不存在后一要件。"①基本权利限制的"三阶层"审查框架，也具有同样的逐层递进的关系，也是"一种有内在秩序和逻辑顺序的位阶体系"②。

在笔者看来，此种阶层式的审查模式具有以下优点：（1）清晰。在每一个审查步骤只考虑一个问题，避免其他要素或者变量的干扰。比如，在"保护范围"阶层，只考虑某行为是否可以被涵摄于某基本权利，而不考虑该行为是否出于公共利益的考量而应予限制。公共利益的因素，要到"合宪性论证"的阶层才予以考察。这种层次分明的思考模式，可以避免讨论焦点涣散。（2）完备。此种审查框架，可以将基本权利限制中所有需要考察的要素作完整的收集胪列。在"保护范围"、"限制"和"合宪性论证"三个阶层下，可以对待审查要素作进一步分解，从而形成一个涵盖所有问题点的审查体系。这意味着，只要按照这一框架展开分析，就不会有任何需要考虑的问题点被遗漏。（3）合逻辑。实际上，即使让一群普通人讨论一个案件，他们也可能会想到所有需要讨论的问题点。但每个人都从不同问题点出发的讨论，必然导致盲人摸象式的各执一偏。阶层式的审查框架则将这些问题点合逻辑地排列起来，依次讨论，逐个解决，就比较容易形成一致、可重复、可检验的判断。"保护范围"、"限制"和"合宪性论证"三个阶层的递进关系，体现着"是不是、是哪项基本权利问题—有没有限制—限制是否正当"的顺序，符合人类的一般认知逻辑③：如果不是基本权利问题，就不必再考虑有没有限制；如果没有限制，就不必再考虑限制正当与否。这种步骤性和历时性，也可以避免在无谓问题上浪费时间。

"保护范围—限制—限制的合宪性论证"是一个一般性框架，可以根据不同的案件类型或者不同的基本权利进一步细化。例如，针对德国《基本法》第8条之"所有德国人均享有不携带武器进行和平集会的权利"的

---

① 陈兴良. 刑法阶层理论：三阶层与四要件的对比性考察. 清华法学，2017（5）：7.
② 车浩. 阶层犯罪论的构造. 北京：法律出版社，2017：85.
③ 在美国宪法学上，也有学者概括了"基本权利的分析框架"，包括三个步骤：（1）是否有基本权利？（2）该权利是否被侵犯？（3）该侵犯是否能被充分正当化？这与德国的审查框架非常类似。See Erwin Chemerinsky, *Constitutional Law* (3d ed., Aspen Publishers, 2009), pp. 946-949.

规定，就可以将"和平＋无武器"作为集会自由案件审查框架的"保护范围"阶层中"保护事项"的一个审查要素。① 按照细化后的框架展开的分析，不会遗漏任何需要讨论的要素，而又能以清晰、合逻辑的过程对国家公权力针对基本权利的限制行为作出合宪性审查。孙运梁教授曾经对阶层式犯罪论体系有过这样的评价："将各种犯罪的成立要素组成一个富有逻辑层次的体系，一种递进式的逻辑关系将各个成立阶层串联起来，这样就为司法人员准备了一套适用法律的思维工具，为定罪活动提供了一种配有使用说明书的操作规程，或者说，为司法人员提供了一张清晰的路线图。遵循三个阶层展开思维上的逻辑推演，从而正确、稳妥地履行定罪职责。"② 此种稳定的审查框架的存在，使得他人也可以据此对已经作出的法律判断进行"复盘"，审查其是否正确地考量了每一个要素，并进而对结论的正确性进行验证。通过一种可重复的检验，保证法律判断的科学性（或者至少是确定性）。车浩教授总结了阶层论的若干"实践优势"，包括"提供路标指引和检验清单""保障法律适用的正义性与安定性""制约司法恣意，实现审查透明化"等。③ 这些评价也同样适用于基本权利限制的"三阶层"审查体系。

除了"清晰""完备""合逻辑"这些技术性优势，阶层式的审查模式还有其实质性价值。就基本权利限制的"三阶层"审查框架而言，其本身就具有强化基本权利保障的意义。在日常思维中，我们往往把"某个行为受不受基本权利保护"和"某行为应不应受限制"当作同一件事来思考，在诸如"言论不能损害他人名誉""集会游行不能扰乱社会秩序"这样表面正确的说法背后，是将基本权利以及可能与基本权利发生紧张的他人权利、社会公益等因素杂糅于一体的混沌思维。同时接受"个人有自由"和"个人自由应受限制"这两个内在紧张的判断，往往会导致基本权利被过度乃至任意限制的后果。而区分"基本权利的保护范围"和"基本权利的限制"，则能够很好地避免此种混沌思维的危险。正如克里斯蒂安·施达克（Christian Starck）教授所言："这种双阶的论证方式，主要目的是避免过早地把自由所必然带有的公益关联性提到基本权的构成要件中讨论。自始就把某特定对公益有害的行为类型排除于保护领域之外的基本权利，

---

① Lothar Michael/Martin Morlok, Grundrechte, Baden-Baden: Nomos, 7. Aufl., 2020, S. 492.
② 孙运梁. 阶层式犯罪论体系的位阶关系及其实践优势. 华东政法大学学报，2018（6）：8-9.
③ 车浩. 阶层犯罪论的构造. 北京：法律出版社，2017：109-110.

只是极少的例外，并不多见……基本权利构成要件与基本权利界限的法释义学上的区分，可以大大降低因窄化基本权保护领域所造成对自由之不当限制的危险，且可强制公权力对基本权利作限制时必须论证，说明理由。"① 也就是说，在"保护范围"阶层，只充分考量应受某基本权利保护的行为、利益和状态，而可能与该基本权利发生碰撞、冲突的他人权利和社会公益，则放到后面的审查步骤中考虑，这可以保证基本权利对于模糊地带事项的充分保护和对限制理由的充分论证，从而实现基本权利保护效果的最优化。

目前，我国正在积极"推进合宪性审查工作"。"推进"不仅应该在体制机制层面上，同样也应该在理论和技术层面上。基本权利限制的"三阶层"审查框架，对于构建中国合宪性审查的原理无疑具有可借鉴性。② 王锴、杜强强和秦小建教授运用这一分析框架，体现了比较法上的自觉取法意识。基本权利限制的"三阶层"审查模式的确立，其意义不止于为合宪性审查设定分析框架和论证步骤的典范，其同时具有基本权利教义学的积累基础作用。基本权利领域的众多理论问题，都可以归入审查模式的不同阶层。例如，基本权利竞合问题，可归入第一阶层"保护范围"的"事项要素"下③；法人、外国人、胎儿和死者的权利问题，可归入"保护范围"阶层的"人的要素"下；基本权利放弃问题，可归入第二阶层"基本权利限制"下（也就是，当存在基本权利放弃时，国家之干预不构成限制）④；等等。这样，基本权利限制的案件审查模式，就可以承担起教义学框架的功能。宪法学研究可以在此框架引导下展开对基本权利规范的解释和体系化工作。正是基于这样的认识，笔者认为王锴、杜强强和秦小建教授对此审查模式的运用和坚守，就具备了超越具体问题歧见的、学科一般性原理建构的意义。也正是此审查模式的存在，使得对不同观点的对比、评价和对新观点、新论证的提出，具有了教义学积累的意义，而非纯粹的批判和解构。笔者对上述三位教授观点的评析，也同样遵循此框架展开。

二、"通话记录类似于信封"？

针对法院调取通话记录的做法是否抵触《宪法》第 40 条规定的争议，

---

① 克里斯蒂安·施达克. 基本权利的解释与影响作用//克里斯蒂安·施达克. 法学、宪法法院审判权与基本权利. 杨子慧，等译. 台北：元照出版有限公司，2006：314.

② 相比民法的请求权基础思维和刑法的犯罪成立三阶层模式有明显的理论对手，宪法上基本权利限制审查框架的引入并没有批判、改造既有理论的负担。

③ 柳建龙. 论基本权利竞合. 法学家，2018（1）：35.

④ Lothar Michael/Martin Morlok, Grundrechte, Baden-Baden：Nomos, 7. Aufl., 2020, S. 478.

杜强强教授准确地指出：不应该径直考虑哪些公权力机关有权检查通信，而应该首先分析通话记录是否落入通信自由和通信秘密的"保护范围"。也就是，首先应在基本权利审查模式的第一阶层上展开思考。如果通话记录根本不落入通信自由和通信秘密的保护范围，则法院调取通话记录就不构成对通信自由和通信秘密的限制。杜强强教授的分析逻辑，体现的就是前述审查框架的阶层性。

在对通信权的保护范围的具体认定上，笔者同意杜强强教授关于通话记录不属于通信自由的保护范围的判断，但他认为通话记录也不属于通信秘密的观点，笔者认为不甚妥当。杜强强教授作了一个颇有说服力的论证："通话记录类似于传统书信上的信封"。他认为，信封上的信息（收信地址、收信人姓名、发信人地址等）虽然附属于书信，但"这些信息是公开的，并无秘密可言"。"人们在通信时就已经知道邮局会知晓信封上的信息，人们在日常通话时也会预知自己的号码等信息会留存在电信局的服务器上"，从而，"如果说信封不属于'邮件'的范围，则通话记录也不属于'通话'的范围，非属通信秘密的保护对象"①。对于这一观点，王锴教授从两个角度作了批评：（1）信封上的外在信息只是对分拣员、邮递员等寄送过程中的必要参加者公开，并非寄信人希望其他人知悉；（2）通信秘密的保护范围不限于通信内容，也及于通信的外在信息。② 笔者在王锴教授的观点基础上，作以下几点补充。

（一）通信（话）对象、通信（话）时间不是秘密？

对于基本权利的保护范围的确定，需要考察权利主体的主观认知，也就是权利人对于自己的生活领域应受基本权利保护的期待，也就是要尊重权利主体的自我理解（Selbstverständnis）。③ 就通信秘密而言，权利人希望被作为秘密的，不仅是通信的内容，也可能包括通信的对象、时间，以及因此而形成的通信规律。除了"聊什么"，通信（话）人可能同样不希望他人知道自己在"跟谁聊""在什么时间聊"。只要在技术上能够做到，通信（话）人就会希望对这些非内容信息同样保密，而这一点在电信和互联网条件下显然是更容易做到的。实际上，即便是杜强强教授拿来作为对比的信封上的信息，也完全有可能成为通信人保密的对象。举两种情形：（1）寄信人可以不具名，或者使用不完整的甚至虚假的寄信人信息而不影

---

① 杜强强. 法院调取通话记录不属于宪法上的通信检查. 法学，2019（12）：83.
② 王锴. 调取查阅通话（讯）记录中的基本权利保护. 政治与法律，2020（8）：111.
③ 张冬阳. 废物间活动案//张翔. 德国宪法案例选释：第3辑 宗教法治. 北京：法律出版社，2018：6.

响信件被投递；（2）如果通信双方愿意，他们甚至可以约定将信件寄给他人代转。有过书信时代生活经验的人都会知道，过往的生活事实中确实存在此种将通信对象作保密处理的做法。也就是说，即便在书信条件下，只要通信人主观上希望，在技术上也可以做到对通信对象信息至少部分保密，而且此种保密甚至可以就是针对邮政系统的。杜强强教授认为信封上的信息是公开的、无秘密可言的，并且认为"很难说人们对它有什么隐私期待"①的观点，并非在所有条件下都成立。正如张新宝教授所指出的，在传统的书信时代，"信封所记载的联络信息是受限于其技术手段而不得不暴露于信封之上……传统宪法上的'通信自由和通信秘密'并不是不保护'与谁通信'这一权利内容，而只是限于当时的技术手段，暂时地无法给予'与谁通信'以完全的保护。但是，在信息手段下我们完全有技术能力来保护'与谁通信'这一权利内容"②。

（二）通话记录是公开信息？

进一步来说，即便如杜强强教授所言，信封上的信息，因为存在邮递员投递、收发室任人查找等场景，从而具有公开性，我们也无法将电信和互联网条件下的通话信息与之简单类比。书信的投递、收发必然有他人直接参与，而电信和互联网条件下的通信记录却储存于服务器和客户端，并不具有信封那样的必然要接受他人目光检视情景下的开放性。如果说我与他人的一次书信往来，无法躲避分拣员、邮递员、收发室人员的目光，那么我与他人的一次通话或者微信聊天，则完全可以避开他人的关注。就当下最为典型的点对点即时通信而言，除非他人调取服务器数据或者直接检查手机等客户端，否则并不能知晓存在这样一次通话或者通信。邮局投递和电信转接，存在是否有"人的直接介入"的根本性差别。通话记录并非如信封信息那样具有针对物理空间的开放性。此种事物本质上的差异，无法支持杜强强教授将二者等同视之。实际上，杜强强教授并非没有认识到这一点，他同样认为"通话记录只保留在电信企业的服务器上，第三人无法随意获得，具有较强的排他性"③。他承认通话记录具有不同于信封信息的特点，却使用了意义含混的"排他性"来对应信封信息的"公开性"。实际上，通话记录无法被他人随意获取意义上的"排他性"，就是"秘密性"。基于此，也无法认为通信秘密的保护范围不及于通话记录。

---

① 杜强强. 法院调取通话记录不属于宪法上的通信检查. 法学，2019（12）：85.
② 张新宝. 个人信息收集：告知同意原则适用的限制. 比较法研究，2019（6）：5.
③ 同①.

（三）作为信息集合体的通话记录类似于信封？

此外，还应该注意到信封与通话记录在信息承载量上的巨大差异。信封上所承载的最多只是收信人和寄信人的姓名、地址以及邮戳上的通信时间等简单信息，而且只是一次通信的信息。正如王锴教授引用电信专家的分析所说明的，"通话记录包含了用户接入时间、接入距离、接入信号强度、接入时占用的物理和逻辑设备、接入过程中发生的事件、结束时间、结束时释放的物理和逻辑设备、结束时各信号的强度和相位、结束原因以及第一次切换、最后一次切换时所有信号的来源、强度、主要信号、占用设备等数百项详细信息"①，是"通话详细日志"②，其承载的信息量是信封信息所不可比拟的。而且，通话记录是一段时间内通信人所有通信活动的信息集合。通过通话记录，可以非常容易地分析个人的通话规律，并可从中窥探个人的交往关系乃至其他更为私密的具体生活状态。通话记录的此种信息集合能力在书信时代是不可想象的，其所开示的个人秘密的范围与程度，也是信封信息所不能比拟的。偶然地检视一个信封，对于个人通信秘密的干预甚为微小，但调取并分析一份通话记录，则可能是对个人通信秘密的深入解读。因此，将通话记录与信封类比，也不甚妥当。

综上，通信对象、通信时间等信息，完全可能是通信权人主观上希望保守的秘密。通话记录不具备信封的公开性，信封也不具备通话记录的信息集合性。因此，将通话记录类比信封并将其排除在通信秘密的保护范围之外，缺乏合理性。杜强强教授也认识到自己的这个观点不符合常识，但他将之归结为日常语言与法律的技术语言的差异，并进一步从"通信内容"与"外在信息"的区别的角度，认为还是应该严格界定通信秘密的保护范围。③ 笔者承认法律语言与日常语言可能存在差异，也同意不能将通信内容和通话记录在法律上同等对待。但笔者依然认为，在"保护范围"层次上将通话记录排除在通信权之外，是对这项权利的过早窄化，会损害基本权利的保护效果。正如秦小建教授所担心的，这个在通信秘密的"堤坝"上凿开的缺口，会提供一条规避《宪法》第 40 条严格保护的侵犯路径。④ 笔者认为，还是应当将通话记录纳入通信秘密的保护范围，而"基本权利限制"和"限制的合宪性论证"阶层的教义学建构，仍然可以解决

---

① 肖恒辉，林惜斌，李炯城，等. 基于通话记录的无线定位方法及其应用. 电信科学，2010（7）.
② 王锴. 调取查阅通话（讯）记录中的基本权利保护. 政治与法律，2020（8）：110.
③ 杜强强. 法院调取通话记录不属于宪法上的通信检查. 法学，2019（12）：83.
④ 秦小建. 新通信时代公民通信权的实践争议与宪法回应. 政治与法律，2020（7）：87.

实践的难题。

三、哪来的"隐私权"和"个人信息权"?

在"保护范围"阶层,还有一个问题需要处理,也就是可否将通话信息纳入"隐私权"或者"个人信息权"的保护范围。杜强强教授认为,"通话记录虽不属于《宪法》第40条的保护对象,但因为人们对它的隐私期待较高,属于宪法隐私权的保护对象"①。王锴教授虽然也认为通话记录属于"秘密",但认为应以该"秘密"的储存地点为标准作出区分:通话记录如果储存在电信运营商或者互联网服务商那里,就受通信秘密保护;如果储存在当事人的终端设备上,就是隐私权或者个人信息自决权的问题。② 杜强强教授和王锴教授并非反对给予通话记录基本权利层面的保护,只是将其全部或者部分地排除在通信权的保护范围之外,而由隐私权或者个人信息权来提供保护。在笔者看来,这种教义学方案存在问题。

首先,将通话记录纳入隐私权的保护范围,轻易规避了《宪法》第40条对通信权严格保护的规范目标。我国《宪法》第40条属于加重法律保留条款,也就是为限制性立法规定了进一步的约束条件。按照杜强强教授的观点,隐私权作为宪法未列举权利,公权力对其限制只需要符合单纯法律保留的要求即可。③ 也就是说,只要国家制定法律就可以限制。这种思路,与宪法严格保护通信相关权利的规范设想难言一致。

其次,会导致基本权利竞合问题,并且无法妥当处理。按照前述的隐私权思路,会出现基本权利竞合。④ 所谓基本权利竞合,"是指就同一主体而言,宪法上有两条或者两条以上的基本权利规范同时适用于同一生活事实的情形"⑤,也就是基本权利主体的某行为、利益或者状态同时受到多个基本权利的保障。如前所述,通话记录属于通信权中通信秘密的保护范围,但同时,其作为个人的私密信息,又确乎可以由隐私权或者个人信息权来保护。发生基本权利竞合时,通常需要在保护范围相互重合的基本权利中择一适用。

杜强强教授拒绝承认通话记录是通信秘密,却又认为通话记录是隐

---

① 杜强强. 法院调取通话记录不属于宪法上的通信检查. 法学, 2019 (12): 85-86.
② 王锴. 调取查阅通话(讯)记录中的基本权利保护. 政治与法律, 2020 (8): 111-112.
③ 同①86.
④ 关于基本权利竞合问题,可参见林来梵, 翟国强. 论基本权利的竞合. 法学家, 2006 (5); 张翔. 基本权利的规范建构. 增订版. 北京: 法律出版社, 2017: 292-294; 柳建龙. 论基本权利竞合. 法学家, 2018 (1).
⑤ 柳建龙. 论基本权利竞合. 法学家, 2018 (1): 35.

私。其自相矛盾之处显而易见：基于通信活动产生的隐私，何以不是通信秘密？既然通话记录如杜强强教授所言"无秘密可言"，何以它又是"隐私"？因此，杜强强教授的方案并不能真正回避基本权利竞合问题。王锴教授将通话记录一分为二，分别作为隐私权或者通信权问题处理。王锴教授的方案的问题在于：将同一保护对象，分别置于不同的权利之下，使其接受不同强度的保护，其效果必然是，公权力规避严格保护，而选择更易干预的路径。这会使教义学上的区分失去意义，也就是说，此种区分最终会被实践利用而使宪法高强度保护的规范目的落空。杜、王二位教授为通话记录找到隐私权这一规范基础，表面上提供了新思路，却会导致更为复杂的基本权利竞合问题。并且，杜、王二位教授都未能有效说明，何以选择隐私权作为竞合问题的答案。按照柳建龙教授的概括，基本权利竞合问题的解决方法，包括"特别优先于一般""受到较强限制的基本权利优先说""受到较弱限制的基本权利优先说""最大相关性理论""基本权利的强化说""累加适用说"等众多学说，并可能需要在个案中加以选择。① 仅以最基础的"特别优先于一般"理论为例，针对通话记录作为一种"秘密"或者"隐私"，隐私权显然是"一般"，而通信秘密才是"特殊"。毕竟，隐私权保护各种生活领域中的隐私，而通信秘密则指向通信领域的隐私。依据这项规则，通话记录更应该作为通信秘密而非隐私权来保护。杜、王二位教授的方案，导致"法院调取通话记录""交警查手机"等问题成为基本权利竞合问题，却没有给出充分的分析，并非有助于实践问题解决的有效方案。

在笔者看来，杜、王二位教授的方案还有更为根本的问题。这就是，在我国宪法上，隐私权和个人信息权缺乏坚实的规范和学理基础。无论是隐私权还是个人信息权，都并非我国宪法明确规定的权利，即使给予其宪法上的证成，其在性质上也属于"未列举权利"。我们知道，在最早确立隐私权的美国和最早确立信息自主权的德国，这两项权利也是宪法未列举权利。美国是从 1965 年"格瑞斯沃德案"开始，逐步解释和建构出了宪法上的隐私权。其中最为重要的"阴影区域"理论，是将美国宪法的第一、三、四、五修正案和第九修正案结合起来，认为"权利法案"的这些条款下存在一个制宪者未能明示的隐私权领域。② 德国以 1983 年"人口普查案"为开端，结合德国《基本法》第 1 条第 1 款"人的尊严"，从

---

① 柳建龙. 论基本权利竞合. 法学家，2018（1）：36-45.
② 屠振宇. 从 Griswold 案看宪法隐私权的确立//公丕祥. 法制现代化研究：第十一卷. 南京：南京师范大学出版社，2007：400.

第 2 条第 1 款"人格自由发展权"中导出了个人信息的自主权。① 而这也是德国《基本法》第 2 条第 1 款作为"兜底基本权利"的规范展开的组成部分。② 限于篇幅和主题，这里无法就未列举权利的宪法证立作全景的考察，但必须注意的是，美国的隐私权和德国的个人信息自主权，都是由有权机关通过对宪法相关规范的充分解释而确立的，其背后有着复杂精密的学理支撑。而在我国，未列举权利的宪法规范基础并不清晰。③ 在部门法的讨论中，可以含糊地认为隐私权和个人信息权有宪法基础，但在宪法学上将这两项权利作为基本权利，则必须建立在充分的宪法教义学论证基础上。大体上，人们会以"人权条款"和"人格尊严"条款为基础，再结合人身自由、住宅自由、婚姻家庭、通信秘密等基本权利推导出隐私权或者个人信息权。但这里出现了显然的逻辑矛盾：既然隐私权和个人信息权要结合通信秘密导出，那为何不直接用通信秘密保护通话记录？

将通话记录排除出通信秘密的保护范围，再从通信秘密中导出隐私权或者个人信息权来保护通话记录，笔者认为没有必要费此周章。此外，未列举权利的证立总是伴随着"破坏法的安定性""解释者恣意"等质疑。④ 诉诸未列举权利，只是在无法为特定的行为和利益找到宪法权利基础的情况下的无奈选择。如果能在既有权利体系中解决问题，就不必诉诸未列举权利。笔者并不是反对隐私保护和个人信息保护。相反，笔者认为在当下的互联网时代，在民法典、个人信息保护法等众多立法全方位快速推进的背景下，对相关权益的宪法基础的论证是极为迫切的宪法学任务。而从宪法既有规范中解释出隐私权和个人信息权，或许也是必要的。但是，在隐私权和个人信息权缺乏明确基本权利地位的条件下，舍弃通信权这一宪法上明确的规范基础，而诉诸尚未被证成的模糊的未列举权利，并非妥当的教义学方案。

四、"检查"之外，尚有限制

（一）"检查之外无限制"的困局

总结上文，笔者认为通话记录当然落入我国《宪法》第 40 条通信权的保护范围，并且没有理由借由无宪法明确规定的隐私权或者个人信息权

---

① 赵宏. 信息自决权在我国的保护现状及其立法趋势前瞻. 中国法律评论，2017（1）：148-152.
② 张翔. 民法人格权规范的宪法意涵. 法制与社会发展，2020（4）：121.
③ 姚岳绒. 论信息自决权作为一项基本权利在我国的证成. 政治与法律，2012（4）.
④ 屠振宇. 未列举基本权利的宪法保护. 中外法学，2007（1）：41-42.

来保护。接下来，对"法院调取通话记录""交警查手机"的行为的审查，就进入"保护范围—限制—限制的合宪性论证"三阶层审查框架的"限制"阶层。调取或者查阅、复制通信（话）记录显然对通信权所保护的法益产生了不利影响，且具有目的性、强制性、直接性、高权性等基本权利限制的典型特征①，毫无疑问构成对通信权的限制。构成限制之后，审查就进入"限制的合宪性论证"阶层。也就是要分析该限制是否具有宪法层次的合法性。《宪法》第40条的规定属于"加重法律保留"。该条的第二句的表述是："除因国家安全或者追查刑事犯罪的需要，由公安机关或者检察机关依照法律规定的程序对通信进行检查外，任何组织或者个人不得以任何理由侵犯公民的通信自由和通信秘密。"那么，法院或者交警调取、查阅、复制通信（话）记录是否必然因为抵触《宪法》第40条的第二句而违宪？这是相关实践争议的另一个主要争议点。《宪法》第40条从字面上看，"除……外，任何组织或者个人不得以任何理由侵犯"的表述，似乎杜绝了任何其他限制方式的可能性。但此种严格的字面解释，却存在与当下生活事实的乖离。

在现行的1982年宪法起草时，"通信"的主要生活场景是通过邮政的书信、电报和当时尚远未普及的固定电话进行通信，"对通信进行检查"也主要被设想为对信件的开拆检视，连电话窃听都未被涵括。② 而近几十年来电信技术和互联网的高速发展，使手机、电邮和各类点对点即时通信成为生活常态，也使更多的行为、利益和状态落入了通信权的保护范围。然而，伴随这些新类型通信的各种法律规制，却都可能因为抵触《宪法》第40条第二句严格的理由要件（"因国家安全或者追查刑事犯罪的需要"）、主体要件（"公安机关或者检察机关"）和程序要件（"法律规定的程序"）而存在违宪疑虑。从字面上看，《宪法》第40条第二句几乎完全取消了立法者对通信行为进行规制的形成自由。但是，严格的字面解释，却未必能实现严格保护通信自由和通信秘密的规范目的。相反，过于苛刻的约束条件，会导致公权力的各种规避措施，甚至对宪法约束的毫无顾忌。这就是秦小建教授所概括的实践"痛点"："要么超越我国《宪法》第40条的限制规定违法（甚至是违宪）进入通信空间，要么就受到我国《宪法》第40条之严格约束而放纵违法行为。"③ 杜强强教授也以我国

---

① Vgl. Albert Bleckmann, Staatsrecht Ⅱ, Die Grundrechte, Köln: Carl Heymann, 3. Aufl., 1989, S. 336 - 338.
② 蔡定剑. 宪法精解. 2版. 北京：法律出版社，2006：265.
③ 秦小建. 新通信时代公民通信权的实践争议与宪法回应. 政治与法律，2020（7）：92.

《证券法》第180条和《证券投资基金法》第113条为例，说明此种严格保护存在"不能承受之重"①。不切实际的严格规则，导致普遍的规则违反，不是法学的理论和实践所期待的效果。

我们可以从"保护范围"和"限制"的互动关系的角度，理解《宪法》第40条内在的困境。正如杜强强教授和王锴教授所一再论证的，"基本权利的规范领域愈宽，则其保护程度愈低；规范领域愈窄，则其保护程度愈高"②。基本权利的保护范围越宽泛，其与他人权利、公共利益发生碰撞的可能性就越大，就越有可能受到限制。因此，在立法技术上，对内容宽泛的基本权利的限制就不应该规定过于严格的约束性条件。某项基本权利的保护范围宽松，对其限制的条件也必须宽松；只有保护范围非常狭窄的基本权利，才能与高强度保护相配合。而我国《宪法》第40条的规定，恰恰是为一个保护范围宽泛的权利搭配了极为严格的限制条件：从字面上看，《宪法》第40条第二句只允许一种限制方式（"通信检查"），而且对此唯一的限制方式还规定了严格的理由、主体和程序要件。这就给法教义学的工作带来了极大困难。

正是为了破解这一困局，杜强强教授才会回到三阶层审查框架的第一阶层，试图通过限缩通信权的保护范围来解决问题，也就是把通话记录"切割"出通信权的保护范围。其逻辑是：通话记录不是通信→调取、查阅、复制通话记录不是"通信检查"→调取、查阅、复制通话记录不受理由、主体、程序要件拘束→调取、查阅、复制通话记录可能被论证为合宪。杜强强教授可谓用心良苦，但这种思路的问题在于，为了处理实践争议，可能需要不断把通信相关的行为、利益和状态"切割"出通信权的保护范围，而这会导致相当奇怪的判断。比如，我国《网络安全法》第58条规定："因维护国家安全和社会公共秩序，处置重大突发社会安全事件的需要，经国务院决定或者批准，可以在特定区域对网络通信采取限制等临时措施。"由于该条在限制的理由要件、主体要件上都与《宪法》第40条第二句不符，按照杜强强教授的思路，如果不希望适用《宪法》第40条第二句而直接导致"临时措施"违宪，就必须认为"网络通信"不是通信，不受《宪法》第40条"通信自由"的保护。无论如何，"网络通信不是通信"的判断都是不可接受的。按此"切割"思路，《宪法》第40条最

---

① 杜强强. 法院调取通话记录不属于宪法上的通信检查. 法学，2019（12）：86.

② 杜强强. 基本权利的规范领域和保护程度：对我国宪法第35条和第41条的规范比较. 法学研究，2011（1）：3；王锴. 基本权利保护范围的界定. 法学研究，2020（5）：113；张翔. 宪法解释方法的运用：以德国艾尔弗斯案为例. 学习与探索，2011（3）：112.

终就保护不了什么了。它不仅放弃了宪法严格保护的规范目标，甚至放弃了通信自由和通信秘密本身。杜、王二位教授都赞成对基本权利保护范围的"狭窄界定"①，但再狭窄也不能走向权利的本质内容被根本性否定。杜强强教授的方案，并不能真正破解《宪法》第40条的困局。

同样是针对此困局，秦小建教授评价道，"目前我国《宪法》第40条的规范构造，并非没有可指摘之处"②，并给出了一个一劳永逸的解决方案：修宪。主要就是通过修改《宪法》第40条，加入"禁止非法侵犯公民的通信自由和通信秘密"的规定，来实际上允许"通信检查"之外的其他限制的存在。③ 这个方案从"解释论"走向了"立法论"，也就是期待通过未来的宪法修改来解决问题。但是，且不说未来何时会有现行宪法的第六次修改，即便未来会修改，在修改之前，现存的困境如何解决仍然是个问题。

同样是针对此困局，王锴教授还提供了一种非常有启发的新思路。他认为，调取和查阅、复制通话记录的行为未必是《宪法》第40条所称的"通信检查"④。隐含的判断是，除受到严格的理由、主体和程序要件约束的"通信检查"之外，《宪法》第40条也允许其他限制通信权的方式的存在。但王锴教授并未明确表达这一观点，原因或许在于，这个判断有着宪法文义上的明显障碍。"除……外，任何组织或者个人不得以任何理由侵犯"的表述具有排他性，字面上意味着宪法决不允许"通信检查"之外的限制方式，任何其他方式的限制通信的行为都是违宪的。"检查之外无限制"的困局依然存在。

（二）"检查"作为"示例性规定"

在笔者看来，此种文义解释之下的不妥当结论，仍然可以在"解释论"的边界内，借由体系解释、漏洞填补等方法予以纠正。试述如下：

王锴教授指出，"制宪者经常会将一些典型的或者比较严重的干预方式在宪法中作明确规定"，他还用一个表格列举了我国宪法上针对不同基本权利而规定的"特定的干预方式"⑤。进一步分析，我们会发现，此种对"干预方式"的明文规定，大多是一种"示例性规定"。所谓示例性，

---

① 杜强强. 宪法上的艺术自由及其限制：以"敏感地带"行为艺术案为切入点. 法商研究，2013（6）：32；王锴. 基本权利保护范围的界定. 法学研究，2020（5）：112-113.
② 秦小建. 新通信时代公民通信权的实践争议与宪法回应. 政治与法律，2020（7）：93.
③ 同②.
④ 王锴. 调取查阅通话（讯）记录中的基本权利保护. 政治与法律，2020（8）：115.
⑤ 同④113-114.

是指宪法并非概括式规定所有限制方式，而只是在若干可以被预见到的限制方式中，选择一种或者几种作为典型例子展示出来。也就是说，宪法只是"例举"了针对某基本权利的若干典型的限制方式，但并不意味着该基本权利不能被用来防御其他方式的限制。例如，《宪法》第 13 条第 3 款只规定了"征收或者征用"这两种对财产权的限制方式，但并不意味着"房屋租金管制""著作权的合理使用""机动车限行"等非征收征用的限制就不受宪法财产权的规制①；又如，《宪法》第 38 条规定了人格尊严，该条的第二句"禁止用任何方法对公民进行侮辱、诽谤和诬告陷害"，并不意味着人格尊严不能被援引来对抗其他影响人格尊严的干预行为。也就是说，"征收或者征用""侮辱、诽谤和诬告陷害"的规定只是"示例"，在典型情形之外仍容有其他的各种可能性。

我国宪法关于公民各项自由权的规定，除第 35 条言论、出版、集会、结社、游行、示威自由条款没有限制性规定以外，对其他各项自由权的限制性规定都具有此种"示例性"特征。例如，第 36 条第 1 款规定了宗教信仰自由，第 2 款"任何国家机关、社会团体和个人不得强制公民信仰宗教或者不信仰宗教，不得歧视信仰宗教的公民和不信仰宗教的公民"，就是对典型限制作了例举；第 39 条第二句"禁止非法搜查或者非法侵入公民的住宅"，也是对典型限制的例举。稍微特殊的是人身自由条款，《宪法》第 37 条第 3 款"禁止非法拘禁和以其他方法非法剥夺或者限制公民的人身自由"中的"其他"说明这个条款具有概括性，也就是可以涵盖一切限制人身自由的方式。②但即便如此，在概括性规定之前，仍然以"拘禁"作为限制人身自由的典型方式。可以认为，我国宪法关于各项自由权的限制性规定的模式是：只举出个别典型限制方式，而不排除其他的限制方式。也就是，典型限制之外的限制方式，仍然受到各项自由权条款的规制。

而《宪法》第 40 条的规定却与此种"示例性"模式不同。其首先也对典型的通信自由和通信秘密的限制作了例举（也就是"通信检查"），但又以两个"任何"排除了其他限制方式存在的可能性。何以如此反常？

在笔者看来，这里出现了因制宪者预见不足而产生的宪法漏洞。柳建

---

① 张翔. 财产权的社会义务. 中国社会科学，2012（9）：101-102.
② 这里稍需注意的是，《宪法》第 37 条第 2 款排除了在未决羁押阶段除"逮捕"以外的其他严厉程度相当的限制措施。（张翔，赖伟能. 基本权利作为国家权力配置的消极规范. 法律科学，2017（6）：34.）

龙教授将宪法漏洞定义为"宪法规范的不圆满性,即欠缺宪法规范以调整某些具有重要宪法意义的问题的法律状态"①。也就是因为生活事实的复杂性、宪法的开放性、制宪者智识的有限性等原因导致的宪法对某事项应予调整而未予调整。② 柳建龙教授也以《宪法》第40条为例说明了制宪者预见不足如何导致宪法漏洞:因为制宪者无法预料到在宪法颁布施行之后会设立新的国家安全机关来承担原由公安机关承担的国家安全工作,因此,《宪法》第40条仅以公安机关和检察机关为"通信检查"的主体。③对此宪法漏洞,之后不得已以全国人大常委会决定的方式进行了填补。④《宪法》第40条在起草过程中的预见不足,还表现为制宪者对于通信自由和通信秘密的保护范围过于狭窄的认识。至少是部分的宪法起草者,把"通信"仅仅理解为书信、电报,连电话都未能纳入。"在修宪讨论时班禅委员提出,现代技术发达,电话窃听等是否包括?彭真说,这里只讲通信,其他另谈吧。"⑤ 正是因为将通信权的保护范围理解得极为狭窄,制宪者才会对其给予了极严格标准的保护。在宪法起草过程中,已经有全国人大常委会委员对此种严格保护进行了质疑,并认为可改为"非依法律不得妨害",但这一意见显然未被接受。⑥ 也就是说,正因为制宪者把"通信"只限定为以纸张为载体的书信,对通信权的限制也就只被设定为对书信的开拆检视,也就是获取书信内容的"通信检查"。因此才会以最为严格的理由、主体和程序要件对其予以规制。这也就解释了,为何制宪者背离了《宪法》第36、37、38、39条确立的"示例性"模式,而采用了绝对排除式的规定。

制宪者连当时虽未普及但并不罕见的电话都未纳入通信权的保护范围,应该说存在严重的预见不足。此种情形确属对于应规范事项未予规范,构成宪法漏洞。对于宪法漏洞,"只要在宪法中找到可资参照的规范,并衡诸宪法原理和价值,'同等情形,同等对待',应该就能做出较具说服力的判断"⑦。如前所述,"示例性"规定是我国宪法关于自由权的限制条

---

① 柳建龙. 论宪法漏洞的填补. 政治与法律, 2020 (11): 64.
② 同①62.
③ 同①69.
④ 《全国人民代表大会常务委员会关于国家安全机关行使公安机关的侦查、拘留、预审和执行逮捕的职权的决定》(1983年9月2日第六届全国人民代表大会常务委员会第二次会议通过)。
⑤ 蔡定剑. 宪法精解. 2版. 北京:法律出版社, 2006:265.
⑥ 马识途对草案中的通信自由条款发表意见说:"这条写得特别长,理由是什么,令人不解为什么有这样详细的注解。可改为'非依法律不得妨害'。"(许崇德. 中华人民共和国宪法史. 福州:福建人民出版社, 2003:711.)
⑦ 同①65.

款规定的基本模式，但由于制宪者预见不足，未能将此模式同样适用于通信权。我们可以设想，如果当时制宪者将电话作为通信的内容，应该会对窃听等针对电信秘密的侵入行为作出规制。同样，我们也可以设想，如果制宪者能够预见到当下如此种类多样的通信方式，应该也会将更多的干预通信自由的措施设定为通信权的规制对象。而且，考虑到通信内容与其他通信信息确实存在差别，制宪者也会对二者作出不同的规范安排。基于以上填补宪法漏洞的思考，一个可以接受的结论是，"通信检查"仅具有示例意义，其他限制通信权的国家公权力行为，并不必然违宪，而是应该在将其纳入《宪法》第40条规制对象的前提下，再进行进一步的合宪性审查。落实到"法院调取通话记录""交警查手机"等争议上，笔者认为，这些行为依然构成对通信权的限制而应被置于《宪法》第40条下讨论，但并不能径直得出其因抵触了第40条第二句规定的理由、主体和程序要件而违宪的结论。相反，应该建构起针对"通信检查"之外的其他限制措施的规范体系和学理体系。

五、"通信内容"与"非内容的通信信息"的分层构造

总结上文，笔者的基本观点是：（1）通话对象、通话时间、通话规律等通话信息不应该被排除在通信秘密的保护范围之外；（2）《宪法》第40条在"通信检查"之外，容有对通信权的其他方式的限制。笔者下面尝试脱离前文的商榷语境，重新梳理《宪法》第40条的保护范围的不同层次，以及相应的限制方式及其应受的宪法规制。

（1）通信自由和通信秘密共同构成公民的通信权利。在我国的历部宪法中，现行的1982年宪法第一次同时规定了通信自由和通信秘密，二者结合起来共同构成了完整的通信权利。①

（2）通信自由是人与人之间通过媒介进行信息交流与传递的自由。通信自由所防御的主要是阻断或者干扰信息交流的行为，例如禁止通信、隐匿或毁弃信件、切断电话线路、屏蔽手机信号、要求电信企业停止服务等。

（3）通信秘密是指通信内容和其他通信信息不为其他人知悉或获取的权利。如前文的商榷意见所示，通信秘密的保护范围，既包括通信内容，也包括权利人主观上希望作为秘密的其他通信信息。针对通信内容的公权力干预，主要是对信件的开拆检视、对电话的窃听和其他各种对通话内容的获取及披露。针对通信内容以外的通信信息的公权力干预，包括前述的调取、查阅、复制通信（话）记录等。

---

① 许崇德. 中国宪法. 4版. 北京：中国人民大学出版社，2010：322.

（4）通信秘密的双层构造。尽管笔者不同意杜强强教授将通话内容以外的其他信息排除出通信秘密的保护范围的观点，但笔者赞同他关于"两者之间仍然有着重大的区别，需要在立法政策上予以区别对待"① 的观点。从前文的分析也可以看出，制宪者希望给予最为严格标准保护的只是"通信内容"，而所谓的"通信检查"就是为了获取通信的具体内容信息②，"通信内容"和"通信检查"具有直接对应关系。而通话对象、通话时间、通话规律等"非内容的通信信息"，固然属于通信秘密的保护范围，但其受保护程度显然较通信内容为低，对其的限制也并非"通信检查"，而是其他方式的限制。相应地，如果是对通信内容的"通信检查"，就必须符合《宪法》第40条第二句所规定的理由要件、主体要件和程序要件，也就是"加重法律保留"的要求；而针对"非内容的通信信息"的干预，则至少需要遵循"单纯法律保留"以及比例原则等对基本权利限制的宪法约束。

至此，可将我国《宪法》第40条的保护范围及相应的法律保留要求如图1所示：

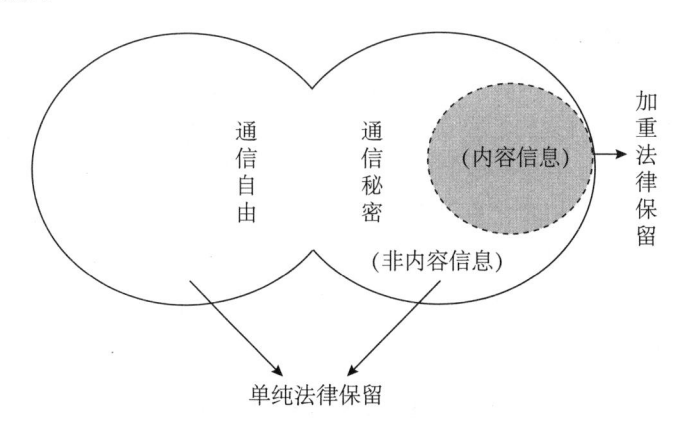

图1 《宪法》第40条的保护范围及法律保留要求

以"内容信息"和"非内容信息"的分层结构来重构通信秘密的保护范围，并针对相应的公权力限制措施构建起合宪性审查的规范和理论体系，应该可以对相关的法治实践给予有效回应。但这一教义学方案仍然需要进一步细化和完善，特别是"内容信息"和"非内容信息"的区分，会直接决定保护强度上的差异。对于二者的区分，还需要作生活事实层面的

---

① 杜强强. 法院调取通话记录不属于宪法上的通信检查. 法学，2019（12）：84.
② 作为对比，我国2000年出台的《电信条例》第66条基本照抄了《宪法》第40条，但将"对通信进行检查"，改为了"对电信内容进行检查"。这一变化似乎是对"通信检查"的进一步释明，但在具体操作上仍未对内容信息和非内容信息给予差别对待。

考察，例如：实践中公安机关、国家安全机关、检察机关等在采取调取通话记录和检视信件内容、监听电话、查阅即时通信内容等措施时，有着怎样不同的程序和技术规范？对于点对点即时通信，在技术上是否可以做到只获取通信（话）记录信息而不获取内容信息？等等。宪法的规范要求和法律的制度安排，乃至具体的通信技术方案都应在此框架下作互动调适。

这里还需要回应一个可能的质疑：《宪法》第40条在"通信检查"之外还允许其他方式的限制，是否同样放弃了对通信权严格保护的规范目标？笔者可以从以下几个层面来回应这一质疑：（1）如前所述，制宪者只是对通信内容给予了严格保护，而对非通信内容的其他信息则缺乏预见，由此导致了宪法漏洞。也就是说，制宪者并没有超出《宪法》第40条第一句"中华人民共和国公民的通信自由和通信秘密受法律的保护"的、针对"非内容的通信信息"的规范意图。因此，对于这些"非内容的通信信息"的保护，就不能简单地套用针对"内容信息"的加重法律保留。（2）如果出现无法对"内容信息"和"非内容信息"明确区分的情形，应当适用严格保护的标准。对于实体上无法清晰区分的信息，应建构起严格的程序性规则，例如要防止公权力机关为进一步获取通话内容而获取其他通话信息。（3）从审查框架角度看，所有与通信相关的信息都会被一般性地纳入通信秘密的保护范围，之后，公权力机关如果想要规避理由要件、主体要件、程序要件的约束，必须首先证明其所要干预的并非"通信内容"，而是"非内容的通信信息"。这就给公权力的限制课以了论证负担。这一方案，与杜强强教授将通话记录自始排除出通信秘密的保护范围相比，其保护强度无疑更高。

此种分层处理的审查框架如表1所示：

表1 通信秘密限制的合宪性审查框架

保护范围	通信内容（无法区分的信息按内容信息论）	非内容的通信信息
限制	通信检查	其他限制行为
限制的合宪性论证	依法且法律本身合宪 （一）形式合宪 1. 立法权限 2. 立法程序 3. 被授权主体符合宪法规定（主体要件） 4. 规定并依照限制程序（程序要件） （二）实质合宪 1. 符合宪法特定的目的（理由要件） 2. 适当性 3. 必要性 4. 狭义比例原则	依法且法律本身合宪 （一）形式合宪 1. 立法权限 2. 立法程序 （二）实质合宪 1. 目的正当性（一般的公共利益即可） 2. 适当性 3. 必要性 4. 狭义比例原则

下面按照这一分析框架，对前述的"法院调取通话记录"和"交警查手机"作简要的合宪性审查：

（1）对"法院调取通话记录"的审查：通话记录落入通信秘密的保护范围→通话记录属于"非内容的通信信息"→是由法律作出的限制（民事诉讼法）→比例原则（违宪与否的结论最终通过比例原则审查得出①）。

（2）对"交警查手机"的审查：通话记录落入通信秘密的保护范围→通话记录属于"非内容的通信信息"→不是由法律作出的限制（地方性法规）（结论：因违反法律保留原则而违宪②）。

前文对我国《宪法》第40条进行了规范内涵的解释，并对基本权利限制的"三阶层"审查框架在通信权上的运用作了细化与具体展开。笔者对杜强强、王锴、秦小建教授的观点进行了借鉴、批判和重构，也反思修正了自己的既有观点。在技术和生活事实的不断变化的推动下，对通信权的宪法释义方案也应不断调整，以实现法教义学总结既往和启发新知的功能。此外，此种基本权利个论的研究，也有助于反思基本权利的一般理论。例如，在基本权利保护范围的"宽界定"与"窄界定"之间，究竟应作何选择？③ 又如，如果认为我国宪法基本权利条款中的限制规定具有"示例性规定"的性质，那么是否需要重新思考法律保留体系？德国式的"单纯法律保留""加重法律保留""无法律保留"的分层方案是否具有普适性？④ 某一基本权利在规制不同生活领域时，是否可以有不同的法律保留要求？等等。此外，尽管笔者坚持将通话记录作为通信秘密的保护对象，但证成我国宪法上的"未列举权利"或者"兜底基本权利"，并推导出隐私权或者个人信息权，在笔者看来仍然是必要甚至迫切的。在大数

---

① "法院调取通话记录"的比例原则审查，涉及的是出于何种正当的目的，在无其他更温和手段的情况下，可以授权法官干预个人的通信秘密。这里涉及法官调查取证权制度的价值目标（实体正义与程序正义的平衡），以及程序法上的制度安排。相关论证需要结合程序法的原理与制度，限于篇幅，不再展开。可参考袁中华.论民事诉讼中的法官调查取证权.中国法学，2020（5）.

② 王锴.调取查阅通话（讯）记录中的基本权利保护.政治与法律，2020（8）：115-118. 全国人大常委会法工委也是基于地方性法规无权对通信自由和通信秘密事项作出规范，而要求修改地方性法规.（全国人大常委会法制工作委员会法规备案审查室.规范性文件备案审查理论与实务.北京：中国民主法制出版社，2020：113.）

③ 如前所述，杜强强教授和王锴教授都倾向于窄界定，而笔者则倾向于宽界定。这里需要注意德国法上出现的对部分基本权利收缩保护范围的特定背景.（田伟.德国宪法上宗教自由保护范围的扩张与反思.法学评论，2019（5）.）

④ 王锴.论法律保留与基本权利限制的关系：以《刑法》第54条的剥夺政治权利为例//张志铭.师大法学：2017年第2辑.北京：法律出版社，2018：85-86.

据、互联网背景下，基本权利的总论与个论的研究必须同步展开，并建立与其他部门法学理的良好互动。

（本文原发表于《比较法研究》2021年第1期。）

计划生育政策调整的宪法空间

在一个法治国家，在对社会政策的讨论中，不能用价值判断或者科学判断取代法律判断。相反，在宪治国家，任何重大社会政策的出台，最终都必须接受合宪性的审查，各种价值判断和科学结论只有在被法院接受而转化为宪法解释和论证后，才具有法秩序上的权威和效力。法治国家必须习惯于"援法而言"，习惯于在法规范之下探讨问题。而关于计划生育的讨论，更是不能脱离宪法规范上的分析，因为我国宪法中有规定计划生育的条款。

我国宪法中关于计划生育的规定共有 4 处，其中第 89 条第 7 项和第 107 条第 1 款的规定只是在对中央政府和地方政府的职权列举中提到计划生育，并无实质性意义。需要进行规范内涵和规范效力分析的是第 25 条"国家推行计划生育，使人口的增长同经济和社会发展计划相适应"和第 49 条第 2 款"夫妻双方有实行计划生育的义务"。

首先看第 25 条。提到计划生育，人们很容易将其与"一孩制"、"社会抚养费"，甚至强制结扎、强制引产、开除公职等联系起来，但实际上，宪法对计划生育的规定相当抽象，并不与这些具体措施直接关联。《宪法》第 25 条的规定，与"国家推广全国通用的普通话""国家组织和鼓励植树造林"等条款一样，是对国家任务的一般性规定。这种"国家任务条款"（或者叫"基本国策条款"），相对于宪法中的基本权利条款和国家机构条款，其规范力是相对较弱的。传统的宪法学仅仅将此类条款视作"方针条款"，其含义仅仅在于指出国家应该致力的方向和目标，而国家应采取何种措施达成这一目标，则由国家基于财力物力之条件，自行决定。"方针条款"意味着其是指导性的，并非一种要求国家为某种具体行为的明确命令。并且，国家如果因为客观情势而未能达成目标，也并不产生违宪的问题。在理论的发展中，这些条款的效力被加强，而成为"宪法委托"，主要是要求立法机关制定法律，以实现这些条款设定的目标。但是，即使被视为宪法委托，受托的立法机关仍然有极大的裁量权来决定采用何种措施。只有在立法者完全不立法，或者完全背离所设定的目标时，才有可能被认定为违背宪法委托而违宪。在某些宪法理论中，国家任务条款的效力会进一步加强，但往往是因为该项国家任务与某项基本权利相关（比如国家发展教育的任务），基于基本权利规范的规范力，该国家任务条款对立法机关的约束性会增强。但无论如何，这类条款是原则性和无具体行为命令的。这意味着，依据第25条，很难去认定某一具体措施合宪或者违宪。这一条款赋予了计划生育极大的政策空间。

结合第25条的文义，可以看出，这一条款所设定的国家任务的目标只是"使人口的增长同经济和社会发展计划相适应"。在此目标之下，计划生育的具体政策和措施的范围可以有很大的跨度：只要能够证明合于这一目标，推行节育以控制人口增长，不干预生育而令人口自然增长，鼓励生育奖励多生，都是可以选择的措施。如果人口学、社会学、经济学等学科的研究确实能够证明，在人口结构失衡、劳动力不足等条件下，必须停止限制生育的措施，甚至要鼓励生育，那么相应的政策调整是有其宪法空间的。换句话说，不能把宪法规定的"计划生育"，等同于我们日常生活中理解的或者普通法律层面的"限制生育"。

厘清第25条的规范内涵和规范效力后，一个可能的推论是：这一条文并不构成对计划生育政策进行重大调整的障碍。

更进一步，如果要对现有的计划生育措施进行宪法上的评价，还需要考察更多的宪法条款。历史上和当前的一些具体措施，诸如"一孩制"、强制结扎、强制引产、征收社会抚养费、超生开除公职等，由于都构成对公民基本权利的限制，也都要接受合宪性的审查。当前这些措施所涉及的基本权利包括作为《宪法》第33条第3款所保障的人权的当然内容的生育权和生命权（当然，胎儿生命权需要论证）以及人身自由、财产权、工作权等，具体分析起来，枝节甚多，这里不能展开。但总体上看，这些措施对各项基本权利的限制难言正当。

这里需要特别说明的是《宪法》第49条第2款，这一款直接规定"夫妻双方有实行计划生育的义务"。这里涉及如何理解宪法规定的公民的基本义务的问题。尽管公民基本义务存在于历史上和当前的许多宪法当中，而公民承担纳税义务、服兵役义务乃是维持一个国家存在的必不可少的条件，但是，由于宪法是取向于人权保障的，也就是宪法下一切制度的存在都应该服务于人的权利的实现，而如果在规定公民基本权利的同时，认为公民还应承担与基本权利对等的基本义务，就会导致权利与义务的相互混同和抵消。而从历史经验来看，将基本权利和基本义务置于同等价值地位，其结果只能是个人权利被压抑，基本权利规范归于无效。正如德国著名宪法学者施密特所言，"基本义务"绝不是"基本权利"的对应等价物，绝不存在相当于基本权利地位的、前国家的基本义务。因此，即使宪法依然规定了公民纳税、服兵役等义务，当代的宪法理论也不认为其与基本权利一样具有直接的约束力。不同于个人可以直接主张基本权利，国家绝不能直接以宪法为依据要求公民承担义务，比如国家不能直接依据宪法要求公民纳税，而是要先制定法律，这就是所谓"税收法定主义"。换言之，宪法规定的基本义务，只有经过法律的具体化才能对公民产生约束力。这意味着，宪法规定"夫妻双方有实行计划生育的义务"，并不意味着夫妻有"只生一个孩子的义务"。

并且，即使法律对宪法规定的义务进行了具体化，规定夫妻有只生一个孩子的义务（事实上，《人口与计划生育法》只规定"提倡一对夫妻生育一个子女"①，对生育数量的具体限制来自更低层级的规范），这一法律也还必须接受合宪性的审查，也就是要考察其是否不当限制了公民的基本权利。那么，《人口与计划生育法》及其下属规范性文件对生育数量的限制，是否不当限制了公民的生育权呢？这里无法展开详细的合宪性审查，但笔者的初步判断是：即使不考虑控制人口增长这一目的是否正当，至少许多地方为严格禁止生二胎所采取的手段是过于严厉的，使公民的生育自由受到了过度的限制。

至此，笔者的基本结论是：（1）《宪法》第25条和第49条第2款，都不构成对计划生育政策进行调整的障碍，并且第25条实际上留出了政策调整的充分空间；（2）即使要对人口政策作根本性调整，也不必动用修宪而删除这两个条款，这两个条款有着充分的宪法解释空间；（3）对于《人口与计划生育法》及其下属规范性文件所设定的各种具体措施，有考量公民基本权利而进行合宪性调整的必要。

（本文原发表于纽约时报中文网，2012年10月13日。）

---

① 该规定在2015年修改《人口与计划生育法》时已被修改。

学术自由的组织保障

在传统上,学术自由的意旨主要在于排除来自外部的公权力侵害①,大学的内部事务并不为学术自由的传统法理所关注。同时,大学的内部组织设置问题属于组织规范的范畴,并非学术自由这一基本权利规范的适用领域。然而,学术活动的主要场所是大学,学术自由的落实毫无疑问与大学组织有密切关联。因此在当代大学法制的发展中,也开始将基本权利规范与组织规范进行整全的思考②,通过两种类型规范的协同来保证学术自由的实现。与此相关,当代德国宪法学发展出了"基本权利的组织保障"理论,认为基本权利的实现需要组织规范的协助与配合,国家应将基本权利视作宪法的"基本价值决定",并通过"适当的组织措施"来保证其落实。笔者希望对德国"学术自由的组织保障"的理论与实践进行梳理,探讨大学组织建设应如何为学术自由提供条件,应如何协调学术自由与其他利益的冲突等问题,为中国的大学法制建设提供比较法上的借鉴资源。

一、传统大学理念:学术自由与教授治校

近代以来的大学理念与大学法制,是以学术自由为核心的。德国启蒙运动以来的大学理念的发展和实践,对近代全世界的大学发展都产生了深远的影响③,其中的重要人物有莱布尼茨、康德、费希特和洪堡等。④ 特别是威廉·冯·洪堡,他将学术自由的精神贯彻于大学,开启了近代大学

---

① 参见谢海定的有关研究:谢海定. 学术自由:侵权与救济. 现代法学, 2005 (6): 35 - 45; 谢海定. 作为法律权利的学术自由权. 中国法学, 2005 (6): 16 - 32。

② 我国关于大学治理和大学组织的研究主要集中于教育学(教育哲学、教育社会学、组织学)的领域,法学视角的研究相对较少,可参见湛中乐,徐靖. 通过章程的现代大学治理. 法制与社会发展, 2010 (3): 106 - 124; 肖金明. 通过大学章程重构大学治理结构. 上海政法学院学报(法治论丛), 2011 (6): 72 - 78; 肖泽晟. 我国大学章程制定之难题. 上海政法学院学报(法治论丛), 2011 (6): 79 - 84。

③ 赵叶珠,程海霞. 移植与创新:德国学术自由理念在美国的嬗变. 现代大学教育, 2010 (6): 33 - 37。

④ 冒荣. 远去的彼岸星空:德国近代大学的学术自由理念. 高等教育研究, 2010 (6): 8 - 19。

发展之路，他创立柏林大学（现柏林洪堡大学）不仅被认为是"决定德国命运的成就"①，更被认为是确立大学理念的最重要的奠基石，有着世界范围的影响力。关于德国的，特别是洪堡的大学理念，研究评介文章甚夥，无须赘述，但也有必要略指其纲要，因为这些理念是宪法上对关于大学的法律争议作出判断的基本观念背景。

洪堡对于教育和大学的观念来自康德的新人文主义（Neuhumanismus），他的论证是从"人及其存在的最终目的"开始的。在他看来，"人的真正目的——不是变换无定的喜好，而是永恒不变的理智为它规定的目的——是把他的力量最充分地和最均匀地培养为一个整体"②。因此公共教育的目标就应该是最多样化地培养教育人，使每个人成为他所应该成为的人，因此"必须处处对人推行最自由的、尽可能少针对公民情况的教育"③。其推论是"从根本上讲，教育只应该造就人，不要考虑确定的，给予人们的公民形式，因此，它不需要国家"。"公共教育应完全处于国家作用范围之外。"④ 洪堡所强调的乃是一种不受国家干预的公共教育，这构成了宪法上学术自由和大学自治的核心内涵。

具体到大学的理念，洪堡认为大学应该是在紧密结合教学和研究的基础上追求纯粹知识的共同体。大学应该作纯粹的学术研究⑤，这种研究应该是"没有预设目的的"（absichtslos），并且是不为政府、社会组织和商业提供直接服务的。他所设想的大学中的个体应该在"寂寞和自由"（in Einsamkeit und Freiheit）的状态下从事研究工作，并且在超越学术知识的范围之外，去发掘伦理上的行为规范。"寂寞"和"自由"成了大学制度建构的基本原则。所谓"寂寞"，有三个层次：（1）大学作为纯粹学术机构独立于国家，不受国家任何干预；（2）大学致力于纯粹学术与人的教化（Bildung），独立于社会、政治、经济事务；（3）大学师生应潜心于学术，自甘寂寞如同离群索居的隐士。⑥ 此种以寂寞为指标的大学理念，甚至影响了大学的选址，除像柏林洪堡大学这样身居都市的大学外，更多的大学如哥廷根、海德堡都偏居于人口寥落的小城。与此相适应，洪堡主张大学作为教授与学生的共同体，其追求纯粹学术的基本前提就是"自由"，

---

① 孙周兴. 威廉姆·洪堡的大学理念. 同济大学学报（社会科学版），2007（2）：9.
② 威廉·冯·洪堡. 论国家的作用. 林荣远，冯兴元，译. 北京：中国社会科学出版社，1998：30.
③ 同②72.
④ 同②73，74.
⑤ 同①8.
⑥ 陈洪捷. 德国古典大学观及其对中国大学的影响. 北京：北京大学出版社，2002：39 以下.

包括教学的自由和学习的自由。但是，洪堡并不把教学作为大学的唯一职能，而是将科学（Wissenschaft）研究也作为其基本的职能①，要求学者们在深邃的知识传统中，仅以学术本身为目标，进行纯粹的研究。由于在教学和科学研究中，教授（学者）显然居于核心的地位，所以这种理念的一个自然推论就是认为"教授就是大学"②，在我国教育界脍炙人口的清华大学前校长梅贻琦的"大学者，非有大楼之谓也，有大师之谓也"的名言，也是这一理念的表达。可以说，学术自由，也就是追求个人的纯粹的智识上的自由，是近代大学理念的核心。而其最主要者，乃是大学教授的自由。

这种理念落实在大学法制上，就体现为大学组织的设置以落实"教授治校"为目标。德国传统的大学可以称为"讲座制教授大学"③。柏林大学创立之初即设立了由全体正教授组成的校评议会，共同就全校性事务作出决策。而在各学院，所有学术事务均由正教授或者正教授选出的委员会来决定，院长也由正教授自行选出。④ 可以说，这种组织制度充分体现了教授在学术上的完全自由，因为他们实际上垄断了一切学校事务的决定权，任何外部的力量都不可能对其学术自由造成干扰（即使是为大学提供经费的国家，实际上对于学校内部的学术事务也完全无力影响）。可以说，是"教授治校"的组织形式，保障了教授不受他人干预的彻底的学术自由。

二、大学的嬗变与利益群体的多元化

在传统大学中，学者和学生排除一切干扰来追求纯粹的智识和精神伦理的修养。纯粹性、封闭性、精英化、非功利性构成了传统大学的基本形象。然而，在进入现代社会后，大学的目标、结构和功能开始发生嬗变，大学中开始出现利益群体的多元化和利益诉求的对立，这是产生关于大学组织的法律争议的根源。造成这种嬗变的因素有以下几个方面。

1. 科学研究的复杂化与专门化

科学研究从 19 世纪开始急剧发展，特别是在自然科学、医学和技术领域，开始需要运用特别的仪器、工具和其他设施，并聚合大量的专门人才进行研究。同时，科学研究愈加专门化。这些变化使得学术研究不再可能是纯粹个人性的，而迫使大学中不同人员进行分工和协作。德国联邦宪

---

① 刘宝存. 洪堡大学理念述评. 清华大学教育研究，2002（1）：65.
② 黄达人. 大学的观念与实践. 北京：商务印书馆，2011：200.
③ 俞可. 德国：基于学术自由的高校自治. 上海教育，2010（4）：41.
④ 胡仁东. 我国大学组织内部机构生成机制研究. 广州：广东教育出版社，2010：71.

法法院使用了一个概念来描述这种改变——"合作的强制"(der Zwang zur Kooperation)①,也就是学术活动必须通过大学中各种成员的合作方能展开,纯粹个人的孤立的学术活动已非常态,相互合作成为学术研究的工作原则。

2. 社会对大学的需求

工业化以后,社会对大学提出了更多的需求,要求大学不能只为有闲阶层和精英人物服务,而是要为社会的发展和进步提供智力支持。"每一个较大规模的现代社会无论它的政治、经济或宗教制度是什么类型的,都需要建立一个机构来传递深奥的知识,分析、批判现在的知识,并探索新的学问领域。"② 在保证大学的"内部使命",也就是学术与教化之外,现代大学还承担着"外部使命",也就是其社会责任。③

3. 学生的数量与诉求

现代大学还有一个重大变化就是学生数量的急剧增加。这是因为,大学学位越来越成为个人在社会中获得晋升的工具,这使得更多的人希望进入大学以获得社会认可的标签。而且,这些新增加的学生往往并非来自生活富足的有闲阶层,而是来自普罗大众。传统大学仅以智识追求和个人精神伦理修养为目标的培养,难以满足这些学生获得职业培训、获得专业人士的标签以谋取生存和社会地位的需求。对于学生获得职业培训的诉求,德国联邦宪法法院在1958年的"药店判决"中就赋予了其基本权利的地位:"不仅仅选择职业(Berufswahl)与从事职业(Berufsausübung)是不可分离的概念,而且作为从事职业前提的职业培训(包括大学教育)与职业活动一样同属生活进程的不可分割的部分,因此对于为从事职业所作的职业培训的规定,同样属于职业活动的法律范畴。"④ 也就是说,获得职业培训乃是学生依据宪法所享有的"职业自由"的当然内容,这使得大学法制的建构不能再将学术自由作为唯一关注的基本权利。

"大学自我设限为一个纯粹的、无预设目的的学术场所,与逐渐技术组织化的工业社会的要求、与职业晋升和社会解放所要求的学术训练日益增加的重要性、与现代的大众大学学习状况的日益困难、与学术应整合于社会的日益增加的需求之间,存在一种紧张关系。"⑤ 这种紧张关系所推

---

① BVerfGE 35,79 (109).
② 约翰·S. 布鲁贝克. 高等教育哲学. 王承绪,郑继伟,张维平,等译. 杭州:浙江教育出版社,2001:13.
③ 胡仁东. 我国大学组织内部机构生成机制研究. 广州:广东教育出版社,2010:21.
④ BVerfGE 7,377 (401,406).
⑤ BVerfGE 35,79 (108f.).

动的大学的嬗变，首先表现为大学中的人员群体的多元化，而不同群体的利益诉求也不再限于学术自由一端。比如，由于需要聚合大量人员进行研究，大学中出现了许多并非教授和学术人员的辅助人员，例如设备器材的维护、图书馆的建设等，都需要专门人员负责，而这些人并非传统意义上的教授，他们的核心利益也不是学术自由。学生数量的增加，必然带来相关教学辅助人员和助教的增加，而学生对职业培训的需求，也使得大学里出现了一些并不以纯粹学术研究为目标的其他类型的教师和专业人员。此外，传统的讲座制教授的体制，也暴露出容易压制年轻人、压制非教授群体的弊端。比如，一个以最终晋升为教授为目标的"编外讲师"（Privatdozent）被认为其实是"最彻底、最纯粹的学者"，但他在晋升为教授之前却收入微薄，承担次要课程且无发言权。[1] 传统组织体制的弊端加上新的变化，使得大学中非教授的群体产生了新的诉求，也就是要求改变大学的内部组织，改变大学事务的决定权，要求教授以外的非学术人员和学生在大学决策中占据相应的地位。这无疑是对传统的"教授治校"的大学组织模式的重大冲击，1968年发生在欧洲的学生运动也与此有密切关系。[2] 在一个法治的社会，这些涉及社会根本问题的纷争最终无可避免地走向司法的解决途径，德国的"大学组织判决"就发生于这一背景下，并在宪法层面给出了大学法制建构的基本规则。

三、"谁说了算"：以德国"大学组织判决"为例

"大学组织判决"的核心问题可以概括为"谁说了算"的问题，也就是大学中的各类事务是应完全交由教授决定，还是应考察不同事务与学术自由在关联程度上的差异而作不同的处理，从而在保障学术自由的同时兼顾其他群体的利益诉求。在德国联邦宪法法院看来，教授的学术自由和其他群体的其他利益应该通过组织规范上的精细设置而得到协调。

（一）"大学组织判决"的案情

德国下萨克森州制定了一部大学法的《暂行法》（Vorschaltgesetz），对学术性大学内部的决策和管理组织进行了重新规定，并规定了大学中不同类型成员的代表参与这些组织的规则和选举程序等。根据该法第2条第2款，大学中的不同类型成员可以分为以下几个组别：（1）大学教师；（2）从事学术工作的人员；（3）学生；（4）其他人员（非从事学术工作的人员）。此外，该法第2条第5款还规定："所有成员在决定下列事项时，

---

[1] 柳友荣，龚放."编外讲师"：德国大学学术自由传统的"阿基米德点". 教师教育研究，2009（4）：62-65.

[2] 许平."60年代"解读：60年代西方学生运动的历史定位. 历史教学，2003（3）：5-9.

具有相同的表决权：1. 研究计划的相互协同；2. 提供课程的计划；3. 对于大学教师和学术人员的相关人事事宜的建议；4. 有关考试与课程制度的决议，只有大学教师以及其他至少拥有相关资格的成员拥有表决权，其他成员仅具有建议权。"

此外，该法还规定了大学的各类组织中不同成员组别代表的比例。例如，评议委员会由 8 位大学教师、3 位学术人员、3 位学生、1 位其他人员组成；院务委员会由 12 位大学教师、6 位学术人员、3 位学生、3 位其他人员组成；任命委员会中大学教师、学术人员以及学生的人数是 4∶2∶2，但在特定条件下，大学教师的代表拥有特别表决权；从事课程提供及课程安排工作的教务委员会中大学教师、学术人员与学生的人数是 2∶2∶4。

下萨克森州的学术型大学中的若干教授针对此法律提起宪法诉愿。诉愿人认为，该法律将讲师、有任课义务的公务员等不具有充分资格的人规定为大学教师，并在各种组织和表决权分配上倾向于这些非学术人员，这改变了依据《基本法》第 5 条第 3 款享有学术自由的主体的范围，并导致了具有充分学术能力与资格的大学教师遭到压制。如果大学教师在学术问题的决定上，仅仅与助教和学生拥有相同的表决权，无疑是经由这些非学术人员的表决而侵犯了大学教师的学术自由。诉愿人认为，相对于其他人员，大学教师在大学中负有特别的义务，因此，对于具备充分资格的学者，仅仅给予其与其他不具备资格的人员同等的表决权是不合理的。应当保证在大学的组织中，大学教师拥有明显多数的代表，而应限制其他组别人员的参与。

德国联邦宪法法院最终只是部分支持了诉愿人的主张。联邦宪法法院肯定了下萨克森州大学法的《暂行法》在组合大学中不同成员上的努力，但是也认为，该法在大学的组织设计上的某些措施可能未能充分考虑到学术自由的实现条件，并认为在大学的各种事务中，应当依据其与学术自由的紧密程度而以不同的标准来建构相应的组织。这一判决最为重要的部分，是对"学术自由的组织保障"的论证。其论证过程如下文所述。

（二）学术自由的规范内涵

1. 学术自由的双重性质

联邦宪法法院沿用了"吕特判决"[1]以来界定基本权利规范内涵的"双重性质理论"[2]来分析学术自由。首先，联邦宪法法院指出，学术自

---

[1] BVerfGE7，198.

[2] 张翔. 基本权利的双重性质. 法学研究，2005 (3)：21-36.

由是一种防御权,用来对抗国家的干预,"以学术的自我规定为基础的过程、行为方式以及关于探求知识及其阐释和传播的决定不受国家公权力的干预"①。其次,联邦宪法法院重申了基本权利作为客观价值秩序的规范内涵,认为出于对基本权利的效力的原则性强化,基本权利应被看作宪法的基本决定而成为适用于一切法领域的客观价值秩序。这种价值决定也包含了《基本法》中的学术自由。作为一个价值决定,学术自由就不仅意味着排除国家对学术自由的干预,也意味着它要求国家的保护。国家要以积极的行为,保护并预防这项自由被掏空。

2. 学术自由的组织保障:给付行政的个人参与

那么保障学术自由的积极措施包括哪些呢?联邦宪法法院认为,首先当然是国家提供人员和财政支持。如果没有合适的组织以及相应的资金,学术活动就不可能展开。特别是,在当代的自然科学研究中,国家的资金支持是非常关键的。这在法律上属于给付行政的范畴。

然而,要保证学术自由的实现,还必须保证研究者能够参与到这些国家给付行政的决定中去。也就是说,在此给付行政的过程中,大学中的不同成员应该都有组织上的途径参与进去。享有学术自由的人,必须能够参与有权决定分配资金的组织,如果他们不能参与相关的组织,就无法保证获得学术活动所必需的资金和其他条件,从而学术自由也就无法实现了。在这种意义上,联邦宪法法院认为,学术自由作为客观价值秩序,增强了学术自由在参与权层面的规范内涵,"参与公共给付提供逐渐成为学术自由实现的必要条件"。"那些由《基本法》第5条第3款的价值决定所产生的基本权利的主体有权要求国家采取包括组织方式在内的某些措施,这些措施对于其基本权利保障的自由空间而言是不可或缺的,因为唯此其自由的学术活动才成为可能。"② 这里,联邦宪法法院提出了本案中最为重要的观点:基本权利的效力同时也及于组织措施。如果没有恰当的组织,学术研究者就无法决定学术活动所必需的资金和其他条件的配置,从而使学术自由不可能实现。一个学术组织的特定构成方式,会预先影响其决策的结果。如果组织方式不当,个人的学术自由就无法避免被妨害。

(三)立法者在决定大学组织模式上需考虑的因素

在联邦宪法法院看来,就如何决定大学的组织,立法机关拥有充分的形成自由。大学组织并无唯一的模式,也不应该遵循唯一的模式,"一个

---

① BVerfGE 35,79 (111).
② BVerfGE 35,79 (114).

合乎宪法的大学组织的标准仅仅在于：借由此组织，'自由的'学术是否成为可能，其运作能否不被危及"①。也就是，立法者有充分的自由来决定大学组织的模式，只要能保证学术自由的实现即可。但这里要注意两个问题。

1. 学术功能与其他功能的协调

虽然学术自由如此重要并课以立法者如此重大的义务，但立法者在决定大学的组织模式时，却不能只考虑学术自由，还应该看到大学在学术研究之外的其他功能。现代的大学兼具教育与职业训练的功能。大学的学术研究功能与教育、职业训练功能相互交织，不应该把大学看作纯粹的学术性组织。当今的大学，优先要考虑的是如何教育出大量的专业人才，以符合职场之需求。因此，在大学组织的设立上，就不应该只考虑到其作为学术研究场所的功能，还要考虑到大学的其他功能，这也就意味着要考虑到大学里除大学教师之外的其他人员的利益，包括教学科研的协同人员、学生以及服务人员的利益，使大学中不同人员的利益能够协调一致。在此，学者个体的学术自由不可能毫无限制地、无条件地被考虑，还要考虑其与其他人员的合作，以及大学里其他人员的利益。

2. 大学教师的突出地位

基于上述考虑，立法机关制定大学的组织规范，就必须让不同类型的人员都参与大学事务的决策，这样才能协调和保障所有成员的利益。尽管如此，仍然必须强调，就大学的基本功能而言，大学教师毕竟不同于其他人员，所以必须在组织规范中保证大学教师的"突出地位"。

联邦宪法法院认为，考虑到大学教师是大学任务的主要承担者，是学术活动的领导者，因此，《基本法》第5条第3款仍然赋予了大学教师突出的特殊地位。"如果《基本法》第5条第3款设立了学术自由的原则，那么，对于那些在研究和教学上特别值得信赖的大学教师，《基本法》第5条第3款也是给予了其一个突出的地位的。"之所以认为具有教授资格或者其他相当资格的大学教师在大学中具有突出的地位，乃是因为，这些教师基于其基本训练，承担大学的研究与教学任务，被视为大学学术中最重要的部分，对大学功能的实现和大学的学术地位担负着更多的责任，他们是与学术事务最密切相关的组群。而且，不同于学生和其他人员（包括学术和非学术人员），他们是大学中最具长期性和稳定性的人员，因而也是受到大学组织的决策影响最多的人员。由此，立法者在决定大学的组织

---

① BVerfGE 35, 79 (119).

架构时，就必须考虑到大学教师的特殊地位，而不能将其与其他组别等同视之。

（四）区别对待：协调大学中不同利益的宪法标准

基于对大学的学术功能和其他功能的综合考虑，以及对大学教授和其他人员利益的充分考虑，联邦宪法法院最终提出了一种对大学事务的划分方式，并认为，决定不同事务的组织，其形式也应不同，立法者针对不同组织的形成自由也有大有小。对于那些不影响大学成员的学术自由的组织规范，立法者具有较为宽泛的形成空间，但是，"对于那些'与学术关系重大'（wissenschaftsrelevant）的事务，也就是直接关联研究与教学的事务，立法者的形成自由则受到限制"[①]。按照这一标准，凡是与学术有极密切关系的事务，都应该尽可能由教授们自己决定，在决策组织的构成上也以教授为主。这种做法可以保障大学教师在大学中的特殊地位，保障其学术自由。但这并非意味着其拥有超越其他组别的、在处理大学各种事务上的全面的决定权，也不意味着大学教师在大学自治行政组织中当然拥有多数的表决权，而是要考虑到各项事务的具体性质来配置组织中的代表比例和表决权比例，通过区别具体事务的类型，来分配决定权。

（1）在教学上，在大学教师之外，其他学术人员也履行着重要的职能，大量的教学任务是由助教等学术人员承担的。因此，在教学事务的决策上，必须给予这些人员相应的参与权和表决权。同时，教学事务也直接涉及学生的利益，因此，调和教学者和学习者的利益是正当的。与之对应，非学术人员在教学上完全处于服务者的地位，因此不必考虑给予其参与权。

（2）在直接涉及学术研究的事务中，参与决定权在各个组别间的分配应该遵循更为严格的标准，也就是唯有参与学术研究活动的人才能参与决定。在这方面，除大学教师外，其他学术人员当然不能被排除在外，但非学术人员则没有参与权。大部分的学生也并不符合参与学术活动的标准，虽然其在学术活动中可能有一些贡献。即使立法者认为也应该给予学生一定的参与权，也主要是考虑到学术研究的事务也可能对教学产生影响。

（3）对于其他的一些事务，则应考察其"学术相关性"而加以区别对待。比如，对于教授的任命，应该看到教授是大学的研究与教学的真实主体（eigentlichen Träger），任命教授是与学术自由最密切相关的事务。对于教授的任命，不应该考虑由非学术人员参与。而学生也同样缺乏考察拟

---

① BVerfGE 35，79 (122).

任教授者的学术水准的知识和能力，但是，学生可以提供拟任教授者在之前的教学活动中给他们留下的印象，同时教授的任命决定也会影响到学生未来的学习，因此可以考虑给予学生一定的参与决定权。但无论如何，任命教授与学术自由强烈相关，因此，必须让大学教师具有决定性的影响。

（五）《暂行法》在组织保障上的不足

基于前述的标准，联邦宪法法院审查认为，《暂行法》组合了大学教师、学术人员、学生和其他人员这四个组别，并且没有简单机械地按照人数多寡来分配大学事务的决定权，而是依据各组别的功能、责任以及在大学中的时间长短来划分等级，并且也考虑到了教师群体在大学事务的决定中应该具有超越数量关系上的优势。这些规定，都是合乎前述的学术自由组织保障的标准的。但是，联邦宪法法院也指出，这些规范还存在一些不足，比如：

（1）《暂行法》第2条第2款关于大学教授组别的划定，违背了"组别设置的同质性要求"（das Gebot der homogenen Gruppenbildung）[①]。按照这一要求，同一组别内的人员应该具有同质性，由此才能真实反映同一类型人员的利益和需求。然而，在《暂行法》第2条第2款中，讲座教授、讲师甚至从事学业指导的人员，尽管其各自的资格完全不同，其所承担的功能和职责也不相同，但却都被划入大学教师的组别。其中，有些是取得了教授资格的可以独立从事教学科研的人，而有些则只是受其指示从事教学科研的人；有些是长期对整个学科负责的人，而有些只是短期地从事教学工作或者只是从事辅助性和补充性教学工作（比如复习课）的人。

这种组织设置显然会稀释那些真正独立从事教学科研的人员的参与权，使其基于自身的学术需求而参与决策的机会减少，最终大学行政的相关决策可能会妨害其学术自由。这种不适当的组织措施，对具备教授资格的大学教师的学术自由构成了威胁。

（2）任命委员会的构成，未能体现大学教师在决定"与学术关系重大的事务"中的突出地位。任命委员会是由大学教师、学术人员和学生代表以4∶2∶2的比例构成的。在这个比例中，大学教师并没有占据绝对多数。大学教师的任命，属于"与学术关系重大的事务"，能够直接影响学术自由的实现，以及大学的学术功能的落实。对于这样的事务，具备相应资格的大学教师并不拥有多数的表决权，而不具备资格的人却能在很大程度上决定具备资格的人应否被任命，联邦宪法法院认为这是不适当的，会

---

① BVerfGE 35, 79 (138).

影响大学落实其学术功能的能力，也会妨害大学教师个体的学术自由。

四、理论基础：从"制度性保障"到"客观价值秩序"

"大学组织判决"所阐述的"学术自由的组织保障"理论，并非在某特定领域、基于特定社会背景而偶然产生的理论。其与德国基本权利教义学的传统思维，以及二战以后德国基本法时代对基本权利规范内涵的新的诠释有必然性关联。要理解"学术自由的组织保障"的内在理路，就有必要对其与德国"基本权利的制度性保障"以及"基本权利作为客观价值秩序"学说的关联予以考察。

（一）施密特以来的"制度性保障"理论

通过组织措施保障基本权利的理论，与自卡尔·施密特以来的基本权利的"制度性保障"理论有学理渊源。卡尔·施密特在其1928年出版的《宪法学说》中提出，应将基本权利与"制度性保障"（institutionelle Garantie）进行区分，并认为某些在宪法之前就已经存在的制度，是由宪法所确认的，因此应该受到特别的保护而不能允许立法机关通过法律予以废弃。① 施密特提出这种观点，实际上是基于两个背景：首先，在魏玛宪法之下，立法机关居于中心地位，除立法程序外，其立法权几乎是不受限制的，这使得宪法的规定有被立法机关掏空的危险。特别是针对基本权利，魏玛宪法基本都允许立法者通过法律予以限制，这使得对基本权利的保护处于危险当中。其次，在魏玛宪法之下，还不存在对法律的违宪审查制度，也就是还没有像二战后的基本法时代那样设立宪法法院对立法机关的立法是否违宪，特别是是否不当限制了基本权利进行审查。在这种情况下，施密特提出区分"基本权利"和"制度性保障"，实际上就将后者排除于立法机关的限制权限之外，使得立法机关无法对涉及个人利益的这部分制度作任何的变动，从而保障个人的权益。② 被施密特认定为"制度性保障"，从而不能由立法机关废弃的制度包括：（1）接受法官审判的制度；（2）婚姻家庭制度；（3）星期天的休息制度；（4）民法上的财产权制度；（5）公务员制度；（6）乡镇的自治制度。如果我们考察其内容，就会发现，这些所谓的"制度性保障"，实际上都是对基本权利（"接受审判权""婚姻自由""休息权""财产权""参政权"等）的保障。应该说，施密特勉强区分基本权利和制度性保障，只是魏玛宪法的特定条件下的特殊理论形态。

---

① Carl Schmitt, Verfassungslehre, neunte Ausflage, Berlin, 2003, S. 170ff.

② 在笔者看来，在施密特庞大复杂的理论体系中，他关于制度性保障的主张实际上体现着自由主义的立场，而非人们通常所关注的其对自由主义的批判立场。

在进入基本法时代以后，施密特理论的两个背景实际上都不复存在了：一方面，立法机关不再具有中心和权威的地位，其立法权不再是无限的，而是要受到宪法的制约；另一方面，宪法法院制度的建立，使得对法律的司法审查成为现实，特别是宪法诉愿制度建立之后，个人基于基本权利而寻求宪法救济成为可能。在这种情况下，勉强从基本权利中区分出"制度性保障"以强调立法不可以对基本权利施加某种限制，似乎已无必要。然而，基本法时代的宪法理论与实践，却"旧瓶装新酒"，从中发展出了基本权利保障的新的层次，其中最重要的就是"基本权利的组织保障"。

（二）"客观价值秩序理论"及其在组织规范上的开拓

此种新发展的背景是德国联邦宪法法院自"吕特判决"以来所发展出的基本权利的"客观价值秩序理论"[1]。联邦宪法法院认为，"基本权利首先是公民对抗国家的防御权；但《基本法》中的基本权利规定同时也体现为一种客观的价值秩序（objektive Wertordnung），而其作为宪法上的基本决定而对所有法领域发生效力"[2]。按照这一理论，基本权利作为客观价值秩序构成立法机关建构国家各项制度的原则，也构成行政权和司法权在执行和解释法律时的指导原则，基本权利构成整个社会共同体的价值基础，构成国家机关一切行为的准则，国家应该为基本权利的实现提供实质性的前提条件。[3] 然而，此种抽象的要求毕竟是难以操作的，因此联邦宪法法院也在诸多层面上尝试对这一"客观价值秩序"进行具体化，比如在"堕胎判决"中发展出"保护义务"理论[4]，在"大学组织判决"中，联邦宪法法院的新发展就是所谓"基本权利的组织保障"，也就是要求国家通过包括组织措施在内的手段去促进基本权利的实现。

这一新发展特别值得关注的层面在于：传统上宪法中的"基本权利规范"和"组织规范"是两个不同的规范群，立法者在对"组织规范"进行具体化时不需要考虑基本权利的问题，然而，在"大学组织判决"之后，立法者在组织设立上的裁量空间被大大限缩，也就是说，立法者在制定看似与基本权利无关的组织方式和程序的法律时，也必须时刻考虑基本权利的实现。

在现代社会，人类的生存资源日益匮乏，而社会的内部关系日益复

---

[1] 张翔. 基本权利的双重性质. 法学研究，2005（3）.

[2] BVerfGE 7，198（198）.

[3] Robert Alexz, Gundrechts als subjektive Recht und als Objektive normen, Der Staat 29/1990，S. 49.

[4] BVerfGE 39，1（1）.

杂，国家必须承担分配和给付的任务，而此种分配和给付必须借助一定的组织和程序，才能决定不同的人获得给付的水平。① 所以，适当的组织形式，就是基本权利真正实现的前提条件。不同群体的不同利益诉求，需要在相关的组织设计中予以充分考虑和协调，以总体性地实现基本权利的效力最大化。② 在"大学组织判决"中，传统的基本权利的"制度性保障"在新的基本权利的"客观价值秩序理论"的笼罩下得到了新的诠释，最终凝定为"基本权利的组织保障"学说。③

五、结论与启发

至此，我们可以对"学术自由的组织保障"的学理进行简单总结，并探讨其可能的启发意义。通过"大学组织判决"而得到充分阐释和建构的"基本权利的组织保障"理论，所强调的是国家在做到不侵害基本权利之外，还要通过组织设计去使基本权利的实现成为可能。进一步的追问是：究竟什么样的组织设计才算是有效的？组织达到何种标准才算国家对基本权利尽到了义务？联邦宪法法院在"大学组织判决"中对此也给出了结论性的宪法标准，包括正反两个方面："（1）从正的方面说，那些由《基本法》第5条第3款产生的基本权利的主体，通过大学的适当的自由结构，使其学术活动获得保障，同时也要考虑到大学的任务和大学中承担不同任务的基本权利主体的利益也可以成为可能；（2）从反的方面说，《基本法》第5条第3款禁止立法者在组织上设立这样一种学术架构：导致学术组织

---

① Konrad Hesse, Bedeutung der Grundrechte, in E. Benda W. Maihofer H. - J. Vogel (hg.), Handbuch des Verfassungsrechtes der Bundesrepublik Deutschland, 2. Aufl., 1995, Rn. 43.

② BVerfGE 32, 54 (71); 6, 55 (72).

③ 需要注意的是，"基本权利的组织保障"理论并非只是在大学组织这一领域的昙花一现。事实上，在其他基本权利领域，这一理论同样在发挥着为基本权利的实现提供组织基础的作用。(Vgl. Hans D. Jarass, Grundrecht als Wertenscheidung bzw, Objektiverechtliche Prinzipie in der Rechtsprechung des Bundesverfassungsrichts, AöR20/1985, S.385ff.) 这些基本权利包括：（1）言论自由。在1966年的"《明镜》周刊案"中，德国联邦宪法法院就认为：新闻媒体必须属于社会而非国家，应当以"私法的组织形态"来运作，彼此竞争，公权力原则上不应介入。也就是认为对于新闻自由的保障，要基于对以私法法人的组织方式存在的媒体的保障，"私法法人"是新闻自由的适当组织方式。[BVerfGE 20, 162 (175f.)]（2）经济领域的结社权。在1976年的"员工参与决策权案"（Mitbestimmung）中，德国联邦宪法法院认为，法律对于经济上结社的组织设计应该趋向于有效协调各方的利益冲突，工会以及公司组织的设立要有保障劳工权利的考量。[BVerfGE 50, 290 (354)]（3）在广播电视领域，在1981年的"第三次广播电视判决"（3. Rundfunken-tscheidung）中，德国联邦宪法法院认为广播电视承担着保证意见多元化的公共任务，因此在设计广播电视媒体的组织时，就应考虑媒体不得被特定的社会势力所独占。[BVerfGE 57, 295 (322f.)]

的学术功能的实现存在危险，或者妨碍了其成员的学术活动的自由空间。"①也就是说，针对那些与学术关系重大的组织设置，法律规范须以保证学术自由的实现为前提，或者说不能因为其设置的组织而导致学术自由被妨碍。此外，基于大学功能的多元化和人员的多元化的现实，学校中教师之外的学生、非学术人员等的利益，也要在大学的组织设置上予以关照。②基于上述的理念与标准，在"大学组织判决"中，德国联邦宪法法院对大学组织法的具体规范进行了细致的合宪性审查。

在我国进行的大学治理模式的改革中，通过大学章程的制定而进行的大学内部机制改革是重点所在。③ 在保证学术自由免受公权力的不当干预之外，如何通过"学术委员会""教职工代表大会""学生代表大会"等组织的适当设置和良好运作来"保障教师、学生在教学、研究和学习方面依法享有的学术自由、探索自由，营造宽松的学术环境"（《高等学校章程制定暂行办法》第11条），并探索"大学共治"④ 的组织条件，无疑是此项改革中非常重要的方面。德国乃现代大学制度的母国，其在复杂的社会背景和利益格局下发展出的"学术自由的组织保障"学说，理念宏阔而技术精微，实可为我国大学组织建设之借镜。

（本文原发表于《环球法律评论》2012年第4期。）

---

① BVerfGE 35, 79 (122f.).

② 这种兼顾不同群体利益的"大学共治"（shared governance）理念，在当今世界是具有普遍性的。例如在美国，"大学共治被贴上利益相关者的标签，即所有利益相关者都对学校事务有一定的发言权，当考虑所有阶层的人的各种意见与建议之后才能做出最后的决定"。（于杨. 现代美国大学共同治理理念与实践. 北京：中国社会科学出版社，2010：66.）

③ 2011年11月28日，教育部颁布了《高等学校章程制定暂行办法》，按照教育部新闻通气会的说法，"高等学校章程不仅是高等学校依法自主管理，实现依法治校的必要条件，也是明确高等学校内外部权利义务关系，促进高校完善治理结构、科学发展，建设现代大学制度的重要载体"。（教育部2012年新闻通气会散发材料一：介绍《高等学校章程制定暂行办法》有关情况. (2012-01-10)[2012-02-18]. http://www.edu.cn/xin_wen_dong_tai_890/20120110/t20120110_729842.shtml.）

④ 严文清. 中国大学治理结构研究. 北京：人民出版社，2011：222以下.

大学章程、大学组织与基本权利保障

2011年11月28日，教育部颁布了《高等学校章程制定暂行办法》（以下简称《章程制定办法》），这一规章的出台对于中国的大学治理建设具有里程碑的意义。按照教育部在新闻通气会上的说法，大学章程旨在"明确高等学校内外部权利义务关系，促进高校完善治理结构"①。概括其基本意旨，一方面在于厘清大学与教育行政主管部门、出资人等的外部关系，另一方面则在于以恰当的大学组织设置来协调学校管理者、教师、学生以及非教师的其他职工之间的利益关系。

大学章程的制定、大学组织的建设，攸关大学成员的多项基本权利。其中最重要的自然是"学术自由"。《章程制定办法》第11条第2款"章程应当明确学校学术评价和学位授予的基本规则和办法；明确尊重和保障教师、学生在教学、研究和学习方面依法享有的学术自由、探索自由，营造宽松的学术环境"的规定对此有明确宣告。然而，须追问的是：大学章程所进行的组织设置究竟应符合怎样的标准，方能达成此目标？此外，在教师的学术自由和学生的学习自由之外，大学中还存在着学生的职业培训诉求、非教师的其他人员的工作权利等利益和权利，而这些利益和权利并非与学术自由毫无冲突抵牾之处，那么，应如何通过大学的组织设计加以协调？《章程制定办法》所规定之"学术委员会""学位评定委员会"等学术组织，"教职工代表大会""学生代表大会"等民主决策、自主管理的组织究竟应有怎样的人员构成、职权和工作程序？凡此种种，皆为大学章程制定所需解决的前提问题。

2013年11月28日，教育部召开新闻发布会，宣布首批中国人民大学、东南大学、东华大学、上海外国语大学、武汉理工大学和华中师范大

---

① 教育部2012年新闻通气会散发材料一：介绍《高等学校章程制定暂行办法》有关情况。(2012-01-10) [2014-10-02] http://www.edu.cn/xin_wen_dong_tai_890/20120110/t2012-0110_729842.shtml.

学等 6 所高校的章程已获核准。① 截至 2014 年 9 月，教育部已经核准了 24 所高校的章程。这些章程为我们分析大学组织与大学成员基本权利保障之间的关系提供了样本。在这些章程制定过程中发生的一些争议，也有助于我们深入反思基本权利保障的宪法理论。例如，在北京大学章程草案征求意见过程中，《新京报》以《北大拟规定学生参与审查教师学术不端行为》为题进行了报道，指出北大学生将有机会"调查处理学校人员是否违规、讨论决定学位授予标准、审查老师是否可以评上教授、老师著作是否涉嫌抄袭"②。这一报道引发了争论，人们对于缺乏学术专业资质的学生参与"学术委员会"的合理性进行了质疑。对于这些问题，可以从"基本权利的组织保障"的原理出发进行分析。

一、大学章程与大学的外部关系

按照教育部的观点，大学章程制定需要厘清"内""外"两个层面的权利义务关系。外部关系的层面，就是大学与高等教育的举办者、教育行政部门之间的关系，其中最主要的是大学与国家公权力之间的关系。在此问题上，近代以来的大学所秉持的是大学自治的理念，也就是强调大学外部关系中国家作用的有限性，反对国家对大学的过度干预。③ 确立现代大学理念的最重要的人物之一威廉·冯·洪堡认为："从根本上讲，教育只应该造就人，不要考虑确定的，给予人们的公民形式，因此，它不需要国家。""公共教育应完全处于国家作用范围之外。"④ 排除国家干预的自由状态，是现代大学的底色。

我国的大学治理模式改革也贯彻了大学自治的基本理念，这突出表现为"办学自主权"成为改革的关键词。《章程制定办法》第 5 条规定的"高等学校的举办者、主管教育行政部门应当按照政校分开、管办分离的原则，以章程明确界定与学校的关系……保障学校的办学自主权"，明白地体现了大学自治理念。在《高等教育法》和《章程制定办法》中，也使用了"自主办学""自主管理""自主设置和调整学科、专业""自主制定教学计划、选编教材、组织实施教学活动""自主开展科学研究、技术开发和社会服务""自主开展与境外高等学校之间的科学技术文化交流与合

---

① 首批六所高校章程获准颁布 大学步入"宪章"时代. (2013 - 11 - 29)［2014 - 10 - 02］. http://www.gov.cn/govweb/gzdt/2013 - 11/29/content_2537882.htm.
② 北大拟规定学生参与审查教师学术不端行为. (2014 - 08 - 10)［2014 - 09 - 30］. http://politics.people.com.cn/n/2014/0810/c1001 - 25436775.html.
③ 冒荣. 远去的彼岸星空：德国近代大学的学术自由理念. 高等教育研究，2010 (6)：13 - 15.
④ 威廉·冯·洪堡. 论国家的作用. 林荣远，冯兴元，译. 北京：中国社会科学出版社，1998：73，74.

作"等表述。教育部将制定《章程制定办法》的原则概括为"法治原则"、"改革原则"和"自主原则"①,自主原则无疑最具实体意义。在教育部公布首批核准的 6 所高校章程的新闻发布会上,教育部政策法规司司长孙霄兵表示,大学章程的最终指向,是"促进办学自主权的落实","办学自主权虽然有法律规定,但在实践当中会遇到比较复杂的情况。要想落实办学自主权,一方面需要教育行政部门简政放权,另一方面也需要学校有一个好的制度基础来实施这个自主权"②。已经公布的若干大学章程,也多将"保障""规范""促进"自主办学作为制定章程的目的而作开宗明义的规定(多在章程第 1 条)。《教育部高等学校章程核准书》第 1 号核准的《中国人民大学章程》,在第 5 条明确列举了学校依法享有的办学自主权,涵盖自主决定招生方案、学科设置、人才培养计划、科学研究、技术开发、社会服务、国际交流、机构设置和人员配置、管理使用财产等诸多方面。此外,《东南大学章程》第 16 条等,也对学校的自主权进行了列举。③ 可以说,以高校"办学自主权"为概念载体,大学自治在理念层面已经得到了我国大学法制的确认。

"办学自主权"体现的是大学的外部关系,主要是大学与国家公权力之间的关系。在此意义上的学术自由,其主体是"机构"④,是大学自身,而非作为大学成员的教师和学生。从基本权利功能的角度看,"办学自主权"意义上的大学的学术自由,所体现的主要是学术自由的"防御权功能",也就是得要求国家不干预基本权利所保障的自由,以及当国家干预侵犯该自由时,得依据该基本权利排除侵害。⑤

毫无疑问,中国的学术自由和大学治理的核心问题仍然是大学的外部关系问题,最主要的是大学与教育行政部门之间、学术活动与国家管制之间的关系问题。《高等教育法》第 40、41、44 条等条文所规定的高校校长的任免、职权,以及教育行政部门对高校办学的监督和评估等是我国大学外部关系的主要规范依据。《章程制定办法》第 5 条规定了"政校分开、

---

① 教育部 2012 年新闻通气会散发材料一:介绍《高等学校章程制定暂行办法》有关情况.(2012 - 01 - 10) [2014 - 10 - 02]. http://www.edu.cn/xin_wen_dong_tai_890/20120110/t2012-0110_729842.shtml.

② 首批六所高校章程获准颁布 大学步入"宪章"时代. (2013 - 11 - 29) [2014 - 10 - 02]. http://www.gov.cn/govweb/gzdt/2013 - 11/29/content_2537882.htm.

③ 本文所引用的各大学章程的内容,均来自各章程的首版,此后部分章程有修改。

④ 关于理解"学术自由"的"机构化进路"和"个人化进路"的讨论,可参见左亦鲁. 学术自由:谁的自由?如何自由?为什么自由?(代译序)//罗伯特·波斯特. 民主、专业知识与学术自由:现代国家的第一修正案理论. 左亦鲁,译. 北京:中国政法大学出版社,2014。

⑤ 张翔. 基本权利的双重性质. 法学研究,2005 (3):25.

管办分离"的原则,要求"以章程明确界定与学校的关系"。在已经公布的若干大学章程中,也有一些尝试界定学校的外部关系的规定①,但是,对这种外部关系的厘清与界定,事实上主要要依赖对以《高等教育法》为中心的国家法律规范群的修正,而非大学章程的制定。举例来说,《东南大学章程》第二章"举办者与学校"中的第14条规定了"学校举办者"享有"指导学校发展规划、监督和规范学校办学行为、任命学校主要负责人、考核和评估学校办学水平和办学质量、依据实际情况调整为学校提供的教育资源配置,以及根据法律、行政法规的授权对学校不当使用办学自主权的行为予以处罚及调整等职权"。然后第15条又规定:"学校举办者根据法律、行政法规的规定,保障学校办学自主权,制止或者排除侵害或者妨碍学校行使自主权的行为,为学校提供办学自主权救济途径……"但这些规定,实际上并不应该出现在大学章程中,因为,作为一个"被主管"的组织,其章程不可能授予举办者和主管机关任何职权,也不可能约束这种职权不被滥用。归根到底,大学章程解决的主要是大学的内部关系的问题,而外部关系主要依靠国家立法对教育行政权力的约束。

二、大学内部组织与学术自由的实现条件

如前所述,大学章程所能解决的主要是大学内部组织的问题。在内部关系的层面,学术自由展现出与在外部关系中不同的规范内涵,可以简单概括为两个方面:(1)从权利主体来看,在外部关系中,学术自由表现为"大学自治",其权利主体是"机构",也就是大学自身;而在内部关系中,学术自由表现为个体的学术自由,其主体主要是作为个人的教师。(2)从基本权利功能的层面看,在外部关系中主要体现在学术自由排除公权力干预的"防御权功能"层面,而在内部关系中则主要体现在学术自由作为"客观价值秩序"的功能层面。我们知道,防御权是基本权利最古老的功能,其基本取向是"免于国家干预的自由",尽管学术自由并非"十八世纪末叶第一批基本权目录里的古典基本权"②,但其防御国家干预的意旨则并无差别。但如前所述,防御国家干预主要体现在"大学自治"这一外部层面,已经被赋予自由的学术机构内部的关系问题,并非传统意义上的学术自由的规范领域。基本权利作为客观价值秩序则将学术自由的规范内

---

① 例如《东华大学章程》第八章为"外部关系",其中第68条规定:"学校依据国家法律、法规及本章程的规定,自主管理内部事务,不受任何组织和个人的非法干涉。"但第69条又规定:"学校接受举办者和主管部门依法综合应用立法、拨款、规划,通过专门机构和社会中介机构对学校的学科、专业和办学水平、质量进行评估等,对学校的办学进行管理和监督。"

② Christian Starck. 法的起源. 李建良,等译. 台北:元照出版有限公司,2011:181.

涵从消极自由扩展到积极权利，将学术自由的规范领域从外部关系扩展到内部关系。

基本权利作为"客观价值秩序"，是德国联邦宪法法院自"吕特判决"以来对基本权利理论的新发展，其赋予基本权利新的规范内涵，基本意旨在于：要求为基本权利的实现提供实质性的前提条件。这不同于作为防御权的基本权利主要指向于排除国家干预，而是相反地将国家作为有利于促进基本权利实现的力量，要求其尽各种可能创造条件以促进基本权利的真正落实。按照这一理论，基本权利作为客观价值秩序构成立法机关建构国家各项制度的原则，也构成行政权和司法权在执行和解释法律时的指导原则，构成国家机关一切行为的准则，同时，基本权利也构成整个社会共同体的价值基础。① 基本权利作为客观价值秩序是非常抽象的宪法要求，必须予以进一步具体化。这种具体化包括从基本权利作为客观价值秩序中导出基本权利的"第三人效力""制度性保障""组织与程序保障""保护义务"等新的功能②，而基本权利的"组织保障功能"，恰恰是针对大学内部组织与学术自由等基本权利的相互关系而提出的，其中理路，对于我们思考中国的大学内部组织的设置标准，不无借鉴意义。

德国联邦宪法法院在 1973 年的"大学组织判决"③ 中，探讨了大学的内部组织与学术自由的实现条件之间的关系。联邦宪法法院阐释了学术自由作为客观价值秩序的规范内涵，指出在排除国家干预之外，学术自由也要求国家的保护，国家要以积极的行为，保护这项自由并预防其被掏空。而国家针对学术自由保障的积极措施首先在于财政支持。如果没有国家的资金支持，学术活动就无法开展。"国家尤其可以在财政上助长有伦理责任意识的研究，学术的助长正是今日宪政国家的国家目标"④。

进一步，要保证学术自由的实现，还必须保证从事学术工作的人员能够参与到国家给付的决定中去，也就是要求有组织上的途径，能让学术自由的主体参与国家提供的科研经费的分配过程。如果他们不能参与相关的组织，就无法保证其获得学术活动所必需的资金和其他条件，从而学术自由也就无法实现。

对学术自由的组织保障，不限于学术人员参与资金分配的层面。在一

---

① Robert Alexz, Gundrechts als subjektive Recht und als Objektive normen，Der Staat 29/1990，S. 49.
② 张翔. 基本权利的双重性质. 法学研究，2005（3）：25 - 26.
③ BVerfGE 35，79.
④ Christian Starck. 法的起源. 李建良，等译. 台北：元照出版有限公司，2011：182.

切大学事务中，无论是人员聘任，还是研究计划拟定、课程设置，只要是与学术自由相关的，都应该通过组织途径来保证学术人员的参与。特别是，大学教师对大学功能的实现和大学的学术地位担负着更多的责任，他们是与学术事务最密切相关的组群。而且，相比学生和其他人员（包括学术和非学术人员），他们是大学中最具长期性和稳定性的人员，因而也是最受大学组织的决策影响的人员。由此，立法者在决定大学的组织架构时，就必须考虑到大学教师的特殊地位，赋予其较多的决定权。

总而言之，从客观价值秩序理论发展出的"学术的组织保障"，意味着要通过组织设计保证大学教师对大学各种事务的充分参与权，而在具有高度学术性的事务中，则更要突出大学教师的特殊地位。

三、大学组织与多元主体的基本权利保障

现代大学的功能并非仅在学术研究，为学生提供职业训练，也是其当然的功能所在，除此以外，现代大学还要承担为社会发展进步提供知识准备、智力支持等多方面社会功能。① 我国《高等教育法》第5条规定："高等教育的任务是培养具有创新精神和实践能力的高级专门人才，发展科学技术文化，促进社会主义现代化建设。"②《国家中长期教育改革和发展规划纲要（2010—2020年）》对高等教育也提出了"全面提高高等教育质量""提高人才培养质量""提升科学研究水平""增强社会服务能力"③ 等要求，这些都是对大学在学术研究之外的社会功能的规定。在众多的大学章程中，也多将这些社会功能与学术研究并列，例如《中国人民大学章程》第4条规定，"学校以人才培养、科学研究、社会服务、文化传承创新为基本职能"。现代大学在功能上的多元化，是一个基本事实。

大学功能的多元化，必然会带来大学人员的多元化。首先，现代大学面对着更多增加教育容量的社会需求，学生数量的增加，必然带来相关教学辅助人员的增加。其次，现代大学必须越来越多地回应学生的职业培训诉求。获得职业培训、获得专业人士的标签以谋求生存和社会地位的需求，使得大学不能再把纯粹的智识追求和个人修养作为教育的目标。这就要求大学里要有更多能够适应这一需求的而不以纯粹学术研究为目标的其他类型的教师和专业人员，比如，法学院往往需要聘请优秀律师为学生讲

---

① 张陈，崔延强. 现代大学的基本功能. 人民日报，2010-12-31（7）；徐显明. 文化传承创新：大学第四大功能的确立. 中国高等教育，2011（10）：10-11.
② 该规定在2015年修改《高等教育法》时已被修改。
③ 国家中长期教育改革和发展规划纲要（2010—2020年）.（2010-07-29）[2014-10-02]. http://www.gov.cn/jrzg/2010-07/29/content_1667143.htm.

授律师业务课程。最后,大学的学术研究模式在现代也发生了变化,不再是传统大学理念所设定的那种纯粹个人性的研究,而是要求聚合大量的人才进行分工合作的研究,从而学术人员之外的辅助人员(比如实验室工作人员等)在大学中的比重也在增加。总之,现代大学的功能复合化,带来了人员的多元化。

大学人员的多元化,又会自然带来利益诉求的多元化。不同于传统大学以学术自由为主要价值导向,学生的受教育权利以及基于职业选择权利而产生的诉求、教师以外的辅助人员的工作权利等等,都成为大学组织建设中不可忽视的因素。大学组织设计,因此就不能只考虑学术人员的学术自由,也要考虑到其他主体的其他基本权利诉求的实现。这就要求通过大学组织的精致安排,保证所有的人对于大学事务的参与,通过区分规定不同主体在不同大学事务中的参与权,保证大学各项功能都能得以落实。只有基于大学组织设计中的精细考量,才有可能将大学不同利益主体整合为一个共同体,实现"大学共治"(shared governance)①。"大学共治被贴上利益相关者的标签,即所有利益相关者都对学校事务有一定的发言权,当考虑所有阶层的人的各种意见与建议之后才能做出最后的决定。"② 只有通过适当的大学组织形式,才能保证"所有利益相关者"对学校事务的参与决策权得以实现。

具体而言,这种兼顾不同群体利益的大学组织设计,应该遵循这样的思路:

首先,依据诉求利益的不同,对大学中的多元群体作出准确的界分。要保证多元利益主体都能够参与到大学事务的决定中去,首先需要精确界定大学中的不同群体。而区分的标准,首先应该是其利益诉求。对于教师而言,学术自由是其首要诉求,同时教师在大学中任教,还可能落入劳动权、社会保障权的保护范围,这里存在基本权利竞合关系。对于教学辅助人员而言,其主要诉求是劳动权和社会保障权。对于学生而言,主要诉求是学习自由,此外还有作为劳动权内容的"获得职业培训权"。同时,学生也会在特定情况下参与学术研究,例如参与教师主持的课题等,因此也有可能主张学术自由。从上述分析可以看出,不同主体之间,在基本权利诉求上是有重合的,无法简单以权利标准来精确划分。比如说,如果以学术自由为标准,就可能把教师跟学生归入同一群体,而如果以劳动权和社

---

① 严文清.中国大学治理结构研究.北京:人民出版社,2011:222 以下.
② 于杨.现代美国大学共同治理理念与实践.北京:中国社会科学出版社,2010:66.

会保障权为标准，又可能将教师与其他人员归入同一群体。因此，区分不同群体还应该有进一步的标准，这个标准就是："同质性"。同一组别内的人员应该具有同质性，由此才能真实反映同一类型人员的利益和需求。虽然教师与教辅人员同样有劳动权和社会保障权的诉求，但前者有着后者所没有的学术自由诉求，同时，教师获得聘任的资格也与教辅人员有显著差异，其学术资质和专业能力非后者所具备，因此二者应该被单独归类，而不能将其笼统归为"教职员工"。部分学生虽然也有学术自由的诉求，但其主要诉求乃是学习自由和获得职业培训权，因而也必须与教师区分。只有将大学成员区分为各个内部具有"同质性"的群体，才可能在下一步的大学组织设计中赋予不同主体不同的参与权。

其次，要对大学事务作出界分，区分出哪些是与学术自由密切相关的，哪些是非与学术自由密切相关而更多关涉其他基本权利的。在对大学多元群体作出界分后，进一步需要对大学事务作出界分。基于所涉及的基本权利和权利主体的差异将大学事务进行划分，首先可以分为与学术密切相关的事务和非与学术密切相关的事务，然后再作进一步细分。举例来说，科研机构的设立、科研计划和科研项目的设定、科研经费的分配、教师的聘任与解聘、学术规范的制定和学术失范的认定、学位的授予等等，属于与学术密切相关的事务。课程的设置、教学计划的安排等等，与学术密切相关，但也与学生的学习自由和获得培训权密切相关。而薪酬待遇、福利保障等，则与所有与大学有聘任关系的人员的利益相关。

最后，以上述的区分界定为基础，规划不同的大学组织及其内部的人员构成，以充分实现不同主体的利益。比如，对于前述的与学术密切相关的事务，应该通过学术委员会、学位委员会等，保证学术人员的绝对主导地位，换言之，此类事务原则上应该排除大学其他人员的参与。当然，也有一些例外。比如，任命教师是与学术自由最密切相关的事务，对于教师的任命，不应该考虑由非学术人员参与。尽管学生不具备考察拟任命教师者的学术水准的知识和能力，但教师在未来的教学会影响到学生的学习权利，因此可以考虑给予学生一定的参与决定权。例如，可以在教师应聘试讲时，让学生参与并提供意见，以此为学生学习权提供组织与程序上的保障。但无论如何，由于任命教师与学术自由强烈相关，必须让学术人员拥有决定性的影响。再如，课程设置属于与学术密切相关的事务，但同时对学生有直接的巨大影响，因此必须保证学生在相关决策组织中的参与。而教辅人员在教学中完全处于服务者的地位，因此并不应该给予其参与决策权。又如，在对学生惩戒的程序中，学生代表应该获得较大的参与权，等等。

四、对中国大学的相关组织规范的检讨

前述分析明确了大学组织建设对于大学中不同利益群体的基本权利保障的意义,以及基于"基本权利的组织保障"的原理来设置大学组织的基本标准。接下来,笔者将尝试对我国《高等教育法》《章程制定办法》《学校教职工代表大会规定》以及若干大学章程中的组织规范进行检讨,探讨这些组织规范是否能够保障不同主体的基本权利。

(一)《章程制定办法》和《学校教职工代表大会规定》体现了"基本权利的组织保障"的理念

我国《高等教育法》在第四章中对大学组织作出框架性规定,主要包括第 39 条的"中国共产党高等学校基层委员会领导下的校长负责制"、第 41 条的"校长全面负责本学校的教学、科学研究和其他行政管理工作"、第 42 条的"学术委员会"、第 43 条的"教职工代表大会"。第 42 条规范的显然是与学术自由强烈相关的事务,而第 43 条的规范对象则不限于学术自由,也包含了非教师的其他群体的其他权益。然而,除规定教职工代表大会必须"以教师为主体"外,《高等教育法》关于这些组织应按何种模式、内部应以何种比例分配代表名额等并没有作出具体的规定。此外,《高等教育法》虽然有第六章"高等学校的学生",但没有任何关于学生参与学校管理的规定。

而《章程制定办法》和《学校教职工代表大会规定》对于高校的组织进行了进一步的细化规定,并且这些规定在相当程度上符合前述的"基本权利的组织保障"的理念:《章程制定办法》第 11 条规定:"章程应当明确规定学校学术委员会、学位评定委员会以及其他学术组织的组成原则、负责人产生机制、运行规则与监督机制,保障学术组织在学校的学科建设、专业设置、学术评价、学术发展、教学科研计划方案制定、教师队伍建设等方面充分发挥咨询、审议、决策作用,维护学术活动的独立性。""章程应当明确学校学术评价和学位授予的基本规则和办法;明确尊重和保障教师、学生在教学、研究和学习方面依法享有的学术自由、探索自由,营造宽松的学术环境。"第 12 条第 1 款规定:"章程应当明确规定教职工代表大会、学生代表大会的地位作用、职责权限、组成与负责人产生规则,以及议事程序等,维护师生员工通过教职工代表大会、学生代表大会参与学校相关事项的民主决策、实施监督的权利。"(着重号为引者所加)从加着重号的字句不难看出,《章程制定办法》体现了"通过组织措施来保障基本权利"的理念:一方面,通过明确学术委员会、学位评定委员会等学术组织的组成原则来保障"学术活动的独立性",也就是保障学术人员的学术自由;另一方面,又强调通过"教职工代表大会、学生代表大会"的适当组织来保证民主决策,这也体现了通过组织途径来协调大学中不同群体的利益,以实现基本权利保障效果最大化的精神。其中,尤其成为亮点的是:突破了《高等教育法》,对于学生参与大学治理的权利作出了规定。

应该说,这两个规章体现了先进的"通过大学组织保障大学成员基本权利"的大学自治理念,但进一步考察相关规范,特别是以这两个章程为依据制定的各大学的章程,仍然能发现一些不如人意的地方。下面分别说明。

(二)缺乏对大学人员的精确分类,以及对"何种事务应由何种主体参与决策"的充分考虑

如前所述,对大学成员的有效的"基本权利的组织保障",必须建立在对具有多元利益诉求的大学成员的精确分类和对大学事务的精确分类的基础上,非此无法进行由相关利益主体参与相关事务决策的组织设计。然而,在此种类型化工作上,我国相关规范存在明显不足。《高等教育法》第五章规定了"高等学校教师和其他教育工作者",对于教师规定了"教师资格制度""教师聘任制",对于"管理人员"规定了"教育职员制度",应该说确立了一个大学成员分类的大致方向。但在进一步的规范中,却未能完成对这种分类的细化。教育部令第 32 号公布的《学校教职工代表大会规定》第 9 条第 1 款规定:"凡与学校签订聘任聘用合同、具有聘任聘用关系的教职工,均可当选为教职工代表大会代表。""凡与"二字说明,《学校教职工代表大会规定》并没有将教师群体与其他职工群体作出明确区分。所有教职员工都有权参与学校事务,这没有问题,但这种"不区分"的做法,却可能导致在决定学术性事务时,会有不具备资格的非学术性人员参与的可能性,这就有可能妨碍学术自由的实现。有研究者在基于实证材料的分析后也指出:"由于代表都是从所在单位中选出,因此,对各单位和教师本人而言,'代表'所'代表'的是他的单位,而不是他属于的身份群体。"[①] 不根据利益诉求之差异来区分大学中的不同群体,就会导致选出的代表是"所有教职工"的代表,而不是内部具有"同质性"的不同群体的代表,这从源头上导致了大学组织的设计不可能根据不同事务而设置不同的代表比例和表决权比例。

---

① 郭卉. 权利诉求与大学治理:中国大学教师利益表达的制度运作. 青岛:中国海洋大学出版社,2009:68.

已经公布的各大学章程中，大都对"教职工"有进一步分类，一般区分为教师、其他专业技术人员、管理人员、工勤人员等。但是，这些群体区分的标准非常模糊，更重要的是，在章程关于教职工权利义务的规定中，基本没有体现不同群体在利益诉求上的差别，而是笼统规定他们都有参与学校民主管理等权利。这种区分，等于没有区分。

这种区分的不清晰，带来了大学组织设计上的模糊，进而可能损害各群体的基本权利。比如，我国大学法制的设计者，并非没有意识到教师在大学中的突出地位，在《高等教育法》中明确强调教职工代表大会是"以教师为主体"的，但在进一步的组织设计中，却无法避免缺乏精确分类的弊端。《学校教职工代表大会规定》第11条第1款规定："教职工代表大会代表以教师为主体，教师代表不得低于代表总数的60%，并应当根据学校实际，保证一定比例的青年教师和女教师代表。民族地区的学校和民族学校，少数民族代表应当占有一定比例。"规定教师代表在教职工代表大会中不少于60%，这个比例似乎是赋予教师代表在学校重大事务上的多数的决定权，是给予教师特殊的突出地位，但这一比例设计实际上存在两个方面的不合理性：（1）如果纯粹是学术事务，则任何非学术人员的参与都是有问题的。在学术事务上，教师占60%的比例不足以保障学术自由。在纯粹的学术事务上，应该赋予大学教师超越其数量关系上的优势，任何行政人员或其他非学术人员的参与都是在组织上对学术自由的妨碍。（2）对于教师以外的非学术人员的利益，教师享有60%以上的决定权又是不公平的。涉及非学术人员的利益的事务，当然应该赋予非学术人员更多的决定权。只有区分不同事务与学术自由的相关度并在区分的基础上确定人员构成及其比例，才是实现不同群体利益的适当组织措施。

（三）在与学术关系密切的事务中，教师的主体地位不够突出

出于学术研究是大学的主要功能，以及教师对大学功能的实现承担着主要责任的认识，在一些大学的章程中，体现了要赋予教师"突出地位"的理念。比如，《中国人民大学章程》第21条规定："教师是学校办学的主体力量，学校为教师开展人才培养、科学研究、社会服务、文化传承创新等活动提供必要的条件和保障。"视教师为大学的主体，应该说在近年来渐成共识，"大学者，非有大楼之谓也，有大师之谓也"的名言的流行即为其证。此外，在学术事务中，突出强调学术人员享有决策权，也成为一种逐步被接受的理念。《中国人民大学章程》第32条规定学术委员会主任主持学术委员会工作，还特别规定"学术委员会主任一般由不担任行政职务的资深教授担任"，这一规定在各大学章程中是极少见的，体现了中

国人民大学对大学理念深刻的认识。这种变化，也与近年来高校"去行政化"的呼声相符合。但是，即使针对学术委员会这种专门处理学术性事务的机构，各大学章程也没有明确这样一些问题：（1）学术委员会应当如何产生；（2）学术委员会成员应包括哪些类型（仅仅是教授，还是也包括副教授和讲师的代表，是否需要区分同时担任学校行政职务的成员和其他成员，以及纯粹的行政人员、其他专业技术人员、后勤人员可否成为学术委员会成员，等等）；（3）不同类型成员的比例关系等问题。学术委员会的组织设计，如果不能保证学术人员的突出地位，对于学术自由在大学内部的事项仍然是不利的。

《北京大学章程》对于学术委员会如何组成的规定相对较为具体："学校学术委员会实行定额席位制，由选举产生的教授委员、学生委员以及校长与校长委派的委员组成。校长与校长委派的委员不超过委员总数的五分之一。教授委员任期四年，学生委员任期一年。校长及校长委派的委员随校长任免而更替。""校长委派的委员"的存在，显然不符合"学术事务由学术人员决定"的理念。而缺乏专业资格和专业能力的学生进入学术委员会，表面上看是给予学生民主权利，是一种"共治"，但这从组织上使得非学术人员参与到了学术事务的决定中，可能导致对学术事务的非学术判断，最终损害学术自由。"学术自由意味着合格的教员不用受制于对相关知识不专业和不学术的评判。"① 我国台湾地区"司法院"大法官第462号解释也认为："各大学校、院、系（所）教师评审委员会，本于专业评量原则，应选任有充分能力之专家先行审查，报请教师评审委员会评议。除能提出专业学术依据之具体理由，动摇该专业审查之可信度与正确性，否则应尊重其判断。"学术问题由非学术人员参与判断，这正是《北京大学章程》相关规定遭受批评的原因所在。此外，各大学章程在"聘任和解聘教师""经费预算的拟定和批准"等与学术密切相关的事务上，也多缺乏保障教师参与的组织机制，大学行政化之弊仍然顽固。

前面的分析，只是以《章程制定办法》等规范性文件为主进行的探讨，并未穷尽列举所有因为组织措施不当而导致学术自由或者其他利益受到损害的情形。再举数例：某高校某专业的硕士学制从 3 年改为 2 年，其结果是培养质量迅速下降（学生第一年在上课，第二年要找工作、写毕业论文，几乎没有完整和安宁的时间用于专业学习和研究），教师和学生都

---

① 罗伯特·波斯特. 民主、专业知识与学术自由：现代国家的第一修正案理论. 左亦鲁，译. 北京：中国政法大学出版社，2014：87.

对此种改革持反对意见，但意见的表达最多只是在一些会议上的发言。而在作出学制变革决定的机制上，起更多作用的或许是行政人员的意见，比如后勤管理人员基于学校的宿舍、食堂、图书馆等资源的考虑，可能会认为在扩大招生的前提下须缩短学制，否则相关设施的容量将告不足。这种决策，并没有能够保证教师和学生参与的组织机制，其对于学术自由和学生的职业培训需求等基本权利层面的诉求是无法保障的。又比如，在惩戒学生方面，接受学生申诉的"学生申诉处理委员会"往往是由作出处分决定的学生处（或者学工部）来组织，学生代表在委员会中所占比例有限，而且多缺乏独立性而被管理人员的意见主导。

从《章程制定办法》等规范来看，我国大学组织在保障学术自由和大学自治的方向上，已经取得了很大的进步，但是在规范的细密程度上尚须加强，如果不能多层次细致区分大学中学术人员和非学术人员、学术事务和其他事务，而由简单的几个组织（甚至只是行政人员）来决策所有大学事务，无疑会在多方面妨碍不同类型的大学成员利益的实现。做不到好的协调就会导致更多冲突。鉴于相关法律规范尚较粗疏，就需要在未来的大学章程制定（以及已经制定章程的修改）中确立基于组织保障基本权利的理念。通过对大学人员的精确类型化，并强调高校教师在学术事务上的突出地位，协调大学的学术功能和教育培训功能，协调教师与非学术人员、学生的多方利益，进行组织上的精细设计。如果在大学组织设计上缺乏此种关照，大学章程的制定并不会真正推进中国大学治理的变革。

（本文原发表于《浙江社会科学》2014年第12期。）

第四编

宪法与经济法、环境法、社会法

　　经典意义的宪法是政治宪法，取向对政治统治的有效法律约束。宪法作为"高级法"只是指向其对于公权力统治行为的优先性，而非作为一切社会领域的高级法。伴随着现代国家越来越频繁而深入地介入社会、经济、文化、环境等领域（例如风险规制所需要的国家更多的预防义务），用宪法来规范政治以外领域的国家作用，使其有效而克制，仍然是现代立宪主义精神的自然延伸。我国《宪法》从"序言"到"总纲"中的对"国家的根本任务""国家目标"（基本国策）的规定，内嵌了"根本法"理念，而宪法对于经济制度、社会制度、环保制度的广泛规定，亦要求以"部门宪法"的眼光作跨学科的建构。唯须注意，人权保障与权力约束这两项价值仍应被依循，并作为评价部门法秩序合宪性的基本标准。

中国部门宪法的展开
——以环境宪法和经济宪法为例

一、部门宪法与宪法教义学的本土化

法教义学以本国现行有效的法律为对象,而以解决本国的实践争议为目标,本来应该是天然本土化的。然而,在法学的实际操作中,将基于外国法特定文本而形成的法教义当作一般公理而胶柱鼓瑟地运用于阐释本国法,对本国法中与外国理论相契合部分大加阐发,而对本国法的特殊内容视而不见,等等现象,在法学界并不鲜见。苏永钦教授在授课时曾举二例:其一,在以大篇幅阐述基本权利原理之外,对公民基本义务条款甚少论及;其二,在组织法部分,对三权之关系剖析入微,而对"五权宪法"的权力配置原理建构不足。苏永钦教授主张,面对脱离宪法文本①、混乱移植宪法教义②、破碎化诠释本国宪法的潜在消极倾向③,建构部门宪法是发展具有本土问题意识的宪法教义学的有益取径④,有助于使宪法诠释的工作回归到法教义学的天然学理本位,即具体化、实证化、体系化地理解与适用本国的宪法。

苏永钦教授给出的理由包括:(1)宪法并非单纯的行为法,而是结构法,非同样结构性的释义不可把握其真切内涵⑤;(2)各个实存秩序在面对纷杂的事实变迁时,总有回溯总则性、基本性、最高性规定的需要,以此引导教义学的有序展开,减轻其建构负担⑥;(3)宪法作为规范秩序和政治现实的接口,作为高度政治性和社会性的法律⑦,其自身实定性、规

---

① 苏永钦. 部门宪法:宪法释义学的新路径? //苏永钦. 部门宪法. 台北:元照出版有限公司, 2006: 8-9.
② 同①7.
③ 同①9-10.
④ 苏永钦. 再访部门宪法. 治理研究, 2020 (3): 113-114.
⑤ 苏永钦. 再访部门宪法. 治理研究, 2020 (3): 114; 苏永钦. 部门宪法:宪法释义学的新路径? //苏永钦. 部门宪法. 台北:元照出版有限公司, 2006: 24-25.
⑥ 同④114-115.
⑦ 同①5.

范性的有效实现,需要将现实秩序的运行机理作为诠释先见,也需要增强对法律所奠基事实的关照,增进宪法和部门法在规范与事实两个层面上的交互作用①;(4)部门宪法教义学的建构,使基本权利、基本义务、国家目标以及国家机构等宪法条款间的综合解释得到增强②,有利于使部门法学、社会科学的智识成果融汇入宪法学的研究③,从而使对宪法的理解更加完整、周延、适宜和有说服力,也使法教义在跨国移植的过程中得到有机的本土化重塑。④

由此可见,借助部门宪法这一宪法释义学上的工具平台,可促使宪法研究聚焦于"第一手的注释"⑤,使真正具有中国特色、中国风格、中国气派且能够有力回应中国问题的宪法学得到成长。从实在规范层面看,在《中华人民共和国宪法》中,尤其在"序言"、"总纲"和"公民的基本权利和义务"部分,存在大量的国家目标条款以及其他对各部门法具有定向性和纲领性的规定。"我国宪法同一些外国宪法相比较,一大特色就是明确规定了国家的根本任务、发展道路、奋斗目标,经济建设、政治建设、文化建设、社会建设、生态文明建设和国家各方面事业,在宪法中都有体现、都有要求。"⑥ 这为部门宪法教义学的研究提供了良好的规范文本基础。但更应该认识到,宪法的规范文本已然为宪法学者设定了开展部门宪法研究的学术任务。

从实际的制度架构看,执政党在擘画全面依法治国的蓝图时反复强调,要"完善全国人大及其常委会宪法监督制度,健全宪法解释程序机制。加强备案审查制度和能力建设,把所有规范性文件纳入备案审查范围,依法撤销和纠正违宪违法的规范性文件"⑦,要"加强宪法实施和监督,推进合宪性审查工作,维护宪法权威"⑧。因此,近年来以备案审查制度为主要支撑、由新设立的全国人大宪法和法律委员会⑨及全国人大常

---

① 苏永钦. 再访部门宪法. 治理研究,2020 (3):115-116.
② 同①118.
③ 同①119.
④ 同①116-118.
⑤ 苏永钦. 横看成岭侧成峰:从个别社会部门整合宪法人权体系//苏永钦. 部门宪法. 台北:元照出版有限公司,2006:162-163.
⑥ 栗战书. 使全体人民成为宪法的忠实崇尚者自觉遵守者坚定捍卫者:在深入学习宣传和贯彻实施宪法座谈会上的讲话. 中国人大,2018 (7):7.
⑦ 中共中央关于全面推进依法治国若干重大问题的决定. 人民日报,2014-10-29.
⑧ 习近平. 决胜全面建成小康社会 夺取新时代中国特色社会主义伟大胜利:在中国共产党第十九次全国代表大会上的报告. 人民日报,2017-10-28.
⑨ 胡锦光. 论设立"宪法和法律委员会"的意义. 政法论丛,2018 (3):3.

委会法工委协作推进的合宪性审查工作,正取得越来越多的成效。① 这些都在制度环境上,为贯彻宪法的规范性与实在性奠定了基础。政治实践的向前迈进,决定了围绕中国宪法文本而展开实事求是、恺切周延的诠释势在必行、不可或缺。

从学术能力的建设看,进入"合宪性审查时代"的中国宪法学,延续了"规范宪法"的学术共识,通过"法律的合宪性解释""宪法与部门法的交互影响"等路径,已逐渐建构起法秩序的合宪性控制原理。② 其中,宪法与部门法的互动对话及学理共建,已然成为多数法律学者的自觉。③ 构建更兼顾"内容形成"与"越界控制"、更注重与其他学科交互、更侧重为具有极强综合性和结构性的"统一审议"提供学理预备的"立法中的宪法教义学",也成为在现行宪法监督制度下发展宪法解释学理的重要路径。④ 这些学术努力,与部门宪法学的理论使命同频共振,为展开部门宪法学的研究提供了相当丰富的切入视角和智识预备。

二、部门宪法的一般原理

对于部门宪法学基本原理和方法论的探究,已有若干学者作出了有益尝试。在十多年前,已有学者认识到,鉴于我国释宪机制的不完善和由此导致的宪法解释理论的发育不良,有必要开拓"部门宪法释义学"以摆脱整体宪法释义学发展的困局,促进规范宪法的实现。⑤ 他同时认为,部门宪法释义学的推进有助于实现宪法释义学的"本土化""融贯化",实现基本权利条款、"国家根本任务"条款、"国家组织原则"等本国各类宪法内容研究的协同深化⑥,促进宪法与部门法学、宪法学与其他学科的交流合作⑦,进而

---

① 尤其是2020年的备案审查工作中,首次出现了被工作报告明确表述为"不合宪"的案例。对此参见:《全国人民代表大会常务委员会法制工作委员会关于2020年备案审查工作情况的报告》(2021年1月20日)。此外,全国人大宪法和法律委员会对于法律案中合宪性问题的审议也越来越普遍和显明。对此参见:《全国人民代表大会宪法和法律委员会关于〈中华人民共和国人民法院组织法(修订草案)〉审议结果的报告》(2018年10月22日);《全国人民代表大会宪法和法律委员会关于〈中华人民共和国人民检察院组织法(修订草案)〉审议结果的报告》(2018年10月22日)。
② 张翔."合宪性审查时代"的宪法学:基础与前瞻. 环球法律评论, 2019 (2): 13.
③ 例如近年来,中国法学会宪法学研究会已与刑事诉讼法学研究会、环境资源法学研究会、经济法学研究会、刑法学研究会等部门法学会,展开了多场对话会,涉及部门法的宪法化、部门法的合宪性控制、宪法和部门法的循环诠释等议题。
④ 同②17-19.
⑤ 周刚志. 部门宪法释义学刍议. 法学评论, 2010 (3): 4-5;周刚志. 财政宪法释义学之理论构建:部门宪法释义学的研究路径初探. 税务研究, 2008 (10): 52-53.
⑥ 周刚志. 部门宪法释义学刍议. 法学评论, 2010 (3): 7-9.
⑦ 同⑥10.

更好地为宪法和法律的立、改、废、释提供教义工具与理论支撑。① 与我国台湾地区学者的观点略有不同的是，他认为部门宪法规范应拓展至一切实质性宪法规范，并认为部门宪法的区分应当灵活、面向实践，不应过于僵化固守。②

但也有学者认为，应当坚持对部门宪法的法律渊源进行形式意义的界定，坚持以实在的宪法规范作为部门宪法的展开依凭。③ 在此基础上，部门宪法研究的核心任务，是运用各种手段，尤其是通过在法律体系外部的价值探寻，厘清建构相应宪法规范的价值含义，为发展"规范部门宪法"提供基础。④ 可见我国学者已逐渐认识到，宪法对各社会领域介入、引导的实现，需要对宪法规范本身更深入的诠释，而这离不开法律系统与其他社会系统的交互。

有学者从德国经验出发，提出在承认宪法对实存社会秩序具有引导作用的前提下，以现实的社会生活为切入点，整理出各领域的基本结构规范，并将之与宪法上的相关规范进行循环诠释，进而形成该领域的秩序基础，即部门宪法⑤，并指出可以成熟的基本权利教义学为基底，发展部门宪法。⑥ 一方面可助推宪法的价值精神向整体法秩序扩散，使宪法在针对国家的防御功能外，拓展对社会生活领域的积极形塑功能；另一方面可通过把握实存秩序的鲜活事实和核心规范，丰富宪法意涵，弥合宪法与社会现实之间可能的脱节⑦，建构起宪法规范与社会事实、功能领域间的关联。⑧ 以此增强宪法的实在性、规范性，并提升宪法教义学的学术品质。

还有学者将宪法定位为"最根本、最一般、最全面、效力最高的法律规范体系"⑨，以一种"总章程"而非"框架秩序"的宪法本质论作为立

---

① 周刚志. 部门宪法释义学刍议. 法学评论, 2010 (3)：10-11.

② 周刚志. 部门宪法释义学刍议. 法学评论, 2010 (3)：7；周刚志. 财政宪法释义学之理论构建：部门宪法释义学的研究路径初探. 税务研究, 2008 (10)：55.

③ 陈海嵩. "部门宪法"范式之反思与发展：以"环境宪法"与"文化宪法"为范例的理论分析. 中南大学学报（社会科学版），2016 (6)：76.

④ 同③79-80.

⑤ 赵宏. 部门宪法的构建方法与功能意义：德国经验与中国问题. 交大法学, 2017 (1)：71；周刚志. 部门宪法释义学刍议. 法学评论, 2010 (3)：9. 我国台湾地区学者先前也有相同观点，参见张嘉尹. 宪法、宪法变迁与宪法释义学：对"部门宪法论述"的方法论考察//苏永钦. 部门宪法. 台北：元照出版有限公司, 2006：47-48.

⑥ 赵宏. 部门宪法的构建方法与功能意义：德国经验与中国问题. 交大法学, 2017 (1)：74-76.

⑦ 同⑥69.

⑧ 同⑥72.

⑨ 宁凯惠. 部门宪法、分支宪法学之构建研究. 政治与法律, 2020 (7)：71.

论起点,认为根据所调整的不同种类的"根本社会关系",可将整个宪法规范体系本身分类拆解为不同的部门宪法,并在展开其构成形态时,主张将整体法律规范都纳入考量。通过部门宪法对各自实在秩序领域中的规范、事实、价值等要素的统合,可以推进宪法内各部分、宪法和部门法、法学和其他相关学科的交融研究,开辟构建不限于规范宪法学的,兼具科学性、价值性和实践性的各"分支宪法学"[1]。

总体而言,我国学者已经认识到,基于我国宪法文本的特殊体例,有必要按部门,将相应的国家目标、基本权利等条款进行系统的综合诠释,并且不应局限于单纯的教条解说,而是应注重部门法的样态、制度、原理以及社会部门领域的实际秩序结构等要素对释清宪法内涵的贡献,并将它们整合在以更确切、适宜地解释适用宪法为根本目的的部门宪法学之中。

本着这样的立场,已有多位学者针对环境、经济、财政、文化、宗教等部门宪法展开了具体研究并取得了一定成果。苏永钦教授认为,根据规范对象的不同可采取两种视角来划分部门宪法之部门。[2] 一种是"国家—内部—自生"视角,即宪法条文或其他宪法渊源本身就明显地就某一主题、事项存有较多的关联规范,部门宪法释义的主要工作就是对之进行体系化的整合。这一类部门宪法的规范对象,主要是国家权力及机构自身的组织运行秩序。虽然这从宏观上看也是一种与其他社会部门同在的实存秩序,但基于宪法作为政治法的首要属性,其结构性规律、规范已较充分和成熟地内生于宪法的规范结构之中。另一种是"个体—外部—激发"视角,即哪些宪法规定对于有关社会部门可具有基本性的规范内涵尚不明确,部门宪法释义的主要任务此时是从实存秩序本身的运行规律切入,待充分掌握并体系化后,再有的放矢地挖掘、释放宪法规定的规范意涵,从而为社会部门提供最高法和基础法的指引定向。这一类部门宪法的规范对象往往是公权力对私领域的限制与干预,需要在国家—社会的二元观下以社会部门为出发点,从外部回溯到宪法规范,仅仅求诸宪法条文自身是无法完成部门宪法的建构的。若从我国环境、经济两部门宪法展开的规范基础和部门实存秩序看,并虑及我国诸多领域普遍存在的"强国家"现状,实际上我国的部门宪法必然兼具上述两种进路的特点。这也反过来又证明了强化部门宪法研究对正确理解宪法的必要性。为此,笔者将对我国环境、经济宪法的展开予以简要评述。

---

[1] 宁凯惠. 部门宪法、分支宪法学之构建研究. 政治与法律, 2020 (7): 71 以下.
[2] 苏永钦. 部门宪法:宪法释义学的新路径? //苏永钦. 部门宪法. 台北:元照出版有限公司, 2006: 20-21.

三、以国家目标条款为依托的环境宪法

2018年我国宪法进行了修改,其中的一大亮点是在"序言"中增添了贯彻新发展理念、推动生态文明发展、建设美丽中国的任务宣誓(第七自然段),在"国家机构"中增加了国务院进行生态文明建设的职权(第89条第6项)。此次修改内容与原有正文的第9条第2款、第10条第5款、第26条等一起,以较多的条款篇幅,对生态环境保护这一事宜作出了全面和各有侧重的规定,形成了具有集团性的、实在规范意义上的"环境宪法"。因此在展开环境宪法的学理建构时,宪法学者首先应对宪法文本上已然存在的、直接关联的条款作体系性的诠释整理。为此,在2018年修宪后,包括笔者在内的若干宪法学者曾撰文予以剖析。

首先,执政党的政治决断和方针政策反复表明,环保已成为中国发展事业的极重要内容,生态文明建设被摆在了事关国家建设发展全局的高度,各种政策决定都应当对此予以高度重视。这样的政治理念,直接促动了宪法的修改,为新增宪法条文的内涵锚定了政治性的前理解。① 因此,在解释环境宪法时,必须注意到这种修宪的政治动机与功能期待。② 例如,《宪法》第26条虽然常被认为是概括性的环保条款③,但该条第1款后半句及第2款较具体化的"防治污染和其他公害""国家组织和鼓励植树造林,保护林木"等表述,以及第9条第2款、第10条第5款同样具体化、例举式的表述及其与第26条在文本位置上的分离,有可能使得对"保护和改善生活环境和生态环境"的理解狭窄化、片面化。所谓"功夫在诗外",为实现环境良好,需要在其他更广的社会领域采取措施,并在损害修复、危险防御等层面外,将国家行动拓展至风险预防。同时,环保又易与其他的宪法法益或基本权利产生冲突,且不具备宪法上通常的优先地位。因此,保护生态环境是一个需要多点发力、综合协调的过程,也是处理环境、发展与人权等要素并使之相互和谐的过程④,需要国家的全面布局和整体规划。兼具规范意义、解释意义、教育意义与团结意义的宪法

---

① 王建学. 论生态文明入宪后环境条款的整体性诠释. 政治与法律,2018(9):71.

② 有学者认为,面对国家治理实践及规范文本应当综合提炼出宪法环境观,并以"有效实现环境治理"作为一种根本性的规范功能指向,以此来指导、定向对各有关环境规范乃至基本权利条款的诠释。这样的宪法释义视角,已经自觉地进行了部门宪法的整合工作。(张震. 中国宪法的环境观及其规范表达. 中国法学,2018(4).)

③ 该条第1款规定:"国家保护和改善生活环境和生态环境,防治污染和其他公害。"该条概括式地对国家课以环境保护义务,对其他散布于"总纲"中的个别的环保方面的国家任务予以统摄。对此参见马骧聪. 新宪法与环境保护. 法学评论,1983(2):48;张震. 宪法环境条款的规范构造与实施路径. 当代法学,2017(3):33.

④ 同①69.

"序言"①，其立意相较正文更为高远，统筹性、协调性、全局性、历史脉络性更强。其之所以用同自然段的连续语言，将包括生态文明建设在内的多元化的国家目标列举于"根本任务"规定中，不厌其烦地进行原则性的价值强化，一方面是为了以更为概括的视角来涵纳生态环境保护的国家义务领域，避免挂一漏万，另一方面也是为了提醒公权力：在援引宪法"总纲"中的环境保护条款时不可无视宪法所保障的其他法益体系。②

此外，对环境宪法的体系性诠释和学理挖掘，也在相当程度上是由与环境法部门的互动碰撞而激发的，既汲取了环境法的理论沉淀和知识积累，又回应了部门法的一些学术争论，并且逐渐引导着环境法部门内相应规范和学理体系朝宪法的方向调整。③ 环境法和立法者在面对纷繁的环境保护及治理现实时，能够相对灵活、快速地建构起富有实效的法制，帮助环境宪法将现代社会中纷繁复杂的利益价值诉求有序地纳入视野，以展开根本法、最高法层面的整合，从而适时地进行宪法修改或宪法解释，以回应社会变迁、促进社会发展。④ 例如，2018年的宪法修改增添有关推进生态文明建设等原则性、基础性色彩较强的条文，在很大程度上契合了环境法学者对本部门法内规范建构所产生的"新法理"和"新依据"诉求。⑤ 宪法高度的、更具全面性的规范的形成，既是因应部门环境法已然触及的迫切性、基础性的现实与法律问题，也是突破一些学理发展上的瓶颈，为制度创新、推进环境保护的有效性而增添动力与正当性。

然而与此同时，环境宪法的建构仍然主要延续了宪法规范自身的结构与属性，新入宪的内容仍然与宪法的既有体系融贯在一起，并未以"环境权"作为核心范畴，仍然以国家目标条款作为主要的规范依托。环境法学界多年来一直主张将宪法层面的、具有基本权利性质的"环境权"作为本部门法的基础学理范畴，并努力希望使环境权入宪。但是，由于在自由防御权的层面上，环境权本身的保护范围模糊、难以主张、仅作为其他真实

---

① 许崇德. 中华人民共和国宪法史. 福州：福建人民出版社，2003：771-772.
② 张翔. 环境宪法的新发展及其规范阐释. 法学家，2018（3）：96.
③ 关于环境法与宪法的具体交互影响及融贯诠释，已有学者作出了有益尝试，对此参见张震. 环境法体系合宪性审查的原理与机制. 法学杂志，2021（5）；杜健勋. 国家任务变迁与环境宪法续造. 清华法学，2019（4）。
④ 同②92.
⑤ 吕忠梅. 环境权入宪的理路与设想. 法学杂志，2018（1）；曹明德. 环境公平和环境权. 湖南社会科学，2017（1）.

被保护的基本权利的关联外壳等困境①，其最终并未被建构于宪法之中。若坚定地站在规范宪法的立场上看，既有的以国家目标条款为核心的环境宪法，完全可以通过细致的释义而展开其规范效果，实现环境法学界之前对环境权所寄予的功能期待。例如，有学者认为将环境权建构为宪法上可由个人主张行使的集体性社会权，有利于通过开拓主观诉讼的渠道，强化对环保不足的纠正与救济。②但是在一个作为社会权的、概括程度较高的环境权条款面向下，司法审查的密度必定不会很高，况且这种最终的审查内容指向立法者裁量情况的环境权，并不能证立如下的宪法义务：立法者必须拓宽环境行政公益诉讼中的原告资格，破除客观诉讼的一元化格局。因此相较国家目标条款模式，社会权方案并不见得会在有效控制立法不足方面有特别的明显优势。在国家目标条款下，立法者也完全可以通过法律层面的创制，改变目前环境公益诉讼中动力和力度不足的窘境。并且，由于条文较多，且主要都是作为客观法的国家目标条款，或许反而没有环境权的环境宪法的融贯性会更强，更易进行体系化，其实在性和规范性的发挥也会因此更顺畅。

正如上文所说，环境宪法的条文处于宪法的整体结构中，其适用尤其是国家公权力据此而展开的一系列环保行动，极有可能触及公民的基本权利。因此，环境宪法并不排除同时将有关的基本权利条款纳入综合解释的视野，甚至在基本权利案件中可以反过来依托基本权利限制的合宪性审查框架，将环境宪法的诸客观法要素纳入法益衡量等环节之中。诚然，这种纳入是动态选择的，无法以一种普遍性的论述予以固定，而这也是其灵活机动的优势所在。

四、取向基本经济制度建构的经济宪法

我国经济宪法所呈现出的特点，在许多方面与环境宪法既有相同之处，又有自身特征。例如，宪法文本中也存在大量的、对经济制度与经济活动作出调整的规范，"序言"第七自然段集中对根本经济制度和经济发展的基本理念与目标进行了宣誓，第一章"总纲"的第6~18条对我国的所有制、分配制度、各类经济形态的结构、各类资源的归属与使用、各类财产的保护、各类经济生活中的要素调整与运行进行了规范，第二章"公民的基本权利和义务"的第42~45条对劳动相关权利和制度作出了规定。因此，经济宪法的篇幅也非常大，甚至远超环境宪法。而且，基于马克思

---

① 张翔，段沁. 环境保护作为"国家目标"：《联邦德国基本法》第20a条的学理及其启示. 政治与法律，2019（10）：8；彭峰. 论我国宪法中环境权的表达及其实施. 政治与法律，2019（10）：39.

② 王锴. 环境权在基本权利体系中的展开. 政治与法律，2019（10）.

主义的"经济基础决定上层建筑"的理论，我国宪法对经济制度的重视，在逻辑上甚至高于对政治制度的重视。宪法上的经济条款经历了多次修改并渐趋稳定，但其确立基本经济制度的规范目标并未改变。这一点是经济宪法独特的重要性所在。

并且，由于经济生活主要是人类内部的、由人所建构参与的社会性生活，经济活动的模式与机制常会快速变化，因应具体的生产消费需求等而自我调适，法的滞后性在经济领域极易凸显。[①] 加上经济生活与各类社会领域、意识形态的关联性很强，因此经济宪法往往可能涵盖更广泛纷杂的内容，涉及对国家—公民、公民—公民等各类关系的调整，更易因体量庞大而在综合诠释时遭遇困境。例如对于"社会主义的公共财产"等宪法上的经济所有制等问题的理解，离不开对"社会主义初级阶段"条款和国家建设发展的变迁背景等要素的考量。[②] 因此经济宪法和环境宪法一样，在划定经济宪法范围以及诠释相关条文时，常常需要根据个案情况予以调整和有所侧重。加之社会主义制度作为我国的根本制度，国家公权力在经济生活的建立与运行中扮演了重要角色，因此经济宪法的整合更加离不开对宪法中国家机构条款的解读与关照。[③]

基于上述原因，更有必要针对经济生活而展开部门宪法的释义。相比于环境宪法更加注重对既有宪法文本的体系化整理和与部门环境法的交融，经济宪法研究的目光或许应更贴近对实存秩序自身的结构、理念及规律的研究，更注重对非法学知识和法制框架下关键政策方针的摄取与转译。[④] 例如，对于"财产权"保障和排除"国家所有权"的理解，需要认识到经济系统与政治系统间存在功能分化，两个系统运行的核心沟通媒介截然不同，因此为了维系财产权的社会功能，不能确立在政治上极具穿透力的、将国家作为基本权利主体的"国家所有权"[⑤]。

部门宪法释义学区别于传统宪法教义学的研究理路，就在于前者从"实存秩序"出发而后再回到宪法规范，先整理出相应社会秩序中的"根

---

① 这种滞后性尤其体现在社会主义市场经济的实际发展和宪法规范的脱节上，对此参见韩大元. 中国宪法上"社会主义市场经济"的规范结构. 中国法学，2019（2）：9-11。
② 李忠夏. "社会主义公共财产"的宪法定位："合理利用"的规范内涵. 中国法学，2020（1）：93。
③ 例如在解释何为"社会主义市场经济"时，就必须厘清"社会主义"的宪法内涵以及因此而产生的对于"市场经济"的综合效果，而这又不得不检视执政党及国家公权力在社会主义制度中所处的地位。（韩大元. 中国宪法上"社会主义市场经济"的规范结构. 中国法学，2019（2）：16-18.）
④ 韩大元. 中国宪法上"社会主义市场经济"的规范结构. 中国法学，2019（2）：24。
⑤ 李忠夏. 宪法上的"国家所有权"：一场美丽的误会. 清华法学，2015（5）：74-78。

本、最高与结构规范",并以此来诠释抽象宪法规范的内涵和体系结构。①但随之而来的问题是:如何具体地以"秩序规范"来丰富待解释的宪法规范?如何处理"秩序规范"与宪法规范间的可能冲突,避免宪法的法规范性的丧失?对此我国台湾地区的学者认为,应充分利用社会领域在宪法规范具体化过程中的功用,使抽象规范的细化尽可能避免与社会现实的偏离,注重宪法对社会领域的引导而非巨细靡遗的规制,从而尽可能缓解宪法规范与"秩序规范"间的紧张。② 例如,宪法上的"国家所有"的具体化展开不能异化为纯粹的私法上的国家产权,而应同时注意到其在政治与经济系统中的不同功能使命,在诠释《民法典》中的"国家所有权"时不能忽视宪法上对"国家所有"的本质性(国家所有财产的公共属性)的认识,避免作出违反常识的宪法解释。③

在各个部门宪法区隔展开时,除应当重视社会科学对于社会部门划分的学理认识,使部门宪法的划分与发展尽可能地贴合现实需求和社会发展趋势外④,还应当注重在规范层面保持一定的同质性,对分化各异的社会部门及其基本结构进行一定的"国家宪法"或者说"政治宪法"上的价值贯穿⑤,防止出现因展开部门宪法而造成整体宪法的内部分裂与混乱,防止因对实存秩序的过度关照与偏向,而使基本权利的核心保障和宪法秩序的基本理念被销蚀或遮蔽。⑥ 例如上述对"国家所有"的诠释,一方面需要注意到,改革开放以来我国市场自由、私人自治获得空前发展,经济系统从政治系统中分化出来,"国家所有"的展开应与市场化的趋势相结合,避免完全政治化的解读⑦;但另一方面,也一定不能忘记财产权作为基本权利的性质及功能,也不能忽视"国家所有"与"社会主义"理念及"公共财产"制度的紧密关联,如此才能厘清"国家所有"背后的"权力—民

---

① 苏永钦. 部门宪法:宪法释义学的新路径?//苏永钦. 部门宪法. 台北:元照出版有限公司,2006:21.

② 张嘉尹. 宪法、宪法变迁与宪法释义学:对"部门宪法论述"的方法论考察//苏永钦. 部门宪法. 台北:元照出版有限公司,2006:54-55.

③ 李忠夏. 宪法上的"国家所有权":一场美丽的误会. 清华法学,2015(5):84.

④ 同①23.

⑤ 苏永钦. 部门宪法:宪法释义学的新路径?//苏永钦. 部门宪法. 台北:元照出版有限公司,2006:26-27;李忠夏."社会主义公共财产"的宪法定位:"合理利用"的规范内涵. 中国法学,2020(1):96.

⑥ 同①28.

⑦ 李忠夏."国家所有"的宪法规范分析:以"国有财产"和"自然资源国家所有"的类型分析为例. 交大法学,2015(2):9.

主形成"而非"权利—消极防御"的规范逻辑及实定方向。① 国家所有的公共财产并不能完全遁入私法，应在确立了私法上的所有权的基础上，进一步对之进行公共性和"合理利用"的立法监管。② 又例如，私有财产权的核心本质仍然是保障个体对财产的自由支配，其虽具备社会义务或者可基于公共利益而被限制，但这些只能是例外，并且要进行合比例性的考察。③ 还例如，国有企业作为国有经济的组成部分，虽然基本都以私法组织形式参与市场经济活动，但其在公私并存的社会主义体制下，仍具有公权力性质，需要受到基本权利，如职业自由权、平等权等的约束，仍需以宪法设定的公共目标作为其设立经营的根本目的。④

五、中国部门宪法研究的未来

经过我国学者的努力，中国部门宪法的研究不论在基础理论还是在具体释义方面都已有相当的学术积累。面向未来可以想见，随着合宪性审查制度的逐步完善深化，部门宪法研究的重要性和规模也会上升。从目前备案审查工作所触发的合宪性审查案例看，合宪性问题的发现一部分源自抽象的疑义提出或主动审查，另一部分则源自现实生活中的具体纠纷或事件。从德、美等国的经验看，被审查的有关条款通常在具体适用和个案考察中才可被关注和充分识别。这种"个案激发"机制，一方面可使合宪性审查有的放矢、提升效率，充分发挥其面向法治实践、维护法制统一的制度功能；另一方面也使宪法解释更加贴近现实，避免本应成为规范秩序和政治现实连接点的宪法僵死与滞后。因此，服务于更加准确、全面把握本国宪法规范的部门宪法建构，在进行相应的体系性、整合性诠释时，也应尤为注重对个案的研究剖解，不应闭门造车、凭空杜撰。由个案出发选择、考察待解释的宪法规范，形成考量周延、勾连融贯的规范释义，并在个案的不断涌现中进行宪法教义的累积与修正，形成一个动态的、不断发展的，但仍然有着基本的结构框架和对话平台的部门宪法教义体系，或许就是中国部门宪法研究的可取路径。

除了重视个案，部门宪法教义学的发展也应当注重对部门法学理的摄取与吸收。诚如上文所述，部门宪法理论任务的完成离不开对实然面的考

---

① 李忠夏. "国家所有"的宪法规范分析：以"国有财产"和"自然资源国家所有"的类型分析为例. 交大法学，2015（2）：8.

② 李忠夏. "社会主义公共财产"的宪法定位："合理利用"的规范内涵. 中国法学，2020（1）：102.

③ 张翔. 财产权的社会义务. 中国社会科学，2012（9）：118-119.

④ 陈征. 国家从事经济活动的宪法界限：以私营企业家的基本权利为视角. 中国法学，2011（1）：108.

察和理解，离不开对相应社会领域自身规律和结构的认识与把握。因此，部门宪法式的宪法解释除传统的规范释义方法外，还需要借助、参考包括社会学、经济学等在内的非法学知识，而这对于宪法学者而言无疑是一个巨大的智识挑战。在功能分化的现代社会，法律系统与其他系统各自有独立的核心"代码"，不同系统间虽然也要进行沟通交互，但需要经过自身代码的"转译"。对于部门宪法而言，部门法或许就是一种转译载体。相比于宪法，部门法的学理研究显然更加贴近相关的社会实际，许多社会领域的基本制度和核心架构已然由部门法进行了规范意义上的总结、确认、建构或重构。因此，部门法的学理成果已经是法律系统自身对其他社会系统的转译，宪法学者在探究实存秩序的结构时应当以部门法为抓手，使非法学知识通过部门法的"中转"而充入部门宪法的诠释过程与理论体系。这对于部门宪法的研究而言，不仅是便宜经济之举，更是厚植其理论基础与学理说服力的不二法门，也有助于宪法和部门法良性的交互影响。

（本文与段沁合作，原发表于《人权法学》2022年第3期。）

个人所得税作为财产权限制

税收关系是国家与个人之间的重要关系，国家的征税权必须遵守宪法为公权力设定的规则。对税的研究从税法思维走向宪法思维，用宪法规范审查税法规范，是实现宪治所必须完成的"税法的革命"[①]。宪法对公民依法纳税义务的规定是对税法进行实质性合宪审查的依据，而公民基本权利作为国家公权力活动的边界，同样约束国家的征税权。在各项基本权利中，最直接与税收发生关系的是私有财产权，而直接与私人财产相关的税种是个人所得税。对个人所得税，我国财税学和财税法学多有研究，但就笔者的观察所见，其中对宪法基本权利原理的运用尚嫌不足。笔者希望从基本权利教义学出发，对个人所得税作为财产权限制的法理进行初步的整理，以期推进宪法学与财税法学的互动。

一、财产权的保护范围不及于个人所得税？

（一）传统学说：个人所得税与财产权无关

个人所得税是国家对个人金钱财产的无偿取得，因此，在各项基本权利中，人们很容易首先将个人所得税与财产权联系起来，探讨私有财产权对国家征税权的限制。[②] 但是，如果我们考察各国私有财产权的宪法学说与宪法实践，却会发现传统上并不将个人所得税作为财产权问题去讨论。例如，在德国1954年的"投资帮助案"（Investitionshilfe）中，德国联邦宪法法院认为，投资帮助法并未构成对诉愿人所主张的《基本法》第14条财产权的"干预"（Eingriff），《基本法》上财产权的保护范围，并不及于公法上的金钱给付义务（Geldleistungspflichten）。[③] 有学者在梳理美国宪法第五和第十四修正案中两个征收相关条款的适用范围时，也发现在传统理论中，私有财产征收条款并不及于征税。"征税权放在宪法的一个房间，而征收权则放在宪法的另一个房间。""对一个权力的限制不适用于对

[①] 葛克昌.遗产税改革之宪法界限.月旦法学杂志，2008（9）：38.
[②] 王怡.立宪政体中的赋税问题.法学研究，2004（5）：15.
[③] BVerfGE4，7（17）.

另一个权力的限制。"① 何以如此？难道针对个人金钱的税收居然与财产权无关，难道宪法上的财产权无法保护国家要求个人缴纳的税款部分，难道国家征税行为不是对财产权的限制，难道个人不能依据私有财产权对抗国家的横征暴敛？

理解这样一个看起来违背常识的荒谬问题，需要首先对基本权利限制的分析框架，以及私有财产权条款的规范结构有所理解。

在德国的基本权利教义学中，对公权力限制基本权利的行为是否合宪的分析，分为以下三个步骤②：（1）基本权利的保护范围（Schutzberiech）；（2）基本权利的限制；（3）基本权利限制的合宪性论证。基本权利的保护范围，也就是指哪些事项属于基本权利的保障事项，以及哪些人构成基本权利的权利主体。在基本权利的保护范围内，基本权利主体无论是积极作为还是消极不作为，都构成"基本权利的行使"。只有当某种行为或某项利益，落入基本权利的保护范围时，国家对该行为或利益的限制才是所谓"基本权利的限制"。如果某行为或某事项根本就不能落入基本权利的保护范围，则国家即使干预该行为或该事项，也不构成对基本权利的限制，也就无所谓合宪与否的问题。③ 对基本权利限制问题的思考，首先要从基本权利的保护范围开始。讨论个人所得税与财产权的关系，首先要看财产权的保护范围是否及于国家要求个人缴纳的税款。基于此，前述的德国联邦宪法法院判决的逻辑是：个人基于国家课以的金钱给付义务所支付的金钱，并不落入财产权的保护范围，从而国家的行为并不构成对财产权的限制，也就不必从财产权出发对其进行合宪性审查。何以如此？

（二）财产权的保护范围：从"存续保障"到"价值保障"

这里涉及对财产权的保护范围的界定。财产权的保护范围随着时代变迁，有逐步扩张的趋势，概括言之，是从"物"到"财产利益"，从单纯"存续保障"到包含"价值保障"。传统的财产权旨在保护"物的所有权"，至今德国《基本法》第 14 条所使用的概念仍是"所有权"（Eigentum），而非财产权（Vermögensrecht）。"所有权"的概念来自传统民法。《法国民法典》第 544 条规定："所有权是对于物有绝对无限制地使用、收益及

---

① 刘连泰. 宪法上征收规范的效力是否及于征税：一个比较法的观察. 现代法学，2009（3）：120.

② Pieroth/Schlink, Grundrechte, Staatsrecht Ⅱ, 25. Aufl., 2009, S. 3.

③ 关于基本权利限制的分析框架，参见张翔. 基本权利限制问题的思考框架. 法学家，2008（1）（因篇幅限制，此文发表时有删节，全文参见张翔. 论基本权利限制//莫纪宏. 人权保障法与中国. 北京：法律出版社，2008）；赵宏. 限制的限制：德国基本权利限制模式的内在机理. 法学家，2011（2）。

处分的权利……"《德国民法典》第 903 条第 1 款第一句的规定是："在不与法律或第三人的权利相抵触的限度内，物的所有人可以随意处置该物，并排除他人的一切干涉。"这意味着，所有权必须是以某"物"（Sache）为对象的，所有权保障（Eigentumsgarantie）是与特定对象物相连接的。这种来自传统民法的所有权概念，对德国宪法有着深刻影响。德国 1919 年魏玛宪法第 153 条"所有权受宪法的保障"就沿用了民法固有的"所有权"的概念，其保护范围最初也仅限于民法典物权编的"所有物"。直到德国 1949 年《基本法》，仍然继续沿用了"所有权"这一术语。

与此相适应，传统的"所有权保障"主要就是一种"所有物的存续状态保障"，也就是说，所有权的保护主要是针对所有权人继续保持对物的所有状态，而其他的财产利益并不在最初的宪法财产权的保障范围中。作为宪法上典型的所有权保障内容的，是个人的不动产物权和动产物权，即使对此作扩大的解释，首先能从逻辑上被纳入的也是诸如著作权、商标权、专利权等无体财产权。由此，宪法财产权所对抗的，也主要是"征收"，也就是取得物的所有权，取消所有权存续状态的行为。按此逻辑，征收所伴随的补偿，也是对剥夺其所有物而给予的对价。由此可见，宪法财产权最初只是保障物上所有权，其整个教义学结构都是围绕"物的存续状态的维持"展开的。基于此，也就不难理解，为什么个人所得税等金钱给付义务并不被德国传统理论作为财产权问题讨论。因为抽象的金钱给付，无法与某特定物发生连接。比如某人应付 500 元个人所得税，这只是针对其财产整体的负担，无法具体锁定是哪一个"物"的"所有权"受到了侵害。

传统的财产权保障主要局限于对所有物的存续状态的保障，其社会基础在于：在传统的农业社会，个人维持自身和家人生存的基本条件就是个人对其私有物——比如自耕农的土地——的所有权。正如洛克所言："他用来维持自己的生存或享受的大部分东西完全是他自己的，并不与他人共有。"① 在农业社会中，个人的衣食以及其他的生活资料，都主要依赖其土地的产出。《德国民法典》制定的时代，是个尚未充分工业化的时代，大部分人还是生活在农村和小城市，小型农业、手工业占据着经济生活的主导地位，"在这种条件下，每个人或家庭都能做到自给自足，人们不指望国家或者半国家的组织能够提供什么帮助"②。同时，个人的发展也

---

① 洛克. 政府论：下篇. 叶启芳，瞿菊农，译. 北京：商务印书馆，1995：29.
② 卡尔·拉伦茨. 德国民法通论：上册. 王晓晔，邵建东，程建英，等译. 北京：法律出版社，2004：66.

完全依赖于其所有权,没有足够的财产就无法获得个人价值的充分实现。有鉴于对物的所有权是个人生存和人格发展的基本条件,失去此条件则个人生存失去基本物质基础,故而从民法到宪法,主要保障的都是对物的所有权,而在宪法层面的意义就是防御国家取消所有物存续状态的征收行为。①

然而,传统的财产权教义学在新的时代面临着改造和完善。其背景是:进入现代社会以后,相比对物的所有,金钱和其他财产利益对于个人的生存和发展的意义更加突出。随着工业化和城市化的进程,越来越多的人不再从事传统的职业,也不再拥有土地等私产,更多的人进入城市成为产业工人,他们维持自己生存的基本物质条件,已经从对土地等物的所有权转变为通过雇佣劳动获得的工资收入以及国家的福利给付。个人生存的常态不再是依赖于土地上的耕作和土地上的收益,而是依靠在公司、企业和其他现代经济组织中从事雇佣劳动而获得的工资。② 在这种条件下,财产权教义学不能昧于社会现实的变化,不能继续固守仅仅保障"物的存续状态"的观念,而是应当将财产权的保护范围扩张到对金钱所有权等的保障。在德国魏玛宪法时期,对财产权的保护,已开始展现出不同于近代民法的内涵。在对魏玛宪法第153条的解释中,宪法上所有权的标的被扩充到"任何具有财产价值的私权利"③。从"物"到各种"财产利益",财产权的保护范围被大大扩张了。④ 到了德国基本法的时代,在学者们的努力之下,宪法财产权的保护范围也继续从单纯的存续保障向着价值保障的方向扩大,税收的问题开始被纳入财产权的问题域。

(三)金钱所有权与金钱给付义务

基于财产权的保护范围从"所有物"到"金钱利益",从所有物的

---

① 与此相关,财产权保障不及于征税的另一个原因是:由于征收是国家取得私人的物的所有权,从而必须给出对价,也就是补偿,而纳税是不予补偿的,因此,主要对抗征收的财产权,就不及于税收。(刘连泰.宪法上征收规范的效力是否及于征税:一个比较法的观察.现代法学,2009 (3):121.)

② Konrad Hesse, Grundzüge des Verfassungsrechts der Bundesrepublik Deutschland, 20. Aufl., Rn. 433.

③ Martin Wolff, Reichsverfassung und Eigentum, in Festgabe für wilhelm Kahl, 1923, SS. 5/20.

④ 值得注意的是,我国《宪法》第13条的修改也体现了这种转变。我国宪法在2004年修改时,用"财产权"取代了"所有权"。并且,王兆国认为:"用'财产权'代替原条文中的'所有权',在权利含义上更加准确、全面。"这说明第13条的修改是充分考察了财产权的规范内容的变迁的。(王兆国关于《中华人民共和国宪法修正案(草案)》的说明:2004年3月8日在第十届全国人民代表大会第二次会议上.人民日报,2004-03-09(2).)

"存续保障"到"价值保障"的扩大,税收问题开始被涉及。在1995年关于财产税的判决中,德国联邦宪法法院结合《基本法》第2条关于人格自由发展的规定,将宪法上的所有权保护扩展到与处分权和用益权相关的财产价值的保障上①,也就是从对财产的"占有""使用"等存续状态,扩及基于财产的交换和收益等的价值层面,从静态的所有走向动态的市场。在1998年的欧元判决中,德国联邦宪法法院强调所有权保障原则上也涵盖具有金钱价值的债权,确认"物上所有权与金钱所有权具有等价性"②。这最终是将抽象的金钱与具体的物一样纳入了《基本法》第14条的保护范围。其论证遵循了这样的逻辑:"钱是印刷出来的自由,因为其可被自由交换成为对象物"③,既然具体的物是财产权的保护对象,那么能够通过支付而转化为物的金钱,也就在财产权的保护范围之内。这个转变还意味着,原来只针对个别的、具体的对象的所有权保障,可以扩及抽象的财产的"价值整体"。个人所缴纳的税款,就不会再因为不能与某个具体的物直接连接而被排斥在所有权的保护范围之外了。国家针对个人的税收,作为一种国家课以的金钱给付义务,就自然应该作为财产权的问题来讨论。而在此之前,关于税收与财产权的关系,德国联邦宪法法院也有拓展。在1971年,联邦宪法法院认为,如果税收出现所谓"扼杀性效果"(erdrosselnde Wirkung),就属于违背《基本法》第14条。④ 所谓扼杀性效果,是指国家并非为了征税,而是希望以极高的税收,使得某项经营活动无法进行。这意味着,征税只是为了掩盖国家"禁止"的目的。而在另外的判决中,德国联邦宪法法院也将财产权作为税收不得过渡的最后边界,也就是税收不能根本性地影响个人的财产。这样,个人所得税所涉及的金钱给付义务,就属于财产权保障所应予关注的问题。

具体到所得税的层面,财产权保护范围的扩张,是使个人所得税被纳入财产权问题领域的关键。正如有学者概括的:"所得税系对个人就其(财产)所有权予以营利所赋予之负担。所得税所掌握者,为财产之孳息,而非财产自身私有所有权。"⑤ 孳息不同于财产的本体。如果财产权只保护财产的本体,则对孳息的取得,因为并不影响物上所有权的存续状态,从而就不会被看作对财产权的限制。而在财产权的保护范围扩及整体财产

---

① BVerfGE 93, 121.
② BVerfGE 97, 350 (371).
③ BVerfGE 97, 350 (371).
④ BVerfGE 30, 250 (272).
⑤ 葛克昌. 所得税与宪法. 北京:北京大学出版社,2004:10.

利益后，孳息就落入财产权的保护范围，而国家的征税（令个人承担公法上金钱给付义务），也就构成了对财产权的限制。

二、个人所得税是何种性质的"财产权限制"？

进一步的问题就是：应该将个人所得税视为何种性质的"财产权限制"？由于传统上并不将所得税与财产权保障联系起来，因此也无须讨论所得税究竟属于何种财产权限制。但是，如果将所得税纳入财产权的教义学，就必须解决这个问题。

（一）财产权限制的两种类型

对于财产权的限制可以分为两类：一为征收，一为财产权的社会义务。① 从法律后果的角度可以对二者作简单的区分：征收必然伴随着补偿，而财产权的社会义务是对于财产权的无补偿的单纯限制。德国法上对二者的区分首先是基于《基本法》中财产权条款的结构，德国《基本法》第14条有三款，分别是："财产权与继承权受保障，其内容与界限由法律规定。""财产权负有义务。财产权的行使应当同时服务于公共福利。""财产的征收，必须是为了公共福利，并且必须根据法律进行。此项法律必须规定补偿的性质与范围。补偿决定应公平衡量公共利益与关系人的利益。如果对补偿范围发生争议，得向普通法院提起诉讼。"该条的第1款和第3款是对征收的规范，按照其规范内容，德国学者概括出一个术语"唇齿条款"（Junktimklausel）来说明征收和补偿规范的关系。② 所谓"唇齿条款"，是指法律规范就某一事项予以规定时，必须同时就与该事项相关联的其他事项进行规定，就财产权规范而言，意味着征收规范和补偿规范相互连接、相互依存，规定征收的法律必须同时对补偿作出明确规定，没有补偿规定就不得规定征收。③ 值得注意的是，我国《宪法》第13条第3款"国家为了公共利益的需要，可以依照法律规定对公民的私有财产实行征收或者征用并给予补偿"的规定，也是非常明确地确定了"唇齿条款"的含义。最为明显的体现，是在2004年《宪法修正案（草案）》讨论中，对一个逗号是否应删除的讨论。《宪法修正案（草案）》最初的表述是："国家为了公共利益的需要，可以依照法律规定对公民的私有财产实行征收或者征用，并给予补偿。"但有代表提出，"依照法律规定"是只规范征收、征用行为，还是也规范补偿行为，应予明确。作为对此的回应，全国

---

① 张翔.财产权的社会义务.中国社会科学，2012（9）.
② 最早使用这一术语的是德国学者 Ipsen。（Hans Peter Ipsen, Enteignung und Sozialisierung, VVDStRL10（1952）, S.74.）
③ 鲍尔/施蒂尔纳.德国物权法：上册.张双根，译.北京：法律出版社，2004：254.

人民代表大会主席团明确指出:"'依照法律规定'既规范征收、征用行为,包括征收、征用的主体和程序;也规范补偿行为,包括补偿的项目和标准。""为了避免理解上的歧义",将"并给予补偿"前的逗号删去。这意味着,对于财产的征收、征用作出规定的法律,必须同时规定补偿的内容。①

征收(Enteignung)的本义是"没收""剥夺"。在传统上,征收是指公权力剥夺对物的所有权的行为,所有权的移转是其基本特征。② 由于所有权被转移,相应的补偿就相当于交换中的对价,因而是理所当然的。征收是最为传统和典型的对财产权的限制。而依据德国《基本法》第14条第2款建构出来的"财产权的社会义务"则是基于这样的理念:出于维护社会正义的目的,财产权应当作自我限缩。个人在张扬其财产自由的同时,应使其财产亦有助于社会公共福祉的实现,也就是能够促进合乎人类尊严的人类整体生存的实现。财产权受到社会关系的约束而承担社会义务的典型例子是:对土地所有人使用地下水的限制,对房东解除租赁合同和提高房租的限制,出于工人利益而对企业主经营决策权的限制。财产权的社会义务乃是基于社会关联性而对财产的使用、收益等的限制,被认为是财产出于公共福利的原因而应该承担的负担。财产权的社会义务是不与补偿相联系的。③

(二)两种类型的区分标准

按照古典概念,征收是国家对私人所有物的本体的取得,并支付对价作为补偿。而财产权的社会义务只是基于社会平衡、社会公正的考量而对私人财产的正当约束,由于并不取得所有物,当然也就无所谓补偿。二者的区分在这个意义上是明确的。但是,实践中,却存在一些对财产利益造成重大损害但并不影响到所有权的情形,例如,禁止对文物保护区内登记的建筑进行改建④,这对于财产所有人的限制非常大,如果不予补偿就难谓公道。这样,在德国法上就对征收的概念进行了扩充以进行必要的补偿。但是这种变化带来的问题是:因为扩大的征收概念与财产权社会义务的概念发生了重合,二者都是不转移所有权而对财产的使用、收益等的限制,有些被认为是应补偿的征收,而有些却被认为是无须补偿的社会义

---

① 十届全国人大二次会议主席团关于《中华人民共和国宪法修正案(草案)》审议情况的报告. (2004-03-16). https://news.sina.com.cn/o/2004-03-16/07322058138s.shtml.
② Günter Dürig, Zurück zum Klassischen Enteignungsbegrigg, JZ1954, S. 9.
③ 张翔. 财产权的社会义务. 中国社会科学, 2012 (9).
④ 哈特穆特·毛雷尔. 行政法学总论. 高家伟, 译. 北京: 法律出版社, 2000: 665.

务。这种概念边界的不清晰是法学所不能容忍的,特别是二者的法律后果(有无补偿)差异还如此巨大,因此就有在教义学上建立标准以区分二者的必要。对于征收和财产权的社会义务究竟应如何区分,有两种学说:"特别牺牲理论"和"期待可能性理论"。

特别牺牲理论(Sonderopferstheorie)认为,所谓征收是对特定人在个案中的财产利益的个别侵犯。德国的联邦普通法院特别强调了征收乃是对"平等原则"(Gleichheitssatz)的违反。① 而财产权的社会义务所构成的限制,是对所涉及的所有财产的普遍性限制,在这个意义上是平等的,征收则是针对少数人的财产限制。由于是少数人为了公共利益而作出牺牲,就必须由国家动用公帑对"特别牺牲者"(Sonderopfer)予以补偿。"被征收者在这种关系中变成了一个牺牲者,他被公共利益强加以负担,因此对他的补偿也就必须由社会公众来承担。"② "(征收)是以剥夺或者负担的形式对财产的侵害,其以不同于其他人的特别方式影响有关的个人或者人群,强制其为公众承担特别的、与其他人相比不公平的,而且通常是不可预期的牺牲。"(着重号为引者所加)③ "征收是一种对平等原则的违背。正是为了再度获得平衡,征收必然要求相应的均衡补偿,与此相对,对于财产权的一般性的内容限定并不要求补偿。"④ 如果法律只是一般性地规定个人的某种财产在某种情况下应该承担义务,则这种概括性规定,是一律地、普遍地针对所有相关财产的,并没有特定的被侵害人,因此没有必要进行特别的补偿。

期待可能性理论(Zumutbarkeitstheorie)则依据国家对财产权的限制程度来区分征收和社会义务,主张征收是对财产权的重大侵害,而社会义务则是对财产权的轻微限制。⑤ 这种主张被德国联邦行政法院所采纳。联邦行政法院认为,一个限制究竟应被看作财产权的社会义务还是征收,关键在于其严重程度、效果、重要性以及强度。⑥ 如果是一种可以预见到的、可以忍受的轻微侵害,在严重性、持续性等方面并没有对财产的本质产生伤害,则只是财产权所应当承担的社会义务。如果是对财产权的严重侵犯,而不能期待财产权人的忍耐,就构成征收而应予以补偿。⑦

---

① BGHZ 6, 270.
② BGHZ 6, 270 (277f).
③ BGHZ 6, 270 (280).
④ BGHZ 6, 270 (280).
⑤ Hans Stödter, Über den Enteigungsbegriff, DÖV1953, 136ff.
⑥ BVerfGE 15, 1.
⑦ 哈特穆特·毛雷尔. 行政法学总论. 高家伟,译. 北京: 法律出版社, 2000: 670-671.

特别牺牲理论和期待可能性理论之间并非不可沟通，实际上，二者有互相补充的作用。德国联邦最高法院在使用特别牺牲理论认定征收时，也使用了"不可预期的牺牲""严重侵害"作为限定词，而联邦行政法院在用期待可能性理论界定征收时，也要考虑"造成特别牺牲"这一后果因素。在个案中究竟以何种理论作为主要的论证框架，在很多情况下只是取决于该当个案论证上的方便。① 在1981年的水砂判决中，德国联邦宪法法院在联邦普通法院和联邦行政法院所确立的标准之上进行了概括与发展。② 联邦宪法法院认为，是否构成征收的关键是看是否完全或者部分剥夺了具有财产价值的法律地位。如果立法者的行为的目的就是去剥夺一种财产价值的法律地位，则无论其强度如何（是否具有期待可能性）、范围如何（是否构成特别牺牲），都构成征收。这意味着，如果立法者的目的是为财产权设定社会义务，则即使其实质上已经违背了平等原则而造成了特别牺牲，或者对财产权的损害已然非常严重而超出了可以期待人们忍受的程度，也都不必然导致该限制转化为征收。也就是说，该法律的限制还只是社会义务，被侵害人只能主张该法律违宪，而不能请求征收补偿。③

（三）个人所得税作为一种"财产权的社会义务"

无论采上述的哪一个标准，似乎都能比较容易地得出结论：个人所得税构成一种财产权的社会义务。如前所述，所得税是针对个人对其财产所有权的营利的负担，国家通过征税取得的是财产权的孳息，而非财产权本身，取得的是金钱，而非某物的所有权，从而所得税显然不是"征收"，而是财产权的社会义务。

这一结论也与传统上对于税收和征收的区分相契合。税收与征收的区分可以概括为以下几点：（1）征收针对的是财产本体，而税收针对的是财产的收益；（2）征收应予补偿，税收不予补偿；（3）征收是令个别人不平等承受了"特别牺牲"，而税收则是公民普遍承担的平等牺牲。④ 虽然这种区分最初并不与财产权保障直接相关，但在将税收纳入财产权问题后，

---

① 在美国，也存在征收与警察权（治安权）的区分标准问题，虽然美国并没有特别牺牲、期待可能性等概念，但从美国相关案例的表述来看，其基本思路也与德国的概括基本吻合。（刘连泰. 宪法上征收规范效力的前移：美国法的情形及其启示. 法学家，2012（5）.）
② BVerfGE 58, 300（331 - 332）；Vgl. Hans D. Jarass, Inhalt-und Schrankenbestimmung oder Enteignung? Grundfragen der Struktur der Eigentumsgarantie, NJW 2000, 2841.
③ 哈特穆特·毛雷尔. 行政法学总论. 高家伟，译. 北京：法律出版社，2000：673 - 674；陈爱娥. "'司法院'大法官会议"解释中财产权概念之演变//刘孔中，李建良. 宪法解释之理论与实务. 台北："中央研究院"中山人文社会科学研究所，1998：410.
④ 葛克昌. 所得税与宪法. 北京：北京大学出版社，2004：10.

这种传统区分大体上也能与财产权的教义学体系相融洽。同时，税收天然具有公益目的，有促进公共福祉的作用，"个人所得之获取，背后有赖国家对生产、职业法律制度之存在，利用国家之货币政策、商业政策、景气政策等经济政策，在需求与供给之间取得经济利益。个人所得，乃以国家所确立之商业法律制度为基础，此包括社会大众所创造之市场条件、生产规格、技术与商业关系。凡此种种前提，乃对应于个人所得之社会义务。此种社会义务，借由所得税法予以实现"①。因此，将所得税视为社会义务的承担，并无不妥。

当然，对于所得税性质的教义学建构，也不排除从征收的法理展开的可能。其逻辑如下：金钱并非只能被视作私人财产上的营利或者孳息，而是可以被视为独立的财产权对象物，而通过征税取得金钱，也就是对此对象物的所有权的剥夺，从而构成征收。而相应的对征税的合宪性审查的逻辑就是：如果根据比例原则的衡量，实际征收的税额超出了应当征收的税额，则超出部分就构成"无补偿的征收"。而按照前面的分析我们知道，征收必须附带补偿，从而"无补偿的征收"，也就是征税中超收的部分就是违宪。这种观点在逻辑上是成立的，但其论证在技术上的困难显而易见。② 征税从来都不存在补偿问题，从其无补偿的角度反推而认定其违宪，有违通常的思考方向。更严重的问题在于，如果说超出应纳数额的部分因无补偿而违宪，那么应纳部分同样是征收，其伴随的补偿又是什么？论者或许可以主张，任何纳税人都需要公共服务和公共产品，而国家的税收正是用来支付这些服务和产品，从而可以将这些公共服务和产品看作对征收个人金钱的补偿。但一方面，这种观点的逻辑过于复杂；另一方面，公共服务和公共产品与通常所谓的补偿差别甚大。通常的补偿是非常明确具体的，经常是以给被征收人确定的金钱对价的方式来表现，而公共服务和公共产品是缺乏具体指向的，不是针对某个具体被征收人的。这种对补偿概念的扩大难以与既有教义学体系相融贯，难以接受。笔者仍然认为将个人所得税视为财产权的社会义务而予以教义学分析更为合适。

三、对个人所得税的合宪性审查

任何对于基本权利的公权力限制，都应该接受合宪性审查，然而，如

---

① 葛克昌. 所得税与宪法. 北京：北京大学出版社，2004：12-13.
② 刘连泰教授分析认为，德国和美国宪法中的征收规范对于征税都只有"弱拘束力"，其根源就在于规范适用和论证的"技术难度太大"。实际上，在笔者看来，如果有对财产权更为周全的观察，征收规范可能应该被排除用来分析税收问题。德美适用征收规范处理征税的判决，基本都是不成熟的零星个案。（刘连泰. 宪法上征收规范的效力是否及于征税：一个比较法的观察. 现代法学，2009（3）：125.）

果将个人所得税视作一种"财产权的社会义务",却会遇到问题。这是因为,按照传统的见解,社会义务是私人财产出于公共福祉而"应该承担的",因此国家不必对社会义务进行合宪性论证。[①] 然而,这种观点现在却受到批评。因为这种观点会过度限缩财产权的保护范围,如果不能对一种基本权利限制进行审查的话,这项基本权利可能最终落空。[②] 在税法领域,如果采这种观点,那就意味着根本不可能从财产权保障的角度对征税进行审查,这在一个宪法国家是难以接受的。那么,从财产权保障出发,对个人所得税进行合宪性审查,应该如何进行?前文中提到,德国联邦宪法法院认为"扼杀性地""过度地""根本地"干预财产权的税收是不合宪的,此究竟为何意,还需要从基本权利一般原理的角度加以贯通的分析。

(一) 比例原则与量能课税原则

从宪法的一般原理出发,任何限制基本权利的法律,都要接受比例原则(Verhältnismäßigkeit)的审查。只有合乎比例原则,该法律才能最终被认定为合宪。对于限制基本权利的法律所进行的比例原则的审查,一般包括以下内容[③]:(1)该限制性法律是为了追求正当的目的(legitimer Zweck);(2)限制的手段必须具有适当性(Geeignetheit),这要求法律所采用的限制性手段,必须能够促成其所追求的目的;(3)限制的手段必须是必要的(Notwendigkeit;Erforderlichkeit),适当的手段可能有多种,必要性原则要求必须选择最温和的手段,也就是给被限制对象的干预最小,带来的负担最少;(4)符合狭义比例原则(Verhältnismäßigkeit im engeren Sinn),这是指,要将立法者设为目标的利益与基本权利主体所受损害进行衡量,如果后者大于前者,则不应采取此限制措施。

从比例原则出发,对个人所得税进行合宪性审查,首先要分析的是个人所得税的征收是否出于正当的目的,也就是个人所得税的宪法依据。按照德国学者基希霍夫(Kirchhof)的观点,征收个人所得税的正当性来自个人所得的市场关联性。个人所得,总体上讲是出自经济交往,是通过参与市场交易而来的。个人接受他人雇佣而获得薪金,也是参与劳动力市

[①] BVerfGE 52, 1 (32). 这里还涉及财产权"有待立法形成"的特质,如果财产权的社会义务被视为立法者对财产权的内容的设定,那么就不存在对其进行审查的问题。(张翔. 财产权的社会义务. 中国社会科学,2012 (9).)

[②] Walter Leisner, Eigentum, in Isensee/Kirchhof (HStR), HStR, Bd. Ⅵ, 2001, §149, Rd. 61.

[③] Pieroth/Schlink, Grundrechte, Staatsrecht Ⅱ, 25. Aufl., 2009, S. 68 ff.

场出卖劳动所得。而市场虽并非由国家所创设,但其秩序的维护却有赖于国家。个人通过参与市场而获得收入,从中缴纳一部分用来维护秩序,是非常正当的。① 因此,征收个人所得税有正当性基础。

征收个人所得税,使得国家具备维护市场之能力,个人所得税有助于促进该当目的的实现,从而也能够通过比例原则中"适当性"的审查。但是,个人所得税的具体数额究竟应限定在何种水平,方能符合"必要性"原则,也就是只对纳税人财产构成最小的、最温和的限制,则有从税法上进一步分析之必要。在财政学与财税法学上确立的"量能课税"原则与此处的比例原则有密切的关系。量能课税原则是指,国家课税应斟酌考虑公民的个别和特殊的情况,依据个人经济上的支付能力而对其课以负担。② 量能课税原则当然首先与平等原则相关,意味着为了维护国家安全与社会秩序,公民对于国家的一般性支出,普遍承担负担。在普遍牺牲的意义上,其是平等的。但同时,这种平等又不是齐头式的平均主义,并非要公民承担同等的负担,而是依其在经济活动中支付能力的差距而有所差别。量能课税的要旨就是在此具体差异基础上的实质平等。但同时,量能课税原则也与比例原则,特别是比例原则中的"必要性"原则密切相关。其要求所得税税负不能过度损害公民的财产权,而是要在课税后仍能使公民保持其财产以供未来的私人使用,借此也保障国家未来尚可课税。换言之,不能搞杀鸡取卵式的或者没收性的课税。③

(二) 本质内容保障与半数原则

与比例原则和量能课税原则密切相关的另一项对个人所得税的限制是所谓"本质内容保障"。德国《基本法》第19条第2款规定,"任何情况下都不得侵害基本权利的本质内容",其基本意义在于确保基本权利的核心要素不会被"掏空",也就是说,即使国家公权力可以限制基本权利,但也不能因此而导致该项基本权利彻底丧失。在财税法上,其意义就在于,国家为了维护安全与秩序,可以向个人征税,但如果因为过度征税而使得私有财产完全失去意义,则这种课税就因损害到了财产权的本质内容而违宪。

"本质内容"为何?其含义非常模糊,难以界定。究竟课税达到怎样的程度才属于损害了财产权的本质内容呢?对此问题,德国联邦宪法法院

---

① 葛克昌. 税法基本问题:财政宪法篇. 台北:元照出版有限公司,2005:160-161.
② 陈清秀. 量能课税与实质课税原则:上. 月旦法学杂志,2010(8):72.
③ 同①165.

在 1995 年发展出了"半数原则"（半分原则，Halbteilungsgrundsatz）予以处理。其内容是：财产税加上所得税等总体捐税负担，不得超过该财产的应有及实际收益的一半。① 作出这一判断的依据仍然是《基本法》第 14 条第 2 款"财产权负有义务。财产权的行使应当同时服务于公共福利"。联邦宪法法院的逻辑是，既然该款规定私人财产在私人使用之外，还应"同时"（zugleich）有利于公共福利，那么对于私人财产的使用，就应大约各有一半分别在公、私的支配之下。在笔者看来，这一观点意味着，个人的财产权虽然应负有社会义务，但此种义务的负担，以私有财产的一半为限。如果课税超出了这一限度，就属于损害到了财产权的本质内容，从而是违宪的。

尽管为什么"同时"意味着一半，学理上难有有力的证明，但联邦宪法法院的理论实际上又回到了财产权的本旨，这也符合"本质内容保障"的意涵。财产权传统的功能在于保障自由，保障财产的"私使用性"（Privatnützigkeit）。财产权的基本功能是"保障个人在财产法领域的自由空间，并由此使其形塑自我负担的生活成为可能"，也就是保证个人在经济上自我决定并自我负责，使其可以通过自主意志而形成其经济生活的基础。如果一个人要承担非常沉重的税负，那么其财产本身的私属性意义就被根本地减损了，因为这些财产不再具备个人自由支配以实现自己人格发展的物质基础的意义，而是变成了背负沉重公共利益功能的负担。在这种意义上，财产权的"私有"的本质属性就被彻底取消。税负如果达到了这种程度，就是对财产权的不当限制，就是违宪的。

除上文初步梳理的从财产权角度对个人所得税的宪法审查外，个人所得税还涉及公民的多项基本权利，例如税收公平涉及依据平等权对个人所得税的审查，免税额（支付个人及家庭成员的生活支出）的扣除涉及宪法上的基本生存保障②，此外还涉及工作权等。而在我国，引起社会纷争的关于房地产调控的"国五条"也涉及个人所得税的征收③，从其引发的夫妻离婚以规避纳税的事实看，其与我国《宪法》第 49 条第 1 款"婚姻、家庭、母亲和儿童受国家的保护"有密切关系。按照德国 1957 年"夫妻共同课税案"中的观点，这种税收政策可能构成"对婚姻的惩罚"，其合

---

① BVerfGE 93, 121 (138).
② 蔡维音. 最低生存基础之界定：从社会救助与个人综合所得税进行之交互考察. 月旦法学杂志, 2013 (1).
③ 国务院办公厅关于继续做好房地产市场调控工作的通知（国办发〔2013〕17 号）. (2013-03-01) [2013-04-20]. http://www.gov.cn/zwgk/2013-03/01/content_2342885.htm.

宪性需要论证。① 此外，作为税法基础的公民纳税义务的原理，也是宪法学的基本问题。现代国家一定是租税国家，宪治国家一定是税收得到良好法律控制的国家。相关的研究，需要宪法学界和财税法学界的合力：宪法学界必须提供审查税收合宪性、控制国家征税权的教义学体系，并随时关照财税法学界的成果；而财税法的研究，也必须以公法的基本原理为基础。笔者不敏，粗陋尝试，以待方家。

（本文原发表于《浙江社会科学》2013年第9期。）

---

① "夫妻共同课税案"的基本情况是，按照德国1952年的个人所得税法，夫妻将合并申报所得税。有夫妻对此提出异议，因为按照新的合并纳税的规定，他们夫妻二人要缴纳的个税，超过了他们分别纳税的总额。也就是说，合并纳税要交得更多。在他们提出宪法诉愿后，德国联邦宪法法院最终宣布1952年个人所得税法因为抵触《基本法》第6条第1款而违宪，个人所得税的制度建构必须考虑到婚姻家庭的制度性保障。(BVerfGE 6，55.)

破产法的宪法维度

经济生活的日益法治化是当代世界的重要特征。宪法作为国家的根本法与最高法，其对经济生活的规制功能也日益增强。在"政治宪法"的本来面目之外，宪法开始更多展现其作为经济法治的最高与根本规范的面向。我国《宪法》第15条第1款规定："国家实行社会主义市场经济。"市场经济所需要的法律制度包含市场主体的退出机制，破产法也如同其他规制经济活动的法一样，以宪法为立法依据，但"破产法的宪法性"[①] 不限于此。统一市场是现代国家乃至现代全球秩序的特征或者方向。破产法在形塑统一市场的同时，实际上也在形塑着现代国家乃至现代国际秩序，因此也具有在法治轨道上推进国家治理现代化的宪法性功能。人类的第一部成文宪法就对国会制定全国统一破产法的权力作出规定，而此规定在一定程度上是对刚刚平息的"债务人革命"（谢斯起义）的反应。[②] 宪法规定或者不规定破产条款或许是偶然的，但宪法与破产法的关联却是必然的。

从人权角度看，作为破产法律关系各方的公民和法人都是宪法上的基本权利主体。破产法律制度的设计，直接会影响到债权人的财产权和平等权。而余债免除制度的正当性，则是基于宪法上对人性尊严和人格自由发展的论证。如同德国联邦宪法法院认为终身自由刑必须为被监禁人保有重获自由的希望一样，破产制度也应当考虑"基本权利的本质内容"而保障债务人作为人的基本尊严和重获人格发展自由的机会。德国学者认为，基于德国《基本法》第1条第1款规定的人的尊严，解救资不抵债的诚实公民于绝望境地而使其重新开始是国家的责任；而《基本法》第20条所确立的"社会国原则"，则意味着无论如何要保障债务人符合人类尊严的生存条件。此外，让自然人如同

[①] 李曙光. 破产法的宪法性及市场经济价值. 北京大学学报（哲学社会科学版），2019（1）.
[②] 陈夏红. 美国宪法"破产条款"入宪考. 中国政法大学学报，2019（5）.

会因破产而消失的法人一样获得免除剩余债务的机会,也是市场主体平等权的体现。①

(本文原发表于《中国法律评论》2020年第6期。)

---

① 乌尔里希·福尔斯特.德国破产法,张宇晖,译.北京:中国法制出版社,2020:285-286.

中国环境宪法的规范体系

2018年3月11日，第十三届全国人民代表大会第一次会议通过了《中华人民共和国宪法修正案》第32条至第52条。本次修宪的一大亮点是增加了有关环境保护与生态文明建设的内容，主要包括：（1）将《宪法》"序言"第七自然段中的"推动物质文明、政治文明和精神文明协调发展，把我国建设成为富强、民主、文明的社会主义国家"修改为"推动物质文明、政治文明、精神文明、社会文明、生态文明协调发展，把我国建设成为富强民主文明和谐美丽的社会主义现代化强国，实现中华民族伟大复兴"（《宪法修正案》第32条）；（2）将《宪法》第89条"国务院行使下列职权"中第6项"（六）领导和管理经济工作和城乡建设"修改为"（六）领导和管理经济工作和城乡建设、生态文明建设"（《宪法修正案》第46条）。"生态文明"等内容进入《宪法》后，与既有的第26条等共同构成了"环境宪法"这一"部门宪法"①的核心内容。基于此种宪法文本变动，生态文明建设的规范供给力度大大加强，我国的环境法治也迈向了宪法化的新阶段。笔者尝试在宪法修改的背景下，归纳我国"环境宪法"的规范内容，厘清其与环境法等部门法的动态关系，剖析其在整体宪法上的定位与功能，并以宪法教义学的方法对其作出初步的体系化解释。

一、环境宪法：政治决断与规范表达

在宪法修改中就生态文明建设给予更多关照的基本背景是我国经济社会发展中自然生态的恶化，而直接的动力则是因应此种生态破坏而作出的政治决断。党的十八大报告中首次提出：建设中国特色社会主义的总布局是"五位一体"，将生态文明建设摆在了国家建设发展全局的高度，赋予

---

① 有关"部门宪法"的概念沿革及对宪法释义的功能意义，参见苏永钦. 部门宪法：宪法释义学的新路径？//苏永钦. 部门宪法. 台北：元照出版有限公司，2006：3-31；周刚志. 部门宪法释义学刍议. 法学评论，2010（3）：3-11；赵宏. 部门宪法的构建方法与功能意义：德国经验与中国问题. 交大法学，2017（1）：65-78。

其明确的战略地位,并将建设"美丽中国"设定为生态文明建设的总目标。① 十八大以来,面对生态文明建设这一突出短板和环境保护工作的疲软乏力,执政党坚持统筹考量、协调发展,就生态环境保护工作作出了许多努力,取得了显著成效。② 党的十八届三中全会通过的《中共中央关于全面深化改革若干重大问题的决定》则进一步提出,要建立完善的体制机制,筑起推进生态文明建设的总体制度。③ 党的十八届五中全会提出要坚持创新、协调、绿色、开放、共享的新发展理念,要将生态环境保护融入经济社会的整体发展进程之中。④ 党的十九大报告中则再次强调要加快生态文明体制改革,建设美丽中国,并对此作出一系列安排布局。⑤ "绿水青山就是金山银山"等理念亦写入执政党党章。在执政党领导下的国家治理实践中,这些关于推动生态文明建设的观点和思想,同时反映了人民的意志和呼声,构成了宪法就生态环保问题作出修改补充的政治基础。宪法中增添的内容也切实反映了党的十八大以来国家生态文明建设的方针理念,充分关照了社会变迁中的生态现实、政策应对以及政治决断。

在本次宪法修改在"序言"部分和国务院职权部分就生态文明建设作出规定后,我国宪法上的环境法治相关规定发生重大变化,形成了新的"环境宪法"的规范体系,其主要内容如表1所示。

表1 我国"环境宪法"的规范体系

规定位置	规范内容
《宪法》"序言"第七自然段	中国各族人民将继续在中国共产党领导下……**贯彻新发展理念**……推动物质文明、政治文明、精神文明、社会文明、**生态文明**协调发展,把我国建设成为富强民主文明**和谐美丽**的社会主义现代化强国,实现中华民族伟大复兴。
《宪法》第9条第2款	国家保障自然资源的合理利用,保护珍贵的动物和植物。禁止任何组织或者个人用任何手段侵占或者破坏自然资源。

---

① 胡锦涛. 坚定不移沿着中国特色社会主义道路前进,为全面建成小康社会而奋斗:在中国共产党第十八次全国代表大会上的报告//中共中央文献研究室. 十八大以来重要文献选编:上. 北京:中央文献出版社,2014:31.
② 董峻,王立彬,高敬,等. 开创生态文明新局面(砥砺奋进的五年·绿色发展 绿色生活):党的十八大以来以习近平同志为核心的党中央引领生态文明建设纪实. 人民日报,2017-08-03(1).
③ 中共中央关于全面深化改革若干重大问题的决定//中共中央文献研究室. 十八大以来重要文献选编:上. 北京:中央文献出版社,2014:541.
④ 中国共产党第十八届中央委员会第五次全体会议公报. 北京:人民出版社,2015.
⑤ 习近平. 决胜全面建成小康社会 夺取新时代中国特色社会主义伟大胜利:在中国共产党第十九次全国代表大会上的报告. 北京:人民出版社,2017:50-52.

续表

规定位置	规范内容
《宪法》第10条第5款	一切使用土地的组织和个人必须合理地利用土地。
《宪法》第26条	国家保护和改善生活环境和生态环境,防治污染和其他公害。国家组织和鼓励植树造林,保护林木。
《宪法》第89条第6项	领导和管理经济工作和城乡建设、**生态文明建设**。

需要强调的是,围绕生态文明建设进行的宪法修改虽然是由政治决断所启动的,但政策理念一旦成为宪法条文,就成为指引国家宪法生活的最高规范,构成对国家公权力的宪法约束。同时,上述宪法规范主要对应的生活事实领域是生态建设和环境保护,主要调整的也是环境法治的议题,因此需要同环境法等部门法诠释互动。也就是说,环境法的理论沉淀和知识积累对"环境宪法"这一部门宪法的规范形成有着重要影响,而在环境宪法规范的辐射下,环境法部门内的相应规范和学理体系亦应朝宪法的方向进行调整。宪法与环境法,于此形成"交互影响"的关系。

二、宪法与部门法"交互影响"与环境法的宪法化

笔者曾概括过宪法与部门法的三重关系,包括"法律对宪法的具体化"、"法律的合宪性解释"以及"法律的合宪性审查"[①]。就第一层次"法律对宪法的具体化"而言,环境法治有明显体现。在本次宪法修改前,我国已制定了诸多单项法律,这些法律是对宪法中的原有环境相关条文的具体化。例如《环境保护法》、《海洋环境保护法》、《大气污染防治法》以及《水污染防治法》等法律是对《宪法》第26条的展开,《城乡规划法》等法律落实了《宪法》第10条第5款的规范要求,《可再生能源法》、《水法》以及《节约能源法》等法律是对《宪法》第9条第2款的细化。宪法规范的简洁措辞和抽象规整经过立法者的展开,形成了更为具体的法律规范,宪法的生态保护理念也由此贯彻于环境法的体系之中。此外,环境法在实践中的解释和适用,仍然要受到宪法规范的约束。环境法规范的解释者,必须时刻关照宪法价值,将宪法作为法律解释的"补充性"或者"控制性"因素,使环境法规范的具体适用合于宪法的整体秩序。这体现的是"法律的合宪性解释"的层面。此外,如果环境法的规范出现了抵触宪法的情形,例如为了环保目标而过度限制公民财产权利,或者直接违背环境保护的国家义务,那么环境法规范本身又可能成为"合宪性审查"的对象,这又体现出前述宪法与部门法关系的第三个层面"法律的合宪性审查"。

---

① 张翔. "近亲属证人免于强制出庭"之合宪性限缩. 华东政法大学学报, 2016 (1): 68.

在某种意义上，本次宪法修改却体现了部门法对于宪法的反向作用。增补环境宪法的内容，当然体现着宪法辐射部门法的作用，但对此问题的思考不能局限于此种"单向思维"，而应认真检视部门法的动态反作用。宪法与部门法间存在着交互影响（Wechselwirkung）①，也就是，一方面宪法约束部门法秩序，而另一方面部门法也反作用于宪法。例如，在对宪法进行解释时，应考量相关领域立法者的规范展开，重视部门法的固有学理和实践现状，适当地"以宪就法"②。这是因为，立法者在具体化宪法时，会在抽象简约的宪法规范与具体繁复的社会现实之间反复衡量，其对宪法意涵的理解往往更贴合生活事实，也更能客观地展现宪法规范回应现实需求的适当方向。

从整体法秩序和法规范系统的视角出发，环境宪法的充实、建构离不开作为部门法的环境法的实践操作和理论研究。部门法面向社会变迁的规范应对和学理发明，往往能够更及时地捕捉生活事实领域的新动向，并获得科学化的法上的认识。宪法这一法秩序的"统帅"，借由部门法的襄助，能够更有效率、更加准确地把握社会发展的内容与幅度，从而适时地进行宪法修改或宪法解释，以回应社会变迁、促进社会发展。也就是说，部门法起到的收集、过滤、整理作用，可以帮助宪法将现代社会中纷繁复杂的利益价值诉求有序地纳入视野，以展开根本法、最高法层面的整合。而将部门法成熟的价值诉求和规范表达以修宪方式上升为宪法规范，也是部门法对宪法的反向作用的一种体现。此次"生态文明"的入宪就是一个典型例证。

此外，就环境法而言，其天然具有的跨专业视角使其理论视野不局限于实定法本身，而经常需要超越法规范体系与诸多社会领域、学科领域形成视域融合，由此也会产生环境法自身不能自足的价值追求以及规范需求。③ 这

---

① 此种交互影响理论，最早是由德国宪法学家鲁道夫·斯门德在1927年德国国家法学者联合会年会上提出。他在学术报告《自由的意见自由》［Rudolf Smend, Das Recht der freien Meinungsäußerung, Veröffentlichungen der Vereinigung der Deutschen Staatsrechtslehrer（VVDStRL）4（1927）］中表达了这样的观点：基本权利是文化价值的一部分，如果基本权利可以被"一般性法律"（allgemeines Gesetz）限制的话，将使得应受保护的价值相对化。在此意义上，基本权利可能最初来自部门法，但最终却具有相对于部门法的优越性。斯门德的这一思想，在二战后被新成立的德国联邦宪法法院采纳而成为通说，成为理解宪法与部门法关系的基础学理。

② 杜强强. 论宪法规范与刑法规范之诠释循环：以入户抢劫与住宅自由概念为例. 法学家, 2015（2）：27.

③ 本次宪法修改增添有关推进生态文明建设等原则性、基础性色彩较强的条文，在很大程度上契合了环境法学者对本部门法内规范建构所产生的"新法理"和"新依据"诉求。（吕忠梅. 环境权入宪的理路与设想. 法学杂志, 2018（1）；曹明德. 环境公平和环境权. 湖南社会科学, 2017（1）.）

些诉求可能表现为法体系外的政治性主张，但在"依宪治国"的总体宪法秩序要求下，这些诉求必然会转化为向宪法要动力、要供给。因此，"生态文明"入宪，也体现了部门法通过宪法来实现整体法秩序的协调与重构。

但需要注意的是，在因应部门法的诉求而调整宪法规范这一"部门法宪法化"的过程中，宪法必须保持定力，也就是必须依据既有的宪法规范结构和价值逻辑，以自身的范式和体系需求来涵纳部门法的关切，并以规范性表达来整合包括政治话语在内的各类愿景。① 本次宪法修改尽管纳入了"生态文明"这一新理念，但仍然是在既有的宪法表述结构中，在保留了原有宪法正文中有关条款的基础上，沿着《宪法》"序言"以及有关国务院职权规定的表达逻辑，各有侧重地将对环保事项进行补充的内容嵌入宪法规范之中。不论是《宪法》"序言"第七自然段中新增添的"贯彻新发展理念""推动……生态文明协调发展""把我国建设成为……美丽的社会主义现代化强国"，还是正文第89条第6项加上的"领导和管理……生态文明建设"，都是依据原有规范的序列逻辑，保持了规范体系的相对稳定。此种修改方式维护了宪法整体篇章的安定性，不至于因内容修改而扰乱条款序号，有利于维护宪法权威。更为重要的是，这种依序添加的做法，从宪法体系解释的角度看，也具有明晰新条文规范属性的意义。② 在本次修改前，《宪法》"序言"第七自然段中的原有表述"国家的根本任务是……把我国建设成为富强、民主、文明的社会主义国家"，是1982年《宪法》第七自然段中的"今后国家的根本任务是……把我国建设成为高度文明、高度民主的社会主义国家"，经1993年、1999年及2004年的《宪法修正案》修改而成的。1982年《宪法》的相应规范被认为集中说明了国家的根本任务，为国家的发展设定了宪法上的方针路线。③ 故而虽然具体内容有些许变动，但其根本的规范性质、内容意涵以及叙述逻辑并未改变。因此从历史解释的角度看，不论是贯彻新发展理念、推动生态文明协调发展，还是建设美丽中国，都属于国家任务或国家目标，对国家的发展方向具有宪法上的基础性、全局性的指导规范作用。

---

① 张翔. 宪法教义学初阶. 中外法学，2013（5）：930-932.
② 以德国为例，其1994年进行的修宪就以国家目标的范式将环境保护条款作为《基本法》第20a条增列于第20条之后，使保护自然生态环境一如建设民主、法治的社会联邦共和国成为国家目标之一。有关以体系解释的视角理解该环保条款的规范性质，vgl. Rostock Simone Westphal, Art. 20a GG-Staatsziel „Umweltschutz", Juristische Schulung（JuS）2000, 339, 341.
③ 许崇德. 中华人民共和国宪法史. 福州：福建人民出版社，2003：770；肖蔚云. 我国现行宪法的诞生. 北京：北京大学出版社，1986：95.

三、环境宪法的建构方向：国家目标抑或"环境权"

在此次修宪关于"生态文明"的两项规定中，《宪法修正案》第 32 条的规定属于对"国家目标"的规定，也就是规定国家在发展过程中应朝向什么目标、完成什么任务，是对国家生活具有基础性调整效果的规范[①]；《宪法修正案》第 44 条是国家机构条款，主要是增加了国务院的宪法上的职权。但就《宪法》第 89 条第 6 项的条文意涵看，其同样具备国家目标条款的性质，设定了一系列国家任务。[②] 可以认为，此次修宪涉及的环境宪法的规范表达的基本取向是设定国家目标，主要指向的是在宪法上通过客观法规范对国家各类权力课以不同层次和方面的义务。这与我国环境法学界众多学者希望在宪法中规定"环境权"、将环境保护作公民基本权利方向上的规范建构的主张，存在一定落差。

环境法学界对于建构一个超越部门法律的环境宪法规范体系有着很高的期待，这一方面是基于环境生态利益对于国家发展和个人生存生活的极端重要性，另一方面是由于部门法学理遭遇瓶颈后希望通过根本法进行突破的诉求。完成具体化宪法任务后的部门法，面对变动不居的社会变迁，仍然是难以独力应对的。在这个过程当中，环境法学界希望以规定宪法环境权的方式、以经典的权利义务对应关系范式来强化环境保护的规范约束力，是可以理解的。对于环境权的性质与入宪方式，环境法学界已有长期的讨论。[③] 部分学者认为，只有在宪法上将环境权作为一项公民基本权利予以确证，才能与环境保护的重要性相匹配，生态环境利益才能得到有效保障，环境法的学科基础与法理资源才足够坚实广博。环境权入宪的主要理由大致被归纳为：（1）设立环境权这一类似给付型社会权的基本权利，可以发挥其客观功能，更为有效地对国家课以相应义务，促推国家在环保工作上的积极作为；（2）环境问题因果关系复杂，环境保护具有独特的宪法价值，固有的基本权利体系和保护模式对于新的环境保护需求难以为继，容易造成挂一漏万、顾此失彼，环境权入宪有利于生态环境保护的全

---

① Kehl Heinz-Joachim Peters，Art. 20a GG-Die neue Staatszielbestimmung des Grundgesetzes，Neue Zeitschrift für Verwaltungsrecht（NVwZ）1995，555.

② 也有学者认为相应的环保条款属于基本国策条款，但若细察学界对基本国策条款的定义和理解可以发现，其内涵与国家目标条款并无较大差别，故仅是名称上因学术习惯与源流的不同而造成的相异。（吴卫星. 论环境基本国策//邵建东，方小敏. 中德法学论坛：第 8 辑. 北京：法律出版社，2011：276；张震. 宪法环境条款的规范构造与实施路径. 当代法学，2017（3）：36 - 37.）

③ 关于对环境权的代表性研究的总结，参见张震. 环境权的请求权功能：从理论到实践. 当代法学，2015（4）：23；关于"环境权"是否存在规范效力的争论的归纳，参见胡静. 环境权的规范效力：可诉性和具体化. 中国法学，2017（5）：154 - 156。

面和协调;(3)宪法上环境权的设立有利于解决环境法法理的"本源性""权威性"问题,能够对环境法研究中的一些新的理念认识给予上位法支持,补强环境立法和环保规制等的合法正当性,同时为环境法的填补续造提供宪法上的解释依据。①

虽然本次宪法修改并没有确立"环境权"这一基本权利,但显然修宪者已经意识到必须在生态环境保护方面进行适当调整以保证充分的宪法供给。因此,修改后所呈现出的环境宪法虽然并没有规定环境权,但并不意味着没有满足环境法学界对环境权入宪所寄予的功能期望。在笔者看来,目前的环境宪法规范已然能够满足前文所列举的功能主张。为释清这一问题,有必要结合国家目标的性质和规范功能来予以分析。

国家目标不是单纯的政策宣示,而是具备最高位阶的宪法义务规范,其不直接对私人课以义务②,而是对国家活动的原则和路线予以规制,对国家机关产生法律约束力,通过指明特定的发展方向要求国家权力负担义务,对此各类国家权力都需要持续重视并积极履行。③ 宪法修改将绿色发展、包括生态文明建设在内的"五位一体"总布局以及建设美丽中国等明确设定为国家发展的根本任务和总目标之一,可以说使其在重要性上已接近将对生态环境利益的保障提高到宪法原则的高度。并且,这一原则不是空洞的、象征性的,而是在规范意义上作用于所有的国家权力。例如,环境保护的国家目标对立法机关形成宪法委托,构成立法的宪法动因和立法权形成自由的宪制框架,立法机关因此有义务按照宪法的要求与精神,积极推动生态环境保护法律的制定。④ 又如,行政机关应当忠实执行相关的生态环保法律,并应在各类行政裁量和法律执行的过程中注意宪法国家目标规定课以的环保义务,将生态环境利益作为权衡裁断的重要考虑指标。⑤ 同样地,司法机关亦应当在适用法律与解释法律时重视保护生态环境利益的宪法要求,遇有不确定法律概念或需自由裁量时应综合权衡判断,遇有法律漏洞时可以按照宪法规范的精神和意涵进行法

---

① 吕忠梅. 环境权入宪的理路与设想. 法学杂志,2018 (1);吴卫星. 环境权入宪的比较研究. 法商研究,2017 (4).

② Vgl. Michael Kloepfer, Umweltschutz als Verfassungsrecht: Zum neuen Art. 20a GG, Deutsches Verwaltungsblatt (DVBl) 1996, 73, 74.

③ Vgl. Ulrich Scheuner, Staatszielbestimmungen, in Roman Schnur (Hrsg.), Festschrift für Ernst Forsthoff zum 70. Geburtstag, S. 325ff, 2. Aufl., 1974, Verlag C. H. Beck, München.

④ Vgl. Kehl Heinz-Joachim Peters, Art. 20a GG-Die neue Staatszielbestimmung des Grundgesetzes, Neue Zeitschrift für Verwaltungsrecht (NVwZ) 1995, 555, 556.

⑤ Vgl. Dietrich Murswiek, Staatsziel Umweltschutz (Art. 20a GG) -Bedeutung für Rechtsetzung und Rechtsanwendung, Neue Zeitschrift für Verwaltungsrecht (NVwZ) 1996, 222, 223.

律续造。① 由此可见，即使不规定"环境权"，同样能对国家权力产生强有力的宪法约束和引导。

《宪法》"序言"中所增加的内容，也是对《宪法》"总纲"中已有的关涉生态环境保护的国家目标条款的再度强调，并将其与其他国家目标协调统合起来。也就是说，国家目标表述中的"生态文明建设""美丽"等要素所涵盖的事项或许不限于保护生态环境、防治污染、植树造林、节约自然资源等内容，国家目标对国家发展方向的全局性、综合性的拘束效果，使得生态环境保护精神应当辐射于经济社会发展的方方面面。以国家目标的形式建构环境宪法，有利于扩大环境保护的范围和领域，这使环保的开展更加综合全面。此外，国家目标规定所包含的生态环境利益，是一种宪法保护的客观利益，因此其虽然不能为个人所主张，但在进行利益衡量时仍应与基本权利、宪法上的其他客观利益一起被综合考察。这有利于避免因片面重视保障公民的基本权利而损害生态环境利益的情况，也有利于防止出现因"唯环保论"而侵害漠视基本权利及其他宪法法益的情形。此外，国家目标之于国家权力的义务规范属性，也可用来论证对公民进行规制立法、执法或作出不利裁判的国家公权力行为的合宪性，为环保法治的展开提供正当性论证。

综合而言，国家目标虽然是客观法规范，直接指向国家义务，但其同样设定了国家应保障的环境法益，由此必将辐射"国家—个人"或"个人—个人"间的法律关系，起到环境权所可能起到的作用。从相反的角度看，即使宪法中写入"环境权"，其所能发挥的基本权利的客观功能亦与国家目标相差无几，而环境权的主观功能却会因诸多法理障碍和制度现实而难以实现。② 在主张环境权的国家，往往仅以社会权的面向来理解环境权。社会权结构功能也是侧重客观功能的发挥，而较少释放充足的主观功能空间以供公民进行宪法争诉。③ 因此，即使在宪法上确立"环境权"，其在功能效果上也接近国家目标规定。此次宪法修改，从体系稳定和法秩

---

① Vgl. Michael Kloepfer, Umweltschutz als Verfassungsrecht: Zum neuen Art. 20a GG, Deutsches Verwaltungsblatt (DVBl) 1996, 73, 75.

② 环境法学界也对于在我国"环境权"能否充分发挥基本权利应有的主观功能存有疑问，参见胡静. 环境权的规范效力: 可诉性和具体化. 中国法学, 2017 (5): 167; 吴卫星. 环境权入宪的比较研究. 法商研究, 2014 (3): 64-67. 相关的基本权利学理, 参见张翔. 基本权利的规范建构. 增订版. 北京: 法律出版社, 2017: 251 以下.

③ 吴卫星. 环境权入宪的比较研究. 法商研究, 2017 (4): 174-175; Rostock Simone Westphal, Art. 20a GG-Staatsziel „Umweltschutz", Juristische Schulung (JuS) 2000, 339.

序安定的角度出发,仍然从国家目标的建构方向完善环境宪法,是可以理解的。在修宪之后,我国宪法上关于环境保护的国家目标规定更加充足完善,足以回应环境法的需求与关切。

四、环境宪法诸规范的体系解释

环境宪法的规范表达以国家目标为基本方向,是将生态环境保护作为国家的一项重要的客观法上的义务,而非作为可主张的公民基本权利的内容。这就意味着,环境宪法的主要致力方向是约束引导各项国家权力,通过各类公权力活动贯彻环境保护的国家目标,虽然在此过程中不排斥公众参与,但并未向个人或私人团体提供对国家就生态环境保护进行作为或不作为请求的宪法依据。因此在理解环境宪法的规范意涵时,应主要剖析其义务形成的理路和客观规则的面向,重点考察其对不同国家权力的作用效果和规制内容。这些都是对环境宪法规定进行解释的学理方向。在此过程中,还应从整体的视角出发,厘清环境宪法各项规范之间的内在逻辑与体系关系,通过对环境宪法的体系性解释完整把握其法治内涵。

本次宪法修改所增添的"贯彻新发展理念""推动物质文明、政治文明、精神文明、社会文明、生态文明协调发展,把我国建设成为富强民主文明和谐美丽的社会主义现代化强国"等内容集中于《宪法》的"序言"部分。以《宪法》"序言"来作出这些表述,是对《宪法》"总纲"部分环境保护条款的提升与超越。在此次宪法修改之前,位于"总纲"的第26条第1款是对环境保护这一国家目标的直接清晰的表达。该款明确规定了国家的环保治污义务,其中"保护和改善生活环境和生态环境""防治污染和其他公害"等内容具有很强的容纳性,可以涵盖许多具体的国家任务,例如保护自然资源、保护珍贵动植物、建立合理的土地利用机制、植树造林等等。但是,生活环境和生态环境所包含的领域系统并不限于上述事项,还包括建设发展过程的其他诸多方面,因此《宪法》第26条第1款是一个综合的环境保护条款,其概括式地对国家课以义务,对其他散布于"总纲"中的个别的环保方面的国家任务予以统摄和兜底。[①] 这样,"总纲"中形成了以第26条第1款为主干,以第9条第2款、第10条第5款、第26条第2款为辅助的环境保护条款体系。这些条款表述相对详细明确,对于国家权力具有较为清楚的行动导向性,是国家在环保工作领域的宪法具体指引。就环境宪法而言,本次宪法修改并未在"总纲"中进一

---

① 马骧聪. 新宪法与环境保护. 法学评论,1983 (2): 48.

步增添条款,这说明了原有环境保护条款体系的自足和自洽,也表明相应规范较为妥当地涵盖了国家在环保方面的义务内容。① 此次宪法修改,在"总纲"的基础上,又在"序言"中对生态文明建设进行了补充,并且同样采取了国家目标的规定方式。对此项变动,宪法教义学不能忽视,必须给出协调融贯的解释,也就是要理顺"序言"中有关国家总任务的表述与"总纲"中具体环保条款的关系。

"总纲"中的环保条款都是单独成文的,具体针对生态环境保护的某一方面,并且是就环保而言环保。这主要是因为"总纲"作为宪法正文,应当严格契合法规范的文本逻辑,力求简洁明晰,并突出义务主体与义务内容,避免过多的抽象价值宣示。相比之下,"序言"除了具备一定的规范效力,还以宏观叙事的宣示性语言叙述了宪法秩序形成的历史脉络和政治基础,点明了宪法的建构精神和决断逻辑,兼具规范意义、解释意义、教育意义与团结意义。② 换言之,"序言"的立意更为高远,统筹性、协调性更强,部分内容与宪法正文相互呼应支撑。也正是在这个意义上,《宪法》"序言"中缺少对于宪法生活而言具有基础性、根本性的生态环境保护的内容是不甚妥当的,尤其是在生态文明建设已然与国家存续发展、个人福祉保障存在重大关联的当下。

通过观察"序言"第七自然段中新增内容的前后表述以及整体架构,不难发现,这一段集中阐明了国家"集中力量进行社会主义现代化建设"的根本任务的内涵。国家应坚持什么样的发展方向、推动哪些方面的建设、达成什么样的目标,是此段的主要内容。宪法将诸多目标聚合起来,使之共同成为国家前途的方针指引,要求国家公权力长久致力于此。多元化的国家目标,同时被列举于宪法的"根本任务"规定中,意味着宪法的实施必须协调多元利益、达成重叠共识。③ 依循这样的路径,宪法反对国家权力的偏激行为,要求公权力全面综合地考量宪法上的法益体系,稳妥恰切地给出评价和判断。例如,不能因为要脱贫致富就污染江河湖海,也不能因为要重现蓝天就全面禁止汽车的使用和工业的发展,生态文明建设应当与其他的发展目标作通盘考虑。此外,环境保护的实现不单纯依赖于

---

① 张震. 宪法环境条款的规范构造与实施路径. 当代法学,2017(3):33.
② 例如在 1982 年《宪法》制定过程中有领导人提出将"序言"中的"中国人民"改为"中国各族人民",即旨在加强凝聚作用;有领导人指出"序言"规定了宪法"最重要的内容","最集中地体现了党的基本主张和人民的根本意志","是宪法的灵魂"。(许崇德. 中华人民共和国宪法史. 福州:福建人民出版社,2003:771-772.)
③ 卡尔·罗文斯坦. 现代宪法论. 王锴,姚凤梅,译. 北京:清华大学出版社,2017:348.

国家的具体环保措施,还有赖于其他领域工作的助力。例如,应在教育领域培育公民的绿色环保理念,在政治系统中将环保指标纳入官员政绩考核,在科学技术领域鼓励探索防污治污技术,等等。"序言"中使用了比"环境保护"意涵更为广博的"生态文明建设""美丽"等词语,并将生态文明建设与物质文明、精神文明建设等任务并列,将美丽中国与富强民主文明和谐之中国等目标并列,是以更为综合的视角来关怀生态环境保护,是在某种意义上提醒公权力:在援引《宪法》"总纲"中的环境保护条款时不可无视宪法所保障的其他法益体系。

进一步,此次修宪在第 89 条增加规定国务院领导"生态文明建设",是在生态保护国家目标的规定基础上,明确主要由国务院承担推进生态文明建设的职责。在国务院的职权中添设此项,是在具体的国家机构规范中呼应具有总领全局性质的国家目标规范的变化。[①] 但这并不意味着,生态文明建设仅仅是行政机关的职责。如前文所述,国家目标指向全部公权力,立法、行政、司法等都要受到国家目标的规范约束,只是不同权力在实现国家目标的过程中,由于相应权力属性和任务功能的不同而各有侧重。就立法权而言,其主要的致力内容是依循国家目标的指引进行生态环境保护立法,并在各项立法工作中综合关照生态环境利益。这与国务院领导和管理生态文明建设的宪法规定并不矛盾。宪法规定的该项国务院职权并不能在事项上排斥全国人大及其常委会的立法权限[②],而是强调国务院应在落实法律、依法行政的过程中,发挥能动性,将生态文明建设作为一项重要的宪定职责去积极落实,例如,依法通过各类行政措施或总结经验及时向立法机关提出法律案。在国务院的职权中增设此项的规范意义在于:明确生态环保并非严格的法律保留事项,国务院亦可根据《立法法》第 65 条第 2 款第 2 项就生态文明建设工作制定行政法规,各部委可根据《立法法》第 80 条制定行政规章。宪法作出这种安排减轻了立法机关的立法任务,其考量在于:环保问题专业性强,时效性要求高,社会关联性复杂,行政机关能够更为灵活快速地予以因应,公众也在此问题上具有较强的"政府依赖",因而行政机关也就相应地承担起更多的工作内容。[③] 与此相较,立法机关并不在该事项上垄断立法,而是在一定程度上与行政机关进行了立法权限分享。但是,依据法律优位原则,当全国人大及其常委

[①] 王晨. 关于《中华人民共和国宪法修正案(草案)》的说明(摘要). 人民日报,2018-03-07 (6).

[②] 陈端洪. 立法的民主合法性与立法至上:中国立法批评. 中外法学,1998 (6):66.

[③] 张震. 宪法环境条款的规范构造与实施路径. 当代法学,2017 (3):38.

会制定了有关生态环境保护的法律时，行政法规、规章等下位法不得违反该法律。并且，如果相关立法涉及其他法律保留的事项，例如对公民基本权利的严重干预、税收等，就应当考虑仍然由全国人大或全国人大常委会来制定法律，而非由国务院制定行政法规。在此立法权限的划分上，传统的"重要性理论"① 仍有其适用的空间。概言之，不论是立法权还是行政权都应当履行宪法国家目标所课以的义务，但在具体的实现过程中要根据规范的领域和事项，作出差异性的安排。

2018 年宪法修改，进一步强化了生态保护的国家目标属性，对相应的国家义务作出了新的职权设定，并有力回应了"环境权入宪"的诉求。《宪法》"序言"中的"国家的根本任务"规定、"总纲"中的国家目标规范，以及其他与土地保护、自然资源保护、国家机构职权划分等相关的条款，共同构成了我国"环境宪法"的规范体系。宪法学和环境法学应该对此规范体系积极展开学理建构，在宪法与部门法交互影响的视野下，共同推进宪法的实施和环境法治的完善。

（本文原以《环境宪法的新发展及其规范阐释》为题发表于《法学家》2018 年第 3 期。）

---

① Vgl. Hartmut Mauer, Staatsrecht I-Grundlagen, Verfassungsorgane, Staatsfunktionen, § 5 Rn. 21 - 22, 6. Aufl. 2010, Verlag C. H. Beck, München.

环境保护作为"国家目标"

在我国 2018 年的宪法修改中，环境保护是重要内容。此次修改，并未如众多学者所愿将"环境权"写入宪法，而是以"基本国策""国家任务"的方式，对环境保护加以原则性强化。这种规定方式，与德国《基本法》类似。而且，德国也是以修宪的方式将环保纳入宪法的。1994 年 10 月 27 日通过的《〈基本法〉修改法》在《基本法》第 20 条后增加第 20a 条，规定："同样出于对后代的责任，国家在宪法秩序的范围内，通过立法并依法由行政和司法机构对自然生存基础予以保护。"（2002 年 7 月 26 日，在"自然生存基础"之后又新增了"和动物"①。）该条明确了环境保护是德国的"国家目标"，相应地，针对国家权力产生一系列具有宪法约束力的"国家任务"。该条并未创设一种指向"自然环境法益"的、"主观的"基本权利，而只设定了作为国家目标条款的客观法规范，课以国家客观法上的义务。② 德国环境法秩序也在此"国家目标模式"下展开。德国在修宪前后的争论和针对作为"国家目标"的环境保护的学理建构，对我国宪法中环境保护条款的解释适用多有可借鉴之处。笔者将对德国环保入宪过程中关于"法律保护还是宪法保护""人类中心主义还是生态中心主义""基本权利还是国家目标"的争论进行梳理，对环境保护作为"国家

---

① 增加动物保护的直接原因在于：如果仅基于环境保护的国家目标，难以论证禁止动物实验以及禁止特定的宗教屠宰方式的合法性（BVerwG NVwZ 1998, 853）。例如，2002 年 1 月德国联邦宪法法院在判决中认定，禁止穆斯林按照伊斯兰宗教仪式进行屠宰是违宪的。（BVerfGE 104, 337；查云飞. 牲畜屠宰案//张翔. 德国宪法案例选释：第 3 辑 宗教法治. 北京：法律出版社, 2018：162 以下.）这意味着普通法律因其宪法依据问题，难以构筑起有效的动物保护机制。这一判决在很大程度上倒逼了 2002 年 7 月对《基本法》第 20a 条的补充修改。有关"动物保护"入宪，vgl. Theodor Maunz/Günter Dürig, Grundgesetz Kommentar Band Ⅲ, Art. 20a Rn. 59 - 60, 40. Lieferung 06. 2002, Verlag C. H. Beck, München；Volker Epping/Christian Hillgruber, Beck'scher Online-Kommentar Grundgesetz, Art. 20a Rn. 5 - 6.1, 40. Edition 15.02.2019, Verlag C. H. Beck, München.

② 关于客观法义务的内涵，参见张翔. 基本权利的双重性质. 法学研究, 2005（3）。关于国家环境保护的客观法义务，参见陈海嵩. 国家环境保护义务的溯源与展开. 法学研究, 2014（3）。

目标"条款的规范效力和规范作用方式进行分析，进而探讨德国的相关学理对我国 2018 年修宪后的"环境宪法"学理的启发。

一、法律保护还是宪法保护

从 20 世纪 70 年代开始，联邦德国有关应以何种手段加强环境保护的政治讨论增多。其核心在于，是否有必要将已形成广泛共识的环保诉求在宪法中作出规定。① 环境保护在普通法律层面已有众多规范，是否应进一步上升到宪法位阶，以及应以何种类型的宪法规范作出规定，构成了争议的主要内容。为了厘清相关争议，联邦德国内政部与司法部于 1981 年秋天成立了由七位法学教授组成的有关"国家目标条款与立法委托"的独立专家委员会（Sachverständigenkommission „Staatszielbestimmung/Gesetzgeb-ungsaufträge"）。该专家委员会于 1983 年 8 月提交报告，给出了针对性意见。② 这份报告首先重申了当时学界和政界的主流立场，认为环境保护的法治化有在宪法层面予以塑造的必要。报告指出：1949 年的《基本法》并未令人满意地建立环境保护制度；环保领域的公共利益往往是长远的和逐渐凸显的，相比于其他即刻而显明的公共利益或私人利益，容易被忽视而陷入危险状态；环境保护关涉长远的公共利益，对于人类而言是一项具有根本生存意义和优先性的任务，普通的私主体和公法人缺乏相应的远见和行动能力，因而需要国家发挥关键性作用；宪法作为规范国家公权力行为的最高法，如果缺乏对环境保护的特殊性的考量和相应制度供给，就不能回应环境保护的重要性。③

实际上，在 1994 年修宪之前，已经有在宪法中纳入环境保护的努力。例如，《基本法》第 74 条关于"竞合立法权"（联邦和州都有的立法权）的规定在 1972 年 4 月 12 日作出修改，在第 1 款增加了第 24 项，内容为"清除废物、保持空气清洁和防止噪声"。但第 74 条是关于立法权限（Kompetenz）的规定，主要服务于权力分工，并非取向于设定环境保护的国家责任。由于只是在国家权力配置层面的原则性规定，其并没有直接对联邦课以环境保护的国家义务，无法对立法、行政、司法等国家权力行为形成有力约束，也无法为环保的国家行为提供合宪性基础④，其规范力

---

① 相关讨论的历史细节，vgl. Eckard Rehbinder, Grundfragen des Umweltrechts, Zeitschrift für Rechtspolitik (ZRP) 1970, S. 251。

② Vgl. Bettina Bock, Umweltschutz im Spiegel von Verfassungsrecht und Verfassungspolitik, S. 60, Duncker & Humblot GmbH, Berlin, 1990.

③ Vgl. Der Bundesminister des Innern/Der Bundesminister der Justiz (Hrsg.), Staatszielbestimmung/Gesetzgebungsaufträge, Bericht der Sachverständigenkommission, Rn. 141-143, Konkordia GmbH für Druck und Verlag, Bühl/Baden, 1983.

④ Vgl. Dietrich Rauschning, Staatsaufgabe Umweltschutz, Veröffentlichungen der Vereinigung der Deutschen Staatsrechtslehrer (VVDStRL) 38 (1980), 167, 177.

度与环境保护的重要性无法匹配，也没有对环境保护作出价值宣告。与联邦宪法规制乏力的状况不同，德国各州的州宪法以各种方式对环境保护作出规范，而在当时的欧共体层面，相关立法也将环境保护明定为共同体目标。①

在此背景下，环境保护的全局性、长期性以及前瞻性要求都期待作为法秩序最高规范的宪法作出整合性回应。进入20世纪90年代，两德走向统一。在以此为契机的宪法改革（Verfassungsreform）运动中②，环境保护入宪成为社会各界的共识。1993年11月5日，由德国参众两院部分议员组成的共同宪法委员会（GVK）提交了有关宪法修改方案的报告，其中建议在《基本法》中加入环保条款，并以国家目标的模式予以建构。共同宪法委员会的报告再次强调，1949年制定的《基本法》并未考虑到新出现的生态问题，因此并未对与之相关的人类长远利益予以周全的保障。鉴于自然生存环境对人的重要性和根本性，国家对环境的保护与《基本法》第20条第1款规定的国家目标及政权组织原则具有同等重要的地位。③ 在各政党的共识下，这一建议案最终经修宪程序被吸纳为《基本法》第20a条并于1994年11月15日正式生效。

值得注意的是第20a条在《基本法》中的体系位置。《基本法》第1~19条是关于基本权利的规定，而第20条是关于宪法基本原则（Verfassungsgrundsätze）的规定。按照黑塞的观点，《基本法》第20条为共同体确立了一些指导原则，政治统一体应当依照这些原则而建构，国家任务应根

---

① Michael Kloepfer, Umweltschutz als Verfassungsrecht: Zum neuen Art. 20a GG, Deutsches Verwaltungsblatt (DVBl) 1996, 73, 73.

② Vgl. Hartmut Maurer, Staatsrecht I-Grundlagen, Verfassungsorgane, Staatsfunktionen, § 5 Rn. 27ff., 6. Aufl., Verlag C. H. Beck, München, 2010. 联邦德国与民主德国于1990年8月31日签订《德国统一条约》（Der Vertrag über die Herstellung der Einheit Deutschlands），确定了以民主德国各州加入联邦德国作为进路的统一模式，放弃了制定一部新的整体德国宪法以作为统一基础的做法。但在《德国统一条约》的第5条中，两德政府建议统一后的德国的立法机关"在两年内就德国统一中出现的有关问题对《基本法》进行修改和补充"。因此联邦众议院于1991年11月28日采纳了由基民盟/基社盟（CDU/CSU）与自民党（FDP）组成的联合党团的提议，决议成立由三十二位联邦众议院议员与三十二位联邦参议院议员组成的"共同宪法委员会"（Gemeinsame Verfassungskommission, GVK），以讨论修宪议题并提出修改草案。这样，统一后的德国展开了它的宪法改革运动，其标志成果是于1994年10月27日颁布的《〈基本法〉修改法》（BGBl. I S. 3146），其修改内容主要涉及国家目标条款、地方自治问题、联邦区域划分问题、立法权限划分问题、立法程序问题等。在1991—1994年期间还出台了其他一系列《基本法》修改法案，主要涉及私有化、避难权等问题。

③ Vgl. Bericht der Gemeinsamen Verfassungskommission, Bundestagsdrucksache 12/6000, S. 65.

据这些原则而正确地完成。① 同时，根据《基本法》第 79 条第 3 款，包括"共和国""民主国""社会法治国""联邦国"等在内的由第 20 条所确立的宪法基本原则，属于不得进行宪法修改的内容。以第 20a 条增加环境保护被认为是对第 20 条中宪法基本原则的补充。虽然第 20a 条并没有因此也被认为是不可修改的内容，不构成"宪法修改的界限"，但环境保护借由此条款获得的规范地位，显然是前述仅在分权层面的规定不可比肩的。环保价值将借由此规范地位辐射整个法秩序，并约束联邦和州层面的一切立法、行政和司法权的运作。这一条款的规范效力状态，后文还将详细说明。

二、生态中心主义还是人类中心主义

环境保护入宪是德国社会各界的基本共识，但在建构相应宪法规范的基本理念上，却存在巨大分歧。一个突出的争议是：到底应采"生态中心主义"（Ökozentrismus）或曰"生态中心视角"（ökozentrische Perspektive），还是"人类中心主义"（Anthropozentrismus）或曰"人类中心视角"（anthropozentrische Perspektive）的立场。② 生态中心主义的基本观念是：自然生态应当被作为一个具有独立价值的纯粹保护对象而予以关照，宪法应当依循生态环境的固有规律来构筑保护体系。这意味着应当在宪法上承认"生态环境"的拟制人格，并赋予其相应的权利（例如动植物的生命权）。③ 在此理念下，自然生态具有等同于人类的宪法价值地位，具有主体性，而非单纯服务于人类的客体。④ 而"人类中心主义"则仍将"人"

---

① Konrad Hesse, Grundzüge des Verfassungsrechts der Bundesrepublik Deutschland, S. 55, 20. Aufl., C. F. Müller Verlag, Heidelberg, 1999.

② Vgl. BT Drucks 12/6000（o. Fußn. 10），S. 66 f. 此外，环境保护与其他国家目标的位阶关系，以及应给予立法者多大的空间自由去具体践履国家目标等问题亦被广泛讨论。

③ 此种主张并未因《基本法》采纳人类中心主义而销声匿迹。例如，托伊布纳还从系统论的角度论证了赋予动物人格的必要性，参见 Gunther Teubner, "Rights of Non-humans?—Electronic Agents and Animals as New Actors in Politics and Law", *Journal of Law and Society*, 2006（4），pp. 497-521. 该文中译本，参见陆宇峰、迟子均未刊译稿。德国学者卡斯帕作为赞同"痛苦中心主义"（Pathozentrik）的代表也认为，鉴于动物的可感知性、可表达性等特征，其与人具有相同或者可比的本质，也应成为法上或道德上的主体。对此参见 Johannes Caspar, Tierschutz im Recht der modernen Industriegesellschaft. Eine rechtliche Neukonstruktion auf philosophischer und historischer Grundlage, S. 109 ff., S. 343 ff., Nomos Verlagsgesellschaft, Baden-Baden, 1999.

④ Vgl. Dietrich Murswiek, Staatsziel Umweltschutz (Art. 20a GG)-Bedeutung für Rechtsetzung und Rechtsanwendung, Neue Zeitschrift für Verwaltungsrecht (NVwZ) 1996, 222, 224; Rostock Simone Westphal, Art. 20a GG-Staatsziel „Umweltschutz", Juristische Schulung (JuS) 2000, 339, 341.

作为环境保护制度的核心，相对于人的主体性，生态环境只是客体，只是人类行动的对象。从而，宪法对于生态环境的保护，也应以人的意志和其之于人的功用为考量视角。①

看似傲慢的"人类中心主义"，其实是现代立宪主义的价值根基"人本主义"的自然延续。古希腊智者普罗泰戈拉有言"人是万物的尺度"，在哲学史上最早明确了人作为认识主体的地位。而作为德国二战后法哲学基础的康德哲学，则确立了"人是目的"的道德论观念。按照有无理性，康德将世界区分为"人"（Personen）和"物"（Sachen），而人的理性决定了人"自身自在地就是目的，是种不可被当作手段使用的东西"②，而"物"的价值在于为"人"这个目的服务。简言之，人是目的，物是手段。③ 在此人本主义理念下，并基于对德国历史上的纳粹暴政的根本性否定④，"人"就成为德国二战后一切法律规范和国家行动的目的和标尺，对人性尊严的保障成为宪法的最高价值依归。⑤ 经过德国公法学者迪里希（Günter Dürig）的阐述及联邦宪法法院的确认，"客体公式"（Objektformel）也成为在宪法诉讼中判断人性尊严是否受到侵犯的重要标准，即当人被彻底当作客体或手段时，其人性尊严即被侵犯。⑥

从目的解释的角度看，《基本法》的价值目的就是维护人的尊严。德国《基本法》第1条第1款规定："人的尊严不可侵犯。尊重和保护人的尊严是一切国家权力的义务。"制宪者将人的尊严这一"伦理上的价值"确立为"最高的宪法原则"（oberstes Konstitutionsprinzip），并使其成为实证法上的命令。《基本法》对于人的尊严给予"绝对性保障"的地位，而其处于《基本法》第1条第1款的体系性位置安排，使其应当被视为"所有客观法的最高宪法原则"⑦。

---

① Vgl. Dietrich Murswiek, Staatsziel Umweltschutz（Art. 20a GG）-Bedeutung für Rechtsetzung und Rechtsanwendung, Neue Zeitschrift für Verwaltungsrecht（NVwZ）1996，222，224；Rostock Simone Westphal, Art. 20a GG-Staatsziel „Umweltschutz", Juristische Schulung（JuS）2000，339，341.

② 康德. 道德形而上学原理. 苗力田, 译. 上海：上海人民出版社，1986：80.

③ 俞吾金. 如何理解康德关于"人是目的"的观念. 哲学动态，2011（5）.

④ 德国联邦宪法法院认为，《基本法》是纳粹暴政的"对立方案"（Gegenentwurf），这是建构和理解德国战后法秩序的基础。（张翔. 纪念鲁道夫·赫斯集会案//张翔. 德国宪法案例选释：第2辑 言论自由. 北京：法律出版社，2016：253.）

⑤ Vgl. BT Drucks 12/6000（o. Fußn. 10），S. 66.

⑥ Vgl. Maunz/Dürig（o. Fußn. 2），Art. 1 Rn. 28；BVerfGE 27，1，6.

⑦ Vgl. Günter Dürig, Der Grundrechtssatz von der Menschenwürde, Archiv des öffentlichen Rechts（AöR）1956，S. 119 ff.；张翔. 基本权利的体系思维. 清华法学，2012（4）：15.

因此从上述理念出发，无论怎样强调自然环境的重要性，它都还是相对于"人"的"物"，是手段，是客体。如果赋予"自然环境"主体地位，就可能导致人的主体地位的相对化，甚至有导致人沦为客体的危险。① 环境保护再关乎人类的生存，也都不足以动摇人自身的主体性。生态环境之所以重要，毋宁是因为其涉及人的生存条件，保护环境其实保护的是人类自身的生存基础，没有人的"转译"，自然环境无法自我证成独立的利益。② 因此，环境保护在当代的价值凸显并不足以动摇"人本主义"这一现代立宪主义的根基。生态中心主义的立场，因此显得激进而与整体的宪法秩序无法融洽。③

最终，《基本法》新增的第 20a 条仍然采纳了人类中心主义，但也部分接纳了生态中心主义的观念并将二者进行了调和。④《基本法》第 20a 条的表述"同样出于对后代的责任"的文义清楚地表明：环境保护的目的仍然是"人"。"同样"（auch）一词所并列的是当代的人与后代的人，但无论如何，国家都是因为对"人"负有责任而保护生态环境和动物。保护环境是为了人，因而要以人的存在为导向。⑤ 但是，第 20a 条并非只关注人类而不考虑环境自身的特性，更不是将"人本主义"极端化而完全漠视事物的客观规律。⑥ 毕竟，第 20a 条将自然生态环境作为保护对象，这使其具备了相对于人，特别是相对于具体个人的主观利益的一定的独立性。在该条款的适用中，也并非只有为了特定的人的利益才可以发动国家对生态环境的保护。甚至可以说，宪法也保护着生态环境在一定程度上对抗个人权利的法律地位（例如，基于环保而合理限制公民基本权利）。

《基本法》采此种偏重但调和的立场，显然受到了生态中心主义的影响。生态中心主义尽管极端，但却提示人们注意：人类的智识具有永恒的有限性，人类经常无法充分地认识到自身行为的消极影响；"人本主义"可能导致一种唯我独尊的狂热，并因此对自然环境造成持续的不

---

① 小说《三体》描述了这种危险："降临派"的精神领袖伊文斯在拯救濒危动物的过程中，对人类产生了厌恶。他愤怒地质问："难道只有拯救人类才称得上救世主，而拯救别的物种就是一件小事？是谁给了人类这种尊贵的地位。"降临派的口号是"消灭人类暴政"，他们的学说是"物种共产主义"。出于生态环境和物种保护的初衷，他们希望外星文明降临，强制改造甚至毁灭人类文明。（刘慈欣. 三体. 重庆：重庆出版社，2016：183-189，226-233.）

② Vgl. Kloepfer（o. Fußn. 8），S. 76.

③ BT Drucks 12/6000（o. Fußn. 10），S. 67.

④ Epping/Hillgruber（o. Fußn. 2），Art. 20a Rn. 4；Maunz/Dürig（o. Fußn. 2），Art. 20a Rn. 20

⑤ Vgl. Westphal（o. Fußn. 14），S. 341.

⑥ Vgl. Murswiek（o. Fußn. 14），S. 224.

可逆的损害①；合乎自然规律的保护方式，能够在克服人类短视的同时，最终实现环境保护和人类发展的双赢。② 因此，法秩序不应该把人类与环境对立起来。这些思想隐含于《基本法》第20a条中，并成为相关宪法解释的重要"背景规范"。

三、国家目标还是基本权利

在确定了基本立场之后，是以"国家目标"还是以"基本权利"作为规范模式仍是极具争议的问题。③ 最终，《基本法》第20a条以"国家目标"（Staatsziel）的规范类型来调整环保问题，而非规定"环境基本权"（Umweltgrundrecht）。这种做法，在某种意义上也体现了人类中心主义和生态中心主义的调和，同时革新了德国的宪法规范理论。

"国家目标"这一规范类型的文本基础和教义学建构可以追溯到1919年德国魏玛宪法。魏玛宪法中出现了一些指向未来社会发展目标的导向性规定，但这些规定在文本体系上却混杂于"德国人的基本权利与基本义务"一章，并未从中分化出来而成为单独的规范类型。为此，托马④、施密特⑤等人以魏玛宪法为规范素材展开了法规范的类型化研究，从笼统的"基本权利条款"中揭示出所谓的"方针条款"（Programmsatz），其仅具有对立法者的单纯指示作用，而没有法规范的拘束性效力，也不包含可对国家直接生效的主观性权利。⑥ 此种"口惠而实不至"，也是魏玛宪法饱受诟病并最终失败的原因所在。但与此同时，维尔克受到其导师斯门德的整合理论的启发，认为魏玛宪法中存在一种"国体规定"（Staatsformbestimmung），这种规范指向未来并持续对整个法秩序有统合效果。⑦ 因

---

① Vgl. Murswiek（o. Fußn. 14），S. 224.
② Bericht der Sachverständigenkommission（o. Fußn. 6），Rn. 144；Arnd Uhle, Das Staatsziel „Umweltschutz" im System der grundgesetzlichen Ordnung, Die Öffentliche Verwaltung (DÖV) 1993, 947, 953；Rauschning（o. Fußn. 7），S. 169.
③ 有关党派分歧参见 BT Drucks 12/6000（o. Fußn. 10），S. 66。
④ 其代表性文献参见 Richard Thoma, Die juristische Bedeutung der grundrechtlichen Sätze der deutschen Reichsverfassung im allgemeinen, in Hans Carl Nipperdey（Hrsg.）, Die Grundrechte und Grundpflichten der Reichsverfassung. Kommentar zum zweiten Teil der Reichsverfassung, Band Ⅰ, S. 1 ff., Verlag Hobbing, Berlin, 1929.
⑤ 其代表性文献参见 Carl Schmitt, Inhalt und Bedeutung des zweiten Hauptteils der Reichsverfassung, in Gerhard Anschütz/Richard Thoma, Handbuch des deutschen Staatsrechts, Band Ⅱ, § 101, S. 572 ff., Mohr Siebeck, Tübingen, 1932。
⑥ Vgl. Karl-Peter Sommermann, Staatsziele und Staatszielbestimmungen, SS. 333 – 335, Mohr Siebeck, Tübingen, 1997.
⑦ Vgl. Kurt Wilk, Die Staatsformbestimmung der Weimarer Reichsverfassung, S. 45, Verlag Liebmann, Berlin, 1932.

此，在二战后的基本法时代，伊普森受到维尔克的启发，首先使用"国家目标规定"（Staatszielbestimmung）取代"方针条款"的概念①，希望以此来加强《基本法》对迷茫和混乱中的德国政府的指引。② 此后，朔伊纳对国家目标条款的规范性展开了深入论述，在理论上赋予其客观法上的规范力。③ 这种理论发展④，颠覆了"方针条款"原理，使得此种目标导向性的规范类型得到了新生。最终，前文所述的"国家目标条款与立法委托"的独立专家委员会在 1981 年的报告中给"国家目标条款"下了定义：国家目标条款是对国家课以持续地重视或实现特定任务及目标的义务性的、具有法律约束力的宪法规范。⑤ 在此定义下，国家目标就是一种设定国家任务（Staatsaufgabe）的宪法规范。1994 年《基本法》新增的第 20a 条，就是此种新学理下出现的新条文。下面，就以《基本法》第 20a 条为例，来说明：（1）"国家目标"或者"国家任务"条款的性质与功能；（2）宪法修改为何不采用基本权利模式来规定环境保护；（3）将环境保护规定为"国家目标"何以体现了人类中心主义与生态中心主义的调和。

（一）环境保护作为国家的正当性基础

《基本法》第 20a 条规定的环境保护作为"国家目标"，首先与广义上的国家任务概念相关。广义上的国家任务与国家目的（Staatszweck）的概念接近，旨在从国家学（Staatslehre）而非国家法（Staatsrecht）的角度说明国家的正当性。⑥ 近代立宪主义主要是从安全保障、促进福祉、人民主权、人权保障等价值出发来建构国家的正当性基础。⑦ 但在现代社会，环境保护的必要性也在补强着国家的正当性基础。这是因为，人类存在于自然之中，其生存与发展离不开良好生态环境的维系，而作为人的联合体的国家的重要使命是保障人的延续。因此，充分有效地保护自然环境就成

---

① Vgl. Hans Peter Ipsen, Über das Grundgesetz, in Hamburger Universitätsreden Band 9, S. 14, Hamburg University Press, Hamburg, 1950.

② Vgl. Hans Peter Ipsen, Das große „Staatsrecht" von Klaus Stern, Archiv des öffentlichen Rechts（AöR）103（1978），413，423f.

③ 其代表性文献参见 Ulrich Scheuner, Staatszielbestimmungen, in Roman Schnur (Hrsg.), Festschrift für Ernst Forsthoff zum 70. Geburtstag, S. 325 ff., Verlag C. H. Beck, München, 1972.

④ 关于国家目标理论发展的德文梳理，参见 Joachim Schwind, Zukunftsgestaltende Elemente im deutschen und europäischen Staats-und Verfassungsrecht, S. 218ff., Duncker & Humblot GmbH, Berlin, 2008；中文梳理参见林明昕. 基本国策之规范效力及其对社会正义之影响. 台湾大学法学论丛：第 45 卷，2016；王锴，刘蒹昊. 宪法总纲条款的性质与效力. 法学论坛，2018 (3).

⑤ Bericht der Selbstandigenkommission（o. Fußn. 6），Rn. 7.

⑥ Vgl. Maurer (o. Fußn. 9), § 6 Rn. 23–24.

⑦ Vgl. Josef Isensee, Das Grundrecht auf Sicherheit, S. 17ff., Verlag De Gruyter, Berlin, 1983.

为现代国家的合法性来源之一。① 这一点,在近代的立宪主义论说中并未被充分呈现。

利用自然环境和资源发展生产与消费是人类共同体的利益所在,人类进行环境开发利用的直接结果就是人为的环境负担。② 在面对环境污染、生态破坏、资源枯竭等问题时,人类的环保行动必然伴随着社会利益的分配和协调。而国家存在的主要任务与目的之一,就是平衡社会内部相互冲突的各类利益并保障社会成员共同利益的对外诉求。③ 加强环境保护必然伴随着的利益协调,是国家作为社会共同体所必须面对的核心任务。④ 在此意义上,保护环境同样构成了国家,特别是工业化后的现代国家的正当性基础。不能妥善处理环保问题的国家,不是合法有效的国家。在立宪主义的语境下,这种广义上的国家任务(国家目的)应被宪法所吸纳,成为新的国家正当性的来源,并转化为法规范意义上的国家任务。

(二)超越狭义的国家任务

在为国家提供正当性基础之外,环境保护条款的规范力也超越了传统的狭义国家义务规范。与广义的、国家正当性基础意义上的国家任务相对的狭义国家任务,是指在实定法下的、国家在宪法的尺度与界限内采取具体措施的动因基础,或者国家得依法作为的范围。⑤ 狭义国家任务虽然意味着国家受到宪法的约束,但并不妨碍立法机关有自由裁量余地。也就是说,立法机关可以在宪法框架内自主确定国家任务的内容以及实现方式⑥,此即"国家任务的总体开放原则"(Prinzip der grundsätzlich offenen Staatsaufgaben)。根据民主原理,设定国家任务应由立法者进行,应依人民的民主诉求来调整国家所应担负的职责。将国家任务的实现诉诸民主程序,意味

---

① Murswiek(o. Fußn. 14),S. 223.

② Maunz/Dürig(o. Fußn. 2),Art. 20a Rn. 5.

③ Epping/Hillgruber(o. Fußn. 2),Art. 20a Rn. 7. 在我国,对于环境权的成立与否,学者们也有深入的研究和激烈的争论,相关的梳理,参见吴卫星. 环境权理论的新展开. 北京:北京大学出版社,2018:189 以下。

④ Vgl. Rauschning(o. Fußn. 7),170ff.,186 ff.;Werner Hoppe, Staatsaufgabe Umweltschutz, Veröffentlichungen der Vereinigung der Deutschen Staatsrechtslehrer(VVDStRL)38(1980),211,216ff.

⑤ 有关狭义国家任务(Staatsaufgabe)的定义以及其与国家目的(Staatszweck)、国家目标(Staatsziel)的概念辨析参见 Josef Isensee, Staatsaufgaben, in Josef Isensee/Paul Kirchhof(Hrsg.), Handbuch des Staatsrechts der Bundesrepublik Deutschland, Band IV,§73 Rn. 6 - 13,3. Aufl.,Verlag C. F. Müller, Heidelberg,2006。

⑥ Vgl. Rainer Wahl, Staatsaufgaben im Verfassungsrecht, in Thomas Ellwein/Joachim Jens Hesse(Hrsg.), Staatswissenschaften. Vergessene Disziplin oder neue Herausforderung?, S. 29,30 f.,Nomos Verlagsgesellschaft, Baden-Baden,1990.

着在宪法上预先设立固定的具体国家任务原则上是不必要的。① 只有在特殊情形下，宪法才需要对特定的国家任务予以专门强调，其基础必须是该任务已经重要到需要对民主立法者的裁量余地作出限缩，因此需要对其课以宪法义务（国家目标的范式）的约束，或者直接给予公民主观权利。②

《基本法》第20a条设定的国家目标，就属于此种超越狭义国家任务而课以国家特定宪法义务的特殊情形。基于环境保护在当代的特殊重要性，仅将环境保护作为一种狭义的国家任务，就不能将其作为超越普通实证法的客观价值而普遍约束和指导包括立法者在内的所有国家权力。将环保作为是否要进行宏观调控的立法者自决的问题③，无法回应人民对于环境保护的价值诉求。《基本法》在第20条的"共和国""民主国""社会法治国""联邦国"之后，以新增第20a条的方式规定环境保护，显然不是将其仅作为可由立法者任意裁量的狭义国家任务，而是试图以此价值宣告性条款来充分约束立法机关。这意味着，环境保护对国家全局发展和国家权力运行具有统摄意义，对立法机关产生直接的约束性效力，立法机关唯有积极促成此国家目标，方为尽职。"民主"原则于此也有退让和限缩。

（三）"环境基本权"的建构不能

既然修改宪法纳入环境保护的目的，是让包括立法权在内的国家公权力承担明确的国家任务，那么，为何不更进一步，直接赋予个人基于环境利益而请求国家作为或者不作为的主观权利，也就是规定环境权，以"基本权利"这一实效性最强的宪法规范类型来落实环境保护的目标呢？在德国将环境保护纳入宪法的过程中，并非没有相关思考。但是，德国的通说认为，"环境基本权"或曰"契合人的尊严的环境基本权利"（Grundrecht auf menschenwürdige Umwelt）不能构成国家进行环境保护的客观义务基础，这是因为所谓的"环境权"并不具备基本权利构造所应有的法律和事实前提。④ 分述如下：

第一，"环境基本权"的保护范围难以确定。按照德国当代的基本权利原理，基本权利首先应是在宪法上可主张的主观权利。⑤ 其"可主张性"意味着权利应当有清晰确定的法益保护范围和义务相对人⑥，个人得

---

① Vgl. Maunz/Dürig（o. Fußn. 2），Art. 20a Rn. 6.
② Vgl. Maunz/Dürig（o. Fußn. 2），Art. 20a Rn. 6.
③ Vgl. Isensee（o. Fußn. 46），§ 73 Rn. 16.
④ Maunz/Dürig（o. Fußn. 2），Art. 20a Rn. 11.
⑤ 张翔. 基本权利的双重性质. 法学研究，2005（3）.
⑥ Vgl. Robert Alexy, Theorie der Grundrechte, 5. Aufl., S. 171 f., Verlag Suhrkamp, Frankfurt am Main, 2006.

认识并形成主观诉求。如果从"人类中心主义"出发,"环境权"所保护的法益是所谓"契合人的尊严的自然环境"(menschenwürdige Umwelt)。但这一范畴显然过于抽象,标准模糊,难以确定基本权利所应保护的内容与程度。尽管几乎所有的基本权利,比如财产权、言论自由、职业自由等,都存在保护范围模糊的问题,但无论如何它们都要比"环境权"清晰得多。由于作为整体的"自然环境"(空气、水、多样性的动植物等诸多要素的综合)主要是一种公共利益,无法具体化为个人得享有的、可直接在宪法中存在并与其他个人性法益并列的受保护的法益,故而按照保护规范理论,内含环境保护的客观法规范也无法直接产生具有主观性的"环境权"[1]。同时,很难论证"环境权"有何不同于既有基本权利的保护内容,"环境权"的诸多具体主张实际上也是其他权利的内容,如健康权、财产权等。[2] 通过主张这些既有的权利,就足以实现"环境权"的主张。环保利益只是一个"壳",其目的是实现并保障人性尊严、生命以及健康等法益,本身无法构成一个封闭独立的权利单元,因此无法将环境具体化为主观性法益,也无法被类型化为基本权利位阶的"环境权"。

第二,"环境基本权"司法不能。基本权利具有主观牵连性,也就是要有明确的主体。由于环境自身各要素的复杂关联和生态变迁的难以预测,往往难以确定"环境权利人"的主体资格,权利主体的难以确定,使得相应的司法救济难以展开。另外,如果认为可以成立个人主观权利性质的"环境基本权",那么就必然会出现随时可发生的、碎片化的和紧迫的(司法机关必须在审限内作出裁决)个人主观环境救济诉求,而这与环境保护的长期性、系统性和科学化会形成极大的紧张。如果相应救济无法及时且充分[3],"环境权"又会如魏玛宪法下的社会权那样成为空洞的宣言。由于不符合基本权利的可完整且直接司法化的要求(Justitiabilität und Operationalisierbarkeit),故而无法在宪法上规定基本权利性质的"环境权"[4]。

---

[1] Vgl. Peter Michael Huber, Konkurrenzschutz im Verwaltungsrecht. Schutzanspruch und Rechtsschutz bei Lenkungs-und Verteilungsentscheidungen der öffentlichen Verwaltung, S. 110, Mohr Siebeck, Tübingen, 1991.

[2] Vgl. Maunz/Dürig (o. Fußn. 2), Art. 20a Rn. 12; Jürgen Salzwedel, Schutz natürlicher Lebensgrundlagen, in Josef Isensee/Paul Kirchhof (Hrsg.), Handbuch des Staatsrechts der Bundesrepublik Deutschland, Band IV, §97 Rn. 26, 3. Aufl., Verlag C. F. Müller, Heidel-berg, 2006.

[3] Vgl. Rauschning (o. Fußn. 7), S. 178.

[4] Vgl. Maunz/Dürig (o. Fußn. 2), Art. 20a Rn. 12.

如果从基本权利的客观面向出发,"环境权"所要求的应该主要是国家给付,即国家应当尽力维护并提供一个"契合人的尊严的自然环境"。在此意义上,"环境权"似乎可以包含某种指向客观法上的国家保护义务的社会参与权。但是,从分权原理出发,应否进行给付,需要经过政治过程的讨论,并由立法机关衡量决定。① 如此复杂的总体性利益协调和国家的财政安排,绝非司法机关所能胜任。即使通过立法,国家实现"契合人的尊严"的具体的"环境给付"(Umweltleistung)或环境"风险预防"(Risiko-Vorsorgegewähr)义务都是困难的,遑论由司法为之。此种司法不能也就排除了"环境基本权"欲从客观功能实现有效的国家环保的构想。②

基于"主观牵连性不足"、民主乃至分权原则上的理由,德国《基本法》最终没有采纳"环境基本权"的模式。理解这一规范模式选择,还应注意以下两个方面:首先,不以基本权利模式来保护环境,意味着生态环境不是因为零碎的、个别的、情绪化的个人主观诉求而获得保护,而是由国家义务性地从整全而科学的体系化理性规划出发进行保护,这实际上也是对人类中心主义视角的修正,体现着赋予环境相对独立法律地位的观念。其次,尽管拒绝了"环境基本权"的模式,但并没有完全排除从《基本法》其他既有的基本权利条款出发对环境进行保护的可能性。通过对既有条款的解释,可以认为:即使没有"环境权",环境保护也可能是其他基本权利的规范要求。例如,《基本法》第1条第1款规定人的尊严不可侵犯,尊重和保障人的尊严是所有的国家权力的义务;第2条第2款第一句规定任何人都有生命权和身体不受侵犯的权利。国家负有对这些基本权利的保护义务。③ 为了实现人的尊严和生命健康,国家有义务维系最低限度的生态存在(ökologisches Existenzminimum),有义务加强环保以防止严重污染和生态破坏的损害。因此,环境保护也可以被视为宪法中既有基本权利对国家的保护委托的可能组成部分。④ 这意味着,不论是基于基本权利的主观功能还是客观功能,环境保护都有在既有基本权利下得以导出的可能。⑤ 同时,环境保护作为国家目标条款的客观规范效力,与社会基本权的客观功能效力存在机理结构上和效力上的相近性。⑥ 将环境保护作

---

① Vgl. Rauschning (o. Fußn. 7), S. 178.
② Maunz/Dürig (o. Fußn. 2), Art. 20a Rn. 12.
③ Vgl. Alexy (o. Fußn. 53), S. 410 ff.
④ Epping/Hillgruber (o. Fußn. 2), Art. 20a Rn. 7; Maunz/Dürig (o. Fußn. 2), Art. 20a Rn. 8 f.
⑤ Kloepfer (o. Fußn. 8), S. 77.
⑥ Westphal (o. Fußn. 14), S. 339.

为国家目标,可以与既有的基本权利条款形成合力,在此意义上,作为国家目标条款的环境保护,也有其基本权利的维度。这也表明,《基本法》第 20a 条包含了人类中心主义与生态中心主义的调和立场。①

四、作为国家目标的环境保护条款的规范效力

上文梳理了在德国《基本法》纳入环境保护的过程中在规范位阶、背景理念和规范类型上的争议,初步说明了《基本法》第 20a 条的基本特征。接下来,笔者将进一步说明作为国家目标的环境保护条款的规范效力。

(一)直接效力与整合功能

如前文所述,《基本法》第 20a 条可以被看作第 20 条第 1 款确立的一系列国家目标的补充,具有与"共和""民主""法治"等宪法原则同等的规范地位。② 国家目标条款的规范效力在于课以国家持续地实现特定任务的义务,具有直接的法律约束力(unmittelbar rechtliche Bindung)。③ 国家目标不是单纯的价值或政策宣示,而是具备最高位阶的宪法义务规范④,具有动态和持续形塑国家的功能。

环境保护条款因此具备一种整合性的功能。环境保护作为国家目标的法律秉性,要求国家将其与宪法所确立的其他目标,以及所欲保护的其他法益进行协调。环境保护作为国家目标的重点不在于强调环境法益的唯一重要性,而在于提醒国家将这一法益纳入整个宪法法益体系中一体平等地予以保护,同时,授权立法者在不同法益发生冲突时予以协调和平衡。⑤ 由此,环境保护就开始与"民主国""社会国""法治国"等宪法原则共同指引国家发展的方向。这种整合性功能,使得环境保护既不冒进又不迟滞,而是在宪法的整体框架中与其他国家任务调和起来稳健推进。⑥ 在此之前,二战后制宪时新纳入宪法秩序的"社会国"原则也发挥了此种整合

---

① BT Drucks 12/6000(o. Fußn. 7),S. 65;Heinz-Joachim Peters,Art. 20a GG-Die neue Staatszielbestimmung des Grundgesetzes,Neue Zeitschrift für Verwaltungsrecht(NVwZ)1995,555,556.

② Gesetzentwurf der Fraktionen der CDU/CSU,SPD und F. D. P.,Bundestagsdrucksache 12/6633,S. 6;Westphal(o. Fußn. 14),S. 340;Klaus G. Meyer-Teschendorf,Verfassungsmäßiger Schutz der natürlichen Lebensgrundlagen:Empfehlung der Gemeinsamen Verfassungskommission für einen neuen,Art. 20a GG,Zeitschrift für Rechtspolitik(ZRP)1994,73,77.

③ Günter Krings,in Bruno Schmidt-Bleibtreu/Hans Hofmann/Hans-Günter Henneke(Hrsg.),Grundgesetz Kommentar,Art. 20 Rn. 7,14. Aufl.,Carl Heymanns Verlag,Köln,2018.

④ Vgl. Kloepfer(o. Fußn. 8),S. 73.

⑤ Vgl. Maunz/Dürig(o. Fußn. 2),Art. 20a Rn. 14.

⑥ Vgl. Maurer(o. Fußn. 9),§ 6 Rn. 12;Salzwedel(o. Fußn. 55),§ 97 Rn. 26.

性功能：在"社会公正""社会平衡"目标下，国家对于不同宪法法益的协调，最终根本性地改变了德国的面貌，使德国实现了由"自由法治国"向"社会法治国"、由自由放任市场经济向"社会市场经济"（soziale Marktwirtsc-haft）的巨大转向。作为国家目标的宪法中的环境保护条款的出现虽然尚未将德国导向"社会的生态市场经济"，但也本质性地改变了德国经济社会发展的宪法方向。①

国家目标条款的直接效力和整合功能，要求将环境保护条款与其他国家目标条款，以及宪法中的基本权利和国家机构条款等结合起来，进行融贯的解释。下面，笔者就对作为国家目标的环境保护条款的宪法教义学体系进行说明。

（二）保护层次及其界限

国家目标条款是宪法中对国家生活具有基础性调整效果的规范②，其规范对象是国家而非私人，不直接对私人课以义务③，而是对国家行为的原则和路线予以规制，对国家机关产生法律约束力，通过指明特定的发展方向要求国家公权力持续承担义务。④ 但《基本法》第20a条保护"自然生存基础"的规范用语比较抽象，国家应达至何种程度才满足"保护"的要求，值得讨论。德国学界对"保护"的层次有大致以下几个方面的界分：

第一，防御性保护。防御性保护包含两个方面的国家义务：一方面，国家不能以自身活动破坏生态，并要防止第三方的破坏；另一方面，对已发生的损害，国家应及时阻止并着手治理恢复。⑤ 前一方面又可分为三个层次：防止损害、抵御危险、风险预防。⑥ 制止不法行为以避免损害、抵御即将发生实际损害的危险，是国家为保障个人权利和公共利益而对相应的行为或状态的事后被动反应，属于传统的国家任务内容。⑦ 由于科学技术的极大进步，各类可能侵害人民利益的风险层出不穷，风险的隐蔽性、复杂性以及多样性都使得国家的预防功能逐渐受到重视。在环境保护领

---

① Wolfgang Fikentscher, Die umweltsoziale Marktwirtschaft-als Rechtsproblem, S. 21ff., 38ff., Verlag C. F. Müller, Heidelberg, 1991; dagegen Salzwedel (o. Fußn. 55), § 97 Rn. 25.
② Peters (o. Fußn. 64), S. 555.
③ Vgl. Kloepfer (o. Fußn. 8), S. 74.
④ Scheuner (o. Fußn. 37), S. 325ff.; Bericht der Sachverständigenkommission (o. Fußn. 6), Rn. 6ff.
⑤ Westphal (o. Fußn. 14), S. 340.
⑥ Vgl. Murswiek (o. Fußn. 14), S. 225.
⑦ Vgl. Maunz/Dürig (o. Fußn. 2), Art. 20a Rn. 11.

域，国家不能仅仅满足于消除和防范已然发生的危险或十分紧迫的危险状态，更要认真对待危险源并尽可能在危险的萌芽阶段予以防范。① 德国联邦宪法法院认为，在环保领域，应特别要求国家在承担传统的消除损害、抵御危险的职责之外，对风险进行预防。② 也就是说，环境保护应当在时间上予以提前，应当对可能发生危险或损害的事件状态予以控制调整，而不能坐等潜在风险演变为现实的危险，否则就可能造成不可控、不可逆的损害后果，并使得治理恢复难以实现。

但是，"预防型国家"却与传统上"自由法治国"甚至"社会法治国"原则的理念都存在龃龉。③ 风险的不确定性和非实在性，决定了"预防义务"可能是漫无边际的。如果认为国家有"预防义务"，也就意味着赋予了其巨大的不确定的权力。而权力漫无边际，是个人自由的噩梦。因此，德国的通说认为，国家并不负有普遍的风险预防义务。除非相应风险已有足够可能转化为现实紧迫的法益危害，或者面对风险的国家不作为足以构成对禁止怠政原则的违反，"预防义务"才能得到证成。④ 由于环境问题产生的缘由及表现形式等的复杂多样，风险状态与紧迫危险的边界，在个案中才可能得到明确。⑤ 这意味着国家的"预防义务"也只能基于个案来确定，而不能被一般性地赋予。并且，预防行为还必须在比例原则、法律保留等原则下进行衡量，避免对个人自由的不当限制。一方面国家需要在环保领域承担风险预防义务，另一方面又要避免此义务的泛化和失控，实际上这还是在生态环境与个人自由的法益之间进行的艰难平衡。

第二，保障性保护。保障性保护是指国家除围绕可能产生的环境风险、危险及损害而展开一系列保护工作外，在时间的纵向关系中，还应当考虑对"后代"的保障，防止当下尚未产生的风险、危险及损害在后代发生。此外，还应该在横向上，避免国家在其他领域的行动构成对环境损害的变相支持。⑥ 对后代的保障性环境保护，重点在于对各类自然资源的节制使用：对可再生资源坚持可持续的原则，对不可再生资源坚持节约原

---

① 迪特尔·格林. 宪法视野下的预防问题//刘刚. 风险规制：德国的理论与实践. 北京：法律出版社，2012：118－120.
② Isensee (o. Fußn. 46)，§ 73 Rn. 11.
③ Ulrich K. Preuß, Risikovorsorge als Staatsaufgabe, in Dieter Grimm (Hrsg.), Staatsaufgaben, S. 523ff., 1. Aufl., Nomos-Verlagsgesellschaft, Baden-Baden, 1994.
④ Isensee (o. Fußn. 46)，§ 73 Rn. 11.
⑤ Maunz/Dürig (o. Fußn. 2), Art. 20a Rn. 11.；Murswiek (o. Fußn. 14), S. 227.
⑥ Westphal (o. Fußn. 14)，S. 340.

则,合理利用以防止自然资源的过度消耗和生态环境的超荷负担,避免在将来发生严重的环境损害。① 横向的保障性保护的重点在于国家应当坚持"污染者责任原则"(Verursacherprinzip,也译为"原因者责任")——谁损害,谁负责——对环境破坏行为予以制裁,而不能纵容污染者以"共担责任"(Gemeinlastprinzip)来转嫁破坏行为造成的公益损失。只有当采取"污染者责任原则"不可能或不现实时,方可在满足诸多其他法律前提的条件下,采用"共担责任"②。这是因为"共担责任"这一归责原则实际上转嫁了本应由污染者承担的责任,这实际上变相支持了对环境的破坏,构成了对宪法上国家目标条款的违反。

(三)规范效力的作用进路

有关"保护"的层级及界限的讨论,是为了明确环境保护这一国家目标下的国家行动的内容和范畴,所解决的问题是各类国家权力在各自职权内应以怎样的程度去践履国家目标。在此基础上,作为国家目标的环境保护条款具体依循以下进路发挥其宪法规范功能:

第一,构成宪法委托。环境保护条款的内容清晰地指向国家而非私人,是宪法对国家开展环境保护的委托。国家权力基于宪法委托负有不同的义务。具体而言,这一宪法委托的首要对象是立法者,并对其发挥着三个层次的作用:首先,宪法委托是对立法者的敦促,即立法者有积极的作为义务来制定和完善各类环保法律③;其次,宪法委托还引导着立法者,确保立法活动不偏离宪法要求,环保工作不逾越宪法框架,尤其是要同时考量其他国家目标和各类宪法法益④;最后,宪法委托还是对立法者裁量余地的授权,即立法者在符合宪法秩序的前提下得对各类问题作出综合的自由判断——以何种手段和形式来实现环境保护之目标由立法者自行决定。⑤ 此外,根据德国《基本法》第20a条,宪法委托的对象还包括行政权,行政权也应在其行动中努力实现环保目标。但行政权的活动需要满足法律保留和法律优先原则,这也是《基本法》第20条第3款对行政权的宪法诫命。⑥

第二,构成国家权力裁量空间的基准。这一点在行政机关依法需对不

---

① Vgl. Murswiek (o. Fußn. 14),S. 225.
② Vgl. Murswiek (o. Fußn. 14),S. 225.
③ Peters (o. Fußn. 64),S. 556.
④ Kloepfer (o. Fußn. 8),S. 74.
⑤ Uhle (o. Fußn. 29),S. 950 f.;Murswiek (o. Fußn. 14),S. 223.
⑥ Peters (o. Fußn. 64),S. 556.

同利益作出权衡并裁断时尤为突出。这里有两种不同情况：一种是直接针对环境保护事项的行政裁量权。基于环境问题的复杂多样性和高度专业性，立法往往给予行政权较大的自由裁量空间（如涉及环保的规划行政和规制行政领域的行政机关的裁量权）以期灵活有效地保护环境。① 另一种是服务于其他目标而赋予行政机关的裁量权。无论是哪种裁量权，在《基本法》第20a条入宪之后，其具体操作都应当将保护环境纳入考量。② 也就是说，环境保护条款作为宪法上的国家目标规范，是相应裁量权的行使基准，各类国家权力都应当尊重这一原则，通过权衡使之具体化。不仅在狭义的环境保护事项上，也要在其他事项上给予其预先的注意。③

第三，构成法律解释的考量因素。④ 不论是司法裁判还是行政裁量，都需要对相对抽象的法律规范进行解释。法律解释往往存在利益权衡，利益权衡要有方向和限制。环境保护条款作为国家目标，是对国家未来发展的目标指引，因此在法律解释中构成利益权衡的考量因素。⑤ 例如，在有关环保法律的适用中解释"公共利益"这一不确定法律概念时，就应当注意《基本法》第20a条所强调的后代利益，而不能只考虑当代人的利益。⑥ 又如，当立法者所制定的有关环境保护的规范出现法律漏洞，司法机关为准确适用而进行条文的扩张或限缩解释时，亦应注重宪法上环保条款的辐射作用，以宪法的规范内涵及精神实现对普通法律的续造填补。⑦

第四，为限制基本权利提供合宪性基础。⑧ 基本权利并非不可限制，即使是那些不包含法律保留授权的基本权利亦可因"宪法内部约束"（verfassungsimmanente Schranke）而被限制。⑨ 如果某种基本权利的行使可能导致对生态环境的破坏，就会出现国家同时面对保护基本权利与保护环境的宪法义务的情形。此时，基本权利与作为国家目标的环境保护条款发生了冲突，基本权利的主观法益与"自然生存基础"的客观法益发生冲

---

① Peters (o. Fußn. 64), S. 556.
② Murswiek (o. Fußn. 14), S. 229.
③ Murswiek (o. Fußn. 14), S. 223.
④ Peters (o. Fußn. 64), S. 556.
⑤ Bericht der Sachverständigenkommission (o. Fußn. 6), S. 20 f.
⑥ Murswiek (o. Fußn. 14), S. 229.
⑦ Vgl. Kloepfer (o. Fußn. 8), S. 75.
⑧ Vgl. BVerwG, Neue Juristische Wochenschrift (NJW) 1995, S. 2648; Murswiek (o. Fußn. 14), S. 230.
⑨ Bodo Pieroth/Bernhard Schlink, Grundrechte Staatsrecht Ⅱ, Rn. 259, 31. Aufl., Verlag C. F. Müller, Heidelberg, 2015; Epping/Hillgruber (o. Fußn. 2), Art. 20a Rn. 46-47.

突。对此，立法者需展开权衡，在符合"法律保留""比例原则"等合宪性要件的前提下，可以依据环境保护条款对相关基本权利予以限制，以环境保护条款作为限制公民基本权利的合宪性论证基础。① 当然，环境保护条款重在对国家形成义务，而非概括地授予国家行动权能，故而仅凭此条款并不一定会证成国家限制基本权利行为的合宪性②，合宪与否的判断，须在个案中作出。

第五，为国家权力配置提供标准。环境保护条款的效力甚至影响到了国家机构之间的分权。德国战后的分权学说发展出了"功能适当"原则，其基本精神在于：应当由最有可能作出正确决策的机关来承担特定的国家任务。③ 在环境保护的国家目标条款的具体落实中，有必要按照功能适当原则来检视不同国家机构的参与权重。《基本法》第 20a 条强调，国家要同样为后代而保护自然环境，不仅是当代人，后代子孙同样在生态环境上享有利益，国家环保义务的履行也必须考虑到后代可能的利益与意志。因此，在国家目标条款的立法转化及相应的监督审查过程中，有必要考虑在特定事项中后代的相关利益到底更能被哪个机构代表，并作出有利于后代的正确决策。实际上，后代利益往往难以被议会所代表。这是因为，议会是受选举控制的，因而往往只代表作为选民的当代人的眼前利益。议会的决断经常是在当下现实的政治纷扰中偶然作出的，缺乏真正理性的为后代利益的长远考量。此时，司法机关的出场就显得必要。司法机关的救济属性使其更关注可能的权利侵害，也更有可能对抗民主决策以多数暴政损害后代利益。因此，在决策正确性这一"功能适当"的要求下，应当赋予司法机关包括宪法法院在环保问题上更多的参与权重。这意味着，宪法法院固然不能过多干预民主决策的政治过程，要避免宪法裁判权过度干预立法权的功能空间，但是出于保护后代权利的考量，也应当以适当的审查密度来审查民主立法，以弥补民主立法之利益代表的不足。④

尽管作为国家目标的环境保护条款有着如此多层次的效力发挥进路，但必须看到，从该条款不能直接产生请求权和相应诉权。其效力再强，也

---

① Vgl. BVerwGE 125，68.
② Vgl. Murswiek（o. Fußn. 14），S. 230.
③ 张翔. 国家权力配置的功能适当原则：以德国法为中心. 比较法研究，2018（3）.
④ Vgl. Rico Faller, Staatsziel „Tierschutz"-Vom parlamentarischen Gesetzgebungsstaat zum verfassungsgerichtlichen Jurisdiktionsstaat?, SS. 184 - 187, Duncker & Humblot GmbH, Berlin, 2005.

仍然是国家目标条款而非基本权利条款，不对公民赋予权利，在构造上不含有请求权基础的形成空间。① 德国联邦宪法法院认为，国家因该条款产生的对自然生存基础的保护义务，并不构成可诉主观权利的主张基础。② 也就是说，即使国家在环境保护上不作为，也不产生公民的基于环境权的请求权。不论是公民个人还是环保团体，都不能因国家违反了环保义务而直接依据该条款提起诉讼。③ 这就意味着，《基本法》第20a条既非不具有拘束力的纲领式的宣言④，也非具有主观权利属性的规范，而是切实指向国家并使国家权力负有持续的作为及注意义务的最高法规范，公民不能直接从这一客观法中获得可以诉讼主张的给付/作为请求权。⑤ 但需要注意的是，环境保护条款可在公民因其他基本权利遭到侵犯而提起的宪法诉愿中间接地发挥保护作用。例如，针对个人财产权保护，如果个人主张污染状态会损害自己的财产权，那么环保条款就可以加强其主观诉求获得救济的可能性。从相反的角度看，如果国家声称出于环保目的而限制公民财产权，那么其必须能基于环保条款作出有效的合宪性论证，此种基于环保的论证负担，有助于防止国家侵犯公民财产权。⑥

五、对中国"环境宪法"学理的启发

德国《基本法》第20a条以"国家目标"规范纳入环境保护的相关学理，对于理解和适用我国"环境宪法"的相关规范，有着明显的借鉴意义。笔者曾初步概括了我国2018年宪法修改后的"环境宪法"的基本规范，包括《宪法》"序言"第七自然段、《宪法》第9条第2款、《宪法》第10条第5款、《宪法》第26条、《宪法》第89条第6项，并指出我国"环境宪法"的建构方向是"国家目标"，而非"环境权"，这一点构成了对相关条款进行解释的出发点。⑦ 结合前述德国环境保护条款的学理，笔者在既有的论证之外，提出以下补充性观点：

第一，"国家的根本任务"和"基本国策"条款足以发挥环境保护的规范实效。

在我国关于宪法应如何规范环境保护的讨论中，主张通过修宪规定作为基本权利的"环境权"是一个具有广泛影响力的观点。主张在宪法和部

---

① Maunz/Dürig（o. Fußn. 2），Art. 20a Rn. 33.
② BVerwG, Neue Juristische Wochenschrift（NJW）1995，2648，2649.
③ Murswiek（o. Fußn. 14），S. 230.
④ Murswiek（o. Fußn. 14），S. 223.
⑤ Uhle（o. Fußn. 29），S. 951；Peters（o. Fußn. 64），S. 555.
⑥ Murswiek（o. Fußn. 14），S. 230.
⑦ 张翔. 环境宪法的新发展及其规范阐释. 法学家，2018（3）.

门法的不同层面规定"环境权"的学者，多看重权利话语在当代法治中的强大证成力量。如一篇近年来的文献所论证的："环境权是权利话语主导的现代法律体系回应环境问题的当然选择。"① 那么，宪法是否可以纳入环境权？这里涉及是否存在"基本权利的标准"，依此标准可以决定将何种权利纳入或者排除于宪法基本权利的清单。实际上，并不存在这样的客观标准。宪法是法秩序中的最高法，其自身并无法秩序内的上位标准可供依循。各国的制宪和修宪经验也表明，将哪些权利、以何种排序和保障程度规定入宪法，基本上取决于制宪者或者修宪者对该当权利或者相关利益的重要性的主观认识。可以设想，如果未来形成了关于环境权重要性的高度共识，环境权入宪并非不可能。

唯须注意的是，环境权如果入宪，会对既有的基本权利的规范构造产生冲击。经典模型下的基本权利是"个人得向国家主张的主观权利"。与此经典模型相比，"环境基本权"至少在以下三个方面存在差异：（1）相比经典基本权利主要是个人的权利，"环境基本权"更可能是集体的权利，也就是经常要借助集体行动而非个人诉求来实现。此外，"环境基本权"的原理，会主张将"后代"、"动物"乃至"生态"自身作为权利主体，这与经典基本权利以当下存在的个人为主体，明显存在差异。（2）经典基本权利以国家作为义务主体，而环境问题的天然超国界属性，却使得"环境基本权"所针对的义务主体不限于国家的公权力机关。（3）经典基本权利是可向国家提出"请求"的主观权利，可司法性是其基本特征，而如前所述，"环境基本权"存在"司法不能"。"无救济则无权利"，可司法性不足会影响权利的实效。德国魏玛宪法纳入劳动权等社会权条款，却伴随着大量劳动力人口失业，是宪法史上这方面的著名例证。这也让德国战后的制宪对于扩大基本权利清单，特别是增加可诉性较弱的权利，变得格外地慎重。概言之，如果宪法纳入"环境权"，会对固有的基本权利的规范学理产生冲击，更重要的是，可能因为无法适应既有的基本权利保护模式，难以发挥如同经典基本权利一般的规范效力而无法达到环境权入宪的原初期待。

而前述的德国经验表明，即使不以"环境基本权"的方式规定环境保护，"国家目标"条款也可以达到很高的规范强度，从而实现环保价值。我国2018年宪法修改后，宪法对于环境保护的规范是多层次的，包括：

---

① 刘长兴. 环境权保护的人格权法进路：兼论绿色原则在民法典人格权编的体现. 法学评论, 2019（3）：162.

(1) 在"序言"的国家根本任务中强调"新发展理念"、"生态文明"和"美丽";(2) 在"总纲"的基本国策条款中强调对自然资源、珍贵动植物的保护和合理利用,以及明确规定保护生态环境和防治公害;(3) 在"国家机构"章中配置生态文明建设职责。这些规范覆盖《宪法》的"序言"、第一章"总纲"和第三章"国家机构",同时又可以与第二章"公民的基本权利和义务"中的人权、人格尊严等条款形成诠释互动。相反,假如没有这些规范,而仅仅增加一个空泛的环境权,其实并不能形成对国家权力的有效约束,也无法形成体系化的国家义务。在主权者的政治决断已经通过宪法修改进行表达的背景下,在环境保护已经成为实证宪法上的"国家的根本任务"、"基本国策"和"国家权力配置"条款的前提下,坚持法学的规范主义立场,做好既有环保条款的法解释和应用的工作,是法学者的恰当立场。

第二,确立环境保护条款的价值辐射作用。

与德国《基本法》第 20a 条将"环境国"作为与"共和国""民主国""社会法治国""联邦国"并列的共同体建构性原则类似,我国宪法修改,也将"生态文明"与"物质文明"、"政治文明"、"精神文明"、"社会文明"并列为《宪法》"序言"第七自然段规定的"国家的根本任务",并将之作为"中华民族伟大复兴"的当然内容,赋予其很高的价值地位。按照我国宪法学界对《宪法》"序言"第十三自然段的学理阐释,宪法之所以是根本法、最高法,是因为其"规定了国家的根本制度和根本任务"[①]。而实现"国家的根本任务",构成了国家长期正当性的基础。因此,2018 年修宪将"生态文明"建设作为国家根本任务的内容,是以极高的价值位阶,甚至是以超实证法秩序的价值位阶来规定环境保护的。

在此价值宣告下,环境保护应该在学理上被解释为对整个法律体系具有辐射作用的原则性规范,从而指导一切国家权力的运行。国家行动的方方面面,都应将环保作为必须考量的因素。国家必须以其针对环境保护的客观法义务,进行一切的立法、行政、司法工作,并将其与其他价值进行协调和融贯。在我国民法典的编纂过程中,《民法总则》第 9 条纳入"绿色原则"[②],应该说是宪法环保条款价值辐射到国家立法活动的初步体现。2017 年通过的《民法总则》第 9 条"民事主体从事民事活动,应当有利于节约资源、保护生态环境"的表述,与《宪法》第 14 条"国家厉行节

[①] 许崇德. 中国宪法. 北京:中国人民大学出版社,1996:21-22.
[②] 吕忠梅. 中国民法典的"绿色"需求及功能实现. 法律科学,2018 (6).

约，反对浪费"和第 26 条"国家保护……生态环境"的表述，有着明显的承继痕迹。在 2018 年修宪之后，国家公权力的运作更应该以实现国家根本任务中的生态文明建设为基本价值导向，而以宪法为统帅的法律体系也应向着此价值目标作合宪性调整。

第三，建构"环境宪法"的教义学体系。

在环境保护作为国家目标入宪后，德国的宪法学和（作为公法学的）环境法学逐步建构了一整套规范性的学理，使得环境保护以"宪法委托""裁量基准""解释标准"等进路影响整个法秩序的运作，而相关的基本权利和国家机构规范，也在环境保护条款的价值辐射下被重新解释。在我国宪法纳入新的环境保护规范后，也应该对整个宪法教义学的体系作出调整。试述几点：（1）除前述的国家任务、基本国策的性质之外，环保当然也构成法律体系中无所不在的"公共利益"，对"公共利益"的教义学建构必然需要重新展开。而作为"公共利益"的环境保护，会构成基本权利限制的合宪性论证基础，例如从环保出发对财产权和营业自由作出限制。（2）环境保护不仅可以作为基本权利的限制理由，也可能成为基本权利的保护范围。"环境基本权"的诉求，往往都能被既有的基本权利的保护范围所覆盖。因此，对既有的作为人权当然内容的生命健康权以及财产权、人格尊严等权利的"绿化"解释，就可以强化环保价值在公法体系中的价值渗透，使得环保不是仅停留在国家客观法义务的层面，而是可以"主观化"为既有基本权利的保护内容，这也将部分地满足环境权入宪的诉求。（3）国家权力配置中的环保任务分担。2018 年修宪将"领导……生态文明建设"作为国务院的职权，实际上是在对环境保护的国家任务进行配置，这一规定也符合环境保护极强的科学性、专业性的特点。但是，从宪法的整体价值协调和体系解释出发，民主原则和人权保障原则仍然是国家权力配置的基础原则，国家对环保任务在不同国家权力之间如何配置，如何在此领域协调民主、人权、法治等价值，是需要宪法学国家机构原理回应的问题。概括言之，在环境保护的国家目标条款之下，整个宪法教义学的体系都应作出相应的调整和适应。

第四，"环境宪法"概念下的学科整合。

宪法在传统上以政治活动为规范对象，是所谓"政治宪法"，传统的宪法学也以对政治行为的规范为核心工作。但随着宪法作为根本法、最高法的地位在现代社会的最终确立，现代宪法对于经济、文化和其他社会领域的规范作用都被强化了。许多原来属于各部门法的问题，在现代宪法下都可能转化为宪法问题，从而出现了"部门法提问，宪法作答"的普遍现象，由此也开始形成"部门宪法"的新学理。① 作为部门宪法的新兴领域，"环境宪法"概念的出现，也意味着宪法与环境法等学科的整合。部门宪法的研究具有天然的跨学科属性，首先着眼于宪法与其他部门法的关系。笔者曾概括了"法律对宪法的具体化"、"法律的合宪性解释"和"法律的合宪性审查"的三重关系，但应该注意到，宪法与部门法的关系不是单向的，而是"交互影响"的。② 例如，2018年生态文明的入宪，其实也体现了宪法对于环境法学科诉求的回应。部门宪法研究的跨学科性，还在于法学对于其他社会科学乃至自然科学的开放性。"环境法"相对于传统的法学学科，也具有明显的向科学话语的开放性，而此种影响也必将上溯至宪法学的层面。在笔者看来，在"环境宪法"概念下的法学研究，也应该秉持一种问题导向和相向而行的态度，最终形成"整体法教义学"的体系和谐，并实现与其他社会科学和自然科学的良好沟通。

（本文与段沁合作，原发表于《政治与法律》2019年第10期。）

---

① 苏永钦. 部门宪法：宪法释义学的新路径？//苏永钦. 部门宪法. 台北：元照出版有限公司，2006：3-31；赵宏. 部门宪法的构建方法与功能意义：德国经验与中国问题. 交大法学，2017（1）：65-78.

② 张翔. 宪法与部门法的三重关系. 中国法律评论，2019（1）.

国家目标作为环境法典编纂的宪法基础

党的十八大以来，生态文明建设作为统筹推进"五位一体"总体布局和协调推进"四个全面"战略布局的重要内容，不仅在国家建设发展全局中重要性凸显，更通过 2018 年宪法修改中"序言"部分的扩容（核心体现是"生态文明"入宪）成为法规范意义上的"国家的根本任务"的内容，对国家的发展方向和共同体秩序具有宪法上的基础性决断的意义。因此在宪法统率下，不断健全完善环境法治体系，实现有力有效的生态治理和环境保护，是宪法学及环境法学的共同使命，是法学作为规范科学和实践科学推动生态文明建设的时代课题。"我国生态环境保护中存在的突出问题大多同体制不健全、制度不严格、法治不严密、执行不到位、惩处不得力有关"，因此"保护生态环境必须依靠制度、依靠法治"，要"用最严格制度最严密法治保护生态环境"①。于此，在法典化的潮流下，面对环境法治的制度供给不足、法规范不健全、环境分散立法无法有力承载提升环境治理效能等问题，环境法学界就环境法典的编纂展开了热烈的讨论。②

法典化只是手段，是否编纂环境法典、如何构建法典内容，在根本上仍然要取决于是否能有效建构生态文明制度，充分地推动良好环境保护。如果要编纂环境法典，必须在理论上回答法典化何以具备效能优势。为此，一方面应在体例结构等技术性问题上有所探索，另一方面则更应厘清决定着环境法典结构与内容的学理基础、核心范畴和价值基点。唯有如此，才可能实现环境法典的体系融贯、逻辑自洽、任务清晰、规范聚焦和富有实效。

一、环境宪法与环境法典

立法是在宪法约束下在法秩序的各个领域的规范展开。一方面，宪法

---

① 习近平. 推动我国生态文明建设迈上新台阶. (2019-01-31) [2021-12-14]. http://www.xinhuanet.com/politics/2019-01/31/c_1124071374.htm.

② 关于环境法典编纂的历史沿革和当前争论的梳理，参见彭峰. 中国环境法法典化的困境与出路. 清华法学，2021 (6)：175-179。

是部门法的"权源"和"法源"①，部门法会对宪法进行狭义上的具体化。② 立法权来自宪法的配置，立法内容也常常以宪法所蕴含的相关诫命、指示为依据和动力，进而具化形成。立法者应当探明宪法对于该部门法领域的核心价值和基础规范设定，并通过更为具体的法律规范将其落实为部门法秩序。另一方面，立法活动往往面向国家治理的实际需要，以坚实的政治共识、专业知识作为形成基础，以实存秩序结构作为规范起点和对象，具有较大的形成自由。宪法不可能对一切领域的未来生活事实预先提供全部解决方案。虽然部门法的具体规范并不总是在执行落实宪法，但要始终受到宪法的约束，做到不抵触宪法的积极要求、不违反宪法的消极禁止。宪法对于立法具有"边界控制"和"内容形成"的双重功能。③ 基于"部门法是对宪法的具体化"的认识，环境法典的编纂应首先明确其宪法基础。

特别是，2018年我国宪法进行了修改，其中的一大亮点是在"序言"中增添了贯彻新发展理念、推动生态文明协调发展、建设美丽中国的任务宣示（第七自然段），在"国家机构"中增加了国务院进行生态文明建设的职权（第89条第6项）。此次修改内容与原有正文的第9条2款、第10条第5款、第26条等一起，以数量不少的条款，对生态环境保护事宜作出了全面的和各有侧重的规定，形成了具有集团性的、实在规范意义上的"环境宪法"④。对于这样的根本法上的规范"富矿"，部门法不应也不能忽视。环境法典编纂可能存在内部体系杂乱的困扰，而宪法则天然具有协调公法、私法不同机制的功能。应当通过深入和体系性地阐释作为部门宪法的环境宪法而寻找解决方案。向宪法要动力、寻资源、求方向，在实存秩序面对纷杂的事实变迁时，回溯到总则性、基本性、最高性规定，既是部门法典编纂和相应教义发展的便宜策略⑤，更是宪法至上、依宪治国的必然要求。例如：张震认为，面对国家治理实践及宪法规范文本，应当通过综合诠释提炼出宪法环境观，并以"有效实现环境治理"作为一种根本性的规范功能指向，以此来指导、定向各有关环境规范的释义⑥；陈海嵩在厘定环境法的宪法基础层面，主张"从宪法文本与现实需要出发，根

---

① 叶海波. "根据宪法，制定本法"的规范内涵. 法学家，2013（5）.
② 张翔. 宪法与部门法的三重关系. 中国法律评论，2019（1）.
③ 张翔. "合宪性审查时代"的宪法学：基础与前瞻. 环球法律评论，2019（2）：17-19.
④ 张翔. 环境宪法的新发展及其规范阐释. 法学家，2018（3）.
⑤ 苏永钦. 再访部门宪法. 治理研究，2020（3）：114-115.
⑥ 张震. 中国宪法的环境观及其规范表达. 中国法学，2018（4）.

据宪法发展的结构性变化，以归纳推理的方式，通过对环境基本国策规范含义的分析，明确国家环境保护义务的宪法依据与规范内涵"①。这种聚焦于部门宪法并主动予以回溯的宪法与部门法间的良性互动，有助于统一环境法规范与学理概念②，促进环境法学内部以及各部门法间，在环境保护法制的若干基础性范畴和价值主轴上取得共识。

宪法或者说作为部门宪法的环境宪法之所以能具备上述功能，除基于宪法的最高法律位阶外，还在于宪法并非单纯的行为法，而是结构法③、制度法、协调法。作为规范秩序和政治现实的接口，作为高度政治性和社会性的法律④，宪法自身实定性、规范性的有效实现，需要将现实秩序的运行机理作为诠释前见，也需要增强对法律所奠基事实的关照，增进宪法和部门法在规范与事实两个层面上的交互作用。⑤ 而我国宪法在形塑部门法秩序上又有其独特的规范性。我国《宪法》的"序言"、"总纲"和"公民的基本权利和义务"部分，存在大量的国家目标条款以及其他对各部门法具有定向性和纲领性的规定，它们与其他宪法规范类型的组合交叉，为各领域法秩序的形成奠定了基础。"我国宪法同一些外国宪法相比较，一大特色就是明确规定了国家的根本任务、发展道路、奋斗目标，经济建设、政治建设、文化建设、社会建设、生态文明建设和国家各方面事业，在宪法中都有体现、都有要求。"⑥ 因此部门法在构筑各领域法秩序的"四梁八柱"时，必须对标宪法上的相关规范，遵循宪法给出的底线、方向和边界，同时还要辅助宪法展开与各自领域实存秩序的对接及交互，并通过宪法与其他部门法秩序协调起来。

二、环境法治的制度目标：有效治理

毫无疑问，编纂环境法典、完善环境法治，最直接也是最根本的目的就是展开富有成效的生态文明建设，保护好自然生态环境。这是环境法作为一个法律部门的功能初心与价值基点。要达至这种目标，必须依靠建构制度。只有稳定、严密、全面、协调、高效的生态文明体制，才能应对不

---

① 陈海嵩. 国家环境保护义务的溯源与展开. 法学研究，2014 (3)：67.
② 张震. 环境法体系合宪性审查的原理与机制. 法学杂志，2021 (5)：25.
③ 苏永钦. 再访部门宪法. 治理研究，2020 (3)：114；苏永钦. 部门宪法：宪法释义学的新路径？//苏永钦. 部门宪法. 台北：元照出版有限公司，2006：24-25.
④ 苏永钦. 部门宪法：宪法释义学的新路径？//苏永钦. 部门宪法. 台北：元照出版有限公司，2006：5.
⑤ 苏永钦. 再访部门宪法. 治理研究，2020 (3)：115-116.
⑥ 栗战书. 使全体人民成为宪法的忠实崇尚者自觉遵守者坚定捍卫者：在深入学习宣传和贯彻实施宪法座谈会上的讲话. 中国人大，2018 (7)：7.

断变动、互相关联、脆弱敏感的自然生态环境,也才能统筹起环境保护与经济社会发展、民生保障等人类社会需求,构建人与自然生命共同体。生态文明建设要"坚持系统观念,从生态系统整体性出发,推进山水林田湖草沙一体化保护和修复,更加注重综合治理、系统治理、源头治理","要提高生态环境治理体系和治理能力现代化水平,健全党委领导、政府主导、企业主体、社会组织和公众共同参与的环境治理体系,构建一体谋划、一体部署、一体推进、一体考核的制度机制"①。

环境宪法也具有较为鲜明的制度建构和赋权的导向,与构成现代宪法底色的人权保障和限制权力的需求有一定差别。② 但这种落差在现代宪制产生之初并未凸显,盖因环境问题的紧迫性和严重性是在人类全面进入工业社会后才涌现的。虽然进行环境保护有着天然的"人类中心主义"逻辑,但从具体法制模式的选择看,环保仍然以一种以国家公权力为主导的制度建设作为相应规范体系的目标。从客观的环境治理,包括气候治理的实际需要和效能看,环境保护毫无疑问是一种"国家任务",而不是纯粹的社会任务或私人自治事项,没有国家总揽全局、协调各方、建构制度,以及参与国际协作,环境保护的有效性是难以想象的。这就有所区别于传统立宪主义将防御权作为第一性的基本权利而产生的具有限权色彩的救济法制。

换言之,在整体宪法秩序中,环境保护是作为一种待规定和待建构的"事项"而成为规范对象。不论是宪法还是部门法,在环境保护进程中所展开的实定性和规范性不是"回顾的"而是"前瞻的"③,环境宪法下的国家图景和想象不是一种无为式的被驯服状态,而是一种有为式的被规制、引导状态。适宜的自然生态环境是人类共同体生存发展的基础,是实现共同体安全这一国家目的的重要方面④,也是基本权利得以展开实现的基本前提。⑤ 环境保护本来就蕴藏在传统的国家目的之中。当科技革命使

---

① 习近平在中共中央政治局第二十九次集体学习时强调 保持生态文明建设战略定力 努力建设人与自然和谐共生的现代化. 人民日报,2021-05-02(1).

② Vgl. Dieter Grimm, in Heinz Mohnhaupt/Dieter Grimm, Verfassung. Zur Geschichte des Begriffs von der Antike bis zur Gegenwart, 2. Aufl., Berlin, 2002, SS. 104-105.

③ 迪特儿·格林. 现代宪法的诞生、运作和前景. 刘刚,译. 北京:法律出版社,2010:36.

④ 齐佩利乌斯. 德国国家学. 赵宏,译. 北京:法律出版社,2011:160-165.

⑤ Vgl. Michael Kloepfer, Aspekte eines Umweltstaates Deutschland. Eine umweltverfassungsrechtliche Zwischenbilanz, in Klaus-Peter Dolde (Hrsg.), Umweltrecht im Wandel: Bilanz und Perspektiven aus Anlass des 25-jährigen Bestehens der Gesellschaft für Umweltrecht, S. 747, Erich Schmidt Verlag, Berlin, 2001.

现代国家全面进入工业社会，国家所赖以存在的生态环境与人类共同体本身发生重大密切关联时，国家存在的动因就更不能忽视环境保护对于公民的重要性乃至必要性。因此保护环境在一定程度上是国家建构时的正当性基础之一，亦是建构完成后国家公权力应继续秉持的重要奋斗目标。① 环境法和环境宪法自诞生之始，就主要是在激活国家、复兴国家，其目的在于使国家这样一个垄断了暴力，对内有高权、对外有主权的无可替代的封闭独立的权力实体，重新发挥秩序塑造的作用②，解决因工业化所致环境负担而造成的共同体失序问题。因此，结构化问题是环境法规范的对象，这也使得环境法治的方案成就必须是制度化的。

当然，环保制度和生态文明体制的建构亦有人权维度，在部分内容上仍然可以被涵纳进密度较高的合宪性审查范围。例如从社会受益权的角度出发，国家同样要保障个人的"生态性最低生存保障权"，供给基本的"良好生态"，维护社会、文化和政治生活得以展开的特殊生态性前提。③ 从传统人权，如生命健康权、财产权等出发，国家需要履行其基本权利保护义务，国家除不主动侵犯外，还应通过制定法律、建构制度等方式保护个人免遭第三方侵害，包括因环境污染、气候变化等而造成的损害与危险。④ 但是基于权利救济而促动的环境保护，仍然指向国家的制度性、整体性作为，并不指向对国家确定行为的防御或者可具体化、份额化给付的要求。因此从本质上看，一种客观的、首先指向立法者的、具有委托性和实质内容但需要具体建构的"制度目标"，才是法秩序中国家推进环境法治的动因和基础。

三、环境法典编纂的宪法基础：国家目标

综上，不论是实定环境法的制定，还是作为部门法的环境法的学理发展，都应当牢牢抓住"国家如何有效推进制度性环境保护"这个核心命题。既有的一些主观化的、法律层面的制度设计和尝试，无非也是服务于上述命题、目标的制度性手段而已，本质上仍然是维护公共利益，维护环境公共政策及制度的完整。⑤ 而上述核心命题在宪法上正是由国家目标条

---

① Vgl. Dietrich Murswiek, Staatsziel Umweltschutz (Art. 20a GG) -Bedeutung für Rechtsetzung und Rechtsanwendung (NVwZ) 1996, 222, 223.
② 迪特儿·格林. 现代宪法的诞生、运作和前景. 刘刚，译. 北京：法律出版社，2010：31.
③ Vgl. BVerfGE 125, 175, 223; BVerfG NJW 2021, S.1723, Rn. 114.
④ Vgl. BVerfG NJW 2021, S.1723, Rn. 99, 145ff, 171.
⑤ 例如，除行政机关的环境规制外，环保团体、检察机关通过对民事主体的环境违法行为进行无因管理式的环境民事公益诉讼，以司法救济的外观补充行政规制，检察机关对行政违法或不作为提起环境行政公益诉讼，纠正公权力过错，维护公共利益。

款所设定的,国家目标条款也构成我国环境宪法的主要规范类型。因此,充分释明它们的规范效力与体系内容①,既可以为实存的生态文明体制确定方向、圈定范围,又可为部门环境法的进一步发展提供规范秩序内部的坚实基础。具体到环境法典的编纂,宪法上的国家目标条款可在规范和学理层面为其提供以下几点支撑:

首先,国家目标条款标示的法益已然是一种独立的宪法价值或法益。如是,环境保护的宪法义务就区别于基于基本权利保护义务而进行的环保,或者基于给付生态性最低生存保障而进行的环保。因为后两者仍是在保障其他的价值或法益,国家的相应举措可能会与纯粹基于保护环境而采取的措施相悖。例如,如果纯粹为了保护生命健康权,在应对气候变化所致之损害时,国家可以只采取适应性措施,例如改善基础设施、迁移人口等,专门的气候治理措施可以不用很严格。② 因此,一种蕴含着独立价值、可不问被保护主体的国家目标条款,可以极大强化环境保护、气候保护的正当性和重要性,拓宽人权视角下环保的人类中心主义视野,适当地融合生态中心主义。③ 这种新的义务内涵,也要求国家各类环保工作的展开必须注重环境系统自身的变迁规律,契合于环境法学的发展越来越依赖环境科学研究成果的趋势。④ 在环境法典编纂中,应当积极构建环境立法及执法过程中特定的制度和程序,使相关的科学知识更加充分和便捷地被吸纳于应然规范之中。

其次,国家目标条款作为可供合宪性审查对标的宪法条款,具有切实的最高法律效力,约束包括立法者在内的各国家机关。⑤ 国家目标条款对国家权力而言,虽然仍发挥规范的约束性,但在规范内容上则是对国家公权力课以一种要求性义务,即不主要是对国家公权行为的禁止,而是对其的诫命。⑥ 因此,国家应当积极持续作为,以努力实现相应目标。在这样的语境下,国家目标条款在约束对象上就可以和宪法其他条款保持高度的

---

① 对于国家目标条款规范性的研究,参见张翔,段沁. 环境保护作为"国家目标":《联邦德国基本法》第 20a 条的学理及其启示. 政治与法律, 2019 (10); 王锴, 刘犇昊. 宪法总纲条款的性质与效力. 法学论坛, 2018 (3)。

② Vgl. BVerfG NJW 2021, S. 1723, Rn. 114.

③ Vgl. Theodor Maunz/Günter Dürig, Grundgesetz Kommentar Band Ⅲ, Art. 20a Rn. 20, 40. Lieferung 06. 2002, Verlag C. H. Beck, München.

④ 郑少华,王慧. 环境法的定位及其法典化,学术月刊, 2020 (8): 133 - 135.

⑤ Vgl. BVerfG NJW 2021, S. 1723, Rn. 205.

⑥ Vgl. Der Bundesminister des Innern/Der Bundesminister der Justiz (Hrsg.), Staatszielbestimmung/Gesetzgebungsaufträge, Bericht der Sachverständigenkommission, Rn. 7, Konkordia GmbH für Druck und Verlag, Bühl/Baden, 1983.

同一，即这些规范的核心内容都旨在约导国家，而相应的更为具化的环境法典的核心使命，也在于使国家有效地构筑起有效、完善的环境保护法制。以国家目标条款作为环境法典的具体化任务方向和根本依归，有利于聚焦"制度建构"这一关键任务，减少法典体系内部的龃龉摩擦。

再次，国家目标条款作为宪法上的价值或法益，可以为限制无法律保留的基本权利提供合宪性基础，并具有面向整体法秩序的辐射效果，但并不具备一般的通常优先地位。[①] 这一方面意味着，国家目标条款的宪法地位，为国家开展全面而深入的环境治理、保护扫清了宪法上的禁区障碍，另一方面也提示国家各公权力在涉及基本权利限制时，仍需要注意遵守比例原则、利益权衡、最优化保障等合宪性要求。尤其是，未来的环境法典很可能只是适度的汇编型法典，仅汇纂直接针对环境保护治理的法律法规，但环保实则是一个"超级部门"，为实现其目标而制定和调整的法规范实则涉及各部门法。以气候保护、控温减排为例，在碳达峰、碳中和的目标下，相关的法律法规会涉及生活生产的一切领域和各个环节。因此，国家目标条款既以部门法对宪法具体化的方式，为可能的环境法典提供坚实基础，也以合宪性解释、填充不确定法律概念、构成国家权力裁量基准等方式[②]，促使整体法秩序能够与环境法典融贯衔接起来。

最后，国家目标条款作为合宪性审查基准，采取的通常是"禁止不足"的审查框架，该框架下的违宪标准通常采取"显著性"标准。[③] 这虽然有利于维护立法者的形成自由，尊重民主决断，但有掏空宪法规制之嫌疑。为此，宪法学研究应当通过体系解释、部门宪法研究、归纳部门法对宪法的基础性具化路径等方法，分类深入发掘较为抽象的国家目标条款所蕴含的具体义务内容，形成其项下若干的客观法要求，作为可用的、较为明确的宪法审查基准。再用这些相对具体的要求来适当提高审查密度，防止立法自由裁量的肆意扩张，也能为环境法典的编纂提供关键枝干，达致纲举目张之效。例如，针对全球性的碳达峰、碳中和目标，德国联邦宪法法院在"气候裁定"中，将《基本法》第20a条抽象的"环境保护"诫命具体化为包括气候保护、实现碳中和、参与气候国际协作治理、兼顾后代地保护环境等在内的要求，并将立法者对国家目标条款的重大基础性的立

[①] 张翔，段沁. 环境保护作为"国家目标"：《联邦德国基本法》第20a条的学理及其启示. 政治与法律，2019（10）：13.

[②] 同①12.

[③] Vgl. Kurt Faßbender, Der Klima-Beschluss des BVerfG-Inhalte, Folgen und offene Fragen, NJW 2021, SS. 2085, 2087.

法具体化——为保护气候而确立的碳中和前的控温增幅——作为宪法层面的审查基准,要求包括立法机关在内的所有公权力机关都予以遵守和注意。① 这些要求和基准,具有很强的具体规范含义。例如,按照比例原则,减排负担应当在不同世代间恰当分配,不能让当代人消耗太多排放预算,而让后代"急刹车"乃至自我禁欲式地承受极端的减排负担。②

总之,根据我国的宪法文本,以国家目标条款为核心的环境宪法,不仅在价值层面宣示了推进自然生态保护的重要性,还可在规范层面通过多样的效力路径规制国家作为,加大环境治理实效,更可在学理上以"制度建构"为核心范畴为可能的环境法典编纂提供根本法上的依据。环境法典的编纂任重而道远,需要环境法与宪法携手努力,并在整体法秩序体系融贯、学理基础达成起码共识、法学与科学彼此交融的基础上稳妥推进。

(本文原发表于《法学评论》2022年第3期。)

---

① Vgl. BVerfG NJW 2021,S. 1723,Rn. 197ff.
② Vgl. BVerfG, Beschluss des Ersten Senats vom 24. März 2021 - 1 BvR 2656/18 -, Rn. 192.

"共同富裕"作为宪法社会主义原则的规范内涵

中华人民共和国是社会主义国家，中国宪法是社会主义宪法，这是在中国语境下理解宪法问题、解释宪法的基本前提。有学者认为，我国《宪法》第1条的"社会主义国家"条款是"解析新中国成立以及立宪合法性的根基所在，是现行宪法的灵魂条款，也是解开现行宪法价值体系和规范内涵的命门"[1]。在我国现行宪法的文本中，"社会主义"一词共出现50次，被用来修饰"国家""制度""道路""初级阶段""市场经济""民主""法治""现代化强国""核心价值观"等名词。从法学作为规范科学的立场出发，修饰语也应具有规范内涵，不能认为"社会主义"是内容空洞甚至无意义的意识形态宣示。法教义学是围绕一国现行有效实在法的一般性权威原理，因此，对明定于宪法文本的"社会主义"规范的有效学理建构，是本土化的宪法教义学必须完成的课题。"社会主义"究竟有怎样的规范性质和规范内涵，以及其对被修饰的名词有着怎样的规范性限定，有待法学的解释与建构工作。

"社会主义"是宪法中具有高度抽象性和意识形态性的概念。相应的宪法解释不可避免地需要借助理论论证，也就是通过探究其背后的价值观或者政治理论来确定其含义，并将其转化为法律的规范性表达。同时，法解释中的理论论证又不能是任意性的政治判断，而必须是基于宪法文本的、内在于宪法的价值观或者政治理论。[2] 在人类观念史上，"社会主义"的内涵丰富复杂而又变动不居。在我国现行宪法的起草和实施过程中，中国共产党逐步发展完善了关于社会主义本质的"共同富裕"观。"共同富裕"观的不同侧面，都在宪法文本中有所表达，可以作为建构"社会主

---

[1] 陈明辉.什么样的共和国？：现行宪法中"社会主义国家"的性质与内涵//北大法律评论：第20卷·第2辑（2019）.北京：北京大学出版社，2020：50.

[2] 关于政治理论与宪法解释的关系，参见张翔.祛魅与自足：政治理论对宪法解释的影响及其限度.政法论坛，2007（4）.

义"规范内涵的理论资源。笔者尝试从宪法解释的角度,探讨"社会主义"在我国宪法中的规范地位,以及作为其本质要求的"共同富裕"的规范意涵,尝试初步构建关于"社会主义"的宪法教义学。

一、"社会主义"作为宪法的基本原则

(一)"社会主义"并非内容空洞的修饰语

我国宪法学界当下关于"社会主义"的解释,通常以《宪法》第1条第1款所规定的"社会主义国家"为中心,从"根本属性"的角度界定该语词的内涵。例如,"马克思主义理论研究和建设工程重点教材"的《宪法学》所代表的通说认为,根据《宪法》第1条的规定,"社会主义"构成了我国的国家性质。[1] 有学者认为,《宪法》"序言"中"富强民主文明和谐美丽的社会主义现代化强国"的国家目标"设定了价值目标",而《宪法》第1条对"国家制度进行了性质上的规定","二者共同描述了中华人民共和国的政治理想与政治制度的基本面貌,构成了现行宪法中的根本法"[2]。也有学者在关于《宪法》第5条第1款"社会主义法治国家"与第15条第1款"社会主义市场经济"的研究中,对"社会主义"提出了近似的解释方案。[3] "宪法文本中的'社会主义'主要宣示国家制度的性质、国家价值观以及国家发展方向"[4]。然而,将"社会主义"作为根本属性、根本法抑或国家性质,都还只是在价值论维度上表达社会主义之于宪法的高度重要性,或者说根本性,"社会主义"似乎还是含义不明的修饰语。例如,有学者认为我国的国家性质所决定的社会主义制度"由四项最为主要的根本制度构成:(1)作为根本保证的党的领导;(2)作为根本政治制度的人民代表大会制度;(3)以社会主义公有制为基础的经济体制;(4)以精神文明建设为核心内容的文化体制。这四项根本制度是中国特色社会主义制度的核心要件,集中体现了国体条款中所规定的社会主义的国家性质"[5]。不难看出,这些论述还是在说明"社会主义制度"的内容,而非"社会主义"自身,其重点仍是阐述"制度"是什么,而不是"社会主义"概念自身的规范要求是什么。在此意义上,这种论述仍是描

---

[1] 《宪法学》编写组. 宪法学. 2版. 北京:高等教育出版社,人民出版社,2020:110.
[2] 陈明辉. 什么样的共和国?:现行宪法中"社会主义国家"的性质与内涵//北大法律评论:第20卷·第2辑(2019). 北京:北京大学出版社,2020:67.
[3] 张震."社会主义法治国家"的名与实:以现行宪法文本为分析路径. 北方法学,2014(5):132-133;韩大元. 中国宪法上"社会主义市场经济"的规范结构. 中国法学,2019(2):16-18.
[4] 韩大元. 中国宪法上"社会主义市场经济"的规范结构. 中国法学,2019(2):18.
[5] 同[2]73.

述性的,而非规范性的,仍然是法价值论层面甚至意识形态宣示层面的。

用"社会主义"去修饰"国家""制度""初级阶段""市场经济""民主""法治",实际上表征着一种法伦理学意义上的"合目的性",也就是"国家""制度""初级阶段""市场经济""民主""法治"等应当有特定的正义性追求。而法教义学必须对此正义性要求的内容进行规范性建构,针对此政治性的意识形态修饰语提出规范性主张。韩大元教授指出,"(社会主义)核心理念是实现社会正义、公平与平等",这已经触及了"社会主义"的法伦理内涵。但是,"社会主义"的规范性质和规范要求仍需进一步阐释。

(二)"社会主义"的宪法基本原则地位

将"社会主义"作为法规范看待,首先需要明确其规范性质。法律规范根据自身特征与适用方式的不同,可被区分为法律规则与法律原则。其中,法律规则是指由假定条件、行为模式与法律后果构成,以调整权利与义务为主要内容,并由国家强制力保证实施的社会规范;而法律原则是指法律规范中能够作为法律规则来源与基础的综合性、稳定性原理,是指导法律规则创制与适用的依据与准则。① 以"原则—规则"二分的一般法理论考察,可以认定,"社会主义"是作为原则性规范存在的。我国现行宪法文本中的 50 处"社会主义"表述,集中分布于"序言"与第一章"总纲"中②,主要涉及国家历史、发展目标、基本原则、基本制度与基本国策等内容。从文义上看,这些规定均无法被解释为法律规则意义上的以一种"全有或全无"的方式被适用的"确定性命令",而是一种"在法律上与事实上可能的范围内尽最大可能被实现"的"最佳化命令"③,即属于法律原则的范畴。

进一步考察,笔者认为,"社会主义"还应被看作我国宪法的"基本原则",而这一点是现有的关于我国宪法基本原则的学界通说所未能明确的。不同于将"原则"看作与"规则"对应的最佳化命令,"基本原则"是以规范在法律体系中的根本地位和重要性来界定的,也就是"表达了法律体系的内在价值,构成了法律秩序内在统一性与评价一贯性的基础"④

---

① 雷磊. 法律体系、法律方法与法治. 北京:中国政法大学出版社,2016:46-51;周尚君. 法理学入门笔记. 北京:法律出版社,2018:73-76.

② 在《宪法》"序言"和第一章"总纲"之外,"社会主义"仅在第二章中的第42条的"国家提倡社会主义劳动竞赛"中出现一次。

③ Robert Alexy, Theorie der Grundrechte, Suhrkamp, 1994, SS. 75-76.

④ 雷磊. 法律体系、法律方法与法治. 北京:中国政法大学出版社,2016:45.

的理念、目标、方针、价值。我国作为成文法国家,承袭了欧陆法典化特别是苏联、东欧的做法,往往在立法时直接就基本原则作出规定。这不同于将法律原则视为超越实定法的"一般法律思想"或者"法律理念"的观念,而是在法典中明确规定一些对于立法、司法和守法都具有指导方针意义①的"实定的法律原则"②。李龙教授的观点"宪法原则不仅体现在宪法规则之中并对整个宪法规则起指导作用,而且由于宪法是国家的立法基础,它亦对其他部门法起指导作用。如我国宪法第 2 条确认的'中华人民共和国的一切权力属于人民'这一人民主权原则,不仅贯穿和体现在整个宪法规范之中,而且成为我国国家制度的核心内容和根本准则"③,就是此种基本原则观的典型表达。从"贯通性价值理念"的标准来看,"社会主义"应当作为我国宪法的基本原则。然而,自 1982 年宪法全面修改以来,我国学界关于宪法基本原则的三原则说④、四原则说⑤、五原则说⑥、六原则说⑦直至九原则说⑧均未将社会主义原则纳入宪法基本原则的范围。⑨ 在笔者看来,其根源可能仍在于只从"根本属性""国家性质"等

---

① 梁慧星. 民法总论. 4 版. 北京:法律出版社,2011:45.
② 舒国滢. 法律原则适用的困境:方法论视角的四个追问. 苏州大学学报(哲学社会科学版),2005(1):28.
③ 李龙. 宪法基础理论. 武汉:武汉大学出版社,1999:125.
④ 如曹继明、黄基泉将宪法基本原则划分为人权保障、人民主权与正当程序三原则。(曹继明,黄基泉. 关于宪法基本原则的探讨. 理论与改革,2002(2):113-116.)
⑤ 如蒋碧昆教授主编的《宪法学》中将宪法基本原则划分为:一切权力属于人民、社会主义公有制原则、社会主义精神文明原则和宪法至上原则。再如焦洪昌教授主编的《宪法学》中将宪法基本原则划分为:人民主权原则、基本人权原则、权力制约原则和法治原则。(蒋碧昆. 宪法学. 6 版. 北京:中国政法大学出版社,2007:35-40;焦洪昌. 宪法学. 2 版. 北京:中国人民大学出版社,2014:14-20.)
⑥ 胡锦光与韩大元教授所著之《中国宪法》中将宪法基本原则划分为人民主权原则、基本人权原则、权力制约与监督原则、法治原则、单一制原则五项。(胡锦光,韩大元. 中国宪法. 3 版. 北京:法律出版社,2016:55-77.)
⑦ "马克思主义理论研究和建设工程重点教材"《宪法学》中将宪法基本原则提炼为坚持中国共产党的领导、人民主权、社会主义法治、尊重和保障人权、权力监督与制约以及民主集中制六项。(《宪法学》编写组. 宪法学. 2 版. 北京:高等教育出版社,人民出版社,2020:92-107.)
⑧ 莫纪宏教授将宪法基本原则划分为首要性宪法原则和辅助性宪法原则。其中前者以宪法的权威性为核心,包括了人民主权原则、宪法至上原则、剩余权力原则和剩余权利原则;后者则以立法机关制定的法律的权威性为核心,包括了法律优位原则、法律保留原则、依宪授权原则、依法行政原则和人权的司法最终性救济原则。(莫纪宏. 论宪法原则. 中国法学,2001(4):49-57.)
⑨ 目前,仅有少部分学者在论证其他问题时间接承认社会主义原则的宪法基本原则地位。如雷磊在分析宪法基本条款、李忠夏在论证我国宪法的规范结构时,即提出了这一观点。(雷磊. 法律体系、法律方法与法治. 北京:中国政法大学出版社,2016:70;李忠夏. 法治国的宪法内涵:迈向功能分化社会的宪法观. 法学研究,2017(2):19.)

价值论或者意识形态的角度去认识，而未展开规范论层面的教义学作业，从而使得社会主义条款一直孤悬于整个宪法规范的体系之外。我们可以从文义、体系和历史解释的角度，对"社会主义"的宪法基本原则地位作出论证。

我国宪法上的社会主义规范群的核心条款是《宪法》第1条，引述如下：

> 中华人民共和国是工人阶级领导的、以工农联盟为基础的人民民主专政的社会主义国家。
> 社会主义制度是中华人民共和国的根本制度。中国共产党领导是中国特色社会主义最本质的特征。禁止任何组织或者个人破坏社会主义制度。

从文义的角度看，《宪法》第1条明确了我国国家建构的社会主义性质，揭示了现行宪法所调整的社会关系的本质，并由此明确了我国宪法最根本的价值与精神。从体系位置来看，将"社会主义"置于《宪法》的第一个条文，其价值宣示的意味至为明显。此外，考察《宪法》第一章"总纲"的条款，不难发现一个"基本原则—基本制度—国家目标"的三层次的体系结构。从第6条开始，是对国家的基本制度以及国家目标的规定（这一点下文展开）。而第1~5条则是一个相对独立的单元，是在总体上对我国的国家价值观、基本理念作出实定法确认。大致可以梳理出以下的对应关系：第1条——社会主义原则；第2条——人民主权原则；第3条——民主集中制原则；第4条——民族平等原则；第5条——法治原则。（此外，2004年修宪将"国家尊重和保障人权"作为国家价值观纳入宪法。在笔者看来，加上"人权原则"，我国宪法呈现出"六原则"结构，这些原则共同决定了我国宪法的基本面貌。）从历史解释的角度看，赋予"社会主义"基本原则的属性并非现行宪法的独特决断，而是1954年宪法以来的惯常做法。毛泽东在中央人民政府委员会第三十次会议上的讲话中就曾总结道："我们的宪法草案……原则基本上是两个：民主原则和社会主义原则。……我国现在就有社会主义。宪法中规定，一定要完成社会主义改造，实现国家的社会主义工业化。这是原则性。"[①] 我国现行宪法

---

① 中共中央文献研究室. 建国以来重要文献选编：第5册. 北京：中央文献出版社，1993：288-289.

"是在1954年宪法的基础上，根据党的十一届三中全会确定的路线、方针、政策，总结新中国成立以来建设社会主义的长期实践经验，吸取了'文化大革命'的教训制定的"[1]，在此意义上，将社会主义作为宪法基本原则[2]，也体现了历史的延续性。综合上述的文义、体系和历史解释，以《宪法》第1条为规范基础的"社会主义"应当具备宪法基本原则的规范地位。

（三）"社会主义"规范群的体系

我国宪法中的"社会主义"相关规范，并非全然同质性的存在。《宪法》第1条确立了"社会主义"作为宪法基本原则的地位，而其他的社会主义规范，根据其规范依据的不同和调整社会关系范围的差异，可以被概括为"制度"和"国家目标"两种类型，分述如下：

（1）作为宪法基本制度的各项社会主义制度。社会主义原则作为调整宪法所辐射的所有社会关系的基本原则，其实现有赖于针对不同领域的不同制度性保障。在我国，《宪法》第1条第2款首先明确了社会主义制度是国家的根本制度。在此基础上，《宪法》第2条第2款进一步确立了我国的根本政治制度——人民代表大会制度，进而统领了《宪法》第三章"国家机构"；《宪法》第6条、第7条、第11条等条款则确立了我国的社会主义基本经济制度。此外，《宪法》第5条对于社会主义法治国家的规定、第14条对于社会保障制度的规定也构成我国社会主义法律制度、社会保障制度的建构基础。以上都体现了社会主义原则在不同领域的制度化。

（2）作为宪法基本国策的社会主义国家目标。在我国宪法中，社会主义原则的实现方式除建构制度外，还包括设定国家目标。所谓"国家目标"，是指"对国家课以持续地重视或实现特定任务及目标的义务性的、具有法律约束力的宪法规范"[3]。现行《宪法》的"总纲"中，有关社会主义的国家目标规范主要集中于文化领域，以社会主义精神文明建设为核心，具体包括《宪法》第19条第1款规定的"国家发展社会主义的教育事业"、第22条第1款规定的"国家发展为人民服务、为社会主义服务的文学艺术事业、新闻广播电视事业、出版发行事业、图书馆博物馆文化馆

---

[1] 《宪法学》编写组. 宪法学. 2版. 北京：高等教育出版社，人民出版社，2020：78.

[2] 焦洪昌，王放. "五四宪法"的"社会主义"规范入宪：依宪执政的探索与实践. 法学杂志, 2014 (12)：29.

[3] 张翔，段沁. 环境保护作为"国家目标"：《联邦德国基本法》第20a条的学理及其启示. 政治与法律, 2019 (10)：7.

和其他文化事业"、第 23 条规定的"国家培养为社会主义服务的各种专业人才",以及第 24 条第 2 款规定的"国家倡导社会主义核心价值观"等。同时应该注意到,关于社会主义国家目标更为集中的规定是《宪法》"序言"的第七自然段。从该自然段中的"我国将长期处于社会主义初级阶段。国家的根本任务是,沿着中国特色社会主义道路,集中力量进行社会主义现代化建设",到"把我国建设成为富强民主文明和谐美丽的社会主义现代化强国,实现中华民族伟大复兴",是对国家目标的集中表述,包括了"五大文明"所涵盖的所有领域。

综合以上三方面,我国宪法建构了包括基本原则、基本制度与基本国策在内的完整的"社会主义"规范群体系(详见表 1)。在该体系中,社会主义原则是根基与核心,各项社会主义制度则是骨架与支柱,而国家目标规范则是特定时期的具体方针与目标,后两者构成社会主义原则在不同维度的规范展开。总体上,上述三层次也反映了现行《宪法》"总纲"中"基本原则—基本制度—国家目标"的规范结构。具体而言,我国《宪法》第 1~5 条大体规定了宪法基本原则,第 6~18 条则规定了国家基本制度,而第 19 条之后则是关于基本国策的规定。它们有序建构并巩固了我国的基本性质,进而实现了在宪法规范中的国家建构。建基于《宪法》"总纲"的规范结构,笔者认为,社会主义原则应当被确立为我国宪法的"第一项基本原则"①。相应地,我们也应当从基本原则的角度对其进行解释与建构。

表 1　我国宪法中"社会主义"规范群体系(不含"序言"内容)

规范性质	代表性条款
基本原则	《宪法》第 1 条
基本制度	《宪法》第 1 条第 2 款、第 2 条第 2 款、第 6 条、第 7 条、第 11 条等
基本国策	《宪法》第 19 条、第 22 条、第 23 条等

二、社会平衡、社会国与社会主义原则

明确了社会主义的规范性质之后,接下来,笔者将尝试阐释其规范内涵。这里,需要从人类宪法史和比较法的角度,概要梳理社会主义原则被纳入宪法的过程及其不同的规范表达方式。从中会发现:"社会平衡"理念构成了社会主义原则的内核。从现代宪法的发生史来看,早在 1918 年苏俄宪法首次引入社会主义原则时,社会平衡理念便已是其核心内涵。苏

---

① 张翔. 民法人格权规范的宪法意涵. 法制与社会发展,2020(4):125.

俄宪法中的社会主义原则又直接影响了被视为现代宪法开端的德国1919年魏玛宪法。至今,"社会平衡"仍然是德国《基本法》中"社会国原则"的核心理念。

(一)社会平衡理念的历史基础

社会主义原则是现代宪法的产物,该原则的入宪是近代宪法向现代宪法过渡的标志之一。在社会主义原则入宪之前,以美国宪法为代表的近代宪法建立了以自由权为中心的人权保障体制,强调对公民平等、自由与财产安全的一体保障,其主要功能在于防御国家的侵害。在"夜警国家"理念下,近代宪法在政治上主张国家的最小干预,在经济上主张自由放任的市场竞争。然而,该体制并未充分虑及不同主体实现自由的能力与条件的差异性,致使宪法所保障的个人自由可能演变为社会中的强者依据法律取得资产的自由,最终的结果难免是社会分配的不均以及阶级的对立。[①] 对于以工人为中心的普通民众来说,此种宪法保障不过"意味着保障失业的自由、饿死的自由、平均寿命的低下。吃不上饭的人在现实中不可能成为享有人权的主体"[②]。随着19世纪下半叶第二次工业革命的开启,人类进入电气时代,社会生产力飞速发展,垄断资本主义出现,致使贫富差距进一步拉大,阶级矛盾亦进一步激化,最终引发了风起云涌的工人运动。这一历史进程在施泰因(L. v. Stein)与马克思的社会学说中被清晰地展示出来。为了解决这一人类的历史性难题,他们分别提出了社会国学说与社会主义学说,其共同点在于强调通过一个能在社会经济方面适度干预、保障充分和分配适当的国家,防止社会不公,达致社会平衡,从而确保实质的个人自由和法律平等。[③]

(二)社会平衡理念作为社会主义原则的原初内涵

受社会主义思潮的影响,1917年爆发的十月革命催生了世界上第一个社会主义国家"苏俄"与历史上第一部社会主义宪法苏俄宪法。社会主义革命对欧洲产生了巨大冲击,并对1919年德国魏玛宪法的制定产生了直接的影响。这两部开创性的宪法相继确立了以社会为本位的宪法原则,开通过国家干预实现社会平衡的先河。其中,苏俄宪法第一编明确规定了

---

① Vgl. Ernst-Wolfgang Böckenförde, Entstehung und Wandel des Rechtsstaatsbegriffs, in ders., Staat, Gesellschaft, Freiheit, Suhrkamp, 2. Aufl., 2016, SS. 76 – 77.
② 杉原泰雄. 宪法的历史:比较宪法学新论. 吕昶,渠涛,译. 北京:社会科学文献出版社,2000:118.
③ Vgl. Ernst-Wolfgang Böckenförde, Entstehung und Wandel des Rechtsstaatsbegriffs, in ders., Staat, Gesellschaft, Freiheit, Suhrkamp, 2. Aufl., 2016, SS. 76 – 77.

"被剥削劳动人民权利宣言",要求"消灭任何人剥削人的现象,完全消除把社会划分为各阶级的现象"。魏玛宪法相对温和,但在很多方面也体现了追求社会平衡的社会主义理念,尤其是第 151 条第 1 款明确规定,"经济生活的秩序,以确保每个人过着真正人的生活为目的,必须适用正义的原则。每个人经济上的自由在此界限内受到保障"。社会平衡的理念,在苏俄宪法和魏玛宪法中主要有以下两个方面的展开:

其一,对社会经济强者的财产权和经济自由的限制。其中,苏俄宪法通过彻底废除私有制、大规模推动国有化、建立全国义务劳动制,试图根本性地消除人剥削人的制度,最终达成社会公平的目标。与之相对,魏玛宪法则通过第 153 条第 3 款"所有权负有义务,财产权的行使要以公共福祉为目的"以及第 156 条第 1 款"国家根据法律,准用有关公用征收的规定,可以给予补偿将适合社会化的私有经济企业变成公有"的规定,确立了财产权的社会义务与公有化制度,改变了近代宪法所确立的私权神圣原则,从而在一定程度上抑制经济活动中的强者对弱者的支配,加强对社会弱者的保护。

其二,对社会经济弱者的社会权的保障。例如,苏俄宪法在第 17、18、20 条中突出规定受教育权、劳动权与平等权。魏玛宪法则在第二编中创造性地提出了一个社会权清单,如第 119 条规定对"婚姻、家庭、妇女"的特别保障,第 121 条规定对"非婚生子女与婚生子女的平等保护",第 146 条规定"国立学校免费"以保障受教育权,第 155 条规定每个人获得健康住宅与生活空间的权利,等等。根据宪法的规定,社会权的主体被严格限制为经济地位上的弱者,如工人、农民、中小企业主、妇女、失业者、残疾人等,其目标在于为这些人提供平衡性的措施,使其在社会竞争中不至于无立足的基础,从而增加其自我发展的机会。①

"苏俄宪法和魏玛宪法共同建立了社会权体系与哲学,使之成为维护社会正义的基础性概念"②,成为近代宪法与现代宪法的界碑。

(三)社会国原则中的社会平衡理念

二战后,随着殖民地独立浪潮与东欧社会主义阵营的形成,出现了一个社会主义观念入宪的高潮。甚至在部分传统资本主义国家,如法国、意大利,其宪法也开始纳入相关规定。其中尤为值得关注的仍是德国。由于二战给德国经济和社会造成重创,并遗留下数量庞大的战争受害者,经济

---

① 蔡维音. 社会国之法理基础. 台北: 正典出版文化有限公司, 2001: 62-63.
② 韩大元. 苏俄宪法在中国的传播及其当代意义. 法学研究, 2018 (5): 205.

崩溃、民生凋敝，扶助社会弱者、保障人民的基本生存条件就成了战后初期德国的重要任务。① 为此，1949 年通过的《基本法》虽没有继承魏玛宪法对于社会权的清单式列举，却将"社会国"作为宪法基本原则予以明确规定。

德国《基本法》第 20 条第 1 款规定："联邦德国是一个民主的和社会的联邦国家。"第 28 条第 1 款中又再次强调，"各州的宪法制度必须符合基本法规定的共和、民主、社会和法治国家的原则"。社会国与共和国、民主国、法治国、联邦国一并成为德国宪法的基本原则。德国《基本法》中写入社会国，是资产阶级自由派与社会民主党人妥协的结果：一方面按照自由派的主张，在基本权利章中没有像魏玛宪法那样列举人民的社会权，而基本只规定了传统的自由权；另一方面则按照社会民主党人的主张，在国家的基本原则中写入"社会国家原则"②。主张传统自由主义的基督教民主联盟（CDU）和主张社会主义的社会民主党（SPD）在是否实行积极的社会政策上无法达成一致，遂有宪法中社会国的妥协表达方式。③

如果仅从文字的表达来看，社会国原则在德国《基本法》文本中并不具有显著地位，内容亦不够明确。明显属于落实社会国原则的条款，仅有第 6 条第 4 款规定的保护与照顾母亲请求权，以及第 14 条规定的财产的社会义务。④ 但从体系解释而言，该原则享有不得修改的宪法基本原则的突出地位。社会国原则产生的历史则表明，该原则具有弥补《基本法》中社会基本权利缺失的功能。但是需要注意，社会国的目的以及社会国原则保障的基本权利都必须通过立法者制定的法律来加以具体化。⑤ 故而，学界往往借助《德国社会法典》（Sozialgesetzbuch）所勾勒出的社会国的典型作用来进一步具体化该原则的规范内涵。作为社会国原则法律化的象征和代表，《德国社会法典》所勾勒的社会国原则具体包括了社会形成（Sozialgestaltung）、社会安全（Sozialsicherheit）与社会正义（Sozialgerech-

---

① 张志铭，李若兰. 迈向社会法治国：德国学说及启示. 国家检察官学院学报，2015（1）：34.
② Vgl. Michael F. Feldkamp, Der Parlamentarische Rat 1948 – 1949：Die Entstehung des Grundgesetzes, 1998, S. 63ff; Klaus-Berto v. Doemming, Rudolf Werner Füsslein, Werner Matz, Entstehungsgeschichte derArtkel des Grundgesetz, JöR, 1951, S. 195ff.
③ Vgl. Maunz-Dürig, Grundgesetzkommentar, BD. Ⅲ, Ⅷ. Art. 20 Rn. 8.
④ 赵宏. 社会国与公民的社会基本权：基本权利在社会国下的拓展与限定. 比较法研究，2010（5）：19；张翔. 财产权的社会义务. 中国社会科学，2012（9）.
⑤ 英格沃·埃布森. 德国《基本法》中的社会国家原则. 喻文光，译. 法学家，2012（1）：166.

tigkeit）三重内涵。其中，"社会形成要求国家更积极主动地介入社会和经济领域，通过持续性地经济干预和对弱势群体的扶助，来完成社会塑造的作用"，"社会安全，是指公民面临年老、疾病、残障、失业等困境时，国家必须提供积极帮助，以保障公民享有合乎人性尊严的生存条件"，而社会正义则"强调国家必须努力调和因权力分配、贫穷、教育程度、性别等差异所产生的对立与矛盾，并竭力谋求社会平等"①。

综合来看，上述三项内容的核心都是在追求和实现社会平衡。社会国原则使立法者负有义务去建立"公正的社会秩序"。立法者必须特别保护弱势群体，实现"为所有人提供有尊严的生活"的目标，并努力"使有产者和无产者的法律保护水平逐渐接近"②，以达到"社会平衡"③。当前德国学界普遍认为，社会国原则为国家设定了两项基本的义务：首先是实现和维护社会正义。这要求国家通过对分配制度的设定，使所有人都能够享有一个基本的、相互接近的生活水准。为维护此种平均的经济和生活水平，国家还必须创设制度以保证机会的均等，例如接受教育和职业培训上的机会平等。其次是建立社会保障。也就是要求国家通过创制社会保障制度，使个人在失业、贫困、疾病、年老的情况下，获得国家的帮助。社会保障制度的存在，是对个人的最低生存条件的确保（Sicherung des Existenzminimums）。④ 社会国理念作为对自由资本主义所带来的负面后果的修正，其目标是为社会中的弱者，特别是经济上的弱势群体，提供平衡性的措施。

无论是社会国原则还是社会主义原则，其目标都在于保障人的尊严，实现社会平衡。尽管在具体制度上存在差异，维护社会正义、限制经济上的强者、扶助社会弱者都是其最为坚硬的价值内核。以社会平衡为价值目标的社会国原则和社会主义原则的确立，都会带来国家政策和法律制度的系统性调整。

三、"共同富裕"作为社会平衡理念的中国表达

在现代宪法发展史中，维护社会正义、扶助社会弱者的社会平衡理念不仅构成社会主义原则的宪法原旨，而且构成该原则在发展变迁中始终不变的稳定内核。我国宪法所确立的社会主义原则实际上也以社会平衡理念

---

① 详细分析参见赵宏. 社会国与公民的社会基本权：基本权利在社会国下的拓展与限定. 比较法研究，2010（5）：19-21.
② BVerfGE 63, 380 (394).
③ BVerfGE 11, 50 (56); BVerfGE 17, 210 (216); BVerfGE 40, 121 (133).
④ 程明修. 国家法讲义（一）. 台北：新学林出版股份有限公司，2006：198-199.

为其规范内核。立足于我国的历史、文化和宪法发展，会发现社会平衡的理念有一个中国表达：共同富裕。

共同富裕是马克思主义的基本目标，亦构成社会主义的本质。作为一种观念，它在新中国成立初期便已出现。1955年10月11日，毛泽东在中国共产党第七届中央委员会扩大的第六次全体会议上提出，"要巩固工农联盟，我们就得领导农民走社会主义道路，使农民群众共同富裕起来"①。同月29日，在资本主义工商业社会主义改造问题座谈会上，毛泽东再次谈及共同富裕问题，指出，"现在我们实行这么一种制度，这么一种计划，是可以一年一年走向更富更强的，一年一年可以看到更富更强些。而这个富，是共同的富，这个强，是共同的强，大家都有份"②。然而，上述零星的观念尚未及系统化，社会主义的"共富"目标便在"文化大革命"的"反修""防修"的名义下被舍弃，"穷社会主义""穷共产主义""宁要贫穷的社会主义，也不要富裕的资本主义"等荒谬观念大行其道。③"在这种舆论的引导和影响下，人们以穷为荣（所谓'穷光荣'），不敢言富，更不敢求富致富。"④ 此种"以穷为荣，惧怕富裕，不敢求富，不准致富"的心态造成了我国社会主义事业的重大挫折。

1978年召开的党的十一届三中全会实现了党和国家的工作重心从"阶级斗争"向"经济建设"的转移。在此背景下，邓小平否定了贫穷的社会主义观，指出"社会主义必须大力发展生产力，逐步消灭贫穷，不断提高人民的生活水平"⑤，并在此基础上重提"共同富裕"的概念，更将之理论化、体系化。在1979年11月会见外宾时，邓小平明确提出"社会主义特征是搞集体富裕"的观点。根据他的表述，"集体富裕"概念包括"富裕"和"集体"两个维度。其中，"富裕"维度将社会主义的首要目标设定在解放生产力上，以奠定集体富裕的物质基础；"集体"维度则要求社会主义实现的富裕不是少数人的，而是全体人民共享的"集体的"富裕，它不能也不应导致两极分化，甚至产生新的剥削阶级。⑥ 进入20世纪80年代后，"集体富裕"的提法逐渐被"共同富裕"所替代，而其内涵

---

① 中共中央文献研究室. 建国以来重要文献选编：第7册. 北京：中央文献出版社，1993：308.
② 毛泽东文集：第6卷. 北京：人民出版社，1999：495.
③ 邓小平文选：第2卷. 2版. 北京：人民出版社，1994：231；邓小平文选：第3卷. 北京：人民出版社，1993：10.
④ 沈宝祥. 30年来国人思想观念的三大转变. 北京日报，2008-12-08（7）.
⑤ 邓小平文选：第3卷. 北京：人民出版社，1993：10.
⑥ 邓小平文选：第2卷. 2版. 北京：人民出版社，1994：231-236.

也在"富裕"与"共同"的二分中得到了更为体系化的论述：

其一，在"富裕"的维度，邓小平认为，共同富裕首先意味着"全民共同致富"，也就是在动态意义上，承认全体中国人民都有追求富裕的权利，鼓励人民创造财富，以提升社会生产力。不仅如此，为了更好地调动一切有利资源，我国通过经济体制改革确立市场经济，改革分配制度，引入自由竞争，扩大对外开放，同时鼓励一部分地区、一部分人先富裕起来，从而激励、带动、帮助越来越多的地区和个人实现富裕，最终达到共同富裕的目标。①

其二，在"共同"的维度，邓小平反复强调"不搞两极分化"的重要性。在他看来，从结果意义上看，共同富裕意味着没有阶级差异的、全社会所有人的整体富裕。所谓的共同富裕，最终呈现为"国民收入分配要使所有的人都得益，没有太富的人，也没有太穷的人，所以日子普遍好过"②。与之相对，"如果我们的政策导致两极分化，我们就失败了；如果产生了什么新的资产阶级，那我们就真是走了邪路了"③，到时"民族矛盾、区域间矛盾、阶级矛盾都会发展，相应地中央和地方的矛盾也会发展，就可能出乱子"④。所以，为了避免这一结果，一方面应当对先富起来的人通过征税等方式进行必要的限制，另一方面则应鼓励他们自愿投身慈善，以帮助社会弱者与贫困地区。⑤

综合以上两方面，邓小平在1992年的"南方谈话"中围绕社会主义本质，将共同富裕体系化地归纳为"解放生产力，发展生产力，消灭剥削，消除两极分化"四个方面。⑥ 其中，解放生产力、发展生产力两方面代表"富裕"维度，消灭剥削、消除两极分化两方面则代表"共同"维度。两者结合所形成的"共同富裕"理念，相较于一般意义上的社会平衡理念而言，并不单纯强调限制经济强者、扶助社会弱者等要求，而是同时突出了实现社会平衡之物质基础的重要性，反对将社会平衡与低水平的"平均主义"挂钩，代表了一种高水平的共富观。

中国共产党十九大宣告中国特色社会主义进入了新时代，并作出了社会主要矛盾已经转变为人民日益增长的美好生活需要和不平衡不充分的发

---

① 邓小平文选：第3卷.北京：人民出版社，1993：142.
② 同①161-162.
③ 同①111.
④ 同①364.
⑤ 同①111.
⑥ 同①373.

展之间的矛盾的判断,将解决发展过程中的不平衡不充分问题作为未来国家的工作重心。显然,对于社会平衡的追求被进一步强调,"共同富裕"的平衡、均衡的侧面受到了高度重视。在国家发展战略的高度上,习近平强调"实现共同富裕不仅是经济问题,而且是关系党的执政基础的重大政治问题"①。实现共同富裕还有明确的时间表,要求在2035年基本实现社会主义现代化之时,"全体人民共同富裕取得更为明显的实质性进展"②。2021年,中共中央、国务院共同发布了《关于支持浙江高质量发展建设共同富裕示范区的意见》,开篇重申"共同富裕是社会主义的本质要求",并在"总体要求"部分强调,"以解决地区差距、城乡差距、收入差距问题为主攻方向,更加注重向农村、基层、相对欠发达地区倾斜,向困难群众倾斜",这里所体现的仍然是社会平衡的理念。

四、共同富裕的宪法基础及其变迁

从共同富裕理念在我国的发展不难看出,在不同的历史发展阶段,对于"共同"与"富裕"二维度的关注度各有不同。总体来说,在社会生产力水平与综合国力相对落后的早期,中国语境下的共同富裕理念更为侧重"富裕"维度,突出"先富"战略,将是否有利于发展社会主义社会的生产力、是否有利于增强社会主义国家的综合国力、是否有利于提高人民的生活水平列为判断"社会主义"最重要的标准。③ 与之相对,在社会生产力相对发达以后,则更为关注"共同"维度,强调"先富带后富",防止两极分化,最终实现全体人民共同的富裕。可以大体以2018年宪法修改为节点,梳理共同富裕理念在宪法规范上的基础及其变动。

(一)2018年前的历次修宪与共同富裕理念

自1982年宪法全面修改至2004年宪法部分修改,现行宪法所呈现的共同富裕理念更为侧重于"富裕"维度的内涵。这一点集中体现在我国基本经济制度的宪法变迁中。

1982年宪法全面修改,在吸取"文化大革命"教训的基础上,总结十一届三中全会以来所进行的经济体制改革的经验,通过《宪法》第6~18条的规定,从五个方面确立了我国经济制度的基本内容:"其一,从实际出发,确认以国营经济为主导,以公有制为基础的多种经济形式的法律

---

① 新华社评论员.贯彻新发展理念的指导原则:学习贯彻习总书记在省部级专题研讨班开班式重要讲话精神.新华每日电讯,2021-01-14(1).
② 中共中央关于制定国民经济和社会发展第十四个五年规划和二〇三五年远景目标的建议.人民日报,2020-11-04(1).
③ 邓小平文选:第3卷.北京:人民出版社,1993:372.

地位和作用;其二,建立多种形式的经济责任制,认真贯彻按劳分配的社会主义原则;其三,正确处理积累与消费,国家、集体、个人三者之间的关系,明确社会主义发展生产的目的和途径,逐步改善人民的物质生活和文化生活;其四,正确认识计划经济与商品经济、统一计划与市场调节的关系,在公有制基础上,通过经济计划的综合平衡和市场调节的辅助作用,保障国民经济按比例地协调发展;其五,正确处理民主与集中、政权与企业的关系,坚持国营企业和集体经济组织的自主权和实行民主管理。"① 1982年宪法在经济制度方面主要突出了公有制在所有制结构中的主体地位,以及按劳分配在分配方式中的唯一地位和计划经济在资源配置中的主导地位。个体经济与市场调节虽受承认,却只居于补充与辅助地位。因此,仅就规范表述层面进行分析,1982年宪法在"共同富裕"理念的体现上,仍然以"共同"为侧重。

不过,随着1988年宪法第1条修正案的通过,我国在所有制结构方面首先突破:在承认个体经济的基础上,于《宪法》第11条中增加规定"国家允许私营经济在法律规定的范围内存在和发展",由此承认了私营经济的宪法地位,扩大了非公有制经济的存在范围。在此基础上,1999年通过的宪法第16条修正案与2004年通过的宪法第21条修正案分别对非公有制经济的"补充地位",以及国家对于非公有制经济的基本态度进行修改,明确了它们作为"社会主义市场经济的重要组成部分"的地位与作用,并将"国家对个体经济、私营经济实行引导、监督和管理"修改为"国家鼓励、支持和引导非公有制经济的发展,并对非公有制经济依法实行监督和管理",以更好地促进非公有制经济的发展,进而带动社会生产力的解放。随着所有制结构的剧烈变动,宪法在国家的资源配置方式上也作出了相应调整。邓小平在"南方谈话"中作出了"计划经济不等于社会主义,资本主义也有计划;市场经济不等于资本主义,社会主义也有市场"的经典论断。② 1992年召开的党的十四大将"建立社会主义市场经济体制"确立为我国经济体制改革的目标,并据此提出修宪建议。1993年修宪通过的宪法第7条修正案规定"国家实行社会主义市场经济",从而彻底改变了过去以计划经济为主导的基本经济体制,使市场成为我国经济运行的主要机制与方式,在资源配置中发挥主导以至决定作用。随着市场经济体制的确立与深化,我国在社会主义建设中必须更多关注对经济自由

---

① 肖蔚云. 我国现行宪法的诞生. 北京:北京大学出版社,1986:109-110.
② 邓小平文选:第3卷. 北京:人民出版社,1993:373.

的保障，赋予国有企业经营自主权以及非公有制经济平等地位，以推动市场功能的发挥。① 在所有制和资源配置方式上的宪法修改，使得"富裕"维度在宪法中得到了更突出的体现。

经济体制的根本性变革也导致了按劳分配作为宪法规定的唯一分配方式的格局被打破。早在1987年10月召开的党的十三大的报告中即提出，"要在以公有制为主体的前提下发展多种经济成分，在以按劳分配为主体的前提下实行多种分配方式"。由此，按劳分配之外的分配方式的存在及其地位得到明确肯定，并形成了"以按劳分配为主体，其他分配方式为补充"的分配原则。不过，到1988年宪法修改时，虽然国务院提出的修宪意见中包含关于分配方式的修改，但因争论激烈而未被接受。② 而在1993年修宪时，虽然也有不少观点提出应将《宪法》第6条修改为"实行按劳分配为主，其他分配方式为补充的分配制度"，但经中共中央研究，认为可以通过宪法解释而非宪法修改的方式来解决，因此仍未被接纳为修宪建议。③ 然而，同年11月召开的党的十四届三中全会通过的《中共中央关于建立社会主义市场经济体制若干问题的决定》再度将分配制度进行调整，改变了其他分配方式的"补充地位"，而代之以"以按劳分配为主体、多种分配方式并存"。不仅如此，在分配取向上，一改过去"兼顾效率与公平"的表述，要求"效率优先、兼顾公平"。正如有学者所指出的那样，这一变动虽表明"按劳分配为主体"在规范意义上得到维持，但其相对地位已经在"其他/多种分配方式"地位上升的过程中弱化。④ 于是，1999年修宪时，中共中央不再考虑对分配制度进行宪法解释的方案，而是明确提出修宪建议。1999年通过的宪法第14条修正案合所有制结构与分配制度于一体，规定："国家在社会主义初级阶段，坚持公有制为主体、多种所有制经济共同发展的基本经济制度，坚持按劳分配为主体、多种分配方式并存的分配制度。"

从1982年至2004年的历次宪法修改中，可以发现，伴随着改革开放不断深入，我国社会主义的发展目标逐渐从低水平的共同富裕转向了对于高水平的共同富裕的追求，为此，快速致富成为这一时期社会主义建设的基本价值取向。这一发展历程反映我国经济制度的根本性变革，在逻辑

---

① 韩大元. 中国宪法上"社会主义市场经济"的规范结构. 中国法学, 2019 (2)：19-21.
② 田纪云. 改革开放的伟大实践：纪念改革开放三十周年. 北京：新华出版社, 2009：479.
③ 全国人大常委会法制工作委员会宪法室. 中华人民共和国制宪修宪重要文献资料选编. 北京：中国民主法制出版社, 2021：147.
④ 李响. "按劳分配"在中国：一个宪法概念的浮沉史. 中外法学, 2019 (5)：1210.

上与德国社会市场经济体制的确立十分相近。德国式的"社会市场经济"将"市场与竞争看作实现社会福祉的根本",并在此基础上否定国家对于经济的高度管制,而是要求在"经济实践中引入竞争机制、鼓励企业家精神和促进市场自由化",从而为社会责任的实现奠定物质前提。① 历史实践表明,"自由竞争的形式下,现代社会的社会责任能够比过去更好地履行"②。

(二) 2018年修宪与共同富裕理念的新发展

经过四十多年的改革开放,我国的社会生产力空前提高,综合国力有了巨大飞跃,实现共同富裕的物质基础日益成熟。但与此同时,贫富分化甚至阶层固化的问题也开始出现。"富二代""穷二代""房奴""内卷""鸡娃"等热词的出现与传播,也反映出了社会公众对于资源分配不平衡状况的不满,以及对于阶层滑落的焦虑。在此背景下,社会平衡、共同富裕的理念又有了新的政治理论表达,对"共同"与"富裕"的关系也有了新的调整。

中国共产党十八届五中全会立足新发展理念,提出以"共享发展"作为其重要组成部分。习近平指出:"共享理念实质就是坚持以人民为中心的发展思想,体现的是逐步实现共同富裕的要求。"③ 根据习近平的表述,共享发展理念主要包括四个方面,即全民共享、全面共享、共建共享与渐进共享。④ 围绕上述四个方面的内涵,现行宪法所指向的"共同富裕"在内涵上也迎来了四个方面的发展:第一,根据全民共享理念,共同富裕所指向的结果意义上的"共同",要求实现人民的全覆盖,即共享发展是人人享有,不是少数人共享、一部分人共享;第二,根据全面共享理念,共同富裕所指向的结果意义上的"富裕",从单纯的物质生活与文化生活转向了国家经济、政治、文化、社会、生态各方面,要求全面保障人民在各方面的合法权益,在各方面分享建设成果;第三,根据共建共享理念,共同富裕所追求之过程意义上的"共同",即就共享的实现途径而言,要求共同富裕的实现充分发扬民主,以最广泛地汇聚民智,最大限度地激发民力;第四,根据渐进共享理念,共同富裕实现的整体过程,将经历一个从

---

① 朱民,周弘,拉斯·P. 菲尔德,等. 社会市场经济:兼容个人、市场、社会和国家. 孙艳,等译. 北京:中信出版集团,2019:序一14.

② 阿尔弗雷德·米勒-阿尔玛克. 社会市场经济的意义//朱民,周弘,拉斯·P. 菲尔德,等. 社会市场经济:兼容个人、市场、社会和国家. 孙艳,等译. 北京:中信出版集团,2019:173.

③ 习近平. 在省部级主要领导干部学习贯彻党的十八届五中全会精神专题研讨班上的讲话(2016年1月18日). 人民日报,2016-05-10(2).

④ 同③.

低级到高级、从不均衡到均衡的过程,并且,即使发展达到很高的水平,在共享上也会有差别。

根据上述的"共享"理念,可以认为共同富裕的目标有逐渐从"富裕"维度向"共同"维度回调的趋势,公平、包容、责任、扶助弱者将被摆在更为重要的位置上。2018年通过的宪法第32条修正案将"贯彻新发展理念"写入《宪法》"序言"第七自然段,而"共享"正是新发展理念的基本内容之一。前文我们已经说明,我国《宪法》"序言"的第七自然段从"国家的根本任务是……"到"把我国建设成为富强民主文明和谐美丽的社会主义现代化强国,实现中华民族伟大复兴"是对社会主义国家的国家目标的集中规定,"贯彻新发展理念"也就构成对国家目标的新的设定,体现着社会平衡和共同富裕的共享理念由此也成为我国当前社会主义建设的重要解释基础。

五、"共同富裕"的规范展开

综上所述,社会主义在我国宪法中具有基本原则的规范地位,其规范目标在于通过促进社会平衡、共同富裕实现有尊严的人类生活。基本原则对于法律体系具有基础性,构成了法律制度的内在统一性与价值一贯性的基础。由此,作为宪法基本原则的社会主义原则,对整个法律体系就具有价值贯彻和规范诫命的意义。下面,从宪法文本中作为修饰词的"社会主义"的规范性限定作用和对法律体系的影响两个层面,对"共同富裕"的规范性作用略加展开。

如前所述,"社会主义"在我国宪法中被用来修饰"国家""制度""初级阶段""市场经济""民主""法治""现代化强国""核心价值观"等概念。在明确了社会主义的规范地位和规范内涵后,就需要说明社会平衡、共同富裕的理念对这些概念会产生怎样的规范性限定。择其要点,略述如下:在政治领域,如习近平所阐释的,共享的实现路径要求充分发扬民主,社会平衡所要求的民主,一定是最为广泛的人民民主,特别是只有社会中弱势群体的利益能够被充分代表和表达,社会财富的分配才可能有效覆盖弱势群体。此外,2018年修宪在《宪法》第1条第2款增加"中国共产党领导是中国特色社会主义最本质的特征"的规定之后,"党的领导"构成了社会主义原则的基本内涵。中国共产党作为执政党的宪法地位的取得,其根源也同样在于在改善民生、促进社会平衡上的历史成就(《宪法》"序言"第六自然段最后一句"广大人民的生活有了较大的改善"是其集中反映),而中国共产党"为中国人民谋幸福"的"初心",也体现着与社会平衡、共同富裕理念的紧密联系。充分的人民民主和强有力的领导力量是实现社会平衡的政治保障。在经济领域,社会主义市场经济体制一方面以保证市场机制的有效运行为依归,保证社会的财富创造能力,为达成此"富裕"目标,必须强调"对个体所享有的营业自由与财产权之保护"①;另一方面则要求"兼顾分配的公平与效率,建立有效的社会安全保障体系,降低市场失灵带来的风险,促进社会主义的平等价值的实现"②。市场机制的基础性与社会平衡的目的性共同构成了"社会主义"与"市场经济"衔接的平衡点。也正是在这一意义上,吴敬琏教授指出,社会主义市场经济既"是建立在多种所有制共同发展基础上的市场经济",也"是追求社会公正和共同富裕的市场经济"③。在法治领域,综合《宪法》"序言"第七自然段"健全社会主义法治"、第5条第1款"建设社会主义法治国家"的国家目标与第5条第2款"国家维护社会主义法制的统一和尊严"的要求,社会主义原则从实质法治国的维度确立了国家的公共性与人的社会性在法治国家建构中的价值基础地位④,从而在建立起个体防范国家的法律机制的同时,以社会主义价值适度纠正自由主义弊端,维系人与人之间的社会共存。在社会领域,根据《宪法》"序言"第七自然段增加的"贯彻新发展理念""推动……社会文明……发展"等要求,以及《宪法》第14条关于建立社会保障制度的规定,社会主义原则在社会领域进一步具体化为国家对于社会民生的关注,强调国家与社会在教育、医疗、就业等方面的制度性保障义务,通过建立完善的社会保障制度与社会治理体制,扶助社会弱者,改变社会资源分配中的歧视性安排,从而使改革发展成果更多且更公平地惠及全体人民。⑤

以社会平衡、共同富裕为内核的宪法社会主义原则的确立,也必然意味着对国家政策和法律制度的系统性调整。这里略举数例说明:(1)社会保障法。保障社会经济生活中的弱者,使其得享有与他人相当的符合人类尊严的生活水准,是社会保障法的基本价值所在。宪法中的社会主义原则构成社会保障法体系的宪法基础。国家公权力在追求社会平衡和共同富裕的社会主义原则下,被赋予向公民提供必要的物质给付,并建构社会保障制度的义务。⑥（2）税法。由于国家承担了更多的扶助社会弱者的责任,

---

① 潘昀. 论宪法上的"社会主义市场经济":围绕宪法文本的规范分析. 政治与法律,2015(5):78.
② 韩大元. 中国宪法上"社会主义市场经济"的规范结构. 中国法学,2019(2):19.
③ 吴敬琏. 全面建设社会主义市场经济体系. 法学,2003(5):3.
④ 李忠夏. 法治国的宪法内涵:迈向功能分化社会的宪法观. 法学研究,2017(2):18.
⑤ 任喜荣. "社会宪法"及其制度性保障功能. 法学评论,2013(1):8-9.
⑥ 胡川宁. 德国社会国家原则及其对我国的启示. 社会科学研究,2015(3):98.

其在财政上的负担必然有赖于更多的税收。正如福斯特霍夫所言,"现代的社会(福利)国家,主要表现为租税国家的形态和功能"①。税收是对私人财产的无偿取得,税法就是规定人们如何根据其经济能力来纳税以资助国家社会任务的实现,税收所承担的社会财富再分配的功能,也是社会平衡理念的体现。(3)民法。在社会平衡、扶助弱者的理念下,国家会介入许多传统上属于个人自我维护、自我发展的领域,包括个人健康的保障(例如计划免疫、医疗保险)、良好生活环境的维持、儿童与母亲的保护、社会救助、社会保险、劳动关系的保障、良好劳动条件的保障等等。② 这就会对传统的以"私法自治"为原则的民法产生影响。例如,为了保障处于相对弱势地位的房屋承租人的生存条件,通过住房租赁管制措施对出租人的合同自由作出限制。③ 另外,在民法体系中加强对人格权的保护,实际上也是强调对社会弱者的保护,毕竟在张扬个人自由的条件下,社会中的弱者的人格更可能受到损害。④ 民法人格权的勃兴,与社会平衡之间存在内在联系。

但是,在强调社会平衡、共同富裕理念对法秩序的价值贯彻的同时,也要认识到其边界,认识到其与宪法保障的其他价值之间的协调。不难发现,社会平衡、共同富裕理念的规范展开,必然意味着对于个人自由和财产的更多限制,或者说要求个人的自由和财产承担更多的社会义务。⑤ 需要注意的是,强调社会平衡、共同富裕,决不能走向否定个人自由与财产、否定市场与竞争、扼杀社会活力的极端。⑥ 正如习近平所指出的,共享发展是个逐步发展的过程,并且"即使达到很高的水平也会有差别"⑦。作为共同富裕示范区的浙江省的领导也强调:"共同富裕是普遍富裕基础上的差别富裕,不是同等富裕、同步富裕,更不是均贫富、杀富济贫"⑧。

---

① Ernst Forsthoff, Begriff und Wesen des Sozialen Rechtsstaats, VVDStRL12(1954), S. 32.
② 赵宏. 社会国与公民的社会基本权:基本权利在社会国下的拓展与限定. 比较法研究, 2010(5): 20.
③ 许德风. 住房租赁合同的社会控制. 中国社会科学, 2009(3).
④ 关于民法的人格权保护何以体现社会主义原则,参见张翔. 民法人格权规范的宪法意涵. 法制与社会发展, 2020(4): 122-125。
⑤ 张翔. 财产权的社会义务. 中国社会科学, 2012(9).
⑥ 王若磊. 完整准确全面理解共同富裕内涵与要求. 人民论坛·学术前沿, 2021(6): 90-92.
⑦ 习近平. 在省部级主要领导干部学习贯彻党的十八届五中全会精神专题研讨班上的讲话 (2016年1月18日). 人民日报, 2016-05-10(2).
⑧ 袁家军. 忠实践行"八八战略" 奋力打造"重要窗口" 扎实推动高质量发展建设共同富裕示范区. 浙江日报, 2021-07-19(1).

社会平衡的理念,必须与自由、人权、民主、市场等价值和机制形成协调。"试图将共同体转化为一个福利型与保障型国家的愿望,以及取消个人承担责任之自由的设想,都不符合社会法治国原则。"① 在社会平衡方面较为成功的德国,人们对于"社会市场经济"的共识,仍然是以竞争机制、企业家精神和市场自由为基础的。"'社会的'是社会市场经济的题中应有之义。由于社会市场经济比其他任何经济机制都更有效率,因此我们才能考虑帮助那些没有能力自我帮助的人。"② 当然,尽管任何国家都不会拒绝社会平衡和共同富裕,但不同国家的体制和道路必然存在差异。中国在宪法的社会主义原则下,也必须探索独特的平衡"富裕"与"共同"、自由与平等、市场与社会的现代化道路。

(本文原发表于《法律科学》2021年第6期。)

---

① Konrad Hesse, Grundzüge des Verfassungsrechts der Bundesrepublik Deutschland, 20. Aufl., Rn. 175.
② 朱民,周弘,拉斯·P. 菲尔德,等. 社会市场经济:兼容个人、市场、社会和国家. 孙艳,等译. 北京:中信出版集团,2019:序二 21.

市场经济、共同富裕与经济宪法

我国宪法的一大特色是明确规定了经济建设的国家事业。① 在"经济基础对宪法起决定作用，宪法反作用于经济基础"的马克思主义学说下②，对经济制度或者"经济体系"③ 作详细规定，是社会主义国家宪法的重要特质。我国现行宪法颁行于改革开放初期，彭真在《关于中华人民共和国宪法修改草案的报告》中指出："当前我国正在进行经济体制的改革，并取得了很大的成绩，今后还要全面、深入地进行下去。草案有关规定为这种改革确定了原则。按照这个方向前进，我们一定能够建设和发展有中国特色的社会主义经济，使我国逐步地富强起来。"（着重号为引者所加）④ 这表明，现行宪法自始就在社会主义经济与富裕之间建立了联系。在现行宪法的五次修改中，经济制度也一直是焦点之一。1993 年"社会主义市场经济"的入宪，让这部孕育和发展于改革开放时代的宪法中的经济制度趋于定型化。⑤ "社会主义市场经济"联结了经济秩序与社会政策，"市场经济"指向自由与繁荣，而"社会主义"指向公平与富裕。"社会主义市场经济"作为宪法规范，意味着宪法对经济生活的基本秩序有特定的规范性要求。笔者曾尝试论证"共同富裕"是宪法社会主义原则的规范内涵，其中包含针对政治、经济、社会等多个领域的规范性要求。⑥ 毫无疑问，"共同富裕"与经济体制之间的关系是最为密切的。在笔者看来，"共同富裕"与"社会主义市场经济"是可以相互诠释的概念。本文尝试，以国家

---

① 栗战书. 使全体人民成为宪法的忠实崇尚者自觉遵守者坚定捍卫者：在深入学习宣传和贯彻实施宪法座谈会上的讲话. 中国人大，2018（7）.
② 肖蔚云. 我国的社会主义经济制度. 北京：群众出版社，1987：1-11.
③ 陈宝音. 国外社会主义宪法论. 北京：中国人民公安大学出版社，1998：101 以下.
④ 彭真. 关于中华人民共和国宪法修改草案的报告//全国人大常委会办公厅，中共中央文献研究室. 人民代表大会制度重要文献选编：二. 北京：中国民主法制出版社，中央文献出版社，2015：561.
⑤ 韩大元. 中国宪法上"社会主义市场经济"的规范结构. 中国法学，2019（2）：14-15.
⑥ 张翔. "共同富裕"作为宪法社会主义原则的规范内涵. 法律科学，2021（6）.

根本法为经济生活设定基本秩序的"经济宪法"理念切入,通过参考"社会市场经济"等比较法资源,对我国宪法中的"社会主义市场经济"规定和"共同富裕"理念的规范含义作进一步阐释。①

一、经济生活的法治化与"经济宪法"

宪法是"政治法"。近代宪法的基本功能预设是建立政治统治和规范政治统治,其中虽然有与经济相关的内容,例如私有财产权、契约自由和国家的征税权等内容,但其指向的仍然是对个人自由的保障和对国家权力的限制,并非有意识地对经济制度或者经济政策作系统性的规定,也并不指向特定的经济模式或经济秩序。实际上,即便在当下众多国家的宪法对国家的经济秩序作出决断性安排的现实之下,对于宪法是否应该规定经济制度,仍然不乏争论。经济生活的逐步法治化,以至"经济宪法"概念的出现,与经济学理论对于经济与法律的关系的认识的发展,有着密不可分的关系。

(一)经济生活的法治化:从"自生"到"设立"

近代立宪主义接受古典经济学理论,对经济生活采"自由放任"态度。这表现为严格限制国家干预私有财产权和经济自由,而在宪法文本上,表现为对经济生活着墨甚少。古典经济学理论认为,一个国家的经济秩序是自发形成的,法律只需要顺应既存的经济生活事实,无须积极介入。以亚当·斯密为代表的古典经济学家,继承了自然哲学学派的方法论基础,即自然秩序是某种客观存在且优越于人造秩序。其中,人的本性——利己主义——是经济秩序的起点。②"每个人改善自身境况的一致的、经常的、不断的努力是社会财富、国民财富以及私人财富所赖以产生的重大因素。"③商品的交换并非出于人们的恩惠,而是因为"对他们有利"④。"自利"的本性

---

① 我国学者对于"经济宪法"、"经济宪法学"以及"社会主义市场经济"的宪法解释已有较长时间的研究和积累,代表性的作品包括:邹平学. 应注重对宪法经济属性的研究. 法学,1995(12);赵世义. 经济宪法学:宪法学与经济学理论交融的历史启迪. 法律科学,1997(3);赵世义. 经济宪法学基本问题. 法学研究,2001(4);单飞跃. 经济宪政哲学论纲:经济法哲学基础之构建. 重庆:西南政法大学,2005;黄卉. 宪法经济制度条款的法律适用:从德国经济宪法之争谈起. 中外法学,2009(4);潘昀. 论宪法上的"社会主义市场经济":围绕宪法文本的规范分析. 政治与法律,2015(5);喻中. 在经济宪法与经济秩序之间:欧肯法律经济学思想的理论逻辑. 中国政法大学学报,2016(5).
② 季陶达. 英国古典政治经济学. 北京:人民出版社,1978:57.
③ 亚当·斯密. 国民财富的性质和原因的研究:上卷. 郭大力,王亚南,译. 北京:商务印书馆,1974:316.
④ 亚当·斯密. 国民财富的性质和原因的研究:下卷. 郭大力,王亚南,译. 北京:商务印书馆,1974:27.

在实现自我利益的同时,促进了社会利益的最大化。亚当·斯密说:"他受着一只看不见的手的指导,去尽力达到一个并非他本意想要达到的目的……他追求自己的利益,往往使他能比在真正出于本意的情况下更有效地促进社会利益。"① 在这里,"看不见的手"而非"法律之手"承担着经济调控的使命。古典经济学理论认为,经济调控靠的是"自然秩序"而非社会"特殊培育",即自发形成的竞争性价格机制能够解决经济生活中的绝大部分问题。经济现象被说成是"注定的或盲目的自然力量的作用表现"②,只有充分重视"自然的公正性",防止外来干预,才能保证个人利益与整体利益在"上帝规定的范围内运动",实现二者的和谐共生。③

在古典经济学理论影响下,"政治国家"与"市民社会"泾渭分明。表现在宪法上,就是严格限制国家对经济的干预,此外不对经济作更多规定,而尊重其自发、自然的状态。例如,1849年公布的《法兰克福宪法》是德国第一部民主宪法,其内容明显体现了古典自由主义精神。彼时的德国,德意志封建制尚在,邦国割据分裂,各类特权和等级社会残存,这些政治体制和公法规制上的弊端,导致了经济生活中的不公不义和举步维艰。④ 为了解决这些问题,该宪法明确了一系列个人享有的自由防御权和平等权,希望能以此推动经济生活的公平和自由。通过保护个人免于国家的强制,能够让个人在充分自由地追求"自利"中,实现社会的整体利益。如是,这部宪法通过调整"政治法"而间接地影响经济发展,其重点在于争取自由平等,并未考量各类自由的社会约束性,也未预见未来市场经济的迅猛发展⑤,更没有积极规制经济生活的意图。在时人的认识里,古代、中世纪以及近代最初几个世纪的经济秩序都是"生长成的"。也就是说,这一时期的经济秩序"是在当时的自然环境的范围之内、在外交和国内政策的以及经济的事件的过程中,没有全面的秩序计划而发展起来的"⑥。经济秩序无须国家干预,也无须法律,特别是指向政治秩序的宪法过多介入。

亚当·斯密生活在经济生活从手工业向机械大工业过渡的阶段。事实

---

① 亚当·斯密. 国民财富的性质和原因的研究:下卷. 郭大力,王亚南,译. 北京:商务印书馆,1974:13.
② 约翰·R. 康芒斯. 资本主义的法律基础. 寿勉成,译. 北京:商务印书馆,2017:472.
③ 法兰茨·波姆. 竞争性经济过程的政权外("自然的")法则//何梦笔. 德国秩序政策理论与实践文集. 庞健,冯兴元,译. 上海:上海人民出版社,2000:96.
④ Vgl. Kay Waechter, Ist eine Wirtschaftsverfassung heute nützlich?, JZ 2016, 533, 534.
⑤ Vgl. Kay Waechter, Ist eine Wirtschaftsverfassung heute nützlich?, JZ 2016, 533, 535.
⑥ 瓦尔特·欧肯. 国民经济学基础. 左大培,译. 北京:商务印书馆,1995:74.

上，经济自由、自由贸易、迁徙自由等政治经济政策，为现代工业化创造了决定性条件。但是，随着工业化进程的展开，经济活动日益复杂，古典自由主义的经济理论开始遭遇新工业经济新秩序的挑战。例如，工业化和充分自由的市场竞争所带来的垄断，反过来可能取消宪法所欲保障的个人自由。"当自由可能产生私人权力时，满足自由便可能成为对自由的威胁；虽然私人权力激发出了巨大的能量，但这股能量也可能起破坏自由的作用。一个自由的、合乎自然的秩序不是简单地通过放任自流的经济政策产生的。相反，只有经济政策以实现这一秩序为指南时，后者才能够产生。"① 自然经济、自发秩序可以创造财富与繁荣，但其本身并不当然是稳固和坚韧的。"市场经济不是天然产生并持续存在的制度，不是'先天稳定和谐'的制度，而是恰恰相反，它是一个在历史进程中高度容易支离破碎的构成物。"② 也就是说，自发秩序是脆弱的，如果任由经济秩序野蛮生长，可能会走向强者对弱者的经济压迫，最终导致经济萧条。因此，经济学家们开始认识到，需要从自然经济的自发秩序中提炼出其要素并通过法律制度固定下来，为市场经济创造一种可靠的秩序框架。③ 在康芒斯看来，不能因为国家不创造财富而反对国家通过立法来干预经济。"所谓经济是指各种因素的比例配合，也就是限制某些因素和扩大某些因素。但如果能做到最佳可能的比例配合，那么各个因素联合起来的总产品就能大量增加，如果采用了不好的比例配合，那就会把这种产品完全消灭。"④ 而立法和司法的工作就是把经济的各种诱因按比例配合起来，良好的配合工作就可以扩大社会财富。在工业化之后，亚当·斯密式的自然经济不可避免地受到更多的国家的干预，经济生活也日益走向法治化。"国民经济中各种因素的比例配合并不是自然的盲目力量的盲目配合，而是对自愿和不自愿的个人所施加的各种诱力的配合。"⑤ 当然，国家干预和经济生活的法治化，并不是要取消自然经济，而是要让个人创造财富的活动有着更好的制度条件。

经济生活的法治化，仍然是对市场的自发秩序的维护，是要从自发秩序中提炼出要素，并小心地通过法律制度固定下来，为自发创造财富的力

---

① 瓦尔特·欧肯. 经济政策的原则. 李道斌，冯兴元，史世伟，译. 北京：中国社会科学出版社，2014：58-59.
② 何梦笔. 德国秩序政策理论与实践文集. 庞健，冯兴元，译. 上海：上海人民出版社，2000：序言3.
③ 瓦尔特·欧肯. 国民经济学基础. 左大培，译. 北京：商务印书馆，1995：76.
④ 约翰·R. 康芒斯. 资本主义的法律基础. 寿勉成，译. 北京：商务印书馆，2017：414.
⑤ 同④406.

量的发挥维护良好的秩序。经济学家们提炼出市场经济发展的几项重要的"秩序原则":私有制、契约自由、良好的竞争。而法律对这些要素的确认,意味着经济生活从自发到自觉的重大转变。欧肯将这种以主观建构的"秩序原则"为基础的经济秩序称为"设立的"经济秩序。① "设立的"经济秩序与"生成的"经济秩序不同,其基本理念在于:自由的经济秩序离不开国家干预,每一个经济活动的主体在买卖、信贷和租赁等经济活动中,都必须遵守国家通过法律所确立的规范框架。拥护市场经济并不意味着被动的放任自流,"设立的"经济秩序需要的是一个融合个人自由的保障与社会保障的整体秩序,但这一秩序并非建立在计划经济之上。② 法律规定"秩序原则"的目的不是介入具体的经济活动,"设立的"经济秩序并不意味着国家经济强制,而是国家通过法律的形式"确认"某种经济活动的游戏规则,以维护经济秩序的健康发展。在欧肯看来,国家"设立的"这套框架秩序正是"经济宪法"。"经济宪法",是关于一个共同体的经济生活的秩序的总决定。③ 欧肯将"经济宪法"的诞生视为"生成的"经济秩序与"设立的"经济秩序走向分野的标志。④

(二)"经济宪法":从经济学到法学

"经济宪法"最早是个经济学概念。来自德语的"经济宪法"(Wirtschaftsverfassung)是由"经济"(Wirtschaft)和"宪法"(Verfassung)两个词复合而成。Verfassung 既有法规范意义的"宪法""组织法""根本法"的含义,又有事实层面的"实际状态"或者"基本秩序"的意涵。⑤ 因此,在经济学中,"经济宪法"很长时间只是与"经济秩序""经济制度""经济阶段""经济模式"等词语差不多的一种表达而已。但人们也逐渐对这些概念在"经验性"和"规范性"两个层次上进行有区分的使用,分别指向对经济生活的实存状态的描述,以及关于经济制度的相关法律规范和法律制度。⑥ "经济宪法"最终成为一个法学概念,与弗莱堡学派的主张有密切关系。1936 年,欧肯、伯姆和格罗斯曼-德尔特在《我们

---

① 瓦尔特·欧肯. 国民经济学基础. 左大培,译. 北京:商务印书馆,1995:74-75.
② 阿尔弗雷德·米勒-阿尔马克. 经济秩序的社会观//何梦笔. 德国秩序政策理论与实践文集. 庞健,冯兴元,译. 上海:上海人民出版社,2000:17.
③ 同①75.
④ 同①76.
⑤ 关于宪法概念的演变,参见张翔. 宪法概念、宪法效力与宪法渊源. 法学评论,2021(4):25-28。
⑥ 弗里茨·里特纳,迈因哈德·德雷埃尔. 欧洲与德国经济法. 张学哲,译. 北京:法律出版社,2016:48-49.

的任务》中主张经济学与法学的结合："我们认为法学和政治经济学精英最紧迫的任务，就是共同努力恢复这两门学科在国民生活中应有的地位。这样做不仅是为了学术，更重要的事，为了保障德国的经济利益。"① 通过法律制度来保障经济竞争秩序，就是弗莱堡学派的重要主张。弗莱堡学派批评以萨维尼为代表的私法学家是让法律消极地接受经济现状的"法律宿命论者"（当然并不否认其历史合理性），"持宿命论态度的法学家所能做的就是让法律适应经济情况，而不认为自己有改变这些情况的能力"②。然而，伴随着工业化进程，人类社会的政治生活和经济生活发生了深度融合，二者关联紧密、交互影响。尤其是随着资本主义发展进入周期性危机，国家与社会不再能清晰地二元分立，社会情势越来越多地呼唤国家权力对私领域的介入。③ 由此，"政治学和法学学者的任务就是清楚地了解社会和经济的最新情况，然后就法律如何适应这些情况提出建议"④。欧肯等人从经济生活法治化的历史和现实中，提炼出"经济宪法"的概念，其背后是一套处理法律秩序与经济秩序的价值观念，也就是认为国家应当通过法治为市场经济创造一种稳固的和可靠的框架秩序，这就让"经济宪法"具备了法学概念的性质。

欧肯将"经济宪法"理解为对一个共同体的经济生活的秩序的总决定。需要注意的是，这里的"经济宪法"是指与一国经济生活秩序有关的法律决定，而非形式意义上具有最高法律地位的宪法规范。"经济宪法"涵盖了所有对于经济生活的秩序生成和动态运行具有根本性、持续性、决定性影响的宪法规范。⑤ 其不仅包含"形式宪法"，也就是宪法典中关于经济的规定；也包含了"实质宪法"中的经济规范，也就是对经济活动而言具有"宪法性"或者"基础性"地位的普通法律。如果说经济学家眼中的"经济宪法"是"实质宪法"，那么在以解释现行有效的宪法典为基本任务的宪法学家那里，针对经济问题所主要关注的，则是形式意义上⑥的

---

① 弗朗茨·伯姆，瓦尔特·欧肯，汉斯·格罗斯曼-德尔特. 我们的任务//朱民，周弘，拉斯·P. 菲尔德，等. 社会市场经济：兼容个人、市场、社会和国家. 孙艳，等译. 北京：中信出版集团，2019：23.

② 同①26-27.

③ Vgl. Peter Badura, Wirtschaftsverfassung und Wirtschaftsverwaltung, Rn. 1, 4. Aufl., Mohr Siebeck, Tübingen, 2011.

④ 同①26.

⑤ Peter Badura, Wirtschaftsverfassung und Wirtschaftsverwaltung, Rn. 14, 4. Aufl., Mohr Siebeck, Tübingen, 2011.

⑥ 关于形式宪法与实质宪法，参见黄明涛. 形式主义宪法观及其修正：从"宪制性人大立法"说起. 中国法律评论，2022（3）.

"经济宪法",即宪法典中有关经济政策的规定。实际上,在弗莱堡学派提出"经济宪法"概念之前,为经济立宪、通过宪法形塑经济秩序的理念在实证宪法上已经出现了。1918年苏俄宪法就通过规定废除私有制、大规模国有化等激烈地干预经济,革命性地塑造新的经济秩序。同样在社会主义思潮影响下,德国1919年魏玛宪法明确且体系性地对经济作出规定。魏玛宪法在第二编"德国人的基本权利与基本义务"中的第五章"经济生活"(Wirtschaftsleben)中,用洋洋洒洒的15个条文(第151~165条)规定了经济领域的诸多方面。从规范种类上看,这15条包括了对各类经济自由权以及非主观自由权的制度性保障、特别立法委托、特别保护义务、法律保留、宪法禁止、基本义务、机构组织等条款。[1][2] 魏玛宪法通过体系化的宪法规范,建构起了经济自由与社会公正理念兼顾的经济宪法。作为其统领原则的第151条第1款规定:"经济生活秩序必须符合公平正义的各类原则,并致力于保障符合人之尊严的生活条件。在上述边界内,个人的经济自由被予以保障。"根据此精神,第五章系统全面地规定了诸多经济性权利和客观法制度。关于经济秩序的系统的、有强烈目的指向性的法律规范开始出现在宪法典中,从而使得"经济宪法"这一概念名实相副。正是基于魏玛宪法对经济问题的系统规范,经济宪法作为一种概念工具才开始勃兴。魏玛宪法被认为是实证法意义上的经济宪法的开端,对后世影响深远。

二战后制定的德国《基本法》并未像魏玛宪法那样作"经济宪法"的体系规定。因此,对于德国《基本法》中是否包含着指向特定经济秩序的"经济宪法",存在争论。支持的观点认为,通过对《基本法》的综合考察与阐释,可以推导出《基本法》对特定经济制度的决断,即《基本法》中存在一个体系化的经济宪法。[3] 尼伯代认为,德国《基本法》中的"自由民主的基本秩序"(《基本法》第18条、第21条第2款)、自由法治国原

---

[1] Vgl. Kay Waechter, Ist eine Wirtschaftsverfassung heute nützlich?, JZ 2016, 533, 535. (王锴. 论部门宪法的结构:以经济宪法为例//苏永钦教授七秩华诞祝寿论文集编辑委员会. 法学的想象:第2卷. 台北:元照出版有限公司,2022:24.)

[2] Walter Leisner, Freiheitliche Wirtschaftsverfassung aus Grundrechten-oder Grundrechtsrelativierung durch soziale Verfassungssystematik? Gefahren systematischen Rechtsdenkens, in Hartmut Bauer/Detlef Czybulka/Wolfgang Kahl/Andreas Vosskuhle(Hrsg.), Wirtschaft im offenen Verfassungsstaat-Festschrift für Reiner Schmidt zum 70. Geburtstag, S. 367, Verlag C. H. Beck, München, 2006.

[3] Vgl. Udo Di Fabio, in Theodor Maunz/Günter Dürig (Begr.), Grundgesetz Kommentar, Band I, Art. 2 Abs. 1 Rn. 76, Loseblattsammlung, Stand: Juli 2001, C. H. Beck Verlag, München.

则（《基本法》第 20 条）和基本权利保障（主要是《基本法》第 2 条第 1 款的一般经济自由保障、第 9 条的结社自由保障、第 12 条的职业自由保障和第 14 条的财产权保障）排除了极权主义下的计划经济，而社会国原则（《基本法》第 20 条第 1 款）则排除了自由放任的市场经济。这些规定可以视为德国《基本法》在经济制度上的决断，构成了德国的经济宪法。[1] 而相反的观点则认为，宪法上并不存在关于经济生活的基本决断，而是在经济政策上保持中立，即所谓的"宪法中立说"（Neutralitätsthese）[2]。针对这些争论，德国联邦宪法法院通过若干判决予以调和[3]，进行了综合采纳和相应批判，并提出了《基本法》形塑了"开放的经济秩序"的观点。一方面，联邦宪法法院认为，《基本法》本身在经济政策的选择上是中立的，但这种中立性仅意味着立宪者并未选择某一特定的经济制度，这也就允许日后的立法者从实际出发来制定相应的经济政策。[4] 另一方面，联邦宪法法院也特意指出，立法者自由决策的前提是必须遵守《基本法》的各类规定，尤其是基本权利规范。[5] 联邦宪法法院将宪法秩序视作一种"框架秩序"，只要是在这个框架下，国家权力可享有充分的自我裁决权以灵活建构经济秩序。[6] 这被称为"《基本法》的经济开放原则"[7]。这一原则也意味着，《基本法》仅恪守经济政策上的中立性，而不是保持经济法上（wirtschaftsrechtlich）的中立性。[8] 在法的考量上，《基本法》仍然有自己的规范要求和界限：基本权利条款对个人自由的严密保

---

[1] Vgl. Hans Carl Nipperdey, Soziale Marktwirtschaft und Grundgesetz, SS. 64 – 65, 3. Aufl., Carl Heymanns Verlag KG, Köln, 1965.

[2] Vgl. Di Fabio, in Theodor Maunz/ Günter Dürig (Begr.), Grundgesetz Kommentar, Band Ⅰ, Art. 2 Abs. 1 Rn. 76, Loseblattsammlung, Stand: Juli 2001, C. H. Beck Verlag, München.

[3] 具有重要影响的裁判有"投资补助案"（BVerfGE 4, 7）、"药店案"（BVerfGE 7, 377）以及"员工参与决策权案"（BVerfGE 50, 290）等。有关前两个案件案情和裁判概况的中文文献介绍，参见黄卉. 宪法经济制度条款的法律适用：从德国经济宪法之争谈起. 中外法学, 2009 (4): 563 – 565.

[4] BVerfGE 4, 7, 18.

[5] BVerfGE 7, 377, 400.

[6] Vgl. Peter Badura, Wirtschaftsverfassung und Wirtschaftsverwaltung, Rn. 14, 4. Aufl., Mohr Siebeck, Tübingen, 2011.

[7] Udo Di Fabio, in Theodor Maunz/ Günter Dürig (Begr.), Grundgesetz Kommentar, Band Ⅰ, Art. 2 Abs. 1 Rn. 76, Loseblattsammlung, Stand: Juli 2001, C. H. Beck Verlag, München.

[8] Hans-Jürgen Papier/Foroud Shirvani, in Theodor Maunz/Günter Dürig (Begr.), Grundgesetz Kommentar, Band Ⅱ, Art. 14 Rn. 159, Loseblattsammlung, Stand: April 2018, C. H. Beck Verlag, München.

护，在宪法上排除了整体建构计划经济的方案；基于法律保留原则产生的以及宪法上的各类原则、价值、法益对自由权的限制，也排除了完全自由放任的经济秩序。① 基于这两个存在张力的宪法性要求的结合，《基本法》下的"经济宪法"有一个被更广泛了解的经济学表达：社会市场经济。② 也就是把市场自由与社会平衡相结合的经济秩序。

出于保护市场经济的目标，运用法律来规范经济生活以形成良好经济秩序的"经济宪法"理念，经历了从经济学概念向法学概念的转变，也带来了宪法学知识的转变。现代宪法不再是传统意义上纯粹的"政治法"，它还承担着形塑一国基本经济秩序的重任。③ 宪法学也必须开始关注政治领域以外的社会生活，承担将宪法中有关经济政策的规定进行解释并使其与宪法整体保持融贯的教义学任务。这要求宪法学要接受和吸纳经济学的理念，并将其转化为规范性诫命，以维护法治轨道上的良好经济秩序。

二、"社会主义"+"市场经济"的规范意涵

如果说资本主义国家的"经济宪法"体现的是从对经济的自由放任到接受和容纳国家有限干预的法治化过程，那么社会主义国家的宪法则自始就有着强烈的国家干预经济的色彩。以我国的宪法史为对象，则可以观察到从国家全面管制经济，到容纳、尊重经济自发秩序的过程。④ 我国现行宪法对于经济体制规定的变迁，就是其集中体现。现行宪法通过于经济体制改革伊始，其第 15 条虽仍规定"国家在社会主义公有制基础上实行计划经济"，但紧接着又规定"国家通过经济计划的综合平衡和市场调节的辅助作用，保证国民经济按比例地协调发展"。后一句的表述应该说亦契合前述"经济宪法"理论平衡市场与国家干预的精神。肖蔚云先生对此评述道："宪法虽然没有明确规定商品经济、价值规律，但写了市场调节，市场调节与价值规律、商品经济是分不开的，宪法第十五条实际上包含了在我国仍然存在商品经济的思想。"⑤ 1984 年 10 月，中国共产党十二届三中全会通过了《中共中央关于经济体制改革的决定》，提出了我国的社会主义经济是"有计划的商品经济"的新概念，强调计划与市场的结合，不

---

① Udo Di Fabio, in Theodor Maunz/Günter Dürig (Begr.), Grundgesetz Kommentar, Band Ⅰ, Art. 2 Abs. 1 Rn. 76, Loseblattsammlung, Stand: Juli 2001, C. H. Beck Verlag, München.
② 弗里茨·里特纳，迈因哈德·德雷埃尔. 欧洲与德国经济法. 张学哲，译. 北京：法律出版社，2016：80.
③ 张守文. 宪法问题：经济法视角的观察与解析. 中国法律评论，2020（2）：76 以下.
④ 韩大元. 公法的制度变迁. 北京：北京大学出版社，2009：55 - 63.
⑤ 肖蔚云. 我国现行宪法的诞生. 北京：北京大学出版社，1986：119.

再是"计划为主"。1987年,中国共产党十三大报告进一步提出,"社会主义有计划商品经济的体制,应该是计划与市场内在统一的体制",明确指出计划与市场都覆盖全社会,"国家调节市场,市场引导企业"。1992年,邓小平在"南方谈话"中作出了"计划经济不等于社会主义,资本主义也有计划;市场经济不等于资本主义,社会主义也有市场"的经典论断。① 1992年,中国共产党十四大将"建立社会主义市场经济体制"确立为我国经济体制改革的目标,并据此提出修宪建议。1993年修宪通过的宪法第7条修正案,修改了《宪法》第15条,规定"国家实行社会主义市场经济"。"社会主义市场经济"是宪法对我国经济体制的总体决断:作为定性词的"市场经济",意味着对自发秩序、自利、自由、竞争的尊重和保护,而作为限定词的"社会主义"更多指向社会分配的公正与平衡,二者各有规范侧重而又融贯为一体。在我国确立社会主义市场经济体制的过程中,曾系统参考过国外关于计划与市场问题的理论,甚至"社会主义市场经济"的表达也可能受到了"社会市场经济"的直接影响。② 这里,笔者仍以德国"经济宪法""社会市场经济""社会国"的学理为参考,尝试对"社会主义"+"市场经济"的规范内涵进行阐释。

(一)市场经济:保护竞争秩序

按照邓小平的阐释,社会主义的本质首先是"解放生产力,发展生产力"③,这是实现"共同富裕"的前提条件。彭真在《关于中华人民共和国宪法修改草案的报告》里也指出:"国家的巩固强盛,社会的安定繁荣,人民物质文化生活的改善提高,最终都取决于生产的发展"④。我国《宪法》第14条第3款"国家……在发展生产的基础上,逐步改善人民的物质生活和文化生活"(着重号为引者所加)的表达也表明,发展作为富裕的前提是社会共识。但在如何"发展生产"上,我国经历了从依靠计划到通过市场的认识转变。而此种认识转变,并非只发生在中国。如同中国最终确立社会主义市场经济体制一样,联邦德国确立"社会市场经济"的过程,也体现了对于市场机制通过竞争而创造繁荣的作用的认知和实践。

在二战后联邦德国重建之初,无论是占领国管制当局还是当时的德国

---

① 邓小平文选:第3卷.北京:人民出版社,1993:373.
② 陈锦华.国事续述.北京:中国人民大学出版社,2012:127-130.
③ 同①.
④ 彭真.关于中华人民共和国宪法修改草案的报告//全国人大常委会办公厅,中共中央文献研究室.人民代表大会制度重要文献选编:二.北京:中国民主法制出版社,中央文献出版社,2015:554.

主要政党,均希望通过计划经济实现经济复苏。然而,当时的民主德国在实行国有化和计划经济后经济陷入泥潭。1948年6月联邦德国进行货币改革,取消一切多余的经济管控措施,实行市场经济,经济奇迹就此出现。① 主导联邦德国经济改革的艾哈德,将"社会市场经济"作为一项秩序原则来看待。也就是说,市场经济追求的不是国家事先给定的经济和社会物质目标,而是"一种保障所有经营者的自主权和经济主体在给定行为框架内独立协调自身活动的秩序"②。人们往往将社会市场经济解释为,应当通过对市场经济目标设想进行某种方式的修正来考虑经济政策和社会政策之间的相互依存关系,但这并不符合艾哈德的社会市场经济概念。③ 如前述德国联邦宪法法院所界定的,社会市场经济是一种"开放的经济秩序"。在两德统一过程中,"社会市场经济"被再次强调。联邦德国和民主德国于1990年5月签订了《关于货币、经济与社会联盟的国家条约》。其中第1条第3款确立了保护市场经济的基本原则:"社会市场经济的确定,最主要的是通过私人所有权、供给竞争、自由定价,以及劳动、资本、货物和服务原则上完全的自由流通。"社会市场经济的首要内涵是在"经济实践中引入竞争机制、鼓励企业家精神和促进市场自由化"④。市场经济不是实现某项国家计划的手段,竞争本身是一个发现的过程,不预设任何结果。社会市场经济的核心要义是维护自由的竞争秩序。

自由竞争秩序的基本要求是反对经济特权,公平对待经济过程中的所有参与者。⑤ 欧肯认为,经济目标与社会目标的统一难以通过孤立的社会政策加以实现,而对实现更大的社会公平起最重要作用的是推行一种有关经济秩序的政策,即"秩序政策"⑥。这种维护自由竞争秩序政策的目的是"系统地防止社会中出现限制竞争的特权集团,并恰恰由此防范出现收入分配日益不平等的结果"⑦。一方面,国家制定的经济政策应当是"价

---

① 路德维希·艾哈德. 大众福利. 祝世康,穆家骥,译. 北京:商务印书馆,2020:13.
② 霍斯特·弗里德里希·温舍. 社会市场经济作为一项旨在引入市场经济制度的策略//何梦笔. 德国秩序政策理论与实践文集. 庞健,冯兴元,译. 上海:上海人民出版社,2000:203-204.
③ 同②213-214.
④ 朱民,周弘,拉斯·P. 菲尔德,等. 社会市场经济:兼容个人、市场、社会和国家. 孙艳,等译. 北京:中信出版集团,2019:序一14.
⑤ 阿尔弗雷德·米勒-阿尔马克. 经济秩序的社会观//何梦笔. 德国秩序政策理论与实践文集. 庞健,冯兴元,译. 上海:上海人民出版社,2000:16.
⑥ 瓦尔特·欧肯. 经济政策的原则. 李道斌,冯兴元,史世伟,译. 北京:中国社会科学出版社,2014:347.
⑦ 同⑥序一3.

值中立"的，对所有经济活动的参与者一视同仁，国家、企业等经济活动主体不能在经济活动中享有经济特权；另一方面，任何自由市场经济体系都会从内部产生阻碍自由竞争的力量，比如契约自由可以被用来创设卡特尔，产生于自由竞争的垄断会反过来破坏自由竞争，因此国家需要规制市场竞争①，否则将会破坏市场经济赖以生存的土壤。国家的任务不是积极介入日常的经济活动，而是通过制定市场经济的运行规则保护自由的竞争秩序免受经济特权的破坏。在这一过程中，国家自身也不能成为经济强权。社会市场经济是兼容个人、市场、社会和国家的"开放的经济秩序"，但没有谁可以成为强权者。生产力的发展有赖于市场经济的自由竞争秩序，自由竞争的经济秩序，需要遏制各种经济特权的出现，这就需要法律制度上的安排。实际上，我国宪法规定的社会主义市场经济体制，以及与之相配合的相关规范，同样要求遏制经济特权、维护竞争秩序，分述如下：

首先，宪法保证公有制经济与非公有制经济处于平等地位。维护竞争秩序要求各类市场主体和谐共存，因此，经济宪法的首要任务是搭建平等的经济秩序框架。在"八二宪法"起草时，计划经济思维还占据主导地位，所以仍然规定了公有制在所有制结构中的主体地位。1988 年宪法第 1 条修正案在所有制结构方面有所突破，在承认个体经济的基础上，增加了"国家允许私营经济在法律规定的范围内存在和发展"的规定，赋予私营经济宪法地位。1999 年《宪法修正案》将非公有制经济的地位从"补充"提升为"社会主义市场经济的重要组成部分"。2004 年《宪法修正案》将"国家对个体经济、私营经济实行引导、监督和管理"修改为"国家鼓励、支持和引导非公有制经济的发展，并对非公有制经济依法实行监督和管理"。通过宪法修改，非公有制经济的宪法地位得到提高，非公有制经济获得与公有制经济平等的市场竞争主体地位。在宪法所有制地位平等的要求下，任何企业都不应基于所有制的差异而享有经济上的特权。而赋予任何企业经济特权，都是对市场经济下的竞争秩序的扰乱。

其次，宪法保护经营自主权。自由的竞争秩序意味着国家不得介入经济主体的生产、投资和消费等经济活动，否则将导致市场主体违背价值规律活动，破坏市场经济。也就是说，国家也不应当拥有经济特权。改革开放四十多年来，随着国家职能的转变，资源配置从计划主导到市场起决定

---

① 瓦尔特·欧肯. 经济政策的原则. 李道斌，冯兴元，史世伟，译. 北京：中国社会科学出版社，2014：序—3.

性作用，企业尤其是国有企业和集体经济组织的经营自主权逐步得到落实。1982年《宪法》最初规定，国营企业必须"服从国家的统一领导"和"全面完成国家计划"，集体经济组织则需要"接受国家计划指导"，但国营企业仍享有"经营管理的自主权"（《宪法》第16条），集体经济组织也有"独立进行经济活动的自主权"（《宪法》第17条）。此后，1993年《宪法修正案》在确立"社会主义市场经济"的同时，不仅将"国营企业"更名为"国有企业"，使国营企业国家所有、国家经营的状态发生转变，即国有企业的所有权和经营权发生分离，而且取消了国家计划对企业的限制，企业拥有了全面的经营自主权①；关于集体经济组织，亦取消了"接受国家计划指导"的规定。而非公有制经济本身就不属于计划经济的组成部分，其享有经营自主权并无争议。宪法对经营自主权的确认和保护，意味着要求防止国家特权的形成，保护市场经济的竞争秩序。

再次，宪法保护公民的私有财产权。"私人产权是有效竞争的前提"②，财产的安全保障为公民积极参与创造财富提供了动机。通过法规范的形式保护财产权，防止任何形式的强力攫取，是社会劳动分工得以发展的根本前提。如果缺少对财产权的保障，那么从个人的角度来看就不值得为维持和增加资源和物品而付出努力。③ 从另一个侧面来说，财产权的宪法保护发挥着防御国家干预的功能，以防国家特权干预财产的自由流动，危及竞争秩序。我国《宪法》第13条一方面规定"公民的合法的私有财产不受侵犯"，另一方面对国家征收或者征用提出了"公共利益"和"补偿"两项限制性要求。也就是说，宪法为国家干预财产权规定了合宪性条件，也指向防止国家经济特权的形成。

最后，宪法保护职业自由。这方面突出的例子是大学生就业从国家包分配到自主择业的转变。改革开放之初，由于我国教育体制受到传统计划经济体制的影响，大学毕业生就业采取国家包分配的办法。这一做法实际上赋予了大学毕业生在工作上的某种特权。这种特权带来两方面的不利影响：一方面，用人单位不能根据自己的经营状况进行招录；另一方面，学生也不能根据自己的特长和兴趣寻找工作（在此意义上，特权同时也意味

---

① 周雷. 营业自由作为基本权利：规范变迁、宪法依据与保护范围. 中国法律评论，2020(5)：108-109.
② 瓦尔特·欧肯. 经济政策的原则. 李道斌，冯兴元，史世伟，译. 北京：中国社会科学出版社，2014：283.
③ 霍斯特·弗里德里希·温舍. 社会市场经济作为一项旨在引入市场经济制度的策略//何梦笔. 德国秩序政策理论与实践文集. 庞健，冯兴元，译. 上海：上海人民出版社，2000：252.

着对自由的剥夺）。国家分配工作的内在逻辑在于：人民从属于国家，国家需负责人民就业以保证其生活。① 然而，这一制度难以适应市场经济改革的需要。② 1985年发布的《中共中央关于教育体制改革的决定》明确提出，改变"毕业生全部由国家包下来分配的办法"。在宪法解释上，我国《宪法》第42条关于"劳动权"的规定也应当蕴含"职业自由"的天然内涵，这也是"社会主义市场经济"的当然要求。

总体上看，我国宪法中关于各种所有制经济平等共存、经营自主权、私有财产权以及职业自由的规定，共同指向对自由的竞争秩序的维护，构成了"市场经济"维度的规范要求。

（二）社会主义：维护社会平衡

"社会主义"的内核是"社会平衡"理念。③ 从词义上看，"社会主义"由"社会"的词根"social/sozial"发展而来。这一富含意识形态色彩的词语表达了对不合理、不平等生活条件的批判，以及将这种不平等向"更平等的"方向的修正。④ "社会主义"构成了对"市场经济"的限制性要求。也就是说，在充分尊重竞争秩序的前提下，国家通过再分配来扶助弱者，以实现社会平衡。这要求经济宪法不能仅仅建立在单一的经济思想上，而是要成为一个兼具"市场自由原则与社会平衡政策"的"新综合法"⑤。市场经济所维护的竞争秩序用以实现社会财富最大化，而社会集体意义上的分配正义则由国家进行补充。例如，深受社会主义影响的苏俄宪法和魏玛宪法均通过财产权的限制和社会权的保障贯彻社会平衡的理念。⑥ 与我国宪法中的"社会主义"原则类似，德国《基本法》发展了"社会国原则"。社会国原则使立法者负有义务去建立"公正的社会秩序"。立法者必须特别保护弱势群体，实现"为所有人提供有尊严的生活"的目

---

① "在我们国家，对于待业青年，国家有责任创造条件使他们就业，在没有就业的时候，不能不管……在我们国家不存在因没有就业而不能生活的问题，劳动权利不是生存权利，而是政治权利。"（张友渔. 宪政论丛：下册. 北京：群众出版社，1986：394.）

② 当时教育体制的最大弊端，"在于长期计划经济体制下所形成的僵化模式……大学无论是部办、省办、国办，一概统招统分统配，其结果是，学校吃政府的大锅饭，学生吃学校的大锅饭"。因此，需要逐步改变高校全部按照国家计划招生、毕业生均由国家包分配的办法，增强高校主动适应社会发展的动力和活力。（胡启立：《中共中央关于教育体制改革的决定》出台前后. 炎黄春秋，2008（12）：3.）

③ 张翔. "共同富裕"作为宪法社会主义原则的规范内涵. 法律科学，2021（6）：23.

④ 姜秉曦. 共同富裕与法治：宪法"社会主义法治国家"条款的融贯解释. 法治社会，2022（3）：56-57.

⑤ 弗里茨·里特纳，迈因哈德·德雷埃尔. 欧洲与德国经济法. 张学哲，译. 北京：法律出版社，2016：55.

⑥ 同③24.

标，并努力"使有产者和无产者的法律保护水平逐渐接近"[①]，以达到"社会平衡"[②]。社会国理念是自由资本主义修正其负面后果的产物，其目标是为社会中的弱者，特别是经济上的弱势群体提供平衡性的措施。无论是社会国原则还是社会主义原则，其目标都在于保障人的尊严、实现社会平衡。

"社会主义"的社会平衡目标给国家设定了两方面的义务：一方面，国家需要履行实现和维护社会正义的义务。首先，这要求国家积极采取措施保证机会平等。例如，我国《宪法》第48条规定"男女同工同酬"，保护妇女权益。其次，还要求国家通过分配制度，使所有人都能够享有一个基本的、相互接近的生活水准。例如，我国《宪法》第56条规定了公民的"纳税义务"，国家的重要职能是通过税收进行再分配，防止贫富差距过大，进而实现社会平衡。另一方面，国家还负有建立社会保障体系的客观法义务，即国家通过创制社会保障制度，使个人在失业、贫困、疾病、年老的情况下，获得国家的帮助。我国《宪法》第45条规定："公民在年老、疾病或者丧失劳动能力的情况下，有从国家和社会获得物质帮助的权利。国家发展为公民享受这些权利所需要的社会保险、社会救济和医疗卫生事业。"这些规定，都体现了通过社会保障来扶助弱者、实现社会平衡的目标。

"社会主义"+"市场经济"共同构成了我国宪法对经济秩序的总体决定。需要注意的是，尽管有"社会主义"这个限定语，但"社会主义市场经济"并不应该被理解为要求强化国家干预，更不意味着否定"市场经济"，而是要通过维护竞争秩序保障高质量发展。"社会主义市场经济"体现的是"经济宪法"维护而非干预经济秩序的理念。"市场经济"意味着维护竞争秩序，反对经济特权对自由竞争的干扰。我国宪法中关于各种所有制经济处于平等地位、经营自主权、私有财产权以及职业自由的规定，共同构成了"市场经济"面向的规范要求。而"社会主义"对社会平衡的要求，当然体现在我国宪法关于男女同工同酬以及社会保障制度等的规定中，而其更深层次的含义在于：通过自由竞争带来的高度繁荣，使得社会经济生活中的弱者也能享受到符合人的尊严的高质量的生活条件。正如"社会市场经济"理念的倡导者艾哈德所言："'社会的'是社会市场经济的题中应有之义。由于社会市场经济比其他任何经济体制都更有效率，因

---

① BVerfGE 63, 380 (394).
② BVerfGE 11, 50 (56); BVerfGE 17, 210 (216); BVerfGE 40, 121 (133).

此我们才能考虑帮助那些没有能力自我帮助的人。"① "如果不继续把蛋糕做大做好，只把蛋糕分来分去，那么蛋糕就会越分越小，最后不会共同富裕，只会共同贫穷。"②

三、"共同富裕"与"社会主义市场经济"的相互诠释

"社会主义的本质，是解放生产力，发展生产力，消灭剥削，消除两极分化，最终达到共同富裕。"③ "实现共同富裕不仅是经济问题，而且是关系党的执政基础的重大政治问题"④。共同富裕是社会主义市场经济的内在要求，我国宪法"社会主义市场经济"的规范框架服务于"共同富裕"的实现，二者具有相互诠释的关系。"共同富裕"不是"平均主义"，而是"在高质量发展中促进共同富裕"⑤。这充分揭示了"共同富裕"与"社会主义市场经济"两个方面的相互诠释：一方面，"共同富裕"的"富裕"维度意味着，通过保卫经济和其他领域的自由，为市场经济提供制度保障，通过高质量发展避免低水平的"平均主义"；另一方面，"共同富裕"的"共同"维度是"社会主义"的固有含义，其核心在于实现社会平衡基础上的平等。"共同富裕"补强了"社会主义市场经济"两个维度上的要求，即保卫自由与要求平等。

（一）保卫自由

正如邓小平曾经主张的那样，共同富裕首先是全民共同致富，是解放和发展生产力。⑥ 没有经济活动的自由，就没有社会财富的最大化，没有市场经济就没有"共同富裕"。"共同富裕"的"富裕"面向要求维护自由的竞争秩序，其指向的是市场经济条件下的初次分配，最终实现高质量发展。"共同富裕"的首要原则是鼓励勤劳创新致富。⑦ "幸福生活都是奋斗出来的，共同富裕要靠勤劳智慧来创造……要防止社会阶层固化，畅通

---

① 朱民，周弘，拉斯·P. 菲尔德，等. 社会市场经济：兼容个人、市场、社会和国家. 孙艳，等译. 北京：中信出版集团，2019：序二 21. 艾哈德的著作《大众福利》（*Wohlstand für Alle*）的另一个译名是"共同富裕"，而英译名则是"来自竞争的繁荣"（*Prosperity through Competition*），应该说很好地说明了"社会市场经济"的核心理念。

② 黄奇帆. 共同富裕的内涵与实现路径//厉以宁，黄奇帆，刘世锦，等. 共同富裕：科学内涵与实现路径. 北京：中信出版集团，2021：3.

③ 邓小平文选：第 3 卷. 北京：人民出版社，1993：373.

④ 新华社评论员. 贯彻新发展理念的指导原则：学习贯彻习总书记在省部级专题研讨班开班式重要讲话精神. 新华每日电讯，2021-01-14 (1).

⑤ 习近平. 扎实推动共同富裕. 求是，2021 (20).

⑥ 同③142.

⑦ 陈明辉. 以劳动者为本位：关于共同富裕的一条思考路径. 法治社会，2022 (3)：87.

向上流动通道,给更多人创造致富机会,形成人人参与的发展环境,避免'内卷'、'躺平'。"①国家的任务不是通过各项经济计划指示生产、消费等经济活动,而是维护经济自由活动的宪法框架,实现公民的自主价值。只有发展才能带来富裕,但不能就发展看发展,而是要"以自由看待发展",要意识到"自由不仅是发展的首要目的,也是发展的主要手段"②。

与"社会主义市场经济"的规范内涵相同,"共同富裕"也以维护自由的竞争秩序作为首要目标。"共同富裕"中的"富裕"面向,强调了"市场经济"的重要性。将"共同富裕"作为宪法社会主义原则的规范内涵,意味着"富裕"不再是一项政治表述,它通过与"社会主义市场经济"的规范联结,对与经济相关的法律体系亦提出了总体要求。整个法律体系都应当落实对自由秩序的维护,让每一个市场主体都能自主安排经济活动,实现人的自我价值。国家应"充分调动人民群众的积极性、主动性、创造性,举全民之力推进中国特色社会主义事业,不断把'蛋糕'做大"③。而做大"蛋糕"的秘诀正是保卫自由,只有充分的个人自由,才是"积极性、主动性、创造性"的基础。"经济政策的终极目标是保卫自由……法律的责任是保障自由,而经济政策应当带来的是人类希望获得的自由和自然秩序。"④"共同富裕"中"富裕"维度所蕴含的保卫自由之理念,有助于我们更好地把握我国经济宪法的核心意涵。"共同富裕"的"富裕"面向,是对我国社会主义市场经济制度的进一步展开。它要求保卫自由的经济秩序,发展市场经济。从规范层面看,它与我国经济宪法中"市场经济"的规范结构一脉相承,即各种所有制经济平等、经营自主权、财产权保护以及职业自由的宪法规范皆是"富裕"要求的规范体现。

(二)要求平等

"共同"维度意味着"不搞两极分化",促进社会平衡。在邓小平看来,"共同富裕"最终应呈现为"国民收入分配要使所有的人都得益,没有太富的人,也没有太穷的人,所以日子普遍好过"⑤。我国宪法规定在

---

① 习近平. 扎实推动共同富裕. 求是,2021(20).
② 阿马蒂亚·森. 以自由看待发展. 任赜,于真,译. 北京:中国人民大学出版社,2002:7.
③ 习近平. 在省部级主要领导干部学习贯彻党的十八届五中全会精神专题研讨班上的讲话(2016年1月18日). 人民日报,2016-05-10(2).
④ 瓦尔特·欧肯. 什么样的经济和社会系统?//朱民,周弘,拉斯·P. 菲尔德,等. 社会市场经济:兼容个人、市场、社会和国家. 孙艳,等译. 北京:中信出版集团,2019:54-55.
⑤ 邓小平文选:第3卷. 北京:人民出版社,1993:161-162.

"市场经济"之前加上"社会主义"的限定，目的就是在实现"富裕"的基础上，克服传统市场经济国家贫富不均的弊端。① 当然，"共同"维度所要求的"平等"，不是劫富济贫的均等化或低水平的"平均主义"，而是突出社会平衡的高水平的物质基础上的平等。

立足于新发展理念的"共享发展"主张是"共同"维度的最新理论发展，也体现着对于宪法社会主义原则下平等内涵的最新阐释。"共享理念实质就是坚持以人民为中心的发展思想，体现的是逐步实现共同富裕的要求。"② 共享发展理念主要分为四个方面：全民共享、全面共享、共建共享与渐进共享。③ 其一，全民共享意味着共同富裕指向结果意义上的平等，即人人有权共享发展成果，不是少数人共享、一部分人共享。共享的方式主要是国家的再（次）分配，即在初次分配后，由于初次分配没有在实质上保证公民的生存和发展的平等机会，政府通过税收等方式建立社会福利制度，以实现社会平衡。其二，全面共享要求全方位保障公民的合法权益，保障公民在经济、政治、文化、社会、生态各领域平等享有建设成果。其三，共建共享则是追求过程意义上的平等，即就共享的实现途径而言，共同富裕的实现要求充分发扬民主，"共同劳动、共同创造"，并非一部分人奋斗，而另一些人不平等地享受奋斗成果。其四，渐进共享表明共同富裕实现的整体过程，将经历一个从低级到高级、从不均衡到均衡的过程。也就是说，"共同"所追求的"平等"不是每个人无差别的平等，即使发展达到很高的水平，每个人在共享上也会有所差别。

"共同富裕"的"共同"面向体现了社会主义要求实现社会平衡、维护平等价值。在宪法层面上，这首先意味着国家基于《宪法》第33条平等条款等的要求，要避免无正当理由的差别对待，保证在个人自由，特别是财产自由、职业自由、经营自由、受教育权等方面的机会平等；其次，要求国家基于宪法中关于社会保障制度、物质帮助权和其他的相关规定，做好财富的再（次）分配，扶助社会经济生活中的弱者，缩小贫富差距。此外，除了初次分配和再（次）分配，在我国关于"共同富裕"的论述中，还出现了极为独特的"第三次分配"④。如何理解"第三次分配"在

---

① 韩大元. 中国宪法上"社会主义市场经济"的规范结构. 中国法学，2019（2）：16.
② 习近平. 在省部级主要领导干部学习贯彻党的十八届五中全会精神专题研讨班上的讲话（2016年1月18日）. 人民日报，2016-05-10（2）.
③ 同②.
④ 习近平总书记指出："正确处理效率和公平的关系，构建初次分配、再分配、三次分配协调配套的基础性制度安排".（习近平. 扎实推动共同富裕. 求是，2021（20）.)

"共同富裕"中的地位和作用，同样需要在宪法层面展开。

四、以自愿原则为基础的"第三次分配"

"第三次分配"的概念，由我国经济学家厉以宁提出："在两次收入分配之外，还存在着第三次分配——基于道德信念而进行的收入分配。"[①] 从这一定义中我们可以发现，"自愿"而非"强制"是第三次分配的核心。有学者指出："第三次分配是主体与其生活的世界主动建立联系，以追求更高价值目标、对世界苦难的同情、自我救赎等具体形式，将资源让渡给其他主体的活动。"[②] 最典型的第三次分配当数慈善，慈善是以自愿原则为基础的分配方式。浏览我国《慈善法》的相关条文可以发现，激励人们自愿进行慈善活动是《慈善法》的任务，例如通过税收优惠（《慈善法》第79、81条）、金融支持（《慈善法》第86条）等激励政策促进慈善活动的发展。人的"利己性"决定了人们为他人付出存在一定的自然障碍，但是，随着尝试慈善活动，"他可能会变得认同自身独立理由并据此继续追求慈善目的"[③]。也就是说，人们从事慈善活动最终是出于某种主观的道德情感（包括对他人的怜悯、同情等），不存在任何形式的强制慈善。因此，自愿原则是慈善法的首要原则。它主要包括自愿开展慈善捐赠、慈善募捐和慈善结社三大内容。[④]

自愿原则意味着政府不能成为慈善活动的基本保障，政府对慈善活动的支持必须是克制的。政府救济不同于慈善捐助，前者属于国家财政的支配因而具有强制性，后者属于公民私有财产权的行使所以具有自愿性。倘若政府过度干预慈善事业，这将在无意中产生使民间慈善组织边缘化的恶果，民间慈善组织的生存空间将会受到压缩，现代慈善观念难以养成。[⑤] 例如，改革开放初期，尚未完成从计划经济向市场经济的转轨，国有企业的捐赠行为受到政府干预的压力，带有一定的被动性和强制性。[⑥] 这一做法一方面有违慈善活动的自愿性宗旨，另一方面侵扰了企业的经营自主权，破坏自由的竞争秩序，有违社会主义市场经济的规范要求。此外，政府积极开展募捐活动存在侵犯私人财产权之嫌。例如，2011年起实施的《湖南省募捐条例》第15条第1款规定："在发生重大或者特别重大灾害

---

① 厉以宁. 股份制与现代市场经济. 南京：江苏人民出版社，1994：77，79.
② 江亚洲，郁建兴. 第三次分配推动共同富裕的作用与机制. 浙江社会科学，2021（9）：78.
③ 马修·哈丁. 慈善法与自由国. 吕鑫，李德健，译. 北京：社会科学文献出版社，2019：61-62.
④ 吕鑫. 当代中国慈善法制研究：困境与反思. 北京：中国社会科学出版社，2018：177.
⑤ 贾乐芳. 慈善文化的学理难题. 学术界，2013（9）：143.
⑥ 同⑤145.

时，县级以上人民政府可以发动募捐人面向社会开展赈灾募捐。"此外，实践中亦存在政府通过"红头文件"的方式要求公务员乃至企业"认捐"的情形。① 政府积极开展募捐活动首先违背了自愿原则，具体而言，违背了选择受赠者和募捐金额的自愿，侵犯了公民自由处置个人财产的宪法权利。捐赠的本质是捐赠者对其财产行使权利，将其无偿赠与募捐者等人。当捐赠者与募捐者处于平等地位时，募捐活动可以在平等自愿的基础上进行。然而，若政府充当了募捐者的角色，政府高权与公民私权处于不平等的法律地位，"劝捐"等强制捐赠的现象就会发生。② 简言之，政府参与募捐活动，实际上在慈善活动中创造了一种分配特权，侵犯了公民的财产权，扰乱了自由的经济秩序。

实际上，在充分自由竞争的市场经济条件下，慈善行为完全可以自发地产生。在现代的社会条件下，企业特别是大型社会型企业的公众形象对于其持续的财富创造能力有着决定性的作用。从经济活动中，不难观察到企业实际上出自私利的慈善行为。大型社会型企业和具有较高公众知名度的富人，即使不是出于道德情感，也倾向于通过捐助慈善来维护其良好的社会形象，从而获得公众的认知、认可和"用脚投票"，最终保证其持续创造和获取财富的能力。因此，通过法律来维护充分的市场竞争，本身可能就意味着慈善行为的自愿发生。如果违反市场经济的自愿、自主、自利原则，用具有强制性的手段推行慈善，其效果或许是相反的。

概括地看，初次分配、再（次）分配和第三次分配共同构成了实现"共同富裕"的基础性制度安排。初次分配和第三次分配都以自由的市场经济秩序为前提，国家在分配的过程中处于"中立"地位。倘若国家积极介入初次分配或第三次分配的经济活动，那么公权力将可能违背"社会主义市场经济"和"共同富裕"的规范要求，因为它们都要求避免对自由的经济秩序的国家干预。而再（次）分配基于社会平衡原则，容许国家通过强制手段介入经济成果的社会分配，实现实质平等。"共同富裕"的"富裕"维度要求国家保卫自由的竞争秩序，以实现高质量发展，"共同"维度要求国家通过再（次）分配的方式扶助社会弱者，实现社会平衡，而第三次分配则以自愿原则而非国家强制为基础。

---

① 浙江台州一份"红头文件"要求："各单位于2014年1月13日上午下班前完成认捐工作，并将捐款名单和金额汇总报给市水环境整治办。"（郭小荷，刘星. 浙江台州用"红头文件"劝捐. 中国青年报，2014-01-15（1）.）

② 吕鑫. 当代中国慈善法制研究：困境与反思. 北京：中国社会科学出版社，2018：253.

我国宪法承继社会主义宪法的传统，对经济制度有体系化的规定。以国家根本法来规定共同体的基本经济秩序、以法律来保障市场竞争的"经济宪法"理念，也从经济学原理转变成为现代宪法的实证规范，改变了宪法作为单纯"政治法"的面貌，也挑战着宪法学的固有知识。我国宪法关于社会主义市场经济的规定，内在包含着保护市场竞争和维护社会平衡两个维度，与"共同富裕"构成相互诠释关系。应该充分理解和阐释我国宪法中的"经济宪法"规范，在保卫个体自由、反对经济特权、维护良好竞争以充分创造社会财富的条件下，落实宪法社会主义原则所设定的"共同富裕"目标。

（本文原以《市场经济与共同富裕的互诠》为题发表于《交大法学》2022年第6期。）

附　录

　　就宪法与部门法关系的议题，笔者参与了多次研讨和对话，也作过多次演讲和报告。这里收录了笔者2021年秋在"北大法学阶梯"高阶讲座上所作的《部门法的宪法化：中国问题》演讲，是笔者对这一议题思考的梗概。此外，宪法与部门法议题的关注者和讨论参与者，已不限于宪法学者和部门法学者，法理学者从法概念、法体系、法效力原理出发的研究，正在深化相关的讨论。附录也收录了笔者对陈景辉教授的批判意见的初步回应。附录的最后是两次有关宪法与部门法关系议题的对谈、讲座的实录文稿，以二维码的形式供读者扫码阅读。宪法与部门法的关系是实践议题，也是理论议题；是开放的课题，也是未竟的课题。

对陈景辉教授《宪法的性质》的初步回应

陈景辉教授的《宪法的性质：法律总则还是法律环境？——从宪法与部门法的关系出发》（以下简称《宪法的性质》）① 一文，引起了宪法学界的广泛关注。从法理学角度对宪法学基础理论的批判，对于宪法学当然是有益的。因此，当景辉兄告诉我，不同意我的《宪法与部门法的三重关系》（以下简称《三重关系》）② 一文中的观点，要作颠覆性批评的时候，我一则以惧，一则以喜。在新冠肺炎疫情肆虐的2020年年初，景辉兄就已给我看过初稿。大作发表后，我又从他那里得到了未经压缩的完整稿。景辉兄以分析法学的锋利剃刀，消解了我关于宪法和部门法三重关系中的"法律对宪法的具体化"和"法律的合宪性解释"两个命题，而仅赋予"法律的合宪性审查"正当性。他认为我的论述支持了"宪法是法律总则、宪法学是法学总论"的观点，并给予了批评。景辉兄的文章一如既往地清晰明确，读来痛快淋漓。法理学者所独有的精确与深刻，令我受益匪浅。此至诚之言，绝非客气。

但对于景辉兄的"初步批评"，我也有几点"初步回应"。主要是结合自己既有的思考，作一点儿澄清与补充。（下面引用的景辉兄的文字，来自《宪法的性质》一文的完整版。）

一、关于"宪法与法律"的表述

景辉兄指出："承认宪法是法律，那么宪法就是法律中的一员，此外一定还存在着民法、刑法、诉讼法等其他的实在法。那么，如何在理论上表述它们之间的关系？这显然不能是'宪法与法律'，因为这违反了'宪法是法律'的判断，而只能是'宪法与（其他）部门法'"。

我并不反对"宪法与部门法"的表述，但在《三重关系》的讨论中，我用"宪法与法律"的表述替代了"宪法与部门法"的表述，并将二者关

---

① 陈景辉.宪法的性质：法律总则还是法律环境？——从宪法与部门法的关系出发.中外法学，2021（2）.

② 张翔.宪法与部门法的三重关系.中国法律评论，2019（1）.

系界定为:"'形式意义的宪法'(具有最高效力的宪法典)与由低位阶的规范所构成的各个法律部门之间的关系。"之所以这样界定,是希望"以明确效力等级意义上的上位法与下位法的纵向思维,替代并列的、重叠的、模糊的横向思维,在笔者看来,更有利于理清宪法与部门法的关系。在此纵向关系中,最核心的是宪法与各部门法体系中的'形式法律'(在我国是指全国人大及其常委会制定的法律)之间的关系"。也就是说,我只是想通过"宪法与法律"的表述,来强调宪法与其他法律之间的效力层级的不同。景辉兄这里使用的"法律"是"实质法律",而我使用的"宪法与法律"的表述中的"法律"是"形式法律"。所以,我使用的"宪法与法律"的表述,并不违反景辉兄所使用的"宪法是法律"的判断,也绝不是否定宪法的"法律性"。脱离开《三重关系》一文的语境,我也会继续使用"宪法与部门法"的表述。

二、关于"双重计算"的错误

否定"部门法是宪法的具体化"是景辉兄论证的核心。如果"部门法是宪法的具体化"被消解了,在他看来,作为"宪法的具体化与合宪性审查的综合体"的"合宪性解释"也就被消解了。这样,"三重关系"去其二。

在景辉兄精密的逻辑链条的最底层,是他认为"部门法是宪法的具体化"的命题会导致"一个更严重的困难":"宪法的具体化将会吸收合宪性审查,以至于后者不再是一个单独的类型"。景辉兄认为:"部门法对宪法的具体化过程中,必然蕴含着合宪性审查的内容。也就是说,必须时刻监控/审查部门法对宪法的规范具体化,并且同样时刻监控/审查部门法规范实践上的具体化。这样一来,这两个具体化过程,同时也将是合宪性审查的过程。于是,部门法的具体化与合宪性审查的两分,将不复存在。"

不宁唯是,"更严重的是,这将给部门法提供抗拒合宪性审查的充足理由:由于部门法的要求就是宪法具体化的体现,因此它已经经受了一次合宪性审查,那么就没有理由对它进行再一次的合宪性审查;否则,就会引发'双重计算'(double account)的错误,这是一种类似于强迫症患者反复锁门的非理性错误"。

从形式逻辑上看,景辉兄的论证无懈可击。但如果从宪法实践来看,则不能成立。

对部门法的多次的合宪性审查或者合宪性控制,是现代宪法下的常态。景辉兄说"部门法对宪法的具体化过程中,必然蕴含着合宪性审查的内容",这是完全正确的。实际上,在存在民主审议程序和合宪性审查制度的国家，法律案的提出者、法律草案的起草者（往往是政府）一定会对自己提出的法律案和法律草案进行合宪性审视。如果不进行此种预先的合宪性控制，这个法律案或者法律草案一定会在立法机关审议时遭遇违宪质疑，并可能导致无法通过。即使在立法机关获得通过，这个法律仍然有可能被提起宪法诉讼，并接受合宪性审查。也就是说，一项部门法的法律，可能会经受起草者的自我审查、立法机关审议中的审查，以及法律通过后由普通法院或者宪法法院进行的司法审查。根据查云飞对德国立法进程中的合宪性审查的梳理，在德国立法程序的提案、审议、签署阶段，都存在合宪性审查。而在法律公布之后，还可能有宪法法院的抽象规范审查和具体规范审查。[①] 所以，"双重计算"根本不是错误，而是事实。

"必须时刻监控/审查部门法对宪法的规范具体化，并且同样时刻监控/审查部门法规范实践上的具体化"，也是完全正确的。这对应的，正好是"法律的字面违宪"和"适用违宪"的情形。[②]

在制度上，体现在立法中的"部门法对宪法的具体化"过程中的合宪性控制，并不排斥立法之后由合宪性审查机构进行的合宪性审查。在实践中，即使在立法中落实了"部门法对宪法的具体化"的要求，也不意味着部门法就当然合宪。最基本的情形是：立法过程可能是对宪法中的原则或者规则 A 进行具体化，立法机关恪尽"根据宪法，制定本法"的义务，绝无违背宪法的意图并对法律草案进行了合宪性审查；但在该法律通过后的实践中，却发现其可能违背宪法中的原则或者规则 B，此时，对该法律进行合宪性审查就是必要的。比如，某项环境立法是在具体化《宪法》第 26 条的环境保护的国家目标，但在具体实践中却可能有损公民根据《宪法》第 13 条享有的财产权。"部门法对宪法的具体化"和"对部门法的合宪性审查"先后存，并不会相互排斥或吸收。部门法也不可以主张已经在立法中进行过合宪性控制，从而拒绝合宪性审查。

三、关于"宪法是法律总则"

景辉兄认为，当下宪法学界关于宪法最高性、宪法和部门法关系的主张，是在支持如下主张："宪法是法律总则、宪法学是法学总论。"这个观点是景辉兄的提炼概括，我想应该没有哪个宪法学者有这样囊括四海、并吞八方的野心。纵有此心，恐怕也力有不逮。但这个表述所反映的现代宪法下宪法与部门法、宪法学与部门法学的关系，确实值得认真思考。

[①] 查云飞. 德国法律立法过程中的合宪性审查. 公众号"中德法教义学苑"，2020-10-13. 此外还可参见莫纪宏、朱学磊、邢斌文近期的研究。

[②] 杜强强. 法律违宪的类型区分与合宪性解释的功能分配. 法学家，2021 (1).

我的主张是，在宪法的框架秩序之下，部门法有其立法上的形成自由，而部门法学也依然必须保有学科体系的自足。景辉兄注意到了这个观点，但认为："形成自由仍然是在承认宪法是法律总则之后获得的，它始终需要在宪法的框架之内展开。因此，部门法的理论讨论和实践操作，仍然需要受到宪法之法律总则地位、宪法学之法学总论地位的拘束。"抛开表面的语词，我想这里涉及现代宪法下法治与民主的深刻关系。

简单来说，"宪法至上""宪法是最高法"体现的是法治的价值。当然，可以基于人民主权—制宪权—宪定权的链条，认为宪法具有高于法律的民主性，从而具有最高性。但在更本质上，宪法至上体现的是法治的要求。宪法是现代法治的构成性要素，其意味着一切国家权力都要在宪法秩序下运行，都要受到宪法的约束，当然也包括代表民主价值的立法权。对于这一点，景辉兄也有释明："第一，立法者的行动必须依照宪法而展开的要求，是一种典型的'法治的形式观念'（formal conception）；第二，宪法与法治这个价值，存在着概念上的必然关联。如果上述的讨论没错，那么宪法就等于将立法者（主权者）安置在法律体系之中，因此使得他受到法治的拘束而不再拥有恣意的权力。"（当然，立法者是主权者应该是英国的观念，并非更为普遍的人民主权观念。）

但是，立法者受宪法约束，并不意味着用法治取代民主，更不意味着"部门法冗余"。立法固然不能抵触宪法，还要将宪法对社会生活的规整予以具体化，在消极和积极的两个层面"根据宪法"，但根据社会公意、形成政策判断的民主功能并不会因此被取消。同时，各个部门法在久远历史上形成的原则、体系乃至具体规范，只要不抵触宪法秩序，就依然可以在其固有轨道上演进。换言之，部门法的内容，并不必然来自宪法，而是可以来自民主政治的政策判断以及部门法的固有逻辑，但是，都在宪法的规约下。

其中的法治与民主、宪法与部门法的关系，可以从一个历史的视角观察。景辉兄在《宪法的性质》完整版的注释31中，提到了翟小波兄的一个思路，就是认为部门法体系和部门法实践经常不受宪法变迁的影响，"德国民法典与德意志帝国、魏玛时代、纳粹德国、西德、统一之后的德国共存百年，就是最典型的例子"。似乎由此可以说明部门法不是宪法的具体化。

但这个思路似乎不太准确。实际上，在现代宪法的最高性的要求下，即使是在发生史上远早于宪法的部门法，也都有向着新的宪法调整的必要。引用一段旧文："在任何奉行法治主义的国家，在新宪法颁行后，之前的法律必须作出合宪性的调整。在这方面,意大利刑法在'二战'后的发展是一个典型范例。意大利1930年刑法制定于法西斯时代,但在'二战'后并未被废除。意大利于1948年制定了新的宪法,在新宪法的自由民主价值笼罩下,意大利的刑法体系进行了从立法、司法到学理的多层次的合宪性调整。包括对刑法典中抵触宪法的规范的个别修改,宪法法院的合宪性审查,在刑法的司法适用中通过合宪性解释来消除法西斯因素,变革刑法学的理论学说,等等。最终,1930年刑法脱胎换骨,被整合于宪法秩序之中。"① 德国的情况也类似,对于"制定在宪法之前的法律"(Vorkonstitutionelles Recht)的合宪性调整是基本法时代法秩序的基本要求,这是"部门法的宪法化"的一个重要表现。"各个法领域的宪治化(Konsitutionalisierung)也是柏林共和时代之法学的标志。"② 举个德国民法的例子,再引旧文:"战后德国民法人格权保障的演进,可以被看作在宪法作出价值宣告并课以民事法官宪法义务的背景下,由民事法官超越民法典的既有结构和内容,对人的尊严和人格发展进行的判例法创造。这一创造最终得到德国联邦宪法法院的确认。宪法无疑构成了战后德国人格权保护勃兴的价值和规范背景。"③

这里不再展开了。我的基本观点是:部门法对宪法的具体化在现代法秩序下是基本诫命,也是客观状态。同时,部门法对宪法的具体化不会导致"部门法冗余"。

四、关于"宪法学是法学总论"

在现代的合宪性法秩序之下,宪法学会影响部门法学,但绝不会取代部门法的基础理论。这一点我想不会有太多争议。景辉兄说:"即使通常被叫作'母法'的宪法,也没有理由为部门法这个'子法'包办一切:它必须尊重部门法事实上所做的选择,不能评估部门法的选择理由,更不能因为不满这个理由来推翻部门法的决定"。"在概念上,宪法并不是整个法律体系的总则,而是创设法律体系其他部分的授权规范;相应地,宪法学当然也就不是法学总论,部门法学仍然存在基本自洽的理论框架。"

我在此前关于刑法体系的论文中有这样的表述:"笔者尝试,在中观

---

① 张翔."应有的独立性"、报告工作与制度变革的宪法空间.中国法律评论,2017(6).关于意大利刑法,参考了陈忠林、吴沈括的研究。

② 托马斯·杜斐,斯特凡·鲁珀特,李富鹏.柏林共和时代的德国法学.郭逸豪,王泽荣,蒋毅,译.北京:商务印书馆,2021:17.

③ 张翔.民法人格权规范的宪法意涵.法制与社会发展,2020(4).可参见薛军、齐晓琨、周云涛等民法学者的研究。

层面，将刑法学的重要理论置于宪法教义学的观察之下，并在刑法规范与学理现状的基础上，思考国家刑罚权的界限问题；在尊重刑法学既有学理的前提下，探讨刑法体系的合宪性调控，并寻找刑法学和宪法学的沟通渠道，以形成整体法教义学的体系融贯。一国的法律体系应当具有融贯性，而现代宪法构成法律体系的规范基础和价值基础，各部门法的规范与学理更有向宪法调整之必要。同时，宪法学也必须充分考量部门法固有体系的稳定性与科学性，并有选择地将部门法的成熟学理接受为宪法的具体化方案。"①

又："一方面宪法要依赖部门法去落实和实践，要看到立法者构建部门法秩序的过程也是宪法具体化的过程，要尊重立法者对于宪法的理解和规范展开。同时，对于法律的解释又必须以宪法精神笼罩和控制。对于法学的学术而言，这意味着，宪法学者必须重视立法机关依据宪法而对宪法的发展，不要轻率否定立法者对社会规整的设想，并有选择地将立法者对宪法的理解吸收和接受为对宪法规范的解释，以及充分理解部门法学的学理。同时，部门法学者在解释法律时，出于维护宪法价值，实现宪法之下法秩序的和谐之目标，应该对法律做合宪性的解释乃至合宪性的续造。宪法学与部门法学不可相互漠视，也不可以傲慢地以为'本学科可以自足'。"② 我一向主张，尽管宪法是最高法，但宪法与部门法之间是"交互影响"，而不是单方决定。在此意义上，部门法学理的相对自足和景辉兄所言的宪法作为部门法的"环境"，都是成立的。

此前，我在"朋友圈"转发薛克鹏教授的《建构与宪法相融的经济法》一文时加了如下按语："与宪法学的融通已成为自觉。"景辉兄在下面评论道："投降主义要不得。"确实要不得，而且部门法学没人会向宪法学投降，宪法学也不是帝国主义。

总体上，我还是坚持"部门法对宪法的具体化"命题。我觉得，在维护部门法秩序和部门法学理的自足，同时贯彻宪法要求这一点上，我跟景辉兄并无分歧。景辉兄在《宪法的性质》中的论证，总体上是逻辑的、形式的，而非制度的、实践的，从而可能会有一些误解和偏差。但他所提示的逻辑的清晰一致和贯彻到底，以及从法概念、法效力、法价值等层面对宪法性质的反思，无疑是极有价值的。他关于"宪法的法理三命题"的分析，对于宪法学而言是重要的知识资源。我还在理解消化之中，谈不上回

---

① 张翔. 刑法体系的合宪性调控：以"李斯特鸿沟"为视角. 法学研究, 2016 (4).
② 张翔. "近亲属证人免于强制出庭"之合宪性限缩. 华东政法大学学报, 2016 (1).

应，但感觉并无反对的意见（我正在写的关于宪法概念以及立法过程中合宪性审查的论文中，会有一些涉及）。他关于宪法是法律"环境"的主张，似乎又与当下颇为兴旺的系统论法学丝丝入扣，或许也会引来宪法学界之外的唱和。无论如何，对于法学学术的繁荣和宪法法治的推进而言，争论是好事。谢谢景辉。

部门法的宪法化：中国问题[①]

我讲的题目叫《部门法的宪法化：中国问题》。这个问题可以分为三个层面：第一，什么是"部门法的宪法化"？第二，部门法的宪法化在中国有什么表现？第三，在部门法宪法化的背景下，我们法学应该做什么？

一、什么是"部门法的宪法化"？

首先，什么叫作"部门法的宪法化"？我最早接触到这个概念，并不是在宪法领域，而是在民法领域。我们知道，新中国法制史上有一个非常重要的争论，就是《物权法》草案的违宪争论。当年北大的巩献田老师提出了这个问题，引发了非常大的争议。这与我国的法律史，甚至是国家改革开放的大势都有着非常密切的关系。

（一）民法的宪法化

如果从我们今天的角度来讲，部门法与宪法的相关争议，在本世纪初有两个标志性的事件：一个是"宪法司法化"的"齐玉苓案"。当年齐玉苓被人冒名顶替上了大学，于是起诉到法院，法院找不到法律上的直接依据，最后引用了宪法上的受教育权这一基本权利条款进行裁判，由此引发了激烈的争议。另外一个就是2006年的《物权法》草案争议。这个争议发生之后，宪法与民法的关系就被实践推到了最前沿，成为必须去考虑的一个问题。

在这种背景之下，中国法学会宪法学研究会和民法学研究会，同时也包括中国人民大学的宪法学者和民法学者，共同组织了一场对话会。这个会议是非常开放的，当时很多学校的学者都参与了。在这个会上，我第一次听到了"部门法的宪法化"这个概念，具体而言，是由留学法国的石佳友教授提出的"民法的宪法化"。他说，在法国，民法的宪法化是一个非常热的话题，还提到了基本权利作为宪法上的权利对民法的效力问题。一

[①] 本文为笔者2021年秋在"北大法学阶梯"高阶讲座系列中的演讲。其主要观点曾在2018年第二届中国宪法学青年论坛的会议说明中表达。

位民法学者提到了民法的宪法化问题，让我觉得非常新鲜。他说："民法宪法化成为战后许多国家的民法发展的一个普遍性趋势。此种现象并不局限于某一法系，大陆法系和英美法系都有国家出现了此种趋势。它也并不必然取决于是否存在负责违宪审查的独立宪法法院：在存在宪法法院的法律体系中，宪法法院并不见得一定愿意介入私法关系；反过来，在没有宪法法院的法律体系中，通过民事法官的司法活动，宪法基本权利却有可能在私法中产生深远的影响力。"他的专著中，对这个问题有非常多的介绍。

（二）刑法的宪法化

我自己最早研究的是基本权利领域，在研究过程中也比较多地关注到基本权利与各个部门法的关系。在这一过程中，我发现部门法的宪法化是一个非常普遍的趋势。这里可以参考刑法学者的表述，比如若热·德·菲格雷多·迪亚斯说："原则上讲，所有刑法问题都可以从宪法角度来解释"，"刑法（'法学—哲学的'）问题，被转移成了宪法（'实定法'）的问题"。从历史的角度来看，大量研究法哲学的学者都是刑法学科出身，这在德国有非常久远的历史。他说，过去刑法学者经常要思考哲学问题，而这种法学与哲学的问题现在就转变成了宪法问题，变成了一个实定法内的问题。也就是说，原来刑法和哲学的问题是超越实定法体系的。"以前属于法学—哲学的内容因而处于体系之外的学说讨论，今天进入到民主法律秩序之内，从而演变成了体系之内的问题，乃至成了实定法上的问题。"

当代德国刑法学最著名的学者——罗克辛，曾这样说过："我的法律圣经一直都是《基本法》，它在我学习法学之前就进入了我的生命。人的尊严（德国《基本法》第1条）、人格的自由展开（德国《基本法》第2条）、平等原则（德国《基本法》第3条）、言论自由（德国《基本法》第5条）和其他法治国的基础，对于我来说永远都是公理（我们做宪法的人都不会这么想，因为我们需要讨论这些条款的解释、理解。——引者注），我虽然知道它们的哲学背景，但是我一直认为，它不再需要我再在法哲学上进行耕耘。"大家可以这么理解，刑法学者对于一些法哲学争议放弃不做了，而将这些事情交给宪法去做。

何以如此？它有很多的表现形态。在《刑法体系的合宪性调控》这篇文章里，我提到了张明楷老师开创的刑法法益的宪法关联性理论，以及许多刑法解释的问题是与宪法相关的，比如，刑法的目的到底是什么？是不是法益侵犯说、规范违反说？等等。我也在一些讨论会上报告了自己的研究。当时，北师大的赵书鸿老师为我提供了一个论据。他说，张老师，你这个想法最好的典范是意大利刑法（意大利刑法是1930年制定的，1930

年还是墨索里尼执政时期)。这部刑法是法西斯使用的刑法,但是二战以后却没有被废除,到 1948 年意大利才制定了新的宪法。就是说,刑法在宪法制定之前,且是法西斯的刑法。在新宪法的自由民主价值秩序之下,意大利刑法体系进行了一系列合宪性的调整。首先对刑法典进行了个别的修正,而没有废除整部刑法典或者重新制定刑法典。其次在宪法法院的运作以及刑法的司法适用中,法院运用宪法的精神来消除刑法的专制色彩,进而变革刑法学的理论学说。如此使得 1930 年刑法中的法西斯因素被彻底排除了,刑法典脱胎换骨,合乎了自由民主的宪法秩序。我觉得这就非常有意思。一部刑法在新宪法出现以后,虽然形式上还在那里,但是脱胎换骨了,实际上变成了一个新的东西。

这些年我也做了很多相关的研究和呼吁,我能够看到部门法学界也有非常积极的回应,例如,社科院法学所的刑法学者何庆仁老师写了一篇名为《我国〈刑法〉第 29 条第 2 款的合宪性解释》的文章。在看这篇文章以前,我从没想到这个问题能够从宪法的角度去研究。这篇文章讲的是什么叫作教唆犯。如果你教唆他人,但他人没有实施你教唆的这个犯罪行为,该怎么处理?对此,他从宪法的角度作了一些思考。他说这个问题在刑法学上存在立场的对立:"无论是古典学派/实证学派抑或主观主义/客观主义这样传统的立场对立,还是四要件论/三阶层论、形式解释论/实质解释论、行为无价值论/结果无价值论等最新的学说分歧,学者们更多关注的是各自论证的理论自洽性,以及对立观点可能存在的不自洽性,各自立场的合宪性与否很少成为考量的标准。随着宪法性价值和基本权教义学的发展,直接根据宪法塑造和批判刑法,已经成为宪法学对刑法学的召唤,也成为刑法教义学自我省思的重要方向。为此,本文选取教义学上争议极大的我国《刑法》第 29 条第 2 款为例,试图说明自外于合宪性检视而自由生长的刑法教义学已经不合时宜,刑法教义学应该是以宪法价值为导向的智识之辨。"这就说明,刑法学者正在非常自觉地用宪法学的理论去解决刑法学的问题。

(三) 我的认识

通过这些我想告诉大家,在当前的中国法学研究中,各个部门法已经越来越意识到可以从合宪性解释、合宪性审查的角度理解自己的学科,解决自己学科的问题,这是一种非常自觉的意识。而我所理解的部门法的宪法化,就是部门法议题的宪法化。我们过去只从部门法角度去考虑的问题,现在也可以被当成宪法问题去考虑。

比如,有一个特别好玩的德国案例:有一天,一些废旧物品回收加工厂突然发现收不到旧衣服了（本来在德国收旧衣服是很容易的事情）。后来才发现，原来是一个天主教的青少年协会也开始挨家挨户地收旧衣服，做一些资助欠发达地区等的慈善工作。所以，废旧物品回收加工厂才收不到加工原料。为此，废旧物品回收加工厂提起宪法诉讼，说青少年协会的行为违反了正当竞争的原则；青少年协会则反驳说，这是我们的宗教自由。最后，联邦宪法法院认为，普通法院仅仅把这个案件当作不正当竞争的案子来处理是不对的，普通法院应该考虑其中涉及的宗教自由。这就非常有趣——一个不正当竞争的案件转变为了宪法上宗教自由的案件。还有其他案例，比如，一对夫妻信仰一种宗教，这个宗教要求他们不得接受一些医疗手段。某一天，妻子生病了，必须接受手术。她非常清楚，自己的病如果不接受治疗是不行的；而且医生也告诉她，必须去住院，如果不住院肯定会出问题。但是这两口子基于他们的宗教信仰就是不去医院，最后妻子去世了。结果，丈夫被起诉构成不作为杀人，他就在诉讼中主张这是自己的宗教自由。这样一个刑法问题就转变为了一个宪法问题。当有这种意识之后，我们发现大量部门法问题都有可能在宪法层面进行考虑。

二、为什么会出现部门法的宪法化？

只要具备了部门法议题宪法化的意识，就会在部门法研究当中发现大量的宪法问题。但是，为什么会出现部门法议题的宪法化呢？我们都知道，一个学科有它自己独立的历史，一个法律部门有它独立的发展历史，那它为什么要受宪法的影响呢？历史最长的宪法，比如美国的成文宪法才200多年，而刑法、民法的历史都比宪法长，凭什么现在就要开始讲部门法的宪法化呢？我想，可能有以下几个原因。

（一）宪法最高法地位的确立

现代法治跟古代法制的重要区别在于，现代法治确立了一个最高法——宪法，在很多国家的理论中，也叫根本法。"最高法"意味着所有的部门法都不得与宪法相抵触，与宪法相抵触的范围是无效的。这是现代法治非常核心的原则。因此，即便普通法律的历史比宪法还要长，到了宪法的时代，也必须进行合宪性的调整。另外一个理由是根本法。我们知道宪法有两种不同的类型。一种只把它作为最高法，而且是作为公法领域的最高法。另一种类型，就是把宪法作为根本法。我国宪法就是典型的根本法思维的宪法。什么意思呢？宪法对于社会生活的方方面面，都会作出价值设定性的规定。这样的话，就不能不去考虑，不同的法领域背后由宪法设定了怎样的价值。

（二）部门法体系的开放

部门法规范体系具有开放性。我们会注意到一个现象，各个部门法的教科书中都会把宪法列为自己的重要的法律渊源。就算是刑法这样一个强调罪刑法定、法典封闭性的部门法，也会把宪法作为法律渊源。与此同时，各个学科的知识体系也开始具备开放性，这是现代法学理论的重要特点。这种开放性有很多层次，比如，对于社会科学、人文科学的开放性。同时，开放性也意味着法律体系、学科之间的开放性，刑法学与民法学、刑法学与行政法学等学科之间都具有开放性。这种开放性，与上面讲的规范体系开放性是相辅相成、互为因果的。

就我理解的这种概念举一个例子：根据罪刑法定原则，犯罪必须由刑法来规定，不依据刑法规定，就不可以出罪量刑。但是在具体认定的时候就不一样了。比如，刑法上有一种犯罪被称为行政犯。行政犯违反的是行政管理规范，比如拒不履行信息网络安全管理义务罪。当你要对这些罪名是否成立作构成要件上的认定时，你会发现不能只看刑法，还得去看行政法。于是，刑法体系在这种情况下也是开放的。这时，刑法学者就很纠结，怎么能随便一个行政法规怎么规定，直接决定刑法怎么定罪呢？一个办法就是，你要去考察一下行政法上的规范本身是否具有合宪性。如果它具有合宪性，体现了保护人权、限制国家权力的理念，那就可以接受；如果这个行政法规范是违宪的，那就可以不接受。这就意味着，刑法必须向宪法开放，这也体现了现代法学中非常重要的、各个学科之间开放的样态。

（三）合宪性审查制度的建立

第三个原因与第一个原因相关，就是合宪性审查制度的建立。我们知道，美国从"马伯里诉麦迪逊案"开始，建立了对法律的合宪性检视的司法审查制度。后来，奥地利、德国以凯尔森的理论为基础，建构了所谓的宪法法院审查制。二战以后，合宪性审查制井喷式地发展，世界各国普遍建立了合宪性审查制度。美国和德国是其中的两个典范，它们一个是司法审查、普通法院审查制，一个是宪法法院的专门机构审查制。还有法国的宪法委员会制。法国经过改革，正向着德国宪法法院的方向走去。而英国在议会主权这样一个独特的宪法原则之下，建立了自己独特的合宪性审查制度。我们国家也正在发展，这个问题是当今中国法治建设非常核心、重要的问题。

那么，这个制度的存在意味着什么呢？从某种意义上讲，这个世界上没有纯粹的宪法案件，所有的宪法案件都来自部门法。拿"马伯里诉麦迪逊案"来说，它是一个诉讼法案件，涉及法律规定的管辖权是否违反宪法的问题。比如，为什么有学者去研究侵害英雄烈士名誉、荣誉罪的合宪性呢?这是因为之前发生过诋毁"狼牙山五壮士"名誉的事件。对此,狼牙山五壮士的家属有很大意见,就起诉到法院。这个案件最初是个刑法案件,可是在案件的审理过程中必须要考虑言论自由、学术自由的问题。所以,在合宪性审查的背景下,大量的宪法问题最初就是部门法的问题。

(四)基本权利对部门法的辐射效力

在宪法教义学的层面,存在着"基本权利对于部门法的辐射效力"的概念。这可以德国非常著名的"吕特案"为例进行说明。它强调的是,宪法上的基本权利作为一个客观的价值秩序,对于所有的部门法都有辐射作用。美国也会用国家行为理论或者州行为理论处理同样的问题。这些就是我所理解的部门法宪法化,以及部门法宪法化的制度、理论背景。下面就从社会具体争议的角度来讲部门法宪法化的表现,主要是我研究的一些民法问题,一部分是财产法的,一部分是人格权法的。

三、部门法的宪法化在中国有何表现?

(一)三个争议

在中国的现实中,发生了这么几个非常有意思的争议:第一个是住宅建设用地使用权到期是否免费自动续期的争议。我们的住宅建设用地使用权一般是70年,但是比较早的时候,有些地方规定的是30年、20年,结果很快就有住宅建设用地使用权到期了,那续期该怎么交费呢?第二个例子是我自己做的研究。这两年北京的空气质量好像好了很多,早几年时特别差,以至于北京市一度想把机动车按尾号每周限行一天的政策调整成单双号限行。这在当时引起了巨大的争议。我在接受记者采访后发表了一些言论,认为我们的政策可能会侵害公民的财产权,结果在网络上遭到了很多人的批评。后来,我没有办法,就写文章把这个事情好好说了说。第三个问题是个人所得税的争议,这跟我们当前的重大社会发展有关系。

第一个问题属于民法和物权法问题;第二个问题既是行政法问题,也是环境法问题;第三个问题是财税法问题。但是,这些问题的解决都不得不回到宪法的财产权层面。所以,基于这样的争议和我自己的一些研究,我在一篇文章里面提出,中国法治建设到今天出现了一种现象,就是"部门法向宪法提问"。刚开始,是我们非常主动地去"挑衅""碰瓷"部门法,但是我们碰了一段时间后,就发现部门法是真的要向宪法提问。而面对这种不断的提问,宪法就需要作出回应。而且,这种回应必须是法教义学层面的回应,而不能是一种政治性、立场性的回应。

据说,当年巩献田老师提出《物权法》草案违宪的原因在于,《物权法》中没有写"根据宪法,制定本法"。巩老师认为:《宪法》第12条第1

款规定了"社会主义的公共财产神圣不可侵犯",而对于私有财产《宪法》第 13 条第 1 款只规定"公民的合法的私有财产不受侵犯"。这两个条款的不同表述,就体现了宪法对社会主义公有财产和私有财产的保护强度是不同的。而《物权法》对于所有的财产都是平等保护的,他认为这是违宪的。对此,我的观点认为《物权法》的平等保护不违宪,因为法律解释不只是字面意义上的解释,还要考虑体系解释、宪法规范的变迁。虽然我的结论和巩老师不一样,但是我觉得巩老师提出的问题是非常好的法解释问题,也就是一个法教义学的问题。而在近年更强调通过法教义学回应实践争议的背景之下,我自己也有一篇文章,叫作《财产权的社会义务》,这篇文章对财产权进行了宪法教义学的建构。而这种建构,回过头来就有可能回应上面所说的这几个实践争议问题。

(二)理论基础

1. 法教义学

首先,什么叫法教义学?"法教义学是围绕现行有效法律而进行的概念的、逻辑的和体系化的工作,其最终目标指向法律争议的解决,要为法律争议的处理预先给出方案。"我想这种认识基本上是一致的。

2. 财产权的社会义务

那么"财产权的社会义务"解决的到底是什么问题呢?它首先处理的是宪法学中的财产权,从最初"单纯保障私人自由的任意使用和支配财产,转而开始承担社会利益再分配的功能"。也就是说,财产权的保障不再仅仅保障个人对财产不受约束的使用,也要考虑财产有没有社会关联性。如果有社会关联性,个人的财产权就可能要受到一些约束。这样一个变化是有社会背景的。个人的生存自近代以来发生了转变,由基于个人财产或者私人所有权的个人生存,转向了一种基于社会关联性的个人生存。大家想想,传统社会中的农民是怎么生存的?我自己有块土地,然后我在这块土地上耕种,获得了粮食、农作物,这就是我生存的基础。除了吃,我们再拿这些东西去市场上交易,换取农具等重要的东西。这样,我们的生存主要依赖的是自己的土地,依赖的是个人的财产。

但是,现代社会依赖个人财产生存的情况很少见。这并不是说个人财产不重要,而是我们生存所依赖的条件变化了。比如,我受雇于北京大学,我来作研究,来完成北京大学交给我的工作任务,然后北京大学给我发工资,我是靠这个活着的。所以,在现代社会,人的生存方式就从一种依赖个人财产的生存转向了一种依赖社会关系的生存。

还有一些重要的变化,比如,现代社会的人类生存与传统社会的人类生存有很多差异。如果在一个传统的农业社会，我住在自己家里，比如地上搭的草房子里，好一点儿的建个宅子。我要是看这个墙不顺眼的话，拆了重新盖，一点儿问题都没有。但是，大家想一想，现在我们都住在公寓楼、单元房里。按照民法的说法，叫作"区分所有权的建筑物"。你会发现你家这堵墙不完全是你的，因为这堵墙同时是你隔壁邻居的。在这种情况下，物权法就要解决我们双方的所有权要怎么区分、从哪区分。所以，物权法上才有一堆规则去解决这个问题。在这个背景下，我们就会发现个人对自己财产的支配权在下降。比如，过去我们把自己房子的墙拆了没人管；可是现在，这是区分所有权的墙，我就不能随便去拆这个墙。我们都知道，在装修房子的时候不能动承重墙。这都使我们对财产的支配权受到一定的限制。

此外，财产权的限制与环境保护也有关系。大家知道，在传统的人类生存方式中，人们互相干扰的可能性不是太大，但是现在就不一样。比如，在传统社会，我要想污染环境，会怎么污染？大不了，从地里收了稻草一把火烧了，一阵烟就这样过去了；但是在现代这种工业化社会里，这影响就不得了。这样你就会发现，你在传统的社会里，烧你家地里收来的秸秆、稻草毫无问题；但是现在，这种产生污染的行为却要受到严格的限制。这种限制，你也可以把它理解为你对你的财产权的支配力在下降。在这种情况下，就会产生一种新的观点：财产权的行使不仅要保障你个人的生存，还要符合社会功能，也就是要有利于社会公共福祉的实现，或者说能够促进合乎人类尊严的生存。这样的话，财产就会受到很多社会关系的约束。

在这里，我可以举两个例子。一个是德国的员工参与决策权案。监事会在德国公司中起着决定性作用。根据德国公司法的规定，监事会成员的一半是劳方代表，一半是资方代表。简单地说，这个企业是资方建的，但是资方只有一半的决策权，另一半的决策权是给工人的。而资本家就会对这个规定非常不满，由我的财产建的公司，我却只有一半的决策权，这不是对我财产权的限制吗？于是，有人就把相关的法律诉到联邦宪法法院。最后，联邦宪法法院的结论是：这的确是你的财产，但是这些工人、雇员依赖于你的财产而生存，所以你的财产具有非常强的社会关联性，于是，你对你财产的支配权就会下降。这个可能离我们的生活有点儿远。

另一个是住房租赁管制的例子。按照德国的住房租赁管制规定，当房东把房子租给别人后，房东基本上就不是什么权利人了。房东要想把这个房子随便收回来，是非常难的，必须符合一些特定的非常严格的限制条件。比如，只有在符合房东把自己的房子收回来自己住、给自己的孩子住、进行大的维修等标准后，才能把房子收回来。就算房东想涨租金，一年也只能涨一次；而且，每次涨租金的时候，必须跟周边的租金水平相比较，只有在涨幅明显低于周边的租金水平时，才可以涨。大家想一想，这样的规定对于房东来讲，就太不合理了。从房东的角度来说，我一旦把房子租出去以后，收又收不回来，租金也不能随便涨，它还是我的房子吗？结果就有人诉到联邦宪法法院，认为这样的法律规定侵犯了宪法上的财产权。但是，联邦宪法法院就说，虽然这是你的财产，但是你的这个财产是别人生活重心之所在，具有强烈的社会关联性，所以你的财产要承担一种社会义务。

（三）实践争议的解决

如果用这样一种眼光去看我们中国的问题，就会发现财产权的社会义务理论其实可以解决中国的一些实际争议。也就是说，宪法学上的财产权原理可以帮助我们解决部门法的问题。

1. 住宅建设用地使用权续期争议

住宅建设用地使用权到期是否可以免费续期？这个争议发生在《民法典》出台之前。当时，《物权法》第149条第1款规定："住宅建设用地使用权期间届满的，自动续期。"而当时温州的住宅建设用地使用权期限是20年，这就引发了争议。比如，社科院的孙宪忠老师说，自动续期当然是免费续期，如果还用交钱那叫什么自动续期？这个理解从字面意义上来看是对的，但是，民法学界几乎都持反对意见。当年参与《物权法》编纂的人都说，立法时不是这个意思，自动续期是和申请续期相对应的：其他建设用地使用权到期以后，权利人要去申请续期；住宅建设用地使用权到期后，不用去申请续期，是自动续期。而自动不自动，跟要不要交这一笔钱是没关系的。那么，我们现在的住宅建设用地使用权续期的时候要不要交钱？从我们老百姓的角度来讲，当然是不交钱。花了那么多钱买房还要再交钱，这可受不了。孙宪忠老师就是这个主张。这个主张在我们之中是备受喝彩的，大家都觉得这样好。

但是，这个问题有很深刻的背景，我不完全展开，只讲一个问题。如果住宅建设用地使用权到期以后，是自动无偿续期的话，它会带来一个问题：我们宪法里规定了，我们的土地制度是公有，城市的土地属于国家所有，农村的土地一般属于集体所有，这是一个总体的要求。而其中关键的问题是，如果住宅建设用地使用权到期时自动无偿续期，那这个使用权和所有权有什么区别？期间届满的时候自动无偿续期，再过几十年又是自动无偿续期，它其实就相当于一个永久的所有权了。

如果这样理解的话，自动无偿续期的解释，与宪法上土地公有的规定就明显冲突。所以，自动无偿续期这样一个民法解释，在宪法上是通不过的。但是，我们其实也应该把住宅建设用地使用权的续期权，视为一种宪法上的权利，它也属于我们宪法上财产权的保护范围。但是这个地方也存在两难的局面：如果说自动无偿续期，它跟我们宪法上的土地公有是冲突的；如果说续期还要再交费，我们就会发现这对于公民财产权会产生巨大的负担。这个问题到底怎么解决呢？我提供了一种思路：要区分不同的住宅、不同的住房。其实，我们所有的住房很不一样。比如，一般的家庭可能有一套房、两套房，都是自己住的。可是大家知道，有些人是所谓的"房哥""房姐""房叔""房婶"，他们有几十套房，甚至几百套房。一个家庭有一两套房和一个家庭有一两百套房，其实是很不一样的。有些财产具有强烈的私人使用性质，是真正意义上的私人财产。比如，我就有一套房，我就住在这里面，这是我私人使用的东西。然而还有一些房子是不具有私人使用性质的，所有权人并不住在里面，对吧？那么，这些房子是干吗用的呢？它是为财产的增值来使用的，这些房子占据了大量的社会资源，所以它们就具有强烈的社会关联性。我认为，对于这两种住房，应该作区分对待：如果是私使用型、自住型的房子，那么这些房子在续期的时候，就应该自动无偿续期；而对于具有强烈的社会关联性的房子，就应该被区别对待，因为它占据了大量的公共资源，如果也让它永久地自动无偿续期，就会使得其他公民获取房屋的机会减少，这是不公正、不符合代际正义的——这一代人运气好就有房子，下一代人运气不好就没有房子。我想通过这个例子说明，要想解决这样一个物权法上的问题，可能最终必须要考虑宪法上至少两个权利的条款：一个是土地公有条款，另外一个是私有财产权条款。

2. 机动车限行争议

机动车单双号限行是否合宪？我的主张是，机动车限行并不是限制我们的人身自由或者行动，它实际上限制的是我们对于财产的使用。并不是不让你出门，而是说你不能开车出门。从基本权利的角度来讲，这样限制财产的使用就构成了对基本权利的限制。那我们就要去评价这个基本权利限制的合宪性问题。在作这个评价的时候，我们会发现一周限行一天和单双号限行的限制强度是很不一样的。从行政法的角度，我们就要去区分一周限行一天是什么性质，一周限行三天、隔日限行又是什么性质。那么，这就涉及财产征收的理论。如果我们对一个财产作了非常严格的限制，可能就要把它视同征收。而如果它是征收的话,我们就要对征收进行合宪性的评价。所以,当时我就用基本权利的三阶层分析框架,对财产权的保护范围进行了分析。我的基本结论是:每周限行一天还属于财产权的社会义务,但如果是单双号限行,就构成了征收。因此,单双号限行的政策,作为一种征收,就不具有合宪性。

3. 个人所得税争议

如果考虑财产权的社会义务和私使用性的话,个人所得税是有些问题的。比如,财税法上有一个比较大的问题是,个人所得税的征收应该是按个人征收,还是按家庭征收?这个问题会直接影响到我们现在的鼓励生育政策。如果个人所得税是按个人征收,那肯定少生孩子比较好。就是不论我有几个孩子,收的税都是按照我每个月的工资来确定的;但如果按家庭人数就不一样了,我们家是三口人和我们家是四口人就是不一样的。这里的核心问题涉及的是,征收个人所得税的宪法基础是什么?以及征收个人所得税的基本边界是什么?我认为,这一边界就是要为个人留下保障其及其家人生存的基本条件的部分。所以,在个人所得税征收时,首先要划出一个免征额来。它的依据,其实就是宪法财产权的私人使用性。

可以说,这样一些问题的解决需要回到宪法层面。以财产权为例,我们解决了一些现实中的争议问题。也就是一些部门法争议会上升到宪法财产权的层面,这就是部门法议题的宪法化。

四、宪法与部门法的三重关系

(一) 三重关系的理论概括

进一步,我有一个理论上的概括,叫作宪法与部门法的关系。我把它的几个层次分别概括为:法律对宪法的具体化、法律的合宪性解释和法律的合宪性审查。它是一个什么样的逻辑呢?

首先,我们在立法的过程中,要对宪法的要求予以具体落实、具体化。各个部门法的制定,要考虑宪法上的价值命令。也就是说,各个部门法要去落实宪法的规定,这就叫法律对宪法的具体化。其次,法律一旦被制定出来,在解释、实施和适用它的时候,还要对它的条款作符合宪法精神的合宪性解释。上面我已讲了,何庆仁老师就是对《刑法》的某一个条款作合宪性解释。最后,我们要对法律进行合宪性审查,判断这样一个法律是不是合乎宪法。这就是宪法与部门法关系的三个不同层次。这里就不去展开了。对此,我写了一篇文章,叫作《宪法与部门法的三重关系》。

(二) 三重关系的实例

接下来,我想就这三个层次再给大家举些例子作一些说明。我国

2012年修正的《刑事诉讼法》里面有一个证人出庭的规定。它是这么规定的："经人民法院通知，证人没有正当理由不出庭作证的，人民法院可以强制其到庭，但是被告人的配偶、父母、子女除外。"这个条款出来没多久，就发生了一个非常有意思的案子：一个高官在接受审判的时候，有一个对他不利的证人是他的妻子，他的妻子通过录像的方式作证，证明他犯罪。但是在法庭的质证环节，他的妻子没有出庭。这个高官就提出，她的证词是假的、是谎言，要求她到法庭质证。而法院说，证人出庭是刑事诉讼法的一个原则性要求，但是因为这个人是被告人的配偶，所以不能强制她出庭。因此法院就去问他的妻子要不要出庭作证，他的妻子拒绝出庭作证，法院也就不能够强制她出庭作证。大家有没有感受到其中荒谬的冲突感？"被告人的配偶、父母、子女除外"这个规定原本是为了维护家庭的亲情。在审判过程中，强制一个人的妻子、孩子到法庭作证，是对他们亲情的一个巨大伤害。可是，在这个案件中，这个妻子是在指证自己的丈夫犯罪，而法院还不能强制她出庭作证，不能强制的理由是要保护亲情。所以，这就在当时引发了争议。刑事诉讼法学者怎么解决这个问题呢？他们主要认为应该修改刑事诉讼法。我当时就感到很悲哀，刑事诉讼法是在你们的参与之下去年刚刚修改的，怎么今年你们又说要修改它？其实，回到宪法层面来看，这个问题是可以解释的。

当时的《宪法》第 125 条中规定"被告人有权获得辩护"，而《刑事诉讼法》第 188 条第 1 款前半段规定的"经人民法院通知，证人没有正当理由不出庭作证的，人民法院可以强制其到庭"，实际上是在保护被告人获得辩护的权利。因为一个人的获得辩护权，其核心指向的是这个人能够获得有效辩护，而要获得有效辩护就必须保证有证据可以支撑，那就必须保证证人能够出庭。这在刑事诉讼法上被称为"眼球对眼球"的权利，只有这样才能对被告人的辩护权的保护有充分的落实。所以，这一条款实际上是在保护《宪法》第 125 条规定的被告人获得辩护的权利。而《刑事诉讼法》第 188 条第 1 款后半段"但是被告人的配偶、父母、子女除外"，是在保护《宪法》第 49 条第 1 款的"婚姻、家庭、母亲和儿童"。大家有没有发现，就是这样一个《刑事诉讼法》的条文，它的前半段和后半段分别保护了两项宪法上的基本权利或利益，而这两项基本权利或利益在特定个案中会发生冲突：对于被告人而言，获得辩护权是很重大的法益，所以他要求对他不利的证人要出庭，这是他的获得辩护权；而不强制被告人的配偶、父母、子女等出庭，又是为了保护婚姻家庭的利益。这两个权利或利益在这个地方是冲突的。大家想一想，如果你要保护被告人的获得辩护权,强制他的家人出庭,那婚姻家庭就受不到保护;如果你要保护婚姻家庭这个利益,就不得强制家人出庭作证,被告人的获得辩护权就实现不了。在冲突的情况下,我们就必须建立一套规则来处理这个冲突。我最后用基本权利冲突的学理来处理了这个问题。我的结论是在这个具体个案中,还是应该保护被告人获得辩护的权利。因为一个人接受审判,可能面临非常重的刑罚,可能是长期的监禁,甚至是死刑,这对他的个人权利有巨大的影响。而在被告人的妻子指证被告人犯罪的情况下,已经没有多少亲情可言了,夫妻二人甚至恩断义绝了。在这种情况下,已经没有什么值得保护的婚姻家庭利益了,所以在这个具体案件的衡量过程中,就应当对这个条款作出一种合宪性的限缩。也就是,在被告人的配偶、父母、子女成了指证被告人犯罪的不利证人的情况下,应当优先保护被告人的获得辩护权,所以,可以强制他的配偶、父母、子女出庭。这是我用宪法学的基本权利冲突原理,尝试对《刑事诉讼法》的证人强制出庭条款的例外规定,作出一个限缩性的解释。

这就说明,如果我们具备部门法宪法化的意识,就可以对部门法问题进行宪法角度的研究,而这最终也能够给实践提供一种宪法上的解决方案。当《刑事诉讼法》的条文按照字面的理解,产生了一种违背我们法感情的荒谬的解释结果的时候,我们不要想着去修改法律,这个时候合宪性解释就成为一种解决问题的新的可能。

(三) 宪法与部门法的交互影响

总结起来,部门法与宪法的关系就是法律对宪法的具体化、对法律的合宪性解释、对法律的合宪性审查。这个时候可能就有人提出,宪法是不是对部门法有一种支配性的影响?其实,宪法与部门法之间是一种交互影响。

交互影响意味着,很多时候宪法对于某些基本权利的理解要依靠部门法进行。比如,尽管获得辩护权是规定在宪法中的权利,但是它是不是基本权利并不明确。如果它是基本权利,能够对什么是获得辩护权作出更好解释的,一定不是宪法学者,而是刑事诉讼法学者。刑事诉讼法学者对于获得辩护权或者获得有效辩护权(获得有效辩护权强调的是质证权,最核心的是对不利证人的质证权)有一系列的规范性建构。对此,宪法学就完全可以接受其为宪法上获得辩护权的内容。在这种意义上,宪法对部门法不是单向影响,反过来,部门法也会影响宪法。

1. 法解释的角度

对于法律的解释必须基于宪法的精神,也就是说,我们在解释部门法的时候要时刻考虑到宪法，特别是宪法上的基本权利。如果不作宪法上基本权利的解释的话，很多时候会出现问题。举一个例子，刑法上的洗钱罪，可能构成对职业自由的侵害。在中国的实践中经常会出现这样的案例：律师替犯罪嫌疑人辩护，犯罪嫌疑人给律师支付律师费，而支付的律师费是犯罪嫌疑人的违法所得。结果律师就被抓了，法院说律师涉嫌洗钱，因为犯罪所得是赃钱，作为律师费支付给律师却变成了合法收入，所以是洗钱。如果这么去理解刑法条文，会导致无人为犯罪嫌疑人辩护的结果。对于这个问题，德国联邦宪法法院就说，这种条款必须受到宪法上职业自由的限制，即刑法的条款要考虑宪法上的职业自由。一名律师替别人辩护并收律师费，是这个职业的基本运作形态。在这种情况下，考虑到职业自由的因素，对于律师是否成立洗钱罪就要进行合宪性限缩。

2. 学术研究的角度

（1）正面的情况。

从学术的角度来讲，宪法学者必须重视立法机关对于宪法的发展，尽量不要去否定立法机关的想法，不要动辄批判这个立法违宪，那个立法违宪。我们要推定认为，立法者是去落实宪法的。同时，宪法学者在面对部门法的问题时，要充分重视部门法的学理，把人家的基本学理先搞清楚。而部门法学者在解释部门法时，要向着合宪性解释的方向去处理。在这个意义上，我们会说宪法与部门法、宪法学与部门法学应当是一种交互影响的效果，而不是单向的宪法对部门法颐指气使。

对于这个问题，宪法学者的认知是比较清晰的。比如杜强强教授就强调"宪法规范与刑法规范之诠释循环"、宪法和部门法的"相互动态调适"。他说："一国法律秩序本是一个动态的规范体系，对法律的解释需要考虑到宪法的规定，而对宪法的解释岂能无视普通法律的规定？法律解释者负有义务将宪法与下位阶法律规范互为动态调整而维持法律体系的和谐。"他强调的是对宪法要作合法律性的解释，不仅仅是法律要作合宪性的解释。而白斌老师的一段话，我也觉得写得非常好。他说："作为宪法规范的具体化，刑法规范承担着实践宪法中基本权利之核心价值的重任。故而，刑法教义学就特定刑法规范开展解释时，不应局限于从刑法文本与规范框架中寻找依据，也应重视从宪法教义学的高度，着眼于从宪法规范与基本价值的层面为刑法解释寻找理论资源，而不宜对后者完全视而不见，甚或作出有违立宪主义精神的判断。此条基准无论对于刑事立法，抑或刑事司法裁判活动，都是适用的。"他说，要有"思虑周全、反复衡量的苦心"。

我在写作《刑法体系的合宪性调控》时，一个比较重要的参考是车浩老师对《刑法修正案（九）》的评析文章。在《刑法修正案（九）》中，有一个新罪名叫"扰乱国家机关工作秩序罪"。车浩老师基于法益理论对这个罪名作了一些批评，而我则在我的文章里尝试与他进行对话。我认为，扰乱国家机关工作秩序罪所规范的行为，很有可能侵犯我们个人参与国家事务管理的权利。因为按照《宪法》第2条，国家的一切权力属于人民，每个人都有以各种方式参与国家事务管理的权利。个人到国家机关的门口去游行、示威、抗议，其实是参与国家管理的一种方式。如果把这种行为规定为犯罪，实际上就会违反宪法。而我的论证就是在补强车浩老师的论证。在很多问题上，宪法和部门法有共同的价值目标。比如，刑法和宪法的价值目标都是约束和控制国家刑罚权的行使，防止国家刑罚权的滥用，所以，两者有很多的合作空间。

（2）负面的情况。

在2006年我曾说我国的法学界可能存在两个不好的现象：一个是部门法学者的漠视，另一个是宪法学者的傲慢。

部门法学者的漠视是指，部门法学者经常看不见、瞧不起宪法。他们会认为，在民事立法中写入"根据宪法，制定本法"，对民法能有什么影响？这几年，这种现象明显减少了。就以民事立法为例，当年《物权法》草案公布时，不少民法学者认为宪法对于私法自治、市场经济非常不利，直觉上非常反感，但是后来大家都意识到具体法典的制定，一定会受到社会国这一宪法价值的作用、宪法框架的限定。所以到《民法典》颁布后，民法学者对于许多《民法典》中的具体条款，都会去寻找宪法上的依据，作出合宪性的论证。这对于民法学科的建设、规范的合宪性秩序的实现，都有非常好的作用。

宪法学者的傲慢是指，宪法学者总是觉得自己研究的是最高法，所以自己说什么都是最高的，然后经常随便去讲。这样的效果是很糟糕的，部门法学者会质疑宪法学者是否真正了解这一问题。因此，我们需要宪法学者与部门法学者间的沟通。在编纂《民法总则》的时候，我曾参加了一次全国人大常委会的征求意见会议，并提出应该取消无民事行为能力人的制度，直接分为完全民事行为能力人和限制民事行为能力人两种类型。当时有位民法学者特别不理解，和我进行了很激烈的争论。其实，我讲的道理是：比如一个三岁的小孩，给他一些钱，让他自己买个冰激凌。然后，他就自己尝试走到小卖店里去买冰激凌，这对这个小孩的成长而言是一个非常大的事。对于这样一个行为，为什么要作法律上无效的评价呢？我后来解释了一下，其实这不是我的观点，是德国著名的民法学家卡纳里斯的观点。而卡纳里斯的这个观点，完全是基于宪法上的比例原则、人格自由发展的权利进行的论证。

五、部门法宪法化研究的理论工具

接下来，我想给大家非常概要地介绍一下，如果我们要去作部门法的宪法化研究，就是从部门法出发的宪法研究，我们就需要掌握一些理论工具。

（一）基本权利的双重性质理论

第一个理论工具是基本权利的双重性质，这是宪法学上一个比较重要的基本权利教义学基础。它的基本含义是，个人的基本权利，既是个人要求国家不要干预、不要侵犯的防御性权利，同时又要求国家用各种积极的手段去实现基本权利。这些手段当然就包括了各种部门法的手段。大家知道，全世界对堕胎的问题都有严格的法律规制，堕胎在德国出现的问题是，胎儿的生命权和怀孕妇女的个人选择权、身体权之间的冲突。在各种基本权利冲突中，这两项基本权利的冲突是特别难处理的，另外一个特别难处理的是刑法上紧急避险中的生命权与生命权之间的冲突。那么，基于基本权利的双重性质，国家对胎儿的生命权具有保护义务，德国就规定堕胎在刑法上构成犯罪。德国法认为，既然对于胎儿生命的保护是一种国家义务，国家就应该想方设法地实现胎儿的生命权，让女性把孩子生下来。因此，国家就会想方设法地作出法律上一系列的规定。比如，在劳动法上明确规定，如果女性怀孕的话，企业不可以解雇她；在社会保障领域，女性怀孕以后有非常长的假期，而且必须为她保留职位，甚至不能因为她没来工作使她失去一些晋升的机会；在合同法上还规定，如果承租人是孕妇的话，出于保障孕妇的权利不能轻易解除合同。所以，德国的整个法律体系，包括刑法上的堕胎罪规定，都是为了实现基本权利保护。这就涉及多个部门法。

（二）基本权利的冲突理论

第二个理论工具是基本权利冲突，这是宪法与部门法关系中经常会遇到的问题。以《民法典》人格权编为例，《民法典》的人格权规范里面，有一些是纯粹的公法规范。比如，第1009条规定："从事与人体基因、人体胚胎等有关的医学和科研活动，应当遵守法律、行政法规和国家有关规定，不得危害人体健康，不得违背伦理道德，不得损害公共利益。"我觉得这就是一个行政法规范、公法规范，限制的是科学研究自由这项基本权利，它的民法属性、私法属性非常弱。另外，人格权编里有很多规范都是基本权利冲突的规范。比如，第999条规定："为公共利益实施新闻报道、舆论监督等行为的，可以合理使用民事主体的姓名、名称、肖像、个人信息等；使用不合理侵害民事主体人格权的，应当依法承担民事责任。"也就是说，对于人格权的保护，必须不干预新闻报道的权利，这里就涉及人格权与言论自由的冲突。再看第1020条，该条规定："合理实施下列行为的，可以不经肖像权人同意：（一）为个人学习、艺术欣赏、课堂教学或者科学研究，在必要范围内使用肖像权人已经公开的肖像；（二）为实施新闻报道，不可避免地制作、使用、公开肖像权人的肖像……"这就涉及人格权与教学科研自由、新闻报道言论自由的冲突。

第1027条第1款规定："行为人发表的文学、艺术作品以真人真事或者特定人为描述对象，含有侮辱、诽谤内容，侵害他人名誉权的，受害人有权依法请求该行为人承担民事责任。""以真人真事或者特定人为描述对象"就是同人小说。比如，最近有人写同人小说，小说的主角叫肖战，结果肖战的粉丝就非常不满。这是艺术自由、文学创作自由与他人的人格权发生的冲突。再比如第1035条规定，"处理个人信息的，应当遵循合法、正当、必要原则，不得过度处理"，这些对人格权的规定就限制了企业平台的经营自由、营业自由。

第998条，从宪法学角度来看，就是一条协调不同基本权利冲突的规范："认定行为人承担侵害除生命权、身体权和健康权外的人格权的民事责任，应当考虑行为人和受害人的职业、影响范围、过错程度，以及行为的目的、方式、后果等因素。"还有一些协调基本权利冲突的规范，比如第1021条规定："当事人对肖像许可使用合同中关于肖像使用条款的理解有争议的，应当作出有利于肖像权人的解释。"也就是说，在这种冲突情况下要有利于肖像权的保护。这实际上就是给出了一个基本权利冲突的解决规则。还有"及时采取更正或者删除等必要措施"，也是解决基本权利冲突的规则。

大家可以看到，《民法典》人格权编中是存在大量的基本权利冲突规范，所以我对《民法典》的执行也有点儿担心。民事法官通常是学民法的，而且审的案子是人格权的案子，我担心他们会自觉不自觉地倾向于对人格权的保护，而忽视了条文规范里还涉及的言论自由、学术自由、营业自由。如果这样实施下去的话，会让其他相关基本权利受到压抑。所以在这种情况下，我就呼吁民法学界和民事法官，好好地学学宪法上基本权利冲突的理论，在处理案件时，一定要把基本权利冲突的理论代入进去。

基本权利冲突的理论认为,"不应赋予任何权利通常的优先地位"。人格权并不一定比言论自由优先,肖像权并不一定比学术自由优先。没有哪项权利拥有通常的优先地位。我在讲这个问题的时候,会有学生认为,生命权是绝对优先的,还有什么比生命权更重要的呢?大家可以设想:我们现在为了防止凶杀案,动辄到处都装摄像头。如果你们家的卧室也装,卫生间也装,床头也装,这样的话,凶杀案的发生会下降50%,你接受吗?在这个具体的情境下,我们不能为减少一些凶杀案,如此严重地侵害私人的隐私权。

基本权利冲突的理论还强调"不作抽象比较,而是个案具体衡量"。言论自由重要还是人格权重要,一定要在具体的个案中衡量。比如,一部小说使用了真人真事,到底是要保护人格尊严,还是小说的创作自由、艺术自由?我们一定要具体看这个小说,分析它的情节等因素。而且很多时候,一个案子在不同的时期,衡量结果完全有可能是不同的。

(三)其他理论

还有"实践调和""基本权利的最优化""比例原则"等等。"实践调和"就是说,在具体的情形下,我们要让各种基本权利的保护尽可能地都实现;即便不能够都实现,也要在总体效果上让它最大化。而这些规则,都不是传统民法学所能顾及的。如果不去吸收这些东西的话,人格权编的实施最终就会对言论、出版、学术、营业自由等造成威胁。在这种情况下,我认为我们还是要掌握一些最基本的公法工具,然后再进入部门法的研究。关于这些工具,大家可以参考我之前的一些论文的研究。

六、何为部门宪法?

最后,我想提示大家关注"部门宪法"的理念。"部门宪法"和"部门法与宪法",关系不太一样。"部门宪法"这套学术话语是华语学界非常重要的学者苏永钦教授提出的,其理念认为:宪法不仅是政治宪法,还可以是经济宪法、军事宪法、财税宪法、环境宪法、教育宪法、宗教宪法等很多不同的领域。这种研究,与宪法和部门法议题非常相近,但是不尽相同。部门宪法的意思是将宪法中与某一个领域相关的所有规范放在一起,然后去统摄这个领域的法秩序。这种思维与宪法和部门法研究的思维不太一样,但也是我们宪法与部门法研究的一个非常好的方向。在这个方面,已经有几个学科发展得相当好了,比如环境宪法、劳动宪法。阎天老师的研究就是以部门宪法的视角切入的,将社会法与宪法相结合,这对学科建构的意义是巨大的。所以,大家也可以用宪法意识去作一点儿自己学科内的知识、方法的创新。

[QR code]	[QR code]
韩大元、林来梵、白斌、张翔《行宪以法、驭法以宪：再谈宪法与部门法的关系》对谈实录	林来梵、龙卫球、王涌、张翔《宪法学与民法学的对话：民法典编纂的宪法问题》讲座实录

图书在版编目（CIP）数据

具体法治中的宪法与部门法/张翔著. ---北京：
中国人民大学出版社，2023.1
（中国当代青年法学家文库）
ISBN 978-7-300-31144-9

Ⅰ.①具… Ⅱ.①张… Ⅲ.①宪法-研究-中国②部门法-研究-中国 Ⅳ.①D920.4

中国版本图书馆CIP数据核字（2022）第195439号

中国当代青年法学家文库
具体法治中的宪法与部门法
张　翔　著
Juti Fazhi zhong de Xianfa yu Bumenfa

出版发行	中国人民大学出版社			
社　　址	北京中关村大街31号	邮政编码	100080	
电　　话	010-62511242（总编室）	010-62511770（质管部）		
	010-82501766（邮购部）	010-62514148（门市部）		
	010-62515195（发行公司）	010-62515275（盗版举报）		
网　　址	http://www.crup.com.cn			
经　　销	新华书店			
印　　刷	涿州市星河印刷有限公司			
规　　格	165 mm×238 mm　16开本	版　次	2023年1月第1版	
印　　张	27.25 插页4	印　次	2023年12月第2次印刷	
字　　数	467 000	定　价	118.00元	

版权所有　　侵权必究　　印装差错　　负责调换